书山有路勤为径，优质资源伴你行
注册世纪波学院会员，享精品图书增值服务

儿童与儿童发展

（第7版）

CHILDREN AND THEIR DEVELOPMENT
(7TH EDITION)

[美] 罗伯特·V.卡尔（Robert V. Kail） 著
杨玉春 乔显迪 黄琳 译
赵欣 李浩英 审校

揭示儿童发展
基本过程和核心问题

电子工业出版社
Publishing House of Electronics Industry
北京·BEIJING

Children and Their Development (7th Edition)
ISBN: 9780133595680
Authorized translation from the English language edition, entitled Children and Their Development 7e by Robert V. Kail, published by Pearson Education, Inc.
Copyright©2015 Pearson Education,Inc.
All rights reserved. This edition isauthorized for sale and distribution in the People's Republic of China(excluding Hong Kong SAR, Macao SAR and Taiwan). No part of this book may be reproduced or transmitted in any form or by any means, electronic or mechanical, including photocopying, recording or by any information storage retrieval system, without permission from Pearson Education, Inc.
CHINESE SIMPLIFIED language edition published by PUBLISHING HOUSE OF ELECTRONICS INDUSTRY Copyright © 2023.

本书中文简体版专有出版权由Pearson Education授予电子工业出版社在中国大陆地区（不包括香港、澳门特别行政区及台湾地区）独家出版发行。未经许可，不得以任何方式复制或抄袭本书的任何部分。

本书简体中文版贴有Pearson Education培生教育出版集团激光防伪标签，无标签者不得销售。

版权贸易合同登记号　　图字：01-2022-1474

图书在版编目（CIP）数据

儿童与儿童发展：第7版 /（美）罗伯特·V.卡尔（Robert V. Kail）著；杨玉春，乔显迪，黄琳译. 北京：电子工业出版社，2023.10
书名原文：Children and Their Development (7th Edition)
ISBN 978-7-121-46001-2

Ⅰ.①儿… Ⅱ.①罗… ②杨… ③乔… ④黄… Ⅲ.①儿童教育②儿童心理学 Ⅳ.①G61②B844.1

中国国家版本馆CIP数据核字（2023）第154150号

责任编辑：袁桂春
印　　刷：北京市大天乐投资管理有限公司
装　　订：北京市大天乐投资管理有限公司
出版发行：电子工业出版社
　　　　　北京市海淀区万寿路173信箱　邮编：100036
开　　本：787×1092　1/16　印张：35.75　字数：698千字
版　　次：2023年10月第1版（原著第7版）
印　　次：2023年10月第1次印刷
定　　价：168.00元

凡所购买电子工业出版社图书有缺损问题，请向购买书店调换。若书店售缺，请与本社发行部联系，联系及邮购电话：（010）88254888，88258888。
质量投诉请发邮件至zlts@phei.com.cn，盗版侵权举报请发邮件至dbqq@phei.com.cn。
本书咨询联系方式：（010）88254199，sjb@phei.com.cn。

欢迎词

与许多教授参与编写教科书的原因一样，我写本书也是因为目前没有一本书能够满足我所教的儿童发展课程的目标。

在接下来的内容中，我想谈谈该课程的目标以及本书是如何设计来实现这些目标的。

目标1：采用有效的教学方法促进学生的学习。本书对学生非常友好，每章会先列出章节的结构。每章由3~4个模块组成，这些模块清晰、明确地展示了本章涵盖的主要内容。每个模块都从学习目标和涵盖本章主题的故事开始。在其他书中，特殊主题通常作为专栏，但在本书中，我将其完全整合到正文中。每个模块都以几个问题结束，旨在帮助学生检查他们对模块中主要思想的理解。

每章结尾包括几个额外的学习辅助工具。"统一主题"将本章的观点与一个主要的发展主题联系起来。"自行探索"给出了一些建议，让学生亲自观察儿童发展。"考考自己"中的问题可以进一步确认和巩固学生对本章内容的理解。"小结"是对这一章的简明回顾。

这些不同的教学元素确实有用；使用本书之前版本的学生经常评论"该书易于阅读，以一种容易理解的方式呈现复杂的主题"。

目标2：将基本的发展问题作为学生学习儿童发展研究和理论的基础。儿童发展课程有时会让学生不知所措，因为其主题和研究的数量巨大。事实上，今天的儿童发展科学是由对一些基本发展问题的关注所推动的，如发展的连续性，以及先天和后天的影响。在本书中，第1章介绍了其中的4个基本问题，然后在随后的章节中再次出现，以构建学生的理解框架。正如我已经提到的，每章（第1章除外）结尾都包括"统一主题"，即使用本章的理念来阐述一个基本主题。这些主题在整本书中反复出现，能够提醒学生注意推动儿童发展科学的核心问题。

目标3：学生能够认识到儿童发展科学借鉴了许多互补的研究方法，每种方法都对科学进步做出了独特的贡献。在模块1.4中，我将儿童发展研究描述为一个动态的过程，在这个过程中，科学家在计划他们的工作时做出一系列的决定，并进行了一项既有优势又有劣势的研究。本书接下来的每章都体现了"研究重点"的特征，通过以易于阅读的问答形式展示研究人员在设计特定研究时做出的不同决定来说明这一过程。结果通常以带注释的图表显示，以便学生学习如何解读图表。本书也对研究人员的结论进行了描述，并且在每个"研究重点"专题结束时，我都会提到可以强化作者结论的趋同证据。因此，第1章中介绍的研究方法在每章中都会重新出现，研究可以被视为一种协作，它依赖许多科学家使用不同的方法做出贡献。

目标4：向学生展示儿童发展研究的结果如何改善儿童的生活。儿童发展科学家和学生都想知道如何利用研究结果来促进儿童的发展。在第1章，我描述了研究人员可以利用他们的工作来改善儿童生活的不同方法。在接下来的章节中，这些观点以专栏的形式生动地呈现："改善儿童的生活"为儿童生活中的常见问题提供了基于研究的解决方案；"儿童发展和家庭政策"证明了研究如何激发影响儿童和家庭的社会政策的变化。从这些专栏中，学生可以意识到儿童发展研究真的很重要——家长、教师和政策制定者可以利用研究来促进儿童的发展。

第7版的更新

在更新研究报道的过程中，我在2010年以来发表的研究中增加了数百条新引文。我还在每章增加了重要的新内容。

第1章包括不同研究方法的最新例子。

第2章有一个新的"研究重点"，即儿童同伴关系的遗传根源，并广泛修订了关于分子遗传学的材料，增加了有关甲基化作为表观遗传机制新材料的内容。

第3章对环境污染物进行了新的研究，对可卡因的影响进行了更新，对硬膜外镇痛的影响进行了修订，增加了母亲抑郁和孩子行为问题之间的联系的"研究重点"，修订了"儿童发展和家庭政策"专栏。

第4章囊括了诸多关于睡眠的修订材料，更新了鼓励幼儿健康饮食的方法，修订了成熟时间对男孩发展的影响资料，增加了导致肥胖的一系列新的因素和评估一个预防饮食失调的项目的"研究重点"，以及关于青少年和法律的"儿童发展和家庭政策"专栏。

第5章对面孔识别进行了大量的修订，对新的关注进行了报道，并在调整抓取方式方面形成了新的"研究重点"。

第6章对执行功能和朴素心理学（现在称为大众心理学）进行了大量的修订。

第7章包括关于儿童错误观念对其科学思维的影响的新材料，关于学习设计实验的新"研究重点"，以及大量修订的关于阅读和定量推理的报道。

第8章全面修订了动态评估（以前称动态测试），新增了关于减少刻板印象的威胁的"研究重点"、有关阅读理解障碍本质的"理论聚焦"和关于天才儿童的大量重组资料。

第9章修订了句子线索在词汇学习中的作用，新增了听父母的对话会增加孩子词汇量原因的"研究重点"，修订了双语儿童语言习得的资料。

第10章新增了对可怕刺激感知的材料，对"理论聚焦"进行了修订，对气质稳定性及其与人格的联系进行了修订，并新增了气质影响的"研究重点"。

第11章重新整理了关于自我意识的内容，新增了关于自恋的材料，修订了关于偏见的内容，其中包括关于歧视行为影响的新材料，新增了关于青少年免受歧视行为影响因素分析的"研究重点"。

第12章新增了作为核心领域的道德思维的材料，修订了"文化影响"专栏，新增了关于催产素在促进社会行为作用方面的材料，更新了"理论聚焦"，修订了对攻击受害者的报道，新增了反欺凌项目的"儿童发展和家庭政策"专栏。

第13章对与性别有关的差异进行了多方面的修订，包括记忆和努力控制方面的最新资料，以及有关"粉红色褶边裙"现象和假小子的新材料。

第14章新增了关于遗传对父母教养方式的影响、教授育儿技能的干预项目、祖母与被监禁的母亲作为共同父母的相关材料，修订了对收养儿童的研究，包括关于开放收养的新材料。

第15章新增了关于儿童与宠物玩耍的材料，修订了流行文化差异专题以及"新媒体"（如智能手机、电子游戏）和日托的大量报道，同时增加的材料还包括贫穷、压力和儿童健康之间的联系；政治暴力和无家可归对儿童发展的影响；以及辅导和教师培训项目对学校成功的贡献。

Revel[TM]

REVEL[TM]是Pearson最新用来传递内容的途径。REVEL完全数字化，高度吸引人，为当今学生的阅读、思考和学习方式提供身临其境的学习体验。通过媒体互动和评估，课程内容生动活泼，使教育工作者能够深度参与课程，并更好地与学生联系。欲了解更多信息，请与你当地的Pearson代表联系或访问Pearson官网。

辅助材料

儿童与儿童发展（第7版）附一套一流的辅助材料。

请在讲师资源中心下载讲师资源

注册或登录讲师资源中心，从我们的在线目录下载补充资料。

MyVirtualChild

MyVirtualChild是一个交互式模拟项目，学生可以把虚拟孩子从出生抚养到18岁，并随着时间的推移监测他们育儿选择的影响。通过整合身体、社会、情感和认知在几个年龄层次的发展，MyVirtualChild可以帮助学生批判性地思考，因为学生可以将课程作业应用到抚养虚拟孩子的实践中。你可以在MyPsychLab中访问MyVirtualChild。

教师资料手册（ISBN 013398494X）

手册的每个章节都包括以下资源：章节学习目标；关键术语；课程建议及讨论主题；课堂活动、演示和练习；课外作业和项目；课堂讲稿和讲义。这些都旨在使教师课堂更有效，节省准备时间，丰富的资源汇总了最有效的活动和策略，以教授发展心理学课程。可从讲师资源中心下载。

测试文件（ISBN 0133984931）

测试库包括多项选择题、判断题、简答题和问答题。测试库的另一个特点是会将每个问题分为事实类、概念类或应用类。所有的问题都被标记，切合该版的学习目标。教师可以根据测试库定制自己的测试，确保问题类型和内容覆盖的平衡。测试项目文件的每一章的开始都有总评估指南和易于参考的网格大纲，测试是按文本部分和问题类型组织问题的，用户可以更轻松地创建测试。可在讲师资源中心下载。

MyTest测试库（ISBN 0133984923）

这个强大的评估生成程序可以帮助教师轻松地生成和打印测验和考试试卷。问题和测试可以在线编写，这使得教师能够在任何时间、任何地点有效地管理评估。

PPT放映（ISBN 0133984761）

PowerPoint提供了一种活泼的格式，用于展示每章的概念，突出文本中的数字和图表。你可以从讲师资源中心下载演示文稿。

MyPsychLab™（ISBN 0133996581）

MyPsychLab™是一个真正让学生参与学习的在线作业、辅导和评估工具。它可以帮助学生更好地为课堂、测验和考试做准备，从而提高成绩。它为教育工作者提供了一套动态的工具来衡量个人和班级的表现。

MyPsychLab是可定制的。教师自行选择适合学生的课程。家庭作业、应用程序等都可以很容易地开启和关闭。

- 黑板单点登录。MyPsychLab可单机使用，也可以与任何课程管理系统相连。通过黑板单点登录，可以深度链接到所有新的MyPsychLab资源。
- Pearson电子文本和章节音频。像印刷文本，学生可以标注相关段落并添加注释。Pearson电子文本可以通过笔记本电脑、iPad和平板电脑访问。下载免费的Pearson电子文本App，学生即可在平板电脑上使用文本。学生也可以听有声课文。
- 作业日历和成绩单。可拖放作业的日历有助于分配和完成工作。自动评分的评估系统可以提供即时反馈，并记入成绩单，学生可在MyPsychLab中使用或导出。
- 个性化学习计划。学生的个性化学习计划有助于提高批判性思维能力。学习计划将学生的学习需求分成几个部分，如记忆、理解、应用和分析。

致学生

在本书中，我们将追溯儿童（从胎儿到青春期）的发展。有了这个目标，你可以在书中找到专门讲述幼儿期、童年中期等的内容。但本书围绕主题对内容进行了不同的组织。第2章到第5章重点关注人类发展的遗传和生物学基础，以及感知觉和运动技能的发展。第6章到第9章介绍了智力发展——孩子如何学习、思考、推理和解决问题。第10章到第15章涉及社会和情感的发展——孩子是如何获得社会习俗并学会扮演社会期望他们扮演的角色的。

这一结构反映了这样一个事实：当科学家对儿童发展进行研究时，他们通常研究儿童发展的某些特定方面。例如，研究人员可能会研究儿童成长过程中记忆是如何变化的，或者童年时期的友谊与青少年时期的友谊有何不同。因此，本书的结构反映了研究人员研究儿童发展的实际方式。

章节的组织和学习辅助工具

本书共15章，每章包括2~4个模块，列在每章的开头。每个模块的开始部分包括用问题形式表述的学习目标、模块主要内容的大纲，以及与模块主题相关的小故事。学习目标、大纲和小故事会让学生对模块中的内容有一定的预期。

从第2章到第15章，每个模块都包括至少一个专栏，以扩展或突出某个主题。专栏形式有以下5种。

研究重点。这一专栏提供在特定研究中使用的设计和方法细节。仔细检查具体的研究，我们便可揭开研究的神秘面纱，并表明科学工作是由真实的人进行的一系列逻辑步骤。

文化影响。这一专栏显示文化如何影响儿童，并说明了儿童发展历程的多样性。所有的孩子在生理发展方面都有相同的经历，但他们的文化背景不同。这一专栏讲述了来自不同文化背景的儿童的成长经历。

改善儿童的生活。这一专栏展示了研究和理论如何应用于改善儿童发展。这些实用的日常问题解决方案显示了研究和理论与现实生活的相关性。

儿童发展和家庭政策。这一专栏关注如何利用研究结果来制定旨在改善儿童及其家庭生活的社会政策。

理论聚焦。这一专栏考察有影响力的儿童发展理论，并展示其如何在研究中得到检验。

每个模块都以"检测你的学习"结束，以帮助你回顾该模块的主要内容，该部分主要有三个方面：回忆、解释和应用。如果你能正确地回答"检测你的学习"中的问题，证明你已经掌握模块中的内容。然而，不要仅仅依靠"检测你的学习"来准备考试。这些问题是为了快速检查你的理解，并没有全面评估你对整个模块内容的掌握。

在每章的末尾都有一些额外的学习辅助材料。"统一主题"将本章的内容与模块中引入的发展主题联系起来。"自行探索"建议了一些简单的活动来探索儿童发展中的问题。"考考自己"进一步确认和巩固你对章节内容的理解。最后，"小结"提供了整个章节的简明回顾，由模块和模块的主要标题组成。

术语

每个领域都有自己的术语，儿童发展也不例外。我用下面几个术语来分别指代婴儿期、儿童期和青春期。虽然这些术语大家都很熟悉，但我用它们来指代一个特定的年龄范围：

新生儿	出生至1个月
婴儿	1个月~1岁
学步儿童	1~2岁
学龄前儿童	2~6岁
学龄儿童	6~12岁
青少年	12~18岁
成人	18岁及以上

有时为了多样化，我会使用其他不固定指代具体年龄的术语，如婴儿、年轻人和小学生。如果发现了这样的表述，你也能够从上下文中看出我描述的是什么年龄段的孩子。

我也会使用特定的术语描述来自不同文化、种族和民族群体的研究结果。描述不同文化、种族和民族群体的术语会随着时间的推移而变化。例如，有色人种（Colored

People)、黑人（Negroes）、美国黑人（Black Americans）和非裔美国人（African Americans）都用来描述其祖先是非洲移民的美国人。在本书里，我用了"非裔美国人"这个词，因为它强调了这一具有独特文化遗产的群体。按照同样的思路，我也会使用"欧洲裔美国人"（而不是白种人或白人）、"美洲原住民"（而不是印第安人或美国印第安人）、"亚裔美国人"和"西班牙裔美国人"。

这些标签并不完美。有时它们模糊了族群之间的区别。例如，"西班牙裔美国人"这个词忽略了从波多黎各、墨西哥和危地马拉来到美国的个人之间的差异；"亚裔美国人"一词模糊了日裔、华裔或韩裔之间的差异。当研究人员在他们的研究样本中确定子组别时，我都会使用更具体的术语来描述。当你看到更笼统的术语时，请记住，结论可能不适用于种族群体内的所有子群体。

最后

我写本书是为了让普渡大学的学生了解儿童的发展。虽然我不能直接教你，但我希望本书能激发你对儿童及其发展的兴趣。请让我知道关于本书你喜欢什么和不喜欢什么，以便我可以在以后的版本中改进。你可以发邮件到rkail@purdue.edu，热切期盼你的来信。

目 录

第1章
儿童发展的科学 001
1.1 搭建舞台 002
1.2 儿童发展的基础理论 006
1.3 儿童发展研究的主题 015
1.4 进行儿童发展研究 018

第2章
儿童发展的遗传基础 039
2.1 遗传机制 040
2.2 遗传、环境与发展 049

第3章
胎儿发育、分娩和新生儿 063
3.1 从受孕到分娩 064
3.2 影响胎儿发育的因素 071
3.3 生日快乐 085
3.4 新生儿 095

第4章
身体和动作的发展 107
4.1 身体发育 108
4.2 身体发育的问题 120
4.3 神经系统的发育 128

第5章
感知觉和运动发展 141
5.1 基本感官与感知觉加工 142
5.2 复杂的感知觉和注意力加工过程 149
5.3 运动发展 159

第6章
认知发展理论 175
6.1 基础：皮亚杰理论 176
6.2 认知发展的现代理论 187
6.3 理解核心领域 198

第7章
认知过程和学术技能 215
7.1 记忆 216
7.2 解决问题 228
7.3 学术技能 237

第8章
智力和认知的个体差异 257
8.1 什么是智力 258
8.2 测量智力 264
8.3 特殊儿童，特殊需求 277

第9章
语言与交流　　　　　289

9.1　语言之路　　　　　290
9.2　学习词语的意义　　297
9.3　成句说话　　　　　311
9.4　使用语言交流　　　318

第10章
情绪发展　　　　　　329

10.1　情绪　　　　　　330
10.2　气质　　　　　　339
10.3　依恋　　　　　　347

第11章
了解自我和他人　　　361

11.1　自我概念　　　　362
11.2　自尊　　　　　　373
11.3　理解他人　　　　379

第12章
道德理解与行为　　　395

12.1　自我控制　　　　396
12.2　道德问题的推理　401
12.3　助人行为　　　　410
12.4　攻击性行为　　　416

第13章
性别与发展　　　　　431

13.1　性别刻板印象　　432
13.2　与性别相关的差异　437
13.3　性别认同　　　　447
13.4　性别角色的转变　454

第14章
家庭关系　　　　　　463

14.1　抚养　　　　　　464
14.2　变化中的家庭　　476
14.3　兄弟姐妹　　　　485
14.4　虐待：扭曲的亲子关系　490

第15章
家庭以外的影响　　　501

15.1　同伴　　　　　　502
15.2　电子媒体　　　　518
15.3　机构　　　　　　524

术语表　　　　　　　540

第1章 儿童发展的科学

从微小的细胞到完全成熟的成人，每个人都经历了奇妙的旅程。旅程中有非同寻常的乐趣，也有惊心动魄的挑战。在本书中，我们将追随这次旅程，学习儿童发展的科学——一门涵盖了从受孕到成人发展过程中的方方面面并横跨多门学科的科学。成年的你们已经走过了本书中所提到的核心岁月，我希望大家能够从儿童发展研究的视角回顾自身的成长路径，重新认识造就今日之我的那股力量。

第1章为我们研究儿童发展奠定了基础。在模块1.1中，我们首先探讨儿童发展的哲学基础，以及引领儿童发展成为一门新科学的重大事件。在模块1.2中，我们将验证儿童发展科学的基础理论。在模块1.3中，我们将探索指导儿童发展研究的主题。最后，在模块1.4中，我们将学习研究儿童及儿童发展的科学方法。

模块

1.1 搭建舞台
1.2 儿童发展的基础理论
1.3 儿童发展研究的主题
1.4 进行儿童发展研究

1.1 搭建舞台

> **学习目标**
> 学习目标1：哲学家如何看待儿童和童年？
> 学习目标2：儿童发展的现代科学是如何兴起的？
> 学习目标3：儿童发展科学家如何利用研究结果来改善儿童的生活？
>
> **大纲**
> 儿童和童年的历史视角
> 一门新科学的起源
> 应用研究成果

肯德拉很爱她一岁大的儿子乔舒亚，但她渴望回到原来的工作岗位，在当地银行做一名信贷员。肯德拉认识一个邻居，她一直以来都有照看自己朋友的孩子，而且朋友们都认为她做得很棒。但在内心深处，肯德拉希望她能进一步了解这种方法是否真的能最好地照顾乔舒亚。她还希望有真正了解这方面的人，评价一下邻居的日托服务。

自从乔舒亚一出生，肯德拉就有一连串的疑问，她近来关心的是如何更好地照顾她的小儿子。乔舒亚刚出生时，肯德拉想知道他是否能认出自己的脸和声音。随着儿子慢慢长大，她又会想：为什么他在幼儿园那么害羞？应该给他选天才班的课程，还是选普通班的课程？她要怎么做才能确保儿子不会学坏呢？

这些问题，还有成百上千个类似的问题，让像肯德拉这样的父母在抚养孩子时经常感到困惑和担忧。当然，父母并不是唯一有这些疑问的人，许多与儿童打交道的专业人士，如教师、医疗服务人员和社会工作者，也会经常思考什么对儿童的发展是最好的。孩子的自尊会影响他们在学校的成就吗？当孩子声称自己被虐待时，我们应该相信他们吗？政府官员必须明确哪些项目和法律能给儿童和他们的家庭带来最大的利益。福利改革如何帮助家庭？如果青少年参加禁欲项目，他们发生性行为的可能性是否会降低？

Q&A 问题1.1

摩根18个月大了，她的父亲认为应该合理安排她的一天，包括进行一些体育活动，花时间阅读及拼拼图，最后，还要有拥抱和亲吻。摩根的父亲是卢梭或洛克童年观的信徒吗？

问题很多，而且都非常重要！幸运的是，追踪从受孕到身体、心理、社会和情感发展的儿童发展领域为其中许多问题提供了答案。首先，让我们把儿童发展的起源作为一门科学来研究。

儿童和童年的历史视角

学习目标1：哲学家如何看待儿童和童年？

几千年来，哲学家一直在思考童年的本质以及提升儿童幸福感的条件。著名的希腊哲学家柏拉图（公元前428—347）和亚里士多德（公元前384—322）认为，学校和父母有责任培养孩子的自控力，让他们成为有影响力的公民。但两位哲学家，尤其是亚里士多德，都担心过多的管教会扼杀孩子的主动性和个性，不利于未来领导者的培养。

柏拉图和亚里士多德对于知识以及习得知识的过程也有一些看法。柏拉图认为，孩子天生就知道许多具象的知识，如动物和人，以及抽象概念的知识，如勇气、爱和善良。在柏拉图看来，孩子的经历只是触发了他们与生俱来的知识。当孩子第一次看到狗的时候，他的先天知识使他能够认识狗就是这样的，没有必要学习。相反，亚里士多德否认先天知识的存在，提出了"知识基于感知经验"的理论。孩子根据感官提供的信息，一点一点地获取知识。

这些截然不同的观点在启蒙时代再次出现。英国哲学家约翰·洛克（1632—1704）将婴儿描述成一块"白板"或"空白的石板"，是经验将婴儿、儿童和青少年塑造成独特的个体。洛克认为，父母应该指导、奖励和管教孩子，并随着孩子的成长逐渐放权。在开篇案例中，洛克会告诉肯德拉，乔舒亚的托管经历肯定会影响他的发展（尽管洛克没有具体说明如何影响）。

在接下来的一个世纪，洛克的观点受到了法国哲学家让·雅克·卢梭（Jean Jacques Rousseau，1712—1778）的质疑。卢梭认为，婴儿天生具有正义感和道德感，在他们成长的过程中，这种正义感和道德感会自然而然地展现出来。在这一过程中，孩子会经历我们今天所知道的发展阶段——婴儿期、童年期和青春期。卢梭认为，父母不应该把重心放在定规矩上，而应该关注并接纳孩子的需求。卢梭很看重看护人对乔舒亚的需求做出的回应。

卢梭赞同柏拉图的观点，即孩子在开启成长之旅时就具备充足的知识储备。洛克和在他2000年之前的亚里士多德一样，相信孩子在旅行之初是"轻装上阵"的，但途中，他们会通过经验习得必要的知识。要不是一个具有里程碑意义事件的出现，这些哲学辩论可能会持续数千年：儿童发展作为一门科学出现了。

一门新科学的起源

学习目标2：儿童发展的现代科学是如何兴起的？

将儿童发展作为一门科学来推动源于19世纪英格兰的两个突发事件。一个是工业革命。从18世纪中期开始，英格兰从一个依赖农业的国家转变为一个以棉布纺织厂等工厂为中心的城市社会。孩子和家人一起搬到城市，在恶劣的条件下在工厂长时间工作，工资微薄，事故时有发生，许多儿童致残或死亡。例如，在纺织厂，当机器运转时，年纪最小的孩子通常负责从巨大的动力织机下捡起棉花。

改革派对这些情况感到震惊，并努力制定法律限制童工，让更多的孩子上学。这些倡议是19世纪主要政治辩论主题；毕竟，作为英国最有权势的人群之一，工厂老板肯定反对对他们获得大量廉价劳动力的限制。但改革派取得了胜利，并在这个过程中让儿童的福祉成为全国关注的问题。

查尔斯·达尔文（Charles Darwin）在进化论方面的开创性工作也为新的儿童发展科学奠定了基础。他认为，一个物种内的个体是不同的：一些个体能更好地适应特定的环境，这让它们更有可能生存下来，并将其特征传给下一代。当时有科学家注意到，达尔文对物种进化变化的描述和人类行为中与年龄相关的变化之间存在相似之处。这促使包括达尔文本人在内的许多科学家开始撰写婴儿传记，对每个孩子进行详细、系统的观察。传记中的观察往往是主观的，有时基于很少的证据就得出结论。然而，婴儿传记中系统而广泛的记录为客观的分析研究铺平了道路。

20世纪初，这门新科学的领军人物是斯坦利·霍尔（Stanley Hall，1844—1924），他基于进化论提出了儿童发展理论，并进行了研究，确定了儿童对一系列主题信奉的年龄趋势。更重要的是，霍尔创办了第一本刊登儿童发展研究发现的英文科学杂志，他还在克拉克大学建立了儿童研究机构，成为美国心理协会的第一任主席。

与此同时，在法国，阿尔弗雷德·比奈（Alfred Binet，1857—1911）已经开始设计第一个智力测验，我们将在8.2中细说。在奥地利，西格蒙德·弗洛伊德（Sigmund Freud，1856—1939）提出，童年早期的经历可以解释成年后的行为，这一观点震惊了全世界；在美国，行为主义的创始人约翰·沃森（John B. Watson，1878—1958）已经开始就奖励和惩罚对抚养孩子的重要性方面展开了写作和演讲。（模块1.2中有更多关于弗洛伊德和沃森的贡献介绍。）

1933年，这些新兴的科学力量聚集在一起，形成了一个新的跨学科组织——儿童发展研究协会（Society for Research in Child Development，SRCD）。其成员包括心理学家、医生、教育家、人类学家和生物学家，他们都对发现能够促进儿童福利和发展的条件有着共同的兴趣（Parke，2004）。在接下来的几年里，SRCD已经有超过5000名科学家成员，是目前儿童发展研究人员的主要专业组织。SRCD和其他致力于儿童发展科学的组织（如国际行为发展研究会、国际婴幼儿研究会、青少年研究学会）一起促进多学科研究，并鼓励应用研究结果以改善儿童的生活。

应用研究成果

学习目标3：儿童发展科学家如何利用研究结果来改善儿童的生活？

儿童发展研究人员已经了解了促进儿童发展的方法。由于这一成功，儿童发展研究的一个新的分支出现了。应用发展科学利用发展研究促进健康发展，特别是弱势儿童及弱势家庭（Lerner，Fisher和Giannino，2006）。对此研究感兴趣的科学家通过许多不同的途径为健全的家庭政策做出贡献（Shonkoff和Bales，2011）。其中有些人确保政策和选择的考虑基于儿童发展研究的事实：当政府官员需要解决影响儿童的问题时，儿童发展专家可以提供关于儿童及其发展的有用信息（Shonkoff和Bales，2011）。另一些人则以儿童权益倡导者的身份做出了贡献。通过与儿童权益倡导组织合作，儿童发展研究人员可以提醒决策者注意儿童的需求，并为满足这些需求的家庭政策辩护。还有一些儿童发展专家评估了政府政策（如《不让一个孩子掉队法案》）对儿童和家庭的影响（Yarrow，2011）。最后，影响政策制定者的一个特别好的方法是制订一个可行的计划。研究人员每创建一个能有效解决影响儿童或青少年问题的项目（如婴儿猝死综合征或青少年怀孕），都可能成为日后影响政策的有力弹药（Huston，2008）。

因此，始于100多年前的现代儿童发展科学，现已成为一门成熟的科学，产生了大量关于儿童的知识。科学家积极地利用这些知识来改善儿童的生活，正如我们将在本书的许多章节中看到的"儿童发展和家庭政策"专栏。本书的所有研究都根植于发展理论，它们为现代儿童发展研究奠定了基础，也是下一个模块的重点。

✓ 检测你的学习

回忆： 哪两件事为创建儿童发展科学奠定了基础？

在SRCD成立之前，儿童发展这个新领域的领军人物是谁？

解释： 解释卢梭和柏拉图关于儿童发展观点的相似性；他们的观点与洛克和亚里士多德的观点有何不同？

应用： 假设现在有一个儿童发展研究人员是营养对儿童身心发展影响方面的专家，说出几种专家可以为公共政策提供有关儿童营养信息的方式。

1.2 儿童发展的基础理论

学习目标

学习目标4：生物学视角的主要原则是什么？

学习目标5：从精神动力学视角出发，如何解释发展？

学习目标6：学习视角的重点是什么？

学习目标7：从认知发展视角出发，如何解释儿童思维的变化？

学习目标8：社会情境视角的主要因素是什么？

大纲

生物学视角

精神动力学视角

学习视角

认知发展视角

社会情境视角

威尔刚刚高中毕业，成绩全班第一名。现在是以他为荣的母亲贝蒂思考威尔的过去，并考虑他的未来的时候了。威尔一直是个快乐、随和的孩子，他一直对学习感兴趣。贝蒂想知道为什么他总是那么好脾气，那么有好奇心。她笑着表示，如果她知道这个诀窍，自己就可以写一本畅销书，并成为《科尔伯特报告》（*The Colbert Report*）的嘉宾！

在你继续阅读之前，停下来想一下贝蒂的问题。你怎么解释威尔的好脾气、他对学习的兴趣和好奇心？也许贝蒂是一位很棒的母亲，她在正确的时间做了正确的事？也许年复一年，老师很快就发现了威尔的好奇心并鼓励了他？或者这只是威尔与生俱来的？

每种解释都是一个简单的理论：每个都试图解释威尔的好奇心和善良本性。在儿童发展研究中，理论要复杂得多，但目的是一样的：解释行为和发展。在儿童发展科学中，理论是一套有组织的概念，用来解释和预测儿童发展。

理论使得我们可以在研究中验证假设；在这个过程中，每个假设都被确认或否定。想想对威尔行为的不同解释。每个都引出了独特的假设。例如，如果老师的鼓励导致威尔产生了好奇心，我们假设如果老师停止了鼓励，威尔就不应该再有好奇心。当研究结果与假设一致时，则理论得到支持。当研究结果与假设相悖时，理论就不正确，需要修正。这些修正后的理论为新的假设提供了基础，而新的假设又会引出新的研究，循环会一直继续下去。沿着该路径每进行一步，这个理论都越来越接近成为一个完整的叙述。在整本书中，在"理论聚焦"专栏中，我们将着眼于具体的理论、衍生出的假设，以及测试这些假设的研究结果。

在儿童发展科学的历史上，有许多理论指导着对儿童发展的研究和思考。最早的发展理论为更新、改进的理论铺平了道路。在本模块中，我将阐明为现代理论提供科学基础的理论，因为本书后面所描述的新理论都最好能从它们的历史根源出发理解。

许多早期理论中关于儿童和发展的假设与观点大致相同。将它们组合在一起，就形成了儿童发展研究的五大理论视角：生物学视角、精神动力学视角、学习视角、认知发展视角和社会情境视角。

生物学视角

学习目标4：生物学视角的主要原则是什么？

根据生物学视角，智力和个性的发展，以及身体和运动的发展，都植根于生物学。成熟理论是最早的生物学理论之一，由阿诺德·格塞尔（Arnold Gesell，1880—1961）提出。根据成熟理论，儿童的发展是机体预先安排、计划的反映。在格塞尔看来，发展只是生物计划的自然展开；经验几乎没有意义。就像200年前的卢梭一样，格塞尔鼓励父母让孩子自然成长。格塞尔表示，如果没有成人的干预，诸如说话、玩耍和推理等行为会根据预定的发展时间表自发地出现。

成熟理论被抛弃了，因为它几乎没有谈到环境对儿童发展的影响。然而，其他生物学理论更重视经验。行为学理论从进化的角度来看待发展。在这个理论中，许多行为是适应性的；也就是说，它们具有生存价值。例如，对婴儿来说，依附、抓握和哭泣是适应性的，因为由此能从成人那里得到照顾。行为学理论家认为，许多适应性行为都是人类遗传的。

到目前为止，行为学理论似乎是一种成熟的理论，也有一些进化理论的痕迹。经验在此扮演什么样的角色？行为学理论家认为，所有的动物都按生物学程序发展，所以某些学习只能在特定的年龄发生。关键期是指在发展过程中可以进行某种特定学习的时期；在关键期之前或之后，同样的学习是困难的，甚至是不可能的。

一个关于关键期的著名例子来自康拉德·洛伦兹（Konrad Lorenz，1903—1989）的研究。他是一位动物学家，他注意到，刚孵出的小鸡会跟着它们的母亲走。他设想小鸡根据生物学程序会跟着它们出生后看到的第一个移动的物体走。这个移动的物体通常是母鸡，所以跟随母鸡是印刻的第一步，从而与母亲建立情感纽带。洛伦兹验证了他的设想：如果用其他移动的物体代替母鸡，新孵出的小鸡就会跟着那个物体走，把它当作"母亲"。但小鸡必须在孵化后的一天内看到移动的物体，否则，小鸡就不会对移动的物体上产生印刻行为。换句话说，印刻的关键期大约持续一天；当小鸡在关键期之外看到移动的物体时，印刻不会发生。尽管潜在的机制是生物学的，但经验对于触发程序性的、适应性的行为必不可少。

行为学理论和成熟理论都强调了儿童发展的生物学基础。

生物学理论家提醒我们，儿童的行为是长期进化史的产物。因此，生物学理论家会告诉贝蒂，威尔善良的本性和优异的学习成绩在很大程度上归因于他的生物学天赋——遗传产物。

精神动力学视角

学习目标5：从精神动力学视角出发，如何解释发展？

精神动力学是关于儿童发展的最古老的科学观点，起源于19世纪末20世纪初西格蒙德·弗洛伊德（Sigmund Freud，1856—1939）的著作。弗洛伊德是一位医生，他的病人都是患有看起来没有明显生物学病因的疾病的成人。当弗洛伊德倾听这些病人描述他们的问题和生活后，他确信早期经历对人的发展有不可估量的影响。根据病人的病史，弗洛伊德创立了第一个精神动力学理论。该理论认为，发展在很大程度上取决于人们如何解决他们在不同年龄阶段面临的冲突。

在弗洛伊德对人格的三个主要组成部分的描述中，冲突的作用是显而易见的。本我是原始本能和驱动力的储存库。从出生起，本我就迫切地要求立即满足身体的需要和欲望。饥饿的婴儿大声哭泣说明了本我在起作用。自我是人格的现实的、理性的组成部分。当婴儿认识到他们不能总是得到他们想要的东西时,自我在出生后的第一年就开始显现。当本我的本能欲望遇到现实世界的障碍时,自我试图解决冲突。自我经常试图为本我的冲动需求找到社会上更容易接受的渠道。例如,没有玩具的孩子明显嫉妒拥有玩具的孩子。根据弗洛伊德的理论,本我会促使孩子去抢玩具,但自我会鼓励孩子在这个过程中和同伴一起玩那个有吸引力的玩具。

人格的第三个组成部分——超我,是儿童人格中的"道德警察"。它出现在学龄前,因为孩子开始内化成人对与错的标准。如果在前面的例子中,同伴没有好好看管玩具,本我可能会告诉孩子抓起玩具就跑;而超我会提醒孩子拿别人的玩具是不对的。

Q&A 问题1.2

根浩和永欣是姐妹,她们分别在15岁和10岁时从韩国移民到了加拿大。尽管她们俩自从来到加拿大后几乎只说英语,但根浩还是带点口音,偶尔会犯语法错误;永欣的英语说得无懈可击——非常地道。基于关键期理论,你如何解释永欣的英语水平?

今天,科学家认识到,弗洛伊德理论的许多缺陷在整体上弱化了该学说(如一些关键观点太模糊,无法在研究中测试)。然而,弗洛伊德的两个见解对儿童发展的研究和理论产生了持久的影响。首先,他指出早期经历对孩子的发展有持久的影响。其次,他认为,孩子经常会在他们想做的事情和他们知道应该做的事情之间经历冲突。

埃里克森的心理社会理论

埃里克·埃里克森(Erik Erikson,1902—1994)是弗洛伊德的学生,他接受了弗洛伊德关于冲突的观点,但他强调冲突的心理和社会方面,而不是生物学和生理方面。在埃里克森的心理社会发展理论中,发展由一系列的阶段组成,每个阶段都有一个独特的危机或挑战。完整的理论包括表1-1所示的八个阶段。每个阶段的名称都反映了一个人在特定年龄阶段所面临的挑战。例如,青少年面临的挑战是培养一种自我认同感。没有自我认同感的青少年不会建立真正亲密的关系,而会过度依赖他们的伴侣作为认同感的来源。

不管是冲突、挑战还是危机,从精神动力学的视角来看,通往成人的道路都是艰难的,因为这条道路充满了障碍。发展的结果反映了儿童克服障碍的方式和轻松程度。当儿童很容易地克服早期的障碍时,他们就能更好地处理以后的障碍。回到这个模块的开篇案例,精神动力学理论家会告诉贝蒂,威尔开朗的性格和他的学习成绩表明他很好地处理了人生早期的障碍,这是他未来发展的一个好兆头。

表1-1 埃里克森心理社会发展的八个阶段

心理社会发展阶段	年龄	挑战
信任与不信任	出生到1岁	发展世界是安全的，给人以"好地方"的感觉
自主与害羞、怀疑	1~3岁	意识到自己是一个独立的人，可以做决定
主动与愧疚	3~6岁	培养尝试新事物、处理失败的意志
勤奋和自卑	6岁到青少年	学习基本技能和与他人合作
自我认同与认同混乱	青少年	培养持久、完整的自我意识
亲密与孤独	成年初期	在恋爱关系中忠于对方
繁殖与停滞	成年中期	通过养育孩子、照顾孩子或其他生产性工作，为年轻一代做出贡献
完美与绝望	老年	对生活满意，深感值得

学习视角

学习目标6：学习视角的重点是什么？

早期学习理论

早期学习理论认可约翰·洛克的观点，即婴儿的心灵是一块白板，可在上面书写经验。约翰·华生（John Watson）是第一个将这种观点应用于儿童发展的理论家，他认为从经验中学习决定了儿童将成为什么样的人。

华生几乎没有做什么研究来支持自己的观点，但B.F.斯金纳（B.F. Skinner，1904—1990）填补了这个空白。斯金纳研究了操作性条件反射，即行为的后果决定行为是否会被重复。斯金纳指出，有两种后果影响特别大。强化是一种增加了所遵循的行为在将来出现概率的行为后果。正强化包括给予奖励，如巧克力、金星或奖金，以增加重复之前行为的概率。当父母想鼓励女儿打扫房间时，他们可以用表扬、食物或金钱来奖励她完成家务。负强化是指通过拿走不喜欢的东西来奖励别人。同样地，父母也可以使用负强化，比如，每当女儿打扫房间时，她就不用洗盘子或叠衣服了。

惩罚是一种减少了所遵循行为未来发生概率的行为后果。惩罚通过增加令人讨厌的事情或减少令人愉快的事情来抑制行为。当孩子不打扫房间时，父母可以惩罚她，让她做额外的家务（增加令人讨厌的事情）或不让她看电视（减少令人愉快的事情）。

如果运用得当，强化和惩罚会对孩子产生巨大的影响。然而，孩子往往在没有强化或惩罚的情况下学习。孩子通过观察周围的人就能学到很多东西，这被称为模仿或观察学习。例如，一个蹒跚学步的孩子看到同伴扔玩具自己也跟着做，或者学龄儿童因为看到她的父母主动帮助老人提菜，自己也跟着做，抑或儿子试图学父亲刮胡子。

社会认知理论

也许模仿会让你想到"依葫芦画瓢"。早期的研究人员也曾持这种观点，但研究很快表明这是错误的。孩子并不总是模仿他们周围的人。相反，孩子更有可能模仿他们看到的受欢迎的、聪明的或有才华的人。当他们看到的行为受到奖励而不是受到惩罚时，他们更有可能模仿。这些发现意味着孩子的行为比纯粹的模仿要复杂得多。孩子不会机械地模仿他们的所见所闻；相反，他们会从别人那里寻找有关适当行为的信息。当受欢迎的、聪明的同伴以某种特定的方式受到肯定时，模仿他们才有意义。

心理学家阿尔伯特·班杜拉（Albert Bandura，1925—2021）将他的社会认知理论建立在奖赏、惩罚和模仿这一更为复杂的观点上。班杜拉称他的理论为"认知理论"，因为他相信孩子积极地试图理解他们的世界里发生的事；这一理论也被称为"社会理论"，因为除了强化和惩罚，其他人的行为也是关于世界的重要信息来源（Bandura，2006，2012）。

班杜拉还认为，经验给予孩子自我效能感，即对自己能力和天赋的信念。自我效能有助于儿童决定何时模仿他人。例如，一个认为自己在运动方面没有天赋的孩子，不会试图模仿勒布朗·詹姆斯灌篮，尽管詹姆斯很有天赋而且很受欢迎。但有自我效能感的儿童则很可能会模仿詹姆斯，因为他相信自己很有天赋，所以模仿是有意义的。因此，儿童是否模仿他人取决于他人是谁，那个人的行为是否得到奖励，以及儿童对自身能力的信念。

班杜拉的社会认知理论与斯金纳的操作性条件反射理论相去甚远。具有社会认知的儿童，积极理解事件，取代了机械地对强化和惩罚做出反应的操作性条件反射的儿童。然而，斯金纳、班杜拉和所有的学习理论家都认为，经历在儿童发展进程中起推动作用。回到这个模块的开篇案例，他们会告诉贝蒂，她要感谢经历让威尔在学习上既快乐又成功。

认知发展视角

学习目标7：从认知发展视角出发，如何解释儿童思维的变化？

认知发展观关注的是儿童思维，以及他们的思维如何随着成长而变化。让·皮亚杰（Jean Piaget，1896—1980）被认为是这些理论家中最著名的，他认为儿童天生试图给他们的世界赋予意义。婴儿、儿童和青少年想要了解物质世界和社会世界的运作方式。例如，婴儿想了解物体："当我把这个玩具从桌子上推下去时会发生什么？"他们还想了解人们："喂我吃饭、照顾我的这个人是谁？"

皮亚杰认为，当孩子试图理解他们的世界时，他们就像科学家一样创造理论，来增加他们对物体和人的了解。这些理论每天都受到经历的检验，因为它们引领着孩子对某件事情有所期待。就像真正的科学理论一样，当期待的事情发生时，孩子对自己理论的信念就会增强。当所期待的事情没有发生时，孩子就会修改他们的理论。例如，手里拿着拨浪鼓的婴儿可能会形成这样的理论：如果我松开手，拨浪鼓就会掉到地板上。如果婴儿将抓着东西（一个盘子或一件衣服）的手松开——她将发现东西也掉到了地板上，她会把这个理论概括为：东西掉下来都会落在地板上。在皮亚杰的理论中，即使婴儿也有关于物体及其属性的基本理论。

皮亚杰还认为，在发展的一些关键时刻，儿童会意识到他们的理论有基本的缺陷。当这种情况发生时，他们会彻底修改他们的理论。这种修改关乎本质，因此修改后的理论在许多方面都是一个全新的理论。皮亚杰声称，在儿童发展过程中会发生三次根本性的改变：第一次是在2岁左右，第二次是在7岁左右，第三次是在青春期之前。这些根本性的变化意味着儿童的认知发展要经历四个不同的阶段。每个阶段都代表着儿童如何理解和组织环境的根本变化，每个阶段都标志着更复杂的推理类型。例如，感知运动阶段从出生开始一直持续到2岁左右。顾名思义，感知运动思维与婴儿的感知和运动技能密切相关。这一阶段及其后三个阶段如表1-2所示。

表1-2 皮亚杰关于认知发展的四个阶段

阶段	大致年龄	特征
感知运动	出生到2岁	婴儿对世界的认识基于感官和运动技能。到这一阶段结束时，婴儿开始使用心理表象
前运算思维	2~6岁	儿童学习如何使用符号，如文字和数字，来代表世界的各个方面，但只是通过他自己的视角与世界联系
具体运算思维	7~11岁	儿童理解并将逻辑运算应用到他们当前关注的经历中
形式运算思维	青春期及以后	青少年或成人抽象地思考，推测假设的情况，并对可能发生的事情进行演绎推理

根据皮亚杰的理论，儿童的思维随着他们的成长而变得更加复杂，这反映了儿童创造了更加复杂的理论。回到我们的开篇案例，皮亚杰对威尔的善良本性没有太多的看法。至于他的学习表现，皮亚杰会解释说，所有的孩子都自然地想要理解他们的世界；威尔在这方面的技巧非常娴熟。在模块6.1中，我们将进一步探讨皮亚杰对我们理解认知发展的贡献，以及更多现代理论。

社会情境视角

学习目标8：社会情境视角的主要因素是什么？

大多数发展心理学家都同意，环境是儿童生活中的重要力量。传统上，大多数儿童发展理论都强调直接影响儿童的环境因素。环境直接影响的例子包括父母表扬孩子，哥哥姐姐取笑弟弟妹妹，幼儿园老师劝阻女孩玩卡车。这些直接影响在孩子的生活中很重要，但从情境的角度来看，它们只是一个更大系统的一部分，在这个系统中，系统的每个因素都会影响所有其他因素。这个更大的系统包括一个人的父母、兄弟姐妹，以及家庭之外的重要个人，如朋友和老师。该系统还包括影响发展的场所，如学校、工作场所、教堂等。

所有这些人和场所结合在一起形成了个人文化——与一群人有关的知识、态度和行为。文化可以指一个特定的国家或民族（如法国文化）、某个特定的时间点（如20世纪90年代的流行文化），或者那些保持特定的、可识别的文化传统的群体，如庆祝宽扎节的非裔美国人。文化为儿童提供了发展的环境，因此对儿童和青少年的发展产生了许多重要影响。

最早在儿童发展中强调文化背景的理论家之一是列夫·维果茨基（Lev Vygotsky, 1896—1934）。维果茨基是一位俄罗斯心理学家，主要研究成人如何向孩子传达他们的信仰、习俗、文化和技能。维果茨基认为，所有社会的重要目标之一都是使儿童树立正确的价值观和获得技能，因此儿童发展的各个方面都必须考虑社会情境。例如，许多美国父母希望他们的孩子在学校努力学习，上大学。同样，生活在非洲的埃菲族父母希望他们的孩子学会收集食物、建造房屋，以及打猎；这些技能是埃菲族人必须掌握的，对于在他们所处的环境中生存至关重要。维果茨基认为发展是一种学徒制，即当孩子与包括老师和家长在内的有技能的成人一起时，他们会得到成长。在模块6.2中，我们将学习更多关于维果茨基对我们理解认知发展的独特贡献。

回到我们的开篇案例，维果茨基同意学习理论家告诉贝蒂，环境对她儿子随和的性格和学业成功至关重要。然而，社会情境理论家会坚持认为，"环境"的意义远不止学习理论的核心——强化、惩罚和观察。他们更看重贝蒂向她儿子传达好奇心和学业成功的价值的方式；贝蒂加入了一个重视在校表现的文化团体也对威尔的发展产生了重要影响。

总览

比较五大视角，就像试图在一天内参观一个大城市的所有著名景点：可以做到，但有困难，过一段时间，理论就会混淆在一起。没关系。表1-3概述了五大视角及其重要理论。

表1-3　五大视角及其重要理论

视角	关键假设	理论
生物学	发展主要由生物学力量决定	成熟理论：强调发展是生物基因计划的自然展开
		行为学理论：强调行为适应性和发展过程中关键期经验的重要性
精神动力学	发展主要取决于儿童在不同年龄阶段如何解决冲突	弗洛伊德理论：强调原始生物力量和社会是非标准之间的冲突
		埃里克森理论：强调信任、自主、主动、勤奋和自我认同感形成过程中的挑战
学习	发展主要由儿童所处的环境决定	斯金纳操作性条件反射：强调强化和惩罚的作用
		班杜拉的社会认知理论：强调儿童通过强化、惩罚和他人的行为来认识世界的努力
认知发展	发展反映了儿童认识世界的努力	皮亚杰理论：强调儿童不断变化的世界理论所产生的不同思维阶段
社会情境	发展受直接和间接环境的影响，这些因素通常相互影响	维果茨基理论：强调父母（和其他成人）向下一代传递文化的作用

这些观点是我在本书中介绍的当代理论的基础。例如，皮亚杰的理论是现代解释婴儿对物体的理解和学龄前儿童的心理理论（两者都在模块6.3中描述）的先驱。同样，埃里克森的理论对母婴依恋（模块10.3）和青少年时期身份认同（模块11.1）的研究也有贡献。

本书所描述的现代理论都来自表1-3所列的五个视角。为什么？因为没有一个单一的视角能够真正完整地解释儿童发展的各个方面。从认知发展视角出发的理论对于理解儿童随着年龄的增长如何改变思维很有用。同时，从社会情境和学习视角出发的理论在解释父母、同伴、学校和文化等环境力量如何影响儿童发展方面也特别有价值。通过汲取所有的观点，我们能够更好地理解促进儿童发展的不同因素。就像你可以通过从不同的角度来更好地欣赏一幅画一样，儿童发展研究人员通常依靠多种视角来理解儿童发展的原因。

理解影响发展因素的另一种方式是考虑发展的几个主题——跨越不同理论视角和特定研究话题的主题。我们会在模块1.3中讨论这些主题。

检测你的学习

回忆：描述儿童发展的生物学视角的不同代表理论。

解释：儿童发展的社会情境视角的主要特点是什么？解释埃里克森和皮亚杰关于儿童发展阶段的相似之处和不同之处。

应用：一个朋友抱怨说，和其他同龄的孩子相比，他1岁的孩子似乎哭得更多。基于表1-3中列出的五个视角，理论家会如何解释他儿子的过度哭泣？

1.3 儿童发展研究的主题

学习目标

学习目标9：可以在多大程度上从生命早期预测发展结果？
学习目标10：遗传和环境如何影响发展？
学习目标11：儿童在自我发展中扮演什么角色？
学习目标12：不同发展领域是否相互联系？

大纲

发展的连续性
先天和后天的影响
儿童的主动性
不同发展领域之间的联系

哈维尔·苏亚雷斯第一次抱着刚出生的孙子，脸上露出了灿烂的笑容。他的脑海中涌现出各种想法：里卡多长大后会经历什么？他们居住的贫困社区会妨碍他发挥潜力吗？他会遗传到健康的家族基因吗？里卡多在美国作为奇卡诺人长大的经历与我在墨西哥长大的经历会有何差异？

像许多祖父母一样，哈维尔想知道他孙子的未来会怎样。他的问题实际上反映了发展的四个基本主题，而这也是本模块的重点。这些主题是理顺本书其余部分有关儿童发展的许多具体事实的基础。为此，从第 2 章到第 15 章，"统一主题"板块会将本章的内容与其中某个主题联系起来。

发展的连续性

学习目标9：可以在多大程度上从生命早期预测发展结果？

这个主题涉及发展的可预测性。你相信一个快乐、开朗的 5 岁孩子会一直都保持外向和友善吗？如果你相信，这表明你相信发展是一个持续的过程：根据这种观点，一旦儿童开始沿着特定的发展道路前进，他就会终生保持在这条道路上。换句话说，如果里卡多在 5 岁的时候友善而聪明，那么到了 15 岁和 25 岁，他理应还是如此友善而聪明。另一种观点认为发展不是连续的；这种观点认为，5 岁的里卡多是友善和聪明的，可 15 岁的他也可能变得令人讨厌又愚蠢，而 25 岁的他可能是安静又聪明的！因此，连续性-非连续性问题实际上探讨的是发展的"相关性"：发展的早期方面是否始终与后期方面相关？

> **Q&A 问题1.3**
>
> 小时候，希瑟非常害羞和内向，但成年后她变得外向，喜欢参加各种派对。对于害羞的连续性或非连续性，我们可以从希瑟身上获取什么信息？

先天和后天的影响

学习目标10：遗传和环境如何影响发展？

我想用我儿子的故事来介绍这个主题。我的大儿子本是一个可爱的宝宝。他每天早上醒来时脸上都挂着微笑，渴望开始充实的又一天。本很少不高兴，当他确实难过的时候，我们会抱着他，他很快就得到了安慰。我认为他开朗的性格一定反映了我们出色的养育方式。因此，当我的二儿子马特从他出生到1岁的大部分时间都在哭闹和发脾气时，我惊呆了。他很容易被激怒，而且很难安抚。为什么对本行之有效的全明星育儿方式在马特这里就失效了？原来，本的养育方式并不是他幸福的唯一原因。我曾经认为，他性格温和是环境使然，但实际上，生物影响也起了重要作用。

这个故事说明了先天-后天之争：生物学（先天）和环境（后天）如何影响孩子的发展？里卡多外向和友善是因为他的遗传还是他的经历？科学家曾经希望归因于遗传或环境。例如，他们的目标是能够下结论说智力源于遗传，或者个性源于经历。今天，我们知道，儿童发展的任何方面几乎都不是遗传或环境单方面的结果。相反，发展总是由两者共同塑造的——先天和后天相互作用（Sameroff, 2010）。事实上，儿童发展研究的一个主要目标是了解遗传和环境如何共同决定儿童的发展。

儿童的主动性

学习目标11：儿童在自我发展中扮演什么角色？

我经常问我儿童发展班的学生他们何时要孩子？计划如何抚养他们？希望自己的孩子长大后成为怎样的人？学生的回答总是很有趣。许多人为他们还未出生的孩子制订了宏伟的计划。然而，已经有孩子的学生听到后往往嗤之以鼻，表示"你想太多了"，这样的回应十分有意思。已为人父母的学生承认，他们也曾有过育儿的宏伟蓝图。然而，他们很快发现，是他们的孩子塑造了他们为人父母的方式。

这两种观点说明了儿童的主动性-被动性之争：儿童是单纯地受环境的支配（被动

的儿童），还是通过自身独特的个性特征积极地影响自己的发展（主动的儿童）？被动性观点符合洛克的描述，孩子是一张白纸，可在上面涂写他们的经历；而主动性观点则对应卢梭的看法。他认为发展是发生在孩子身上的自然过程。今天，我们知道经历确实至关重要，但并不总是以洛克所设想的方式进行的。通常，是孩子对经历的诠释塑造了其自身的发展。从出生起，像里卡多这样的孩子就试图理解他们的世界，在这个过程中，他们帮助塑造了自己的命运。

此外，孩子的个性特征可能导致他们存在一些异于他人的经历。例如，孩子喜欢父母给自己读绘本。她的兴奋是有感染力的，让她的父母迫不及待地每晚给她读绘本。相反，如果孩子在阅读过程中很拘束或看起来很无聊，父母可能不会花时间给孩子阅读。在这两种情况下，孩子在阅读时的行为会影响父母将来是否给他们读绘本。

不同发展领域之间的联系

学习目标12：不同发展领域是否相互联系？

儿童发展研究人员通常研究不同发展领域，如身体发育、认知、语言、个性和社会关系。一位研究人员可能研究儿童如何学习语法；另一位研究人员可能探索儿童对道德问题的推理。当然，我们不应该把发展的每个方面都看成完全独立于其他方面的实体。相反，不同发展领域总是相互交织的。例如，认知和社会发展并不是相互独立的；一个领域的进步会影响另一个领域的发展。里卡多的认知成长（例如，他成为一名优秀的学生）会影响他的社会发展（例如，他与跟自己同样热爱学校的同学成为朋友）。

介绍完主题之后，让我们来回顾一下。

- **连续性**：早期发展与后期发展相关，但并不完全相关。
- **先天和后天**：发展总是受到遗传和环境的共同影响。
- **儿童的主动性**：儿童影响自身发展。
- **联系**：不同发展领域相互联系。

大多数儿童发展科学家都同意这些是儿童发展中重要的一般性主题。然而，就像木材、砖块、管道和电线可以用来建造各种各样的房子一样，这些主题在儿童发展的主要理论中以不同的方式表现出来。例如，关于先天−后天之争。在这五大视角中，生物学视角处于一个极端，强调自然影响方面；处于另一个极端的是学习和社会情境视角，这两者都强调后天培养。

这些视角还看到了不同发展领域之间不同程度的联系。皮亚杰的认知发展理论强调联系：因为儿童努力形成一个完整的理论来解释世界，因此认知和社会发展是紧密相连的。相反，学习视角认为，联系的程度完全取决于环境影响的性质。相似的环境影响在儿童生活的不同领域产生许多联系；不同的环境影响则会产生极少的联系。

✓ 检测你的学习

回忆： 阐述连续发展和非连续发展之间的区别。

解释： 举例说明不同发展领域是相互联系的。解释先天和后天的区别，以及这些因素如何影响儿童的发展。

应用： 父母对活泼的孩子和安静的孩子有什么不同的反应？

1.4 进行儿童发展研究

学习目标

学习目标13：科学家如何测量他们感兴趣的儿童发展话题？

学习目标14：在儿童发展研究中使用哪些一般研究设计？

学习目标15：研究与年龄有关的变化时，有哪些设计比较独特？

学习目标16：研究人员必须遵循什么伦理程序？

学习目标17：研究人员如何与其他科学家交流研究结果？

大纲

儿童发展研究中的测量方法

一般研究设计

研究年龄相关变化的设计

伦理责任

交流研究结果

李和琼都是10岁男孩的母亲。她们的儿子有很多朋友，但关于孩子友谊的基础是什么，两位母亲都说不清楚。李相信"互补相吸"：孩子会与兴趣和能力互补的同龄人交朋友。琼对此存疑：她的儿子似乎在寻找那些在兴趣和能力上与自己几乎完全相同的男孩。

假设李和琼知道你学过儿童发展课程，她们请求你帮助她们解决争论。从模块1.2的内容来看，李和琼都形成了关于儿童友谊的简单理论。李的理论是互补型的孩子更容易成为朋友，而琼的理论是相似的孩子更容易成为朋友。你知道这些理论应该通过研究来验证。但如何进行？事实上，像所有的科学家一样，儿童发展研究人员遵循科学的方法来验证，一般包括三个步骤：

- 确定一个需要回答的问题或一种需要理解的现象。
- 产生一个假设，对这个问题进行试探性回答或对这种现象进行试探性解释。
- 选择一种收集数据的方法，以评估假设。

在我们的小故事中，李和琼已经采取了前两个步骤：他们想知道为什么孩子们会成为朋友，并且每个人都有一个关于这种现象的简单理论，这个理论可以用来产生假设。剩下的就是找到一种收集数据的方法，这也是本模块剩下部分的重点。

儿童发展科学家如何选择收集证据的方法来测试关于儿童发展的假设？

事实上，在设计方法时，儿童发展科学家必须做出几个重要的决定。他们必须测量他们感兴趣的主题；他们必须做出研究设计；他们必须确保他们提议的研究尊重参与者的权利；而且，在研究完成后，他们必须与其他研究人员交流研究结果。

儿童发展研究人员并不总是坚持这一系列步骤。例如，研究人员通常会在做出每个决定时考虑研究参与者的权利，可能会因为某个步骤侵犯了他们的权利而否决它。然而，为了简单起见，我将使用这个顺序来描述发展研究的步骤。

儿童发展研究中的测量方法

学习目标13：科学家如何测量他们感兴趣的儿童发展话题？

研究通常从决定如何测量感兴趣的话题或行为开始。例如，回答李和琼关于友谊的问题的第一步是决定如何测量友谊。儿童发展研究人员通常会采用以下四种方法中的一种：系统观察、创设任务对行为取样、自我报告，以及测量生理反应。

系统观察

顾名思义，系统观察是指观察孩子并认真记录他们的一言一行。有两种常见的系统观察形式。在自然观察法中，观察孩子在现实生活中的自发行为。当然，研究人员无法追踪孩子的一举一动。在此之前，他们必须决定要记录哪些变量（可以取不同值的因素）。例如，研究友谊的研究人员可能决定观察在学校食堂里的孩子。他们会记录下每个孩子坐的位置以及谁和谁说话。他们也可能决定在中学第一年开始时观察孩子，因为很多孩子在这时候交了新朋友。

甘德森（Gunderson）等人（2013）研究了14个月、26个月和38个月时母亲和孩子的互动，阐述了自然观察法。他们用摄像机记录孩子90分钟的日常活动（如穿衣、吃饭、玩耍）。从这些录像中，研究人员测量了母亲表扬孩子的次数，表扬被定义为给孩子的积极反馈。表扬可以是直接的（"干得好"），也可以是含蓄的（"你自己做到了"）。

在结构性观察中，研究人员构建可能引发研究行为的情境。结构性观察对于研究那些很难自然观察到的行为特别有用，因为这些行为不常见或者发生在私人场合。例如，使用自然观察法研究儿童对紧急情况的反应，研究人员通常无法取得进展，因为紧急情况不会在预定的时间和地点发生。然而，使用结构性观察法，研究人员可能会设置一个紧急情况，如让附近的成人大声呼救，然后观察孩子的反应。同样，使用自然观察法观察朋友间的互动也相当困难，因为这些互动通常发生在家里。在结构性观察中，朋友可以被邀请到研究人员的实验室，那里可能配有桌椅。孩子会被要求做一些朋友间典型的活动——如玩游戏，研究人员会观察他们的行为，有时会通过镜子来观察。

结构性观察的一个很好的例子来自斯特奇-爱普、戴维斯和卡明斯（Sturge-Apple，Davies和Cummings，2010）对育儿策略的研究。研究人员让一位母亲和她6岁的孩子一起待在一个房间里，房间里有许多好玩的玩具。研究人员鼓励母亲和孩子玩5分钟玩具，然后告知母亲让孩子帮助整理玩具。玩玩具和整理玩具的过程都被录了下来，然后研究人员根据这些录像来测量父母的行为。比如，母亲在鼓励孩子时表扬和赞许的频率。大多数6岁的孩子更想继续玩，而不是整理！通过构建这个对母亲来说比较有挑战性的情境，斯特奇-爱普等人希望了解父母的行为。

结构性观察使研究人员能够观察到一些原本很难研究的行为，但研究人员必须确保他们构建的环境不会干扰所感兴趣的行为。例如，在研究人员的实验室里观察朋友玩游戏有许多人为因素：朋友并不在自己家里，他们被告知要做什么，他们知道自己被观察了。同样，斯特奇-爱普等人研究中的妈妈知道自己正在被录像，她们可能想展示自己最好的育儿行为。这些因素中的任何一个或所有都可能导致孩子和父母的行为与他们在现实世界中的行为不同。研究人员必须注意，他们的方法不能扭曲他们所观察到的行为。

创设任务对行为取样

当研究人员不能直接观察某种行为时，一种替代方法是创设任务，对感兴趣的行为进行取样。例如，为了测量记忆，研究人员有时会使用数字广度任务：研究人员先读一串数字，读完后，孩子们试着按照他们听到的顺序重复这些数字。为了测量儿童辨别不同情绪的能力，研究人员有时会使用图1-1所示的任务。要求孩子看面部表情并指出看起来快乐的人。

图1-1

因为任务型行为取样很方便，因此很受儿童发展研究人员的欢迎。然而，一个潜在的问题是，行为取样可能抽取的不是研究人员感兴趣的行为。例如，让孩子从照片中判断情绪可能是无效的，因为它低估了孩子在现实生活中的行为。你能想到为什么会这样吗？我在本模块"检测你的学习"前会提到几个原因。

自我报告

第三种测量方法是自我报告，它实际上是用任务来测量孩子行为的一种特殊形式。自我报告只是孩子对研究人员感兴趣的问题做出回答。当以书面形式提出问题时，报告为问卷；当用口头方式提出问题时，报告就是访谈。在这两种形式中，问题都是用来探究感兴趣主题的不同方面。例如，为了检验相似性对友谊的影响，被试者可能会被告知：

雅各布和戴夫刚在学校认识。雅各布喜欢读书，在学校管弦乐队演奏单簧管；戴夫喜欢在Xbox 360上玩游戏，他是篮球队的明星。你认为雅各布和戴夫会成为朋友吗？

参与这项研究的孩子会评估雅各布和戴夫成为朋友的概率。

叶、道格拉斯和谢尔顿（Yip, Douglass和Shelton, 2013）的一项研究提供了一份典型的问卷，他们感兴趣的是亚裔美国青少年的种族认同感在多大程度上受到学校内部多样性的影响。为了测量青少年的民族认同感，他们使用了一份问卷，其中包括诸如"我对我的种族或民族的人感觉良好"和"一般来说，我的种族或民族是我自我形象的重要组成部分"这样的陈述。青少年会基于从"非常不同意"到"非常同意"的7分制量表来选择每句陈述对自己而言的真实程度。

自我报告是有用的，因为它们可以直接引出研究主题的信息。自我报告也比较方便，对于儿童或青少年群体特别有用。然而，自我报告并不总是能够有效地测量孩子的行为，因为孩子的回答有时是不准确的。为什么？当被问及过去发生的事情时，他们可能记不住。例如，一个被问及童年朋友的青少年可能不太记得那些伙伴。此外，孩子有时会因为反应偏差而回答错误——一些回答可能比其他更容易被社会接受，于是他们更有可能不选那些与社会格格不入的回答。例如，叶等人（2013）研究中的一些青少年可能不愿意承认他们几乎没有民族认同感。但是，只要研究人员牢记这些缺点，自我报告就会成为儿童发展研究的一个有价值的工具。

测量生理反应

最后一种方法不太常见，但很有效：测量生理反应。一个例子是，心率，当孩子们密切关注一些有趣的事情时，他们的心率通常会慢下来，因此，研究人员经常通过测量心率来确定孩子的注意力程度。另一个例子是，人们在面对压力时会分泌皮质醇激素。通过测量儿童唾液中的皮质醇水平，科学家可以确定儿童何时经历压力（Koss等，2013）。

这两个例子都表明，生理反应测量通常是有针对性的，专注于孩子行为的特定方面（两个例子中的注意力和压力）。更重要的是，它经常与其他行为导向的方法一起使用。研究压力的研究人员可能会观察儿童，寻找明显的压力迹象，让父母给孩子的压力打分，也可以测量儿童唾液中的皮质醇水平。如果这三种方法都能得出同样的结论，那么研究人员就会对结论更有信心。

另一组重要的生理测量方法包括那些用来研究大脑活动的方法。过去25年发展起来的技术使现代科学家能够记录儿童在执行特定任务时大脑功能的许多方面。详情见模块4.3。目前，儿童发展科学家在识别与推理、记忆、情感和其他心理功能相关的大脑区域方面取得了巨大进展，这一点很关键。

儿童发展研究中测量行为的方法如表1-4所示。

表1-4 儿童发展研究中测量行为的方法

方法	优点	缺点
系统观察		
自然观察	捕捉儿童在自然环境中的行为	很难应用于小概率行为和私人场所发生的行为
结构性观察	能够应用于小概率行为和私人场所发生的行为	如果创设的情境会扭曲行为，观察结果可能无效
创设任务对行为取样	方便——可以用来研究大多数行为	如果任务不是对自然发生的行为的取样，结果可能无效
自我报告（调查问卷和访谈）	方便——可以用来研究大多数行为	如果儿童因为遗忘或偏差而回答错误，结果可能无效
测量生理反应	能提供独立的、趋同的证据，可用来证实行为测量有效	通常是特定于某些类型的行为，因此可能不适用于所有行为

评估方法

研究人员选择一种测量方法后，必须证明它可靠有效。如果结果在一段时间内是一致的，那么测量就是可靠的。例如，如果对友谊的测量每次都得到相同的结果，那么它就是可信的。如果测量方法测得研究人员所预期的内容，那么这个测量方法可被判断为有效。例如，只有能证明测量友谊的方法真的能测量友谊（而不是受欢迎程度），这样的测量才是有效的。信度通常是通过表明该测量方法与已知有效的另一测量方法密切相关来体现的。我们可以通过显示同伴问卷和父母问卷对友谊评价的相关性来确认测量友谊的问卷是否有效。

在本书中，你会遇到使用不同方法的研究。你还会发现，对同一主题或行为的研究通常使用不同的方法。这是可取的，因为测量方法有不同的优缺点，如果采用不同的测量方法，最终得到相同的结果，那么结论将更具有说服力。例如，如果使用自我报告的研究人员声称，争吵在男孩的友谊中比在女孩的友谊中更常见，其他研究人员从系统观察和创设任务对行为取样中也得到了同样的结论，那么该结论更具有说服力。

代表性取样

可信的测量不光看测量方法，还看所施测的儿童。研究人员通常把所感兴趣的广大儿童群体称为"总体"。总体的例子有所有7岁的美国儿童或所有非裔美国青少年。然而，研究人员很难研究这么大群体中的每个成员。几乎所有的研究都只包括儿童的一个样本，即总体中的一个子集。研究人员必须注意，他们的样本真正代表了所感兴趣的总体。一个不具代表性的样本会导致无效的研究。例如，如果你知道一项关于儿童友谊的研究全部由8岁的孩子组成，他们的朋友主要是学龄前儿童，你会怎么想？这个8岁儿童的样本似乎很不寻常，你会犹豫是否要将这个样本的结果推广到总体中。

当继续读下去时，你会发现我所描述的很多研究都是针对欧美中产阶级的儿童进行的。这些样本能代表所有美国儿童吗？能代表那些在发展中国家长大的孩子吗？有时能代表，但并不尽然。不要想当然地认为这一群体的研究结果也能应用到其他群体（Jensen，2012）。

一般研究设计

学习目标14：在儿童发展研究中使用哪些一般研究设计？

在阐述了假设，确定了变量，并选择了一种方法来收集关于所感兴趣的主题或行为的数据之后，研究人员必须选择一种被称为研究设计的整体概念方法。儿童发展研究人员通常采用两种设计之一：相关性研究或实验研究。

相关性研究

在相关性研究中，研究人员着眼于自然存在的变量间的关系。在最简单的相关性研究中，研究人员测量两个变量，然后观察它们之间的关系。想象一下，一位研究人员想要验证聪明的孩子有更多朋友这一想法。为了验证这一假设，研究人员将测量每个孩子的两个变量：孩子朋友的数量和孩子的智商。

相关性研究的结果通常用相关系数表示，缩写为 r，表示两个变量之间关系的方向和强度。相关系数从 -1.0 到 $+1.0$：

- 当 $r = 0$ 时，两个变量完全无关：孩子的智商与他们有多少朋友无关。
- 当 $r > 0$ 时，两个变量呈正相关：聪明的孩子往往比不聪明的孩子有更多的朋友。也就是说，更高的智商与有更多的朋友有关。
- 当 $r < 0$ 时，两个变量相关，但呈负相关：聪明的孩子比不聪明的孩子朋友更少。也就是说，越聪明的孩子朋友越少。

在解释相关系数时，需要考虑相关系数的符号和大小。符号表示变量之间关系是正相关还是负相关。例如，贝尔斯基、豪斯和帕斯科·费伦（Belsky，Houts和Pasco Fearon，2010）想知道女孩进入青春期的年龄是否与她们在婴儿期对母亲情感依恋的安全感有关（我们将在模块10.3中详细讨论这个话题）。研究人员评估了15个月大女婴的母婴依恋的安全感，并使用体检数据来确定女孩何时进入青春期。0.47的相关系数表明，一般来说，在婴儿期拥有更安全依恋关系的女孩进入青春期的年龄往往更大。

相关关系的强度是通过相关系数与零的正的或负的差异来衡量的。如果孩子智商和其拥有的朋友数量之间的相关系数是0.75，那么两个变量之间的相关关系就非常强：知道一个孩子的智商，你就能准确地预测出孩子有多少朋友。反之，如果相关系数是0.25，那么孩子智商和其拥有的朋友数量之间的相关关系就会相对较弱：虽然一般而言，越聪明的孩子会有更多的朋友，但这一规则也会有很多例外。同样，如果相关系数是-0.75，则表示孩子智商和其拥有的朋友数量呈强烈的负相关，而-0.25表示弱的负相关关系。因此，贝尔斯基等人（2010）关于依恋安全感与青春期开始的年龄的关系研究发现，0.47表明依恋安全感与青春期开始的年龄之间存在中等程度的关系。许多在婴儿期对母亲有依恋安全感的女孩进入青春期的年龄相对较大，但不是所有的女孩都如此；一些具有依恋安全感的女孩在相对较小的年龄就开始了青春期。

相关性研究的结果阐明变量是否相关，但这种设计没有解决变量之间的因果关系的问题。换句话说，发现变量之间的相关性并不一定意味着它们之间存在因果关系。假如一位研究人员发现孩子智商和其拥有的朋友数量之间的相关系数是0.7，这意味着聪明的孩子比不聪明的孩子有更多的朋友。你如何解释这种相关性？图1-2显示了三种可能的解释。第一种解释是，也许聪明会让孩子有更多的朋友。第二种解释是，朋友越多，孩子越聪明。第三种解释是，这两个变量没有因果关系；相反，孩子智商和其拥有的朋友数量是由第三个变量决定的，而这个变量在研究中没有被测量。也许得到父母关爱和支持的孩子更聪明，也有更多朋友。这些解释都可能是正确的，但因果关系在相关性研究中无法确定。

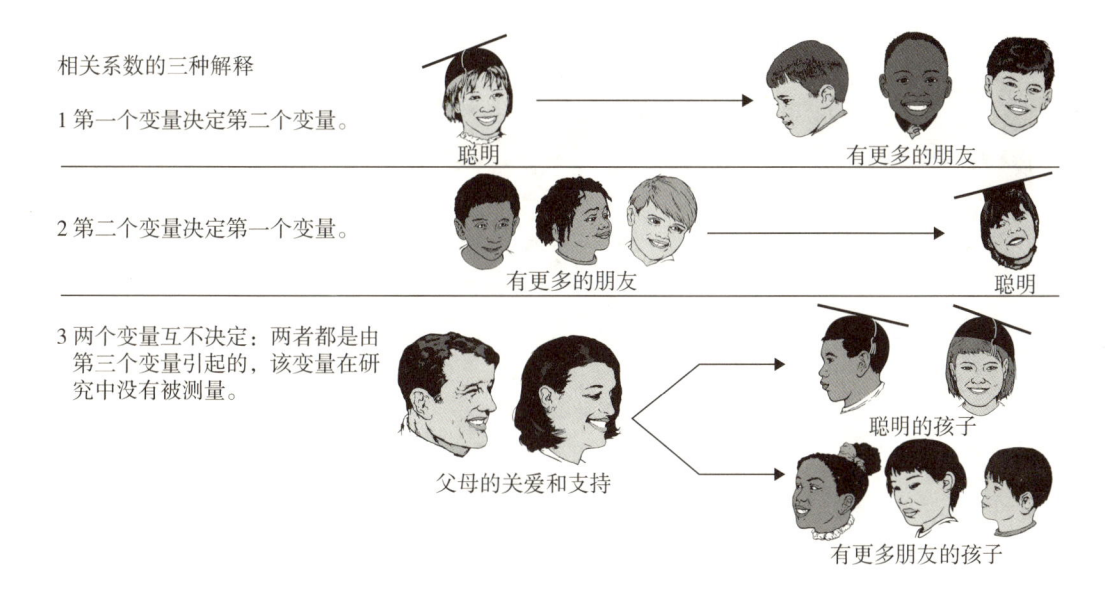

相关系数的三种解释

1 第一个变量决定第二个变量。
聪明 → 有更多的朋友

2 第二个变量决定第一个变量。
有更多的朋友 → 聪明

3 两个变量互不决定：两者都是由第三个变量引起的，该变量在研究中没有被测量。
父母的关爱和支持 → 聪明的孩子／有更多朋友的孩子

图1-2

因此，当研究人员想要找出原因时，他们就会使用一种不同的设计，那就是实验研究。

实验研究

在实验中，研究人员系统地改变了被认为导致某种特定行为的因素。变化的因素称为自变量；被测量的行为称为因变量。在实验中，研究人员随机地将儿童分配到不同的组，这些不同的组接受的实验条件（自变量）不同，然后在所有组中测量因变量。由于儿童是随机分组的，所以组间的差异反映了儿童接受的不同实验条件。

例如，一名研究人员假设儿童与自己朋友分享的信息比与陌生人分享的多。图1-3显示了该研究人员如何验证这个假设。根据随机分配原则，一些五年级的学生和他们的好朋友来到研究人员的实验室。其他五年级的学生在没有好朋友陪伴的情况下来到实验室，并与他们不认识的孩子配对。实验室被装饰成一个舒适的房间。研究人员设计了任务，给一个孩子有趣的玩具玩（也许是Wii电子游戏机），而与之配对的另一个孩子什么也没有。研究人员向孩子们解释了这项任务，然后声称她需要暂时离开房间。实际上，研究人员走进了一个有单向玻璃的房间，观察拿着Wii电子游戏机的孩子是否愿意让另一个孩子玩。

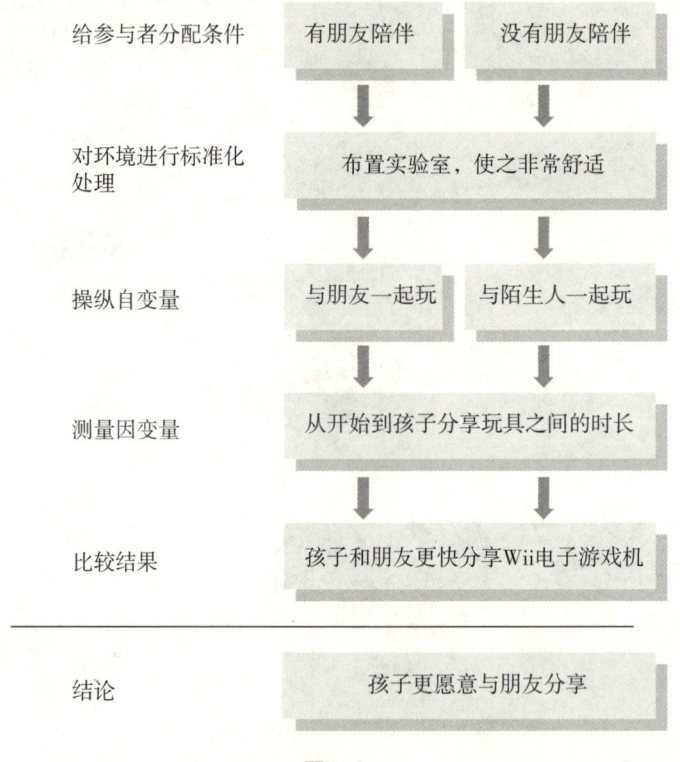

给参与者分配条件	有朋友陪伴	没有朋友陪伴
对环境进行标准化处理	布置实验室，使之非常舒适	
操纵自变量	与朋友一起玩	与陌生人一起玩
测量因变量	从开始到孩子分享玩具之间的时长	
比较结果	孩子和朋友更快分享Wii电子游戏机	
结论	孩子更愿意与朋友分享	

图1-3

同样的场景也适用于所有的孩子：房间和Wii电子游戏机是一样的，研究人员离开的时间也是一样的。对于所有的孩子来说，环境都尽可能地保持不变，除了一些孩子是和自己的朋友一起参与，而另一些孩子则与陌生的孩子一起参与。如果与朋友一起的孩子更愿意分享Wii电子游戏机，研究人员可以得出结论，孩子们更有可能与自己的朋友分享，而不是与陌生的孩子。关于因果关系的结论是可能的，因为这里在控制变量的条件下，对自变量（与自己的朋友或陌生的孩子一起）进行了直接操纵。

你可以在巴特尔曼（Buttelmann）和他的同事（2013）的一项研究中看到实验的使用。婴儿很容易模仿别人的动作。然而，婴儿会有选择地模仿吗？例如，他们是否更有可能模仿一个看起来像他们文化群体的成人？为了回答这个问题，巴特尔曼和他的同事根据随机分配原则，让14个月大的婴儿观察成人用婴儿的母语说话或者用外语说话。成人用母语或外语讲几个简单的故事，然后用一个陌生的物体无声地演示一些新奇的动作（例如，用头触碰盒子的侧面，打开盒子里的灯）。最后，向婴儿展示陌生的物体（如盒子里的灯），并鼓励他们玩这个物体。

在这个实验中，自变量是婴儿观察到的成人是用母语还是外语讲故事；因变量是婴儿模仿成人动作的程度。事实上，婴儿更有可能模仿说母语的成人：44%的婴儿听到成人说母语时，都会模仿，而当成人说外语时，只有31%的婴儿会模仿。由于婴儿被随机分配到不同的环境中，巴特尔曼等人（2013）可以得出结论，成人的语言影响婴儿的模仿可能。

儿童发展研究人员通常会在类似实验室的环境中进行测试，以控制所有可能影响研究结果的变量。实验室研究的一个缺点是，行为不是在自然环境中发生的，因此，结果可能是无效的。因为实验是人为的，只针对实验室的场景，不能代表自然环境中的行为。

为了避免这种限制，研究人员有时用一种特殊类型的实验。在实地实验中，研究人员在自然环境中操纵自变量，这样的结果更有可能代表现实世界的行为。为了说明实地实验，让我们回到孩子更愿与朋友分享更多信息的假设。我们可以在教室里进行研究，学生必须完成一项小组作业。我们与老师合作，把学生分成三组：在一些组里，三个学生都是好朋友；在其他组中，三个学生知道对方，但不是好朋友。作业完成后，老师给每个组长许多贴纸，并告诉组长根据每个人的贡献将贴纸分发给组员。我们预测，组长更愿意在组员都是好朋友的组里分发贴纸（更平均地分发贴纸）。

实地实验的一个很好的例子是德洛奇（DeLoache）和他的同事（2010）的一项研究，他们想知道为促进词汇学习而设计的视频是否真的能帮助婴儿学习单词。他们将1岁大的孩子随机分配到三种情况之中：第一种情况，婴儿和父母每周观看几次旨在帮助增加婴儿词汇量的商业视频；第二种情况，父母只是被告知视频里的25个单词，并被鼓励帮助婴儿掌握这些词汇；第三种情况，婴儿没有看任何视频，父母也没有被告知这些单词。四周后，研究人员测试了婴儿对视频中25个单词的认知。研究人员向婴儿展示了两件物品，其中一件是视频中出现过的一个单词所描绘的物品。研究人员读出这个单词，并要求婴儿指出相应的物品。

在这个实验中，自变量是婴儿接触单词的类型（通过视频；来自父母；没有），因变量是婴儿在听到单词时指向正确物品的次数。视频有用吗？没有。观看视频的婴儿知道的单词数量与对照组的婴儿相同。而相比于那些鼓励父母教单词的婴儿，另两组的婴儿知道的单词都更少。由于婴儿是被随机分配的，德洛奇和他的同事（2010）可以得出结论：接触单词的类型导致了婴儿学习单词数量的差异。

实地实验让研究人员得出关于因果关系的强有力的结论，因为他们在自然环境中嵌入了对自变量的操纵。然而，由于后勤问题，实地实验往往不切实际。在大多数自然环境中，儿童由成人（如父母和老师）监督，而这些成人必须配合研究。成人可能不想为了满足研究人员的需要而改变他们的生活习惯。此外，研究人员通常不能确保对实地实验的控制。例如，在德洛奇对婴儿视频的研究中，研究人员希望父母按照指示播放视频，并提供他们与孩子一起观看视频的频率的真实报告。毫无疑问，有些家长比其他家长更遵守指导，有些家长在报告他们看视频的频率时更诚实。

另一个重要的实验变体是准实验，通常涉及通过使用非随机分配创建的组来检查自变量的影响。例如，想想儿童发展研究人员如何研究以下因素对儿童发展的影响：（a）母亲吸烟；（b）遭遇像卡特里娜飓风这样的自然灾害；（c）在农村长大。在这些情况下，进行真正的实验要么是不可能的，要么是不道德的——儿童不可能被随机分配给吸烟的母亲或生活在农村的母亲。然而，生活在这些条件下的儿童可以与生活在相反情况下的儿童进行比较（例如，母亲不吸烟的儿童或生活在城市的儿童）。难点在于，由于儿童不是随机被分配到不同的小组，这些小组在其他方面也可能有所不同。例如，受教育程度较低的人更容易吸烟；因此，对不吸烟母亲的儿童的调查结论可能反映了这些女性受教育程度更高的趋势。这个问题可以通过使用保持其他变量不变的统计分析来解决，即控制小组在其他变量（如受教育程度）上的差异。

像大多数设计一样，准实验有优点也有缺点。因此，没有一项调查可以明确地回答一个问题，研究人员很少依靠一项研究甚至一种方法来得出结论。相反，他们更喜欢从使用尽可能多的不同方法的研究中找到趋同的证据。例如，假设我们的实验研究和实地实验表明，孩子确实更愿意与他们的朋友分享。要更肯定这一结论，我们也可以做相关性研究，通过观察午餐时的孩子，并测量他们与不同人分享食物的频率。

研究年龄相关变化的设计

学习目标15：研究与年龄相关的变化时，有哪些设计比较独特？

有时，儿童发展研究针对的是一个年龄群体，如五年级的学生（在朋友和非朋友之间分享的实验中）、学龄前儿童的记忆，或者1岁孩子的母婴关系。在这种情况下，在决定如何测量所感兴趣的行为，以及应该做相关性研究还是实验研究之后，研究人员可以直接跳到最后一步，确定该研究是否符合伦理。

然而，许多关于儿童发展的研究关注的是在儿童发展过程中发生的变化。因此，结合选择的研究设计，研究人员也必须选择评估年龄相关变化的策略。三种策略将被用于把不同年龄组别纳入实验研究及相关性研究：纵向研究、横断研究及纵向连续研究。

纵向研究

在纵向研究中，相同的个体会在他们生命的不同点上被反复观察或测试。顾名思义，纵向研究从纵向角度看待发展，是观察成长发生的最直接的方式。在纵向研究中，儿童可能在6岁时首先接受测试，然后在9岁和12岁时再次接受测试。纵向研究非常适合研究发展的各个方面。更重要的是，它是回答有关行为连续性或非连续性问题的唯一方法：在婴儿期或儿童早期观察到的攻击性、依赖或不信任等特征会持续到成年吗？创伤性事件，如被父母抛弃，会影响个体以后的社会性和智力发展吗？这样的问题只有通过在儿童发育早期进行测试，然后在以后再对他们进行测试才能得到答案。例如，贝尔斯基等人（2010）对父母教养方式的研究是一项持续的纵向研究的一部分，该研究对1991年出生在美国的1000多名儿童的童年、青春期和成年初期进行了反复测试。因此，研究人员可以看到学龄前儿童的经历对青少年和年轻人的影响。

通常情况下，纵向研究的重复测试会持续数年，但并不总是如此。在一种被称为微观遗传学研究的特殊纵向研究中，儿童在几天或几周内反复接受测试，目的是在变化发生时直接观察。例如，研究人员可能每周对儿童进行测试，从他们12个月大开始，一直到18个月大。当研究人员对发展变化发生的某个特定时期提出假设时，微观遗传学研究尤其有用。在这种情况下，研究人员在这一阶段的前、中和后频繁地安排对儿童进行测试，希望在其发生时看到变化（如Opfer和Siegler，2007）。

然而，纵向研究的缺点往往与其优点相抵消。一个明显的原因是费用：在数年时间里，追踪大量样本人群可能需要惊人的费用。相比之下，其他问题就不那么明显了。

- 练习效应：当儿童多次接受相同的测试时，他们可能变成"测试老手"。随着时间的推移，儿童成绩提高不是因为发展，而是源于特定测试的多次练习。年年变换测试可以解决练习效应，但比较不同测试的回答将很难。

- 选择性（样本）流失：另一个问题是在研究过程中样本的稳定性。有些儿童可能因为搬家而转学。其他儿童可能失去兴趣，选择不继续接受测试。这些转学者可能与他们的同龄人有很大的不同，这可能会扭曲结果。例如，一项研究可能发现记忆在儿童8~11岁时改善。然而，实际情况是，发现测试太难的8岁儿童退出了研究，从而提高了11岁儿童接受测试时的群体平均水平。

- 组群效应：当在一项纵向研究中对儿童进行数年的观察时，发展变化可能是针对所在组群的那一代人。例如，我之前描述的纵向研究包括1991年在美国出生的婴儿。该研究的结果可能是普遍的（适用于1950年出生的婴儿和2000年出生的婴儿），但它也可能单纯地反映了20世纪90年代初出生的婴儿特有的经历。

由于纵向研究这样或那样的问题，儿童发展研究人员常常使用横断研究。

横断研究

在横断研究中，研究人员测试不同年龄的儿童在某一时间点的发展变化。换句话说，研究人员可能会绘制出6岁、9岁和12岁的孩子在某些属性上的差异。例如，当维尔库腾和德沃尔夫（Verkuyten和De Wolf，2007）研究儿童对自己群体偏好的年龄变化时，他们测试了6岁、8岁和10岁的儿童。这比等6岁儿童长大到10岁要快得多，并且避免了许多纵向研究中出现的问题，包括练习效应和选择性流失。但组群效应仍然是个问题：测试的结果可能适用于6岁、9岁和12岁的儿童，但不能推广到上一代或下一代。横断研究也有其缺点：因为儿童只在他们发展的一个阶段接受测试，我们对发展的连续性一无所知，因此，我们无法判断一个具有攻击性的6岁儿童在9岁和12岁时是否仍然具有攻击性。横断研究只会在儿童6岁、9岁或12岁其中一个年龄进行测试，但不会在所有三个年龄都进行测试。

纵向连续研究

由于纵向研究和横断研究都存在缺点，研究人员有时使用混合设计：纵向连续研究包括连续样本，并对每个样本都进行纵向研究。例如，研究人员可能会从6岁和9岁的儿童开始。每组受试者在研究开始时进行两次测试，三年后再次进行测试。与纯纵向研究一样，纵向连续研究提供了关于发展连续性的信息：研究人员可以确定具有攻击性的6岁儿童是否会在9岁和12岁时还具有攻击性。当然，要确定6岁儿童的攻击性是否会持续到12岁，还需要一个全面的纵向研究。

纵向连续研究可以让研究人员确定他们的研究是受到练习效应还是组群效应的影响：关键是比较这两个连续时间段同龄儿童的结果。练习效应和组群效应往往导致两组9岁儿童的得分不同；如果分数相同，练习效应和组群效应在研究中可能就不存在问题。

表1-5所示的发展研究设计（纵向、横断、纵向连续）中的每一种都可以与两种一般研究设计相结合，形成六种原型设计。为了说明不同的可能性，回想一下我们假设的实验研究，关于孩子与朋友和陌生人分享信息。如果我们测试7岁和11岁有朋友或没有朋友的儿童，这将是一个横断实验研究。相反，如果我们观察7岁儿童在午餐时自发分享，然后在4年后观察同样的儿童，这将是一个纵向相关性研究。

在本书中，你会读到使用所有这些设计的研究，但横断研究会比其他研究更频繁地出现。为什么？对大多数发展学家来说，与纵向研究相比，横断研究的易用性弥补了其局限性。

整合不同研究的发现

在本模块中，我多次强调了使用不同方法对一个主题进行多次研究的价值。当然，这种方法的优点在于其能使多次研究指向同一个结论。

表1-5 儿童发展研究设计

设计类型	定义	优点	缺点
一般研究设计			
相关性	观察现实世界中存在的变量，判断它们之间的关系	测量自然发生的行为	不能确定因果关系
实验	操纵自变量和因变量	变量得到控制，因果关系由此得出	研究通常发生在实验室，是人为的
发展研究设计			
纵向	对发展中的一群儿童进行反复测量	弄清个人发展的唯一方法，关注随时间推移行为的连续性	费用昂贵；样本流失；重复测试会扭曲研究结果
横断	对不同年龄的儿童同时施测	方便解决大多数纵向研究的问题	不能研究行为的连续性；组群效应使群体差异复杂化
纵向连续	对不同年龄的儿童进行纵向测量	提供连续性信息；研究人员可识别练习效应和组群效应是否存在	相比纯纵向研究，提供的连续性信息较少；相比横断研究，耗时更长

然而，在现实中，研究发现往往是不一致的。例如，许多研究人员可能发现儿童经常与朋友分享，有些研究人员则发现儿童偶尔与朋友分享，还有一些研究人员发现儿童从不与朋友分享。我们应该相信哪个结果？我们应该得出什么结论？统合分析（Meta-analysis）让研究人员综合许多研究的结果，以估计变量之间的关系（Cooper，Hedges和Valentine，2009）。在进行统合分析时，研究人员找到在相当长的一段时间内（如10~20年）发表的关于某一主题的所有研究，然后记录并分析研究结果和重要的方法变量。

朱弗和范·伊岑道恩（Juffer和van IJzendoorn，2007）的研究证明了统合分析的有效性。他们询问被收养的儿童和非被收养的儿童在自尊方面是否存在差异。研究发现，1970—2007年发表的88项研究中包括近1.1万名被收养的儿童。在88项研究中，每一项都对儿童的自尊进行了测量，通常是让参与者在诸如"我是有存在意义的人"这样的量表上给自己打分。通过分析88项研究的结果，朱弗和范·伊岑道恩发现，被收养的儿童和非被收养的儿童的自尊并没有差异。无论儿童被收养时的年龄是多少，无论是国际收养还是国内收养，无论是被自己种族的父母收养的儿童还是被其他种族的父母收养的儿童，都是如此。显然，收养对儿童的自尊没有影响。

因此，统合分析是一个特别强大的工具，因为它使科学家可确定一项发现是否适用于使用不同方法的许多研究。此外，统合分析可以揭示这些不同方法对结果的影响（例如，相比系统观察，自我报告是否更多地表明朋友之间的分享）。

伦理责任

学习目标16：研究人员必须遵循什么伦理程序?

在选择了所感兴趣行为的测量方法和设计之后，研究人员还剩最后一步必须面对：确定他们的研究是否符合伦理，也就是说，研究不会侵犯参与研究的儿童的权利。当然，研究人员必须始终考虑人类研究的伦理问题，尤其是儿童，因为儿童脆弱又敏感。专业组织和政府机构有职业规范，其中规定了研究参与者的权利和保护参与者的程序。所有这些规范均载有下列准则：

- 最小化研究参与者的风险：使用对研究参与者产生潜在伤害或压力最小的方法。在研究过程中监控程序，以避免任何不可预见的压力或伤害。
- 向潜在研究参与者说明研究，以便他们决定是否参与：潜在研究参与者应了解该研究，以便他们可以做出是否参与的明智决定，即获得知情同意。儿童是未成年人，他们的承诺没有法律效应；因此，研究人员必须向其父母描述这项研究，以征求他们同意孩子参与研究。
- 避免欺骗：如果不得不欺骗研究参与者，应尽快提供完整的解释，阐明该研究的真实目的；事先提供完整的研究信息有时会扭曲研究参与者的反应。因此，研究人员可能只提供部分信息，甚至在研究的真实目的上误导研究参与者。尽可能快地——通常是在实验之后——纠正任何错误信息并提供隐瞒真相的原因。
- 保持研究结果匿名或私密性：研究结果应该是匿名的，这意味着参与者的数据不能与他们的名字连在一起。不能匿名时，研究结果应该保密，这意味着只有进行研究的研究人员知道参与者的个人资料。

在进行一项研究之前，研究人员必须让监督委员会相信，他们已经仔细解决了每个伦理问题。如果监督委员会反对研究的某些方面，研究人员必须修改，并重新提交研究报告，以获得监督委员会的批准。

许多儿童发展研究并没有注意伦理问题，因为研究方法是无害的，并且避免了欺骗。然而，有些方法涉及风险或欺骗；在这种情况下，监督委员会必须平衡儿童权利和研究对知识的贡献以及改善儿童生活的价值。例如，在模块10.3中，我们将看到研究母婴关系的一种方法，包括将母亲和婴儿短暂分开，然后观察婴儿的反应。许多婴儿在母亲离开时感到不安，有些婴儿在母亲回来时仍难以安慰。显然，这种经历对婴儿来说并不愉快。但研究人员已经确定，这不会产生持久的伤害，因此，只要父母事先得到研究的详细描述，并且同意参与，便可以接受。

Q&A 问题1.4

10岁的伊森在学校时,一位研究人员问他是否想通过参与实验来挣10美元。伊森觉得价格不错,所以他同意参与了。尽管得到了报酬,伊森还是不高兴地退出了实验,因为他无意中听到研究人员告诉他的老师自己做得有多糟糕。这项研究的三个伦理问题是什么?

交流研究结果

学习目标17:研究人员如何与其他科学家交流研究结果?

当完成研究并分析数据后,研究人员会撰写一份工作报告。该报告使用标准格式,通常包括四个主要部分:描述研究主题或问题及作者的假设;描述研究设计和程序的方法;介绍研究发现的结果;作者解释研究结果和假设之间的联系。

研究人员将报告提交给专门从事儿童发展研究的科学杂志,如《儿童发展》《发展心理学》《发展科学》。杂志的编辑要求其他科学家对该报告进行评估,以确定这项工作是否做得好,或者这些发现是否代表了该主题的重大进展。如果评审科学家建议发表该报告,研究发现即可发表在杂志上,其他儿童发展研究人员通过杂志便可了解结果。

这些研究报告是我在本书中提供的大部分信息的基础。在阅读的过程中,你会看到括号里的名字,后面跟着年份,如(Levine,Waite和Bowman,2007)。这表明做研究的人以及描述研究报告发表的年份。

也许所有这些不同的研究步骤对你来说都是乏味和复杂的。然而,对于儿童发展研究人员来说,研究的乐趣来自规划一项能为其他专家提供有用信息的、进一步加深对儿童发展理解的新研究,这是儿童发展研究中最具创造性和挑战性的部分。

本书每一章的"研究重点"专栏,专为表现儿童发展研究的创造性和挑战性而设计。每个专栏都侧重于一项具体的研究。有些是最近发表的研究;有些是奠定了新的研究领域或提供某些领域确切结论的经典性研究。在每个"研究重点"专栏,我回溯研究人员计划研究时所做的决定。在此过程中,你会看到研究人员探索儿童发展问题时的聪明才智。你也会看到一些个别研究的局限所在。只有将来自许多研究的论据融合在一起——使用测量方法和设计的独特组合——得到相同的结论,我们才能确信研究结果是正确的。

"儿童发展研究中的测量方法"部分有关于使用照片测量儿童对情绪理解的问题答案:儿童对照片中人的情绪的理解可能没有在现实生活中准确,因为:(1)在现实生活中,面部特征通常是动态的,而非如照片上是静止的,动态是儿童判断情绪的线索之一;(2)在现实生活中,面部表情往往伴随着声音,儿童可以用视觉和声音来理解情绪；（3）儿童经常判断他们认识的人（如父母、兄弟姐妹、同伴）的面部表情，了解"见惯了"的面部表情可能有助于孩子准确地判断情绪。

✓ 检测你的学习

回忆：列出与儿童一起做研究的研究人员的伦理责任。
向科学界报告研究结果需要采取哪些步骤？
解释：比较儿童发展研究中不同测量方法的优缺点。
应用：假设你想知道离婚对儿童学业成绩的影响。在这个主题上，相关性研究和实验研究的优点是什么？纵向研究和横断研究有什么不同？

自行探索

要了解孩子如何影响自己的发展，一个好方法是采访那些有多个孩子的父母。询问他们是否对每个孩子都使用了相同的育儿方法，或者他们是否对每个孩子使用了不同的育儿技巧。如果他们使用了不同的育儿方法和育儿技巧，去找找原因。你应该看到，尽管父母试图在抚养孩子的一般理念上保持一致，但许多具体的育儿方法和育儿技巧要因不同孩子而不同，这反映了孩子对父母的影响。自行探索吧！

小结

1.1 搭建舞台

儿童和童年的历史视角

柏拉图和亚里士多德提出了第一个关于儿童的哲学观点。他们的思想是在17世纪产生的。洛克强调经历在儿童生活中的作用，而卢梭则认为发展是自然展开的过程。

一门新科学的起源

儿童发展在19世纪作为一门科学出现，反映了改革者对儿童福祉的关注和对达尔文进化论的热情。这一新领域的领导者是斯坦利·霍尔（儿童发展理论）、比奈（心理测试）、弗洛伊德（早期经历）和沃森（行为主义）。

应用研究成果

儿童发展研究人员通过提供有关儿童的知识来帮助制定家庭政策，以便政策能够基于准确的信息。他们的贡献还包括倡导儿童权益，评估社会项目的影响，以及制定可以在其他地方实施的有效项目。

1.2 儿童发展的基础理论

理论为发展提供解释，为研究提供假设。传统上，研究人员通过五个视角进行探索。

生物学视角

这一视角认为生物因素对发展至关重

要。在成熟理论中，儿童的发展反映了预先安排好的生物计划的自然展开。行为学理论认为，孩子和父母的行为往往具有适应性。

精神动力学视角

弗洛伊德强调早期经历和冲突在儿童发展中的作用。埃里克森提出心理社会发展包括八个阶段，每个阶段都有特定的挑战。

学习视角

操作性条件反射是基于行为的强化、惩罚和环境控制。社会学习理论认为人们通过观察他人来学习。社会认知理论强调儿童积极地解释他们所看到的东西。

认知发展视角

认知发展观关注的是思维过程。皮亚杰提出儿童的思维发展要经历四个阶段。

社会情境视角

维果茨基强调了文化在儿童发展中的作用。他认为，有技能的成人帮助孩子获得他们文化中的信仰、习俗和技能。

1.3 儿童发展研究的主题

四个主题有助于统一本书中儿童发展研究的发现。

发展的连续性

早期发展与后期发展有关，但并不完全相关。换句话说，发展并不是完全可以预测的；早期发展为以后的发展奠定了基础，但并不能解决问题。

先天和后天的影响

发展总是受到遗传和环境的共同影响。也就是说，遗传和环境是相互作用的力量，共同决定发展进程。

儿童的主动性

儿童不断地解读他们的经历，而且自己的个性也会时常影响自身的经历。

不同发展领域之间的联系

儿童生活中不同领域的发展总是联系在一起的。认知发展影响社会发展，反之亦然。

1.4 进行儿童发展研究

儿童发展研究中的测量方法

研究通常从确定如何测量这一现象开始。系统观察包括记录儿童在自然环境或有组织的环境中发生的行为。研究人员有时会创设任务来获取儿童行为的样本。在自我报告中，儿童回答研究人员提出的问题。有时研究人员也会测量生理反应（如心率）。研究人员还必须获得能代表更大群体的样本。

一般研究设计

在相关性研究中，研究人员检查变量之间自然发生的关系。在实验研究中，他们操纵一个自变量来确定对某个因变量的影响。实地研究是在自然环境中操纵自变量。准实验利用了对群体或条件的自然分配。最好的方法是同时使用实验和相关性研究来提供趋同的证据。

研究年龄相关变化的设计

为了研究发展变化，一些研究人员采用纵向研究，反复观察同一批儿童成长过程中的变化。横断研究则测试不同年龄组的儿童。统合分析整合了同一主题的不同研究结果。

伦理责任

研究人员必须尽量减少对潜在研究参与者的风险，描述研究，以便潜在研究参与者可以决定他们是否想参与，避免欺骗，并保持结果匿名或保密。

交流研究结果

研究人员在报告中描述他们的发现，并在科学杂志上发表。这些出版物构成了儿童发展的科学知识基础。

考考自己

1. 将儿童视为白板的观点强调了____在塑造儿童发展中的作用。
   a. 经历
   b. 儿童的主动性
   c. 遗传学

2. ____是对每个孩子进行详细、系统的观察。
   a. 心理测试
   b. 关键时期
   c. 婴儿传记

3. 在成熟理论中，发展包括____。
   a. 在身体内展开一个特定的预先安排的程序或计划
   b. 解决生物驱动和社会标准之间的冲突
   c. 正强化和负强化的累积影响

4. 动物行为学家指出，一些行为只有在____才能习得，那时生物体已经为这种学习做好了生物学上的准备。
   a. 感知运动阶段
   b. 关键期
   c. 正强化和负强化的时期

5. 弗洛伊德的精神动力学理论强调了____在塑造后来的发展中的作用。
   a. 成熟
   b. 早期经历
   c. 儿童自己的世界观

6. 在埃里克森的社会心理理论中，青少年需要解决____之间的冲突。
   a. 身份和身份混淆
   b. 具体运算阶段和形式运算阶段
   c. 正强化和负强化

7. 操作条件反射+____=社会认知理论。
   a. 成熟
   b. 文化背景
   c. 观察学习

8. 皮亚杰认为，所有年龄段的孩子都创造了____。
   a. 心理和社会冲突
   b. 帮助他们理解世界的理论
   c. 他们最有可能学习的关键期

9. 发现早期的发展与后期的发展有关，为____的发展提供了证据。
   a. 连续性
   b. 先天和后天的影响
   c. 儿童行为的作用

10. 根据儿童的____，他们是自己命运的主人。

a. 连续性观点

b. 先天-后天之争

c. 主动性观点

11. 结构性观察的一个潜在缺点是____。

a. 设置的人为性质可能会扭曲感兴趣的研究行为

b. 所研究的行为不太可能被观察到，因为它比较少见或限于私人场景

c. 由于遗忘或反应偏差，孩子的反应可能不准确

12. 在____中，一个变量的高分与第二个变量的高分相关联。

a. 样本

b. 正相关

c. 负相关

13. 当实际测量的是应测量的对象时，测量是____的。

a. 可靠

b. 有误差

c. 有效

14. 在____中，研究人员操纵一个自变量并测量其对一个因变量的影响。

a. 纵向研究

b. 实验研究

c. 结构性观察

15. 纵向研究的最大优势是研究人员可以____。

a. 建立因果关系

b. 确定年轻时的行为是否与年老时的行为相关

c. 避免自我报告的弊端

关键术语

儿童的主动性-被动性之争	自我	自然观察
应用发展科学	行为学理论	先天-后天之争
婴儿传记	实验	观察学习
认知发展视角	实地实验	操作性条件反射
组群	本我	人口
连续性-非连续性问题	模仿	精神动力学理论
相关系数	印刻	心理社会理论
相关性研究	自变量	惩罚
关键期	知情同意	准实验
横断研究	纵向研究	强化
文化	成熟理论	信度
因变量	统合分析	研究设计
	微观遗传学研究	反应偏差

样本	结构性观察	有效性
自我效能	超我	变量
自我报告	系统观察	
社会认知理论	理论	

第2章　儿童发展的遗传基础

我真希望每次我的父母或岳父母说我的孩子"他（或她）天生就这样"时，我都能得到一美元。他们总是这么说，通常都是因为孩子做了跟我或我妻子在那个年龄做的一模一样的事情。他们的这些评论提醒我们，许多行为特征就像身高、发色等身体特征一样，都是遗传自父母的。

在本章，我们将了解遗传如何影响儿童及其发展。在模块2.1中，我们将首先明确遗传的基本机制。然后，在模块2.2中，我们将了解遗传和环境如何共同影响儿童的发展。

模块

- **2.1** 遗传机制
- **2.2** 遗传、环境与发展

2.1 遗传机制

> **学习目标**
>
> 学习目标1：什么是染色体和基因？
> 学习目标2：什么是显性性状和隐性性状？它们是如何遗传的？
> 学习目标3：什么疾病会遗传？哪些是由染色体数目过多或过少导致的？
>
> **大纲**
>
> 遗传生物学
> 单基因遗传
> 遗传性疾病

莱斯莉和格伦决定要个孩子。想到要组建自己的家庭，他们都很激动，但同时也很担心，因为莱斯莉的祖父患有镰状细胞贫血，年仅20岁就去世了。莱斯莉很怕他们的孩子会遗传这种曾要了她祖父命的疾病。莱斯莉和格伦希望有人能让他们安心，告诉他们孩子会一切正常。

我们怎么才能让莱斯莉和格伦安心呢？首先，我们需要对镰状细胞贫血有更多的了解。众所周知，血红细胞携带氧气和二氧化碳进出身体组织。如果一个人患有镰状细胞贫血，他的血红细胞又长又弯，像一把镰刀。这些僵化、畸形的细胞无法穿过细小的毛细血管，因而氧气不能到达身体的所有部位。因此，患有镰状细胞贫血的人经常感到疲劳，可能会经历数小时或数天的剧烈疼痛，并且很容易被感染。约10%的患者在20岁前死亡，50%的患者在50岁前死亡（Kumar等，2010）。

镰状细胞贫血是遗传性的，在非裔美国人中比较常见，莱斯莉的祖父便是其中之一。莱斯莉的孩子一定会从她祖父那里遗传这种疾病吗？为了回答这个问题，我们需要明确遗传的机制。

遗传生物学

学习目标1：什么是染色体和基因？

一次射精进入阴道的一匙量的精液中含有2亿~5亿个精子，而只有其中的几百个能够完成到达输卵管这六七英寸（15~18cm）的旅程。如果有一个卵子出现，许多精子会同时开始在卵子周围的透明带上凿洞取径。一个精子如果穿过了卵子的细胞壁，会立刻发生一些化学反应，阻塞其他精子进入。每个卵细胞和精子细胞都含有23条染色体，这是细胞核中载有遗传物质的微小结构。精子穿透卵子后，它们各自的染色体结合产生23对染色体。一个新的生命便就此诞生并发展。

在过去大部分情况下，精子和卵子的结合只发生在性交之后，但现在不是这样了。1978年，路易斯·布朗（Louise Brown）赢得了全世界的关注，她是第一个在实验皿中而不是在母亲体内孕育的试管婴儿。今天，辅助生殖技术不再是实验性的。在美国，女性每年使用这项技术超过16万次，有6万多名试管婴儿诞生（美国疾病控制和预防中心，2013）。通过性交无法怀孕的夫妇可以使用许多新技术。众所周知的体外受精，就是在实验室的培养皿中混合精子和卵子，然后将几个受精卵植入女性的子宫。

精子和卵子通常来自准父母，但有时也由捐赠者提供。因此，一个婴儿可以有多个"父母"：提供精子和卵子的男性和女性，以及抚养孩子的夫妇。

新的生殖技术为那些一直想要孩子却夙愿难了的夫妇带来了希望，通过这些技术出生的第一代孩子的研究表明，他们的社会和情感发展完全正常（Golombok，2013）。但新技术也存在困难，只有大约1/3的人工授精获得了成功。此外，女性怀双胞胎或三胞胎的概率很高，因为转移多个卵子会增加至少一个受精卵植入子宫壁的概率，而且女性也更容易生下体重较轻或有先天缺陷的婴儿。还有最后一点，这种手术很贵——在美国，一个疗程的费用通常在1万~1.5万美元，且医保无法报销。这些问题都说明，尽管技术为不孕夫妇提供了更多的选择，但按需怀孕仍是天方夜谭。

无论卵子和精子来源于哪里，无论它们在哪里相遇，它们的结合都是一个重大事件：由此产生的23对染色体决定了一个孩子的遗传——他"天生"会做什么。对莱斯莉和格伦来说，这一刻也决定了他们的孩子是否会遗传镰状细胞贫血。

为了了解遗传影响儿童发展的方式，我们先来仔细看看染色体。人体共有46条染色体成对呈现。前22对染色体叫常染色体，每对染色体的大小都差不多。但是，在第23对染色体中，标记为X的染色体要比标记为Y的染色体大得多。第23对染色体决定了孩子的性别，因此，这两条染色体被称为性染色体。一个卵子中总是含有一条X染色体，但一个精子中包含一条X染色体和一条Y染色体。携带X染色体的精子与卵子结合后，第23对染色体是XX，结果是一个女孩。而携带Y染色体的精子与卵子结合后，第23对染色体是XY，结果是一个男孩。

事实上，每条染色体都由一个缩写为"DNA"的脱氧核糖核酸分子组成。DNA分子就像一个螺旋楼梯。每阶楼梯都携带遗传密码，遗传密码由成对的核苷酸碱基组成：腺嘌呤与胸腺嘧啶配对，鸟嘌呤与胞嘧啶配对。核苷酸对的排列顺序是让细胞产生特定氨基酸、蛋白质和酶的密码，这些都是重要的生物"基石"。每组提供一套特定生化代码的核苷酸碱基就是一个基因。例如，三个连续的胸腺嘧啶核苷酸就是产生氨基酸苯丙氨酸的代码。

图2-1总结了染色体、基因和DNA之间的联系。如图所示，每个细胞都含有携带由DNA组成的基因的染色体。

1. 每个细胞的细胞核都含有染色体。除了精子和卵子，所有细胞都包含46条染色体

细胞

染色体

2. 每条染色体都携带基因。基因是遗传的基本单位，决定了未来发展的各个方面

基因

3. 基因由DNA组成

DNA

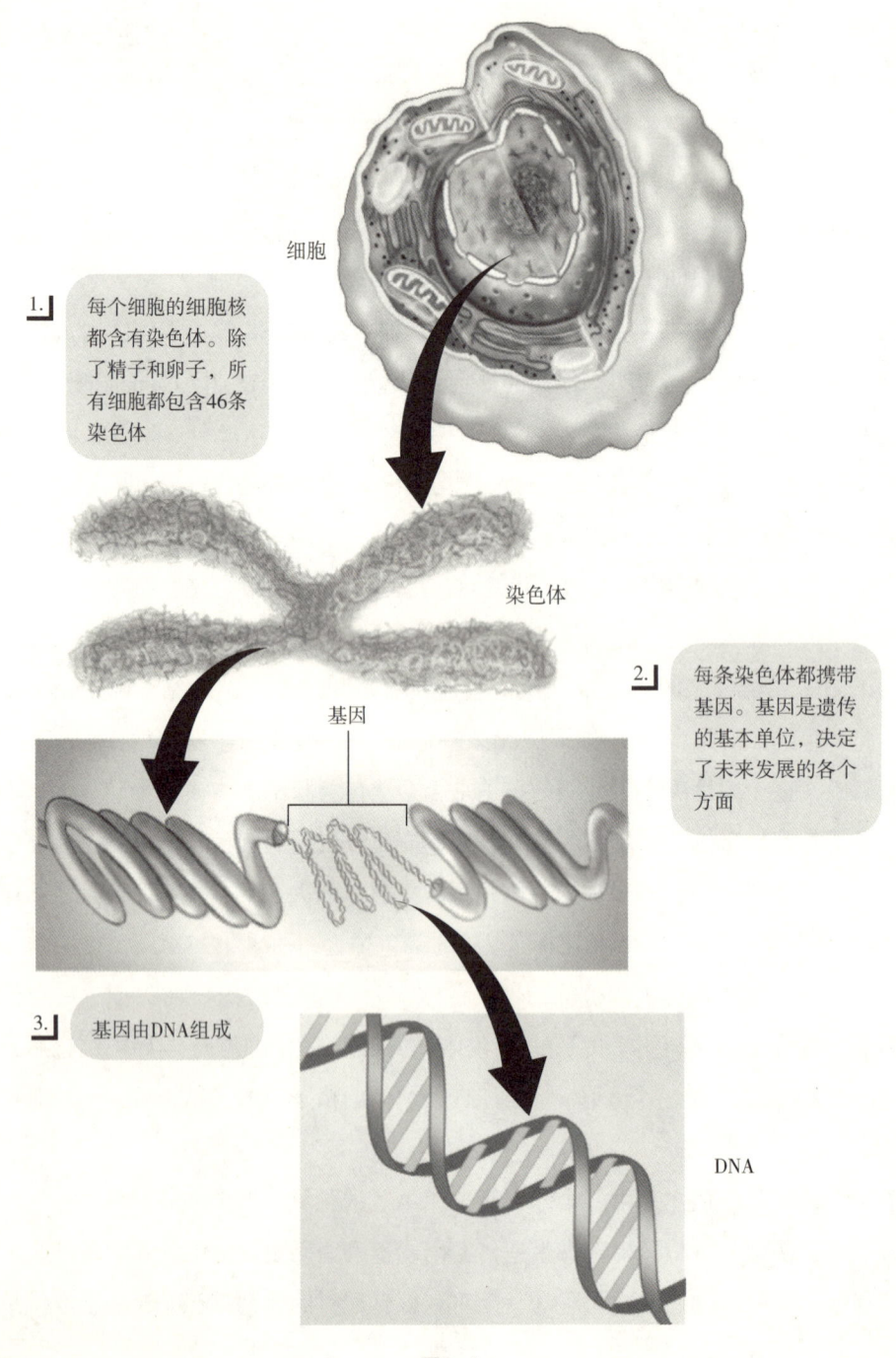

图2-1

一个孩子的46条染色体包含大约20500个基因。1号染色体含有的基因最多（近3000个），而Y染色体所含基因最少（略多于200个）。人们身上的大多数基因都是相同的——只有不到1%的基因导致了人与人之间的差异（人类基因组计划，2003）。完整的基因图谱决定了一个人的遗传，被称为一个人的基因型。基因通过DNA中的生化代码调节所有人类特征和能力的发展。基因代码与环境共同作用，产生一种表现型，即个体的生理、行为和心理特征。

在本模块的其余部分，我们将看到基因代码产生不同表现型的不同方式。

单基因遗传

学习目标2：什么是显性性状和隐性性状？它们是如何遗传的？

遗传代码是如何产生镰状细胞贫血中畸形血红细胞的呢？位于一对同源染色体相同位置上控制同一性状不同形态的基因被称为等位基因。以血红细胞为例，两个等位基因可能存在于11号染色体中。一个等位基因具有正常的血红细胞代码；另一个等位基因则具有镰状血红细胞的代码。如果一对染色体中的等位基因是相同的，叫作纯合。如果不同，则叫作杂合。在莱斯莉的例子中，她的孩子可能是纯合的，即有两个正常血红细胞的等位基因或两个镰状血红细胞的等位基因；也可能是杂合的，即一个是正常血红细胞的等位基因，另一个是镰状血红细胞的等位基因。

一个基因型是如何产生一个表现型的呢？如果一个人是纯合的话，答案就会比较简单。如果两个等位基因是相同的，则表现型代码也是相同的，就会导致表现型的出现。（在模块2.2中我们会了解到一些特殊情况。）如果莱斯莉孩子的11号染色体都是正常的血红细胞，那么这个孩子基本就可以保证拥有正常的血红细胞。相反，如果她的孩子具有镰状细胞的两个等位基因，那么这个孩子就基本上将罹患这种疾病了。

如果一个人是杂合的，过程会更复杂些。一个等位基因是显性的，意味着它的化学代码发挥了主导作用，而另一个隐性基因则基本被忽略了。在镰状细胞贫血中，正常血红细胞的等位基因是显性的，镰状血红细胞的等位基因是隐性的。对于莱斯莉来说，只要她和格伦中任何一人能提供正常血红细胞的等位基因，她的孩子就不会患镰状细胞贫血。

图2-2概括了我们所学到的有关镰状细胞贫血的内容。A代表正常血红细胞的等位基因，a代表镰状血红细胞的等位基因。在图中，格伦的基因型是纯合显性的，因为他肯定自己家族中无人曾患镰状细胞贫血。根据莱斯莉的家族史，她的基因型可能是纯合显性或杂合的；在图中，我们猜想是后者。可以看到，莱斯莉和格伦不会生下患有镰状

细胞贫血的孩子。但是，他们的孩子可能通过其他途径感染此病。有时一个等位基因并不能完全支配另一个等位基因，这就是所谓的不完全显性。在不完全显性的情况下，个体的表现型可能是任一等位基因的表现型。这取决于控制血红细胞的基因。带有一个显性等位基因和一个隐性等位基因的个体具有镰状细胞性状：在大多数情况下他们都很正常，但当严重缺氧时，他们便会暂时患上这种疾病，呈现出相对轻微的症状。因此，如果这些人进行剧烈运动，或者处在高海拔地区，镰状血红细胞的性状就容易表现出来（Fidler，2012）。莱斯莉和格伦的孩子如果从莱斯莉那里遗传了隐性基因，从格伦那里遗传了显性基因，就会具有镰状血红细胞的性状。

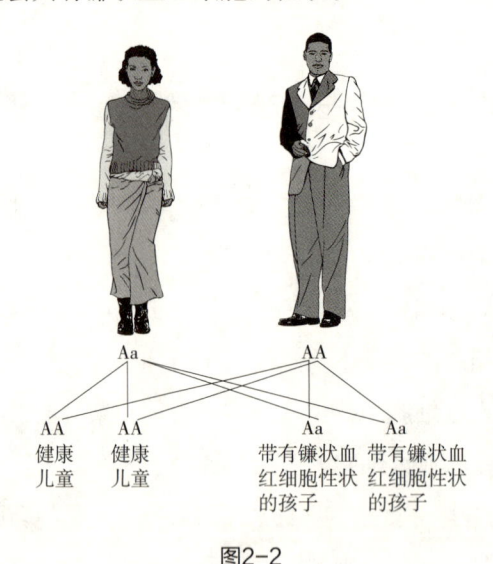

图2-2

Q&A 问题2.1

如果格伦知道自己的基因型是杂合而非纯合显性的，这将如何影响他和莱斯莉的孩子患镰状细胞贫血的概率？

对于镰状细胞贫血，我们迄今为止尚未考虑到的一个方面是，为何这一疾病最初侵袭了非裔美国儿童。"文化影响"专栏解决了这一疑问，并在此过程中让我们了解更多有关遗传如何发挥作用的事实。

文化影响

为何非裔美国人会遗传镰状细胞贫血？

在每400个非裔美国儿童中就有1个患有镰状细胞贫血。与此相反，欧洲裔美国儿童没有患上此病的。为什么呢？因为镰状血红细胞的等位基因有一个好处：携带这种基因的个体对疟疾（一种在世界上导致儿童死亡的主要疾病）有更强的免疫力。疟疾通过蚊子传播，因此在非洲等热带地区最为普遍。相比于携带正常血红细胞等位基因的非洲人，携带镰状血红细胞等位基因的非洲人更可能免于遭受疟疾，这就意味着镰状血红细胞的等位基因会遗传给下一代。

这一关于镰状细胞贫血的解释有双重含义。首先，在任何一个疟疾流行的人类居住地都可以发现患镰状细胞贫血的病例。事实上，镰状细胞贫血也侵袭了西班牙裔美国人，他们的祖先可以追溯到加勒比海、中美洲和南美洲这些疟疾多发地的居民。其次，疟疾在美国很少见，这意味着镰状血红细胞等位基因对于非裔美国人来说没有存活价值。因此，镰状血红细胞等位基因在非裔美国人的后代中越来越少，研究也证明这一情况符合现状。

这里有一个重要启示：一个等位基因只在某种环境里有存活价值，而在其他环境中没有存活价值。通俗点说就是，遗传的影响取决于环境。我们会在模块2.2中详细来说这一启示。

正如表2-1所示，导致镰状细胞贫血的遗传机制包含一个显性等位基因和一个隐性等位基因的单个基因对，且该遗传机制也会导致很多其他的普通性状。在每种情况下，表现为隐性的个体都有两个隐性等位基因，分别来自父亲和母亲。表现为显性的个体则至少含有一个显性等位基因。表2-1所列的大多数性状都是与生物学和医学相关的表现型。这些相同的遗传模式会导致严重的疾病，我们会在接下来的内容中看到。

表2-1 一些常见的与单个基因对有关的表现型

显性表现型	隐性表现型
卷发	直发
正常头发	斑秃（男性）
黑发	金发
厚嘴唇	薄嘴唇
酒窝	无酒窝
正常听觉	某种类型的耳聋
正常视力	近视
远视	正常视力
正常色觉	红绿色盲
A型血	O型血
B型血	O型血
Rh-阳性血型	Rh-阴性血型

来源：在线人类孟德尔遗传数据库（OMIM），美国国家生物技术信息中心，美国国家医学图书馆。

遗传性疾病

学习目标3：什么疾病会遗传？哪些是由染色体数目过多或过少导致的？

基因可以通过两种方式影响儿童发展。第一，遗传。镰状细胞贫血就是一个遗传的例子。第二，有时候卵子或精子中的染色体数目会多于或少于23条。在接下来的几页中，我们将了解遗传性疾病和异常染色体数目影响儿童发展的方式。

遗传性疾病

许多疾病是由隐性纯合导致的，即孩子从父母那里遗传的都是隐性等位基因，镰状细胞贫血就是其中之一。表2-2列出了其他四种类似的常见遗传病。

表2-2　与隐性等位基因有关的常见遗传病

疾病	概率	性状
白化病	1/15000	皮肤缺乏黑色素，导致视觉问题和对光极度敏感
囊肿性纤维化	欧洲裔美国人为 1/3000；非裔和亚裔美国人中不太常见	黏液过多，阻塞消化道和呼吸道。肺部感染比较常见
苯丙酮尿症（PKU）	1/10000	苯丙氨酸（一种氨基酸）在体内积聚，损害神经系统，导致智力发育迟缓
泰-萨克斯病	在欧洲犹太裔中 1/2500	幼年开始神经系统退化，导致耳聋、失明、智力低下甚至死亡

来源：美国肺脏协会，2007；美国遗传学委员会，1996；Hellekson，2001；线人类孟德尔遗传数据库，2013；Thompson，2007。

相比之下，由显性等位基因引起的严重疾病要少得多。为什么呢？如果引起疾病的等位基因是显性的，那么任何人只要有一条显性基因就会患病，但患有这些疾病的个体通常寿命较短而无法生育后代，因此显性基因导致的疾病很快就从种群中消失了。一个例外是亨廷顿病（Huntington's disease），该疾病会不断加重神经系统的衰退，最终导致患者死亡。遗传该疾病的个体通常会在童年、青少年和成年早期表现正常，可一旦到了中年，大脑的神经细胞就会开始恶化；很多患有亨廷顿病的成人此时都已经有了孩子，很多孩子都会遗传这一疾病。

幸运的是，大多数遗传病都很罕见，如苯丙酮尿症在新生儿中的发病率只有1/10000，亨廷顿病则更低。不过，认为自己家族中存在这些疾病基因的成人通常很想知道自己的孩子是否会遗传。"改善儿童的生活"这一部分展示了父母可以怎样获得帮助。

改善儿童的生活

遗传咨询

对于那些害怕自己的孩子会遗传严重甚至致命疾病的父母来说，制订生育计划绝非易事。最好的建议是在女方怀孕前去遗传学咨询师那里寻求帮助。咨询师可以通过夫妻二人提供的信息构建一份详细的家族史，用来确定男方或女方是否可能携带他们所担心的能造成疾病的等位基因。

根据此前我们提到的莱斯莉和格伦夫妇的家族史可以确定，莱斯莉很可能携带造成镰状细胞贫血的隐性基因。咨询师随后会采取下一个步骤，获得莱斯莉的DNA样本（通常取自血液或唾液），可以通过分析样本确定11号染色体是否携带镰状细胞贫血的隐性基因。如果测出来莱斯莉是纯合的，即带有两个显性基因的健康细胞，那么她和格伦生出的宝宝一定不会患镰状细胞贫血。如果莱斯莉有一个隐性基因，那么她和格伦的孩子有50%的概率带有镰状细胞性状。女方怀孕后，也可以测试孩子是否患遗传病。我们将在第3章来了解这些测试。

染色体数目异常造成的遗传性疾病更加常见，我们接下来将看到。

染色体数目异常

如果孩子出生时有多余、缺失或受损的染色体，其发展通常会受到影响。最典型的例子就是唐氏综合征，即多了一条21号染色体，是一种会造成智力低下的遗传病[1]。患唐氏综合征的人眼睛呈杏仁状，眼睑折叠，他们的头、颈和鼻子都比普通人小一些。在刚出生的前几个月，他们看起来一切正常。但之后，他们的智力和行为开始滞后于同龄儿童。例如，一个患唐氏综合征的孩子可能到1岁时在没有帮助的情况下依然无法独自站起，2岁时还不能走路，或者3岁时还不能说话——落后于同龄孩子几个月甚至几年。在儿童期，运动和智力发育低下会很明显。

抚养一个患有唐氏综合征的孩子会面临很多特殊挑战。入学前，患有唐氏综合征的孩子需要为上学接受特别的训练程序。患唐氏综合征的孩子取得的学业成就也是有限的，他们的平均寿命在50岁左右（Coppus，2013）。不过，我们在第8章会看到，很多患有唐氏综合征的人也过得十分充实。

是什么导致了唐氏综合征呢？患有唐氏综合征的人通常多了一条21号染色体，且该染色体往往是由卵子提供的（Vranekovic等，2012）。母亲会提供两条21号染色体的原因尚不可知。但是，随着女性年龄增大，她生育一个患唐氏综合征孩子的概率会显著提升。比如，一个快30岁的女性怀有患唐氏综合征孩子的概率是1/1000，但是对40多岁的女性来说，这一概率提高到了1/50。概率增加可能是因为女性的卵子在其出生前就存在

---

[1] 学名为21-三体综合征，因为患有这种疾病的人有三条21号染色体，而不是两条。但常见的名称是唐氏综合征，用了英国医生约翰·兰登·唐（John Langdon Down）的名字，他在19世纪60年代发现了这种疾病。

于卵巢中，随着时间的推移，卵子会部分老化，或者由于年龄大的女性长期暴露在危险的环境中，如X光，这也会损伤卵子。

一条多余的染色体（如唐氏综合征）、一条缺失的染色体或一条受损的染色体常常对儿童发展有着深远的影响，因为常染色体中包含大量遗传物质。事实上，在两周内自然夭折的受精卵中，几乎一半都是因为染色体异常。因此，大部分无法正常生育的卵子都被自然淘汰了（Moore，Persaud和Torchia，2012）。

异常的性染色体也会影响发育。表2-3列举了四种比较常见的X和Y染色体数目异常导致的疾病。需要注意的是，"概率"只是一个相对指标；尽管这些疾病比苯丙酮尿症或亨廷顿病的发生概率大，但表中显示的病大多数都是罕见的。注意，没有仅由Y染色体异常导致的疾病。看来X染色体是生命所必需的。

表2-3 与性染色体有关的常见疾病

疾病	性染色体	概率	性状
克兰费尔特综合征	XXY	男性 1/1000~1/500	身高较高，睾丸小，不育，智力低于正常水平，消极
XXY综合征	XYY	男性 1/1000	身高较高，部分病例智力显著低于正常水平
特纳氏综合征	X	女性 1/5000~1/2500	矮小，第二性征发育不良，空间关系感知障碍
XXX综合征	XXX	女性 1/1200~1/500	体型正常，但运动神经和语言发育迟缓

这些遗传病证明了遗传的非凡力量。不过，要想全面了解遗传对发展的影响，我们还需要考虑环境因素，也就是在模块2.2中将要探讨的话题。

✓ 检测你的学习

回忆：描述显性和隐性基因之间的差异。区分由染色体数目异常导致的遗传病。

解释：为什么涉及显性等位基因的遗传病相对较少？

应用：假如你的一个朋友发现她可能携带囊肿性纤维化的隐性基因，你会给她什么建议呢？

2.2 遗传、环境与发展

学习目标

学习目标4：科学家用什么方法来研究遗传和环境对儿童发展的影响？

学习目标5：遗传和环境是如何共同影响儿童发展的？

大纲

行为遗传学

从基因到行为

萨蒂和莫莉是一对异卵双胞胎。婴儿时期，萨蒂很安静且容易安抚，莫莉则躁动且难以安抚。上学后，萨蒂很喜欢与他人接触，一起玩耍。莫莉则更加孤僻，更爱一个人玩。他们的祖父母想知道为什么这对双胞胎看起来如此不同。

为什么萨蒂和莫莉基因相同却有着如此大的差异呢？为了回答这个问题，我们需要首先了解一下儿童发展科学家用来研究遗传和环境对儿童发展影响的方法，其次研究一些控制遗传和环境影响的基本原则。

行为遗传学

学习目标4：科学家用什么方法来研究遗传和环境对儿童发展的影响？

我们在模块2.1中研究的由单个基因控制的大多数性状（见表2.1）都是"非此即彼"的表现型。例如，一个人要么是Rh-阳性血型，要么是Rh-阴性血型，这是由1号染色体的RHD基因控制的。相比之下，人们的大多数行为或心理特征并非"非此即彼"的，而是一个包含多种类型的连续体。以性格外向为例，你可能认识一些极度外向或极度内向的人，但你的大多数朋友或熟人都介于两者之间；外向程度是一个从极端外向到极端内向的连续体。

大多数行为和心理特征包含智力及人格的许多方面，都是呈这种形式分布的：两端少，中间多。这种分布的表现型往往反映出多基因共同控制的活动，这种模式叫作"多基因遗传"。为了了解多个基因如何协同作用产生连续体内的行为表现型，我们来做个假设。假设控制外向的共有4对基因，且外向为显性基因，外向程度就是显性基因的简单相加。如果大写字母代表显性，小写字母代表隐性，那么这4对基因分别为Aa、Bb、Cc和Dd。

这4对基因会产生81种基因型，9种不同的表现型。例如，一个AABBCCDD基因型的人具有8个外向的等位基因（"社交达人"）。而基因型为aabbccdd的人则没有外向的等位基因（"局外人"）。其他的基因型则兼具显性和隐性的等位基因，所以与此相关的基因型代表了外向的中间水平。事实上，根据图2-3显示，大多数人的情况都是刚好遗传了4个显性等位基因和4个隐性等位基因：81种基因型中有19种都会产生这种结果（如AABbccDd，AaBbcCDd）。大多数人都属于中间范围，只有少数极端特例（非常外向或非常内向），这构成了我们所熟悉的描述许多行为和心理特征的正态分布。

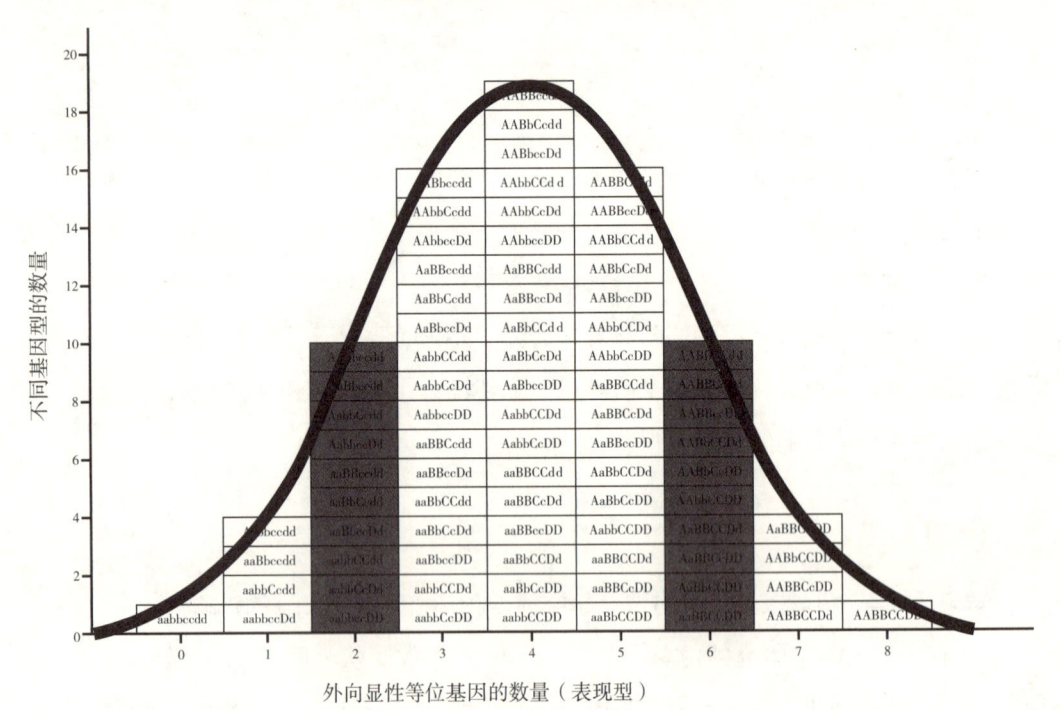

图2-3

记住，这个例子完全是我们的假设。外向性格并不是基于4对基因的协同作用，但这个例子可以告诉我们多个基因是如何协同作用共同产生一个表现型的连续体的。就像我们例子中所说的那样影响了大量人类行为特征的遗传（Plomin，2013），除了更多基因对的参与，环境也会影响表现型。

确定遗传对行为和心理特征的影响是行为遗传学的核心任务。在模块2.2的剩余部分，我们将看到行为遗传学揭示了遗传对儿童心理发展的影响。

行为遗传学的方法

如果许多行为的表现型涉及无数基因，我们如何揭示遗传的影响？通常来说，行为遗传学家会依靠统计方法来比较已知基因相似度不同的人群。比如，双胞胎就为遗传的影响提供了一些重要线索。长相相似的双胞胎叫作"同卵双胞胎",因为他们是从一个一分为二的受精卵发育而来的。由于相似的双胞胎来自同一个受精卵,他们具有相同的基因,这些基因控制着身体结构、体重、面貌特征,这也解释了为何双胞胎看起来如此相像。与之相反,异卵双胞胎则是由两个独立的受精卵发育而来的。一般来说,异卵双胞胎与其他兄弟姐妹一样,他们的基因中平均大约有一半是相同的。在双胞胎研究中,科学家比较了同卵双胞胎和异卵双胞胎,如果同卵双胞胎比异卵双胞胎更为相像,则意味着遗传在发挥作用。

有个例子有助于证明同卵双胞胎和异卵双胞胎对比背后的逻辑。假设我们想确定外向性格是否会遗传,我们首先会衡量大量同卵双胞胎和异卵双胞胎的外向程度。我们会使用一份分值为0~100(100表示极度外向)的调查问卷。部分结果如表2-4所示。

表2-4 双胞胎在外向程度测试中的得分

异卵双胞胎				同卵双胞胎			
家庭	双胞胎之一	双胞胎之二	差值	家庭	双胞胎之一	双胞胎之二	差值
布瑞斯	80	95	15	布雷迪	100	95	5
雅各布斯	70	50	20	莫斯	32	30	2
曼宁	10	35	25	瑟乌	18	15	3
斯特拉汉	25	5	20	弗拉贝尔	55	60	5
图莫	40	65	25	韦尔克	70	62	8

首先来看异卵双胞胎的结果。大多数分数相似:布瑞斯家庭双胞胎分数都很高,而曼宁家庭双胞胎的分数都很低。来看同卵双胞胎,他们的结果甚至更为相近,差值基本不会超过10分。同卵双胞胎比异卵双胞胎更为相似的分数可以证明外向性格确实是可以遗传的,就像同卵双胞胎比异卵双胞胎看起来更像彼此,证明外貌特征是可以遗传的。

大家可以在"研究重点"专栏中看到这种方法的独特性,该专栏描述了一项双胞胎实验,研究了遗传对孩子与同龄人关系的影响。

研究重点

儿童同伴关系的遗传根源

研究人员是谁?研究目的是什么? 孩子在与同学相处和交朋友的轻松程度上有所不同。对一些孩子来说,与同龄人互动很容易,也很受益;对另一些孩子来说,同伴间的互动是麻烦且痛苦的。迈克尔·博伊文(Michele Boivin)和同事——玛拉(Mara Brendgen)、弗兰克(Frank Vitaro)、杰尼特(Ginette Dionne)、阿兰(Alain Girard)、丹尼尔(Daniel Perusse)和理查德(Richard Tremblay)——想知道遗传是否会影响孩子在同伴关系方面的成功。为了找到答案，他们进行了一项双胞胎研究。

研究人员是如何测量研究话题的？ 研究人员向孩子们展示了同学的照片，并要求他们选出三个最喜欢和三个最不喜欢的玩伴。通过计算每个孩子被选为最喜欢玩伴的次数，减去被选为最不喜欢玩伴的次数，就可以测量孩子在同伴关系方面的成功程度。得分越高，就越能反映出这个孩子被选为最喜欢玩伴的次数很多，被选为最不喜欢玩伴的次数很少。

研究中的参与者是谁？ 最初，样本包括198对同卵双胞胎和276对异卵双胞胎，他们都在上一年级。三年后，再次测量同伴关系，这次共有182对同卵双胞胎和257对异卵双胞胎参与了实验。

这次研究的设计是怎样的？ 这项研究是横向的，因为博伊文和他的同事研究了同卵双胞胎和异卵双胞胎中儿童同伴关系的相似性。这项研究也是纵向的，因为同伴关系被评估了两次，一次是在一年级，另一次是在四年级。

这项研究是否存在伦理问题？ 没有。父母同意他们的孩子参加，同伴的选择也是保密的。

结果如何？ 主要结果是儿童同伴关系的相关性，如图2-4所示，分别展示了同卵双胞胎和异卵双胞胎的情况。所有的关系都是正相关的，这一结果表明，当双胞胎中的一个拥有成功的同伴关系时，另一个通常也能达到同等程度。当然，同卵双胞胎的相关性大于异卵双胞胎的相关性，这表明同卵双胞胎在同伴关系质量上更接近。

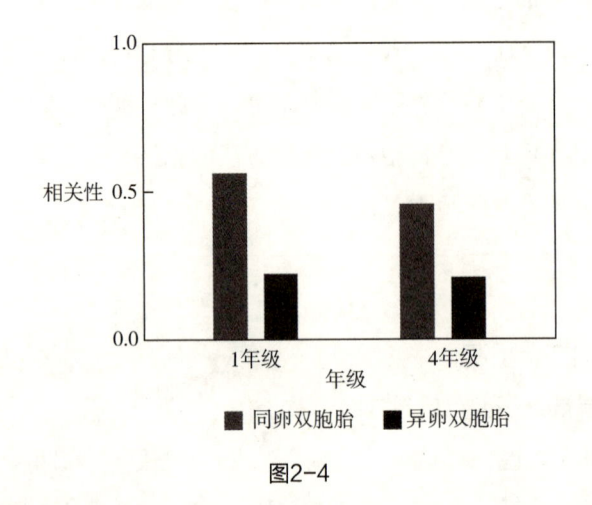

图2-4

研究人员得出了什么结论？ 与异卵双胞胎相比，同卵双胞胎在同伴关系方面的成功更相似，这表明遗传在孩子与同伴互动的轻松程度中起着重要作用。当然，

"与同伴的成功互动能力"并不是直接遗传的,更有可能是,孩子遗传了某些特质——过度活跃或过度激进——这些特质阻碍了同伴互动的成功。

有什么趋同证据可以强化这些结论?首先,同伴选择任务是一个被广泛使用且可以有效测量儿童与同伴互动质量的方法,它有助于确定这些结果是否适用于直接观察同伴互动。其次,样本不够大,无法单独分析男孩和女孩的数据。从更多样本中进行此类分析,可以提供更多信息,因为男孩和女孩与同伴的互动是不同的(我们将在第13章和第15章中看到)。

被收养的孩子是另一个有关遗传的重要信息来源。在研究中,将被收养的孩子分别与提供基因的亲生父母,以及提供环境的养父母进行比较。如果被收养的孩子的行为与亲生父母更相似,则表明遗传发挥了主导作用;如果与养父母更相似,则表明环境发挥了主导作用。

如果我们想利用收养研究去考察外向性格是否来自遗传,我们会在一个由被收养孩子及其生母和养母组成的样本中测量外向程度。(为什么只有母亲?因为从孩子生父那里获得数据通常非常困难。)本假设研究的结果如表2–5所示。

表2–5 收养研究中外向程度测试的得分

儿童姓名	儿童得分	生母得分	养母得分
阿尼塔	60	70	35
杰罗姆	45	50	25
凯瑞	40	30	80
迈克尔	90	80	50
特洛伊	25	5	55

总的来说,孩子的得分与生母的得分是相关的:如迈克尔这样性格外向的孩子,其生母往往也是外向的。而如特洛伊这样性格内向的孩子,其生母往往也是内向的。相比之下,孩子的得分与养母的得分并没有明显相关。例如,虽然迈克尔得分最高,特洛伊得分最低,但他们的养母得分近似。孩子与亲生父母之间较之与养父母之间更大的相关性证明了外向性格是遗传的。

有关收养研究的关键特点在普洛明(Plomin)及其同事工作报告中非常明显(Plomin等,1997)。他们想要确定遗传和环境对智力的影响。因此,他们在生母孕期的最后几个月对其进行智力测试,并在孩子收养后一年对养母进行智力测试。每隔几年,孩子都会接受一次智力测试。在每个年龄段,孩子的智力与生母智力的关系都比与养母智力的关系更为密切,这表明遗传对智力的影响非常大。

表2–6中描述的双胞胎研究和收养研究是强有力的方法,但它们并非无懈可击。双

胞胎研究的一个潜在缺陷是，父母和其他人对待同卵双胞胎的方式可能比对待异卵双胞胎的方式更为相似，这将使同卵双胞胎在经历和基因上比异卵双胞胎更相像。收养研究也有自己的致命弱点。收养机构有时会把孩子安置在与他们的亲生父母相似的家庭里。例如，如果一个机构认为孩子的亲生父母很聪明，那么该机构可能会更努力地让其认为聪明的父母收养这个孩子，这可能会让收养研究遭受质疑，因为亲生父母和养父母是相似的。

表2-6 行为遗传学的主要研究方法

方法	定义	遗传证据	主要缺点
双胞胎研究	比较同卵双胞胎与异卵双胞胎	同卵双胞胎比异卵双胞胎更像	比起异卵双胞胎，同卵双胞胎更容易受到他人更为相似的对待
收养研究	将孩子与其生母和养母进行比较	比起养母，孩子更像生母	选择性安置：孩子的养父母可能与孩子的亲生父母相似

与双胞胎研究和收养研究相关的问题并非难以克服。因为双胞胎研究和收养研究有不同的缺点，如果这两种研究在遗传影响方面产生的结果相似，那么研究结果就值得信赖。此外，行为遗传学家正在超越双胞胎研究和收养研究等传统方法，将行为与分子遗传学联系起来（Plomin, 2013）。如今，研究人员可以从儿童口腔中脱落的面颊细胞中提取DNA。含有这种DNA的溶液会被放置在一个邮票大小的微阵列芯片上，芯片中包含了数千个已知的DNA序列。儿童的DNA与已知序列的每一次匹配都会被记录下来，形成孩子的基因型档案，然后研究人员会观察基因型是否与行为表现型相关。例如，在一项研究中，10个等位基因与儿童的数学技能相关（Docherty等人，2010）。

这种分子遗传学研究极具挑战性，部分原因是检测单个基因的微小影响需要数千名儿童的样本。但这项研究有望将个体基因与行为联系起来。如果与传统的行为遗传学方法（如收养研究）结合使用，新方法有望更好地解释基因如何影响行为和发展（Plomin, 2013）。

遗传影响了哪些心理特征

研究表明，遗传在许多心理领域都有持续的影响，包括个性、心智能力、心理障碍、态度和兴趣。一位专家总结道："几乎每个……心理表现型（正常和异常）都会受到遗传因素的显著影响。"（Bouchard, 2004）在双胞胎研究和收养研究的例子中，我们已经看到了遗传对同伴关系和智力的影响。你可以从三个双胞胎研究中看到基因影响的范围，每个研究都涉及儿童：

- 儿童知道的字母发音数量（这是学习阅读的一个重要前提），在同卵双胞胎中，相关系数为0.68，而在异卵双胞胎中，相关系数为0.53（Taylor 和 Schatschneider，2010）。
- 在抵御诱惑（听从指示不吃诱人的零食或不碰诱人的礼物）方面，同卵双胞胎的相关系数为0.38，而异卵双胞胎的相关系数为0.16（Gagne 和 Saudino，2010）。
- 同卵双胞胎和异卵双胞胎攻击同伴的相关系数分别为0.55和0.16（Brendgen 等，2011）。

每项研究都显示了基因影响的常见特征：无论是知道字母发音，抵制诱惑，还是攻击同伴，同卵双胞胎都比异卵双胞胎更相似（也就是说，同卵双胞胎比异卵双胞胎的相关性更大）。

我们将在本书中探讨遗传（和环境）对儿童发展的影响。现在，请记住来自双胞胎研究和收养研究的两个结论，就像我之前描述的那样。一方面，遗传会切实影响行为发展的很多方面，对智力和个性等方面的发展也有较大的影响。在了解儿童及其发展过程中，我们必须始终考虑遗传是如何起作用的。另一方面，遗传从来不是行为发展的唯一决定因素。如果只有基因起作用，那么同卵双胞胎应该具有相同的行为和心理表现型，但我们发现同卵双胞胎的相关系数低于1，0.5和0.6的相关系数意味着同卵双胞胎的得分并不完全一致。例如，双胞胎中的一个可能会攻击同伴，而另一个则不会。这些差异反映了环境的影响。事实上，正如我们在第1章中看到的，科学家一致认为，几乎所有的心理和行为表现型都涉及先天和后天的共同塑造和发展（LaFreniere 和 MacDonald，2013）。

从基因到行为

学习目标5：遗传和环境是如何共同影响儿童发展的？

基因是如何共同作用，使某些儿童更聪明、某些儿童更外向的？也就是说，DNA链中的信息是如何影响儿童的行为和心理发展的？从基因到行为的具体路径在很大程度上是未知的（Meaney，2010），但在接下来的几页中，我们将了解它们的一些一般属性。

遗传和环境在整个发展过程中不断地相互作用

传统观点认为，遗传提供了生命的"黏土"，经历完成了生命的"雕塑"。事实上，在儿童的整个发展过程中，基因和环境不断地相互作用，产生不同表现型（LaFreniere和MacDonald，2013）。为了方便阐释，基因型和表现型之间的联系往往被描述为直接相关——一个特定的基因型必然会自动产生一个特定的表现型。事实上，从基因型到表现型的过程要复杂得多，也没有那么直接。更准确的描述是，只有在环境正常"配合"的情况下，某种基因型才会产生某种表现型。

一个很好的例子就是苯丙酮尿症，这种疾病只有当孩子从父母双方的第12号染色体上分别遗传了一个隐性基因（孩子是纯合隐性的）时才会表现出来。这种基因型的儿童缺乏一种能降解苯丙氨酸（一种氨基酸）的酶，如此，苯丙氨酸会在儿童体内积聚，损害神经系统，导致智力发育迟缓。大多数儿童经常食用的食物，如猪肉、鸡肉、鸡蛋、奶酪中都含有大量苯丙氨酸，因此环境通常提供表现型（苯丙酮尿症）所需的输入（苯丙氨酸）。不过，在20世纪中期，人们发现了苯丙酮尿症的生化基础，现在新生儿要接受这种疾病的检测。患有该疾病基因型的婴儿会被立即限制摄入苯丙氨酸，此后疾病便不会出现，儿童的神经系统也会发育正常。更通俗地说，不同的环境（缺乏苯丙氨酸的环境）会导致不同的基因型表现（无疾病）。

这种效应也可以在另一个方向发挥作用，环境会触发基因表达。也就是说，儿童的经历可以帮助确定基因是如何以及何时被激活的。例如，如果青春期的女孩小时候压力很大，那么她们月经初潮的年龄会更小（Belsky，Houts和Fearon，2010）。虽然影响的具体途径尚不清楚（可能涉及由压力触发的激素和那些启动排卵的激素），但这个例子可以很好地证明环境促进了调节发育时钟的基因（Ellis，2004）。

我曾用一罕见病（苯丙酮尿症）和一种一生只有一次的事件（月经初潮）来证明在儿童的发展过程中，先天和后天之间存在着密切的联系。这些例子可能让人觉得这种联系相对来说比较少见，但事实远非如此。从生物学角度看，基因总是在细胞环境中运作。遗传指令和即时的细胞环境特质之间存在着持续的相互作用，而后者会受到一系列更广泛的环境因素的影响（如由经历刺激的激素）。这种推动儿童发展的基因和多水平环境（从细胞到培养）之间的持续相互作用被称为"后成论"。回到"黏土""雕塑"的类比，后成论的观点认为，新的不同形式的基因黏土被不断添加到雕塑中，导致环境需要重新塑造，进而需要添加更多的黏土，如此循环下去。代表遗传的黏土与代表环境的雕塑不断地相互影响。

分子遗传学的研究已经开始揭示经历对"皮肤下"的影响。有时经历会改变DNA的表达——遗传密码仍存在，但部分基因被"关闭"。这个过程被称为甲基化，因为消除化学性质的是一种甲基分子（van IJzendoorn，Bakermans-Kranenburg和Ebstein，2011）。一项研究表示，同伴欺凌现象会增加情绪基因的甲基化程度（Oullet-Morin等，2013）。换句话说，一次经历（欺凌）会导致遗传的改变（与情绪有关的基因被"关闭"）。

根据后成论，如果读到"X%的性状是由遗传决定的"这样的语句，就得小心了。其实，行为遗传学家经常使用双胞胎研究和收养研究中的相关系数来计算遗传力系数，该系数可以评估遗传影响人与人之间差异的比例。例如，智力的遗传力系数约为0.5，这意味着人与人之间大约50%的智力差异是遗传的结果（Bouchard，2004）。

为什么要小心？第一个原因是，许多人错误地将遗传力系数解释为一个人50%的智力来自遗传；这是不正确的，因为遗传力系数适用于群体，而不是一个人。

第二个原因是，遗传力系数只适用于生活在特定环境中的特定人群，不适用于生活在同一环境中的其他人群，也不适用于生活在其他地方的同一人群。例如，孩子的身高当然受遗传因素的影响，但遗传力系数的大小取决于环境。如果儿童在营养充足的环境中生长——在这里所有儿童都能充分发挥遗传潜力——遗传力系数就会很大。但如果儿童营养不良，环境就会限制他们的身高，在此过程中，遗传力系数就会降低。

同样，受教育程度高的父母，其子女的认知能力遗传力系数要大于受教育程度低的父母（Tucker-Drob，Briley和Harden，2013）。为什么呢？受过良好教育的父母通常会提供有利于子女认知发展的学习激励环境；在此种情况下，儿童的认知能力主要受遗传影响。相反，受教育程度低的父母很少提供所需的环境激励，其子女的认知能力反映的是遗传和环境的双重影响。

这让我们回到本节开始时的原则：遗传和环境在整个发展过程中不断地相互作用。遗传和环境都对发展有较大影响，但要想理解其中之一，也必须将另一个因素纳入考虑之中。这也是为什么必须将研究扩展到欧美中产阶级儿童以外的另一个原因，这个群体一直是儿童发展科学家最爱的研究对象。只有通过研究不同的儿童群体，我们才能真正了解遗传和环境推动儿童发展的多种方式（Tucker-Drob等，2013）。

基因会影响孩子所处的环境

换句话说，"先天"（遗传）可以帮助决定孩子所接受的"后天"（环境）（Scarr，1992；Scarr和McCartney，1983）。一个孩子的基因型可以让人们以一种特定的方式对待他。例如，如果一个孩子聪明且外向（部分原因是这个孩子的基因），那么这个孩子可能会得到老师的多重关注和鼓励。相比之下，一个不太聪明、性格孤僻的孩子（同样，部分原因是遗传）很容易被老师忽略。此外，随着孩子渐渐长大，变得更加独立，他们会积极地寻求与自身基因有关的环境。聪明的孩子（部分由于遗传）可能会积极地与同龄人、成人相处，参加有助于加强智力发展的活动。外向的孩子（部分是由于遗传）会寻求他人的陪伴，尤其是像自己一样外向的人。这种刻意寻找适合自己遗传发展环境的过程被称为"生态位选择"。生态位选择最早出现在儿童时期，随着儿童渐渐长大，可以控制环境,这种现象会越来越普遍。例如,聪明的孩子会寻求让自己更聪明的智力激励环境,外向的孩子会寻求让自己更开朗的社会激励环境(Tucker-Drob等,2013)。

生态位选择是天性、培养和发展之间相互作用的一个主要例子。经历决定哪些表现型会出现,基因型影响儿童的经历。萨蒂和莫莉的故事也清楚地表明,要想理解基因影响发展的过程,我们需要仔细研究环境的运作方式,这是我们的下一个话题。

Q&A 问题2.2

19岁的艾瑞克和16岁的杰森是兄弟。艾瑞克在学校成绩优异:成绩全A,是数学俱乐部的主席,还喜欢辅导小孩子。杰森讨厌学校,从他的成绩就能看出来。如何说明这些差异是由不同环境造成的?

环境影响通常会让同一家庭的孩子不尽相同

行为遗传学研究的成果之一是对环境影响儿童的方式有了更深入的了解(Harden,2014)。一般情况下,科学家认为有些环境对儿童有益,有些环境则有害。这一观点对家庭环境而言尤为明显。有些育儿方法比其他方法更有效,一般来说,使用这些方法的父母所生的孩子,比那些未使用这些方法的父母所生的孩子更加出色。这一观点引出了一个简单的预测:一个家庭中的孩子应该是很像的,因为他们都接受了同样类型的有效(或无效)教育。然而,数十项行为遗传学研究表明,实际上,兄弟姐妹在认知和社会发展方面并不十分相似(Plomin和Spinath,2004)。

这是否意味着家庭环境不重要?不。这些发现指出了非共享环境影响的重要性,环境让兄弟姐妹彼此不同。虽然环境很重要,但它影响每个孩子的方式是不同的,这使得兄弟姐妹之间的差异很大。例如,父母可能更偏爱某个孩子,也可能更爱体罚某个孩子,或者对某个孩子有更高的学业上的期望。某个青春期的孩子可能有喜欢喝酒的朋友,而其兄弟姐妹可能有不鼓励喝酒的朋友(Tarantino等,2014)。差异巨大的环境影响往往会让兄弟姐妹各不相同。环境很重要,但正如我在本书中所描述的,大家要记住,每个家庭中的孩子经历的都是独一无二的环境。

我所说的关于基因、环境和发展的大部分内容如图2-5所示。父母是孩子基因的来源,对年幼的孩子来说,父母也是孩子经历的主要来源。孩子的基因也会影响他们的经历,以及经历带来的影响。不过,为了阐述非共享环境作用的概念,我们需要为每个孩子提供一个单独的图表,该图表反映了父母为每个孩子都提供了独特的基因和独特的家庭环境。为了证明基因在孩子的一生中都有体现,我们需要为每个孩子多次重复这个图表,强调在任何给定点上,遗传—环境的影响都受到之前几轮遗传—环境变换的影响。

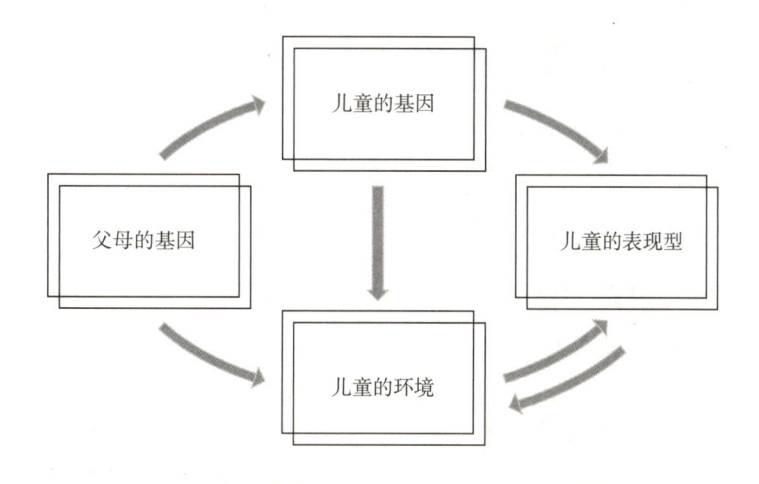

图2-5

使用这个框架，我们可以推测出为什么本模块开篇故事中的异卵双胞胎萨蒂和莫莉会如此不同。也许他们的父母把更多的社交基因遗传给了萨蒂，而不是莫莉。在婴儿时期，父母让这两个女孩和其他婴儿一起玩。萨蒂觉得这很刺激，但莫莉觉得这很烦人，而且有点儿紧张。久而久之，他们的父母会有意无意地努力培养萨蒂与同龄人的关系，而不太担心莫莉这边，因为她似乎完全满足于看书、涂色或自玩谜题。显然，遗传赋予了萨蒂更大的社交能力，但经历最终强化了这对姐妹之间的差异。

在本书的其余部分，我们将用类似的方式研究先天、后天和发展之间的关系。我们可以在儿童发展的过程中看到先天和后天的相互影响，这也是第3章的主题。

✅ 检测你的学习

回忆：什么是多基因遗传？它如何解释行为表现型？
描述双胞胎研究和收养研究的基本特征、逻辑和缺点。

解释：解释生态位选择如何显示遗传和环境之间的相互作用。

应用：模块2.1的莱斯莉和格伦夫妇担心他们的孩子可能患镰状细胞贫血，他们已经开始记录孩子的生命历程。莱斯莉一直喜欢唱歌，她相信自己的孩子会成为一名出色的音乐家，她经常想象孩子按时上音乐课、排练和举办音乐会的场景。格伦是一名飞行员，他同样相信自己的孩子会像他一样热爱飞行；他已经在计划跟孩子一起去旅行了。莱斯莉和格伦的观点更符合儿童的主动性观点还是被动性观点？关于他们忽略的因素，你会给莱斯莉和格伦什么建议呢？

> 统一主题 先天与后天

整章都致力于一个主题：发展总是受到遗传和环境的共同影响。我们已经一次又一次地看到，遗传和环境是儿童所有发展过程中必不可少的因素，尽管它们的比例并不总是相等。镰状细胞等位基因在疟疾易发环境中具有存活价值，但在疟疾已被根除的环境中没有。具有高于平均智力基因的孩子会寻求刺激智力的环境，让自己更聪明。先天和后天……发展总是取决于两者。

自行探索

人类基因组计划于2003年完成，旨在确定人类DNA中所有20500个人类基因的确切位置，并确定大约30亿对核苷酸的序列。在相关网站上，你可以了解该项目的历史及其对健康的影响，以及由人类基因组所引发的一些伦理问题。快去看看吧！

小结

2.1 遗传机制

遗传生物学

受精时，精子中的23条染色体与卵子中的23条染色体结合，这46条染色体包括22对常染色体和2条性染色体。每条染色体由一个DNA分子组成，包括一个类似螺旋结构的核苷酸。提供特殊生物化学指令的DNA片段叫作基因。一个人的所有基因构成基因型，即在特定环境下发展出的生理、行为和心理特征。

单基因遗传

同一基因的不同形式叫作等位基因。遗传一对染色体上同一等位基因的个体叫纯合，遵循等位基因的生物化学指令。遗传不同等位基因的个体叫杂合，遵循显性等位基因的指令，忽略隐性基因的指令。在不完全显性中，个体是杂合的，但表现型处在显性与隐性之间。

遗传性疾病

大多数遗传性疾病是由隐性等位基因引起的，如镰状细胞贫血、白化病、囊胞性纤维化、苯丙酮尿症和泰-萨克斯病。遗传性疾病很少由显性等位基因引起，因为患有这种疾病的人通常活不到生育孩子的年龄。亨廷顿病是个例外，该病直到中年才会表现出症状。

大多数出现染色体异常的受精卵在受孕后不久就会自然流产。但唐氏综合征是个例外，它是由额外的第21号染色体引起的。唐氏综合征患者外表与众不同，且存在智力障碍。性染色体紊乱更为常见，如克兰费尔特综合征，因为性染色体含有的遗传物质比常染色体更少。

2.2 遗传、环境与发展

行为遗传学

反映潜在连续体（如智力）的行为和

心理表现型通常是多基因遗传。在多基因遗传中，表现型反映了不同基因的联合作用。以往大多通过双胞胎研究和收养研究检验多基因遗传，最近的方法有分子遗传学。这些研究显示出遗传在智力、心理疾病和人格三方面产生的诸多影响。

从基因到行为

遗传对儿童发育的影响取决于遗传指令执行的环境；遗传—环境的相互作用贯穿儿童的一生。儿童的基因型可以影响他们的经历类型；儿童和青少年经常积极寻找与其基因组成有关的环境。环境对兄弟姐妹的影响是不同的（非共享环境影响）：家里每个孩子经历的都是独一无二的环境。

考考自己

1. 人的基因型包括22对____和1对性染色体。
   a. 常染色体
   b. 基因
   c. 等位基因
2. 每条染色体由一个____分子组成。
   a. 精子
   b. DNA
   c. 甲基化
3. 遗传性疾病通常由____等位基因引起。
   a. 隐性
   b. 不完全
   c. 显性
4. 遗传咨询通常包括获取详细的家族史以及____。
   a. 做基因测试
   b. 评估不完全显性
   c. 评估非共享环境的影响
5. 多余、缺失或受损的染色体____。
   a. 总是干扰发育
   b. 总是导致自然流产
   c. 很少影响发育
6. 唐氏综合征____。
   a. 经常发生在未成年母亲身上
   b. 最典型的特征就是发育迟缓
   c. 通常由缺失一条21号染色体导致
7. ____是遗传学的一个分支，研究行为和心理特征的遗传。
   a. 分子遗传学
   b. 行为遗传学
   c. 应用发展科学
8. 多基因遗传____。
   a. 反映了多对基因的联合作用
   b. 导致了大多数非此即彼的特征
   c. 是导致疾病而非行为的遗传机制
9. 受精卵一分为二，____就产生了。
   a. 异卵双胞胎
   b. 同卵双胞胎
10. 双胞胎研究____。
    a. 基于这样一个假设：如果同卵双胞胎的相像程度超过异卵双胞胎，就与遗传相关

b. 对研究多基因性状没有帮助

c. 比收养研究更有用

11. 在一项收养研究中，遗传特征会导致被收养的孩子像他们的____。

   a. 养父母

   b. 收养家庭的兄弟姐妹

   c. 亲生父母

12. 双胞胎研究和收养研究的结果表明，遗传影响____。

   a. 智力而非个性

   b. 非行为或心理特征

   c. 智力、心理疾病和人格

13. ____指的是在发展过程中基因和多层次环境之间不断相互作用。

   a. 后成论

   b. 遗传

   c. 甲基化

14. 生态位选择指的是____。

   a. 环境导致一些基因的"关闭"

   b. 大多数行为特征受多个基因的影响

   c. 儿童和青少年根据他们的基因选择环境

15. 由于____，家庭中的孩子彼此不同。

   a. 不完全显性

   b. 生态位选择

   c. 非共享环境影响

关键术语

等位基因	基因	同卵双胞胎
常染色体	基因型	生态位选择
行为遗传学	遗传力系数	非共享环境影响
染色体	杂合	表现型
DNA	纯合	多基因遗传
异卵双胞胎	亨廷顿病	隐性
显性	不完全显性	性染色体
唐氏综合征	体外受精	镰状细胞性状
后成论	甲基化	

第3章 胎儿发育、分娩和新生儿

如果你询问父母他们生活中记忆最鲜明、最有趣的事件，可能得到的回答很多都与怀孕、孩子出生有关。从怀孕这一振奋人心的消息到9个月后孩子出生，整个过程都令人惊奇不已。怀孕和分娩为儿童以后所有阶段的发展提供了基础。在模块3.1，我们将对从受精卵到生命诞生这一发展过程展开探索；在模块3.2，我们将介绍一些分娩之前可能遇到的胎儿发育问题。模块3.3就该到分娩了。首先我们要了解一下分娩时和分娩期间究竟发生了什么，以及容易出现哪些问题。在模块3.4，我们将对新生儿展开探索。

模块

- 3.1 从受孕到分娩
- 3.2 影响胎儿发育的因素
- 3.3 生日快乐
- 3.4 新生儿

3.1 从受孕到分娩

> **学习目标**
>
> 学习目标1：受孕两周后受精卵会发生什么变化？
> 学习目标2：胎儿发育的过程中什么时候出现身体结构和内部器官？
> 学习目标3：身体系统何时才能正常发挥功能以维持生命延续？
>
> **大纲**
>
> 合子期（1~2周）
> 胚胎期（3~8周）
> 胎儿期（9~38周）

恩静刚知道自己怀上了第一个孩子时，像其他许多即将为人父母的人一样，她和丈夫基南非常兴奋。但他们很快意识到自己对怀孕期间"什么时候会发生什么事"还一无所知。恩静很希望向她的产科医师请教，以便了解更多有关怀孕时不同时期将会发生的正常现象。

由受精卵到新生儿所发生的一系列变化就是胎儿发育。胎儿发育一般要经历38周，分为三个阶段：合子期、胚胎期、胎儿期。每个阶段都是根据该阶段描述胎儿的一些词语来命名的。

在这一模块中，我们将追踪各个阶段的主要发展情况。随着我们叙述的深入，你将得到让恩静好奇的"什么时候会发生什么事"这一问题的答案。

合子期（1~2周）

学习目标1：受孕两周后受精卵会发生什么变化？

图3-1记录了胎儿发育的第一阶段发生的主要事件，这个阶段从受精开始大约持续两周。当受精卵（合子）植入子宫壁时，这一阶段就结束了。在这两周内，受精卵通过细胞分裂迅速生长，并沿着输卵管到达子宫。几小时内，受精卵进行第一次分裂，然后每12小时会分裂一次。如果受精卵分裂成两簇，它就会发育成同卵双胞胎。相比同卵双胞胎，异卵双胞胎更加常见，即女性同时排两个卵子，每个卵子分别与不同的精子结合。约4天后，受精卵就分裂出约100个细胞，形似一个空心球，称为囊胚。

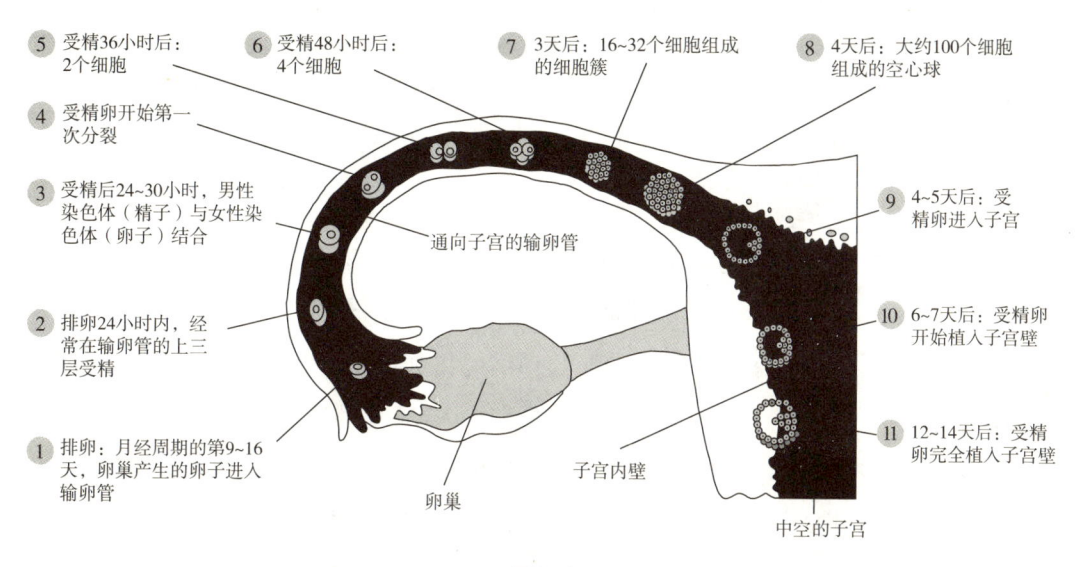

图3-1

注：在合子期结束时，受精卵已经植入子宫壁，并开始与母亲的血管连接。

第一周结束时，受精卵到达子宫。接下来是着床：受精卵进入子宫壁并建立与母亲血管的连接，植入过程大约需要一周来完成，这会引起女性的激素水平发生变化，进而导致月经暂停，由此，女性便知道自己怀孕了。

植入的囊胚直径不到一毫米，但其细胞已经开始分化。图3-2显示了囊胚和子宫壁的横切面，你可以看到不同的细胞层。靠近囊胚中心的一个小细胞簇，叫作胚盘，它最终会发育成胎儿。其他细胞发育成支持系统和营养系统，保护各个组织器官的发育。离子宫最近的细胞层发育成胎盘，它是母亲和胎儿之间交换营养和废物的一个组织。

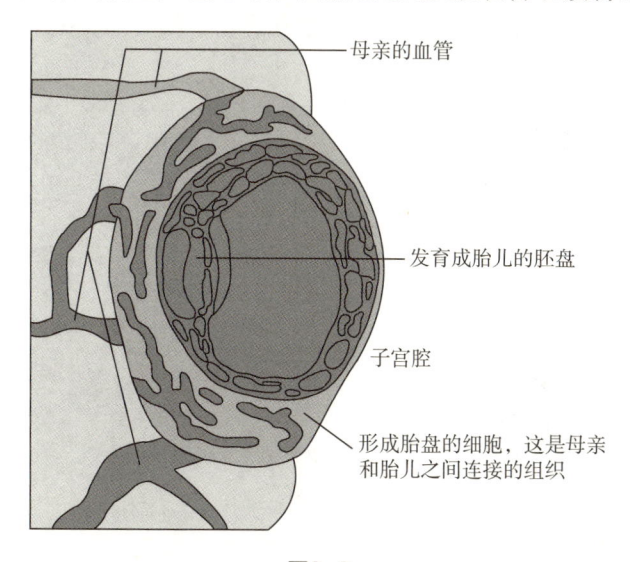

图3-2

着床和分化标志着合子期的结束。囊胚在子宫里得到了很好的保护,已经为接下来的36周直到出生的这段旅程做好了准备。

胚胎期（3~8周）

学习目标2：胎儿发育的过程中什么时候出现身体结构和内部器官？

在完全植入子宫壁后,受精卵就被称为胚胎。这个新阶段通常从怀孕后的第三周开始,一直持续到第八周结束。在胚胎期,身体结构和内部器官开始发育。在这一时期的开始,胚胎形成了三层。外层（外胚层）会发育成头发、皮肤表层和神经系统；中间层（中胚层）会发育成肌肉、骨骼和循环系统；内层（内胚层）会发育成消化系统和肺。

要想观察胚胎期发生的变化,有个好办法是比较3周大的胚胎与8周大的胚胎。三周大的胚胎约2毫米长。细胞还在分化,但这个有机体看起来更像火蝾螈而非人类。不过胚胎的生长和分化异常迅速,到第8周看起来就很像人类了,有眼睛、胳膊和腿。大脑和神经系统也在迅速发育,心脏跳动已近一个月。成人体内的大多数器官都已经以某种形式存在了（性器官除外）。不过,这个只有两三厘米长、几克重的胚胎太小了,母亲根本感觉不到他的存在。

胚胎发育环境如图3-3所示。胚胎待在一个叫作羊膜的液囊中,羊膜内充满羊水,可以保护胚胎,并提供恒温环境。脐带里的血管把胚胎与胎盘连在一起。在胎盘内部,脐带的血管接近母亲的血管,但其实并没有真正连在一起。实际上,血液流经绒毛,如图3-3所示,绒毛的形状如同手指的投影,联通来自脐带的血管。绒毛靠近母亲的血管,实现母亲和胚胎之间营养、氧气、维生素和废物等物质的交换。

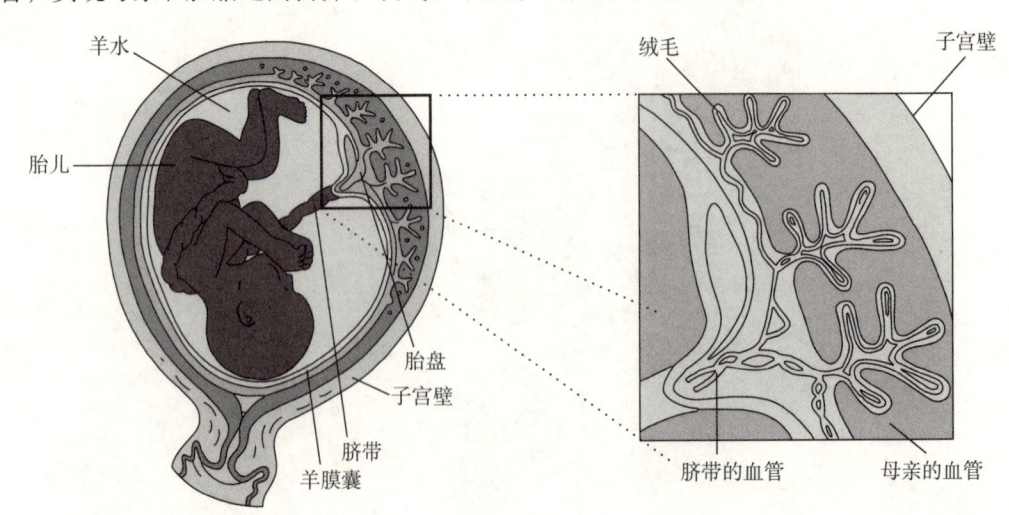

图3-3

身体结构和内部器官的发育成型,是胚胎发育中另一个重要的里程碑。接下来身体结构和内部器官要做的就是开始正常发挥功能。这些将在胎儿发育的最后阶段完成,我们会在下一部分具体讲述。

胎儿期(9~38周)

学习目标3:身体系统何时才能正常发挥功能以维持生命延续?

胎儿发育过程中最后也是最长的阶段,即胎儿期,从怀孕后的第9周一直持续到分娩。在这段时间里,胎儿会变得更大,身体系统也开始工作。尺寸的增长非常明显。在这一阶段开始的时候,胎儿的体重只有2克左右。在大约4个月大的时候,胎儿的体重是100~200克,足以让母亲感觉到他的运动:感觉就像爆米花爆开,或者有条金鱼在里面游泳!在怀孕的最后5个月里,胎儿的体重在出生前平均会增加3~4千克。图3-4中描绘的胎儿是实际大小的1/8,胎儿大小的变化简直令人难以置信。

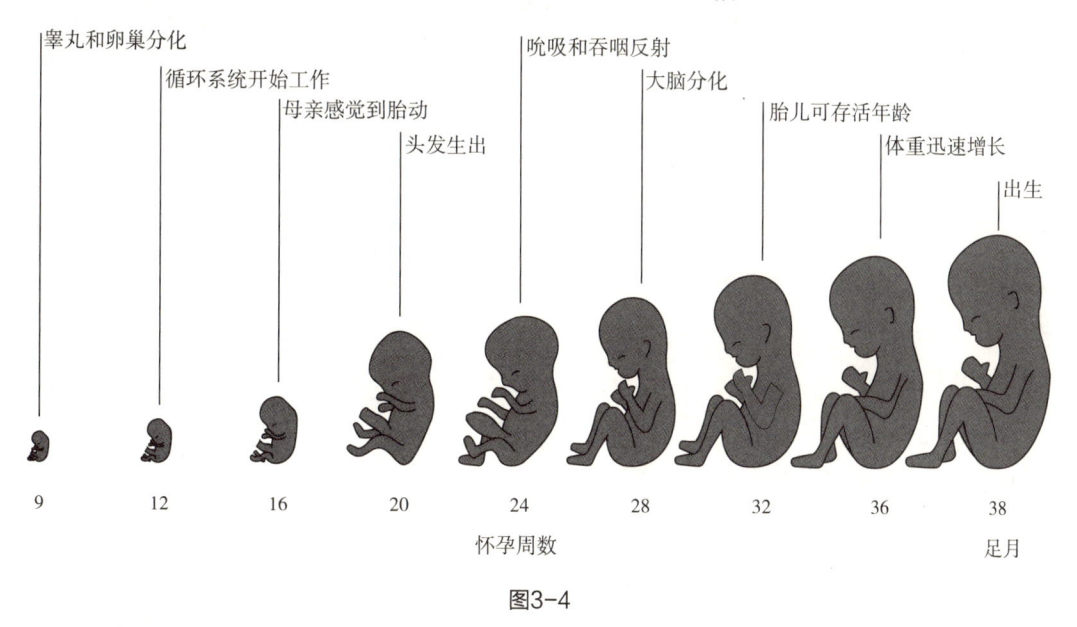

图3-4

在胎儿期,神经系统、呼吸系统和消化系统等对人类生命至关重要的身体系统将在最后这段时间完成"润色"。这一阶段的重点包括:

- 怀孕4周后,薄层细胞卷曲成一根管子,一端膨胀形成大脑,其余部分形成脊髓。从胎儿期开始,大脑已经有了明显的结构,并开始调节身体功能。在胎儿期,大脑的各部分脑区都在发育,尤其是大脑皮层,这是大脑的褶皱表面,控制着许多重要的人类行为。

- 在胚胎期快结束时,男性胚胎发育出睾丸,女性胚胎发育出卵巢。在第三个月,男性胎儿的睾丸会分泌一种激素，让一组细胞变成阴茎和阴囊；在女性胎儿中，这种激素是不存在的，因此对等的细胞发育成了阴道和阴唇。

- 在怀孕后的第五个和第六个月，眉毛、睫毛、头皮和毛发已经出现。皮肤变厚，覆盖着一层厚厚的油脂，即胎脂，它可以保护长时间泡在羊水中的胎儿。
- 大约在怀孕6个月后，胎儿的正常心率和心率在生理压力下的变化程度会有所不同。在一项研究中（DiPietro等，2007），心率变异性较大的胎儿，其运动、智力和语言会发展得更快。较大的心率变异性可能是神经系统对环境变化做出有效反应的标志（极端变异性除外）。

Q&A 问题3.1

雷切尔已经怀孕8个月了，每天都要花几小时和她的准宝宝说话。雷切尔的丈夫认为这是在浪费时间，但雷切尔认为这是有益的。你怎么认为？

伴随着上述和其他方面的迅速变化，在第22~28周的时候，大部分身体系统都能正常发挥其功能，胎儿在这个时候出生，会有机会存活，这也是此阶段被称为胎儿可存活年龄的原因。到了这个阶段，胎儿已经有了明显的面部轮廓。但是，这个阶段出生的婴儿有呼吸困难，因为他们的肺还没有发育成熟。此外，他们也不能很好地调节自己的体温，因为还没有在怀孕8个月后出现的具有隔热功能的脂肪层。由于现在具备了现代高级婴儿护理技术，这一阶段出生的婴儿也能够存活，但他们面临着其他挑战，我将在模块3.3中阐述这一点。

胎儿的行为

在胎儿期，胎儿已经开始了真正意义上的活动（Joseph，2000）。4个月大时几乎看不到的细微动作在这个阶段会很明显，可以说集"体操界新秀"和"自由搏击手"于一身，出拳、踢腿、翻跟斗，样样在行。胎儿在活动时，大约每分钟移动一次（Dipietro等，2004）。不过在此之前，胎儿基本处于静止状态，只是有规律地活动。尽管胎儿活动在正常孕期内很常见，但有些胎儿更活跃，通过这些差异可以预测婴儿的行为：相比不那么好动的胎儿，喜欢活动的胎儿出生后更有可能是一个不够快乐、难以相处的婴儿（Dipietro等，1996）。

另一个行为成熟的标志是感官开始发挥功能。胎儿能听到母亲的心跳和说话声（Lecanuet, Granier-Deferre和Busnel，1995）。胎儿在吞下羊水后，会对羊水中的不同味道做出反应。在怀孕后期，如果光线充足，胎儿就可以透过腹壁看到光的存在（Del Giudice，2011）。

胎儿能记住这些感官体验。例如，与不熟悉的女性声音相比，胎儿对母亲的声音有明显的反应（心率变化）（Kisilevsky等，2009）。婴儿出生后还能记得在子宫里经历的事情。小婴儿和儿童更喜欢他们在胎儿期尝过的食物。在一项研究中（Mennella，Jagnow和Beauchamp，2001），女性在怀孕的最后一个月每周喝几天胡萝卜汁，他们的婴儿在5~6个月大时会更喜欢胡萝卜味的谷物。在另一项研究中（Hepper 等，2013），如果母亲在怀孕期间吃大蒜，孩子在8~9岁时可能会更喜欢蒜香味的土豆。

此外，婴儿会识别出他们在胎儿期听到的声音。在一项研究中（DeCasper 和 Spence，1986），让怀孕的母亲在最后几周每天都读《戴帽子的猫》（*The Cat in the Hat*）这篇文章，新生儿可以识别出来。在另一项研究中（Partanen等，2013），新生儿可以识别出胎儿期听到的新单词。胎儿在出生前长期受到食物和声音的影响，说明胎儿期让婴儿为子宫外的生活做好了充分的准备。

读了这些发现之后，你可能会忍不住去买那些声称通过听觉刺激（如有节奏的讲话、音乐）来"教导"胎儿的产品。这些产品的制造商声称，受到此类刺激的胎儿会在发育方面快人一步，为上学做好更充分的准备。不过，我建议你把钱省下来。之前我们提到的研究里所显示的学习现象——如识别声音——在出生后很快就发生了，并没有经过产前"教育"。此外，有些更复杂的学习形式，据称不太可能发生在子宫内，要么是因为这样的学习需要同时受到视觉与听觉的刺激（如声音配面孔），要么是依赖于大脑发育，而该过程在出生后才会发生。

本模块中描述的胎儿发育变化如表3-1所示。表中所列的"里程碑"清楚地表明，胎儿发育可以有效帮助新生儿为独立生活做好准备。但这些惊人的产前变化只有在母亲为准宝宝提供健康环境时才会发生。"改善儿童的生活"专栏描述了孕期妈妈应该做些什么来为胎儿提供最佳发育环境。

表3-1 胎儿发育变化

每三个月	阶段	周数	尺寸和体重	里程碑
第一	受精卵	1~2		受精卵植入子宫壁，变成囊胚
	胚胎	3~4	6mm，大约7g	快速增长期；大多数身体结构，包括神经系统（大脑和脊髓）、心脏和四肢都形成了

续表

每三个月	阶段	周数	尺寸和体重	里程碑
	胚胎	5~8	2.5cm,大约 30g	
	胎儿	9~12	7.5cm,大约 0.5kg	继续快速增长,大多数身体系统开始发挥功能
第二	胎儿	13~24	30~38cm,大约 1kg	继续长大;母亲可以感觉到胎儿的活动,胎儿表面形成胎脂
第三	胎儿	25~38	50cm,3.1~3.7kg	继续长大;身体系统逐渐成熟,为出生做好准备,形成脂肪层,达到胎儿可存活年龄

改善儿童的生活

培养健康宝宝的五步法

1. 到健康指导中心做定期产检。在预产期前应该每月检查一次,如果临近预产期,建议每隔一周甚至每周都要检查一次。

2. 健康饮食。确保饮食包含五大类食物(谷物、水果、蔬菜、乳制品、肉类和豆类)。健康指导中心会建议你在饮食中补充维生素、矿物质和铁,以确保为宝宝提供所需的全部营养物质。

3. 禁酒和停止饮用含咖啡因的饮料,戒烟。在服用任何非处方药或处方药之前,请咨询健康指导中心。

4. 在整个怀孕期间注意锻炼身体。如果身体健康,你就能更好地满足胎儿的需要,并为分娩做好准备。

5. 充分休息,特别是在怀孕的最后两个月。此外,还可以听一些有关胎儿出生教育的课,为分娩做好准备。

尽管这些方面至关重要,但还是不能保证胎儿一定健康。在模块3.2中,我们将了解胎儿的正常发育为何在有些时候开始出现问题。

> ✓ **检测你的学习**
>
> **回忆**：描述三个产前阶段，每个阶段的"里程碑"是什么？
> 通过哪些研究结果可以看出胎儿的行为？
> **解释**：比较胎儿可存活年龄之前和之后胎儿发育的事件。
> **应用**：在出生前的最后几个月里，胎儿有一些基本的知觉和运动技能；胎儿能听、能看、能尝、能动。在真正需要这些技能的几个月前就做好准备有什么益处？

3.2 影响胎儿发育的因素

> **学习目标**
>
> 学习目标4：孕妇的营养、怀孕时孕妇面临的压力、孕妇的年龄是如何影响胎儿发育的？
> 学习目标5：畸胎剂是什么？都有哪些具体的疾病、药物和环境危害属于畸胎剂？
> 学习目标6：畸胎剂是如何影响胎儿发育的？
> 学习目标7：怎样监控胎儿的发育？不正常的胎儿发育能够调整吗？
>
> **大纲**
>
> 一般性危险因素
> 畸胎剂
> 畸胎剂如何影响胎儿发育
> 产前诊断与治疗

克洛伊在做第一次产前检查时，刚刚怀孕2个月。在等待预约的时候，她心里罗列了一大堆问题想要询问产科大夫："我每天大部分时间都在打电话，手机辐射对宝宝有害吗？""丈夫和我下班回家后会喝一杯葡萄酒来缓解一天的工作压力，像这种程度的饮酒可以吗？""我已经38岁了，我知道大龄产妇更容易生出身体有缺陷的宝宝，有什么方法可以让我知道我的孩子是否有缺陷？"

克洛伊所有的问题都涉及胎儿发育的一些潜在危险。她担心手机辐射问题，担心每晚饮酒问题，担心年龄问题。克洛伊的担心是有根据的。从怀孕开始，环境就影响着胎儿发育的全过程，这也是本模块的重点。如果你有把握回答克洛伊的这些问题，就可以跳过本模块，直接看模块3.3。如果没有把握，就请继续阅读，了解怀孕期间可能出现的一些问题。

一般性危险因素

学习目标4：孕妇的营养、怀孕时孕妇面临的压力、孕妇的年龄是如何影响胎儿发育的？

正如标题所暗示的那样，这些一般性危险因素会对胎儿发育产生广泛的影响。科学家确认了三种一般性危险因素：营养、压力和母亲的年龄。

营养

母亲是胎儿发育的唯一营养来源，因此富含五种膳食纤维的均衡饮食至关重要。大多数孕妇需要增加约10%~20%的卡路里摄入量，才能满足胎儿发育的需要。如果怀孕前体重正常的话，女性在怀孕期间体重应该会增加10~15千克。怀孕前体重过轻的女性可能会增重20千克；超重的女性会增加至少7.5千克（美国医学研究院，1990）。

饮食数量的增多仅仅是健康孕妇所需的一部分。孕妇所吃的东西也很重要。蛋白质、维生素和矿物质对胎儿的正常发育至关重要。例如，有一种维生素B叫作叶酸，它对神经系统的正常发育很重要（Goh 和 Koren，2008）。如果母亲没有摄入足够的叶酸，宝宝就可能患上脊柱裂这种疾病，这是一种胚胎神经管不能正常联结的疾病，发生在怀孕的第一个月。如果神经管闭合不全，会对脊髓和神经系统造成永久性损伤。因此，许多脊柱裂患儿需要使用拐杖、背带或轮椅（美国国家神经疾病和中风研究所，2013）。此外，胎儿发育期间大量营养素（如蛋白质）和微量营养素（如锌、铁）不足会导致注意力、记忆和智力方面的问题（Monk、Georgieff 和 Osterholm，2013）。因此，健康指导中心建议孕妇要在饮食中补充额外的蛋白质、维生素和矿物质。

压力

孕妇的情绪会影响子宫里的受精卵、胚胎或胎儿吗？怀孕期间快乐的女性会更有可能生出快乐的宝宝吗？工作繁重的孕妇更容易生出脾气暴躁的宝宝吗？

这些问题都涉及了慢性压力对胎儿发育的影响，慢性压力指一个人在面对威胁或挑战时的生理和心理反应。在怀孕期间压力较大的女性更容易早产或生下体重偏低的婴儿（Copper等，1996；Tegethoff等，2010）。更重要的是，孕妇在感到焦虑时，他们的宝宝会更难以集中注意力，更容易出现行为问题（Loomans等，2012；O'Connor等，2002）。对遭受灾难的孕妇进行的研究也得出了类似结论，例如，经历"9·11"事件的孕妇所生的孩子，他们的身体、认知和语言发展都受到了影响（Engel等，2005；

King等，2012）。最后一点，压力的有害影响通常与焦虑无关，而来自对怀孕的担忧，尤其是在怀孕的头几个月（Davis和Sandman，2010；DiPietro等，2006）。

压力增加会从几个方面损害胎儿的发育。第一，当孕妇面临压力时，她的身体会分泌一种激素，这种激素使流向胎儿的氧气量减少了，同时胎儿的心率会增快，胎儿的活动水平会升高（Monk等，2000）。第二，压力会削弱孕妇的免疫系统功能，使其更容易生病（Cohen和Williamson，1991），这反过来会损害胎儿的发育。第三，处于压力之下的孕妇更有可能吸烟喝酒，休息和运动较少，饮食不当。（DiPietro，2004；Monk等，2013）。第四，压力可能导致胎儿的表观遗传发生变化，进而导致儿童在成长过程中出现行为问题（Monk，Spicer和Champagne，2012）。所有这些都可能危害胎儿发育。

我想强调的是，这里描述的情况只适用于长期遭受压力的女性。事实上，所有女性在怀孕期间都会感到焦虑或不安。但是偶尔的、相对轻微的压力并不会对胎儿发育造成不良影响。

母亲的年龄

一般来说，我们认为20多岁是生育的黄金时期。十几岁的女性以及30岁以上的女性怀孕较为艰辛，因此不太适合怀孕。20多岁女性的各方面条件对成功怀孕真的很重要吗？让我们分别为十几岁和30多岁的女性来回答这个问题。与20多岁的女性相比，十几岁的女性更可能早产或生出体重偏低的婴儿（Khasan，Baker和Kenny，2010）。这在很大程度上是因为怀孕少女更有可能生活条件更为艰苦，得不到良好的产前照顾。而且，即使十几岁的女性可以得到较好的产前护理，并生下健康的宝宝，之后的情况也不容乐观。她们的孩子通常在学校表现不佳，且行为问题更为普遍（D'Onofrio等，2009；Fergusson和Woodward，2000）。比如，青少年时期，他们更有可能被定罪（Coyne等，2013）。在"理论聚焦"专栏中，我们将看到儿童发展研究人员对这些问题发生的原因给出的解释。

理论聚焦

与未成年母亲相关的风险理论

背景 未成年母亲所生的孩子通常不会生活得很好。在儿童和青少年时期，这些孩子的智力测试通常得分较低，在学校成绩较差，而且出现行为问题的概率也更高（比如，他们过于好斗）。但是，为什么未成年母亲的孩子会出现这些情况，人们对此仍然知之甚少。

理论 萨拉·贾菲（Sara Jaffee）（2003）认为这种情况是由两种机制导致的。一种是社会影响机制，即十几岁的女性生孩子所引发的一系列事件——这些事件让她很难为孩子的发展提供一个积极的环境。例如，她可能会辍学，这会限制她的就业机会。或者她可能试图完成学业，但因为要花很多时间学习，可能不能很好地照顾孩子。

第二种是社会选择机制，一些未成年女性比其他女性更有可能怀孕，而那些导致她们怀孕的因素可能也让她们的孩子处于危险之中。例如，有品行障碍的青少年女孩——她们经常撒谎、违规、在身体和言语上具有攻击性——比没有品行障碍的女孩更容易怀孕。品行障碍对有效养育来说并不是个好兆头。此外，品行障碍还有遗传属性，由未成年母亲遗传给自己的孩子。

根据社会选择机制，生孩子的年龄并不重要，这些女孩即使推迟到二三十岁做母亲，也很难有效地养育孩子。未成年女性怀孕的风险因素也会让自己的孩子面临早孕风险。

假设 根据社会影响机制，育儿环境的相关变量可以帮助预测未成年母亲所生子女的情况。例如，如果未成年母亲受教育的机会更少，收入更低，那么这些变量应该可以帮助预测孩子的情况。根据社会选择机制，与未成年少女怀孕相关的共同特征应该可以帮助预测孩子的情况。例如，更有可能怀孕的未成年少女，她们可能不太聪明，有品行障碍，那么这些变量应该可以帮助预测孩子的情况。

测试 贾菲（2003）在新西兰曾开展过一项长达20年的纵向研究，评估了这两种假设，该研究中约有20%的未成年母亲。贾菲测量了这些未成年母亲的反社会行为及她们的教育和收入状况，还评估了她们孩子的情况。为了简单起见，我们只考虑一个结果：这些孩子在青少年时期或青年时期是否有过犯罪行为。

贾菲发现，与成年母亲的孩子相比，未成年母亲的孩子犯罪的可能性要高出近3倍。这既是社会影响机制的结果，也是社会选择机制的结果。与社会影响机制相一致的是，未成年母亲受教育程度较低，收入较低，这些变量可以帮助预测她们孩子的犯罪活动。与社会选择机制相一致的是，未成年母亲更有可能出现过反社会行为，而这也可以帮助预测她们孩子的犯罪活动。

结论 与未成年母亲相关的不良后果并不能用单方面原因来解释。部分原因可能是未成年生育带来的连锁反应：过早生育导致受教育水平和收入较低，不利于母亲为孩子提供更好的发展环境。但有些原因与早育本身并无关联，有些未成年母亲身上的不良特质导致她们无论在何时生育，都可能会产生不好的结果。

应用 政策制定者已经创建了许多社会项目，旨在鼓励青少年延迟生育。贾菲的研究表明了另两个需求。第一，需要制定政策来减少生育对未成年母亲产生的不良连锁影响（例如，组织一些项目让她们在不忽视孩子的情况下完成学业）。第二，许多与未成年人怀孕有关的问题只是碰巧与母亲是少女这一事实有关，需要一些项目来帮助这些女孩学习有效的育儿方法。

当然，并不是所有未成年母亲和她们的孩子都是这样悲惨的命运。有些未成年母亲完成了学业，并找到了一份好工作，拥有一个幸福的家庭，而且她们的孩子无论是学习还是工作也都表现出色。未成年母亲和亲人——通常是自己的母亲（Gordon、Chase-Lansdale 和 Brooks-Gunn，2004）在一起时，这样的好结果更有可能发生。此外，参与家访项目的未成年母亲也更有可能收获好的结果。在项目中，注册护士会访问未成年母亲，并且提供帮助、建议和鼓励（Kitzman等，2010）。但是，收获好结果的未成年母亲绝对是极少数；对于大多数未成年母亲和她们的孩子来说，生活异常艰辛。教育青少年了解该年龄段怀孕的真实后果非常重要。幸运的是，美国青少年的怀孕率从20世纪90年代初的峰值已经开始稳步下降（Martin等，2012）。

年龄更大的女性就更适合生育吗？这也是个很重要的问题，因为当今很多女性都是成年很久之后才会要自己的第一个孩子。完成学业、开始职业生涯使生育年龄推迟。事实上，在21世纪前10年，40~44岁女性的生育率达到了自20世纪60年代以来的最高水平（Hamilton等，2010）。

一般而言，年龄更大的女性，怀孕更加困难，怀孕的成功率更低。20多岁女性的生育能力是30多岁女性的两倍（Dunson、Colombo 和 Baird，2002），女性在35岁以后怀孕，流产和死产的风险会迅速增加。例如，在40~45岁的女性中，怀孕更有可能导致流产或低体重婴儿的出生（Khalil等，2013）。更重要的是，40多岁的女性更容易生下患有唐氏综合征的孩子。不过，年龄较大的母亲同样可以有效育儿。例如，她们同样能够积极敏感地响应孩子的需求，促进儿童的发展（Bornstein等，2006）。

一般来说，20~35岁的女性如果身体健康，饮食合理，孕期护理良好，生活压力较小，就可以促进胎儿的正常发育。但即使在这样的理想情况下，胎儿发育也会受到干扰，我们接下来将看到。

畸胎剂

学习目标5：畸胎剂是什么？都有哪些具体的疾病、药物和环境危害属于畸胎剂？

在20世纪50年代后期，许多德国孕妇服用一种帮助她们入睡的药物——沙利度胺（thalidomide）。但是，很快就有报道称，这些服药的孕妇中的许多人生下了胳膊、腿、手或手指畸形的孩子。沙利度胺是一种严重的畸胎剂，会导致胎儿发育畸形。最终，在沙利度胺退出市场之前，全世界有超过1万名婴儿受到伤害（Kolberg，1999）。

在沙利度胺灾难的推动下，科学家开始广泛研究畸胎剂。今天，我们对三种主要的畸胎剂已经有了许多了解：疾病、药物和环境中的危险因素。让我们逐一分析。

疾病

大多数疾病，如感冒和流感，并不影响胎儿各器官的发育。但是，一些细菌和病毒感染可能非常有害，甚至在某些情况下，对胚胎或胎儿的发育是致命的。表3-2列出了最常见的5种导致畸胎的疾病。

表3-2 最常见的5种导致畸胎的疾病

疾病	可能产生的潜在危险
艾滋病	经常性感染，神经功能紊乱，死亡
细胞巨化病毒	耳聋，失明，头小，发育残疾
生殖器疱疹	脑炎，脾肿胀，不正常的血液凝固
风疹（德国麻疹）	发展障碍，眼睛、耳朵和心脏损伤
梅毒	损害中枢神经系统、牙齿和骨骼

这些疾病有一些是通过母亲的胎盘直接侵害胚胎或胎儿，如细胞巨化病毒（一种疱疹病毒）、风疹和梅毒。另一些疾病会在出生时发作：病毒留存在产道内壁，婴儿在出生时经过产道，就会感染上病毒。生殖器疱疹就是通过这种方式传染的。艾滋病有两种感染途径——胎盘和产道。

确保这些疾病不损害胎儿发育的唯一方法就是女性在怀孕前或怀孕期间不感染这种疾病。药物可以帮助女性解决问题，但不能防止疾病对胎儿发育造成损害。

药物

沙利度胺事件说明了药物对胎儿发育的不良影响。表3-3列出了其他一些有致畸作用的药物。

表3-3 导致畸胎的药物

药物	可能产生的潜在危险
青春痘特效药	中枢神经系统、眼睛和耳朵异常
酒精	胎儿酒精综合征，认知缺陷，发育停滞
阿司匹林	智力、注意力和动作技能缺陷
咖啡因	低体重，肌肉收缩力下降
可卡因和海洛因	发育停滞，新生儿过敏
大麻	低体重，动作控制能力降低
尼古丁	发育停滞，潜在的认知受损

注意，表中的这些大多是你日常会使用的药物：青春痘特效药（治疗粉刺）、酒精、阿司匹林、咖啡因和尼古丁。孕妇在摄入这些药物之后，它们会导致一些特殊的危害（Behnke和Eyler，1993）。

烟草是典型的存在潜在致畸风险的物质（Cornelius等，1995；Espy等，2011）。烟草中的尼古丁会收缩血管，从而减少通过胎盘到达胎儿的氧气和营养物质。因此，吸烟的孕妇更有可能流产（同时夭折），或者生出的孩子体重偏低（Cnattingius，2004）。此外，孩子在成长的过程中更有可能出现认知能力受损、学业成绩下降和行为问题（Clifford等，2012；Wakschlag等，2006）。最后，即使吸二手烟也有危害：虽然有些孕妇不吸烟，但她们所处的环境烟雾缭绕，她们的孩子可能会提前出生或出生体重偏低（Meeker和Benedict，2013）。在大多数情况下，这些有害影响取决于吸烟量（大量吸烟比适度吸烟危害更大）和胎儿的基因型：一些儿童遗传的基因能够在子宫内更有效地抵御烟雾中的毒素（Price等，2010）。

酒精的危害也很大。经常饮用大量酒精饮料的孕妇可能生下患有胎儿酒精谱系障碍（Fetal Alcohol Spectrum Disorder，FASD）的婴儿，其中最极端的情况是胎儿酒精综合征（FAS），这最有可能发生在酗酒的孕妇中——如一个周末喝15罐或更多的啤酒（May等，2013）。患有胎儿酒精综合征的儿童通常比正常儿童长得慢，且面容畸形。患有胎儿酒精综合征的孩子通常头小，上嘴唇薄，鼻子很短，两眼间距大。在美国，胎儿酒精综合征是所有发展障碍中最高发的。胎儿酒精综合征患儿有严重的注意力缺陷、认知和行为问题（Davis等，2013）。

这是否意味着适度饮酒就是安全的呢？并不。如果女性在怀孕期间适度饮酒，她们的孩子往往会患上部分胎儿酒精综合征，即身体发育正常但存在面部畸形和认知能力受损的症状。另一种不太严重的情况是与酒精相关的神经发育障碍（Alcohol-related Neurodevelopmental Disorder，ARND）。患有ARND的儿童外表正常，但在注意力、记忆力和智力方面存在缺陷（Pettoni，2011）。

是否存在怀孕期间没有危害的饮酒量呢？也许吧，但这个量还有待确定。收集的权威数据中有两个复杂因素：首先，研究人员在问卷或访谈中通常让孕妇自己反馈其饮酒量，如果存在一些报告误差，就很难精确估计饮酒量达到多少是有害的。其次，安全的饮酒量可能对不同女性都是不一样的。这基于女性的健康状况和遗传因素，一些女性也许喝得比别人多，但是比别人更安全。

这些因素导致很难保证表3-2所列的酒精或任何其他药物的安全水平。因此，对孕妇来说，最好的办法是尽可能避免使用药物（包括非处方药、处方药和非法药物），并在使用药物之前咨询专业的卫生保健人员。

Q&A 问题3.2

莎拉22岁,第一次怀孕。她每天抽半包烟,晚餐喝一瓶淡啤酒。莎拉不相信她少量的吸烟和饮酒会伤害到她的孩子。你怎么看?

环境中的危险因素

作为工业化生活的副产品,人们在饮食、喝水及呼吸空气的过程中经常接触其中的各类毒素。与工业废料有关的化学物质是最常见的环境畸胎剂,虽然含量通常很低,但就像其他药物一样,这些不容易引起成人注意的物质可能对发育中的胎儿造成严重伤害(Moore,2003)。表3-4列出了详细记录的5种环境畸胎剂。

表3-4 5种环境畸胎剂

环境畸胎剂	可能产生的潜在危险
空气污染物	出生体重低,早产,智力发育障碍
铅	智力迟钝
水银	发育迟滞,智力迟钝,大脑瘫痪
多氯联苯	记忆力和语言技能受损
X射线	发育迟滞,白血病,智力迟钝

多氯联苯说明了环境畸胎剂的危害。该化学物质一直被用作变压器油和油漆添加剂,直到20世纪70年代美国政府才开始禁止使用这种物质。但是,像许多工业副产品一样,它们渗入了排水沟里,污染了鱼类和野生动物。通常受污染鱼类中的多氯联苯含量不会影响成人,但如果孕妇食用了大量受多氯联苯污染的鱼类,她们孩子的认知能力和阅读能力就会受损(Jacobson和Jacobson,1996;Winneke,2011)。

在发达国家,最常见的畸胎剂是受污染的空气。暴露在高度污染的空气中会增加早产和低体重婴儿出生的风险(Currie,2013)。例如,在一个自然实验(Currie和Walker,2011)中,研究人员对居住在高速公路收费广场附近的孕妇进行了研究。在安装了可以让司机不停车就能电子支付过路费的设备后,空气污染大幅下降。对居住在收费广场附近的孕妇而言,电子收费让孕妇早产和生出低体重婴儿的概率降低了10%。研究人员在研究关闭排放有毒化学物质的工业工厂对胎儿发育的影响时,也发现了类似的结果(Currie,2013)。

你可能想了解现代环境中普遍存在但在表3-3中没有出现的物品:手机。孕妇使用手机对胎儿的健康有害吗?关于这一点,目前还没有明确的答案。手机产生的射频辐射有时与成人的健康风险(如癌症)有关,但研究结果并不一致(Verschaeve,2009;

Vijayalaxmi 和 Prihoda，2012）。关于手机对胎儿发育影响的科学研究很少。在丹麦的一项研究中，怀孕期间使用手机会增加儿童行为问题的风险（Divan 等，2012），但在荷兰的一项研究中，怀孕期间使用手机与儿童的行为问题无关（Guxens 等，2013）。在这一点上，需要更多的研究来了解手机的射频辐射是否对胎儿的健康有害。当然，我们知道手机会对孕妇的健康构成某方面的巨大威胁：开车时说话会容易分散注意力，并导致发生事故的概率增加50%以上（Asbridge，Brubacher 和 Chan，2013）。因此，在我们等待最终研究结果的同时，对孕妇的最佳建议是，在不使用手机的时候，与手机保持一定距离，以及开车时不要使用手机。

表3-3所示的环境畸胎剂是很危险的，因为人们往往没有意识到它们存在于环境中。例如，在雅各布森和另一个人（1996）的研究中，女性并没有真正意识到她们吃的是含有多氯联苯的鱼。这种隐形的毒素让孕妇更难保护自己不受环境畸胎剂的伤害。孕妇需要特别注意她们吃的食物和呼吸的空气，应该确保所有的食品都被彻底清洗过，没有杀虫剂，并避免食用含有许多化学添加剂的方便食品。她们应该远离被清洁剂、脱漆剂等家用产品污染的空气。如果女性从事需要接触潜在有害物质的工作（如家庭清洁工、美发师和美妆师），应该改用效力柔和一些的化学品。例如，可以用小苏打代替含化学成分较多的清洁剂。她们还应该戴防护手套、围裙和口罩，以减少与潜在毒素的接触。最后，由于环境中的有害物质在持续增长，请咨询健康指导中心，了解是否应该避免使用其他物质。

畸胎剂如何影响胎儿发育

学习目标6：畸胎剂是如何影响胎儿发育的？

在收集有关疾病、药物和环境中的畸胎剂会给胎儿造成危害的证据的过程中，科学家确定了5条关于畸胎剂如何影响胎儿发育的重要规则（Hogge，1990；Jacobson 和 Jacobson，2000；Vorhees 和 Mollnow，1987）。

1. 畸胎剂的影响取决于生物体的基因型。一种物质可能对一类物种有害，但对另一类物种无害。为了确定沙利度胺的安全性，研究人员在怀孕的老鼠和兔子身上测试了沙利度胺，它们的后代四肢发育正常。但是，如果孕妇服用相同剂量的药物，许多人生下的孩子四肢畸形。沙利度胺对老鼠和兔子无害，但对人有害。更重要的是，一些服用沙利度胺的孕妇生下的孩子很正常，但另一些孕妇生出了有缺陷的孩子。很明显，这是遗传因素的作用，导致一些人对沙利度胺更加敏感。

2. 畸胎剂的影响会在胎儿发育过程中发生变化。接触畸胎剂的时间非常关键。

图3-5显示了畸胎剂在受精卵发育期、胚胎期和胎儿期不同的影响作用。在受精卵发育期接触畸胎剂通常会导致自然流产。在胚胎期接触畸胎剂会造成身体结构的重大缺陷。例如，在胚胎期服用沙利度胺的孕妇会生出畸形或四肢缺失的婴儿。在胚胎期感染风疹的孕妇会生出患有心脏缺陷的婴儿。在胎儿期接触畸胎剂，要么会造成身体结构的轻微缺陷，要么会导致身体系统功能失常。例如，如果孕妇在胎儿期大量饮酒，那么胎儿的脑细胞数量就会减少。

即使在胎儿发育的不同阶段，发育中的身体器官和系统在某些时候也更容易受到伤害。图3-5中深色阴影表示身体发育处在最脆弱时期，浅色阴影表示发育中的器官处在较脆弱时期。例如，心脏在胚胎期的前2/3时间对畸胎剂最为敏感。在此之前接触畸胎剂很少造成心脏损伤；在这个时间之后接触会导致较轻微的损伤。

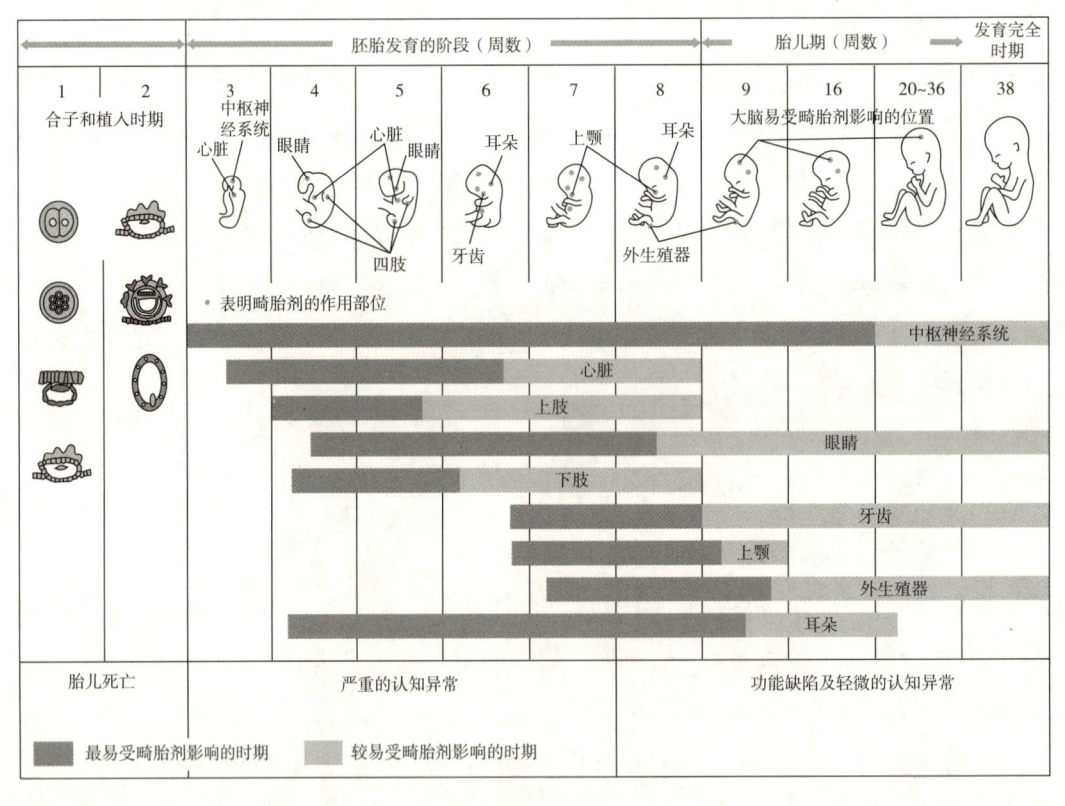

图3-5

3. 每种畸胎剂都会影响胎儿发育的一个（或多个）方面。换句话说，畸胎剂并不会损害身体的所有系统；相反，伤害是有选择性的。如果孕妇感染风疹，她的孩子可能有眼睛、耳朵和心脏问题，但四肢正常。如果她吃了被多氯联苯污染的鱼，她的孩子可能有低于平均水平的认知能力，但身体部分和运动技能正常。

4. 畸胎剂的影响取决于剂量。就像一滴油不会污染湖泊一样,小剂量的畸胎剂也不会伤害胎儿。例如,在对多氯联苯的研究中,只有在出生前接触最多的儿童的认知能力才会受到影响。一般来说,接触得越多,受危害的风险就越大(Adams,1999)。

该规则的启示是,研究人员应该确定一个畸胎剂的安全剂量。但在现实中,这很困难,因为人们对畸胎剂的敏感性并不是一样的(不可能为每个人单独制定安全剂量)。因此,最安全的办法是不要接触畸胎剂。

5. 畸胎剂造成的损害不一定在婴儿出生时就很明显,也可能在以后的生活中出现。对于可卡因婴儿,畸胎剂的作用会立即显现。可卡因婴儿会出现一些戒断症状——颤抖、哭泣和失眠。但是,有时畸胎剂造成的损害只有在孩子发育的过程中才会显现出来。例如,1947—1971年,在北美洲和欧洲,许多孕妇服用药物己烯雌酚来防止流产。她们的孩子在出生时看起来很正常,但服用己烯雌酚的孕妇所生的女孩在成年之后更有可能患乳腺癌或一种罕见的阴道癌,或者生殖道异常,导致很难怀孕。服用己烯雌酚的孕妇所生的男孩有患睾丸畸形和睾丸癌的风险(美国国家癌症研究所,2006)。这是一个说明畸胎剂的影响直到孩子出生后十多年才会显现出来的例子。

胎儿发育过程中危险因素的实际情况

书中已经逐一讨论了危害胎儿发育的风险因素,就好似每个因素都是唯一潜在威胁。事实上,许多胎儿所处的环境都面临多重风险和多种有害物质。经常饮酒的孕妇通常也会吸烟(Baron等,2013)。承受压力的孕妇通常也会喝酒,并可能用阿司匹林或其他非处方药自我治疗。这些孕妇中有许多生活贫困,这意味着她们可能营养不足,在怀孕期间只能得到极少的医疗照顾。如果把所有风险都综合到一起,胎儿发育很难达到比较理想的状态(Yumoto,Jacobson 和 Jacobson,2008)。

这也解释了为什么儿童发展研究人员往往难以确定与个别畸胎剂相关的危害。可卡因就是一个很好的例子。你可能还记得报纸和杂志上关于"可卡因婴儿"及其发展问题的故事。在胎儿发育期间接触可卡因的儿童会在身体生长、认知发展、行为管理和精神方面出现一系列问题(Buckingham-Howes等,2013;Schuetze,Molnar 和 Eiden,2012)。然而,许多与可卡因有关的问题也在一定程度上反映了孕期吸烟和饮酒,以及孩子得不到适当教育的影响(Lambert 和 Bauer,2012)。同样,怀孕期间吸烟造成的有害影响也可能源于吸烟孕妇受教育程度较低,并一直存在心理疾病,包括反社会行为(D'Onofrio等,2010)。

当然,像这样的发现并不意味着孕妇可以随意吸烟(或注射毒品)。相反,这些发现强调,我们很难确定与单一危险因素(如吸烟)有关的危害,因为它通常与许多其他危险因素（如养育不当、出生后继续吸烟）一起存在。

阅读完以上内容，你可能认为发育中的胎儿几乎不可能逃脱危害，但大多数婴儿出生时都很健康。当然，对孕妇来说最好的就是防止疾病、药物和环境中危险因素的危害，这些都是已知的畸胎剂。再辅以一定的产前医疗护理和充足的营养，这就是保证胎儿发育的最佳方案。

产前诊断与治疗

学习目标7：怎样监控胎儿的发育？不正常的胎儿发育能够调整吗？

"我真的不在意生男生女，只要孩子健康就好。"这是世界上大多数父母的心声，但到目前为止他们唯一能做的也只能是希望一切都是最好的结果。不过，如今科技的进步可以让父母更好地了解自己的孩子发育是否正常。

女性在怀孕之前可以到遗传咨询中心寻求帮助，这一点我在模块2.1中已经做过论述。咨询师会构建一个家族图谱，帮助准备做父母的夫妻检查是否存在遗传方面的问题。如果一方（或双方）携带某种遗传病，就会通过进一步的检查来确定每个人的基因型。根据这些更详细的信息，咨询师可以探讨准父母该如何做出选择。他们可以抱着孩子可能健康的希望选择自然怀孕，或者选择体外受精。还有一个选择就是领养一个孩子。

女性怀孕之后，我们如何才能知道胎儿是否发育正常呢？传统方法就是产科医生通过孕妇的腹部检查胎儿的大小和位置，最后推断胎儿的发育情况。这种方法很不精确，而且只有胎儿大到可以摸得到的时候，才能用这种方法。不过，现在人们已经发明了新的技术以更好地监控胎儿的发育情况，如超声波技术，即用声波成像，将一个吹风机大小的设备放在孕妇的肚子上，旁边的显示器上就会呈现出相应的图像。

超声波技术在女性怀孕后4~5周就可以使用，在这之前胎儿还比较小，生成的图像较难辨认。超声波图像有助于确定怀孕日期，以便更精准地判断预产期。此外，超声波图像还有助于判定胎儿和胎盘在子宫中的位置，进而判断胎儿是否有身体畸形，如头部生长异常。超声波图像还可以帮助检测双胞胎或多胞胎。怀孕20周左右，超声波图像可以显示孩子的性别。

如果怀疑胎儿有遗传方面的问题，另两种技术更加有用，因为它们可以提供用来分析胎儿细胞的样本。在进行羊水穿刺时，会把一个针管扎进孕妇的肚子，从胎儿周围抽取羊水的样本。羊水穿刺在怀孕16周之后用得比较多。图3-6展示了用超声波引导针管进入子宫的过程。这些液体中含有皮肤细胞，后者可以在营养盘里培植并分析，进而决定胎儿的基因型。

绒毛取样即从胎盘的一部分——绒毛膜中取得组织样本，然后进行分析。图3-7显示了一个小针管，通过阴道插入子宫，进而从胎盘里收集一些细胞。与羊水穿刺相比，绒毛取样的方法更受欢迎。因为在怀孕9~12周之后就可以使用，比羊水穿刺提前了4~6周。（羊水穿刺只能在羊膜囊大到可以方便地获得羊水时才能进行。）

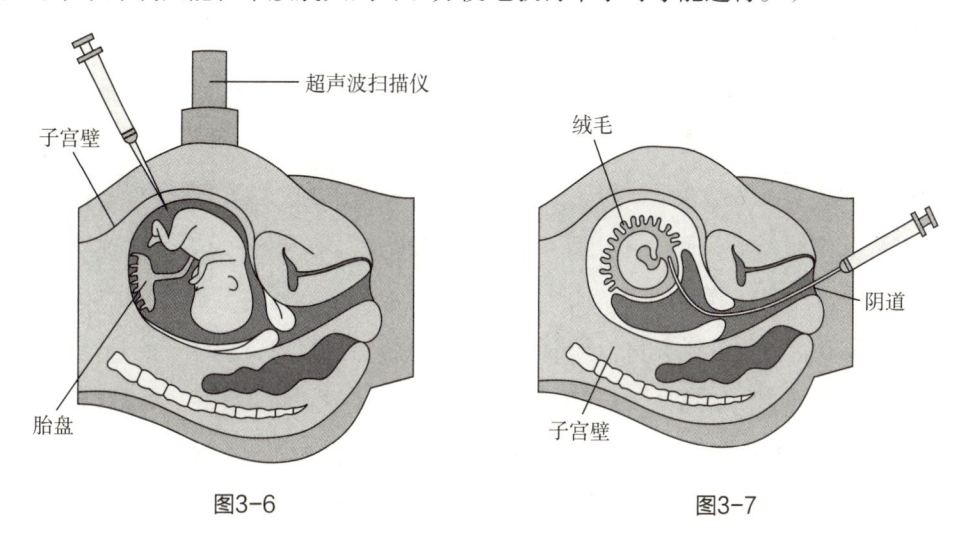

图3-6　　　　　　　　　　　　图3-7

羊水穿刺和绒毛取样分别需要2周左右和7~10天得出分析结果（羊水穿刺的等待时间较长，因为只有繁殖出足够多的细胞才能进行分析，进而评估遗传物质）。从羊水穿刺或绒毛取样中获得的样本，可以检测到大约200种遗传病。例如，对于30多岁或40多岁的孕妇，通常使用羊水穿刺或绒毛取样来确定胎儿是否患有唐氏综合征。这两种方法几乎不会有误，但需要代价：羊水穿刺或绒毛取样后流产的概率略增加（Wilson，2000）。产前诊断方法如表3-5所示。

表3-5　产前诊断方法

方法	描述	主要功能
超声波	用超声波生成胎儿图像	确定胎儿在子宫中的位置和推算预产期 检查身体畸形，是否为多胞胎，性别
羊水穿刺	从羊水中获取胎儿细胞样本	检查遗传病
绒毛取样	从绒毛膜（胎盘的一部分）中获取组织样本	检查遗传病

超声波、羊水穿刺和绒毛取样让胎儿检测变得更加容易。但如果检查出来胎儿发育不正常，该怎么办？直到现在，孕妇的选择依然非常有限：保胎或打胎。但这种选择权正在日益扩大。一个被称为"胎儿医学"（Fetal Medicine）的新兴领域关注的就是分娩之前一些胎儿发育问题的治疗。许多方法可用来解决怀孕期间检测到的问题（Rodeck和Whittle，2009）。胎儿医学中的一个方法就是用药物治疗发育中的一些问题，即给

胎儿注射药物或激素。例如，患有甲状腺功能减退症的胎儿，其甲状腺不能产生足够的激素，导致身体和智力发育迟缓。这种疾病可以通过直接向羊膜腔注射必要的激素来治疗，从而让胎儿正常发育。

另一种纠正产前问题的方法是外科治疗（Warner, Altimier和Crombleholme, 2007）。例如，脊柱裂可以在怀孕的第七或第八个月通过手术矫正。外科医生切开母亲的腹部和子宫，对胎儿的脊柱进行修复，然后送回子宫。手术后，脊柱裂婴儿一般不需要通过分流管来引流脑脊液，因此在学龄前，他们更有可能在没有支撑的情况下行走（Adzick等，2011）。

另一种解决胎儿发育问题的方法是基因工程——用合成的正常基因替换有缺陷的基因。以镰状细胞贫血为例。还记得吗，在模块2.1中，如果一个孩子从父母双方遗传了镰状细胞贫血的隐性等位基因，那么孩子体内将产生不能通过毛细血管的畸形血红细胞。理论上，我们可以从胎儿身上提取细胞样本，移除第11对染色体上的隐性基因，然后用显性基因替换它们。这些"修复"后的细胞可以注射到胎儿体内，然后繁殖并产生正常的血红细胞（David 和 Rodeck，2009）。然而，将想法转化为现实依然具有挑战性（O'Brien，2013）。研究人员仍在研究这些技术在非人类动物身上的应用，已经有一些成功地应用在年龄较大的儿童身上（Coutelle等，2005；Maguire等，2009）。但是，这种方法要想在胎儿医学中实现普遍应用依然需要数年。

回答克洛伊的问题：回到该节开篇中克洛伊提的问题并给出答案。如果你还是不能肯定，可以看看这几页中的内容，有助于帮你解决问题：

- 有关手机的问题——78页。
- 有关晚上喝酒的问题——77页。
- 有关生出发展障碍孩子的问题——75页。

✓ 检测你的学习

回忆：哪些常见的重要因素会对胎儿发育构成风险？
描述目前可用的产前诊断的主要技术。

解释：解释在胎儿发育过程中畸胎剂的影响是如何变化的。

应用：有一位45岁渴望怀孕的女性，她不确定在这个年龄怀孕可能带来何种风险，你会和她说什么？

3.3 生日快乐

> **学习目标**
>
> 学习目标8：分娩有哪些阶段？
> 学习目标9：有什么"自然"的方法可以缓解分娩的疼痛？在家分娩安全吗？
> 学习目标10：什么是产后抑郁症？它有什么影响？
> 学习目标11：分娩过程中有哪些并发症？
>
> **大纲**
>
> 分娩
> 分娩的方式
> 适应做父母
> 分娩并发症

多米尼克已经怀孕6个月了，她和她的伴侣将在当地医院接受分娩课程。课程终于开始了，这让她松了一口气，因为这意味着怀孕即将结束。但她听到的所有关于"呼吸练习"和"指导"的说法对她而言都很神秘。多米尼克想知道这些课程都包括什么，以及在分娩过程中这些课程对她有什么帮助。

女性怀孕接近尾声时，她们会发现睡眠和呼吸变得更加困难，很容易感觉疲劳，腿脚浮肿。女性期待分娩，一方面可以缓解不适，另一方面可以很快看到自己的宝宝。在这一模块中，我们会了解分娩的阶段和方式以及可能出现的问题。我们还会学习一些分娩课程，如多米尼克将要上的课程。

分娩

学习目标8：分娩有哪些阶段？

一般来说，女性怀孕38周左右就要分娩了，这是由胎儿、母亲和胎盘之间的荷尔蒙信号触发的（Smith 等，2012）。分娩（与英文里的"劳动"是同一个单词）得名恰如其分，因为它涉及高强度、长时间的体力劳动。分娩通常分为图3-8所示的3个阶段，表3-6进行了描述。子宫肌肉开始收缩时，第一阶段就开始了。这种收缩运动迫使羊水向上挤压子宫颈，即子宫底部的开口，也是产道的入口。每次收缩时羊水的波形运动让子宫颈逐渐扩大。

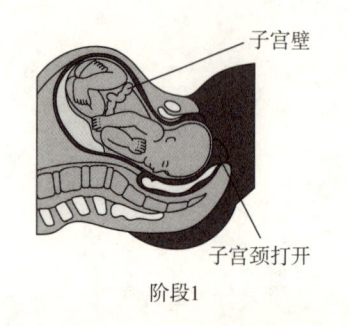

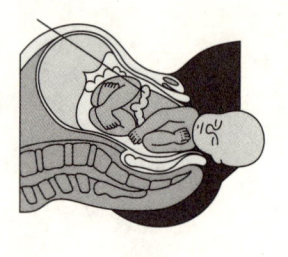

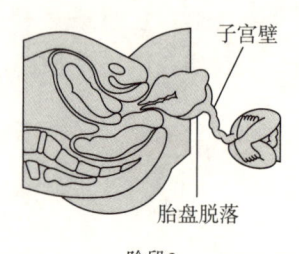

阶段1　子宫壁　子宫颈打开
阶段2
阶段3　子宫壁　胎盘脱落

图3-8

表3-6 分娩的阶段

阶段	持续时间	主要进展
第一阶段	12~24 小时	子宫颈开到 10cm
第二阶段	1 小时	胎儿移到产道
第三阶段	10~15 分钟	胎盘脱落

在这个阶段的开始，宫缩很微弱，而且间隔也不规律。在这个阶段的末期宫缩逐渐变得更厉害、更频繁。在过渡到第二阶段前，宫缩非常强烈，有时是没有间歇的宫缩。对孕妇而言，过渡期通常是分娩过程中最痛苦的阶段。过渡期结束时，子宫颈直径约10厘米。

对于第一次生孩子的女性来说，第一阶段要持续12~24小时，大部分时间会相对平静地度过。如果不是第一次生孩子，第一阶段的持续时间通常较短，一般为3~8小时。当然，因为提供的时间范围比较大，所以这只是一个粗略的预测，实际对不同的孕妇来说，第一阶段持续的时间差别很大，几乎不可能预测。

当子宫颈完全打大时，第二阶段就开始了。大多数孕妇在这个时候都有一种强烈的欲望，想要用腹肌把婴儿顶出来。这种推动会随着子宫的收缩，迫使胎儿进入产道。很快胎儿的头部就露出来了，这被称为"头先露"。初产大约1小时，非初产的时间更短。胎儿通过产道，与母体分离，来到这个世界上。大多数宝宝是头朝下出生的，但也有一小部分宝宝是脚或臀朝下出生的，这被称为"臀先露"。（我就是少有的臀先露宝宝之一，之后别人总拿这个开我玩笑。）婴儿的出生标志着分娩的第二阶段告一段落。

婴儿出生后，你可能认为分娩结束了，但事实上还有第三个阶段，胎盘被挤出子宫。这个阶段很短，通常持续10~15分钟。

分娩的方式

学习目标9：有什么"自然"的方法可以缓解分娩的疼痛？在家分娩安全吗？

母亲生我的时候，去的是附近一家医院，在那里医生很快给她进行了全身麻醉。

父亲来到医院，在那里和其他准爸爸们等待着孩子出生的消息。母亲从麻醉中苏醒过来后，得知自己生的是男孩，很健康。父亲早已等得不耐烦了，于是回去工作了，他是从电话中得知的这个好消息。

在20世纪50年代，这是医院的标准流程。在美国，几乎所有的婴儿都是这样出生的。不过，在20世纪中叶，两位欧洲医生——格伦利·迪克-瑞德（Grantly Dick-Read, 1959）和费迪南德·拉梅泽（Ferdinand Lamaze, 1958）——批评了传统观点，认为分娩涉及的复杂医疗程序通常不是很有必要，而且往往会让孕妇害怕分娩。恐惧会让孕妇变得紧张，从而增加了分娩时的疼痛感。两位医生主张采用更"自然"或准备更加充分的分娩方式，将分娩视为值得庆祝的生活事件，而不是需要忍受疼痛的医疗程序。

今天，孕妇可以享受多种多样的准备服务。但是，几乎所有的准备都涉及一些基本理念，第一个基本理念是，父母在了解了怀孕、分娩和分娩期间发生的事情之后，生孩子的过程中可能就不太会出现什么问题，也让这件事本身更有意义。因此，为分娩做准备意味着要去上课，学习有关怀孕和分娩的基本知识（就像本章中介绍的那样）。

第二个基本理念是，比起药物止疼，人们更倾向于使用自然方法止疼，因为医疗程序可能产生副作用或并发症。例如，美国最常见的手术是硬膜外止痛，手术中，医生会把药物注射到脊髓周围的空隙中。药物可以减轻分娩时的疼痛，但有时也会导致女性头痛或血压下降（美国妇产科学院，2011）。在没有药物的情况下减轻分娩疼痛的一个关键就是放松。因为当一个人紧张时，疼痛往往会更强烈，孕妇在分娩过程中要学会放松，通过深呼吸或想象一个令人安心、愉快的场景或经历令身体放松。当在分娩过程中开始感到疼痛时，她们就会使用这些方法来放松。

第三个基本理念是，找一个有支持性作用的成人，可以是准爸爸、亲戚、亲密朋友，或者训练有素的助产士。这些人可以提供情感支持，做孕妇的拥护者（向保健中心人员传达孕妇的愿望），并帮助孕妇使用技巧缓解疼痛。当孕妇得到这些支持时，她们的分娩时间往往更短，使用的药物更少，而且对分娩的满意度更高（Hodnett等，2012）。

自然分娩这种新发展趋势的另一个前提是生孩子没必要非去医院。在美国，几乎所有的婴儿都是在医院出生的，只有1%的婴儿在家中出生（Martin等，2013）。对于习惯在医院分娩的美国人来说，在家分娩似乎是一种冒险的建议，一些医疗专业人士仍然持怀疑态度（Declercq, 2012）。不过，许多孕妇在家分娩时更放松，她们表示可以更好地控制生孩子的过程。也就是说，在孕妇身体健康，而且分娩不会面临太大风险的情况下，健康指导中心人员的作用就是帮助分娩，而且如果此类需求增多，这样的综合医疗护理应该可以立即到位（Wax, Pinette和Cartin，2010）。

适应做父母

学习目标10：什么是产后抑郁症？它有什么影响？

对于父母来说，宝宝顺利出生后的一段时间内，他们会非常兴奋，充满骄傲和喜悦——期待已久的宝宝终于来了！但对于父母（以及兄弟姐妹，我们将在模块14.3中讲到）来说，这也是一个调整期。女性在孩子出生后会经历许多生理变化，乳房开始产奶，子宫逐渐变小并在5~6周恢复到正常大小。与此同时，女性荷尔蒙（如雌激素）水平下降。

父母还必须在心理上进行调整。他们需要重新组织日常生活，特别是第一个孩子出生后，需要适应孩子的睡眠周期（见模块3.4）。在这个过程中，爸爸有时会觉得自己被忽略了，因为妈妈把大部分的注意力都放在了孩子身上。

研究人员曾经认为，适应做父母的一个重要环节是与婴儿建立情感纽带。也就是说，婴儿出生的前几天是父母和婴儿之间进行亲密身体接触的关键时期，如果没有这样的联系，父母和婴儿会很难建立情感联系（Klaus和Kennell，1976）。不过，今天我们知道，出生后这几天的接触——虽然对婴儿有益，而且婴儿和父母都很喜欢这种接触——但是对正常的发展来说不是必需的（Eyer，1992）。在模块10.3中，我们将学习建立情感纽带的关键步骤。

为人父母需要进行巨大的调整，因此，大约一半的新手妈妈会发现她们最初的兴奋会逐渐变为愤怒、怨恨和哭闹——这就是所谓的"产后抑郁"。这种情况通常会持续1~2周，它既反映了照顾新生婴儿的压力，也说明了女性身体恢复到非怀孕状态时所发生的心理变化（Brockington，1996）。

但是，对10%~15%的新手妈妈来说，这种愤怒的情绪会持续数月，并常常伴随着自卑、睡眠不佳、食欲不振和冷漠等感觉——这种情况被称为产后抑郁症。产后抑郁症不是随机发作的。它有生物学方面的原因：孩子出生后体内激素水平的变化会让部分女性有患产后抑郁症的风险（O'Hara和McCabe，2013）。自身经历也是一个原因：单身女性更可能患产后抑郁症，此外，如果妈妈怀孕前压抑过久、正在面临其他生活压力（如爱人死亡或搬到一个新地方）、意外怀孕或缺乏其他成人（如父亲）来帮助她们调整状态，就会更容易患产后抑郁症（Edwards等，2012；O'Hara，2009）。

无精打采或情感冷漠的女性一般不热衷于做母亲。她们不会经常抚摸和拥抱自己的宝宝，也不和宝宝说话。情绪忧郁的妈妈无法很好地照顾宝宝的日常饮食和睡眠（Field，2010）。如果产后抑郁症持续多年，儿童的发育就会受到影响（Goodman 等，2011）。例如，在"研究重点"专栏中，你会看到母亲的抑郁是如何导致孩子出现行为问题的。

Q&A 问题3.3

罗莎一周前生了孩子。她每天会哭一两次，而且经常生丈夫的气，哪怕丈夫帮了很多忙。你觉得罗莎是否患了产后抑郁症？

研究重点

母亲抑郁和孩子行为问题之间的联系

研究人员是谁？研究目的是什么？ 抑郁的母亲不能有效地养育孩子。然而，这可能不是由于抑郁症本身造成的，因为还有其他因素导致女性有产后抑郁症的风险，如单身、缺乏社会支持、压力，这些都可能导致她们低效养育孩子。爱德华·巴克（Edward Barker）和他的同事（2012）希望更好地了解母亲抑郁如何影响孩子发育的过程。

研究人员是如何测量研究话题的？ 巴克和他的同事对三个变量展开研究：母亲抑郁，可能影响儿童发展的母亲抑郁风险因素，以及儿童的行为问题。他们用问卷对前两个变量进行了测量：当孩子一岁半时，由母亲完成一份抑郁症问卷；在孩子出生到孩子两岁之间的不同时间点，母亲会完成另一份调查问卷，测量她们面临的风险因素，如单身、遭受伴侣虐待、缺乏支持等。当孩子7~8岁时，经验丰富的临床医生会从教师和家长那里询问孩子的情况，并诊断孩子的行为问题。

研究中的参与者是谁？ 样本来自"埃文亲子纵向研究"（Avon Longitudinal Study of Parents and Children），这是一个调查英国儿童健康和发展的研究项目，有7429名母亲和她们的孩子参与了这个项目，并为这三个变量提供了数据。

这次研究的设计是什么？ 从相关性角度来看，研究人员会分析抑郁、风险因素和儿童问题行为之间的关系。从纵向角度来看，孩子和父母都接受了多次测试（研究仍在进行，因此仍在进行测试）。

这项研究是否存在伦理问题？ 不存在。这些问题是父母和孩子经常遇到的，它们没有造成已知的风险。研究人员获得了父母及孩子的许可。

结果如何？ 根据众多母亲的抑郁症问卷反馈，巴克和他的同事将孩子一岁半时抑郁症母亲与非抑郁症母亲区分开来，然后比较了两组母亲所生孩子的行为问题发生概率，结果如图3-9所示。如果母亲患有某种抑郁症，孩子在7~8岁时更有可能出现行为问题，总体来看，这些孩子出现行为问题的可能性要比其他孩子高出2.56倍。接下来，巴克和他的同事证实，正如预期的那样，抑郁症母亲的风险因素更高。例如，抑郁症母亲遭受伴侣虐待的可能性是非抑郁症母亲的5倍，缺乏支持的可能性是4倍。但是，即便这些风险因素控制在统计学的相等范畴，抑郁症母亲的孩子出现行为问题的可能性仍然是非抑郁症母亲的孩子的1.92倍。

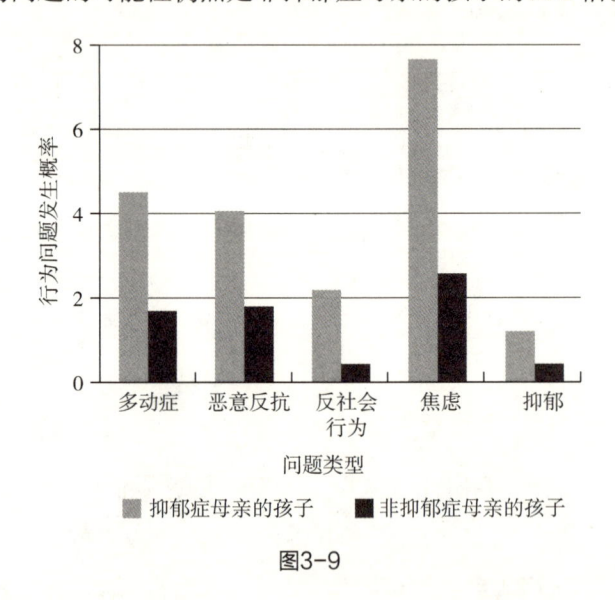

图3-9

研究人员得出了什么结论？ 一些女性在分娩后经历的抑郁会以两种方式影响孩子。一是抑郁症本身对孩子有害：抑郁的母亲不能有效养育孩子，这可能导致行为问题。二是导致母亲患抑郁症的风险因素（如缺乏支持）同样可能影响孩子的发育，可能也正是这些原因导致抑郁症的母亲无法有效养育孩子。

有什么趋同证据可以强化这些结论？ 这些发现主要基于母亲抑郁、风险因素和孩子行为问题的报告。对这些变量进行独立测量是很有价值的（例如，观察儿童的反社会行为有助于诊断品行障碍）。此外，近1/3的母亲退出了研究，而这些母亲更有可能面临风险。如果将这些数据复制到一个不会随时间轻易变动的样本中，目前的结论会更有说服力。

"研究重点"专栏的研究结果表明，不要轻视产后抑郁症：如果母亲的抑郁症状在几周后仍未缓解，应该寻求帮助。由专业的健康指导人员进行家访很有必要（O'Hara

和 McCabe，2013）。他们会教授母亲一些更好的方法来应对新生儿带来的许多变化；他们也是有爱心、有同情心的倾听者，可以提供情感上的支持；必要时，他们还可以为母亲介绍社区内其他可以提供帮助的资源。最后值得一提的是，有一种简单的方法可以降低患产后抑郁症的风险：母乳喂养。母乳喂养的母亲更不容易抑郁，可能是因为母乳喂养会释放抗抑郁的激素（Gagliardi，2005）。

分娩并发症

学习目标11：分娩过程中有哪些并发症？

怀孕时身体健康的女性通常会正常分娩。如果女性身体不健康或没有得到足够的产前护理，分娩过程中就会出现问题。（当然，即使健康的女性也可能出现问题，但不常见。）表3-7列出了常见的分娩并发症。

表3-7　常见的分娩并发症

并发症	特点
头盆不称	胎儿头部过大或孕妇骨盆狭窄，导致胎儿无法顺利通过产道
胎位不正	肩先露，即胎儿横卧于骨盆入口之上，肩部首先露出；臀先露，即臀部或脚首先露出
子痫前期	孕妇出现血压升高和蛋白尿，全身浮肿
脐带脱垂	在胎儿通过产道之前，脐带被挤压，导致脐血流阻断，造成胎儿缺血、缺氧

其中一些并发症是非常危险的，如脐带脱垂，脐带血液流动会遭到破坏。如果这种血流中断，胎儿将无法获得足够的氧气，俗称缺氧。分娩过程中有时会出现缺氧，是因为脐带被挤压，从而阻断了血液的流动。缺氧是一种很严重的现象，因为它会导致胎儿发育障碍甚至死亡（Hogan等，2006）。

为了防止缺氧，在分娩期间可以用超声波或用通过阴道连接到胎儿头皮的微电极来监测胎儿心率。心率的突然变化是胎儿缺氧的一个标志。如果心率突然发生变化，健康指导中心的专业人员会把听诊器放在母亲的腹部测量胎儿心率，进而确定胎儿是否处于缺氧状态。

如果胎儿处于缺氧状态、位置不正或太大而无法顺利通过产道，医生可能决定通过手术将其从母亲的子宫中取出（美国妇产科学院，2011）。剖宫产就是在母亲腹部切开一个切口，将胎儿从子宫中取出。剖宫产对母亲来说比阴道分娩风险大，因为失血较多，且感染风险更大。尽管母亲在手术前接受麻醉会导致胎儿短暂昏睡，但对胎儿而言剖宫产的风险很小。不管是阴道分娩，还是剖宫产，母亲与胎儿之间的互动大致相同

（Durik，Hyde 和 Clark，2000）。

分娩并发症不仅对新生儿的健康有害，而且对他们的长期生活都会产生影响。经历过分娩并发症的婴儿，可能变得更具攻击性或有暴力行为，并有患精神疾病的风险（de Haan 等，2006；Fazel 等，2012）。对有分娩并发症且遭遇家庭困境（如生活在贫困中）的新生儿来说尤其如此。在一项研究中（Arseneault 等，2002），患有脐带脱垂或子痫前期等有生命危险的分娩并发症的孕妇生出的男孩在 6 岁时更具攻击性，在 17 岁时更加暴力（例如，他们参与了帮派斗争或携带武器）。但这些情况只有在男孩也遭遇了家庭困境时才会出现，如收入有限或单亲家庭。这一结果告诉我们，母亲在整个孕期和分娩期间接受优质医疗保健以及儿童在整个童年时期获得支持性环境非常重要。

早产和低出生体重

通常，从怀孕到婴儿出生大约需要 38 周。在受孕后 35 周（或更早）出生的婴儿就是"早产儿"。"低体重儿"的体重通常比根据怀孕时间计算的预想体重要轻。一些（但不是全部）低体重儿往往发育不成熟，而发育不成熟的婴儿往往体重偏低。换句话说，一个婴儿可能是 9 个月足月出生的，但体重低于新生儿平均2500~4000克的出生体重，因此，这个婴儿是低体重儿，但不是早产儿。同样，如果怀孕7个月出生的婴儿体重为2500克（7 个月胎儿的平均体重），该婴儿只是早产儿。但是，如果怀孕7个月出生的婴儿体重低于平均水平，则他既是早产儿，也是低体重儿。

在这两个问题中，早产不太严重。在出生后的第一年，早产儿在许多方面的发育往往落后于足月儿，但到 2 岁或 3 岁时，差异就会消失，大多数早产儿此后发育正常（Greenberg和Crnic，1988）。

出生时体重低于 1500 克的婴儿通常难以存活；即使存活下来，他们的认知和运动发育也会延迟（Kavsek 和 Bornstein，2010）。

如果得到适当的照顾，体重超过 1500 克的低体重儿情况会好一些。他们会被放在早产保温箱中，温度经过合理控制，并且空气无灰尘和细菌。这些保温箱可以有效地把婴儿隔离起来，但也隔绝了环境的刺激。因此，他们会经常接受听觉刺激，如舒缓的音乐或母亲声音的录音，以及一些视觉刺激。此外，还会有触觉刺激——他们每天会接受几次"按摩"。这些形式的刺激促进了低体重儿的身体和认知发展（Field，Diego 和 Hernandez-Reif，2010）。

当婴儿离开医院回到家时，这种特殊护理应继续进行。因此，针对适龄婴儿的干预措施通常包括为婴幼儿父母设计的培训项目。在这些项目中，父母学习如何对孩子的行为做出适当的反应。例如，他们学会认识婴儿处于痛苦、过度刺激或准备互动的迹象。

父母还学习游戏和活动，以促进孩子的发展。此外，孩子在高质量的托儿中心就读，课程与家长培训相协调。这种护理促进了低体重儿的发育，使他们在认知发展方面赶上足月婴儿（Hill，Brooks Gun和Waldfogel，2003）。

如果婴儿的家庭环境可以提供支持和刺激，那么这些婴儿的发育前景还是不错的。遗憾的是，并非所有濒临危险的婴儿都有这些好的条件。许多婴儿会面临因家庭贫困而无法支付医疗费用的困境。在这些情况下，婴儿的发育通常会受到影响（Poehlmann等人，2011）。一项针对1955年在夏威夷考艾岛出生的所有儿童的纵向研究充分证明了为濒临危险的婴儿提供支持性环境的重要性（Werner和Smith，2001）。在稳定的家庭环境中长大的高危新生儿与出生时没有问题的孩子没有区别。（"稳定的家庭环境"即在整个童年时期都有提供支持的、心理健康的父母。）例如，濒临危险的新生儿如果面临父母离婚、酗酒或有精神疾病而处于不稳定的家庭环境中，他们在智力发展和社交发展方面就会落后于同龄人。

夏威夷考艾岛的研究强调了我在本章中反复强调的一点：如果孕妇得到悉心的照料，并为儿童提供支持性的生活环境，儿童发展可以达到最佳。对全世界婴儿死亡率的调查表明，文化背景也起着类似的影响作用，只是起作用的方式不同。

文化影响

婴儿死亡率

如果你是阿富汗孩子的父母，你的孩子在1岁前死亡的概率是1/6；在全球，阿富汗的婴儿死亡率是最高的，这里指1岁前死亡的婴儿的百分比。相比之下，如果你是捷克、冰岛、芬兰或日本孩子的父母，你的孩子在1岁以前死亡的概率不到1/300，因为这些国家的婴儿死亡率最低。

图3-10描述了全球背景下15个发达国家和15个最不发达国家的婴儿死亡率。毋庸置疑，与发达国家相比，最不发达国家的婴儿面临的风险要大得多，平均约为发达国家的20倍（美国中央情报局，2013）。事实上，这两组数据的差异实在是太大了，不得不按照不同的比例来绘制。

如果你是美国人，你可能会惊讶地发现美国婴儿死亡率在发达国家的排名中几乎垫底。虽然差别不大，但是，如果美国想要将婴儿死亡率降到欧洲国家4‰的这个比率，这意味着每年有8000个在1岁前夭折的美国婴儿能够活下来。

如何解释婴儿死亡率的差异？对于美国婴儿来说，低出生体重是一个主要原因。美国的低体重儿数量几乎比其他所有发达国家都多，我们已经看到低出生体重会给婴儿带来的危险。如果孕妇得到常规的产前护理，这个问题通常是可以避免的，但在美国，许多孕妇因为没有医疗保险而得不到足够的产前护理或根本得不到产前护理（Cohen，Martinez和Ward，2010）。几乎所有排在美国之前的国家都提供全面的产前护理，费用很低，甚至免费。其中许多国家还为孕妇提供带薪休假（OECD，2006）。

在最不发达国家，产前护理不足是普遍现象，而且孕妇往往营养摄入不足。这些国家的婴儿出生后面临营养匮乏、疾病缠身的双重挑战。不过，随着产前护理与婴儿保健的改善，以及营养供给的提高，全球婴儿死亡率自1990年以来下降了50%（儿童基金会，2007）。随着护理的不断改善，全世界婴儿面临的主要挑战将是走路、说话及亲子关系等，而不是单纯的生存问题。

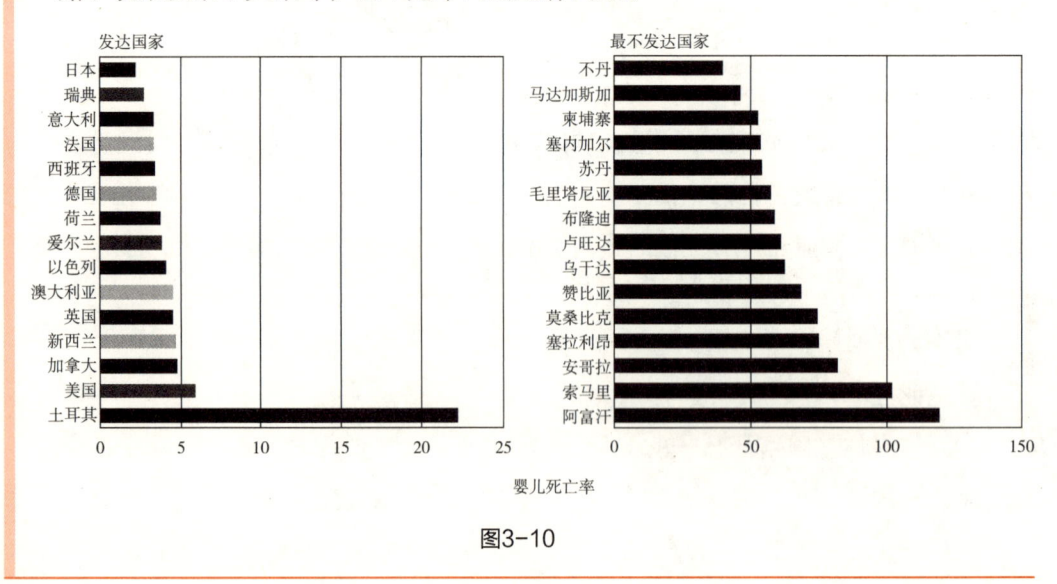

婴儿死亡率

图3-10

检测你的学习

回忆：分娩的三个阶段是什么？每个阶段的"里程碑"是什么？
描述准备好的分娩方法的主要特点。

解释：为什么有的面临风险的新生儿可以正常发育，有的新生儿却不可以？

应用：林恩第一次怀孕，想要在家生产，但他的丈夫极力反对，表示太过危险。你会给他们什么建议呢？

3.4 新生儿

学习目标

学习目标12：我们如何判断新生儿是否健康并能适应子宫外的生活？

学习目标13：反射是如何帮助新生儿与外面世界互动的？

学习目标14：新生儿有哪些可观察的行为状态？

学习目标15：新生儿关于外面世界的感知如何？

大纲

评估新生儿

新生儿的反射

新生儿的状态

新生儿的感知觉和学习能力

　　丽莎和马特，这对自豪又疲惫的父母惊讶于他们每天的生活就是围绕着10天大的汉娜的吃饭和睡觉展开的。丽莎觉得她好像在日夜不停地喂汉娜。汉娜打盹的时候，丽莎会想很多她应该做的事情，但常常自己就睡着了，因为她太累了。马特想知道汉娜什么时候能睡个安稳觉，这样他和丽莎也能睡个好觉了。

　　新生儿的到来通常让父母兴奋不已，就像丽莎和马特。我的儿子本像其他新生儿一样，出生时身上带着血和胎脂，这种白色的"油脂"在产前几个月的发育过程中保护着胎儿的皮肤。胎儿的头由于出生时经过产道，所以暂时有些变形，本有一个大肚子，还是罗圈腿，但我们觉得他很漂亮，并因为他的出生而感到无比幸福。

　　像汉娜和本这样的新生儿能做什么呢？我们将在本模块中回答这个问题，同时了解丽莎和马特什么时候能睡个通宵好觉。

评估新生儿

学习目标12：我们如何判断新生儿是否健康并能适应子宫外的生活？

　　假设一位母亲问你她刚生的孩子是否健康，你会如何做呢？由弗吉尼亚·阿普伽设计的新生儿阿普伽评分就可以用来评估新生儿的发育情况。评估内容包含5项指标，即肌张力、心率、反射、肤色和呼吸。如表3-8所示，5项指标都是用0、1和2来记分的，2为最理想状态。

表3-8 阿普伽评分5项指标

得分	肌张力	心率	反射	肤色	呼吸
2	四肢活动灵活	每分钟100次以上	哭声强烈	全身肤色正常	呼吸规律和哭声响亮
1	四肢轻微活动	每分钟不到100次	表情痛苦或哭泣	除四肢外肤色正常	呼吸缓慢、不规律，哭声无力
0	不活动；肌肉松弛	无法检测	无反应	全身青紫或苍白	没有呼吸

将5项指标得分相加，得分达到7分或7分以上表示婴儿身体状况良好。4~6分意味着新生儿需要特殊护理。3分以下表示生命垂危，需要紧急医疗护理（Apgar，1953）。

阿普伽评分通过关注维持生命所需的机体系统，可以对新生儿状况进行快速、粗略的评估。为了全面评估新生儿的健康状况，儿科医生和儿童发展专家会使用新生儿行为评估量表（Neonatal Behavioral Assessment Scale，NBAS）（Brazelton和Nugent，1995）。NBAS用于0~2个月大的婴儿，可对婴儿各方面行为提供更为细致的描述。该量表包括28个测试行为的项目和18个测试反射的项目。通过婴儿的表现来评估其四个方面的能力：

- 自主。新生儿控制身体机能的能力，如呼吸和体温调节。
- 活动。新生儿控制身体活动水平的能力。
- 状态。新生儿保持某种状态（如保持清醒或保持睡眠）的能力。
- 社交。新生儿与人互动的能力。

NBAS基于这样一种观点，即新生儿是非常有能力的个体，他们已经做好了与环境互动的充分准备。因此，测试官会不遗余力地找出婴儿的最佳表现，尽一切可能让婴儿在测试期间感到舒适和安全。此外，如果婴儿在某个项目上第一次没能成功，测试官也会提供一些帮助（Alberts，2005）。

NBAS不仅有助于临床医生评估个体婴儿的健康状况，研究人员还发现了它的另一种价值，将婴儿基于NBAS的表现看作因变量。例如，与畸胎剂相关的危害可通过NBAS的较低得分看出（Engel等，2009）。研究人员还用NBAS的分数来预测婴儿以后的发展（Stjernqvist，2009）。

新生儿的反射

学习目标13：反射是如何帮助新生儿与外面世界互动的？

正如我们刚才所了解到的，NBAS是基于儿童发展研究人员广泛认同的一个观点，即新生儿已经做好准备与世界互动，其中一个重要的部分就是一系列反射，即由特定形式的刺激触发的非习得性反应。表3-9列出了新生儿时期的主要反射。

表3-9 新生儿时期的主要反射

名称	表现	重要性
巴宾斯基反射	如果婴儿的脚心接触到什么物体，婴儿的大脚趾会缓慢上翘，其余脚趾会呈扇形张开	尚不清楚
眨眼反射	婴儿的眼睛一遇到强光或较大的声音就会闭上	保护眼睛免受伤害
莫罗反射	当突如其来的刺激或较大的声音出现时，婴儿会伸直双臂，手指张开，背部伸展或弯曲，头朝后仰，双腿挺直，双臂互抱	帮助婴儿抱住妈妈
手掌反射	婴儿会紧紧握住抓在手里的东西	有助于婴儿学习抓握
觅食反射	当婴儿的面颊磕碰到什么时，他就会把头转向触碰一侧，而且睁大眼睛	帮助婴儿找到奶嘴
步行反射	当婴儿被扶持呈直立位时，他就会交替地伸脚，做出向前走的动作	有助于婴儿学习走路
吸吮反射	如果把物体放到婴儿嘴边，婴儿就会吸吮物体	帮助婴儿获取食物
退避反射	如果用针刺婴儿的脚底，婴儿就会收回脚	保护婴儿远离伤害性刺激

一些反射是新生儿获得发育所需营养的必要途径：觅食反射和吮吸反射确保新生儿可以持续地喝奶，以维持生命。一些反射可以保护新生儿远离环境中的危险因素。例如，眨眼反射和退避反射可以帮助新生儿避开不愉快的刺激。还有一些反射是更大幅度的、自发性动作的基础。例如，步行反射看起来像学习走路的前兆。

反射可以表明新生儿的神经系统是否正常。例如，坐骨神经受损的婴儿不会表现出退避反射；脊椎下部有问题的婴儿不会表现出巴宾斯基反射。如果这些或其他反射较弱或完全缺失，则需要进行全面的身体和行为检查（Falk 和 Bornstein，2005）。

新生儿的状态

学习目标14：新生儿有哪些可观察的行为状态？

新生儿会在四种状态中度过一天的大部分时间（St. James Roberts 和 Plewis，1996；Wolff，1987）。

- 醒着的静止状态。婴儿很平静，眼睛睁得大大的，很专注，看起来正在认真观察周围的环境。
- 醒着的活动状态。婴儿的眼睛是睁着的，但看起来精神涣散；婴儿不太协调地摆动胳膊和大腿。
- 啼哭。婴儿经常啼哭，精力旺盛，随后出现一些不太协调的动作。
- 睡眠。婴儿眼睛紧闭，并且在有规律的呼吸和安静状态与不规律的呼吸和轻微的四肢活动之间反复切换。

啼哭

新生儿每天要哭2~3小时。如果你和新生儿接触不多，你可能会认为所有的啼哭都是相似的。事实上，婴儿哭的原因不同，哭的状态也不同。科学家和父母可以区分出三种不同类型的哭闹（Snow，1998）。一种是基本的哭闹（basic cry），开始的时候哭得不是很厉害，然后越哭越厉害，通常发生在婴儿饿了或累了的时候；另一种是疯狂的哭闹（mad cry），强度比之前一种要大；还有一种是痛苦的哭闹（pain cry），开始是一阵突然的、持续的哭声，接着是长时间的停歇和喘息。

孩子哭的时候，父母自然会担心，如果他们不能让哭闹的孩子安静下来，就会越来越担心，很容易为此沮丧和烦恼。因此，父母想出一些小妙招来安抚他们的宝宝就不足为奇了。许多西方父母会把婴儿扛到肩膀上走路或者轻轻晃动婴儿。有时他们还会唱摇篮曲，拍拍宝宝的后背，或者给宝宝安抚奶嘴。还有一种方法是将新生儿放在汽车座椅上开车出去兜风。我记得有一次怎么都哄不好哭闹的儿子，最后我就用这个办法，带着10天大的他在凌晨2:00开车出去兜风，围着街区大概绕了12次，他终于不哭了，睡着了！

另一个有用的办法是把婴儿紧紧地裹在毯子里。襁褓提供温暖和触觉刺激，通常可以很好地安抚婴儿（Delaney，2000）。

父母有时不愿意回应哭闹的婴儿，因为害怕孩子怎么哭都哄不好。但是，他们听到的哭声其实是婴儿在求助，不应忽视。父母应该回应吗？"是的。"直到宝宝3个月大之前都要给予回应。但是，对于较大的婴儿，父母应该考虑婴儿哭闹的原因和哭闹的强度（St.James-Roberts，2007）。如果一个较大的婴儿在夜间醒来并安静地哭闹，父母应该在回应之前等待，让婴儿有机会让自己平静下来。当然，如果父母听到婴儿卧室传来一声巨响，然后是疯狂的哭声，他们应该立即回应。父母需要记住，哭闹实际上是新生儿第一次尝试与他人交流。父母需要分辨婴儿试图告诉他们什么，以及是否需要快速回应，或者是否应该让婴儿自我安抚。

睡眠

哭闹可能会引起父母的注意，但睡眠是新生儿最重要的事情。他们每天要睡16~18小时。对于像丽莎和马特这样疲惫的父母来说，最大的问题就是婴儿全天候睡小觉。婴儿睡觉和清醒的周期大约是4小时。也就是说，他们会醒1小时左右，睡3小时，然后重新开始循环。在婴儿醒着的时候，他们会很有规律地在几种清醒的活动状态之间转换几次。醒着的静止状态、醒着的活动状态、啼哭，这种循环很常见。

随着婴儿渐渐长大，睡眠—清醒的周期逐渐开始与昼夜周期相一致（St. James-Roberts 和Plewis，1996）。大多数婴儿在三四个月大时就开始整夜睡觉，这对于像丽莎和马特这样疲惫的父母来说可谓一个重要的里程碑。

在北美洲，到婴儿6个月大时，他们大多数都睡在自己房间的婴儿床上。尽管这种做法对北美洲的父母来说似乎很"普遍"，但在世界其他大部分地区，孩子在整个婴儿期和学龄前都会与父母同睡。这种父母和孩子同睡的现象在一些文化中很常见，在这些文化中，人们把自己定义为群体的一部分，而非独立的个体。对于重视这种相互依赖的文化的父母来说，"同睡"是建立亲子关系的重要一步，正如在重视独立的文化中，独自睡觉也是迈向独立的重要一步（Nelson、Schiefenhoevel和Haimerl，2000；Tan，2009；Worthman 和 Brown，2007）。

婴儿与父母同睡时，摇篮可以放在父母床边，也可以放在父母床上。长大后，他们会和母亲一起睡在床上；根据文化的不同，父亲可能也睡在同一张床上，或者同一个房间的另一张床上，或者另一个房间，或者完全不同的房子！

你可能认为同睡会让孩子更加依赖父母或导致其他行为问题，但研究没有提供这方面的证据（Barajas 等，2011；Okami、Weisner 和 Olmstead，2002）。另外，同睡的好处是可以免去哄孩子独自睡在自己房间里的那些冗长而又复杂的仪式。孩子和父母同睡时，只需一起上床睡觉，没有任何不情愿。

睡着时，婴儿会处于两种睡眠模式交替进行中。在快速眼动睡眠中，婴儿会移动胳膊和腿，还可能做鬼脸，眼珠可能会在眼皮下面飞快地转动。脑电波频率变快，振幅变低，心跳加速，呼吸急促。在规则或非快速眼动睡眠中，呼吸、心率和大脑活动平稳，婴儿安静地躺着，不会像快速眼动睡眠那样动来动去。新生儿的快速眼动睡眠时间和非快速眼动睡眠时间大致相同。随着婴儿长大，快速眼动睡眠会变得不那么频繁：到1岁时，快速眼动睡眠时间所占比例下降到大约33%，与成人20%的平均水平已经很接近了（Lushington 等，2013）。

对于快速眼动睡眠的功能仍存在争议。年龄较大的儿童和成人在快速眼动睡眠期间会做梦，而快速眼动睡眠期间的脑电波类似于警觉、清醒状态下的脑电波。因此，许多科学家认为快速眼动睡眠以某种方式刺激大脑，有助于促进婴儿大脑的发育（Halpern 等，1995；Roffwarg、Muzio 和 Dement，1966）。

婴儿猝死综合征

对于有小孩的年轻父母来说，孩子的睡眠有时候会令人担忧。婴儿猝死综合征（Sudden Infant Death Syndrome，SIDS），指一个很健康的婴儿突然死亡，但没有明显的原因。在美国，大约每1000个婴儿中会有1~3个死于婴儿猝死综合征，这些婴儿大多数只有2~4个月大。

科学家还不知道引发婴儿猝死综合征的确切原因。但有一种观点认为，2~4个月大的婴儿特别容易患上SIDS，因为在这几个月里，许多新生儿的反射能力减弱，因此当呼吸变得困难时，婴儿可能不会做出有效的反射。他们可能不会反射性地把头从使其窒息的毯子或枕头上移开（Lipsitt，2003）。

研究人员还确定了几个与SIDS相关的危险因素（Carpenter等，2013；Sahni，Fifer和Myers，2007）。早产儿或低体重儿更容易受到伤害。当父母吸烟时，他们也更容易受到伤害。婴儿俯卧（面朝下）比仰卧（面朝上）更容易患SIDS。婴儿猝死综合征更有可能发生在冬季，因为这个时候婴儿盖的被子太厚，睡衣太沉，进而导致身体过热（Carroll和Loughlin，1994）。显然，患SIDS的婴儿（其中许多是早产儿或低体重儿）难以承受成人吸烟、呼吸暂时中断或过热所带来的生理压力和失衡（Simpson，2011）。

随着有关SIDS病因的证据越来越多，儿童权益倡导者呼吁采取行动。研究结果在"儿童发展和家庭政策"专栏呈现。

儿童发展和家庭政策

安全睡眠

越来越多的证据表明婴儿趴着睡时更容易发生婴儿猝死。1992年，美国儿科学会（American Academy of Pediatrics，AAP）开始建议父母让婴儿仰卧睡觉或侧卧睡觉。1994年，AAP与美国公共卫生署联合发起了一项计划，旨在教育父母了解SIDS的危险以及让婴儿仰卧睡觉的重要性。"仰卧睡眠"活动通过手册、海报和视频进行了广泛宣传。自"仰卧睡眠"活动开展以来，患SIDS的婴儿已减少了一半，但SIDS仍然是1~12个月大的婴儿死亡的主要原因（Trachtenberg等，2012）。因此，在21世纪，美国国立卫生研究院（National Institutes of Health，NIH）专注于SIDS更频发的群体，包括非裔美国人和美洲原住民。NIH在尊重文化的前提下设计了多种方法向非裔美国人社区传达"仰卧睡眠"信息（NICHD，2004）。此外，NIH还为护士和药剂师制订了教育计划。2012年，该活动被命名为"安全睡眠"，其中包括附加建议，以确保婴儿在睡觉时保持安全。通过这些政策，NIH希望向父母和其他照顾婴儿的人宣传：安全睡眠的关键包括让婴儿远离烟雾，让他们在比较硬的床垫上仰卧睡觉，不要给孩子穿过多的衣服或用毯子把他们裹得太紧。

新生儿的感知觉和学习能力

学习目标15：新生儿关于外面世界的感知如何？

你认为与新生儿交谈并给他们毛茸茸的小玩具很重要吗？他们的房间应该明亮多彩吗？如果你是这么做的，说明你一定相信关于新生儿的两件事。首先，你相信新生儿有知觉体验——他们可以看到、闻到、听到、尝到和感觉到。其次，你认为婴儿在某种程度上可以通过学习和记忆对感觉信息有所记录，因为如果没有记录，那么这些信息就不会影响婴儿以后的行为。如今研究证实了你的想法，你一定很高兴吧。所有基本的感知觉系统从出生时起就开始以某种水平发挥作用。婴儿可以看到、闻到、听到、尝到和感觉到外面的世界（Cohen 和 Cashon，2003；Slater等，2010）。此外，新生儿还表现出了学习与记忆的能力。他们会根据经历改变自己的行为（Rovee-Collier和Barr，2010）。

✓ 检测你的学习

回忆：反射有哪些功能？描述婴儿的四种行为状态。

解释：比较新生儿阿普伽评分与NBAS检测新生儿健康状态的方式。

应用：如果有对夫妇的孩子2个月大，他们很担心孩子患SIDS，你会给他们什么建议呢？

统一主题 连续性

本章内容很好地体现了"儿童早期发展和后期发展是相关的，但不是完全相关的"这一观点。还记得夏威夷考艾岛的研究吗？该研究表明处于危险中的婴儿后来的发展并不一致。如果濒临危险的婴儿在一个稳定的、可提供支持的环境中长大，他们就会正常发展。但如果他们在不稳定的家庭环境中长大，其智力发展和社交发展都会落后。同样，早产儿和低体重儿更容易患SIDS，但不是所有早产儿和低体重儿都会死于这种疾病。如果早产儿和低体重儿仰卧睡觉，没有出现身体过热，也不吸入有害的烟雾，他们死于SIDS的概率就会降低。婴儿早期发展中遇到的创伤性事件，如早产、体重偏低不会预先决定儿童之后的发展，但这容易让他们落后于其他儿童的发展。

自行探索

新生儿的奇迹很难用语言来形容。如果你从来没见过新生儿，真的有必要看看。可以安排一次到当地医院妇产科参观的活动，尤其参观一下对新生儿的护理。这些新生儿身上不会有血或胎脂，但你可以看到新生儿的头部因穿过产道而变形。当观察新生儿时，你可以看看他们的反射行为和状态变化。在新生儿吮吸手指时要仔细观察。寻找醒着的、处于警觉状态的新生儿，然后注意他们保持这种状态的时间。当新生儿的警觉状态减弱时，注意即将取代这种状态的行为。最后，观察新生儿的面部表情和动作的个体差异。人类这种令人惊奇的变化和个体差异的多样性在出生几小时或几天内就已经表现得很明显了。自行探索吧！

小结

3.1 从受孕到分娩

合子期（1~2周）

这个阶段的发育持续2周左右。从精子和卵子结合成受精卵开始。

胚胎期（3~8周）

胎儿发育的第二个阶段，身体结构已初步形成。

胎儿期（9~38周）

胎儿发育的第三个阶段，胎儿变得更大，身体各系统开始运作。

3.2 影响胎儿发育的因素

一般性危险因素

如果孕妇不能给胎儿发育的器官提供充足营养或怀孕时压力过大，那么胎儿发育就会受损害。十几岁的低龄孕妇怀孕时更容易出现问题，因为她们在孕期通常不能得到很好的照顾。35岁以上的孕妇更难受孕，而且怀孕期间更有可能面临问题，但她们的养育非常高效。

畸胎剂

畸胎剂是一种能引起胎儿异常发育的物质，一些疾病和药物会引发畸胎现象。环境畸胎剂尤其危险，因为孕妇不知道环境中这些有害物质何时存在。

畸胎剂如何影响胎儿发育

在胎儿发育期间畸胎剂的影响取决于器官的基因型、器官是否直接和致畸物质接触以及接触的时间。畸胎剂的影响很可能到孩子长大后才表现出来。

产前诊断与治疗

超声波是用声波来生成胎儿在子宫位置的图像，通过图像可以看到胎儿的性别，粗略看到胎儿发育中的一些病变。如果怀疑胎儿有基因变异的可能，可以采用绒毛取样和羊水穿刺来检测胎儿的基因型。胎儿医学可以通过药物、手术或基因工程来纠正胎儿发育中的一些问题。

3.3 生日快乐

分娩

分娩包括三个阶段。第一阶段，子宫肌肉开始收缩，引起子宫颈开口扩张。第二阶段，胎儿通过产道。第三阶段，胎盘脱落。

分娩的方式

在准备分娩时，准妈妈们可以了解一下分娩过程中发生的事情，并学会通过放松等来缓解疼痛。

虽然大多数美国婴儿都是在医院出生的，但如果母亲健康的话，也可以考虑在家中分娩，这种分娩方式一般也是没有问题的，而且有专业的健康指导中心人员在场。

适应做父母

孩子出生后，女性的身体会发生生理上的变化。父母双方在心理上也都会有所变化，有时父亲会感到被冷落。生完孩子后，有些女性会出现产后抑郁症：易怒，食欲不振，睡眠不佳，情绪淡漠。患有产后抑郁症的女性应该寻求治疗，因为这会导致低效育儿。

分娩并发症

在分娩过程中，由于脐带受挤压，流向胎儿的血液会被切断，导致胎儿缺氧。如果胎儿有危险，医生可能会实施剖宫产手术，通过手术将胎儿从子宫中取出。有分娩并发症的婴儿可能变得好斗或有患精神疾病的风险。

早产儿一开始发育较慢，但几年后就会赶上来。体重不足1500克的婴儿通常发育不正常；体型偏大但不足月的婴儿在充满刺激、没有压力的环境中会发展得很好。

世界许多国家的婴儿死亡率相对较高，主要原因是产前护理不足，出生后营养不足且患有疾病。

3.4 新生儿

评估新生儿

新生儿阿普伽评分主要通过对新生儿5项指标的检测来判定新生儿的生理发育情况。新生儿行为评价量表（NBAS）提供了对新生儿行为和生理发育状况的综合评价。

新生儿的反射

一些反射有助于新生儿适应子宫外面的环境。其中一些反射对新生儿起到保护作用，另一些反射则是后来动作发展的基础。

新生儿的状态

新生儿的一天大致处于四种状态：清醒的静止状态、清醒的活跃状态、啼哭、睡眠。新生儿哭泣包括基本的哭闹、疯狂的哭闹和痛苦的哭闹。

新生儿每天大约有2/3的时间在睡觉，每隔4小时左右会有一次完整的睡眠—清醒周期。新生儿睡觉时大约有一半的时间处于快速眼动睡眠，这可能会刺激神经系统的发育。

一些健康婴儿死于婴儿猝死综合征

（SIDS）。当婴儿早产、出生体重过低、俯卧睡觉、体温过高或暴露在香烟烟雾中时，婴儿很容易患SIDS。建议父母让婴儿仰卧睡觉，这有助于降低婴儿死于SIDS的概率。

新生儿的感知觉和学习能力

新生儿的感知觉和学习能力让他们可以感受这个全新的世界。

考考自己

1. 受精卵在____期植入子宫壁。
   a. 合子
   b. 胎儿
   c. 胚胎

2. 细胞的分化开始于____。
   a. 胚胎
   b. 受精卵
   c. 胎儿

3. 胎儿在发育中身体会逐渐长大，其身体系统在____期开始发挥作用。
   a. 胚胎
   b. 胎儿
   c. 合子

4. 胎儿发育的一般风险因素包括营养不良、压力和____。
   a. 药物
   b. 畸胎剂
   c. 孕妇年龄

5. 疾病、药物和____是常见的畸胎剂。
   a. 环境有害物质
   b. 压力
   c. 营养不良

6. 胎儿期接触畸胎剂通常会导致____。
   a. 身体结构主要缺陷
   b. 自然流产
   c. 身体或身体系统功能不正常的缺陷

7. ____可以生成胎儿的图像，进而有助于判定胎儿的性别及是否为多胞胎。
   a. 超声波
   b. 绒毛取样
   c. 羊水穿刺

8. 下列哪项最不可能检测出胎儿的遗传性疾病？____。
   a. 羊水穿刺
   b. 超声波
   c. 绒毛取样

9. 分娩的第一阶段通常是最长的，宝宝在第____阶段出生。
   a. 一
   b. 二
   c. 三

10. 为分娩做准备强调教育、____，以及成人的支持。
    a. 畸胎剂
    b. 在医院分娩
    c. 应对疼痛的自然方法

11. 一名女性在分娩后经常感到愤怒、自卑、失眠，她可能患上了____。
    a. 产后抑郁症
    b. 脊柱裂

c. 非快速眼动睡眠

12. 如果遭受风险的婴儿发育正常，说明他们____。

　　a. 出生时体重低于1500克
　　b. 生活在一个支持性、刺激性的环境中
　　c. 有分娩并发症

13. ____通过5项指标来快速、粗略地评估新生儿的状态。

　　a. 新生儿阿普伽评分
　　b. NBAS
　　c. 羊水穿刺

14. 以下哪种状态不是新生儿的常见状态？____。

　　a. 睡觉
　　b. 警觉
　　c. 哭泣

15. 消除婴儿猝死综合征（SIDS）的国家鼓励父母让孩子____。

　　a. 仰卧睡觉
　　b. 睡觉时裹得很严实
　　c. 睡在柔软的床垫上

关键术语

胎儿可存活年龄	胎儿酒精谱系障碍	快速眼动睡眠
羊水穿刺	胎儿医学	反射
羊水	基因工程	低体重儿
羊膜囊	胚盘	社会影响
阿普伽评分	缺氧	社会选择
基本的哭闹	植入	脊柱裂
囊胚	疯狂的哭闹	压力
臀先露	中胚层	婴儿猝死综合征
大脑皮层	非快速眼动睡眠	襁褓
剖宫产	痛苦的哭闹	畸胎剂
绒毛取样	胎儿期	超声波
头先露	胎盘	脐带
外胚层	产后抑郁症	胎脂
胚胎	早产儿	绒毛
内胚层	胎儿发育	受精卵

第4章 身体和动作的发展

人类比其他任何动物都需要更长的时间才能成熟。我们一生中大约有20%的时间——整个童年和青少年时期——身体都在发育。这一缓慢的生理成熟过程本身就是一个有趣的故事。但身体发育对儿童发展的其他方面,包括认知、社会行为和个性的影响也同样重要。随着儿童身体的发育,他们更少地依赖他人的照顾,成人对待他们也越来越不同,他们认为自己更老、更成熟。通过了解更多关于儿童身体发育的知识,你就能更好地理解我们将在本书剩下的部分中学习的其他方面的发展。

在本章中,我们将学习儿童身体是如何发育的。在模块4.1中,我们将看到身体成长的不同方面,以及孩子身体成长和身高不同的原因。然后,在模块4.2中,我们将探索身体发育的问题。在模块4.3中,我们将聚焦不那么明显的身体发育——大脑的发育。

模块

- **4.1** 身体发育
- **4.2** 身体发育的问题
- **4.3** 神经系统的发育

4.1 身体发育

> **学习目标**
>
> 学习目标1：儿童时期身体发育的重要特征是什么？不同的孩子有什么差异？
> 学习目标2：睡眠和营养如何有助于健康成长？
> 学习目标3：与青春期有关的生理变化有哪些？这些变化的结果是什么？
>
> **大纲**
>
> 人类发育的特征
> 身体发育的机制
> 青春期的迅速发育和青春期

皮特刚刚过了自己的15岁生日，但是，对他来说，没什么可庆祝的。尽管他的大多数朋友在过去的一年里都长了大约15厘米，阴茎和睾丸变得更大，但皮特看起来还是和他10岁时一样。他对自己的外表感到尴尬，尤其是在更衣室里，他看起来像一个在男人堆里的小男孩。"我还能变化吗？"他很疑惑。

对父母和孩子来说，身体发育是一个非常有趣的话题。父母对婴儿体重和身高增长如此迅速感到惊奇。两岁的孩子自豪地宣称："我长大了！"许多青少年对自己的身高超过父母而感到很自豪，而另一些人，如皮特，在等待身体成熟迹象的过程中备受煎熬地度过了青春期。

在这个模块中，我们将探索身体发育的基本特征和发育模式的变化。我们还将考虑促进发育的机制。最后，我们将通过研究青春期来结束本模块。青春期是一个非常特殊的身体发育阶段，因此应该单独考虑。

人类发育的特征

学习目标1：儿童时期身体发育的重要特征是什么？不同的孩子有什么差异？

描述增长

测量身体发育大概最明显的标准就是身高和体重的变化了吧。图4-1显示了人从出生到20岁这段时间里身高和体重的平均变化。

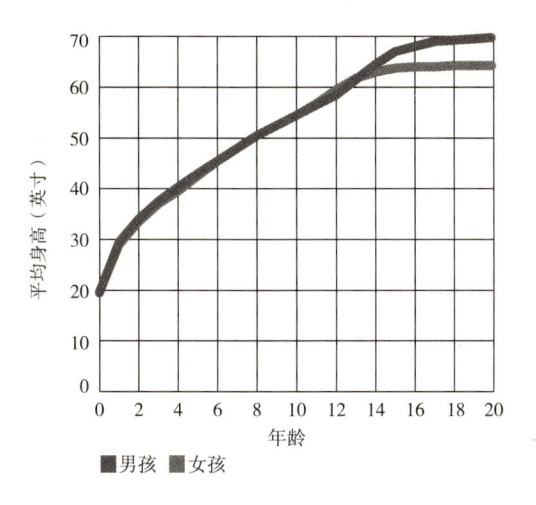

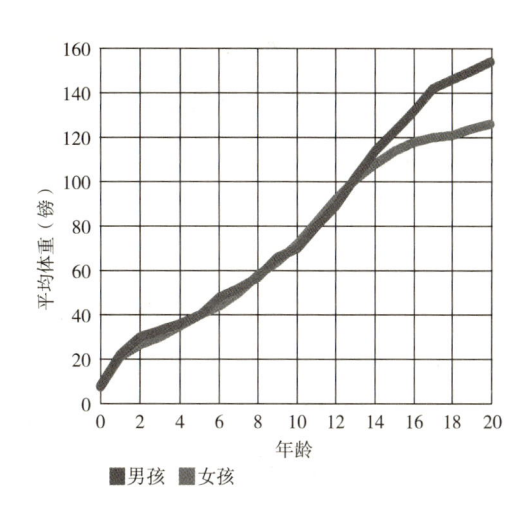

图4-1

例如，从出生到2岁这段时间里，平均身高从19英寸（1英寸=2.54厘米）增加到32英寸；平均体重从7磅（1磅≈0.45千克）增加到22磅。（一个很有趣的经验规律是，男孩用两年时间增长到他们成人体重的一半，而女孩只需要18个月。）

从成长图上看不太明显，但实际情况是身高和体重的增长并不稳定。看看每年体重和身高的平均增长——相对于每年的平均总体重和身高——就能得到一个完全不同的身体发育模式。图4-2显示婴儿在出生后的第一年生长异常迅速，身高平均增长10英寸，体重平均增加15磅。在学前班和小学阶段，发育是相当稳定的：身高每年大约增长3英寸，体重平均增加7~8磅。在青春期早期，身体发育再次提速。这一生长高峰期与图4-2中的峰值相对应，青少年每年身高平均增长4英寸，增重增加16~17磅。在这一高峰之后（女孩的这一高峰开始于1~2年前），孩子的身体发育再次放缓。

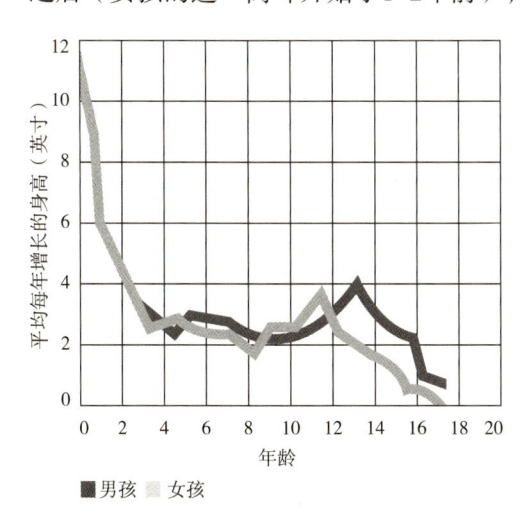

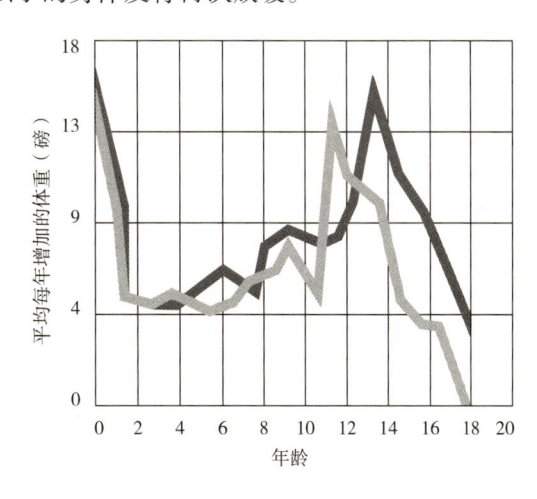

图4-2

人体各部位以不同的速度发育：头部和躯干的发育速度比腿快。因此，婴幼儿并非缩小版的成人。婴儿和学步儿童的头部和躯干不成比例，这使得他们与年龄较大的儿童和青少年相比，看起来头重脚轻。随着臀部、腿和脚在童年后期的发育，儿童身体比例变得更像成人。

肌肉、脂肪和骨骼

伴随着肌肉、脂肪和骨骼的发育，其他重要的身体发育特征也在体内发生。身体的大部分肌肉纤维在出生时就有。在儿童时期，因为肌肉纤维连在一起，肌肉变得更大更粗。这一过程在青春期加速发展，尤其是对男孩来说，更是如此。

胎儿发育的过程中，在胎儿快出生的时候皮肤下面出现了一层脂肪，就像墙壁上的隔热层能够稳定房子里的温度一样，脂肪也能帮助胎儿和婴儿调节体温。出生以后的第一年里，脂肪持续地增加，产生了类似婴儿脂肪的东西。在学龄前，儿童实际上变得更瘦，但是在小学阶段的前期，儿童的脂肪又一次迅速增加。这一现象一开始发展得很慢，可到了青春期发展得就快了。处于青春期的女孩身上的脂肪增加得比男孩更明显。

骨骼在产前发育过程中开始形成，骨骼最初以软骨形式出现。软骨是一种柔软、有弹性的组织。在胚胎期，软骨组织从中心开始发育。在出生前不久，被称为骨骺的软骨组织的末端演化成骨骼。现在这个组织的两端和中间都很硬。这一过程从软骨组织的中心开始，然后中心部分逐渐扩大，到达骨骺，骨骼发育至此完成。

如果你把肌肉、脂肪和骨骼的变化与身体大小和形态的变化结合起来，你就可以勾勒出一幅儿童时期身体发育的完整画面。还缺了什么呢？那就是中枢神经系统，我们将在模块4.3中单独介绍。

在平均水平上的变异

到目前为止，我所描述的儿童身体发育的情况是一个典型的平均水平，这一典型有很多重要的变体。例如，当俄勒冈州立大学鸭子队在1939年赢得第一届NCAA男子篮球锦标赛时，他们首发阵容的平均身高是6英尺2英寸。当肯塔基大学野猫队在2012年赢得锦标赛时，首发阵容的平均身高是6英尺6英寸，二者的身高差距是4英寸，反映了美国总体人口平均身高的变化。今天，成人和儿童比前几代人更高、更重，这主要是健康和营养改善的结果。从一代到下一代身体发育的变化被称为生长长期趋势。生长长期趋势很惊人。中世纪骑士的盔甲适合今天10~12岁的男孩的体型；1812年美英战争中，美国水兵的平均身高是5英尺2英寸！

身体发育在平均水平上的差异不仅出现在代际间，而且出现在国家之间。图4-3显示了世界范围内几个国家8岁男孩和女孩的平均身高。美国、西欧国家、日本和中国的儿童身高差不多，大约49英寸。非洲国家和印度的儿童较矮，平均身高不到46英寸；新几内亚岛8岁儿童的身高更矮，平均身高43英寸左右。

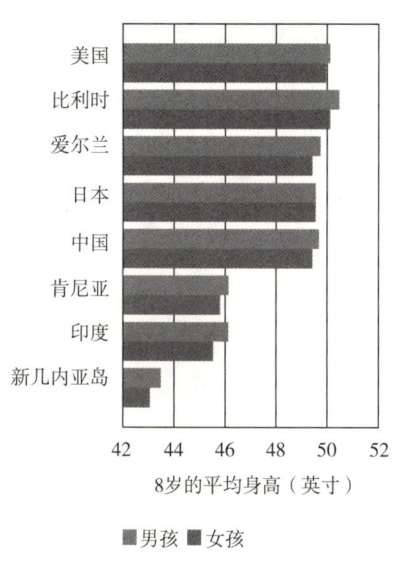

图4-3

我们需要明白，平均水平和正常水平是不一样的。许多孩子比平均身高要高得多或矮得多，但他们发育完全正常。例如，美国8岁男孩的正常体重为44~76磅。换句话说，一个体重非常轻但发育正常的8岁男孩的体重大约是一个非常重但同样发育正常的8岁男孩的一半。正常情况的浮动范围非常大，这不仅适用于身高和体重，也适用于发展的所有方面。无论何时将某个典型年龄或平均年龄当作发展阶段的转折点，各位都应该记住，这个转折点的正常范围非常宽。有些孩子比理论上的年龄早一些达到，有些则晚一些，但所有孩子的发育都是正常的。

我们已经看到，儿童的身高在同一文化、不同时间、不同文化中都是不同的。是什么造成了这些差异？要想回答这个问题，我们需要研究身体发育的机制。

身体发育的机制

学习目标2：睡眠和营养如何有助于健康成长？

身体的发育很容易被认为是理所当然的。与学习阅读等其他儿童发展的里程碑相比，身体的发育看起来似乎来得很容易。儿童就像野草的种子一样，似乎毫不费力地就发芽了。事实上，身体的发育是复杂的。当然，也跟遗传有关系：一般情况下，父母个子高，孩子就会个子高；父母个子矮，孩子就会个子矮；父母一方个子高，一方个子矮，孩子身高就属于平均水平。

遗传指令如何转化为实际的生长发育？与睡眠和营养都有关系。

睡眠

在模块3.4中，我们发现婴儿睡觉的时间比清醒的时间长。儿童的睡眠时间在逐渐减少，从3岁时的11小时到7岁时的10小时，到12岁时的9小时（Snell、Adam和Duncan，2007）。睡眠对正常生长至关重要，因为大约80%刺激生长的激素——术语称为生长激素——是在儿童和青少年睡眠时分泌的（Smock，1998）。生长激素是由脑垂体前叶分泌的，然后进入肝脏，在肝脏释放另一种激素——生长调节素，它能促进肌肉和骨骼的生长（Tanner，1990）。

睡眠也会影响儿童的心理发展。当儿童长期睡眠不足时——经常在夜间醒来或夜间睡眠时间不稳定——就会很容易出现抑郁和焦虑等行为问题（El-Sheikh等，2013）。更重要的是，当儿童睡眠不足时，他们在学校的表现也会较差（Astill等，2012）。当睡眠不足时，儿童很难控制自己的行为，因此他们更难完成学校的任务。此外，睡眠是新学习的知识和技能得以巩固的时间（Henderson等，2012）。睡眠中断可能会干扰这种巩固；换句话说，睡眠不足的儿童在学校里学习的新知识和技能可能不容易"印在"脑海中。

诸如此类的研究结果表明，儿童受益于"良好的睡眠"。父母帮助孩子睡得更好、睡得时间更长的一种方法就是规律的睡眠作息，包括让孩子每晚的活动顺序固定下来。此外，当儿童与很少的人共用一间卧室时，他们睡得更好（Buckhalt、El-Sheikh和Keller，2007）。

睡眠不足对青少年来说绝对成问题。一方面，青少年经常熬夜，作业越来越多，还要花时间和朋友玩或做兼职工作。另一方面，青少年往往比年级更小的学生更早开始一天的学习。结果是青少年经常昏昏欲睡，在学校里很难保持清醒（Carskadon，2002）。许多青少年为了延长学习时间而牺牲睡眠时间，使问题更加严重。这种策略通常会适得其反：在学校里，经常熬夜学习的青少年在白天上课时，往往难以理解课堂上呈现的内容，考试成绩也很差（Gillen-O'Neel、Huynh和Fuligni，2013）。因此，对于青少年和儿童来说，良好的睡眠对身心健康发展非常重要。

营养

成长的能量来自儿童吃的食物和他们喝的液体。营养在婴儿时期尤为重要，因为婴儿的身体发育非常迅速。两个月大的婴儿身体中大约40%的能量用于生长。因为生长需要如此多的能量，年幼的孩子每磅体重必须消耗大约50卡路里（相比之下，成人每磅消耗15~20卡路里）。婴儿摄取所需热量的最佳方式是什么？"改善儿童的生活"专栏会给出一些答案。

> ### 改善儿童的生活
>
> **对婴儿来说最好的食物是什么？**
>
> 　　母乳喂养是确保婴儿获得营养的最佳途径。母乳中含有婴儿所需的适量碳水化合物、脂肪、蛋白质、维生素和矿物质。与人工喂养相比，母乳喂养还有其他一些优点（Dewey，2001）。第一，接受母乳喂养的婴儿生病的概率会降低，因为母乳中含有杀死细菌和病毒的抗体。第二，母乳喂养的婴儿不容易腹泻和便秘。第三，母乳喂养的婴儿通常更容易向固体食物过渡，显然是因为他们已经习惯了母乳味道的变化，而母乳味道的变化反映了母亲饮食的变化。第四，母乳不会被污染（哺乳的母亲会避免服用某些药物，如可卡因），而污染在发展中国家往往是一个严重的问题。
>
> 　　母乳喂养的诸多好处并不意味着人工喂养是有害的。在卫生条件下配制的配方奶粉通常能够提供与母乳相同的营养。但配方奶粉并不能保护婴儿免受疾病的侵害，而且更容易过敏。然而，人工喂养确实有好处。母乳喂养有困难的母亲仍然可以享受喂奶时与婴儿的亲密接触，其他家庭成员也可以参与喂奶。事实上，母乳喂养和人工喂养对婴儿来说都能促使其与母亲形成类似的情感纽带（Jansen，de Weerth和Riksen-Walraven，2008），因此工业化国家的女性可以选择其中任何一种方法，而且婴儿的饮食和心理需求会得到满足。
>
> 　　专家建议，儿童2岁前应母乳喂养，6个月时应开始吃固体食物（联合国儿童基金会，2010）。事实上，在许多发展中国家，母亲基本贯彻这些指导方针，母乳喂养孩子至2岁（Arabi等，2012）。但在美国和其他发达国家，大约有一半的母亲在6个月后就停止了母乳喂养，部分原因是当她们返回职场工作时母乳喂养不方便（美国疾病控制中心，2012）。

Q&A 问题4.1

塔梅卡正怀着她的第一个孩子，她想知道母乳喂养是否真的值得。关于母乳喂养的好处，你会跟她说什么？

　　学龄前儿童比婴幼儿生长得慢，所以他们每磅所需的食量要比以前少。一个经验法则是，学龄前儿童每磅体重应该摄入大约40卡路里的热量，对于这个年龄段的许多儿童来说，相当于每天摄入1500~1700卡路里的热量。

然而，比纯粹的卡路里更重要的是均衡的饮食，应包括所有五大类食物（谷物、蔬菜、水果、牛奶、肉和豆类）。健康的饮食也要避免摄入过多的糖，尤其是脂肪。对于学龄前儿童来说，每天的热量摄入中不应超过30%的脂肪，也就是说，大约500卡路里热量来自脂肪。遗憾的是，有些学龄前儿童沉迷于众所周知的高脂肪快餐。过量的脂肪摄入是迈向肥胖的第一步（我将在这一章的后面讨论），所以父母需要注意他们学龄前的孩子吃什么（Whitaker等，1997）。

鼓励学龄前儿童吃健康食品对父母来说困难重重，因为有些学龄前儿童非常挑食。蹒跚学步的孩子和学龄前的孩子发现他们曾经乐意吃的食物变得"令人恶心"了。我女儿学步的时候很喜欢青豆，但2岁的时候她觉得青豆很难吃，因此拒绝进食。尽管挑食令人生气，但可能适合日益独立的学龄前儿童。因为学龄前儿童不知道什么食物是安全或危险的，所以只吃熟悉的食物可以保护他们远离潜在的危险（Aldridge，Dovey和Halford，2009）。

家长不需要过分担心儿童这段挑食的时期。虽然有些孩子比以前吃得少（以每磅热量计算），但几乎所有挑食的孩子都能得到足量的食物来成长。不过，有几种方法可以鼓励儿童吃得更健康：

- 在儿童食用健康食品时给予奖励。在一项研究中（Cooke等，2011），当4~6岁的儿童在尝了一种蔬菜后能得到贴纸时，他们的进食就会增加6倍，并且在奖励取消后持续3个月。
- 向年幼的儿童展示同年龄的同伴在吃目标食物时看起来很开心的照片。儿童更有可能模仿这些榜样（Frazier等，2012）。
- 向儿童传授营养知识，强调不同的身体功能需要不同的饮食，包括不同的营养成分。在一项研究中（Gripshover和Markman，2013），从故事书中学到这些概念的学龄前儿童摄取的蔬菜是他人的两倍。
- 用餐时，每次为孩子们提供一种新的食物，而且分量要小。鼓励但不要强迫孩子吃新的食物。当孩子拒绝这种新食物时，在之后几顿饭中继续提供，这道菜就会变得熟悉（美国儿科学会，2008）。

总的来说，这些指导建议可以帮助儿童获得成长所需的营养。

青春期的迅速发育和青春期

学习目标3：与青春期有关的生理变化有哪些？这些变化的结果是什么？

青少年时期的生理变化从青春期开始，包括身体的迅速发育和生殖系统的成熟。在小学阶段，孩子身体生长缓慢；6~10岁的女孩或男孩平均每年会增重5~7磅，长2~3英寸。相比之下，在青春期发育的高峰期，女孩可能在一年内增加20磅，而男孩可能增加25磅（Tanner，1970）。这种快速增长会持续几年。

数据还显示，女孩通常比男孩早2年开始快速成长。也就是说，女孩通常在11岁左右开始快速发育，12岁左右达到发育高峰，15岁左右身体发育接近成人水平。相比之下，男孩在13岁时开始快速发育，14岁左右达到发育高峰，17岁左右身体发育接近成人水平。发育高峰期的差异可能导致11~12岁的男孩和女孩在社交活动中感到尴尬，因为这个年龄的女孩通常比男孩更高，看起来也更成熟。

在发育高峰期，骨骼会快速生长，密度增加。骨骼生长伴随着其他一些变化，这些变化对男孩和女孩来说有所不同。肌肉纤维在青春期变得更厚、更密，力量由此大大增加。但是，男孩的肌肉生长比女孩更明显（Smoll和Schutz，1990）。身体脂肪在青春期也会增加，但女孩比男孩增加得更快。最后，青春期男孩的心肺功能比青春期女孩增强更甚。总的来说，这些变化有助于解释为什么典型的青春期男孩比典型的青春期女孩更强壮、更快，耐力也更强。

青春期的发育不仅会让孩子变得更高、更重，而且在性方面也会变得成熟。性成熟包括第一性征的变化，第一性征是指直接参与生殖的器官。这些器官包括女性的卵巢、子宫和阴道，男性的阴囊、睾丸和阴茎。性成熟还包括第二性征的改变，第二性征是生理成熟的标志，与生殖器官没有直接联系，包括女孩乳房的发育和骨盆的增宽，男孩面部毛发的出现和肩膀的增宽，男孩和女孩体毛的出现，以及声音和皮肤的变化。

男孩和女孩第一性征和第二性征发生变化的时间是可预测的。对于女孩来说，青春期开始于乳房的发育和生长突增，然后是阴毛的出现。初潮，即月经的开始，通常发生在13岁左右。早期的月经周期通常不规律且没有排卵。

对于男孩来说，青春期通常开始于睾丸和阴囊的生长，接着是阴毛的出现和生长突增，然后是阴茎的生长。在13岁左右，大多数男孩出现遗精，即首次遗精。起初，遗精时往往含有相对较少的精子；只有经过几个月或几年之后才有足够的精子与卵子结合（Dorn等，2006）。

性成熟的开始是青少年踏入成年期的最初迹象之一。正如我们将在"文化影响"专栏中看到的，许多文化都会庆祝这种转变。

文化影响

青少年成人仪式

纵观历史，许多文化中都有特殊的成人庆典或仪式，青春期被视为个人生命中一个独特的阶段。例如，在古代日本，12岁和14岁的男孩和女孩要穿成人服装，梳成人发型。传统上，作为青少年，澳大利亚土著男性要独自在荒野中行走，追溯他们祖先的足迹。

这些仪式的现代变体包括犹太成人礼和西班牙裔成人礼，前者承认年轻的犹太青少年现在要为自己的行为负责，后者在北美洲、中南美洲和许多讲西班牙语的地区庆祝15岁女孩的成年。

阿帕奇人是居住在美国西南部的美国土著居民。他们会用一个传统的仪式——通常被称为"日出舞"——来庆祝女孩的月经初潮（Basso，1970）。一个女孩第一次月经后，一群年龄较大的成人要选择一个赞助人——一个有良好品质和财富基础的女士（她帮助支付仪式的费用），该赞助人与女孩不存在亲戚关系。在仪式前一天，赞助人为女孩和她的家人准备一场盛大的仪式；在仪式结束时，女孩家会回礼，象征着赞助人现在是他们家庭的一员。

仪式在日出时开始，持续几小时。参加仪式的人穿着正式的服装。这个仪式包括8个阶段，在这一过程中女孩会开始舞蹈或吟唱，有时赞助人或巫医师也会参与。活动的目的是把女孩变成阿帕奇神话中的英雄人物。

像日出舞、犹太成人礼和西班牙裔成人礼这样的仪式基本上都有同样的功能。

成熟的机制

是什么导致了发生在青春期的许多生理变化？大脑中的脑垂体起着关键作用。正如我之前提到的，脑垂体通过释放生长激素来帮助调节身体发育。此外，脑垂体通过向其他腺体发出信号以分泌激素来调节青春期的变化。在上小学的早期阶段——也就是青春期出现任何外在迹象之前——脑垂体向肾上腺发出释放雄激素的信号，引发体毛的生长变化。几年后，女孩的脑垂体向卵巢发出信号，释放雌激素，导致乳房增大，女性生殖器成熟，脂肪积聚。男孩的脑垂体向睾丸发出信号，释放雄激素和睾丸素，导致男性生殖器成熟和肌肉力量增加。

青春期开始的时间在一定程度上受到遗传的影响（Cousminer等，2013）。与异卵双胞胎相比，同卵双胞胎青春期开始的时间更接近于同步：如果同卵双胞胎中的一个开始长体毛，那么另一个也有可能开始长体毛（Mustanski等，2004）。母亲初潮年龄与女儿初潮年龄相关这一事实也表明了遗传的影响（Belsky，Bakermans-Kranenburg和van IJjzendorn，2007）。然而，遗传也受到环境的强烈影响，特别是营养和健康。一般来说，营养良好和健康的青少年比营养不良的青少年更早进入青春期（St. George，Williams和Silva，1994）。

其他研究结果强调了营养和健康对青春期的重要性。在营养和保健充足的地区，女孩月经初潮出现得较早。此外，在同一地区，社会经济地位也很重要：来自富裕家庭的女孩更有可能获得充足的营养和保健，因此她们初潮出现得较早（Steinberg，1999）。最后，在世界上许多工业化国家，初潮到来的平均年龄在过去150年里稳步下降，反映出这一时期健康状况的普遍改善和保健水平的提高（Ellis，2004）。

你们可能还记得，我们在第1章中提到，社会环境也影响着青春期的开始时间，至少对女孩来说是这样的。经历长期压力或抑郁的女孩在更小的年龄就会出现月经初潮（James等，2012）。例如，贝尔斯基（Belsky）等人发现，当女孩在童年时期经常遭受严厉惩罚时，女孩的月经初潮会出现得比较早。

以上这些联系的确切性质尚不清楚，但许多解释集中在能够触发调节月经初潮激素释放的环境上。有一种观点认为，当女孩经历长期的社会情感压力时——家庭生活环境恶劣，而且缺乏温暖、支持型的父母——这种压力所产生的激素可能会激活触发月经初潮的激素。这个机制有进化优势：如果一个女孩的生命事件表明，她未来的繁殖成功率具有不确定性——基于长期的社会情绪压力——那么为了适应这一环境，身体可能会为尽快生育做好准备，而不是等到更成熟之后，以便她照顾后代。也就是说，在这种情况下，进化博弈可能更倾向于更早的"低质量"后代，而不是更晚的"高质量"后代（Ellis，2004）。

在"理论聚焦"专栏中，我们会看到一篇强调父亲的作用的相关报道。

理论聚焦

有关女孩青春期开始时间的父亲投入理论

背景 环境因素可能导致少女提前进入青春期。一些科学家认为，压力是青春期女孩生活中可能导致她早熟的主要因素，但其他科学家仍然在寻找影响女孩青春期开始时间的其他因素。

理论 布鲁斯·艾力斯（Bruce J. Ellis）（Ellis和Essex，2007；Ellis等，2003）提出了父亲投入理论，强调父亲在决定青春期开始时间方面的作用。这一理论植根于进化论的观点，认为青春期开始的时间——以及在这个过程中生育开始的时间——与儿童所处环境和资源（广泛定义）有关。当环境可预测并且资源丰富的时候，少女就会适应环境并延迟生育开始时间，因为这可以让青春期的女孩完成身体、认知和社会情感的发展，最终成为一个更好的母亲。相反，当环境不稳定且资源稀少时，身体可能会适应环境而提早成熟，而不是冒着以后可能无法生育的风险。

根据艾利斯的说法，父亲的存在和他的行为可能给女孩提供关于未来伴侣质量的重要线索。父亲陪伴并投入时间到女儿身上，意味着一个充满优质男性的环境，这可能会延迟发育的开始时间。父亲总是不在，或者父亲在却不管女儿，标志着优质男性稀缺的环境，从而导致女孩早熟。当环境中优质父亲的数量居多时，女孩的身体就会适应环境而延迟青春期的开始时间，因为这能让女孩掌握与优质男性发展长期关系所需的技能。但是，当环境中优质父亲很少时，青春期加速发展也是一种适应环境的表现，因为更年轻的生育年龄意味着女孩的母亲更有可能帮助照顾孩子。

假设　如果一个女孩的童年经历与父亲的投入影响有关，影响了她的青春期开始时间，那么这个女孩的父女互动数量和质量应该预示着她进入青春期的年龄。与父亲很少或消极互动的女孩应该比与父亲经常或积极互动的女孩更早进入青春期，因为很少或消极互动的经历表明环境中缺少优质的父亲。

测试　泰泽尔（Tither）和艾利斯（2008）研究了两组亲姐妹。在第一组中，父亲因为离婚或分居而缺席；在第二组中，家庭是完整的。泰泽尔和艾利斯测量了父亲的育儿质量和女儿经历月经初潮的年龄。

两项主要发现支持了这一理论。首先，在父亲缺席的家庭中，妹妹比姐姐经历的父亲缺席的时间更久——意味着更大的破坏——因此妹妹月经初潮时间应该更早。事实确实如此。相比完整家庭，父亲缺席的姐妹月经初潮的年龄要更早。其次，这种影响在父亲冷淡或有心理健康问题的女儿身上最为显著。这些女孩经历了无效父亲的双重影响：父亲通常不在身边，以及当父亲在的时候，弊大于利。

结论　父女互动的数量和质量影响了青春期开始的时间。当父女之间的互动频率低或消极时，青春期就会提前，艾利斯认为，这表明环境中优质父亲相对缺乏。

应用　我们之前提到，少女妈妈和她们孩子的人生道路通常会很艰难；青春期的女孩最好推迟生育，直到长大一些再进行生育才是明智的。父亲投入理论认为，减少少女怀孕的一种方法是鼓励父亲与女儿有更多的积极互动。这将有助于推迟女孩青春期的开始时间，降低少女怀孕的概率，并在其他方面有所帮助。当然，父亲对女儿（以及儿子）的投入所带来的好处远不止身体发育方面，我们在整本书中都会看到这一点。

今天，人们正在积极研究这些理论及其他理论。然而，科学家们一致认为，月经初潮的年龄不仅受到遗传学和生物学的控制，社会和情感因素对此也有影响。

青春期的心理影响

当然，青少年很清楚他们的身体正在发生的变化。显然，其中一些变化会影响青少年的心理发展。例如，与儿童和成人相比，青少年更关心自己的整体形象。许多青少年会定期照镜子，看看是否有其他身体变化的迹象。一般来说，女孩比男孩更担心自己的外貌，也更可能对自己的外貌不满意（Vander Wal 和 Thelen，2000）。当外貌成为同伴谈论的热门话题时，女孩尤其可能对自己的外貌不满意，这导致她们会花更多时间与同龄人比较自己的外貌。同龄人对男孩外貌满意度的影响相对较小；相反，男孩不满意自己的外貌是因为他们期望拥有强壮、肌肉发达的身体，但实际上自己没有（Jones，2004）。

此外，青少年受到成熟时间的影响：许多孩子的青春期开始于标准的前几年或后几年。早熟的男孩可能在11岁开始发育，而晚熟的男孩可能在15岁或16岁开始发育。早熟的女孩可能在9岁开始发育；晚熟的女孩可能在14岁或15岁开始发育。

早熟可能对女孩不利。早熟的女孩往往缺乏自信，不那么受欢迎，更有可能抑郁，产生行为问题，更有可能吸烟和喝酒（Mendle，Turkheimer和Emery，2007；Schelleman-Offermans，Knibbe和Kuntsche，2013）。部分问题在于早熟可能导致女孩与年龄较大的男士谈恋爱，而这些女孩没有准备好应对这些关系（Stattin，Kerr和Skoog，2011）。同样，这可能会对早熟的女孩产生改变人生的影响，这些女孩在十几岁时就被迫成为母亲；成年后，她们通常从事不那么有声望、收入较低的工作（Mendle等，2007）。当早熟的女孩生活贫困或与父母有争执时，这些有害后果更有可能发生（Lynne-Landsman，Graber和Andrews，2010；Rudolph和Troop-Gordon，2010）。幸运的是，当早熟的女孩拥有温暖、支持型的父母时，她们不太可能遭受早熟的有害后果（Ge等，2002）。

早熟对男孩也可能不利。早熟的男孩面临患心理障碍的风险，如抑郁症；他们也更容易滥用药物和存在性行为（Mendle 和 Ferrero，2012）。身体发育较成熟的男孩可能会与尚未成熟的同龄人产生问题（导致抑郁），并导致他们花更多时间与年龄较大的男孩在一起（导致他们更有可能陷于危险中）。然而，早熟对男孩的影响要弱于女孩（Graber，2013）。

对于男孩和女孩来说，晚熟并不会带来什么风险。晚熟的女孩情况良好；而晚熟男孩患抑郁症的风险更大（Mendle 和 Ferrero，2012）。但除此之外，在本章开始出现的晚熟男孩皮特没什么可担心的。当他最终成熟时，其他人会像对待成人一样对待他，而被当成孩子一样对待的额外几年也不会对他造成伤害（Weichold 和 Silbereisen，2005）。

✓ 检测你的学习

回忆： 概述身体发育的机制。

什么是青春期？男孩和女孩的青春期有什么不同？

解释： 为什么睡眠对健康的生长发育很重要？

应用： 乍一看，青春期的开始时间似乎完全是生物学的结果。事实上，环境也会影响青春期的开始时间。概述生物学和儿童经历是如何相互作用并触发青春期开始时间的。

4.2 身体发育的问题

学习目标

学习目标4：营养不良是什么？有什么后果？解决营养不良的办法有哪些？

学习目标5：先天和后天因素是如何导致一些青春期女孩过度节食的？

学习目标6：为什么有些孩子会患肥胖症？他们怎样才能有效减肥？

学习目标7：哪些疾病对世界各地的儿童是致命的？

学习目标8：哪些事故对儿童和青少年特别危险？

大纲

营养不良

饮食失调：厌食症和贪食症

肥胖症

疾病

事故

12岁的里卡多几乎从生下来就超重。他不喜欢在课间休息时与同学们在操场玩游戏，他更喜欢待在教室内。他的朋友相对较少，对自己的生活也不是特别满意。里卡多通过节食减肥了很多次，但他的体重总是很快又上去了。他的父母知道超重对健康有害，他们想知道他们能做些什么来帮助他们的儿子。

与许多童年任务相比，身体的成长似乎很容易。套用电影《梦幻之地》（*Field of Dreams*）中的一句名言："先打好基础，其他的自然会随之产生。"事实上，许多儿童在健康成长的道路上面临障碍。一些障碍与营养有关。生长需要大量的能量储备，而许多孩子没有吃足够的食物来提供这些能量。还有一些儿童和青少年吃得太多。其他问题则包括影响全世界数百万名儿童的疾病和事故。我们将在本模块中研究这些问题，在此过程中，我们将理解里卡多超重的一些原因以及他可以采取的措施。

营养不良

学习目标4：营养不良是什么？有什么后果？解决营养不良的办法有哪些？

充足的饮食对世界上许多儿童来说只是天方夜谭。在全世界范围内，约有1/4的5岁以下儿童患有营养不良，他们的身形与年龄不成比例（联合国儿童基金会、世界卫生组织、世界银行，2012）。

营养不良的儿童大多来自第三世界国家。令人遗憾的是，营养不良在工业化国家也很普遍。许多生活贫困和无家可归的美国儿童都存在营养不良的问题。大约15%的美国家庭在某些时段难以为所有家庭成员提供足够的食物（Coleman-Jensen，Nord和Singh，2013）。

营养不良在婴儿期的危害尤其大，因为在此期间婴儿的生长速度非常快。到学龄阶段时，有婴儿营养不良史的儿童往往难以在学校保持注意力，很容易分心。营养不良在孩子快速成长时期会明显损害大脑，影响儿童的注意力和学习能力（Morgane等，1993；Nyaradi等，2013）。

营养不良似乎有一个简单的治疗方法：充足饮食。但解决方案比这更复杂。营养不良的儿童经常无精打采，不爱活动，这些行为其实是有用的，因为能帮助儿童保存能量。与此同时，当儿童经常反应迟钝和昏昏欲睡时，父母可能会提供越来越少能促进儿童发展的经历。例如，父母给他们的孩子读书时可能会停下，因为营养不良的孩子似乎对什么都不感兴趣、漫不经心。结果我们会看到一个恶性循环，营养不良的儿童被父母遗弃，父母觉得自己做任何事都得不到回应，所以他们放弃尝试。营养不良导致的嗜睡是一种生理影响，但它通过改变父母的教育，改变了儿童经历，塑造了儿童的发展（Worobey，2005）。

要打破这种恶性循环，儿童需要的不仅是改善饮食，还必须教导他们的父母促进孩子的发展。膳食补充与家长培训相结合的项目为治疗营养不良带来了希望（Nahar等，2012）。参加这些项目的儿童通常在身体和智力发育方面会赶上同龄人，这表明治疗营养不良的最好方法是通过生物和社会文化因素来解决（Super, Herrera和Mora, 1990）。

短期饥饿

早餐应该能提供儿童每天1/4的卡路里。然而，在发达国家和发展中国家，许多儿童不吃早餐（Grantham-McGregor, Ani和Gerald, 2001）。当孩子们有规律地吃营养早餐时，他们在学校里往往会更成功（Adolphus, Lawton和Dye, 2013）。

解决这个问题的一个策略是为在校儿童提供免费和低价的膳食。午餐项目是最常见的，早餐和晚餐项目有时也有。这些项目对孩子们有巨大的积极影响。因为孩子吃得更好，他们缺课的次数更少，他们的成绩也得到了提高（Grantham-McGregor等, 2001）。

饮食失调：厌食症和贪食症

学习目标5：先天和后天因素是如何导致一些青春期女孩过度节食的？

2010年，法国模特兼演员伊莎贝尔·卡罗（Isabelle Caro）在26岁刚过几个月就死于呼吸道疾病。临终前，她的体重不到75磅。卡罗患有饮食失调症：神经性厌食症（以下简称厌食症），表现为持续拒绝进食，对超重具有非理性恐惧。厌食症患者对自己身体的印象严重扭曲，虽然瘦得可怜，却声称自己超重（Wilson, Heffernan和Black, 1996）。厌食症是一种严重的疾病，会损害心脏、大脑或肾脏，有时甚至会导致死亡。与此相对的饮食失调是神经性贪食症（以下简称贪食症）。患有贪食症的人会在暴饮暴食（无法控制进食）和自我催吐或服用泻药之间来回反复。贪食症患者暴饮暴食的频率差别很大，从每周几次到30多次。

厌食症和贪食症在很多方面十分相似。这两种障碍主要影响女性，并且出现在青春期（Wang 和 Brownell, 2005）。更重要的是，许多同样的因素导致十几岁的女孩有患两种饮食失调的风险。一项对饮食失调个体研究的统合分析（Jacobi等, 2004）表明，遗传是青少年患饮食失调的一大因素，分子遗传学研究则指向基因调节焦虑和食物摄入（Klump和Culbert, 2007）。一些社会心理因素也使人们有患上饮食失调的风险。当儿童曾患有进食问题时，如挑食或被诊断为异食癖（吃不可食用的东西，如粉笔、纸或泥土），他们在青少年时期患厌食症和贪食症的风险更大。曾经自尊受损、有情绪障碍或焦虑障碍的青少年也有患饮食失调的风险（Hutchinson, Rapee和Taylor, 2010），遭遇同龄人性骚扰的女孩同样如此（Petersen和Hyde, 2013）。然而，对青少年来说，最重要的风险因素是过度关注自己的身形和体重，以及有节食经历（George和Franko, 2010）。当青春期的女孩频繁观看那些强调身材苗条、外貌好看的电视节目时，当她们的朋友经常谈论体重和通过节食来保持苗条时，她们就会面临风险（Grabe，Hyde和Ward，2008；Rancourt等，2013）。

统合分析还发现了一些厌食症和贪食症特有的风险因素。例如，过度保护的父母与厌食症有关，但与贪食症无关。相反，儿童时期的肥胖与贪食症有关，但与厌食症无关。

虽然饮食失调在女孩中更为常见，但在确诊的饮食失调病例中，男孩约占10%。因为患有饮食失调的男孩要少得多，所以研究人员对男性进行的研究要少得多。一些已知的风险因素包括儿童肥胖、自卑、来自父母和同伴的压力，以及参加强调身材的运动（Ricciardelli和McCabe，2004；Shoemaker和Furman，2009）。

幸运的是，有一些项目可以帮助保护青少年免受饮食失调的威胁（Stice和Shaw，2004）。最有效的项目专为高危青少年（例如，对自己身体不满意的青少年）设计。这些项目致力于改变人们对身材苗条的态度，并设法抵制要求身材苗条的社会压力。其中一个项目在"研究重点"专栏中会提到。

研究重点

评估一个预防饮食失调的项目

研究人员是谁？研究的目的是什么？ 防止十几岁的女孩患上饮食失调症的一种方法是帮助她们看到媒体经常宣扬的女性理想的苗条身材的缺点。参与批评活动的青少年更不容易出现饮食失调；例如，他们不再认为理想的苗条身材有吸引力，他们不太可能节食，而且他们报告的饮食失调症状也变少。然而，证明这种预防的有效性的研究是在高度控制的条件下进行的（例如，在一个研究中心，由受过高度训练和密切监测的人员协助）。埃里克·斯蒂斯（Eric Stice）和他的同事（2009）想要确认，如果在更现实的环境中，即由高中的学校人员（如护士、辅导员）实施，预防是否会起作用。

研究人员是如何测量研究话题的？ 斯蒂斯和他的同事招募了一些担心自己身材的高中女生。其中一半女孩被分配到对照组，在这个组中，女孩们拿到了一本关于饮食失调和改善身材建议的小册子。另一半女孩被分配到预防条件组，参加四场时长为1小时的课程，包括各种旨在向女孩展示锻炼理想苗条身材的代价。例如，她们参与角色扮演，试图说服小组领导为什么女孩不必追求理想的苗条身材；她们完成家庭作业，列出她们经历的要求保持身材苗条的压力和抵抗这些压力的方法。在干预开始前及干预结束后的1个月、6个月和12个月，两组女孩都完成了调查问卷，测量她们对理想的苗条身材的态度、她们对自己身材的不满程度、她们的节食行为和她们的饮食失调症状。

研究中的参与者是谁？ 研究人员对306名高中女生进行了测试；预防条件组有139名女生，控制条件组包括167名女生。

这项研究的设计是怎样的？ 这项研究是实验性的，因为斯蒂斯和他的同事们感兴趣的是通过控制条件来比较预防方案对青春期女孩与饮食失调相关态度和行为的影响。研究人员没有调查年龄差异，所以这项研究既不是横断的也不是纵向的。

这项研究是否存在伦理问题？ 不存在。研究人员获得了青少年及其父母的知情同意。这些措施和预防方案对参与者没有明显的风险。两种情况下出现饮食失调症状的女孩都被转诊治疗。

结果如何？ 不同方法的测量得出的结果是相似的。为了简单起见，我关注的是节食行为，这是通过一份问卷来测量的，问卷中包括诸如"你在吃饭的时候会尽量吃得比你想要吃得少吗"和"你是否故意吃减肥食品"，评分范围从1分（从不）到5分（总是）不等。结果如图4-4所示，在前测时，两组女生偶尔会认可与节食相关的行为。值得注意的是，对照组女孩的反应相当稳定，而预防条件组女孩的反应则下降了。换句话说，预防条件导致女孩不太可能报告与节食有关的行为。

研究人员得出了什么结论？ 就像之前的研究一样，这些发现说明女孩在参与了强调保持理想的苗条身材的代价和缺点的预防计划后，改变了她们对身材和饮食有关的态度和行为。正如斯蒂斯和他的同事所言："目前试验的结果表明，如果现实世界能在有效的情境下为不同人群提供干预项目，干预效果依旧积极有效。"

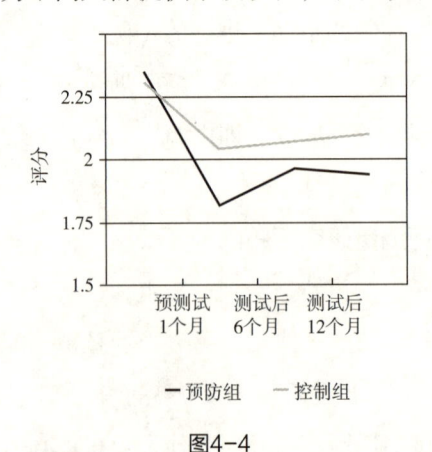

图4-4

有什么趋同证据可以强化这些结论？ 所有四种结果测量方法均来自青少年自己完成的问卷。有一个明显的方法可用来提供趋同证据，即用不同的方法来测量这些

> 结果，如让父母描述他们女儿与节食有关的行为，用实验任务来评估对自己身材的满意度，或者获取反映饮食失调的生理指标。

类似于"研究重点"中所关注的项目是有效的：参与这些项目的高危青少年对自己的身材更满意，更不可能节食或暴饮暴食（（Stice，South和Shaw，2012）。对于那些受饮食失调影响的青少年，治疗切实可行：像预防项目一样，治疗通常侧重于改变关键的态度和行为（Puhl 和 Brownell，2005）。

肥胖症

学习目标6：为什么有些孩子会患肥胖症？他们怎样才能有效减肥？

模块开头故事中的男孩里卡多就超重了；就他的身高来说，他很胖。肥胖的定义基于身体质量指数（Body Mass Index，BMI），这是一个调整后体重与身高的比率。超过5%的儿童和青少年（相对于他们的身高来说非常肥胖）被定义为肥胖。美国的儿童肥胖已经盛行到了流行病的程度。在过去的25~30年，超重儿童的数量翻了一番，超重青少年的数量翻了3番，因此，今天大约每6个儿童或青少年中就有一个超重（美国卫生与公众服务部，2010）。这一趋势并非美国独有：在许多发达国家和发展中国家，这种趋势也很明显，因为人们采取了西方国家那样的饮食和生活方式（世界卫生组织，2010）。

超重的青少年往往不受欢迎，自卑，在学校表现很差（Gable，Krull和Chang，2012；Puhl和Latner，2007）。此外，由于绝大多数超重儿童和青少年最终会成长为超重成人，他们一生都将面临许多疾病风险，包括高血压和糖尿病（美国卫生和公众服务部，2010）。

没有单一的因素会导致儿童肥胖。相反，肥胖是几个因素共同作用的结果，包括：

- 遗传——肥胖代代相传，表明基因可能导致一些人吃得过多，久坐不动，或者不太能够将脂肪转化为能量（Cheung和Mao，2012）。
- 父母——许多父母敦促孩子"光盘"，即使孩子已经不饿了；还有一些父母经常用食物来安慰焦躁不安的孩子；这些行为导致儿童依赖外部线索进食，而不是只在饥饿时才进食（Coelho等，2009；Wansink和Sobal，2007）。
- 久坐不动的生活方式——儿童不运动更容易肥胖，如看电视而不是在户外玩耍（Tremblay等，2011）。

> **Q&A 问题4.2**
> 约舒华今年10岁,但他已经超重25磅了。他和他的父母能做些什么来帮助他减肥呢?

- 睡眠不足——睡眠不足的儿童和青少年容易发胖,可能是因为醒着的时间长会让他们有更多的机会吃东西,或者会增加他们的饥饿感,抑或会让他们太累而无法锻炼(Magee和Hale,2012)。

单个因素可能不会导致肥胖症的出现。但结合来看,这些因素可能让孩子走上肥胖之路:如果一个孩子天生就吃得多、久坐不动,那么他面临的风险就更大。为了了解儿童肥胖,我们需要考虑所有这些风险因素,以及儿童环境中可获得的食物数量和质量(Harrison等,2011)。

肥胖的青少年可以减肥。最有效的减肥方案主要是改变饮食习惯和鼓励他们动起来。儿童可以为自己的饮食和运动设定目标;父母帮助他们设定现实的目标,进步时奖励他们,并监督他们的饮食和锻炼。当方案能覆盖这些方面时,肥胖儿童的体重确实会下降(Oude Luttikhuis等,2009;West等,2010)。然而,即使在减肥之后,许多参加这些项目的孩子仍然超重。因此,最好先通过鼓励儿童健康饮食和积极参加体育活动来避免超重和肥胖。

疾病

学习目标7:哪些疾病对世界各地的儿童是致命的?

在世界各地,每年近800万名儿童在5岁前死亡,其中,非洲国家的儿童占一半以上(世界卫生组织,2013)。这是一个惊人的数字——大约相当于美国一年内所有1岁、2岁和3岁儿童的总数。全世界儿童的主要杀手是肺炎、腹泻、疟疾和营养不良(世界卫生组织,2012)。

只要经过有效的治疗,这些导致死亡的大多数风险都能得以预防。例如,腹泻会导致儿童脱水,但儿童可以通过及时饮用含有盐和钾的水来避免死亡。

世界卫生组织(以下简称"世卫组织")在过去20年中为预防儿童疾病积极努力,一直致力于在全世界范围内为儿童接种疫苗。由于这些努力,许多发展中国家的疫苗接种率大大上升。世卫组织还与联合国儿童基金会合作,构建了儿童疾病综合管理方案,以防治肺炎、腹泻、麻疹、疟疾和营养不良(世卫组织,2004)。由于许多患病儿童的症状与这五种疾病中的两种或两种以上有关,儿童疾病综合管理采用了一项以儿童整体健康为重点的综合战略。儿童疾病综合管理的第一大任务是培训保健专业人员,让他们更熟练地处理儿童疾病。第二大任务是改善卫生保健系统，使其能更有效地应对儿童疾病（例如，确保所需药品充足）。第三大任务包括改变家庭和社区的做法，使之更有利于儿童健康成长。例如，鼓励儿童睡在蚊帐里，保护儿童免受携带疟疾病原虫的蚊子叮咬。

儿童疾病综合管理方案已在60多个国家得到采纳，并在改善全世界儿童健康方面发挥着关键作用（Bhutta等，2010；Victor等，2006）。

事故

学习目标8：哪些事故对儿童和青少年特别危险？

在美国，婴儿死亡大多是因为出生缺陷或出生体重不足。然而，从1岁起，儿童死于事故的可能性就远远高于其他任何单一原因（联邦儿童和家庭统计机构，2013）。车祸是儿童意外死亡的最常见原因。令人遗憾的是，如果儿童和青少年系上安全带，或者婴儿和儿童坐在合格的婴儿汽车座椅上，许多死亡本来是可以避免的。如果没有这样的保护措施，儿童和青少年通常会在被甩出挡风玻璃或甩到马路上时头部严重受伤。

许多婴幼儿也会因溺水、烧伤或窒息而死。通常，死亡的原因是幼儿没有得到充分的监护（Morrongiello和Schell，2010；Petrass和Blitvich，2013）。例如，经常有报道称，儿童走失、坠楼或掉进没有围栏的游泳池溺水。家长们需要记住，孩子们往往渴望探索他们周围的环境，但无法识别危险。父母必须时刻看护好他们年幼的孩子。对于年龄较大的孩子，父母必须小心，不要高估孩子的能力。有些事故的发生是因为父母对孩子的认知和运动能力过于自信。他们可能允许孩子在毗邻街道的自行车道上骑车上学，而街道上车水马龙，许多孩子在骑自行车时可能不会始终集中注意力，或者有时明明时间不足以安全穿过繁忙的街道时却试图这样做（Morrongiello，Klemencic和Corbett，2008；Stevens等，2013）。

对于青少年来说，车祸仍然是主要的死亡原因。当然，不同之处在于，青少年不再是乘客，而是司机。不幸的是，有太多的青少年因为超速开车、酒后开车或开车时发短信、开车不系安全带而死亡（美国疾病控制和预防中心，2012）。在美国，青少年男孩主要的死亡原因是枪杀。事实上，与其他任何单一原因相比，枪杀是15~19岁的非裔美国青少年死亡的首要原因（联邦儿童和家庭统计机构，2013）。

尽管事故一词意味着事件是偶然发生的，没有人应该受到责备，但大多数涉及儿童和青少年的事故是可以预见的、可以预防的，或者可以采取措施减少伤害。例如，在汽车事故中，系上安全带这一简单步骤就大大提高了安全性。通过减少儿童和青少年接触枪支的机会，可以减少枪支相关的事故。构建以学校和社区为中心的安全方案是减少儿童事故的一种具有成本效益的方法（Nilsen，2007；Schwebel，Davis和O'Neal，2012）。孩子们学习如何安全地步行上学或骑自行车上学，并在成人的监督下练习这些技能。通过这样的项目，孩子们很容易就能学到促进安全的行为。

✓ 检测你的学习

回忆：概述青春期女孩患神经性厌食症和神经性贪食症的诱因。
婴儿和学龄前儿童的主要死亡原因是什么？对青少年而言呢？
解释：区分导致肥胖的生物因素和环境因素。
应用：营养不良如何影响儿童自身的发展？

4.3 神经系统的发育

学习目标

学习目标9：神经细胞是由哪些部分组成的？大脑是如何组成的？
学习目标10：在胎儿发育的过程中，大脑是什么时候形成的？大脑的不同区域何时开始发挥作用？

大纲

成熟人脑的构造
脑的发育

10岁的马丁在过十字路口时被一辆驶过的汽车撞倒。他昏迷了一个星期，在醒来后他变得警觉起来。现在他对周围环境的警惕性很高。当然，马丁的母亲很感激他在事故中幸存下来，但她非常担心儿子未来会怎样。

我们知道，随着儿童慢慢长大，他们身体的变化是非常惊人的，但更令人惊叹的变化是我们看不到的，涉及大脑和神经系统的变化。婴儿的饥饿感、孩子的笑声、青少年学习代数的努力都反映了大脑和其他神经系统的功能。儿童学习的所有信息，包括语言和其他认知技能，都储存在大脑中。

大脑是如何完成这些任务的呢？像马丁这样受过伤的孩子，其大脑会受到怎样的影响？为了回答这些问题，我们先来看看成人的大脑的构造。

成熟人脑的构造

学习目标9：神经细胞是由哪些部分组成的？大脑是如何组成的？

大脑和神经系统的基本单位是神经元，这是一种专门接收和传输信息的细胞。神经元有许多不同的形状。图4-5让我们更容易理解所有神经元的基本组成部分。神经元中心的细胞体含有维持神经元存活的基本生物机制。神经元的接收端——树突——看起来像一棵树，它有很多分支。分支很多的树突可以接收来自数千个其他神经元的输入（Morgan和Gibson，1991）。细胞另一端的管状结构是轴突，它向其他神经元发送信息。髓磷脂是一种脂肪鞘，轴突被髓磷脂包裹着，可以使它更快地传递信息。髓磷脂对神经传输速度的提升是质的飞跃，就像从开汽车到开飞机：从每秒6英尺到每秒50英尺。轴突的末端是被称为"终扣"的小旋钮，它释放神经递质，一种将信息传递到附近神经元的化学物质。最后，你会看到轴突的终扣实际上并没有接触到其他神经元的树突。一个神经元和另一个神经元之间的间隙被称为突触。神经递质通过突触在神经元之间传递信息。

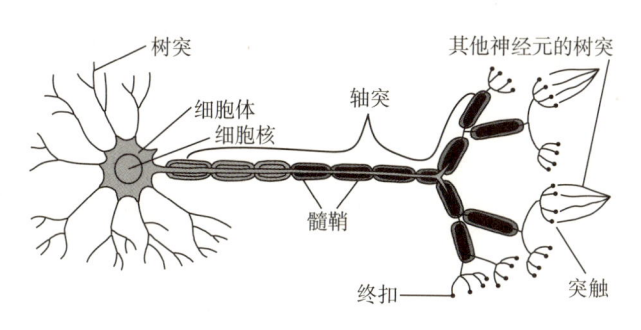

图4-5

500亿~1000亿个这样的神经元组成了人类大脑的雏形。成人的大脑重量不到3磅，很容易用手托起来。褶皱的大脑表面是大脑皮层；大脑皮层由大约100亿个神经元组成，调节着人类所特有的许多功能。大脑皮层由左右两个半球组成，这两个半球由数百万个轴突连接在一起，形成厚厚的神经束，叫作胼胝体。你最看重的特征——迷人的个性、说话的技巧、解读他人的神秘技巧——都是由大脑皮层的特定区域控制的，如图4-6所示。

个性和制订并执行计划的能力大部分是大脑皮层前部一个区域的功能，更准确地说，这个区域叫作额叶皮层。对大多数人来说，形成语言、理解语言、推理和计算的能力主要是由左脑皮质中的神经元负责的。对大多数人来说，艺术和音乐能力、对空间关系的感知，以及识别面孔和情绪的能力都来自大脑右半球的神经元。

现在我们已经了解了一些成熟人脑的组织结构，让我们来看看大脑是如何发育并开始运作的吧。

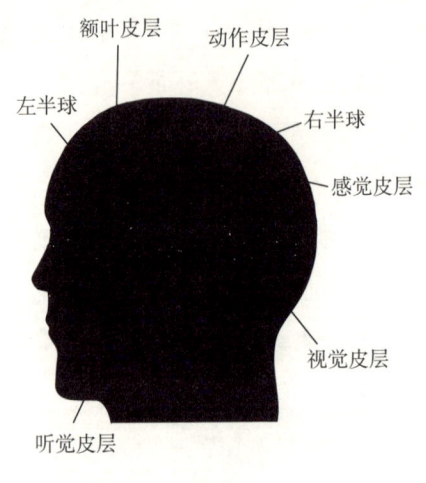

图4-6

脑的发育

学习目标10：在胎儿发育的过程中，大脑是什么时候形成的？大脑的不同区域何时开始发挥作用？

研究大脑发育的科学家一直关注几个中心问题：大脑结构是怎样的以及大脑是何时发育的？大脑的不同区域何时开始发挥作用？为什么大脑各区域有不同的功能？在本节中，我们将研究回答每个问题。

脑结构的出现

从模块3.1我们知道大脑的起源可以追溯到受精卵时期。大约在受孕后3周，一组细胞形成一个扁平的结构，叫作神经板。在4周时，神经板折叠形成管状，最终形成大脑和脊髓。当管状神经的末端逐渐闭合时，神经元就在神经管的一个小区域产生。神经元的产生大约在怀孕10周后开始，到28周时，不断发育的大脑几乎拥有了所有的神经元。在这几周里，神经元以每秒超过3000个的惊人速度增长。有意思的是，许多新形成的神经元寿命都很短：它们程序性死亡，以此为附近的神经元创造形成连接的空间（Stiles，2008）。

神经元细胞从神经管中产生的位置迁移到它们在大脑中的最终位置。大脑的构建是分阶段进行的，最先发育的是最里面的一层。

接着就是第二层的神经元，以此类推。这一分层过程持续到成熟大脑的所有六层都就位为止，大约发生在受孕7个月的时候（Rakic，1995）。如图4-7所示，神经元通过缠绕支持细胞向顶端移动，就像蛇爬上杆子一样。

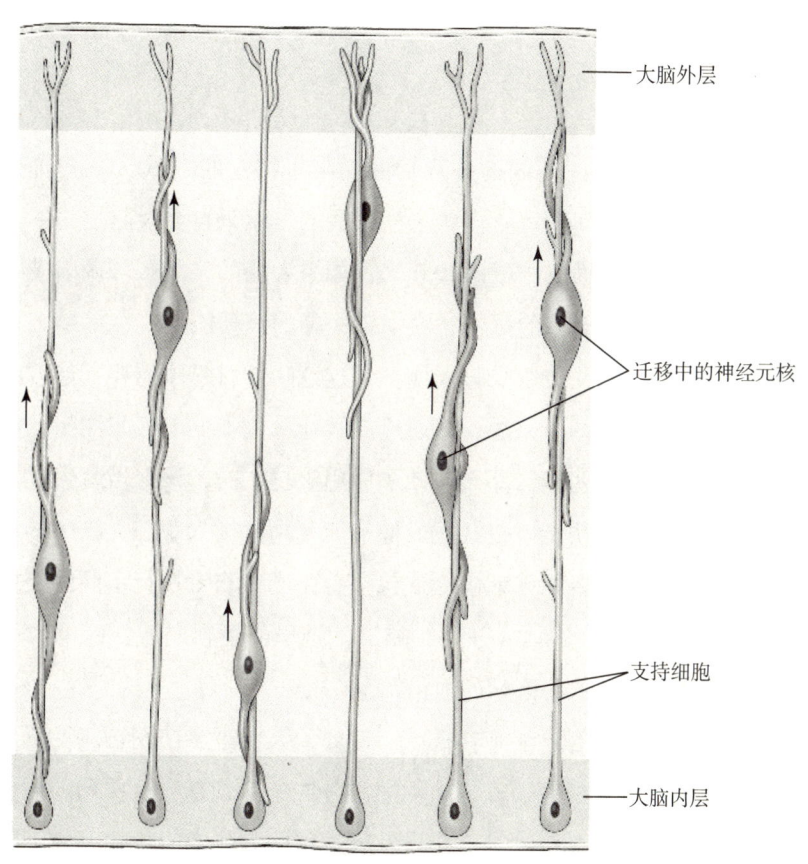

就像蛇爬上杆子一样，神经元通过缠绕支持细胞迁移到它们在大脑中的最终位置。

图4-7

在胎儿发育的第四个月，轴突开始获得髓鞘——一种有利于神经传递的脂肪包层。这个过程会从婴儿期到儿童期，一直持续到青少年时期（Paus，2010）。携带感觉信息的神经元首先获得髓鞘；皮层中的神经元最后获得。得到更多的髓磷脂会有明显改善协调能力和缩短反应时间的效果。随着孩子年龄增长，他们的反应就越迅速，协调能力越强。（我们在模块5.3中讨论精细动作的发展时，将进一步讨论这一现象。）

在出生后的几个月里，大脑发育迅速。轴突和树突会变得更长，而且就像一棵成熟的树一样，树突会迅速地长出新的分枝。随着树突数量的增加，突触的数量也在增加，大约在婴儿1岁时达到峰值。

但很快，突触就开始逐渐消失，这种现象被称为突触修剪。因此，从婴儿期开始，一直持续到青春期早期，大脑发育会经历规模逐渐"缩小"的趋势，清除神经元之间不必要的连接。这种修剪取决于神经回路的活动：活跃的突触被保留，不活跃的突触被清除（Webb，Monk和Nelson，2001）。剪枝的过程首先在与感觉和运动功能相关的大脑区域进行。其次轮到与基本语言和空间技能相关的区域，最后是与注意力和计划相关的区域（Casey等，2005）。

人脑的专门化发育

成熟的人脑是专门化的，不同的心理功能局限于特定的区域，发展研究人员很想确定大脑专门化的起源和时间进程。多年来，唯一的线索来自受过脑损伤的儿童。这里的逻辑是将损伤的位置与受损的结果联系起来：如果大脑的某个区域调节着特定的功能（如理解语言），那么对该区域的损伤就会损害大脑的该功能。

幸运的是，相对较少的儿童遭受脑损伤。但这意味着科学家需要其他方法来研究大脑发育。其中一种叫作脑电图描记法，即通过放置在头皮上的电极来测量脑电活动。如果大脑的某个区域调节某种功能，那么当孩子使用该功能时，该区域就会显示出独特的脑电图。一项更新的技术，功能性磁共振成像，能利用磁场来跟踪大脑中的血液流动。利用这种方法时，研究参与者的大脑被磁铁包裹着，当参与者执行不同的任务时，磁铁可以跟踪大脑中的血液流动（Casey等，2005）。这里的逻辑是，活跃的大脑区域需要更多的氧气，从而增加流向这些区域的血液流量。

这两种方法都不是完美的，都有其缺点。例如，人们很少使用功能性磁共振成像，因为它很昂贵，而且参与者必须躺着一动不动几分钟。尽管存在这些局限性，但使用这些不同方法的综合研究结果已经确定了儿童发展过程中大脑专门化的部分一般原则。

1. 专门化在发育早期就已开始。也许你认为新生儿的大脑是完全非专门化的，事实上，许多区域已经在婴儿早期就已分门别类。

例如，额叶皮层的早期专门化可以通过发现在婴儿期对该区域的损害导致决策能力受损和异常的情绪反应而得到印证（Anderson等，2001）。同样，脑电图的研究表明，新生儿的左脑在对语言做出反应时比右脑产生更多的电波活动（Molfese和Burger-Judisch，1991）。因此，当婴儿出生的时候，左半球的皮质已经专门用于语言处理。正如我们将在第9章中看到的，这种专门化使得语言在婴儿期迅速发展。最后，对胎儿期脑损伤儿童的研究表明，在婴儿期，大脑右半球专门用于理解某些类型的空间关系（Stiles等，2005）。

2. 专门化有两种具体形式。首先，随着大脑的发育，在加工处理信息过程中活跃的大脑区域变得更加聚焦，就像一场雷暴覆盖了一个巨大的区域，但随后同样的雷暴聚集在一个小得多的区域（Durston等，2006）。其次，触发大脑活动的刺激类型从一般刺激转变为具体刺激（Johnson，Grossman和Cohen Kadosh，2009）。大脑面对面部刺激的处理显示出两种趋势：它会聚焦于特定区域（梭状回），并逐渐缩小范围，仅与面部识别相联系（Cohen Kadosh等，2013；Scherf等，2007）。

3. 不同的大脑系统专门化速度各异。设想有一个新的住宅开发项目，要建造许多多层住宅。在每幢房子里，第一层比其他高层先完工，但有些房子甚至在其他房子开工之前就完工了。同样，涉及基本感觉和知觉过程的大脑区域比那些需要高级过程的区域更早完成专门化（Fox，Levitt和Nelson，2010）。与之类似，一些对奖励敏感的大脑系统（特别是来自同伴的奖励）可能在青春期达到成熟，但负责自我控制的系统直到成年后才完全完成专门化（Casey和Caudle，2013；Galván，2013）。

这种不同的大脑发育速度可能是青少年做出危险行为的原因之一（如酒后驾车）；与和奖励相关的大脑中枢相比，与自我控制相关的大脑中枢尚未"成熟"（Somerville和Casey，2010）。这些发现改变了与青少年相关的法律，"儿童发展和家庭政策"专栏将探讨这一主题。

儿童发展和家庭政策

青少年与法律

儿童发展专家承认儿童发展分不同阶段（如皮亚杰的认知发展四个阶段），但美国法律通常只区分两个阶段——不享有成人的特权或责任的未成年人和成人。按照特权的性质，未成年人在不同年龄获得不同的成人特权和责任。例如，在美国大多数州，青少年在16岁时可以开车，在21岁时可以买酒。

传统上，关于青少年获得成人特权最佳年龄的决定并不是基于儿童发展研究。然而，这种情况最近发生了变化（Bonnie和Scott，2013）。开车就是一个很好的例子。在模块4.2中，我提到了汽车事故是美国青少年死亡的主要原因。这些事故发生时，大多数情况下青少年是有同伴作为乘客的，同伴分散青少年司机的注意力或鼓励他们危险驾驶而酿成悲剧（Laird，2011）。然而，基于青少年的冒险行为和他们对同伴奖励的敏感性研究，美国所有的州都实施了分级驾驶执照制度。每个州的方案都不一样，但都延长了学习过程，新增一个中间阶段，限制和同伴一起开车和天黑后开车。这些新政策很有效：青少年司机发生事故和导致死亡的交通事故数量都减少了（McCartt和Teoh，2011；Zhu等，2013）。

对青少年大脑发育的研究影响政策的另一个例子与死刑有关。在20世纪80年代末，美国最高法院规定，禁止对未满16岁的未成年人罪犯实施死刑（Thompson v. Oklahoma, 1988），但支持对年满16岁的未成年人罪犯实施死刑（Stanford v. Kentucky, 1989）。

2004年，一桩案件改变了这一切。一名17岁的男孩杀害了一名妇女，并将她绑起来扔进河里。男孩供认了罪行，陪审团裁定他有罪，并建议法官判处他死刑。男孩对死刑判决提出上诉，案件最终提交给了美国最高法院。

美国心理协会呈送了一份"法庭之友"的意见书。意见书认为，给青少年罪犯判死刑是残酷且不寻常的惩罚（美国心理协会，2004年7月19日）。意见书还指出，由于青少年的大脑发育不成熟，他们更容易冲动，更容易冒险，也比成人更难以预测自己行为的后果。青少年比成人更容易受到同伴压力的影响，也比成人更没有能力为自己辩护。法院在推翻对青少年的死刑判决时引用了这些论点，因为这是一种残忍和不寻常的惩罚（Roper v. Simmons, 2005）。随后，法院采用同样的逻辑裁定，不得对青少年判处不得假释的强制性终身监禁（Miller v. Alabama, 2012）。

因此，对青少年冒险行为和神经科学的研究已经为有关驾驶执照和死刑的公共政策提供了信息。也许同样的研究将被用来确定影响与青少年有关的其他法律的合理性，如关于青少年可以购买酒、发生性行为、不经父母同意获得避孕药的年龄的法律。

---

4. 专门化的完成需要环境的刺激。回到把大脑比作建房的类比上来，新生儿的大脑其实很像一个部分完工、部分还在装修的房子：大脑总体的组织框架已经出现，初步的神经通路用来执行某些功能。大脑左半球有一些语言通路，额叶皮层有一些与情感相关的通路。然而，完成成熟大脑的典型组织需要来自环境的输入（Greenough和Black, 1992）。在这种情况下，环境输入会影响经验-预期型发育：在进化过程中，婴儿通常会受到某些形式的刺激，这些刺激被用来调整大脑线路，加强某些线路，消除其他线路。例如，在正常情况下，健康的婴儿会体验移动的视觉图案（如面孔）和各种声音（如嗓音）。就像新种下的种子需要水才能生长一样，发育中的大脑也需要环境刺激来微调视觉、听觉和其他系统的回路（Black, 2003）。

当然，人生的经历也会塑造大脑（本书后面的几章将印证这一点）。经验-依赖型发育表明，大脑的变化与特定的发育点无关，而且对于不同的人和不同的文化是不同的。经验-依赖型发育表现为学龄前儿童记住同班同学的名字，小学生发现离家的捷径，青少年掌握新手机的功能。在每种情况下，大脑回路都会根据个人的经历进行调整。在今天的技术下，我们无法看到大脑的这些日常变化。但当个人获得某项技能的专业知识时，大脑的变化可以被检测出来。例如，熟练的大提琴手，其大脑中有大片的区域专门用来控制左手手指在琴弦上的位置（Elbert等，1995）。同样，海马体是大脑中与导航和寻路有关的区域，而多年驾驶出租车会导致海马体发生变化（Maguire，Woollett和Spiers，2006）。

Q&A 问题4.3

阿什莉心烦意乱，因为她两岁的女儿从楼梯上摔了下来，头撞在了水泥墙上，现在被送进了医院。你认为说些什么才能让阿什莉对她女儿的预后放心？

5. 不成熟的大脑缺乏专门化，这带来一个好处：更强的可塑性。就像在住宅开发中，每个建筑的结构都要遵循住宅位置和设计的详细方案，大脑的发育通常也遵循一个可预测的过程，反映了遗传密码和所需环境输入之间表观遗传的交互作用。然而，有时正常的进程会被打乱。一个人可能会经历一些对大脑有害的事件（如在事故中受伤），或者可能被剥夺一些"构建大脑"的要素（如必要的经历）。

研究这些非典型经历的结果发现，大脑具有一定的灵活性：它是可塑的。还记得小说里那个因为被车撞到而大脑受损的孩子马丁吗？事故发生后，他的语言能力受损了。这并不奇怪，因为马丁的左脑受到了撞击。但几个月后，马丁就完全恢复了语言技能。显然，其他神经元接管了受损神经元的语言处理功能。这种功能的恢复并不少见，特别是对幼儿来说，这表明大脑是可塑的。换句话说，年幼的儿童能在脑损伤后往往比年龄较大的儿童和成人恢复更多的功能，这显然是因为年幼儿童的大脑更容易重新分配功能（Kolb和Teskey，2012；Demir，Levine和Goldin-Meadow，2010）。

然而，可塑性也有其局限性。有些孩子在出生后不久就被遗弃，在孤儿院生活了几个月，有时甚至几年，有些孤儿院对孩子的照料很糟糕：婴儿和蹒跚学步的孩子有食物和住所，但很少有玩具，与护工很少说话，也没有形成与护工的私人关系。在被家庭收养后，这些儿童在认知发展方面进步很快，但依旧没有赶上正常孩子的发展进程；此外，在孤儿院待的时间越长，儿童的认知缺陷就越大（Rutter等，2010）。这些儿童后来的发展经历无法弥补婴儿期经历的极度缺失，这表明大脑不是完全可塑的。

脑本位教育

在对大脑发育和经历的影响有了更深入的了解后，许多科学家、教育工作者和家长希望这种知识可以用来改善教育。毕竟，如果大脑是学习的器官，而学校的目标是促进学生的学习，那么关于大脑发育的知识应该会产生更好的教学方法。许多人都加入了"脑本位教育"的潮流，而关于脑发育的研究确实为某些学术技能的培养提供了有价值的见解，如儿童阅读问题的本质（Szucks和Goswami，2007）。然而，根据我们目前对大脑发育的理解重新设计整个课程还是需要谨慎的。许多批评人士指出，尽管我们目前对大脑发育的理解可能会导致一些关于促进儿童学习条件的一般性陈述，但我们知道的太少，无法设计出"大脑友好型"的完整课程（Sylvan 和Christodoulou，2010）。正如哈佛大学思想、大脑和教育项目主管库尔特·费舍尔（Kurt Fischer）和他的同事玛丽·海伦·伊莫尔迪诺-杨（Mary Helen Immordino-Yang）（2008，p. xviii）所言，遗憾的是，大多数所谓的"脑本位教育"并没有基于大脑或认知科学……在"脑本位教育"的典型主张中，人们用脑科学的语言解读学习和学校教育，但这些说法实际上并没有以脑研究为基础。

尽管如此，我们有理由乐观地认为，未来几十年内，基于对大脑发育的透彻理解，我们将能为课程提供必要的基础（Fischer和Immordino-Yang，2008）。

检测你的学习

回忆：列出神经细胞的主要组成部分和大脑皮层的主要区域。
阐述大脑可塑的证据。
解释：比较出生前和出生后大脑的发育情况。
应用：如何比较本模块中描述的大脑发育与模块4.1中描述的身体生长的一般规律？

统一主题：联系

本章提供了一个绝佳的机会来强调"不同领域的发展是相互联系的"。想想对青春期开始时间的影响。孩子早熟还是晚熟会影响其社会发展（早熟的女孩通常不那么受欢迎）。或者想想营养不良的影响。营养不良的孩子经常无精打采，这就影响了他们的父母与其互动的方式（父母不太可能提供刺激的经历）。而刺激的减少会减缓孩子的智力发展。身体、认知、社会和人格发展是相互联系的：一个领域的变化通常会导致其他领域的某种变化。

自行探索

儿童都喜欢游乐场。遗憾的是，每年有成千上万名美国儿童在游乐场受伤。如果在场的父母（或其他成人）能关注游玩中的儿童，有些事故本来是可以避免的。

去当地的游乐场，看看孩子们玩耍。注意有多少孩子在玩耍时不知不觉地把自己置于危险之中，还要注意成人是如何监控儿童嬉戏的。自行探索吧！

小结

4.1 身体发育

人类发育的特征

在婴儿期身体生长特别快，在小学阶段生长缓慢，然后在青春期生长又加速。身体的生长不仅指身高和体重的增加，还包括肌肉、脂肪和骨骼的发育。

现在的孩子比前几代人都高。世界各地的平均身高各不相同，正常的身高范围有相当大的差异。

身体发育的机制

身体的生长依赖于睡眠，部分原因是大多数生长激素是在儿童睡眠时分泌的。营养也很重要，特别是在快速成长时期，如婴儿期和青春期。母乳喂养为婴儿提供了他们所需要的所有营养，也伴随着其他的好处。许多儿童和青少年由于饮食不良而得不到足够的营养。

青春期的迅速发育和青春期

青春期包括青春期的生长突增和性成熟。女孩通常比男孩更早开始发育，男孩获得更多的肌肉、更少的脂肪、更强大的心肺功能。男孩和女孩的性成熟，包括第一性征和第二性征，其发生的顺序是可预测的。

当垂体向肾上腺、卵巢和睾丸发出信号，让它们分泌引发生理变化的激素时，青春期的变化就发生了。青春期开始的时间受到健康、营养和社会环境的影响。

青春期的变化影响青少年的心理功能。青少年开始关心自己的外表。早熟往往对女孩不利，对男孩也有害（程度较轻）。

4.2 身体发育的问题

营养不良

营养不良是一个全球性的问题——包括美国——对婴儿时期尤其有害，因为婴儿的生长速度非常快。营养不良会造成脑损伤，影响儿童的智力和注意力。治疗营养不良需要改善儿童的饮食，并教育父母提供刺激性的环境。

饮食失调：厌食症和贪食症

厌食症和贪食症是影响青春期女孩的典型饮食失调。特点是对超重的非理性恐惧。有几个因素导致了这些疾病，包括遗传、童年时期的饮食问题，以及在青春期对自己的身形和体重的关注。饮食失调在男孩中要少见得多。危险因素包括儿童肥胖、自卑、减肥的社会压力以及参加某些运动。治疗和预防项目强调改变青少年对瘦的看法和他们的饮食相关行为。

肥胖症

许多肥胖儿童和青少年不受欢迎，缺乏自尊，并有患疾病的风险。

肥胖反映了遗传、父母的影响和久

坐不动的生活方式。在治疗青少年肥胖的有效项目中，鼓励儿童改变他们的饮食习惯，要动起来；父母帮助他们设定现实的目标，并监督进展。

疾病

全世界每年有数百万名儿童死于肺炎、腹泻、疟疾和营养不良。儿童疾病综合管理是旨在促进儿童健康的一种新的综合办法。

事故

在美国，儿童和青少年死于事故的可能性比其他任何单一原因都大。许多死亡事故都涉及机动车，如果受到适当的约束，事故是可以避免的。儿童和青少年有时会发生事故，因为父母高估了他们的能力。

4.3 神经系统的发育

成熟人脑的构造

神经细胞，也称神经元，由一个细胞体、一个树突和一个轴突组成。成熟的大脑由数以亿计的神经元组成，它们构成几乎相同的左右半球，由胼胝体连接。额叶皮层与人格和目标导向行为有关；左脑皮层负责语言；右脑皮层则进行非语言处理。

脑的发育

大脑结构开始于胎儿时期，那时神经元以惊人的速度形成。出生后，中枢神经系统的神经元被髓磷脂包裹，使它们能够更快地传递信息。在整个童年时期，未使用的突触在修剪过程中逐渐消失。

大脑专门化在婴儿期已经明显存在；进一步的专门化涉及更专注的大脑区域和更专一的触发大脑活动的刺激。不同的系统专门化速度不同。专门化依赖于环境的刺激。不成熟的大脑相对缺乏专门化，这使得它能更好地从损伤中恢复。

考考自己

1. 在婴儿期和____，身体发育尤其迅速。
   a. 学龄前
   b. 青春期
   c. 小学
2. 婴儿时期的营养需求很大，因为____需要大量的能量。
   a. 呼吸
   b. 婴儿的高活动水平
   c. 发育
3. 与人工喂养的婴儿相比，母乳喂养的婴儿____。
   a. 更容易生病
   b. 不易腹泻和便秘
   c. 更难以过渡到固体食物
4. 青春期的开始时间____。
   a. 男孩比女孩早
   b. 压力较大女孩比压力较小的女孩更早
   c. 不受基因影响
5. 早熟的女孩比起晚熟的女孩____。
   a. 更有可能吸烟和喝酒
   b. 更受同龄人欢迎
   c. 更自信

6. 治疗营养不良的最好方法是____。
   a. 注重改善孩子的饮食
   b. 用药物来控制孩子的饮食行为
   c. 将改善饮食与家长培训结合起来
7. 在____研究中，青少年在暴饮暴食和自我催吐或使用泻药中循环往复。
   a. 厌食症
   b. 肥胖症
   c. 贪食症
8. 肥胖可能由____引起。
   a. 强调瘦文化的电视广告
   b. 强调外部信号来控制饮食的父母
   c. 遗传
9. 全世界幼儿死亡的主要原因是____。
   a. 传染病
   b. 事故
   c. 出生缺陷
10. 在美国，____是导致青少年死亡的主要原因。
    a. 溺水
    b. 车祸
    c. 疾病
11. 神经元的____包含了使其存活的生物机制。
    a. 胞体
    b. 轴突
    c. 树突
12. 大脑额叶皮层的损伤最有可能影响以下哪个选项？____。
    a. 理解和生成语言
    b. 空间关系
    c. 计划
13. 突触修剪首先在与____相关的大脑区域完成。
    a. 感觉和动作功能
    b. 决策
    c. 语言
14. 关于大脑专门化，下列哪项是不正确的？____。
    a. 不同的大脑系统有不同的分工速度
    b. 缺乏专门化的不成熟大脑有其好处：更强的可塑性
    c. 专门化发生在发育的后期
15. 环境刺激被用来微调大脑线路，这种现象被称为____。
    a. 经验-预期型发育
    b. 脑本位教育
    c. 突触修剪

关键术语

神经性厌食症　　　　大脑皮层　　　　　经验-依赖型发育
轴突　　　　　　　　胼胝体　　　　　　经验-预期型发育
身体质量指数　　　　树突　　　　　　　额叶皮层
贪食症　　　　　　　脑电图描记法　　　功能性磁共振成像
细胞体　　　　　　　骨骺　　　　　　　生长激素

半球	神经元	生长长期趋势
营养不良	神经递质	首次遗精
月经初潮	第一性征	突触
髓磷脂	青春期	突触修剪
神经板	第二性征	终扣

第5章 感知觉和运动发展

当我女儿还在蹒跚学步的时候,她经常在哥哥需要练习打鼓的时候打瞌睡。当然,我们关上了她卧室的门,但鼓声依然很大!刚开始的几次,她会被击鼓声吓一跳,然后很快又睡着了。然而,过了几天,当鼓声响起时,她几乎没有反应。女儿的行为说明了知觉在行动中的作用:我们的感官会受到刺激,但大部分都被忽视了。感觉和知觉过程是人们接受、选择、修改和组织世界各种刺激的方式。感觉和知觉过程是最终导致"知道"这一复杂过程的第一步。在模块5.1中,我们将了解婴儿时期感觉信息加工的起源问题。在模块5.2中,我们将看到更加复杂的感知觉信息加工过程在儿童时期是如何发展的。

知觉过程与运动技能密切相关——肌肉和四肢的协调运动。感知觉通常引导儿童运动:儿童利用视觉来避开障碍。反过来,孩子在环境中的运动也提供了多种多样的知觉刺激。在模块5.3中,我们将了解运动技能如何提高儿童探索、理解和享受世界的能力。

模块

5.1 基本感官与感知觉加工

5.2 复杂的感知觉和注意力加工过程

5.3 运动发展

5.1 基本感官与感知觉加工

> **学习目标**
>
> 学习目标1：新生儿有嗅觉和味觉吗？他们是否对触摸有反应且能感受到疼痛？
> 学习目标2：婴儿的听力怎么样？他们如何通过声音来了解周围的世界？
> 学习目标3：婴儿的视力有多准确？婴儿能感知颜色吗？
> 学习目标4：婴儿如何通过不同的感官整合信息？
>
> **大纲**
>
> 嗅觉、味觉和触觉
> 听力
> 视力
> 整合感官信息

达拉非常喜欢她出生刚刚3天的女儿奥利维亚。她喜欢抱着她，和她说话，甚至只是简单地看着她。达拉确信奥利维亚已经认识她了，能够认出她的脸和声音。达拉的丈夫史蒂夫认为达拉疯了。他告诉她，"所有人都知道刚出生的婴儿是看不见东西的，而且很可能也听不到声音"。达拉怀疑史蒂夫是对的，但她希望有人能告诉她有关婴儿视觉和听觉的知识。

达拉的问题实际上是关于她女儿感知觉能力的问题。为了帮助她，我们需要知道，人类有不同的感觉器官，而且每一种都能接收一种独特的身体能量。例如，眼睛内部的视网膜对某些类型的电磁能很敏感，结果就产生了视觉。鼓膜能探测到气压的变化，由此产生听觉。鼻腔通道顶部的细胞可以探测空气中的分子，从而产生嗅觉。在每种情况下，感觉器官都会将物理刺激转化为神经冲动，传递给大脑。

感觉器官在生命早期就开始发挥作用，这就是本模块重点探讨婴儿期的原因。我们如何知道婴儿的感觉呢？由于婴儿不能告诉我们他们闻到、听到或看到了什么，研究人员不得不寻求其他方法来找出答案。在许多研究中，研究人员都会给婴儿两种刺激，如高音和低音，或者甜味和酸味。然后记录婴儿的反应，如心率、面部表情或眼球运动。如果婴儿对这两种刺激都有不同的反应（比如，她关注的是其中一种声音的方向），那么说明他们一定能分辨出这两种声音。

另一种方法是基于这样一个事实：婴儿通常更喜欢新奇而非熟悉的刺激。一个新奇的刺激出现时，婴儿会给予更多注意，但当婴儿对这一刺激越来越熟悉的时候，他们的注意力就会下降，这种现象被称为"习惯化"。研究人员利用习惯化来研究感知觉，即通过反复呈现低音等单一刺激，直到婴儿几乎不做出反应为止。然后呈现第二种刺激，如高音刺激。如果婴儿反应强烈，那就说明婴儿可以区分两种刺激。

在该模块中，你将了解通过这些方法揭示的婴儿的感觉和知觉过程。这些过程本身很有趣，你会发现婴儿的感觉器官异常强大。当然，作为理解孩子复杂思想和情感的基础，也很有必要对这些过程进行研究；在我们深入研究这些问题之前，我们首先需要知道婴儿从周围世界获取信息的技巧。

嗅觉、味觉和触觉

学习目标1：新生儿有嗅觉和味觉吗？他们是否对触摸有反应且能感受到疼痛？

新生儿的嗅觉很灵敏。它们对比较舒服的气味会做出积极的反应，而对不舒服的气味会做出消极的反应（Mennella 和 Beauchamp，1997）。当闻到蜂蜜或巧克力的气味时，他们会露出放松、满意的面部表情，但当闻到臭鸡蛋或氨水的气味时，他们则会皱眉、做鬼脸，或转过身去。很小的婴儿也能识别出熟悉的气味。新生儿会朝浸透着自己羊水味道的垫子的方向看，也会向浸透着母亲乳汁或香水气味的垫子看（Porter 和 Winburg，1999；Schaal，Soussignan和Marlier，2002）。

新生儿的味觉也非常发达。他们很容易区分咸、酸、苦和甜等味道（Schwartz，Issanchou和Nicklaus，2009）。大多数婴儿喜欢甜的和咸的东西——当吃到甜的东西时，他们会微笑、吮吸和舔嘴唇（Beauchamp 和 Mennella，2011）。相比之下，婴儿在吃到苦或酸的东西时，经常会做这种鬼脸（Kaijura，Cowart和Beauchamp，1992）。婴儿对母乳味道变化也很敏感，乳汁味道的变化反映了母亲饮食的变化。如果母亲食用了香草等甜味的东西后，婴儿在吃奶时会吃更多（Mennella和Beauchamp，1997）。

新生儿的触觉很灵敏。正如我在模块3.4中所介绍的，触摸新生儿的时候，他们身体的许多部位会产生条件反射。触摸婴儿的脸颊、嘴、手或脚，都会引发反射动作，这说明婴儿是有触觉的。此外，婴儿会对明显的疼痛刺激做出反应，表明他们可以感受到疼痛（Warnock 和 Sandrin，2004）。例如，正在接种疫苗的婴儿。虽然他还不会说话，但哭声可能是与痛苦有关的一种独特标志。

这种痛苦的哭喊突然开始，音调很高，而且不易平息。婴儿焦躁不安，心跳加速，不停晃动着自己的手、胳膊和腿（Craig 等，1993；Goubet，Clifton和Shah，2001）。总的来说，这些迹象都表明婴儿正在经历疼痛。

感知能力对新生儿和幼小的婴儿非常有用。嗅觉和触觉可以帮他们认识自己的母亲，而且更容易学会吃饭。嗅觉、味觉和触觉的早期发育为新生儿和婴儿了解世界做好了准备。

听力

学习目标2：婴儿的听力怎么样？他们如何通过声音来了解周围的世界？

从模块3.1中我们知道，胎儿在七八个月的时候是可以听见声音的。通过这些结论，你可以预测新生儿可以对周围的声音做出反应。如果父母很安静，但随后开始咳嗽，婴儿可能会受到惊吓，不断眨眼、晃动胳膊或腿。这些反应可能看起来很自然，但实际上表明婴儿对声音的敏感性。

婴儿的听力不如成人，这不足为奇。"听觉阈"是指一个人能听到的最小的声音。成人的听觉阈很容易测量：给成人呈现一个语音刺激，成人只需要回答自己什么时候能听到就可以了。由于婴儿不能告诉我们他们听到了什么，为此研究人员设计了许多巧妙的方法来测量婴儿的听觉阈（Saffran、Werker和Werner，2006）。例如，可以让婴儿坐在父母的腿上。父母和婴儿都戴着耳机，观察人员坐在另一个房间通过观察窗观察婴儿。实验人员会每隔一段时间在婴儿的耳机上播放声音；观察人员和父母都不知道什么时候会出现提示音（他们无法通过耳机听到）。在每次试验中，观察人员只需判断婴儿是否以任何方式做出反应，如转头、改变面部表情或活动程度。之后，实验人员评定观察人员的判断与实际情况的匹配程度：如果婴儿能听到声音，则观察人员应该只有在出现声音时才注意到婴儿的反应。

Q&A 问题5.1

蒂凡尼担心她12个月大的女儿可能有听力障碍。哪些症状表明她有理由担心？如果出现这些症状，她该怎么办？

这种测试表明，总的来说，成人的听力比婴儿好。成人可以听到婴儿听不到的一些安静的声音（Saffran 等，2006）。更重要的是，测试还表明，婴儿听到的声音是人类音调最好的区域——既不是很高也不是很低。婴儿可以区分元音和辅音，到四个半月时，他们可以识别自己的名字（Jusczyk，1995；Mandel，Jusczy和Pisoni，1995）。在模块9.1中，我们将更多地了解婴儿在听觉方面的非凡技能。

婴儿还可以区分不同的音乐。他们可以区分不同的旋律，并且更喜欢听起来悦耳、和谐的旋律（Trainor 和 Heinmiller，1998）。婴儿对音乐的节奏很敏感。他们在听到一个简单的音符序列后，可以分辨出新序列与原始序列的区别（Hannon 和 Trehub,

2005）。婴儿对音乐的敏感性或许让人难以置信，不过如果想到到音乐是（并且一直是）所有文化的核心，也许就不会那么惊讶了。

因此，在半岁的时候，大多数婴儿会对声音提供的大部分信息做出反应。不过，并非所有婴儿都能做到这一点，这是"改善儿童的生活"专栏要讲的内容。

改善儿童的生活
婴儿的听力损伤

有些婴儿生来听力就有缺陷。有些人天生耳聋。（由于婴幼儿的听力很少得到精确的测试，所以很难知晓确切的人数。）非洲、亚洲、欧洲和美洲西班牙裔的婴儿同样容易出现听力损伤。遗传是导致新生儿听力损伤的主要原因。孩子出生后，导致听力损伤最主要的原因是脑膜炎，即大脑和脊髓周围的膜发炎。

有哪些听力损伤的迹象是值得父母注意的呢？显然，如果婴儿对突然的、剧烈的声音没有反应，那父母就得注意一下了。如果婴儿反复出现耳部感染，或者四五个月时没有朝着有声音的方向转头，八九个月的时候听到自己的名字没有反应，12个月的时候不能模仿一些声音或简单的词汇，父母也应该注意。

如果父母注意到这些问题，就应该找医生给孩子做检查，医生会检查他们的耳朵是否有问题，耳科专家会测试他们的听力。对于婴儿的听力损伤，父母不能延误治疗。越早发现问题，对婴儿的帮助就越大。

如果测试显示婴儿听力确实受损，根据损伤程度的不同，有几种可能的治疗方法。部分失聪儿童可以借助一些医疗仪器，如助听器。

但也有一些儿童可以借助人工耳蜗植入。人工耳蜗是一种放置在耳朵里的电子设备，它能将语言转换成电信号，刺激内耳的神经细胞。唇读训练对有些儿童也有帮助。严重失聪的儿童可以学习用手语交流。通过掌握语言（口语或手语）和有效的沟通，儿童的认知和社会发展将正常进行，关键是要尽早识别听力受损情况。

视力

学习目标3：婴儿的视力有多准确？婴儿能感知颜色吗？

婴儿在醒着的时候会花很多时间四处张望，有时好像在扫描周围环境，有时又好像在专注地观察附近的物体。但是，婴儿实际上看到了什么？他们的视觉世界是灰色斑点的海洋，还是像成人一样？实际上，这两种情况都不是，但你会发现第二种更接近事实。

从出生起，婴儿就会对光做出反应，并用眼睛追踪移动的物体。但是，他们的视力到底怎样，我们又该如何测量？能够被独立区分开的最小图案就叫作"视敏度"。毫无疑问，我们可以通过读出视力表上一排排逐渐变小的字母来测量视力。这个基本逻辑也适用于婴儿的视力测试，这基于两个前提。首先，大多数婴儿喜欢看有图案的刺激，而非单调的、没有图案的刺激。例如，如果我们向婴儿展示图5-1中的两种刺激，大多数婴儿会更长时间地看条纹图案而不是灰色方块。第二，如果我们缩短线条之间的距离（根据线条之间的距离而定），黑白条纹会变得非常细，直至在某一点混合，呈现出灰色，就像纯灰色的图案一样。

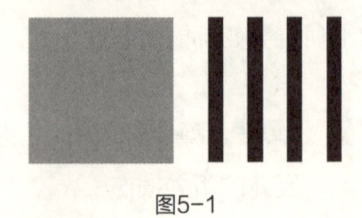

图5-1

为了评估婴儿的视力，我们将灰色方块与条纹宽度不同的正方形配对，如图5-2所示：如果婴儿看两个图案的时间差不多，则表明他们不再能够区分条纹图案的刺激。通过测量条纹的宽度和它们与婴儿眼睛的距离，

图5-2

我们可以评估视力（条纹越细，说明视力越好）。这类测量结果表明，新生儿和一个月大的婴儿在20英尺内看到的事物与正常成人在200~400英尺处看到的事物一样。婴儿的视力提高迅速，到1岁时，基本与正常成人一样（Kellman 和 Arterberry，2006）。

1岁时，婴儿不仅开始更敏锐地观察世界，而且开始观察这个世界的颜色！我们是如何感知颜色的呢？光的波长是感知颜色的来源。如图5-3所示，我们看到红光的波长相对较长，而在光谱的另一端，紫光的波长要短得多。我们通过视网膜上一种叫作视锥细胞的特殊神经元来探测波长，从而感知颜色。有些视锥细胞对短波光（蓝色和紫色）特别敏感，有些对中波光（绿色和黄色）敏感，还有一些对长波光（红色和橙色）敏感。这些不同类型的视锥细胞连接在眼睛和大脑中复杂的神经元回路中，通过这个神经元回路我们可以看到彩色的世界。

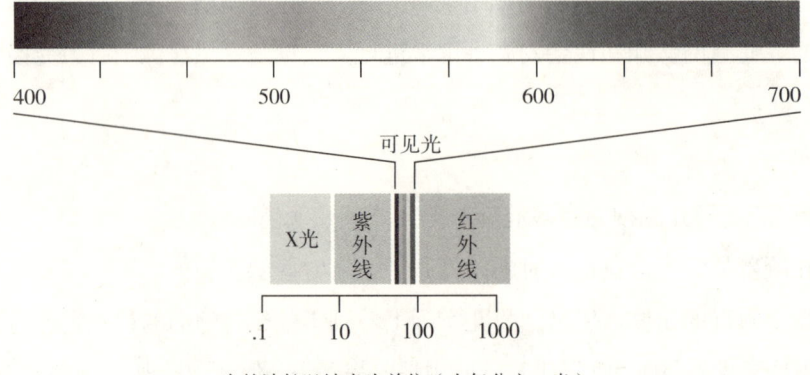

光的波长以纳米为单位（十亿分之一米）

图5-3

这些神经元回路在出生后的头几个月逐渐开始起作用。新生儿和小婴儿能够感知的颜色很少，但是到3个月大的时候，三种视锥细胞及其相关回路开始发挥作用，婴儿便能够看到全部的颜色（Kellman 和 Arterberry，2006）。事实上，在3到4个月大的时候，婴儿的颜色感知似乎与成人很接近（Adams 和 Courage，1995；Franklin，Pilling 和 Davies，2005）。甚至婴儿可以像成人一样给颜色分类。例如，如果黄光的波长逐渐增加，婴儿会突然意识到它是红色而非黄色（Dannemiller，1998；Ozturk等，2013）。

婴儿感知颜色的能力，以及视觉敏锐度的快速提高，让他们能够理解自己的视觉体验。此外，婴儿也会将从不同感官获得的信息联系起来，进而不断提高自身的视觉技能，我们将在接下来的内容中看到。

整合感官信息

学习目标4：婴儿如何通过不同的感官整合信息？

到现在为止，我们已经分别讨论了婴儿的各感觉系统，但大多数婴儿的体验更适合被描述为"多媒体事件"。正在哺乳的妈妈会给宝宝提供视觉和味觉感知。拨浪鼓能刺激视觉、听觉和触觉。这些例子表明，很多信息跨越多种感官。时间信息，如持续时间或节奏，可以通过视觉或声音来传达。例如，你可以通过观察双手的接触频率或听到拍击的声音来知晓一个人拍手的节奏。与之类似，物体表面的纹理——如粗糙或光滑——可以通过视觉或触觉来检测。

婴儿很容易理解其中的许多关系。例如，婴儿可以从视觉上识别他们之前碰到过的物体（Sann 和 Streri，2007）。同样，婴儿也能察觉视觉信息和听觉信息之间的关系；当物体运动与声音匹配时（上升时发出高音调的声音，下降时发出低音调的声音），婴儿观察的时间会更长（Walker等，2010）。他们还可以将视觉和听觉刺激的时间属性联系起来，如持续时间和节奏（Lewkowicz，2000）。最后，他们会把自己的身体动作与对音乐节奏的感知联系起来，赋予"宝贝，感受节拍"这句话新的意义（Gerry，Faux 和 Trainor，2010）。

传统上认为，婴儿需要协调来自不同感官（如视觉与听觉、视觉与触觉）的信息。然而，近期有些观点对此提出质疑。有一种观点认为，跨"模态"的感知对婴儿来说实际上更容易，因为在婴儿期，大脑中专门负责感觉处理的区域还没有专门分工。例如，成人大脑中的一些区域只对视觉刺激有反应；婴儿大脑中的这些区域会对视觉和听觉输入都做出反应（Spector 和 Maurer，2009；Wagner 和 Dobkins，2011）。

婴儿整合不同感官信息的能力的另一种解释见"理论聚焦"专栏。

理论聚焦

多感官冗余理论

背景 传统上认为，将不同感官的信息（如视觉与听觉、视觉与触觉）联系起来对婴儿来说是一项挑战，因此，只有在婴儿首先分别掌握了每种感官的知觉过程之后，这种联系才会出现。从这种观点来看，婴儿可能会对自己喜欢的泰迪熊的外表、手感和气味有感知，但只会逐渐融合这些感知。

理论 然而，洛林·巴里克（Lorraine Bahrick）和罗伯特·利克里特（Robert Lickliter）（2002，2012）提出了不同的观点。他们指出，某些信息，如持续时间、速率和强度，是有"模态"的，因为它们可以以不同的意义呈现。例如，当一位母亲随着音乐拍手时，拍手的声音以及手合在一起和分开的样子为音乐的节奏提供了线索。

在巴里克和利克里特的"多感官冗余理论"中，婴儿的感知系统对呈现多种感觉模式的模态信息特别敏感。也就是说，当多到冗余信息呈现给多个感官时，感知会达到最佳状态——尤其是对小婴儿来说。

假设 如果婴儿对多感官冗余信息特别敏感，那么在他们更小一点的时候，比起把信息呈现给单一感官，同时呈现给多感官应该更容易让他们注意到模态的变化。换句话说，如果妈妈一开始拍手的速度很慢，但之后很快，那么婴儿在看到拍手和听到拍手的声音时，应该比只看到拍手或只听到拍手的声音时更早察觉到这种变化。

测试 弗洛姆和巴里克（2007）研究了婴儿察觉成人情绪表达差异的能力——无论成人是高兴、生气还是悲伤。首先给婴儿看一段多模态呈现的视频，画面中的女性看起来像在直接与他们说话。她的面部表情和语调传递了三种情绪中的某一种。经过几次试验后，会给婴儿看一段新的视频，还是那位女性表达不同的情绪。4个月大时，婴儿看新视频的时间更长，这表明他们察觉到了女性情绪的变化。然而，当重复这个实验，但关掉音箱时——情绪信息仅由视觉传递——婴儿直到7个月大时才会察觉到情绪表达的差异。

结论 这个结果支持了假设。婴儿在更小的时候（4个月大），如果信息以多种感官模式呈现，会比单一感官模式呈现（7个月大）更容易感受到情绪表达的变化。

应用 多感官冗余理论认为，当信息同时呈现给多个感官时，婴儿的学习效果最好。父母可以利用这一原则来帮助婴儿学习。语言学习就是一个很好的例子。当然，与婴儿交谈会有帮助（我们将在第9章深入探讨这个话题），但与婴儿面对面交谈是最好的，因为这样他们就能看到区分声音的视觉线索。当妈妈说"哦"的时候，她的嘴唇形成一个圆圈；当她说"啊"的时候，嘴巴会张得大大的。通过面对面的交谈，妈妈会在听觉和视觉方面提供关于声音的冗余信息，从而让婴儿更容易分辨这些声音（Burnham 和 Dodd，2004）。

整合来自不同感官的信息强调了这个模块的主题：婴儿的感官和知觉技能令人印象深刻。开头提到的达拉刚出生的女儿奥利维亚绝对能闻到、听到和感觉到。她能分辨声音；她的视力有点儿模糊，但会很快改善并能看到所有的颜色；她在视觉、听觉和其他感官之间建立联系。当然，在接下来的一年里，奥利维亚的感知能力将变得更加精准：她会特别擅长识别环境中常见的刺激（Scott，Pascalis 和 Nelson，2007）。但是现在，像大多数婴儿一样，奥利维亚已经做好了充分的准备去适应她所处的环境。

✓ 检测你的学习

回忆：总结一下已知的有关婴儿嗅觉、味觉和触觉的能力。描述婴儿期视觉发育的重要里程碑。

解释：比较先天和后天对婴儿感官和知觉能力发展的影响。

应用：感知能力在出生时就已经相当完善，并迅速成熟。这种快速发展是为了达到什么进化目的？

5.2 复杂的感知觉和注意力加工过程

学习目标

学习目标5：婴儿如何感知物体？
学习目标6：注意力的组成部分有哪些？它们是如何发展的？
学习目标7：什么是注意力缺陷多动障碍？它如何影响儿童的发展？

大纲

物体的感知
注意力
注意力缺陷多动障碍

斯蒂芬刚上一年级不久，他的老师就说他有时看起来有点儿失控。他很容易分心，经常漫无目的地从一件事转移到另一件事。他似乎也有些冲动，排队很难等到轮到他的时候。这种行为一直持续到二年级，他的阅读和算术成绩开始落后。他的行为惹恼了其他同学，大家开始躲着他。他的父母很想知道这究竟是因为孩子的精力格外旺盛，还是存在健康问题。

我们区分"基本"和"复杂"知觉过程的界限是比较随意的。正如你将看到的，模块5.2是模块5.1中信息的逻辑扩展。我们将从如何感知物体开始，进而研究注意的加工过程以及一些有注意力缺陷的孩子。到本模块结束时，你就会明白为什么斯蒂芬会有此类行为。

物体的感知

学习目标5：婴儿如何感知物体？

环境中有各种各样的物体。例如，你会在办公室桌上看到不同的物体——笔记本电脑、台灯、鼠标——而不是一个巨大的物体，好像台灯和笔记本电脑是一个整体。成人使用许多感知线索来区分类似桌子上的那些单个物体；婴儿也会使用很多线索。运动就是其中一种：一起随物体运动的元素通常是物体的一部分。如图5-4左侧所示，似乎像一支铅笔在一个彩色方块后面来回移动。如果移除这个方块，如图5-4右侧所示，你会惊奇地发现原来是两支半截的铅笔。笔尖的同步移动会让我们觉得它们是同一支铅笔。

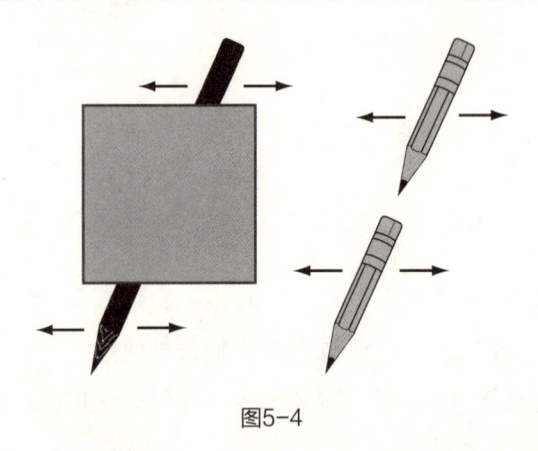

图5-4

Q&A 问题5.2

当6个月大的塞巴斯蒂安看着母亲在键盘上打字时，他怎么知道她的手指和键盘不仅仅是一个不寻常的大物体？

婴儿也会对这样的演示感到惊讶。如果在他们眼前移动铅笔，假设是一支完整的笔，他们只会简单地看一眼，显然是因为这符合他们的预期。相反，如果在看到移动的铅笔后，接着看到的是两支半截的铅笔，他们则会注视更长时间，似乎想要弄清楚发生了什么（Amso 和 Johnson，2006；Kellman 和 Spelke，1983）。婴儿会通过常见的动作来识别物体，在适当的条件下，新生儿也可以做到（Valenza 和 Bulf，2011）。

运动是物体统一的其中一个线索，此外，婴儿也会使用其他线索，包括颜色、纹理和整齐的边缘。正如你在的图5-5中所看到的，如果各部分具有相同的颜色、相同的纹理，并且边缘对齐，婴儿则更倾向于将这些特征组合在一起（相信它们属于同一个物体）（Johnson，2001）。

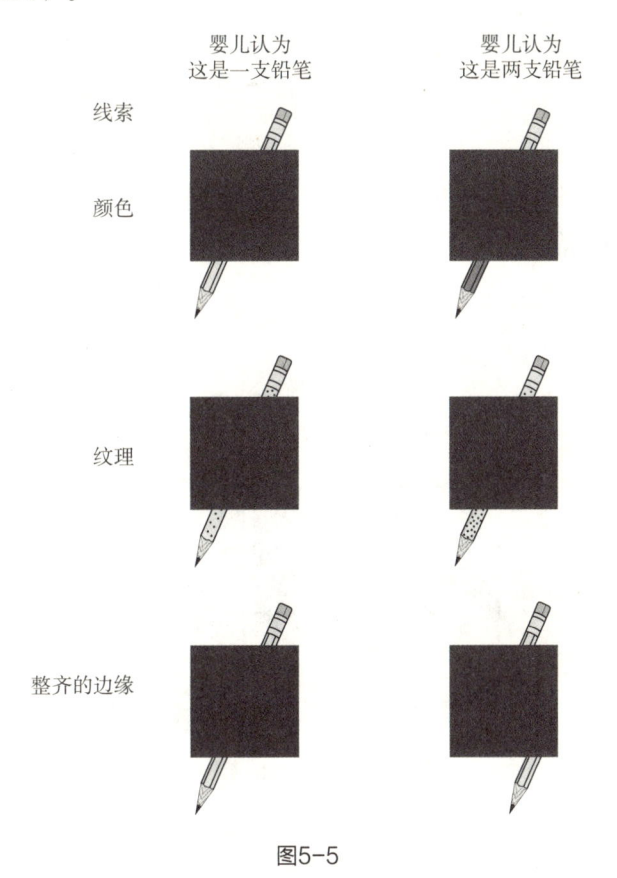

图5-5

知觉恒常性

婴儿面临的一个挑战是认识到物体是相同的，尽管它们看起来不同。例如，一位母亲离开孩子时，她投射在孩子视网膜上的图像就会变小。那么婴儿是否会做噩梦，认为母亲在移动时头部会缩小？不会。从很早开始，婴儿就具备大小恒常性，意识到尽管物体投射在视网膜上的图像的大小发生了变化，但物体的实际尺寸保持不变。

我们怎么知道婴儿有基本的大小恒常性？假设我们让婴儿看一个不熟悉的泰迪熊。然后在不同距离向婴儿展示这个熊，并且放一个更大的同款熊作对比。如果婴儿缺乏大小恒常性，那么这两个熊对婴儿来说都会是新鲜事物，婴儿应该对每个熊做出同样的反应。

相反，如果婴儿具备大小恒常性，他们会对第一个熊感到熟悉，对更大的那个熊感到新奇，并且更有可能对这个新奇的熊做出反应。事实上，在4~5个月大的时候，婴儿会把他们在不同距离看到过两次的熊当作熟悉的东西，尽管它们投射在视网膜上的图像是不同的（Granrud，1986）。只有婴儿具备了大小恒常性之后才可能出现这一结果。因此，婴儿不相信母亲（以及其他人或物）会随着他们的移动而改变大小（Kellman 和 Arterberry，2006）。

大小只是知觉恒常性的一个方面。其他的还有亮度、颜色及形状恒常性（见图5-6）。婴儿会在4个月的时候获得所有这些恒常性的基本形式（Aslin，1987；Dannemiller，1998）。因此，即使年幼的婴儿也不会对世界上这么多看起来相似但不同的物体而感到困惑。相反，他们可以分辨出一个物体即使看似不同，实则相同。妈妈还是妈妈，无论她是在附近还是在远处，无论她是在室外清晰可见还是在光线昏暗的房间里几乎看不见。

图5-6

深度

除了知道物体是什么，婴儿还需要知道它在哪儿。确定左、右、高、低相对容易，因为像水平、垂直这些维度可以直接在视网膜上显示出来。距离或深度相对复杂，因为这类维度无法直接在视网膜上显示，需要借助多重线索来估算距离或深度。

婴儿到什么时候才能感知深度呢？埃莉诺·吉布森（Eleanor Gibson）和理查德·沃克（Richard Walk）（1960）用一个专门的仪器探讨了这个问题。视觉悬崖是在一个平台上覆盖玻璃板，平台的一边看起来位于玻璃板正下方，另一边看起来在玻璃板下面几英尺深的地方。因此，一边看起来很浅，而另一边看起来似乎垂直下降，如同悬崖一般。在实验中，我们把婴儿放在平台上，母亲在另一边耐心地叫孩子过来。当母亲站在浅的一端时，大多数孩子都愿意爬到母亲身边。但事实上，所有的婴儿都不愿爬过深的一端，即便母亲叫出婴儿的名字，并试图用有吸引力的玩具来吸引孩子。显然，到婴儿能爬的时候，就能感知深度。那么对于那些还不会爬的婴儿来说情况是怎样的呢？当把一个刚一个半月的婴儿放在平台比较深的一边时，他们的心率就会减慢。人在注意到有趣的事情时，心率通常会减慢，所以这可能表明一个半月大的婴儿会注意到深度是不同的。在7个月时，婴儿的心率会加速，这是恐惧的信号。因此，虽然幼小的婴儿可以察觉到视觉悬崖的浅层和深层之间的区别，但只有再大一点儿，也就是会爬之后的婴儿才会真正对这种视觉深度产生恐惧（Campos等，1978）。

在视觉悬崖或其他任何地方，婴儿是如何推断深度的呢？他们会使用几种线索。首先是"运动线索"，即通过物体运动来推测深度。视觉扩张指的是当物体离你越来越近时，它投射在视网膜上的图像会越来越大。这个原理可以用来解释为什么当有人突然朝我们扔汽水罐时我们会后退。击球员也正是利用这一点来估算棒球何时会到达本垒板。

另一个线索是"运动视差"，指的是附近的物体在视野中移动的速度会比远处的物体快。当你在一辆行驶的汽车中从侧窗往外看时，运动视差就起作用了：道路旁的树木在视野中移动得很快，但远处的山脉移动得要慢得多。婴儿会在出生后的前几周使用这些线索。例如，一个月大的婴儿如果看到一个物体马上就要打到自己脸上，他们就会眨眼（Nanez 和 Yonas，1994）。

另一个线索在婴儿4个月左右会变得比较重要。"视网膜像差"：左眼和右眼在相同场景下看到的同一物体稍微有些差别。当距离较远时，物体投射在视网膜上图像很相近；而当距离较近时，物体投射在视网膜上图像的位置会存在很大差异。因而物体成像位置的差异越大，就意味着物体越靠近。大约4个月大时，婴儿会把视网膜像差作为知觉深度的线索，从而正确推断，当视差很大时，物体就离得很近（Kellman 和 Arterberry，2006）。

7个月大时，婴儿会根据物体的不同顺序使用不同的线索来判断物体距离（Hemker 等，2010）。这些线索有时会被称为"图形暗示"，因为艺术家会用这类线索来表现绘画中物体的距离。

- 纹理梯度：近处物体纹理粗糙但明显，远处物体纹理平滑但不明显。
- 遮挡：附近的物体部分遮挡较远的物体。
- 线性透视：平行线在远处交于一个点。
- 相对大小：近处的物体看起来比远处的物体大得多。

运动技能发展的影响

前面提到婴儿在第一年就会发展出强大的感知技能。这种变化反映了一种表观遗传计划,其中,基因指令会在充满刺激的环境中展开,而婴儿自身的运动技能对该计划至关重要。也就是说,就像我在本章开头提到的,随着婴儿运动技能的提高,他们体验环境的方式也会不同,他们会以新的、更复杂的方式看待世界。

从婴儿抓握和操控物体技能提升的过程中我们可以看出运动技能的影响。正如我们将在模块5.3中看到的,4个月大的婴儿可以用手握住玩具,但直到几个月后,婴儿才会熟练地抓握玩具,转动它,从不同的侧面看外观,用手指抚摸它,感受它的质地。这些运动能力的提升可以让孩子们了解更多关于物体的属性,真正地改变他们对物体的感知:婴儿通过探索会更容易理解物体的三维特性,注意到外观的更多细节,如物体的颜色(Baumgartner 和 Oakes, 2013; Schwarzer 等, 2013)。

再举一个我们熟悉的现象:当你开车经过路边的树时,树会迅速从你的前面移动到后面。在车里待上几小时后,你会把树木的位移变化看作你正在移动的信号。同样的道理,如果你坐在一架停在登机口的客机上,如果停在旁边登机口的客机后退,你会觉得自己在向前移动。这种体验可以通过将人放置在如图5-7所示的房间中来模拟,在这里,侧壁和天花板可以向前或向后移动(如图箭头所示)。如果墙壁向后移动,坐在房间的人会觉得自己好像在向前移动,他们经常会向后靠来寻找平衡。

图5-7

可以通过爬行来移动的婴儿也会有类似的反应,但不能自己移动的婴儿不会有这样的反应（Uchiyama等，2008）。只有在环境中获得移动的体验后，婴儿才会把景象的前后移动理解为他们在移动。因此，就像艺术欣赏课让你从不同角度看蒙娜丽莎一样，随着婴儿移动技能和操控技能的提升，他们会拥有更大胆、更新鲜的知觉体验。

同样的主题——感知技能在婴儿时期的迅速变化，我们会重点讨论婴儿对人脸的感知。

感知人脸

婴儿靠他人来照顾，所以婴儿对人脸敏感也就不足为奇了。例如，新生儿更喜欢：（1）具有正常特征的脸（Easterbrook 等，1999）；（2）正立的脸而非倒立的脸（Mondloch 等，1999）；（3）有吸引力的脸（Slater 等，2000）。这些发现使得一些科学家声称，婴儿天生就会被移动的、类似人脸的刺激所吸引。换句话说，新生儿对人脸的感知可能基于大脑中的原始回路，具有反射性。婴儿在 2~3 个月大时，大脑皮层中的不同回路开始控制婴儿对人脸的观察，让婴儿了解人脸并对人脸进行区分（Morton 和 Johnson，1991）。

在出生后的头几个月里，婴儿会构建一个面孔的基本模型——包括人脸和非人脸（Pascalis, de Haan 和 Nelson，2002）。不过，在婴儿出生后的第一年里，他们会微调这个基本模型，调整为环境中自己较为熟悉的面孔（Pascal等，2014）。例如，3个月大的婴儿更喜欢看自己种族的面孔，但可以识别其他种族（和其他物种）的面孔。而6个月大的婴儿往往不能识别陌生种族的面孔（Anzures 等，2013）。

显然，大一点儿的婴儿对自己种族的面孔熟悉程度越高，他们对面孔的构造就越精确，包括熟悉的种族和民族群体的面孔。有一项发现证实了这一观点，即出生在亚洲但在婴儿时期被欧洲父母收养的人对欧洲人面孔的识别能力强于对亚洲人面孔的识别能力（Sangrigoli等，2005）。更重要的是，如果大一点的婴儿经常与其他种族的人接触，也会识别这些种族的面孔（Anzures等，2012）。

这些在面孔识别技能上的变化显示了经验在优化婴儿感知方面的作用，这一主题将在语言学习的早期阶段再次出现（见模块9.1）。这些增强的面孔识别技能具有适应性，为婴儿在第一年剩下的时间里形成社会关系提供了基础，我们将在模块10.3中讨论这个问题。

注意力

学习目标6：注意力的组成成分有哪些？它们是如何发展的？

你是否曾有过这样的经历：就是坐在教室里，你知道自己应该听课、记笔记，但课堂内容实在太无聊了，于是你开始关注其他的事情——外面的施工情况或坐在旁边的一个很有魅力的人？过一段时间，你可能会提醒自己"注意听讲"。我们分心是因为我们的感知系统非常强大。它们在任何时候提供的信息都远远多于我们所能理解的。

注意是指允许人们控制来自环境的输入和规范行为的过程。科学家区分了注意过程的三种网络，每一种都有独特的功能和神经回路（Posner等，2012）。定向网络与选择有关——它决定哪些刺激将被进一步处理，哪些将被忽略。这个网络在婴儿时期发展得很好，并且就像驱动一样，比如，可以让婴儿将头转向闪烁的灯光。警报网络让孩子的注意过程有所准备，准备好检测和回应输入的刺激。这个网络在婴儿期就发展得很好了，比如，婴儿如果听到附近房间里父母的脚步声，就会看着门口，期待父母的到来。执行网络负责监控思想、感觉和反应，并解决可能发生的冲突。这是最复杂的注意力要素，也是发展最慢的。例如，1岁的孩子玩新玩具时，他们可能很容易被电视节目转移注意力：玩具和电视节目会争夺注意力，因为此时执行网络尚未成熟，婴儿无法忽视电视节目而继续玩玩具（Ruff和Capozzoli，2003）。

实验研究显示了执行网络的继续发展。例如，在一项任务中，有左按钮和右按钮，并且会显示一个向左或向右的箭头来指示要按下哪个按钮。在冲突出现时——添加一个指向大箭头相反方向的小箭头，学龄前儿童的反应会更慢、更不准确；执行网络不太能够帮助他们解决大小箭头所指示的相反方向（Posner和Rothbart，2007）。与之类似，如果孩子先学习按照一种规则对图片进行排序（例如，按颜色排序），然后又被要求用不同的规则对它们进行排序（例如，现在按形状排序）时，学龄前儿童通常会重新按照旧规则进行排序，尽管他们可以完美地描述新规则！他们不太可能忽略旧规则产生的冲突，这导致他们即使知道新规则，也会按颜色对一些卡片进行排序（Zelazo等，2013）。

由于执行网络的影响如此广泛，而发展又较为缓慢，它成为儿童发展的关键力量，影响着儿童的身体健康、心理健康和在学校的表现（Diamond，2013）。我们将在模块6.2中更详细地了解执行网络的结构及其与学校表现之间的联系。在模块10.2中，我们会了解到执行网络的差异也是影响儿童气质的关键因素。

与此同时，老师和家长可以帮助幼儿更好地集中注意力。例如，心智工具是一个针对学龄前儿童的课程，通过假扮游戏来改善执行网络的注意过程（Diamond和Lee，2011）。假扮游戏可以让孩子在扮演角色的过程中提高注意力，且抑制不适当的行为，这种方法的效果似乎令人惊叹。游戏需要孩子对玩伴的即兴发挥做出反应，因为可以鼓励孩子灵活思考。教师还可以通过提供视觉来提醒孩子们需要注意，如展示一只耳朵的图画来提醒孩子倾听。

父母也可以帮孩子提高注意力技能。在一项研究中（Neville等，2013），父母和他们学龄前的孩子参加了一个课后项目，其中的活动旨在提高儿童的注意力。例如，有的任务会教孩子如何在旁边有人玩气球时专心着色，同时会教导父母如何帮助孩子提高注意力。儿童在参加完这个项目之后，他们的注意力会得到提高（例如，专注于特定事件而忽略分散注意力的事件）。

类似的技巧可以提高孩子的注意力，对于有注意力问题的儿童特别有用，接下来将对此进行介绍。

注意力缺陷多动障碍

学习目标7：什么是注意力缺陷多动障碍？它如何影响儿童的发展？

患有注意力缺陷多动障碍（Attention Deficit Hyperactivity Disorder，ADHD）的儿童在集中注意力方面存在特殊的问题。3%~7%的学龄儿童被诊断为ADHD患者；男孩和女孩的比例是4：1（Goldstein，2011）。我们在模块开始提到的那个孩子斯蒂芬，具有ADHD 3个核心症状（美国精神病学协会，2004）。

- 极度活跃：患有ADHD的孩子通常精力充沛，坐立不安，无法保持安静，尤其是在教室等他们需要限制自身活动范围的地方。
- 注意力不集中：患有ADHD的孩子会从一个任务跳到另一个任务。他们上课不专心，也无法集中精力做功课。
- 冲动：患有ADHD的孩子经常做事不经过考虑；他们可能会不看红绿灯就冲到街上，或者打断正在说话的人。

并不是所有的ADHD患儿都表现出相同程度的症状。有些ADHD患儿多动、冲动；有些则主要是注意力不集中（Frick和Nigg，2012）。患有ADHD的孩子经常在学业表现、行为举止以及与同龄人相处方面存在问题（Murray-Close等，2010；Stevens和Ward-Estes，2006）。许多被诊断为ADHD的孩子在青少年和青年时期会出现过度活跃、注意力不集中和冲动等问题（Barbaresi等，2013；Biederman等，2010）。这些人中很少有人完成大学学业，有些人还会面临与工作和家庭有关的问题（Biederman等，2006；Murphy，Barkley和Bush，2002）。

多年来，ADHD一直被认为与电视、食物过敏和糖有关，但研究并没有都将这些因素归为病因（如Wolraich等，1994）。相反，科学家认为，基因通过影响注意力的警报网络、执行网络以及支持这些网络的大脑结构，让一些儿童面临患ADHD的风险（Gizer和Waldman，2012；Johnson等，2008）。不过环境因素也有影响。例如，产前接触酒精等药物会让儿童有患ADHD的风险（Milberger等，1997）。

由于ADHD会影响儿童和青少年的学业和社会发展，研究人员一直在努力寻找有效的治疗方法。"儿童发展和家庭政策"专题描述了研究人员所做的努力。

儿童发展和家庭政策

ADHD的最佳治疗方法是什么？

到20世纪80年代中期，ADHD是可以治疗的。例如，患有ADHD的儿童通常对利他林等刺激性药物反应良好。给过度活跃的孩子服用兴奋剂似乎有些奇怪，但这些药物刺激的是大脑中通常用来抑制过度活跃和冲动行为的部分。因此，兴奋剂实际上对许多患有ADHD的青少年有镇静作用，可以让他们集中注意力（Barkley，2004）。

药物治疗并不是唯一的方法。同样有效的还有前面所述的一些项目，旨在提高儿童的认知和社交技能，通常包括家庭干预和暑期强化项目。例如，可以教孩子在做作业之前提醒自己阅读任务要求。儿童可以在他人的帮助下更好地抑制冲动和多动行为（Lee等，2012；Webster-Stratton，Reid和Beauchaine，2011）。

这些治疗方法在20世纪80年代末就已广为人知，但理解方面的巨大差异依然困扰着许多研究人员。其中一个差异是关于治疗的长期有效性。大多数研究都衡量了数周或数月的治疗效果，而对于长期治疗效果，人们几乎一无所知。另一个差异是最有效的治疗组合及其治疗效果是否对所有儿童都一样。也就是说，药物加心理治疗是否对所有儿童和儿童发展的所有方面（学术和社交方面）而言都是最佳方案？

在这些问题的推动下，科学咨询小组在20世纪80年代末和90年代初开会，确定在认知和研究方面的差距，以进行补充。1992年，美国国家心理卫生研究所根据这些报告提出了研究建议。经过深入审查，我们选择并综合了前六种方案，创建了ADHD儿童多模式治疗研究——简称MTA（Richters等，1995）。MTA包括了18名ADHD专家和近600名患有ADHD的儿童。儿童会接受不同的治疗模式，且治疗时间长达14个月。每隔几年就会对儿童发展某些领域的治疗效果进行测量。

14个月后，治疗结束时得到的初步结果表明，单独用药是治疗ADHD的最佳方法。不过，在学术和社会技能以及亲子关系方面，药物加心理治疗比单独药物治疗更有效（MTA合作小组，1999）。相反，在14个月治疗期结束后6年和8年的随访研究中，治疗组不再有差异，所有组的情况都比没有患ADHD的儿童更糟糕：患有ADHD的儿童更容易注意力不集中、多动和冲动；他们更有攻击性；在学校也不太可能成功（Molina等，2009）。

对于研究人员、家长和患有ADHD的儿童来说，这些结果令人失望。然而，他们得出了一个重要的结论，这个结论对政策具有启示作用：几个月的强化治疗不会"治愈"ADHD，ADHD或许应该被视为一种慢性疾病，就像糖尿病或哮喘一样，需要持续监测和治疗（Hazell，2009）。

遗憾的是，许多患病的孩子并不能接受治疗。与欧洲裔美国儿童相比，非裔美国儿童和西班牙裔美国儿童更不太可能被诊断为ADHD患者，且接受治疗的概率更低，即使他们有相同的症状（Miller，Nigg和Miller，2009；Morgan等，2013）。为什么呢？收入是一方面原因。非裔美国人和西班牙裔美国人的家庭往往经济条件较为困难，因此他们支付诊断和治疗费用的能力较低。种族偏见也是原因之一。儿童的父母和专业人士经常将欧洲裔美国儿童的ADHD症状看作生理病症，且可以通过医学进行治疗；而在非裔或西班牙裔美国儿童中，他们更经常将这些症状归因于缺乏教养、生活压力或其他无法治疗的原因（Bailey和Owens，2005；Kendall和Hatton，2002）。

显然，所有患有ADHD的儿童都应该得到适当的治疗。教师等其他与儿童打交道的专业人士必须确保贫困和种族偏见不会妨碍儿童得到他们所需的照顾。

✓ 检测你的学习

回忆：描述婴儿用来推断深度的线索。

ADHD的主要症状是什么？

解释：有证据表明，早期对面孔的熟悉程度可以调节婴儿对人脸的感知。

应用：当患有ADHD的儿童成长为青少年和成人时会发生什么？如何解决这些儿童长久发展的问题？

5.3 运动发展

学习目标

学习目标8：学习走路涉及的技能有哪些？婴儿通常在多大年龄可以掌握这些技能？

学习目标9：婴儿怎样学习协调手的动作？什么时候以及为什么大多数孩子开始喜欢用某只手？

学习目标10：孩子身体健康吗？他们可以从参加体育运动中受益吗？

> **大纲**
>
> 运动
> 精细运动技能
> 身体健康

14个月大的南希是世界一流的"爬行者"。借助手和膝盖,她几乎可以到达任何她想去的地方。南希不会走路,而且似乎对学走路没有兴趣。她的爸爸想知道是否应该做些什么来帮助南希从爬学会走。令他担心的是,他是否应该在南希更小的时候为她提供更多的锻炼或训练。

本模块有一个共同的主题,涉及运动技能的活动——肌肉和四肢的协调运动。婴儿面临两项涉及运动技能的挑战。他们必须学会运动,即能够在这个世界上四处移动。

新生儿相对来说移动较少,但长大一点儿他们很快就学会爬行、站立和行走。学习在环境中直立移动会腾出胳膊和手,让婴儿能够抓住和操控物体。婴儿必须学习与抓取、握持和操控物体等相关的精细运动技能。拿吃饭举例,婴儿从由别人喂养到拿着奶瓶自己喝奶,到用手自己吃饭,再到用勺子吃饭。

虽然要求很高,但移动和精细运动技能值得掌握,因为这些技能会带来诸多好处。比如,能让孩子获得大量关于他们周围环境的信息,可以探索看起来有趣的物体,可以让自己靠近父母。运动技能的提高可以促进孩子认知能力和社交能力的发展,更不用说让孩子的生活更有趣了!

在本模块中,我们将了解儿童如何获得移动和精细运动技能。在此过程中,我们就会知道南希的爸爸是否应该担心南希对走路缺乏兴趣。

运动

学习目标8:学习走路涉及的技能有哪些?婴儿通常在多大年龄可以掌握这些技能?

在一年多一点儿的时间里,婴儿的姿势和运动水平发生了很大的变化,从一个几乎不动的生物变成一个能够直立、在环境中自由行走的个体。图5-8显示了运动发展中的一些重要里程碑,以及大多数婴儿到达这些里程碑的年龄。大约4个月大的时候,大多数婴儿可以在有支撑的情况下坐直。6~7个月大的时候,他们可以在没有支撑的情况下坐着,7~8个月大的时候,他们可以借助物体的支撑站起来。一般11个月大的婴儿可以在有帮助的情况下独立站立。这个年龄段的孩子可以称为学步儿童,得名于蹒跚学步这一小孩子走路的方式。当然，并不是所有的孩子都在这一年龄段开始走路。有些孩子在1周岁前就会走，另一些孩子，如南希，我们在一开始提到的那位世界级爬行者，直到17~18个月大时才开始迈出第一步。到24个月时，大多数孩子都能攀爬、倒着走及踢球。

研究人员曾经认为这些发育里程碑反映了成熟的过程（如McGraw，1935）。例如，人们认为当必要的肌肉和神经回路成熟时，走路就会自然出现。不过在今天，移动，或者说，所有的运动发展阶段，都需要从一个新的角度被看待。根据动态系统理论，发展过程包括多种技能，这些技能会随着时间的推移被组织和重组，以满足特定任务的需求。例如，行走包括保持平衡、活动四肢、感知环境和移动理由。只有了解这些技能中的每一项，以及在具体情况下它们的组合方式，我们才能理解走路和其他技能的发展过程（Spencer，Perone和Buss，2011）。

在这一节的其余部分，我们将了解学习走路的过程是如何反映多种技能的组合的。

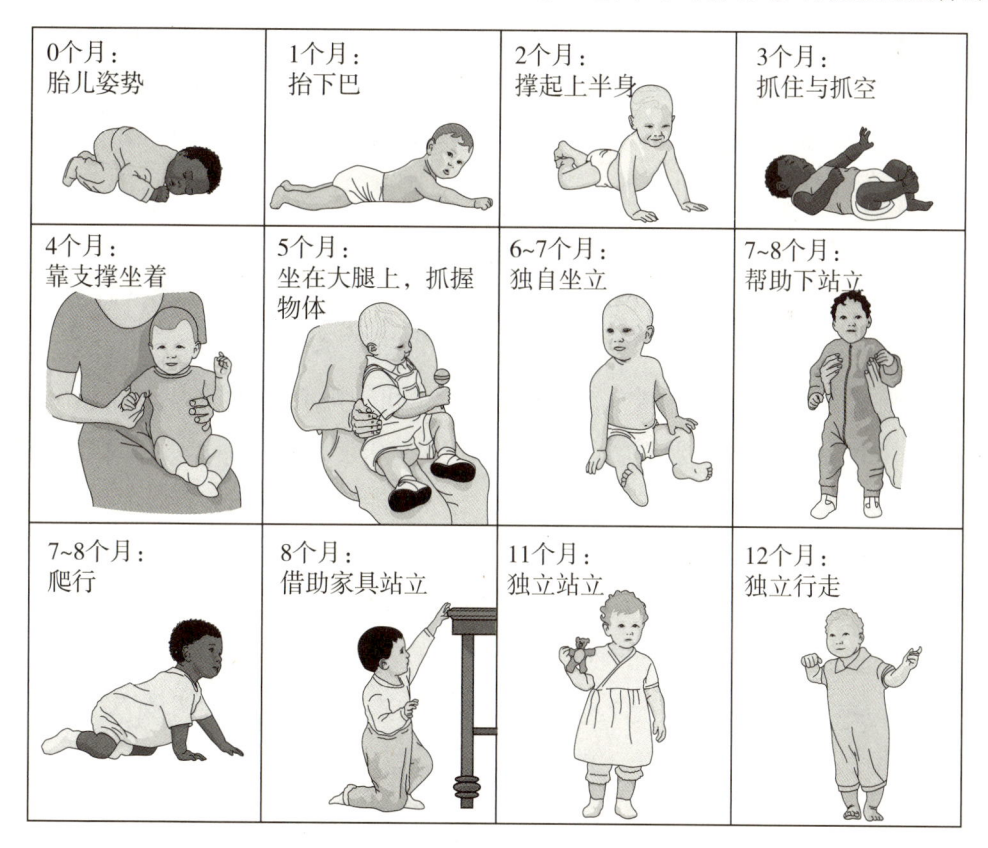

0个月：胎儿姿势	1个月：抬下巴	2个月：撑起上半身	3个月：抓住与抓空
4个月：靠支撑坐着	5个月：坐在大腿上，抓握物体	6~7个月：独自坐立	7~8个月：帮助下站立
7~8个月：爬行	8个月：借助家具站立	11个月：独立站立	12个月：独立行走

图5-8

姿势与平衡

保持直立姿势的能力是行走的基础。但是婴幼儿很难保持直立，因为他们的身体形状会让他们头重脚轻。因此，一旦婴儿开始失去平衡，就会摔倒。只有随着腿部和肌肉的生长，婴儿才能保持直立的姿势（Thelen，Ulrich，和Jensen，1989）。

在婴儿能够直立站立之后，他们必须不断调整自己的姿势以避免摔倒（Metcalfe等，2005）。在出生几个月后，婴儿开始使用视觉线索和内耳机制来调整自身姿势。为了探寻视觉线索在平衡中的作用，研究人员让婴儿坐在一个有移动条纹墙壁的房间里。当成人坐在这样一个房间里时，他们会觉得自己在移动（而不是墙），并相应地调整自己的姿势。婴儿也是如此，这表明他们使用视觉线索来保持直立姿势（Bertenthal和Clifton，1998）。

不过，保持平衡并不是婴儿一次就能掌握的能力。相反，婴儿必须反复学习坐、爬、走和其他姿势的平衡。为什么？因为身体在每个姿势中围绕不同的点旋转（例如，靠手腕爬行和靠脚踝行走），当婴儿开始失去平衡时，不同的肌肉群会发生补偿运动。因此，那些坐得很容易保持平衡的婴儿在爬行时一段时间后就会摔倒，这一点儿也不奇怪。一旦他们开始走路，想要拿东西时，必须进一步调整自身姿势，因为这会影响平衡（Garciaguirre，Adolph和Shrout，2007）。婴儿在采用每个新的姿势时，必须重新调整平衡系统，就像篮球运动员在从扣篮到投三分球时重新调整肌肉运动一样（Adolph，2000，2002）。

学步

走路的另一个基本要素是交替移动双腿，反复将身体的重量从一只脚转移到另一只脚。孩子直到大约10个月大时才会自发地迈步，因为他们必须学会直立行走。

如果把小婴儿直立放着，他们能走路吗？特伦和乌利齐（Thelen和Ulrich，1991）曾设计了一个聪明的程序来回答这个问题。把婴儿放在跑步机上，让成人扶着，保持婴儿身体直立。当跑步机上的传送带开始移动时，婴儿能够用不同的方式做出反应。他们可能只是让传送带把两条腿向后拖，或者让他们的腿先被拖一会儿，然后一起跳着向前走。许多6~7个月大的婴儿展示了较为成熟的模式，他们的双腿会交替行走。更令人惊讶的是，当跑步机设置不同的速度时，婴儿会进行调整，在更快的皮带上走得更快。显然，在婴儿独立行走之前，对行走至关重要的双腿交替移动就已经很明显了。不过，直到掌握其他相关技能之前，独自行走是不可能的。

环境因素

许多婴儿是在家里平坦整洁的地板这样相对安全的环境中学习走路的。但他们很快发现，周围的环境各异，有些更有利于行走。婴儿会利用环境中的线索来判断是否适合走路。例如，他们更有可能在宽阔且带有刚硬扶手的桥上行走，而不是在狭窄且扶手不稳定的桥上（Berger，Adolph和Lobo，2005；Kretch和Adolph，2013b）。在下楼梯时，如果台阶间距太大，无法安全跨步，初学走路的婴儿通常会继续走（并摔倒），但年龄大一点儿的、有经验的学步儿童要么停下来，要么背朝下滑下来；只有有经验的学步儿童才能识别出标志着安全步幅的线索（Kretch 和 Adolph，2013a）。如果他们不能确定环境是否安全，往往会依赖成人的建议（Tamis-LeMonda等，2008）。该结果表明，婴儿可以借助知觉线索来判断环境是否适合走路。

协调技能

动态系统理论强调学习走路需要协调许多单个技能。每个技能必须先单独掌握，然后与其他技能相结合（Werner，1948）。也就是说，掌握复杂的动作既需要差异化——掌握单个技能，也需要整合——以适当的顺序将它们组合成一个连贯的、有效的整体。婴儿在学步过程中，直到9~15个月才会掌握、协调这些技能，并在无支撑的情况下独立行走。

掌握和协调单个技能不是一朝一夕的事。初学走路的孩子每小时要走近1500步，摔倒30多次。很明显，婴儿在学走路的过程中得到了大量的自然练习（以及摔倒后的反馈）（Adolph等，2012）。同样，我们会在"文化影响"专栏中看到，一些文化中包括帮助儿童学习走路的习俗。

文化影响

影响运动发育的文化习俗

在欧洲和北美洲，大多数婴儿在1周岁左右通常可以独立行走。但是，其他文化中的婴儿往往更小学会走路，因为照料儿童的习俗有助于让孩子练习他们正在发展的运动技能。例如，在一些传统的非洲文化中，婴儿在很小的时候就会坐和走路。为什么？因为婴儿通常被父母背在身上，这样有助于婴儿躯干和腿部肌肉的发育。

有些文化甚至更进一步，认为练习对运动技能的正常发展至关重要。因此，父母（或兄弟姐妹）每天都会对孩子进行训练。例如，肯尼亚的吉普赛吉斯人会在孩子学坐的过程中给予支撑（Super，1981）。在牙买加的西印度群岛，母亲会让婴儿完成一项练习走路的例行锻炼（Hopkins 和 Westra，1988）。毫无疑问，这些环境下婴儿会更早学会坐和走，这一发现得到了一些实验的证实，有些父母参与了让婴儿练习控制自己身体的活动（Lobo 和 Galloway，2012）。

有些文化则恰恰相反，你可能会对此感到惊讶：他们的一些做法阻碍了婴儿运动技能的发展。在中国，父母通常只允许孩子在用枕头环绕的床上爬行，部分原因是他们不希望孩子在肮脏的地板上爬（Campos 等，2000）。在这两种情况下，婴儿达到运动里程碑的时间都比图5-8中所列的时间晚几个月。

同样，如今发达国家的婴儿达到爬行的年龄也比前几代人大（Dewey等，1998；Lung和Shu，2011）。这种代际差异反映了鼓励父母让孩子平躺睡觉的有效性。因为如今婴儿趴着的时间越来越少，因此他们很少有机会发现自己可以通过爬行来移动，进而为爬行做准备。

因此，文化实践可以加速或延迟运动发展的早期阶段，这取决于婴幼儿接受的实践的性质（Adolph 和 Robinson，2013）。然而，从长远来看，婴幼儿在何时达到各种运动里程碑对其发展而言并不十分重要。所有健康的孩子都会学走路，而这发生在运动里程碑所列时间的前几个月或后几个月，对儿童的后期发展没有影响（Lung 和 Shu，2011）。

比走路更高的技能

如果你还能回忆起第一次拿到驾照时的那种自由的感觉，你就能想象在婴儿和学步的孩子学会独立行走时，他们眼中的世界是如何开阔起来的。迈出试探性的第一步之后，很快步伐会越来越熟练。随着经验的增加，婴儿迈的步子也更大、更快。他们会像成人一样开始摆臂，移动右腿时左臂向前摆，然后摆右臂迈左腿（Ledebt，2000；Ledebt, van Wieringen和Saveslsbergh，2004）。孩子的成长技能在他们奔跑和跳跃中表现得很明显。大多数2岁的孩子都是走路步幅飞快，而非真正奔跑；他们移动时腿略显僵硬（没有弯曲膝盖），不像跑步时悬在空中。5~6岁时，儿童跑起来很容易，可以很快改变方向或加速。

婴儿用新的走路技能来获得远处的物体——放在另一个房间里的最喜欢的玩具并拿着与别人分享（Karasik, Tamis-Lemonda和Adolph，2011）。接下来我们将看到婴儿的精细运动技能是如何让他们抓住物体的。

精细运动技能

学习目标9：婴儿怎样学习协调手的动作？什么时候以及为什么大多数孩子开始喜欢用某只手？

婴儿期的主要成就是熟练使用手（Bertenthal 和 Clifton，1998）。新生儿对自己的手几乎没有明显的控制能力，但是1岁的孩子非常有天赋。

够物与抓握

大约在4个月大的时候，婴儿就可以成功地朝某个物体伸手（Bertenthal 和 Clifton，

1998）。这种早期的够物行为通常看起来很笨拙，这是有原因的。当婴儿伸手够物时，他们的手臂和手不能平稳地直接移动到想要的物体上（大一点儿的孩子和成人可以做到）。相反，婴儿的手就像一只缺乏经验的领航员指挥下的船。它会移动一小段距离，放慢速度，然后在稍微不同的方向上再次移动，不断重复这个过程，直到手最终接触到物体（McCarty 和 Ashmead，1999）。随着婴儿慢慢长大，他们的够物行为所需的动作变少了，尽管够物还不能像大一点儿的孩子和成人那样连续、平稳（Berthier，1996）。

够物需要婴儿将手移动到想要抓取的物体的位置。抓握则是另一项挑战：婴儿必须协调每个手指的运动来抓握物体。在婴儿期，抓握也变得更加有效。大多数4个月大的婴儿只是用手指抓东西。他们用手指紧紧地握着一个物体。直到7~8个月大的婴儿才会用拇指握住物体（Siddiqui，1995）。也是大约在这个年龄，婴儿开始调整他们手的位置，以便更容易抓住一个物体。例如，在试图抓住一根又长又细的杆子时，婴儿会让手指与杆子垂直，这是最适合抓握的位置（Wentworth，Benson和Haith，2000）。而且，当他们更精确地抓取小物体时，动作会更慢（Berthier 和 Carrico，2010）。不过，正如我们将在"研究重点"专栏中看到的那样，婴儿直到1周岁时才会在拿东西时做出多重调整。

研究重点

调整抓取方式

研究人员是谁？研究的目的是什么？ 有效地抓握一个物体通常需要婴儿用多种方式调整手的姿势。例如，抓取水平方向小物件儿的方法最好是用两到三根手指，手背与物件保持水平。相比之下，抓住垂直方向大型物件的最佳方法是用整个手，手背与物件保持垂直。尼娜·舒姆（Nina Schum）和她的同事——比安卡·朱万尼克（Bianca Jovanic）和古德龙·施瓦策尔（Gudrun Schwarzer）（2011）——想知道婴儿在抓握时是否会同时做出这两种调整（比如改变抓握的方式和手的方向）。

研究人员是如何测量研究话题的？ 舒姆和同事将彩色铅笔展示给婴儿，婴儿坐在母亲的腿上，距离铅笔约8英寸（婴儿够得着的距离）。这些铅笔大小不一，呈垂直或水平摆放。婴儿的动作会用录像记录下来。

研究中的参与者是谁？ 研究对象包括38名10个月大的婴儿和32名12个月大的婴儿。

这项研究的设计是怎样的？ 这是一项实验性的研究。自变量包括铅笔的大小

（大，小）和它的方向（垂直，水平）。因变量为手握的类型，可分为：（1）全手握或两至三根手指握；（2）手背垂直或水平握。该研究为横断研究，因为10个月和12个月大的婴儿都接受了测试。

这项研究是否存在伦理问题？ 不存在。没有发现与伸手拿铅笔有关的明显伤害。

结果如何？ 研究人员检查了这些视频，并对婴儿手指接触铅笔之前手的位置进行了分类。每种接触都可以用一到两种维度衡量。例如，用两三根手指来触碰小物件很合适，但是拿铅笔的话，用整只手更合适；垂直方向摆放的铅笔手背应垂直，水平方向摆放的铅笔手背则应水平。

图5-9显示了使用适当握法的婴儿的百分比。大多数12个月大的婴儿能够用正确的方式抓握物体——调整手的方向和手指的数量；相反，10个月大的婴儿中只有不到一半的人这么做。接下来的两个柱状图显示，10个月大的婴儿通常会调整手的方向，但不会调整手指的数量。

研究人员得出了什么结论？ 在一项后续的对照研究中，舒姆等人发现，当铅笔的大小而非方向发生变化时，10个月大的婴儿能够正确地调整手指的数量。因此，对于10个月大的婴儿来说，问题不是调整手指的数量，而是在他们抓握物体时，同时调整手的方向。

有什么趋同证据可以强化这些结论？ 这项研究的一个有益扩展是观察婴儿如何同时做出其他方面的调整（例如，触摸不同方向的较重或较轻的物体）。另一个是观察婴儿在家里自然地伸手拿东西的情景。

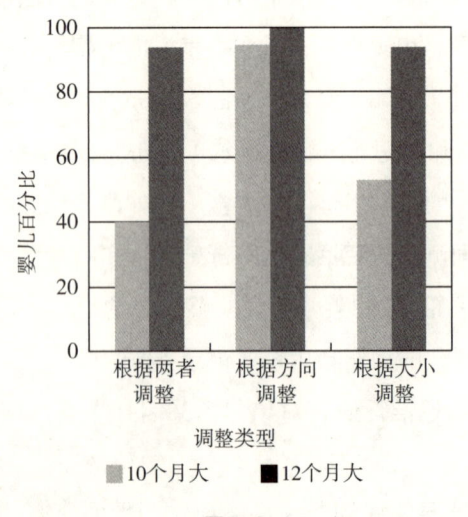

图5-9

> **Q&A 问题5.3**
>
> 珍妮和伊恩都是左撇子，也非常希望他们的儿子泰勒同样喜欢用左手写字。但他已经8个月大了，似乎在用双手抓玩具和其他东西。珍妮和伊恩是否应该放弃三个左撇子的想法呢？

婴儿对手的控制逐渐增强，双手也越来越协调。虽然4个月大的婴儿两只手都会用到，但似乎每只手可以做完全不同的事情。可以一只手拿着玩具不动，另一只手摇拨浪鼓。在5~6个月大的时候，婴儿会协调手的运动，这样每只手就会做出不同的动作来为同一个目标服务。例如，孩子可能一只手拿着玩具动物，另一只手抚摸它（Karniol，1989）。这些技能在孩子1岁后会继续提高：1岁的孩子可以用一只手去够大多数东西；两年后，他们可以根据物体的大小，适当选择用一只手或两只手触摸物体（van Hof, van der Kamp 和 Savelsbergh, 2002）。

当婴儿学会自己吃东西时，这些够物和抓握行为的变化就可以很好地说明这一点。在大约6个月大的时候，大人经常给他们"手指食物"（如切片香蕉）。婴儿很容易就能拿起这些食物，但把它们放进嘴里又是另一回事了。抓食物的手需要举到脸颊，然后移到嘴唇边缘，最后塞进嘴里。任务完成了——但是绕了有很多弯路！孩子的手眼协调能力提高得很快，所以不久后，他们就可以把大小、形状和质地各异的食物直接送到嘴里。

孩子在1岁左右的时候，通常用勺子吃东西。一开始，他们只是简单地玩勺子，把它放到盛满食物的盘子，或者吮吸空勺子。在大人的帮助下，他们学会了把勺子装满食物并放进嘴里，尽管他们不会旋转手腕因而显得动作有些笨拙。大多数1岁的孩子会把勺子直接放到食物里面，然后压低勺子的位置，直到勺子满了再把勺子放到嘴里，同时手腕较为僵硬。相比之下，2岁的孩子会从盘子里舀起食物并转动手腕，把勺子放在嘴里，这和成人使用勺子的动作是一样的。

婴儿期之后，精细运动技能发展迅速。学龄前儿童变得更加灵巧，他们可以用手和手指做出许多精确而微妙的动作。精细运动技能的增强意味着学龄前儿童可以开始照顾自己，在没有父母帮助的情况下吃饭和穿衣。例如，2~3岁的孩子可以穿一些简单的衣服，可以拉拉链，但还不会扣扣子；到3~4岁时，孩子上厕所时会自己解扣子、脱衣服；大多数5岁的孩子都能自己穿衣和脱衣，而系鞋带一般在6岁左右可以学会。

在每一种动作中，动态系统理论的原理都适用于我们前面关于运动的讨论。复杂的动作包括许多组合动作。每一项都必须正确执行，并按正确的顺序执行。运动的发展包括首先掌握各个独立的动作，然后将它们组合成一个顺利运作的整体。例如，吃"手指食物"时，需要抓取食物，将手移到嘴边，然后松开食物。随着任务要求的变化和儿童的发展，同样的技能经常被重新组合，形成不同的动作序列。

用手习惯

婴儿在伸手拿东西时，并没有明显的用手倾向，而是交替使用左手和右手。他们可能会用左手摇拨浪鼓，然后用右手拿积木。在1岁大时，大多数孩子都是右撇子。他们用左手稳住玩具，同时用右手操作物体。这种习惯用某只手的偏好在学前阶段会变得逐渐增强、趋近一致，并在幼儿园逐渐确定下来（Marschik等，2008；Nelson，Campbell，和 Michel，2013）。

是什么决定了孩子是左撇子还是右撇子？一些科学家认为，是基因让儿童倾向于用左手或右手（Corballis，Badzakova-Trajkova和Haberling，2012）。与此观点相一致的是，同卵双胞胎比异卵双胞胎更有可能出现相同的惯用手——都是右撇子或都是左撇子（Meland等，2009）。但经验也对用手习惯起到了一定作用。许多文化认为用左手是邪恶的，所以孩子用左手吃饭或写字时会受到惩罚。因此在这些文化中，左撇子儿童非常罕见。同样，在许多发达国家，小学老师曾经常鼓励左撇子孩子用右手写字。后来这一做法没有继续下去，因而左撇子儿童的比例有所增加（Provins，1997）。因此，用手习惯受到遗传和环境的双重影响。

身体健康

学习目标10：孩子身体健康吗？他们可以从参加体育运动中受益吗？

运用自己的运动技能，也就是积极活动身体，对儿童来说有很多好处。既能促进肌肉和骨骼的生长以及心血管健康，又能增强认知能力（Best，2010；Biddle 和 Asare，2011；Hillman等，2009），还有助于建立一个终生的运动模式（Perkins等，2004）。有规律的锻炼——每周至少3次，每次30分钟——可以降低患肥胖、癌症、心脏病、糖尿病，以及抑郁和焦虑等心理障碍的风险（Tomson 等，2003）。跑步、快走、游泳、有氧舞蹈、骑自行车和越野滑雪都是能够提供这种强度的活动。

可是，在对儿童和青少年的健康进行客观测试时，如一英里（约为1.6km）跑和引体向上，只有不到一半的人在所有任务中都能达到健康标准（Morrow等，2010）。这是由许多因素导致的。在大多数学校，体育课每周只有一到两次，而且通常对高中生不做要求（Johnston，Delva和 O'Malley，2007）。即便上体育课，学生几乎有一半的时间都是站着不动的，而不是在锻炼（Lowry等，2001；Parcel等，1989）。看电视和其他久坐的休闲活动也可能对此有影响。花很多时间上网或看电视的年轻人往往身体状况更差一些（Lobelo等，2009），但两者关系的本质仍然有待探索：可能是孩子喜欢看电视或电脑进而导致锻炼的机会减少，但也有可能是身体状况欠佳的儿童选择久坐类的活动。

在美国，许多专家认为学校应该增加每周体育课的频次。许多人建议体育课应该提供各种各样的活动，让所有孩子都能够参加，这可以作为终身健身计划的开始（美国国家体育和身体健康协会，2004）。因此，比起触身式橄榄球等团队运动，体育课应该更加重视跑步、步行、球类和游泳等运动，这些运动可以在童年、青春期和成年期开展，可以单独运动或与他人一起运动。同时应鼓励家庭健身，家人们可以一起骑自行车，而不是看一下午电视和吃爆米花。也可以玩运动游戏，这是一种把电子游戏和锻炼结合在一起的数字游戏，如《劲舞革命》（*Dance Revolution*）；经常玩这些游戏可以增强身体素质（Staiano和Calvert，2011）。

参加运动

许多儿童和青少年通过参加团体运动来锻炼身体，如棒球、垒球、篮球和足球。很明显，当孩子做运动的时候，他们得到了锻炼，提高了运动技能。此外，运动还有其他好处，如提高自尊心、增强学习的主动性等（Bowker，2006；Eime等，2013）。体育运动也能为孩子提供一个学习重要社会技能的机会，例如，如何作为群体中的一员有效工作。此外，当孩子们设计新的游戏策略或修改游戏规则时，运动可以让他们应用不断提升的认知技能。

参加体育运动固然有很多好处，但也面临着同等程度的潜在风险。一些研究认为青少年参与体育运动会导致犯罪和反社会行为（例如，Gardner，Roth和Brooks-Gunn，2009）。

不过，如果体育运动有成人一起参加，如学校、宗教或青年团体，参加运动的效果往往是有益的（Linver，Roth和Brooks-Gunn，2009；Zarrett等，2009）。然而，是否能获得这些潜在利益取决于参加的成人。如果成年教练可以鼓励球员并重视技能发展，孩子通常乐于锻炼，往往会提高自身技能，并增加自尊心（Coatsworth和Conroy，2009）。相反，如果教练更看重输赢而非技能发展，并批评或惩罚球员的糟糕表现时，孩子就会失去兴趣，停止比赛。如果青少年发现运动压力太大，他们往往会"精疲力尽"，失去兴趣并选择退出（Raedeke和Smith，2004）。

为了鼓励孩子参与体育运动，成人（和父母）不应对孩子抱有超乎现实的期望，而应积极地指导他们，表扬孩子而不是批评孩子。成人需要记得，孩子玩游戏是为了娱乐，应该玩得开心才对！

> ✓ **检测你的学习**
>
> 回忆：描述婴儿为学会走路必须掌握的技能。精细运动技能是如何随着年龄的增长而提高的？
>
> 解释：儿童和青少年参加有组织的体育运动的利弊是什么？
>
> 应用：描述参加体育运动如何说明运动、认知和社会发展之间的联系。

> 统一主题：儿童的主动性

本章的每个模块都涉及"儿童影响其自身发展"这一主题。也就是说，婴儿在解读和探索环境方面有着极其出色的能力。在模块5.1中，我们看到，大多数感知觉系统在第一年就可以较好地发挥作用，为婴儿提供准确的原始数据来理解世界。在模块5.2中，我们学习了注意技能起源于婴儿期；习惯会让婴儿忽视一些刺激而注意其他刺激。最后，在模块5.3中，我们发现儿童的运动技能和精细运动技能在婴儿期提高迅速；到1岁时，婴儿就可以独立移动，熟练地抓握和操控物体。总的来说，这些成就让婴儿为探索并理解他们的世界做好了充分的准备。

自行探索

为了研究注意的起源，你需要一名婴儿和一个小铃铛。1~5个月大的婴儿最好，因为这个年龄段的婴儿还不会移动，因此不会跑太远。在婴儿醒着的时候，让他们仰面躺着，然后走到婴儿后面（在他们视线范围之外），摇几次铃。声音不必很大，"平均"音量就可以。婴儿会把眼睛睁得大大的，并且试图转向有声音的地方。每隔2~3分钟，再次摇铃。你会看到婴儿的热情慢慢减退，直到最后婴儿已经不再注意铃声了。注意发生的变化！自行探索吧！

总结

5.1 感知觉加工的基本过程

嗅觉、味觉和触觉

新生儿能够闻到并识别他们母亲身上的气味；他们还喜欢尝甜的东西，不喜欢苦和酸的东西。触摸婴儿他们会有反应。通过观察他们对痛苦刺激做出的反应，如果与大一点儿的孩子相似，我们就能判断出他们是可以感受到痛苦的。

听力

婴儿可以听到声音，尽管他们对高音和低音的敏感度不如成人。婴儿能分辨不同的声音（包括语言和音乐）。

视力

新生儿的视力相对较差，但1岁孩子的视力水平已经达到成人视力水平。随着不同的视锥细胞开始发挥作用，色觉也随之发展；到3~4个月大的时候，孩子就能像成人一样看到颜色了。

感官信息的整合

婴儿会逐渐把不同感官（如视觉和听觉，视觉和触觉）的信息整合起来。婴儿往往特别注意向多种感官提供的冗余信息。

5.2 复杂的知觉和注意加工过程

物体的感知

婴儿会通过运动、颜色、纹理和整齐的边缘来区分物体。大约4个月时，婴儿开始掌握尺寸、亮度、形状和颜色的恒常性。婴儿首先通过运动线索感知深度，包括视觉扩张和运动视差。随后，他们利用视差和图像线索（线性透视、纹理梯度、相对大小、遮挡）来判断深度。婴儿在1岁早期就能感知面孔。婴儿会根据经验调整他们的面部模型，使之与他们经常看到的脸相似。

注意力

注意过程的三种网络包括在婴儿期功能良好的定向网络和警报网络，以及发展较慢的执行网络。教师和家长可以教孩子一些方法，更有效地集中注意力。

注意力缺陷多动障碍（ADHD）

患有ADHD的儿童通常注意力不集中，活动过渡，容易冲动。他们有时会有行为问题，在学校表现很差。根据儿童ADHD多模式治疗研究，药物治疗与心理治疗相结合是短期内治疗ADHD最有效的方法。

5.3 运动发展

运动

婴儿在0~1岁会达到一系列运动里程碑，在1岁后的几个月会学会独立行走。像大多数运动技能一样，学习走路涉及单个技能的分化，如保持平衡和双腿交替行走，然后将这些技能整合成一个连贯的整体。这种技能的分化和整合是运动发展的动力系统理论的核心。经验可以加速特定的运动技能。

精细运动技能

婴儿首先一次只用一只手，接着用两只手，然后双手独立地做相同的动作，最后双手做不同的动作，达成共同的目的。

大多数人都是右撇子，这一偏好在1周岁后出现，并在学前阶段形成。用手习惯受到遗传和环境的影响。

身体健康

尽管报告显示孩子花了很多时间进行体育锻炼，但事实上，只有不到一半的学生达到了身体健康的所有标准。体质不佳的部分原因是学校体育教育不足，也可能与看电视有关。专家建议，学校应增加每周体育课的频次，更注重培养终生锻炼的模式。鼓励家庭健身，带动儿童积极锻炼身体。

参加体育运动可以促进运动能力、认知能力和社交能力的发展。但是，参加体育运动有时会导致反社会行为，如果教练看重输赢多于技能发展，孩子有时会放弃运动。

考考自己

1. 新生儿的嗅觉____。
   a. 很差，以至于无法靠嗅觉识别自己的母亲
   b. 没有成人那么敏锐；新生儿不喜欢成人喜欢的气味（如蜂蜜或巧克力）
   c. 出生时就发育完善

2. 关于婴儿的听觉，下列哪项是正确的？____。
   a. 婴儿能听出与人类语言音高相同的声音
   b. 婴儿能听到高音
   c. 婴儿不能辨别元音和辅音

3. 哪个年龄段的孩子听力受损的风险最大？____。
   a. 1岁，反复耳部感染
   b. 2个月大，对叫自己的名字没有反应
   c. 6个月大，对高音量反应过度

4. 婴儿的颜色视觉与成人的颜色视觉在____相似。
   a. 出生时
   b. 在7~8个月大时
   c. 在3~4个月大时

5. 根据感觉冗余理论，当信息以____出现时，婴儿更有可能检测到节奏模式的变化。
   a. 只有视频
   b. 音频和视频同时
   c. 只有音频

6. 婴儿使用多种线索来统一物体，包括共同运动、颜色、____和整齐的边缘。
   a. 纹理
   b. 线性透视
   c. 视网膜像差

7. 纹理梯度、相对大小、线性透视、遮挡都为____提供线索。
   a. 视力
   b. 色彩感知
   c. 深度感知

8. 关于婴儿时期的特殊面部处理，下列哪项是正确的？____。
   a. 如果呈现在婴儿面前的是周围环境的面孔，他们会失去识别熟悉面孔的能力
   b. 在出生后的第一年，识别本种族面孔的能力会丧失，同时获得区分其他种族面孔的能力
   c. 当婴儿在环境中接触到面孔时，他们会调整自身的面孔处理系统，只留下他们熟悉群体的面孔

9. 关于注意过程网络的发展，下列哪项是正确的？____。
   a. 定向网络和警报网络在出生时就比

较成熟，而执行网络发展缓慢

b. 所有网络在出生时就已经成熟

c. 所有网络在婴儿期、学龄前和小学早期逐渐发展

10. 患有注意缺陷多动障碍（ADHD）的儿童____。

a. 经常三思而后行

b. 受到同龄人的喜欢

c. 智力水平低于平均水平

11. 根据____，发展过程包括多种技能，随着时间的推移，这些技能会被组织和重组，以满足特定任务的需求。

a. 感官冗余理论

b. 动态系统理论

c. 运动视差理论

12. 新生儿不能保持直立的姿势是因为他们____。

a. 头重脚轻

b. 头轻脚重

c. 歪歪扭扭的姿势发展更为成熟

13. 以下关于够物和抓握的陈述哪一个是正确的？____。

a. 4个月大的婴儿在伸手拿东西时，会反复短距离移动手，减速，调整方向

b. 大多数3个月大的婴儿会用手指和拇指抓握物体

c. 在6个月大时，大多数婴儿能够根据物体的大小和方向调整握姿

14. 用手习惯____。

a. 在3个月大的时候就已经完全确定了

b. 受环境影响而不是遗传

c. 在1岁时出现，并且在孩子们进入幼儿园后逐渐确定

15. 当____时，孩子们最有可能享受并继续参加体育活动。

a. 获胜比技能发展更重要

b. 教练对球员有正常的期望和要求

c. 教练说对手和裁判的坏话

关键词

模态信息
注意力
听觉阈
视锥细胞
分化
动态系统理论
精细运动技能
习惯化
整合

遮挡
多感官冗余理论
运动线索
线性透视
运动
运动视差
运动技能
图形暗示
相对大小

视网膜像差
感觉和知觉过程
大小恒常性
纹理梯度
视敏度
视觉悬崖
视觉扩张

第6章 认知发展理论

在电视节目《恶搞之家》（*Family Guy*）中，斯图威是一个1岁的孩子，他无法忍受自己的母亲，并希望主宰世界。（斯图威说："嘿，妈妈，我带着礼物来了。我给你个提示：它在我的尿布里，但不是烤面包机。"）很多幽默都表明婴儿有复杂的思考能力，只是他们不能表达出来。当然，很少有成人会真正把这种高级的思考能力归于婴儿。但是，在一个还不会说话的婴儿心里潜伏着什么想法呢？一个婴儿的思考能力是如何发展成大一点儿的孩子、青少年和成人每天都在使用的强大的推理技能的呢？换句话说，思考是如何随着孩子的成长而改变的，以及为什么会发生这些变化？

多年来，这些问题的最佳答案来自让·皮亚杰（Jean Piaget）在模块1.2中提到的理论。我们将在模块6.1中更详细地研究这个理论。在模块6.2中，我们将介绍当今儿童思维研究的一些现代理论。最后，在模块6.3中，我们将看到儿童如何获取关于物体、生物和人的知识。

模块

6.1 基础：皮亚杰理论

6.2 认知发展的现代理论

6.3 理解核心领域

6.1 基础：皮亚杰理论

> **学习目标**
>
> 学习目标1：皮亚杰认知发展理论的核心思想是什么？
>
> 学习目标2：当儿童经历皮亚杰的四个发展阶段时，他们的思维方式是如何变化的？
>
> 学习目标3：皮亚杰理论的恒久贡献是什么？这一理论有何缺陷？
>
> **大纲**
>
> 皮亚杰理论的基本原理
>
> 认知发展的阶段
>
> 皮亚杰对儿童发展的贡献

当两岁半的伊森第一次看到黑脉金斑蝶的时候，他的妈妈凯特对他说："蝴蝶，蝴蝶；那是只蝴蝶，伊森。"几分钟后，一只斑马燕尾蝶落在了附近的灌木丛上，伊森兴奋地叫道："蝴蝶，妈妈，蝴蝶！"不一会儿，一只飞蛾从另一个灌木丛里飞了出来。伊桑的声音更激动了，他喊道："蝴蝶，妈妈，更多的蝴蝶！"就在凯特告诉伊森"不，亲爱的，那是飞蛾，不是蝴蝶"的时候，她也大为惊讶，自己简单的引导，伊森就能如此迅速地领会新概念。这是怎么发生的？

在20世纪的大部分时间里，科学家都会参考让·皮亚杰的理论来回答凯特的疑问。皮亚杰是一名生物学家，但他对认知论产生了浓厚的兴趣，而认知论是研究知识的本质和起源的哲学分支。他决定不像哲学家那样通过讨论和辩论来研究认知的起源，而是通过对儿童进行实验。

皮亚杰的理论引领了所有现代认知发展理论，它是儿童思维研究的一个很好的引子。我们将首先考虑该理论的一些基本原则，并解释为什么伊森能理解得这般迅速。然后我们会了解皮亚杰提出的发展阶段，并在模块的最后一同探究皮亚杰对儿童发展科学的恒久贡献。

皮亚杰理论的基本原理

学习目标1：皮亚杰认知发展理论的核心思想是什么？

皮亚杰认为儿童天生就很好奇。他们想从自己的经历中获得意义，并在这个过程中构建自己对世界的理解。在皮亚杰看来，所有年龄段的儿童都像科学家一样，他们创造了关于世界如何运作的理论。当然，孩子的理论往往是不完整的，有时甚至是不正确的。然而，理论对孩子来说是有价值的，因为它们让世界变得更可预测。

在使用他们的理论来理解周围发生的事情时，孩子经常会有新的经历，这些经历在理论的背景下很容易被理解。根据皮亚杰的理论，当新的经历很容易融入儿童现有的理论时，就会发生同化现象。想象一下，婴儿知道家里的狗会叫，还经常舔她的脸。当她在亲戚家里有同样的经历时，这就说得通了，因为这符合她关于狗的简单理论。因此，理解新认识的小狗的行为代表了同化。但有时理论是不完整或不正确的，导致儿童有意想不到的经历。当儿童的理论根据经历进行修正的时候，我们称之为"顺应"。拥有关于狗的理论的宝宝第一次见到猫时很惊讶——它长得像狗，只是它会喵喵叫而不是吠叫，还会蹭她，而不是舔她。宝宝因此修正她的理论，把这种新的动物也包括进来，表明她在顺应。

本模块开头的小故事说明了同化和顺应。当凯特告诉伊森这只黑脉金斑蝶的名称时，他形成了一个简单的理论，如"蝴蝶是长着大翅膀的虫子"。第二只蝴蝶颜色不同，但仍然是一只翅膀很大的昆虫，所以它很容易被伊森的蝴蝶新理论所吸收。然而，当伊森称飞蛾为蝴蝶时，凯特纠正了他。伊森必须顺应这种新的经历。结果是他改变了他的蝴蝶理论，使其更精确；这个新理论可以是"蝴蝶是一种虫子，身体很瘦，有又大又多彩的翅膀"。他也创造了一个新的理论，如"飞蛾是一种身体更大、翅膀颜色单一的虫子"。

在这个例子中，同化和顺应包括思维想法，但两者在更早的时候就开始了，从婴儿的行动中可见端倪。例如，一个能抓球的婴儿很快就会发现，她也能抓积木、拨浪鼓和其他小物体；将抓握扩展到新对象说明了同化。当她发现有些物体只有用两只手才能抓住时，这就说明了顺应：她修正过的"抓握理论"现在区分了可以用一只手抓住的物体和需要两只手抓住的物体。

同化和顺应通常处于彼此平衡或均衡的状态，也就是说，儿童能够很容易地将大多数经历融入现有的理论中，但有时他们需要调整自己的理论，以顺应新的经历。婴儿关于狗和猫的理论以及伊森对蝴蝶的理解都说明了同化和顺应之间的平衡。

然而，这种平衡会被周期性地打破，导致一种不平衡状态。孩子们发现他们目前的理论不充分，是因为他们花更多的时间去顺应而不是同化。当不平衡发生时，孩子们重新组织他们的理论，回到平衡状态，这个过程被皮亚杰称为平衡。为了恢复这种平衡，目前的但已经过时的思维方式会被本质不同但更高级的一套理论所代替。

刚才我们说儿童就像科学家，有时科学家发现他们的理论存在严重的错误，当这种情况发生时，他们不能简单地修改理论，必须在旧理论的基础上创造出一种新的理论，但这一理论在根本上是不同的。例如，天文学家哥白尼认识到地心说是错误的，他保留了中心物体的概念，但中心物质是太阳而非地球，这是理论的一个根本变化。同样，当儿童周期性地发现当前的理论在很多时候似乎都不正确时，他们就会放弃这些理论，转而用更先进的方式来思考他们的物质世界和社交世界。

根据皮亚杰的说法，在人的发展过程中，这种思维的革命性变化会发生三次，分别在大约2岁、7岁和11岁的时候。该理论将认知发展分为四个阶段：感知运动阶段（从出生到2岁，包括婴儿期）；前运算阶段（2~6岁，包括学前和小学低年级阶段）；具体运算阶段（7~11岁，包括小学中后期）；以及形式运算阶段（11岁及以上，包括青春期和成年期）。

皮亚杰认为所有的孩子都是按照这个顺序经历这四个阶段的。例如，感知运动思维总是会触发前运算思维；儿童不能"跳过"前运算思维，直接从感知运动思维过渡到具体运算思维。然而，所列出的年龄范围只是一种粗略的估计：根据能力和经验，一些儿童比其他人更快地完成这些阶段。接下来，我们将更仔细地研究每个阶段。

认知发展的阶段

学习目标2：当儿童经历皮亚杰的四个发展阶段时，他们的思维方式是如何变化的？

正如你可以通过金色的拱形标志认出麦当劳餐厅、根据对勾认出耐克产品一样，皮亚杰的每个阶段标记着一种思考和理解世界的独特方式。在接下来的几页中，我们将学习皮亚杰的这些独特的阶段。

感知运动阶段

由第5章我们得知婴儿的知觉和运动技能提高得很快。皮亚杰提出，在生命最初的两年中，这些快速变化的感知和运动技能形成了人类发展的一个独特阶段：感知运动阶段，时间是从出生到2岁。在这一阶段，婴儿从简单的反射动作发展到符号加工。在这一阶段的24个月里，婴儿的思维在三个重要方面取得了显著进展。

适应及探索环境

新生儿会对许多刺激做出反射性反应，但在1~4个月大时，反射首先会因经历而改变。婴儿可能会不小心用拇指触碰嘴唇，从而开始了吮吸并伴随吮吸相关的快感。随后，婴儿试图通过将手指触碰嘴唇来重现这些感觉。吮吸不再只是母亲将乳头放在婴儿嘴边时的反射性行为，婴儿可以自己开始吮吸了。

在4~8个月大时，婴儿对世界表现出更大的兴趣，对物体更加关注。例如，婴儿不小心摇了摇拨浪鼓。听到有趣的声音，婴儿又抓住了拨浪鼓，使劲摇它，他听到声音非常高兴。这个过程重复了好几次。

在大约8个月大时，婴儿会达到一个"分水岭"：有意识的、有意的行为开始了。活动的"手段"和"目的"第一次明显体现。例如，如果父亲把手放在玩具前面，婴儿就会移动他的手来玩玩具。"动手"是实现"抓玩具"这一目的的手段。"用一种行为作为达到另一目的的手段，是婴儿时期有目的性、以目标导向的行为的第一个迹象"。

从大约12个月大时开始，婴儿成为活跃的实验者。婴儿可能会故意摇晃不同的物体，试图发现哪些会发出声音。或者婴儿可能会扔不同的物体，看看会发生什么。婴儿会发现柔软的材料制成的玩具落地时很安静，但更大的玩具落地时发出更令自己满意的"哐当声"。这些动作代表了有意行为的一个重要延伸：现在，婴儿在不同物体上反复进行一个动作，主要目的就是想看看会发生什么。

理解物体。世界充满了各种有生命的个体，如狗、蜘蛛和大学生，也有无生命的物体，如奶酪汉堡、袜子和书。但它们都有一个共同的基本特性：它们独立于我们的行为和思想而存在。尽管我们可能不喜欢蜘蛛，但当我们闭上眼睛或希望它们离开时，它们仍然存在。

理解对象是独立存在的，这就叫作物体恒存性。皮亚杰提出了一个惊人的观点，婴儿在最初的一年里缺乏这种理解。也就是说，婴儿对物体的理解可以概括为"眼不见，心不烦"。对婴儿来说，物体是短暂存在的，在视线中存在，在视线之外不再存在。

如果将一个有趣的物体，如一个有吸引力的玩具放在4~8个月大的婴儿面前，婴儿可能会伸手去抓这个物体。然而，如果物体被障碍物隐藏起来，或者用一块布盖住，婴儿将无法触及。这时，婴儿似乎失去了对物体的所有兴趣，就好像现在隐藏的物体不再存在。换句话说，"眼不见，它不在"。

大约8个月大时，婴儿会寻找实验者用布盖住的物体。事实上，许多8~12个月大的婴儿都很喜欢玩这个游戏——大人盖住物体，婴儿则把盖子掀起，然后笑个不停！但是，尽管如此，皮亚杰认为婴儿对物体恒存性的理解仍然不完整。当婴儿多次看到一个东西藏在一个容器下面，然后突然又看到它藏在第二个容器下面时，他们通常会去第一个容器下面寻找玩具。这个有意思的现象被称为"是A非B错误"（因为宝宝会在第一个位置A找玩具，而不是第二个位置B），皮亚杰认为这显示了婴儿理解物体的有限性：婴儿不能把物体和他们用来定位物体的动作区分开来，如去抓某个容器。事实上，根据皮亚杰的说法，婴儿直到18个月大时才能完全理解物体恒存性。

使用符号。18个月大的时候，大多数婴儿已经开始说话和做手势，这是他们具备运用符号能力的标志。语言和手势是代表某种事物的符号。当婴儿在挥手时,这就跟直接说"再见"一样有效和具有象征意义。孩子也开始玩假装游戏,这是运用符号的另一种形式。一个20个月大的宝宝可能会在嘴边来回移动小手,假装在刷牙。

一旦婴儿能够使用符号,他们就会开始在心理上预测行为的结果,而不是直接去行动。想象一下,一个婴儿和他的父母在一扇敞开的门旁边搭了一座积木塔。12~18个月大的婴儿离开房间时,可能会把门关上,撞翻积木塔,因为他无法预见把门关上的结果。但是一个18~24个月大的孩子可以预料到关上门的结果,从而提前把积木塔搬开。

在短短2年的时间里,婴儿从反射回应发展到积极探索世界、理解物体和使用符号。这些变化是显著的,并且为前运算思维奠定了基础,我们接下来一起研究前运算阶段。

前运算阶段

借助符号的神奇力量,儿童得以跨越障碍进入前运算阶段。前运算阶段的年龄范围是2~7岁,主要特征是儿童能够使用符号来表示物体和事件。在这一阶段,学龄前儿童逐渐熟练使用常见的符号,如单词、手势、图表、地图和模型。虽然学龄前儿童使用符号的能力有了很大的进步,但与学龄儿童相比,他们的思维仍然有限。为什么?为了回答这个问题,我们需要看看前运算阶段思维的一些重要特征。

前运算阶段的儿童通常认为别人看世界的方式(无论是表面的还是象征性的)和他们自己的完全一样。自我中心主义是指儿童难以从别人的角度看世界。当儿童固执地坚持自己的方式时,他们并不是简单地和我们作对。相反,前运算阶段的儿童不理解其他人会有不同的想法和感受。

例如,假设要求图6-1中的学龄前儿童选择跟桌上摆设一样的图像,大多数儿童会选择最左边的图形,而不是最右边的正确图形,因为它显示了儿童是怎样看桌子上的物体的。有前运算能力的儿童显然认为所有人对山脉的看法都是一样的;他们还假定自己的观点是唯一的,不存在更多的潜在观点(Piaget和Inhelder,1956)。

图6-1

自我中心主义有时会导致前运算阶段的儿童把自己的想法和感受强加于他人。前运算阶段的儿童有时会认为无生命的物体是有生命的,并且赋予它们类生命的属性,这种现象被称为万物有灵论(Piaget,1929)。我和3岁半的克里斯汀在一个雨天的对话内容说明了万物有灵论的特征。

克里斯汀：今天太阳很难过。

我：为什么？

克里斯汀：因为今天多云。他不能发光。他也看不见我！

我：你的三轮车呢？它开心吗？

克里斯汀：不开心。他也很伤心。

我：为什么？

克里斯汀：因为我不能骑他了。他一个人孤独地待在车库里。

由于她的自我中心主义，克里斯汀相信太阳和她的三轮车这样的物体和她一样能思考、有感觉。

前运算阶段的儿童在心理上也存在类似于"视野狭窄"的现象：他们往往只关注问题的一个方面，而忽略其他同样相关的方面。皮亚杰用"集中化"这一表述来形容这种狭隘的思想，这种思想是前运算阶段儿童的特征之一。皮亚杰在他的关于守恒的实验中证明了注意力的集中，测试儿童何时会意识到尽管物体（或一组物体）的表面特征发生了变化，但其核心特征保持不变。

给儿童出示两个大小相同的杯子，里面装了等量的果汁。当儿童承认两个杯子的量相等后，果汁就从一个杯子倒入更高、直径更小的杯子里。在又高直径又小的杯子里，果汁看起来不一样了——液面升高了。当然了，果汁的量是没有变化的。然而，前运算阶段的儿童通常会认为，又高直径又小的杯子比原来的杯子有更多的果汁。（而且，如果把果汁倒进一个直径更大的杯子里，前运算阶段的儿童会认为自己的那杯果汁变少了。）

这个过程发生了什么呢？根据皮亚杰的说法，前运算阶段的儿童的注意力集中在液面的高度上。如果果汁在倒出来后更高，前运算阶段的儿童认为现在的果汁一定比以前更多。因为前运算思维是狭隘的，这些儿童忽略了一个事实，即果汁液面的变化是伴随着杯子直径的变化而变化的。

集中化和自我中心主义是前运算阶段儿童思维的主要局限，但这些都在下一个阶段——具体运算阶段——得以克服。

具体运算阶段

在小学低年级阶段，儿童进入了一个认知发展的新阶段，这个阶段的儿童明显成人化，儿童色彩更少。在具体运算阶段，即7~11岁，儿童第一次使用心理操作来解决问题和进行推理。什么是对具体运算思维至关重要的心理操作？心理操作是使思维过程更系统、更有效的策略和规则。有些心理操作适用于数字。例如，加、减、乘、除都是具体运算阶段儿童使用的数学操作。有些心理操作适用于对象的类别。例如，种类可以相加（母亲+父亲=父母），种类也可以相减（父母−母亲=父亲）。还有一些心理操作适用于物体之间的空间关系。例如，如果A点在B点和C点附近，那么B点和C点一定很接近。

　　心理操作的另一个重要特性是它是可逆的。每个操作都有一个逆向的操作与之相对应，这个逆向操作可以"撤消"或逆转操作效果。例如，用5加3可以得到8，将步骤逆转，用8减去3，可以得到原来的数字5。在皮亚杰看来，这种可逆性适用于所有的思维操作。具体运算阶段的儿童能够以一种前运算阶段的儿童无法做到的方式逆转他们的思维。事实上，可逆的心理操作解释了为什么具体运算阶段的儿童能通过守恒测试：具体运算阶段的儿童明白，如果转换被逆转（例如，把果汁倒回原来的容器中），那么物体的量应该是恒定不变的。

　　具体运算思维比前运算思维更强大。记住，前运算阶段的儿童以自我为中心（相信别人看世界的方式和他们的一样），以他们的思维为中心；这些限制都不适用于具体运算阶段的儿童。但具体运算思维也有其局限性。具体运算思维，顾名思义，只限于有形的、真实的、此时此地的东西。具体运算阶段的儿童会采取"固定的、具体的、操作性的思维方式来解决问题"，"这种思维方式总是固定在那些可以看到的、能够直接推理的、就摆在面前的现实事件上"（Flavell，1985，第98页）。也就是说，具体运算阶段的儿童还不具备抽象和假设的思维方式。

> **Q&A 问题6.1**
>
> 3岁的雅米拉接电话的时候经常通过点头来回答问题。雅米拉的爸爸跟她解释说，电话那头的人看不到她，她需要说"是"或"不是"，但雅米拉还是总点头。让·皮亚杰如何向雅米拉的父亲解释这种行为？

形式运算阶段

　　形式运算阶段大致从11岁一直到成人时期，儿童和青少年把心理操作运用到抽象的物体中；他们进行假设性的思维，以演绎的方式进行推理。这些年轻人从具体和真实的事件中解放出来，探索事件的可能性；形式运算阶段的儿童明白现实并不是唯一的可能性。他们可以设想不同的现实，并检查这些命题的结果。例如，问一个具体运算阶段的儿童，"如果重力意味着物体会漂浮起来，会发生什么"或者"如果男人生孩子，会怎么样"，你很可能会得到孩子困惑或恼怒的表情，并得到诸如"不会——东西会掉下来"或"不会——女人才生孩子"。现实是具体运算思维的基础。相反，形式运算阶段的青少年使用假设性推理来探索物理或生物定律中根本变化的含义。

　　形式运算也允许青少年采取更复杂的方法来解决问题。这个阶段的青少年通过创造假设（一系列可能性）并测试它们来解决问题。皮亚杰（Inhelder 和 Piaget，1958）展示了青少年思维的这一方面，他给孩子几个烧瓶，每个烧瓶里装着相同的透明液体。他们被告知，某几种透明液体组合在一起会产生蓝色液体，他要求孩子思考怎样才可以组合成功。

典型的具体运算阶段的儿童会直接、随意地混合不同烧瓶里的液体。相比之下，形式运算阶段的青少年明白建立抽象的假设是非常关键的。问题不是倒液体，而是形成对不同液体组合的一系列假设，并系统地测试它们。青少年可能会把第一个烧瓶里的液体和其他烧瓶里的液体混合在一起。如果这些组合都不能产生蓝色液体，他就会将第二个烧瓶中的液体与剩下的每种液体混合。形式运算阶段的思考者将以这种方式继续下去，直到他找到产生蓝色液体的关键组合。

因为青少年的思维不仅仅与现实有关，所以他们能更好地根据前提进行逻辑推理并得出适当的结论。从事实中得出适当结论的能力被称为演绎推理。假设我们告诉一个人以下两个假设：

1. 如果你用锤子敲打玻璃杯，玻璃杯就会被打碎。
2. 唐用锤子敲打了一个玻璃杯。

正确的结论是"玻璃杯被打碎了"，这是形式运算阶段的儿童会得出的结论。具体运算阶段的儿童有时也会得出这样的结论，但这是基于他们的经验，而不是因为这个结论是逻辑推理的必然结果。要了解其中的区别，想象一下这两个假设：

1. 如果你用羽毛敲打玻璃杯，玻璃杯就会被打碎。
2. 唐用羽毛敲打玻璃杯。

根据这两个假设得出的结论"玻璃杯被打碎了"和从第一组假设中得出的结论在逻辑上是一样的。然而，在这个例子中，结论与实际情况不符——经验告诉我们的真实情况是相反的。处于具体运算阶段的10岁儿童不愿得出与已知事实相反的结论；他们根据自己对世界的了解得出结论。相比之下，处于形式运算阶段的青少年往往得出与事实相反的结论。他们明白这些问题是关于抽象实体的，不需要与现实世界的关系相对应。

假设推理和演绎推理是形式运算思维的强大工具。事实上，我们可以通过引用关于具体运算思维的描述来呈现形式运算思维的特点：处于形式运算阶段的青少年采用一种抽象、假设的方法来解决问题；他们不会被眼前的现实所束缚，相反，他们对不同的可能性和选择持开放态度。能够思考不同的选择使得有关青春期的生活方式和价值观的研究成为可能，这些话题我们将在本书后面部分探讨。

随着形式运算阶段的实现，皮亚杰理论中的认知发展宣告结束。青少年和成人随着年龄的增长而获得更多的知识，但在皮亚杰看来，他们的基本思维方式没有改变。表6-1总结了皮亚杰有关从出生到成人认知变化的观点。

表6-1 皮亚杰理论中认知发展的四个阶段

阶段	大致年龄	特征
感知运动阶段	从出生到2岁	婴儿对世界的认识建立在感觉和动作技能的基础上。在这一阶段结束时，婴儿使用心理表征并理解物体恒存性
前运算阶段	2~6岁	儿童学习如何使用符号，如单词和数字，来代表世界的各个方面，但还是只能从自我出发看待和这个世界的关系
具体运算阶段	7~11岁	只有在儿童关注此时此地时，他们才能理解经历，并对其进行逻辑运算
形式运算阶段	11岁及以上	青少年或成人都能够进行抽象思考，在假设的环境下进行推理，对于可能发生的事情进行演绎推理

皮亚杰对儿童发展的贡献

学习目标3：皮亚杰理论的恒久贡献是什么？这一理论有何缺陷？

皮亚杰理论在20世纪的大部分时间里主导了儿童发展研究和理论。正如一位专家所言，"皮亚杰的许多贡献已经成为当今我们看待认知发展方式的一部分，以至于我们认为它们的存在理所当然"（Flavell，1996，第202页）。皮亚杰的三项贡献值得我们关注（Brainerd，1996；Siegler 和 Ellis，1996）。

- 认知发展本身的研究。在皮亚杰之前，儿童发展科学家很少关注认知发展。皮亚杰说明了为什么认知过程是发展的核心，并提供了一些可以用来研究的方法。
- 对儿童的新看法。皮亚杰强调了建构主义，这一观点认为儿童是自身发展的积极参与者，他们系统地构建了对自身世界更加复杂的理解。这种观点现在已经渗透到关于儿童的所有思考中（程度之深，以至于它成了本书的主题之一），而这一想法其实是从皮亚杰开始的。
- 有意思但往往意想不到的发现。皮亚杰的研究引起如此多关注的一个原因是，许多发现完全出乎意料，成为儿童发展研究人员无法抗拒的谜团。例如，研究人员测试了成千上万名孩子，试图理解"是A非B"错误和为什么儿童不能完成守恒任务。用一位专家的话来说，"皮亚杰在发掘有意思和重要的发展进程方面拥有最杰出的经验"（Flavell，1996）。

培养认知发展概念的教学实践：皮亚杰理论在教育上的应用。皮亚杰的贡献不止于研究。事实上，他的认知发展观点有助于识别能促进认知发展的教学实践。

- 促进而不是指导儿童的学习。认知发展发生在儿童构建自己对世界的理解时，因此教师的角色是创造环境，让儿童自己发现世界是如何运作的。老师不应该简单地告诉孩子加法和减法是互补的，而应该向孩子们提供能让他们自己发现互补的材料。

- 在教学时认识到个体差异。不同儿童的认知能力发展速度不同。因此，针对整个班级的教学往往对一些学生来说是无聊的，对另一些学生来说太具挑战性。为每个学生量身定制的教学是最有效的。对于课堂上的一些学生来说，加法的教学目标可能是掌握基本的事实；对其他人来说，可能是学习一些性质，如交换性和结合性。

- 对儿童的学习意愿保持敏感。只有当儿童能用他们当前的认知结构来解释经历时，他们才能从经历中获益。因此，最好的教学实践是略高于儿童目前的思维水平。当儿童开始掌握基本的加法时，不要直接跳到减法，而应该先去做稍微难一点的加法题目。

- 重视探索和互动。当儿童发现自己思维中的矛盾和错误时，他们的认知能力会特别迅速地增长（Legare，Gelman和Wellman，2010）。因此，教师应该鼓励孩子们去观察他们思维的一致性，然后让儿童带头找出不一致的地方。如果儿童在做借位减法题时犯了错误，老师不应该直接纠正错误；相反，老师应该鼓励孩子大量观察这些错误，以发现自己做错了什么。

皮亚杰理论的缺陷

虽然皮亚杰对儿童发展具有重大贡献，但其理论中的一些元素弊大于利（Miller，2011；Newcombe，2013；Siegler和Alibali，2005）。

- 皮亚杰的理论低估了婴幼儿的认知能力，同时高估了青少年的认知能力。在皮亚杰理论中，认知发展在儿童早期是稳定的，但不会特别快。相比之下，现代儿童发展科学的一个主题是对能力非凡的婴幼儿展开研究。通过使用更细微的任务，现代研究人员已经发现，婴幼儿的认知能力远远超过皮亚杰理论的预期。例如，我们会在模块6.3中看到婴儿对物体的理解比皮亚杰认为的要深刻得多。然而，矛盾的是，皮亚杰高估了青少年的认知能力，他们往往不能根据形式运算原则进行推理，最终只能用不那么复杂的推理思考。例如，我们将在模块7.2中看到青少年经常让自己的信念误导自己的推理。

- 皮亚杰理论有关变化机制的表述模糊。该理论的许多关键组成部分，如顺应和同化，被证明过于模糊，无法进行科学验证。因此，科学家们放弃了，转而采用其他更容易评估的认知过程，并对儿童的思维提供更令人信服的解释。
- 皮亚杰的阶段模型没有解释儿童表现的可变性。在皮亚杰看来，智力发展的每个阶段都有其独有的特征，这些特征会在儿童所做的一切事情上留下印刻。前运算思维的定义是自我中心主义和集中化；形式运算思维的定义是抽象和假设推理。因此，孩子在不同任务上的表现应该是一致的。事实上，孩子的思维远没有达到这种一致性。他们的思维可能在某些领域复杂，在其他领域却很幼稚（Siegler，1981）。这种不一致并不支持皮亚杰的观点，即儿童的思维应该始终反映其当前认知发展阶段的鲜明印刻。换句话说，认知发展并不像皮亚杰认为的那样是阶段性的。
- 皮亚杰理论低估了社会文化环境对认知发展的影响。回到儿童作为科学家的隐喻，皮亚杰将儿童描述为一个孤独的科学家，不断地试图弄清自己的理论如何与数据和经历相协调。事实上，孩子理解世界的过程，远比皮亚杰所描述的更具社会性。他们对世界的理解受到了与家庭成员、同伴和老师互动的深刻影响，也受到文化价值观的影响。皮亚杰理论并没有完全忽视这些社会和文化力量，但它们在理论中并不突出。

鉴于这些批评意见，许多研究人员在研究认知发展方面采取了几种不同的路径。接下来我们将探讨三种与皮亚杰理论相关的研究方法。

✓ 检测你的学习

回忆：在皮亚杰理论中，认知发展的阶段是什么？它们的标志性特征是什么？总结皮亚杰认知发展理论的主要缺陷。

解释：皮亚杰认为儿童主动参与自身的发展。感知运动阶段的儿童对该过程的贡献与形式运算阶段的儿童相比有何不同？

应用：根据你对皮亚杰理论的了解，你认为他在模块1.3中讨论的连续性-非连续性问题上的立场会是什么？

6.2 认知发展的现代理论

学习目标

学习目标4：在维果茨基的社会文化理论中，成人和其他人如何影响儿童的认知发展？
学习目标5：根据信息加工心理学家的研究，思维是如何随着发展而变化的？
学习目标6：儿童对物理学、心理学和生物学持有哪些朴素理论？

大纲

维果茨基的社会文化理论
信息加工理论
核心知识理论

4岁的维多利亚喜欢和爸爸一起玩拼图游戏。她自己能完成容易的拼图，但她在玩更难的拼图时经常遇到困难，所以她的父亲帮助她——他把正确的拼图放在一起，并提醒维多利亚去找边框的拼图。在失去兴趣之前，维多利亚可以完成10~12个拼图，然后高兴地告诉她的妈妈，她是如何一步步拼成的。在这些马拉松式的拼图游戏之后，维多利亚的父亲常常会感到很吃惊，语言能力这么强的小朋友竟在有难度的拼图中焦头烂额。

许多理论都建立在皮亚杰开创性研究的基础上。我们将探讨三种不同的理论方法，每种方法都旨在超越皮亚杰的理论来研究认知发展。与此同时，你将了解更多关于维多利亚的认知和语言技能的奥秘。

维果茨基的社会文化理论

学习目标4：在维果茨基的社会文化理论中，成人和其他人如何影响儿童的认知发展？

儿童发展科学家通常将儿童发展视为一段可以沿着许多不同路径进行的旅程。正如我们所见，在皮亚杰理论中，儿童独自与物质世界互动。其他人肯定会影响孩子的发展方向，但孩子被认为是孤独的冒险家——大胆向前的探险家。

而从社会文化的角度来看，儿童是他们所在文化的产物：儿童的认知发展不仅与社会互动紧密相连，也离不开儿童所处的文化背景。文化背景通过几种方式影响认知发展。第一，文化往往决定了哪些认知活动是有价值的：美国年轻人应该学会阅读，而不是通过抬头看星来找寻方向（Gauvain 和Munroe，2012）。第二，文化提供了塑造儿童思维方式的工具（Gauvain和Munroe，2009）。例如，孩子用来解决算术问题的认知能力，取决于他们的文化是否提供了算盘、纸、笔或手持计算器。第三，更高层次的文化实践帮助儿童组织他们的知识并与他人交流。例如，在大多数美国学校，学生需要独自思考和做事，而不是合作（Matusov，Bell和Rogoff，2002）。因此，"文化背景在多层次上渗透人类的智力功能及其发展，其实现方法是组织许多有序的个人和社会实践"（Gauvain，1998，第189页）。

在第1章中出现过的俄罗斯心理学家列夫·维果茨基（Lev Vygotsky，1896—1934）提出了最原始的社会文化理论之一，这一理论至今仍然很有影响力。维果茨基将发展视为一种学徒过程，当孩子与更有技能的人合作时，他们就会进步。也就是说，根据维果茨基（1978）的观点，儿童的发展从来不是一段孤独的旅程。相反，孩子总是和其他人一起旅行，当他们和一个专业的伙伴手拉手走路时，他们通常进步最快。维果茨基和其他社会文化理论家认为，认知发展的社会性质体现在主体间性这一概念中，即活动参与者之间相互的、共享的理解。当维多利亚和她的父亲一起玩拼图游戏时，他们分享了对活动的目标以及在玩拼图游戏中各自角色的理解。这样的共同理解使得维多利亚和她的父亲能够以互补的方式玩拼图游戏。这种互动体现了指导性参与，即儿童的认知成长来自与比他们更有技能的人一起参与有组织的活动。通过指导性参与，儿童从别人那里学习如何将新的经历和新的技能与他们的认知联系起来（Rogoff，2003）。一个孩子从同伴那里学习一个新的电子游戏，或者一个青少年从伙伴那里学习一个新的空手道动作时，也能体现指导性参与。

维果茨基死于肺结核，享年37岁，所以他从未有机会像皮亚杰那样建立一套完整的认知发展理论。然而，他的观点之所以具有影响力，是因为它们填补了皮亚杰关于认知发展的一些空白。维果茨基的三个最重要的贡献是最近发展区、支架式教学和自我言语。

最近发展区

安吉拉喜欢辅导她11岁的儿子做数学作业。大部分工作是她儿子做的，但安吉拉经常给他一些提示。例如，她可能会帮他决定需要哪些算术运算。当安吉拉的儿子试图独自解决这些问题时，他很少成功。安吉拉的儿子在帮助下能做的事情和他自己能独立做的事情之间的差异被称为最近发展区。也就是说，"区"是指儿童在独立工作时所能达到的水平与其在更熟练的成人或同伴的指导下工作时可能达到的更高水平之间的差异（Daniels，2011；Wertsch和Tulviste，1992）。

例如，一个学龄前儿童被要求打扫她的卧室。她不知道从哪里开始着手。通过给孩子安排任务——"先把书放好，然后是玩具，最后是脏衣服"——一个成人可以帮助儿童完成她自己做不到的事情。同样，最近发展区域解释了为什么维多利亚在爸爸的稍微帮助下能完成困难的拼图。就像辅助轮让儿童把注意力集中在骑自行车的其他方面从而帮助他们学习骑自行车一样，协作者通过提供结构、提示和提醒来帮助儿童有效地表现。

"最近发展区"的概念有一个基本前提，即认知首先在社会环境中发展，然后才逐渐在儿童的独立控制下发展。要理解从社会学习到个人学习的转变是如何发生的，就不得不提维果茨基的第二个关键贡献。

支架式教学

你是否有幸与厉害的老师一起学习，这位老师似乎知道什么时候说正确的话来帮助你克服障碍，但又能让你不受干扰地学习？

支架式教学指的是一种与学生需求相匹配的教学方式。在学习一项新任务的早期，当一个孩子知道的很少的时候，老师会提供了很多直接的指导。但是，当孩子开始掌握这项任务时，老师提供的指导将变少，只有偶尔的提醒（Gauvain，2001）。

我们之前已经看到，父母帮助学龄前儿童打扫房间时必须提供详细的指导。随着儿童完成这项任务的次数越多，父母需要提供的指导就越少。同样，当高中生第一次尝试做几何证明时，老师必须引导他们完成每一步；当学生开始了解如何证明并能自己做更多的证明时，老师提供的帮助就变少了。

世界各地的父母都在使用支架式教学方式吗？

如果是，他们使用的方法如一吗？"文化影响"专栏将回答这些问题。

文化影响

不同文化背景下的父母在使用支架式教学方式指导孩子学习方面存在哪些差异？

巴巴拉·罗戈夫（Barbara Rogoff）和她的同事（1993）进行的跨文化研究表明，在许多文化中，父母和其他成人使用支架式教学，但他们使用的方式不同。这些研究人员在四种不同的环境中研究了父母和1~2岁的孩子：美国的一个中等城市、印度的一个小部落村庄、土耳其的一个大城市，以及危地马拉的一个小镇。作为研究的一部分，父母试图让他们的孩子操作一种新奇的玩具（例如，拿绳子一拉就会跳舞的木制娃娃）。关于父母应该怎样引导，没有任何规则和提示，父母可以自由选择引导或者根本就不参与。

父母是怎么做的？在这四种不同的环境中，绝大多数人的父母都试图采用支架式教学来引导孩子学习，他们要么把困难的任务分成更容易的子任务，要么自己完成部分任务，尤其是比较复杂的部分。然而，如图6-2所示，不同文化背景的父母使用支架式教学方式不同。土耳其父母给予最多的是口头指导，也会做一些手势（指指点点、点头和耸肩）。美国父母也使用这些方法，但用得相对较少。土耳其父母和美国父母几乎从不触摸（如轻推孩子的胳膊肘）或注视（使用眼神交流，如眨眼或盯着看）孩子。印度父母在使用支架式教学方式时，语言、手势、触摸和注视的次数似乎大致相当。危地马拉父母也会使用这几种方法，总的来说，危地马拉父母提供了最多的协助。显然，世界各地的父母都试图为他们的孩子简化学习任务，但他们使用的支架式教学方式因文化而异。

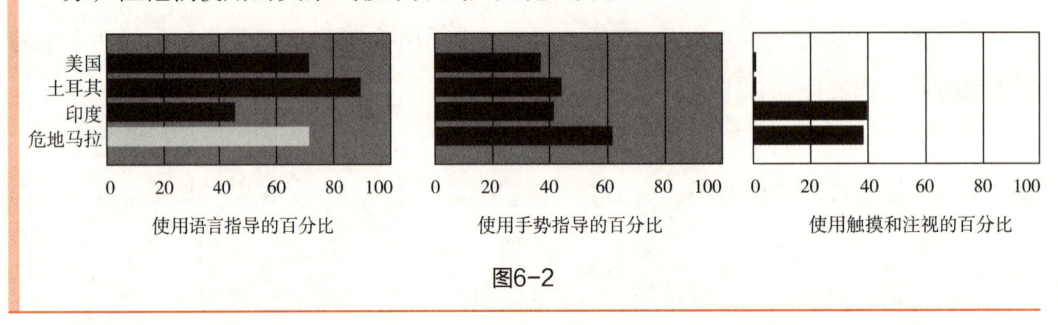

图6-2

支架式教学的标志性特征就是给予帮助但不超过所需，这明显能够促进学习（Cole，2006）。如果人们不断被告知该做什么，或者总是在没有帮助的情况下独自解决问题，那么他们就不容易掌握。然而，当教师与他们合作时——让孩子在掌握不同元素的同时承担越来越多的任务——他们会学得更有效率（Murphy和Messer，2000）。无论是在学校这样的正式环境中，还是在家庭或操场这样的非正式环境中，支架式教学都是将他人的技能转移给孩子的一种重要手段（Bernier，Carlson和Whipple，2010）。

自我言语

很多孩子喜欢一边玩一边自言自语。这种行为表现被称为自我言语，不是针对他人的，目的是帮助儿童规范自己的行为。维果茨基认为，自我言语是迈向认知技能自我调节的中间阶段（Fernyhough，2010）。首先，儿童的行为是由别人针对他们的言语来规范的。其次，当青少年第一次试图在没有他人在场的情况下控制自己的行为和思想时，他们通过大声说话来指控制自己的行为。最后，随着孩子们获得越来越高级的技能，自我言语变成了内部语言，维果茨基把这定义为思维。

如果儿童使用自我言语来帮助控制他们的行为，那么我们应该看到孩子更多的是在困难的任务上而不是简单的任务上使用自我言语，且更多的是在犯错误后而不是得出正确的回答后使用。这些预测在研究中得到了普遍的支持（Berk，2003），研究证明了语言在帮助孩子学会控制自己的行为和思维方面的作用。

维果茨基认为认知发展是一种学徒过程，是老手和新手之间的一种合作，这对模块6.1中皮亚杰关于认知发展的观点进行了补充。和皮亚杰的理论一样，维果茨基的观点对帮助儿童学习也有一些启示。我们已经看到，教师的主要任务是支持学生的学习，而不是指导学生的学习。换句话说，老师应该提供一个让学生自己学习的环境，同时也需要找到一个中间地带：介于老师给学生提供过多的指导（例如，"你该这样做，这是正确答案"）和太少的指导（"自己想办法"）之间，因为在这两种情况中学生能学到的很少。所以，老师需要确定儿童目前的知识，并以建议、问题或活动的形式提供经验，推动儿童进行更复杂的理解（Polman，2004；Scrimsher和Tudge，2003）。

维果茨基也强调，学习是学生共同努力的一种合作活动。这一点可能更具重要性。有时这种合作采取同伴辅导的形式，学生互相指导。导师通常会对他们教授的主题有更丰富和更深的理解；被指导者也会从中受益，部分原因是教学是一对一的，同时被指导者更愿意在解释不清楚的情况下告诉同伴。

另一种形式的合作学习包括学生小组共同完成项目（如小组报告）或实现共同目标（如制定教室规则）。这些活动帮助学生承担项目责任，成为优秀的"团队成员"。学生还可以学习考虑不同的观点，以及如何解决冲突。

合作学习对学生是有益的。他们的学习成绩确实提高了（Rohrbeck等，2003）。更重要的是，合作学习提高了学生的自我概念——他们感觉自己能力更强了——他们也学习了社会技能，像谈判、建立共识和解决冲突（Ginsburg-Block，Rohrbeck和Fantuzzo，2006）。

信息加工理论

学习目标5：根据信息加工心理学家的研究，思维是如何随着发展而变化的？

在模块6.1中，我们看到皮亚杰提出的变化机制（顺应、同化和平衡）是模糊的，而且很难进行科学研究。因此，识别成长机制一直是儿童发展科学家的优先事项，并且在20世纪60年代，研究人员首次开始使用计算机系统来解释思维是如何发展的。正如计算机是由计算机运行的硬件和软件组成的一样，信息加工理论认为人类的认知由心理硬件和心理软件组成。图6-3显示了信息加工心理学家如何使用计算机类比来检验人类的认知能力。大脑硬件有三个组成部分：感觉记忆、工作记忆和长时记忆。

感觉记忆所存储的是没有进行过分析的原始信息，存储的时间非常短暂（不超过几秒）。比如，当你握紧拳头的时候看着你的手，然后迅速松开（让手指伸展开），接着再迅速握紧。

如果仔细观察，你会短暂地看到松开手后手指印在手掌上。这就类似于储存在感官记忆中的一个印象。

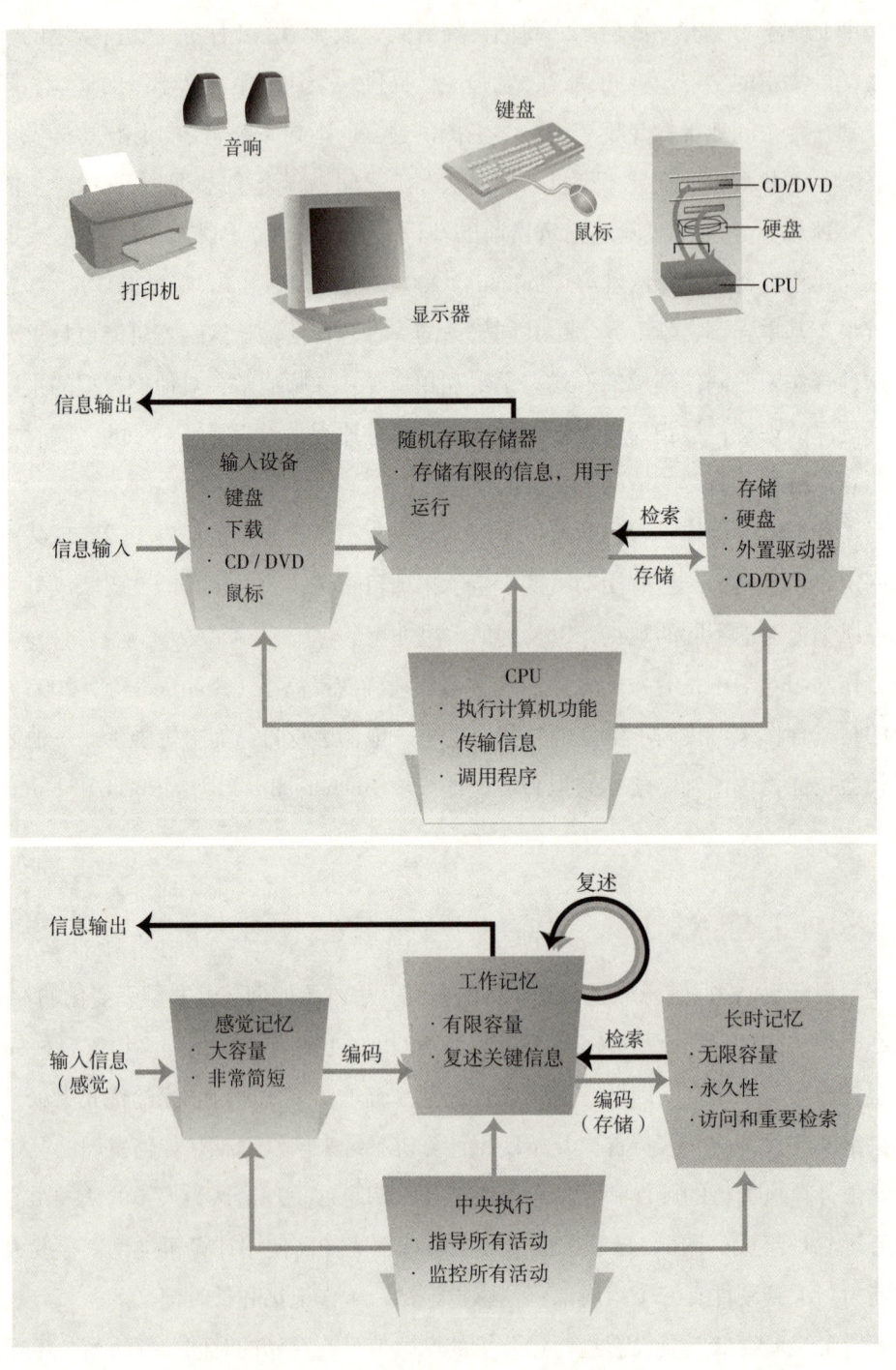

图6-3

工作记忆是正在进行的认知活动。在个人计算机中，随机存取存储器保存着我们正在使用的软件，并存储着这些软件所使用的数据。同理，工作记忆既包括正在进行的认知过程，也包括认知过程所需要的信息（Baddeley，2012）。例如，当你阅读文章时，部分工作记忆被分配给了负责确定单个单词含义的认知过程，工作记忆还会简要地储存这些分析的结果，同时被其他认知过程用来赋予句子意义。

长时记忆的容量是无限的，它是永久存储世界知识的仓库。长时记忆就像计算机的硬盘驱动器，是一个相当永久的程序和数据仓库。这包括事实［例如，查尔斯·林德伯格（Charles Lindbergh）在歌曲《圣路易斯精神》的鼓舞下飞越了大西洋］、个人事件（例如，"我在1999年7月搬到了马里兰"）以及技能（例如，如何演奏大提琴）。

尽管长时记忆中的信息有时很难获取，可一旦获取将很少被遗忘。例如，你还记得一位开创了循环耕作并发明了花生酱的非裔美国农业化学家的名字吗？如果想不起他的名字，看看下面的人名：

Marconi（马可尼）　Carver（卡佛）　Fulton（富尔顿）　Luther（路德）

现在你知道答案了吗？就像书有时会在图书馆里放错地方一样，你有时在长时记忆中找不到一个事实。不过，给你一串名字，你就可以直接在长时记忆中找到与每个名字相关的位置，确定哪个是著名的化学家。

协调所有这些活动的是中央执行（也称执行功能），它指的是模块5.2中提到的执行网络，类似于计算机的操作系统（如Windows或Linux）。执行功能有三个相关组成部分：抑制不当的想法和行为；从一个行动、想法或任务转移到另一个；更新工作记忆内容（Bull和Lee，2014）。

当儿童思考时——无论是阅读、寻找去朋友家的路，还是决定吃什么甜点，图6-3所示的系统都会参与其中，这一系统通常与针对特定任务而设计的专门策略相结合。例如，阅读需要运用一些策略来识别与特定字母相关的声音；寻路技术要求使用识别熟悉地标的策略来验证自己是否"在路线上"。因此，从信息加工的角度来看，思维涉及图6-3所示的实现专门策略的通用系统，正如计算机是运行专门软件（如文字处理软件、绘图软件）来完成不同任务的通用系统一样。

信息加工是如何随人的发展而变化的

对于皮亚杰来说，顺应、同化和平衡促成了与年龄相关的向越来越复杂的思维稳步前进的过程。相比之下，信息加工心理学家则表述了驱动认知发展的几种机制（Halford和Andrews，2011；Siegler和Alibali，2005）。让我们来看看其中的一些。

更好的策略

年龄较大的儿童通常会使用更好的策略来解决问题（Bjorklund，2012）。也就是说，随着儿童的成长，他们会使用更快、更准确、更容易的策略。例如，在一个拥挤的礼堂里寻找家长，年幼的孩子可能会搜索每一排人，仔细地看每个人；年龄大一点儿的孩子可能会记得父母穿着紫色毛衣，因此只看穿紫色衣服的人。最终两个孩子都可能找到父母，但年龄大一点儿的孩子的方法更有效。因此，随着孩子年龄的增长和知识的增长，他们的心理软件会变得更复杂、更强大，就像PowerPoint的当前版本比PowerPoint 1.0（1987年发布时只有黑白版本）强大得多一样。

儿童如何学习更有效的策略？当然，家长和老师经常帮助青少年学习新的策略。通过构建儿童的行为并提供提示，成人展示了新的策略以及如何最好地使用它们。然而，青少年也可以通过观察和与能力更强的儿童一起工作来学习新的策略（Tudge，Winterhoff和Hogan，1996）。例如，儿童和青少年通过观看他人玩电子游戏来学习好的游戏策略。孩子也会自己发现新的策略（Tsubota和Chen，2012）。例如，我女儿5岁时，我看她在一本语言练习册上匹配单词及其反义词。单词和反义词数量相同，所以她很快就学会了把最后一个单词和剩下的一个反义词连起来，都不用去思考两者的意思。

更有效的执行功能。执行功能在儿童时期稳步提升。随着儿童的成长，他们能够更好地抑制不当的想法或行为。例如，年龄稍大的孩子可以更好地忽略周围同学的窃窃私语，听从老师的指示。同样，随着发展，儿童在从一项任务转移到另一项任务时变得更加灵活。举例来说，年龄稍大的孩子能更顺利地从练习算术过渡到写一篇短篇故事。最后，更新信息的能力也会随着年龄的增长而提升：年龄更大的女篮运动员在每队投球后能够更好地在脑海中更新比赛得分（Diamond，2013）。这些与年龄相关的执行功能的改善促进了许多认知发展变化，包括推理能力的提高和对学术技能的掌握（Bull和Lee，2014；Richland和Burchinal，2013）。

自动加工的水平提高。回想一下你学习一项新技能的时候，如如何打字，首先，你必须考虑这一过程中的每一步，记住每个字母的位置，并决定用哪个手指。但是，随着你技能的提高，每一步都变得更容易，直到你可以不用考虑每个字母的位置就可以打字；你的手指似乎会自动按正确的顺序移动到正确的键上。几乎不需要任何努力的认知活动被称为自动加工。

为了理解自动加工是如何影响发展变化的，我们需要回到工作记忆这个话题。在学习技能的早期阶段，每个步骤都必须储存在工作记忆中。因为有这么多的步骤，一项未掌握的技能往往会占用大量的工作记忆。相比之下，当一项技能被掌握后，工作记忆中不再存储单个步骤，而为其他活动留下可用空间。

与青少年和成人相比，儿童在大多数任务上的经验有限，所以他们很少能自动执行一些过程。相反，他们的加工需要很大的工作记忆容量。然而，随着孩子不断积累经验，一些过程会变得自动化，从而释放出工作记忆容量，用于其他过程（Rubinstein 等，2002）。因此，当面对涉及多个过程的复杂任务时，年龄较大的孩子更有可能成功，因为他们可以自动执行其中的一些过程。而年幼的孩子必须考虑全部或大部分的过程，这使他们的工作记忆不堪重负，甚至超出了其能力范围。

加工速度的加快。随着儿童的逐渐发展，他们会以更快的速度完成大多数心理过程（Cerella 和 Hale，1994）。当我们测量不同年龄的儿童对任务的反应速度时，这一增速尤其明显。在一系列的认知任务中，如判断两个数字中哪个更大、命名图片中的物体以及搜索记忆，4~5岁的孩子的加工速度通常是成人的1/3，而8~9岁儿童的加工速度是成人的1/2（Kail 等，2013）。

当必须在固定时间内完成指定数量的动作时，加工速度的年龄差异就显得至关重要。例如，也许你曾碰到过一位讲课速度极快的教授并试图理解他的话。教授讲话速度太快了，你的认知过程跟不上，这意味着你没有从课堂上学到很多东西。这个问题对儿童来说更为严重，他们加工信息的速度比成人慢得多。

表6-2所示的四种发展变化类型提到了驱动儿童和青少年认知发展的强大机制。这些机制使认知能力随着年龄的增长而稳步提高。与皮亚杰的理论相反，这里不存在突然的或质的变化来创造不同的认知阶段。

表6-2 信息加工中发展变化的类型

发展变化的类型	定义	示例
更好的策略	年龄稍大的儿童使用更快、更准确、更容易的策略	年幼的儿童可能会"读出"一个单词的拼写，但是年龄大一点儿的儿童可以直接从记忆中检索它
更有效的执行功能	年龄稍大的儿童更擅长抑制、转移和更新	老师要求儿童重新排版自己的作业（例如，把他们的名字写在页面上不同的位置），年龄稍大的儿童更能适应新的格式
自动加工水平的提高	年龄稍大的儿童自动执行更多的过程（不使用工作记忆）	当要求儿童去睡觉时，年龄稍大的儿童会完成所有睡前任务（如刷牙、穿睡衣），同时思考其他事情，但是年幼的儿童更专注眼前的任务以及下一步该做什么
加工速度的加快	年龄稍大的儿童比年幼的儿童更快完成心理过程	给年龄稍大的儿童看一张狗的照片，他们能更快地说出"狗"

最后，信息加工研究人员会对模块开始故事中的小主角维多利亚说些什么呢？他们可能想要解释为什么她觉得有些拼图比其他的要难。根据我们研究的发展机制，他们会注意到复杂的拼图可能需要更复杂的策略，而这些策略对于维多利亚有限的工作记忆能力来说要求过高。然而，随着她和她爸爸完成越来越多的拼图，这些复杂策略的一些部

分可能会自动化，使维多利亚更容易使用策略。

核心知识理论

学习目标6：儿童对物理学、心理学和生物学持有哪些朴素理论？

想象一下，一个12岁的女孩：（1）试图为她的新iPad下载应用程序；（2）想知道她爸爸今天为什么不高兴；（3）想带她的宠物狗去散步。根据皮亚杰和大多数信息加工理论，即使儿童的思维内容包括物体、人和宠物，但在每种情况下，都是相同的基本思维机制在起作用。在这个观点中，不同类型的知识就像不同种类的汽车——它们有无数的品牌、型号和颜色，本质上它们都是由发动机、四个轮子、门、窗等部分组成的。

Q&A 问题6.2

15岁的奎因刚刚拿到了驾照，他真的很喜欢开车。在大多数情况下，他的父母都对他的表现表示满意，但他们绝对不让他在开车时听广播。奎恩觉得这是个愚蠢的规定。你认为呢？

与这一观点相反，核心知识理论提出了独特的知识领域，其中一些是在生命早期获得的（Newcombe，2013；Spelke和Kinzler，2007）。这种观点认为，知识更像更广泛的汽车类别：很多知识是通用的，就如存在大量的汽车。但也有不同的、专门的知识形式，如公共汽车、卡车和摩托车。回到我们刚假设的12岁女孩，核心知识理论家会认为她对物体、人和宠物的思考可能反映了其截然不同的思维方式。

核心知识理论的创立，在某种程度上，是为了说明大多数儿童在生命早期获得某些知识相对容易。例如，学习语言（母语，而不是第二语言）而非微积分。大多数孩子都能学会说话，而且似乎不怎么费力。事实上，不会说话是一种非典型发展的迹象。（你听到过一个3岁的孩子抱怨学说话太难吗？）相比之下，掌握微积分的人相对较少，通常只有经过数小时的努力才能解决一个又一个的问题。

根据核心知识理论家的观点，某些形式的知识对人类的生存非常重要，以至于专门系统会通过进化以简化对这些知识形式的学习。以语言为例，在整个人类历史中，口头交流非常重要，因此心智结构的进化简化了语言学习。其他具有进化意义的知识领域还包括对物体的认知和对人的简单理解。

这些心智结构或模块的本质非常具有争议性。一些核心知识理论家认为，它们就像计算机上的数学或图形协处理器：它们被预先连接起来，能够有效地分析一种数据（计算机的数字和图像），但不能分析其他数据。例如，语言模块会对语音很敏感，并预先设置从单词序列中推导出语法规则。对于这些特殊心理结构的另一种观点则借鉴了皮亚杰的比喻，认为儿童是创造世界非正式理论的科学家。然而，核心知识理论家认为，儿童的理论聚焦于核心领域，而不是像皮亚杰所说的那样包罗万象。而且，在创造理论时，儿童并不是从零开始的；相反，一些固有的原则会提供起点。例如，婴儿早期的物体理论似乎植根于一些关键的原则，如内聚原则，即物体相互连接，会整体移动（Spelke和Kinzler，2007）。这两种关于心智结构的观点可能都是正确的，也就是说，某些形式的知识可能用模块化来形容更为恰当，但其他形式的知识可能更符合儿童作为科学家的观点。

哪些知识领域有这些特殊的心智结构？语言是科学家确定的第一个核心领域；儿童掌握语言能力的过程有很多值得学习的东西，我用了整整一章（第9章）来讲述这一内容。此外，许多儿童发展研究人员一致认为，儿童可以快速地获取关于物体、人和生物的知识。也就是说，他们创造了物理学、心理学和生物学的非正式或朴素的理论。就像语言一样，获取这些领域的知识对人类的生存至关重要：朴素物理学让儿童能够预测物体在环境中移动的位置和方式；朴素心理学让儿童能够更好地与他人互动；朴素生物学对于避开掠夺者和保持健康很重要。

最后，如果核心知识理论家要评论维多利亚（模块开篇小故事），他们会强调她复杂的语言技能和相对不发达的拼图技能之间的差异。语言代表着一个重要的进化领域，所以维多利亚的早熟并不奇怪；拼图并不是一个具有进化意义的专门领域，这解释了她在这项任务中相对缺乏技能。

我们将在模块6.3中看到核心领域的知识如何随着发展而变化。现在，表6-3回顾了我们在模块6.2中探索的三个理论的特点。

表6-3　现代认知发展理论的特点

视角	特点
维果茨基的社会文化理论	将认知发展视为一项社会文化事业；专家使用支架式教学方式帮助新手获取知识；儿童通过自我言语规范自己的思维
信息加工理论	源于计算机的隐喻，看待认知变化的角度包括：更好的策略、更有效的执行功能、自动加工水平的提高和加工速度的加快
核心知识理论	认为认知发展是与生俱来的，目的是要更容易地获取涉及进化重要性的专业知识，如语言、物体的信息和对人的理解

当你思考表6-3中列出的三个理论时，请记住，每个都在一个独特的方向上超越了皮亚杰的理论。维果茨基的社会文化理论将认知发展研究的焦点从单个儿童扩展到被他人及其所代表的文化包围的儿童；信息加工理论将发展机制的重点从顺应和同化扩展到执行功能、加工速度等心理硬件和心理软件的发展机制上；核心知识理论将焦点扩大到识别具有进化意义的知识的不同领域。因此，这三个理论对认知发展提供了补充性而非

竞争性的解释。

193页问题的答案。 乔治·华盛顿·卡佛（George Washington Carver）是在塔斯基吉理工学院（Tuskegee Institute of Technology）任教期间首创循环耕作的农业化学家。

✓ 检测你的学习

回忆： 哪三个概念是维果茨基社会文化理论的重要方面？

核心知识理论家确定了哪些专门的知识领域？

解释： 从信息加工的角度来看，发展机制是强调先天还是后天，抑或两者都强调？

应用： 信息加工理论家如何解释社会文化对认知发展的影响（如支架式教学）？

6.3 理解核心领域

学习目标

学习目标7：婴儿对物体的本质理解是什么？

学习目标8：儿童在什么时候可以区分生物和非生物？他们是如何做到的？

学习目标9：儿童是如何获得心智理论的？

大纲

理解物体及其属性

理解生物

理解人

艾米是一家产品评论杂志的记者，她被指派写一篇关于不同种类的"吸管杯"的报道。吸管杯是一种带有盖子和喷嘴的防溢塑料杯，非常适合正在学习使用杯子的婴儿。艾米带了12个不同的吸管杯回家，和她14个月大的儿子一起用一天。她发现有些杯子的效果确实比其他的好，但令她没有想到的是，第一天之后，她的儿子就知道怎么使用杯子了。尽管在颜色、大小和形状上有所不同，但他显然知道每一个都是吸管杯，因为他能够马上把每一个新的杯子拿到嘴里并开始喝水。艾米不知道他是怎么做到的。

这个世界充满了各种各样的"物体"，包括吸管杯、猫和篮球运动员。识别同一物体的不同类型对幼儿来说至关重要。通过知道一个物体属于哪个类别，我们能够了解它的一些属性，包括它可以做什么，以及我们可能在哪里找到它。例如，艾米的儿子很快就学会了使用吸管杯的基本要领。后来，他认出了每个不同的杯子都属于吸管杯的一般类别，并且知道该怎么用它们。如果他不能归类，那每一种体验都将是全新的——看到又一个稍有不同的吸管杯，他就需要弄清楚如何使用它，就像它是一个独特的新物体一样。

婴儿如何产生分类概念？他们通过感知特征及其结构找到重要线索。例如，一个吸管杯，由一个一端有喷口的圆筒组成。当婴儿了解了这些特征以及它们之间的联系后，就可以辨别出吸管杯，而不管它们的颜色或大小（Quinn，2004，2011）。同样，儿童也能学习区分特征，如狗和猫，花和椅子。人们普遍认为，婴儿的第一个分类是具有许多相似感知特征的物体群——"狗"这一类就是包括有独特鼻子的四条腿的动物，"树"这类则是有枝条、覆盖着树皮的大型物体（Rakison和Yermolayeva，2010）。

感知特征并不是儿童分类的唯一基础。功能也很重要。当两个物体看起来不同，却具有相同的功能时（如摇晃时发出相同的声音），儿童会认为它们属于同一类别。同样，当成人用同一个词给看起来不一样的物体贴上标签时，儿童会认为这些物体属于同一类别（Gelman和Meyer，2011）。

儿童最早的分类基准通常很简单，即物体看起来相似或有相似的功能，如树、花、狗、鸟、汽车和椅子。但儿童知道树和花属于更普遍的植物类别，也知道狗和鸟属于更普遍的动物类别（Mareschal和Tan，2007）。与此同时，儿童知道，他们的初始类别还可以再细分，例如，花包括玫瑰、郁金香和雏菊。

在本模块的剩余部分，我们将看到婴儿和稍大的儿童如何使用这些分类技能将世界划分为不同领域，并在这些领域内创建理论。我们将一同探讨婴儿对物体、生物和人的认识。

理解物体及其属性

学习目标7：婴儿对物体的本质理解是什么？

作为成人，我们对物体及其属性了解很多。例如，我们知道如果把一个咖啡杯放在桌子上，除非有人动它，否则它不会自己移动，也不会凭空消失。我们不会在半空中放下咖啡杯，因为我们知道，一个没有支撑的物体会掉下来。婴儿对这些特性的理解引起了儿童发展研究人员的兴趣，部分原因是皮亚杰声称婴儿对物体理解的发展相当缓慢，需要好几个月才能完成。然而，其他研究人员已经使用了巧妙的方法来证明婴儿理解物体的时间比皮亚杰声称的要早得多。例如，勒内·拜拉贡（Renee Baillargeon，1987，1994）评估了物体恒存性，在这个过程中，婴儿第一次看到一个似乎在来回旋转的银板。当他们熟悉了这种显示后，又会给他们显示以下两种新转动方法之一。其一，在现实实验中，银板后面出现了一个红盒子，这使得银板不可能像之前那样旋转得那么远。这时，银板会一直旋转直到它碰到盒子，然后就会向前旋转。其二，在非现实实验中，如图6-4所示，红盒子也会出现，银板继续一如既往地旋转。银板一直向后旋转直到它平铺于桌面，然后就会向前旋转，再次显示红色的盒子。这种错觉之所以成为可能，是因为盒子被安装在一个活动门上，这样它就可以掉落在桌子下方。然而，从婴儿的角度看，红盒子似乎消失在银板后面，然后又出现了。

1. 银板平放在桌子上，红盒子清晰可见。
2. 银板已经开始旋转，但红盒子的大部分仍然可见。
3. 银板现在垂直桌子，挡住了红盒子。
4. 银板继续旋转，挡住了红盒子，红盒子已经开始从活板门掉落到桌子下方。
5. 银板完全平铺于桌面，好像"旋转通过"了红盒子，但其实红盒子藏于桌子下方。
6. 银板向婴儿的方向旋转，但仍然挡住了红盒子。
7. 银板又再次平铺，婴儿可以完全看清红盒子。

图6-4

盒子的消失和再现违背了物体恒存性。因此，理解物体恒存的婴儿应该发现不现实的事件是一个真正新奇的刺激，并会投入相比于现实的事件更多的时间来观察。事实上，四个半月大的婴儿看不现实的实验的时间比看现实的实验要长。显然，他们认为这个不现实的事件很新奇，就像我们惊讶于一个物体会从魔术师的围巾上消失一样。显然，婴儿在1岁的时候就对物体恒存性有了一定的理解。

婴儿对物体的了解不止恒存性。他们知道物体在路径上连续移动，而不是从一个点瞬移到另一个点；他们知道固态的物体不能"穿过"彼此；他们知道一个物体必须与另一个物体接触才能产生运动——物体不会自发地移动（Hespos 和van Marle，2012）。而且，正如我们将在"研究重点"专栏中看到的，婴儿能区分固体和液体的属性。

研究重点

区分液体和固体

研究人员是谁？研究的目的是什么？ 固体的一个属性是，当物体移动时，它们的形状保持不变；相反，液体和沙子等物质会根据容器的形状改变其"形状"。苏珊·赫斯波斯、艾丽莎·费里和兰斯·里普斯（Susan Hespos、Alissa Ferry和Lance Rips，2009）想要确定5个月大的婴儿是否理解固体和液体的这些独特属性。

研究人员是如何测量研究话题的？ 婴儿被分配到如图6-5所示的其中一种情况中：在液体实验中，他们看到一个装满蓝色液体的透明塑料杯。在几次熟悉试验中，实验人员来回转动杯子；当实验人员这样做的时候，液体的表面保持水平，但很明显液体在移动。在固体实验中，透明的塑料杯里装满了蓝色的树脂，这种树脂看起来就像蓝色的液体。但当实验人员来回转动杯子时，树脂并没有移动，树脂表面仍然垂直于塑料杯的杯壁。

在测试实验中，两种情况下的婴儿都看到了这两种情况，如图6-5底部所示。在一个实验中，一个盛有蓝色液体的杯子被举起并倾斜，然后液体流进了第二个杯子；在另一个实验中，一个盛有蓝色树脂的杯子被举起并倾斜，然后树脂滑进了第二个杯子。

研究人员记录了婴儿看每个实验的时间。如果婴儿能分辨出液体和固体，那些熟悉液体属性的婴儿会对树脂从一个杯子滑进另一个杯子的画面感到惊讶（因为他们认为蓝色的物体是液体）。按照同样的逻辑，熟悉固体属性的婴儿会对液体从一个杯子流进一个杯子的画面时感到惊讶（因为他们认为蓝色的物体是固体）。

研究中的参与者是谁？ 赫斯波斯和她的同事对32个5个月大的婴儿进行了测试：16个看液体实验，16个看固体实验。

这项研究的设计是怎样的？ 这项研究是实验性的。自变量是熟悉试验中显示的物体类型（固体与液体）和测试试验中显示的事件类型（流进与滑进）。因变量是观察每个事件所花费的时间。这项研究并不具备发展性，因为它只对5个月大的婴儿进行了测试。

这项研究是否存在伦理问题？ 不存在。大多数婴儿通常喜欢观看这些活动。婴儿偶尔会在实验过程中变得烦躁不安——可能是因为他们感到无聊或疲劳——当这种情况发生时，实验就会停止。

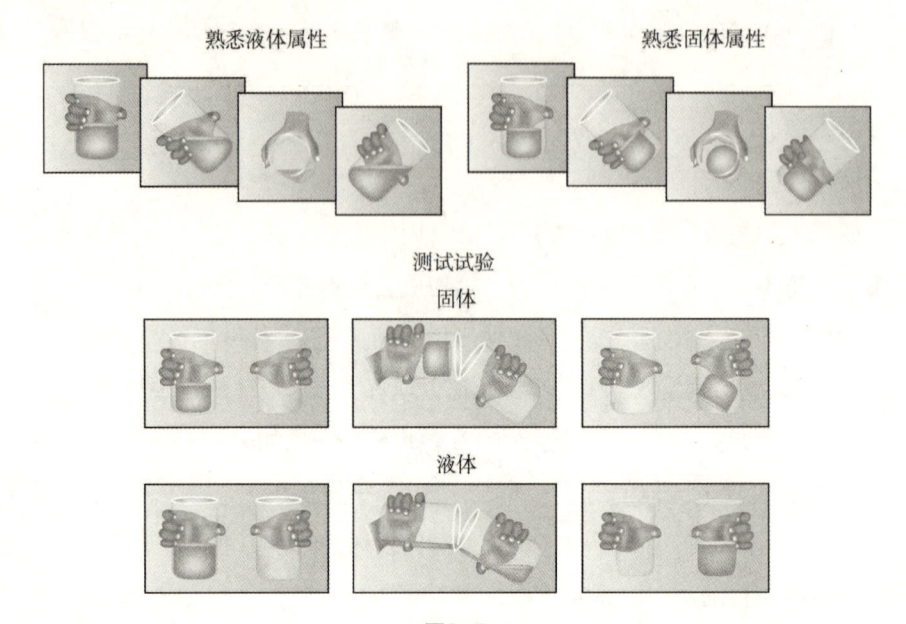

图6-5

结果如何？ 图6-6分别显示了熟悉液体属性的婴儿和熟悉固体属性的婴儿在观察滑进和流进杯子时所花的时间。在每个实验中，婴儿对意外事件的关注时间都更长：熟悉实验让婴儿相信杯子里有固体，当"固体"从一个杯子流进另一个杯子里时，他们会感到惊讶。熟悉试验让婴儿相信杯子里有液体，当"液体"从一个杯子滑进另一个杯子里时，他们会感到惊讶。

研究人员得出了什么结论？ 5个月大的时候，婴儿就知道液体和固体的一些区别。他们知道固体在移动时会保持形状不变，而液体不会。换句话说，"婴儿能够注意到液体和固体运动的特征差异，他们可以利用这种差异来预测这些实体的其他属性"。

有什么趋同证据可以强化这些结论？ 形状是否可变只是区分固体和液体的一个属性。进一步肯定婴儿对物体理解的一种方法是测试他们对区分固体和液体其他属性的期望。例如，物体可以穿过液体，但不能穿过固

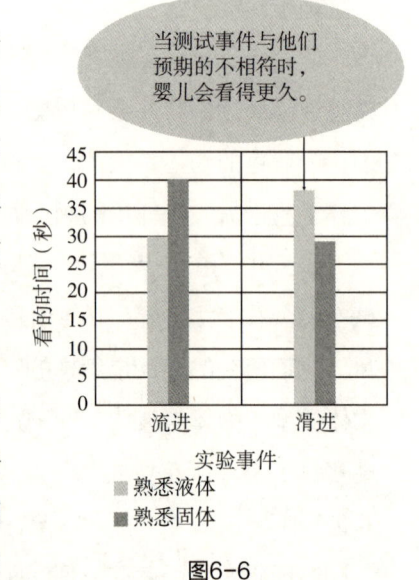

> 当测试事件与他们预期的不相符时，婴儿会看得更久。

图6-6

体；固体可以装在有孔的容器中（如筛子或滤器），但液体不能。如果婴儿能够识别出这些差异，将为他们可以理解固体和液体的独特属性这一结论提供更多的证据。

这些有意思的演示证明了婴儿确实是颇有成就的朴素物理学家（Baillargeon，2004）。当然，婴儿的理论还远远不够完整。可以在许多不同的层次上理解物理性质（Hood，Carey和Prasada，2000）。以重力为例，婴儿认为没有支撑的物体会掉下来，小学生知道这是因为重力，物理专业的学生知道重力等于物体的质量乘以重力引起的加速度。很明显，婴儿不像物理专业的学生那样理解物体。物体的一些属性直到婴儿期之后才会被学习。例如，直到学龄前儿童才明白所有权的概念——人们可以通过接受礼物、购买或创造来获得物品（Nancekivell，Van de Vondervoort和Friedman，2013）。然而，重要的一点是，婴儿会迅速地创造出关于物体一些基本属性的合理、准确的理论，这个理论帮助他们预测像玩具这样的物体将以可预测的方式运动。

理解生物

学习目标8：儿童在什么时候可以区分生物和非生物？他们是如何做到的？

成人的朴素理论是基于生物和非生物之间的区别。例如，成人知道生物是由细胞构成的，生物会从父母那里遗传一些特性，并且可以自发地移动。在婴儿时期，当婴儿第一次区分有生命的物体（如人、昆虫、其他动物）和无生命的物体时（如岩石、植物、家具、工具）时，他们对生物的理解从此开始。在早期理解有生命和无生命物体的区别时，运动至关重要：也就是说，婴幼儿通过运动来识别有生命的物体；到12~15个月的时候，孩子已经知道了有生命的物体是自我推进的，可以在不规则的路径上移动，并能采取行动实现目标（Biro和Leslie，2007；Opfer和Gelman，2011；Rakison和Hahn，2004）。

到了学龄前，儿童的朴素生物学理论已经包括了许多与生物相关的特定属性（Wellman和Gelman，1998）。许多4岁孩子的生物学理论包括以下元素。

- 运动：孩子知道动物可以自己移动，而无生命的物体只能被其他物体或人移动。在图6-7中，动物和玩具汽车以完全相同的方式跳动，学龄前儿童声称只有动物是自己移动的（Gelman和Gottfried，1996）。

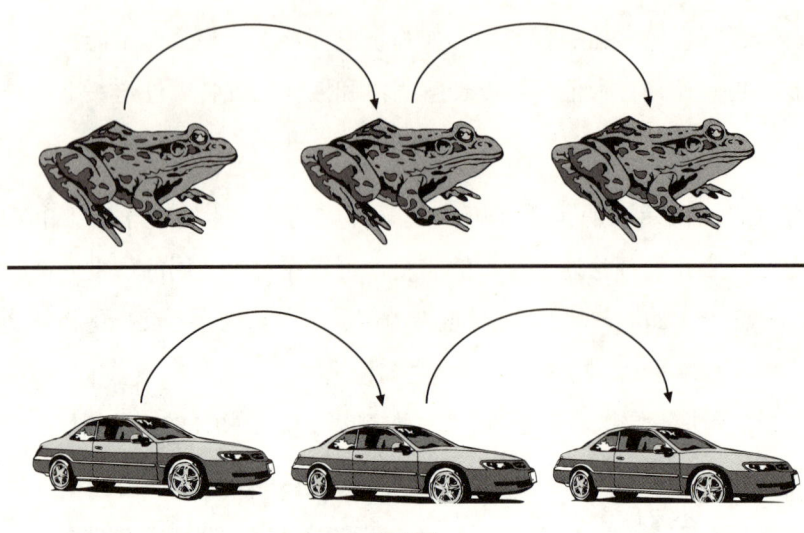

图6-7

- 生长：儿童知道，从动物最初的样子开始，它们会变得更大，身体也会变得更复杂，而无生命的物体却不会。例如，他们认为，随着时间的推移，海獭和白蚁会长大，而茶壶和泰迪熊则不会（Margett和Witherington, 2011; Rosengren等, 1991）。
- 内部结构：儿童知道生物内部结构与无生命物体不同。学龄前儿童认为，血液和骨头更有可能出现在有生命的物体里，而棉花和金属更有可能出现在无生命的物体里。
- 遗传：儿童意识到只有有生命的物体才会有和他们父母相似的后代。当被要求解释为什么狗是粉红色的时，学龄前儿童认为可能是父母的某些生物学特征导致狗是粉红色的；当被要求解释为什么手机是粉红时，学龄前儿童主要考虑机械原因（例如，工人使用机器），而不是生理原因（Diesendruck等, 2013; Weissman和Kalish, 1999）。
- 疾病：学龄前儿童认为，色盲或食物过敏等永久性疾病更有可能来自父母，但喉咙痛或流鼻涕等暂时性疾病更有可能通过与其他人的接触传播（Raman和Gelman, 2005）。他们也知道，当吃了被污染的食物时，人们可能会生病（Legare, Wellman和Gelman, 2009）。
- 治愈：儿童知道，受伤时，有生命的物体会通过再生来治愈，而无生命的物体必须由人类来修复。学龄前儿童知道，头发剪了还会再长出来，但洋娃娃的头发剪了的话必须由人来修复（Backscheider, Shatz和Gelman, 1993）。

到4岁时，儿童对生物的理解已经非常复杂，以至于他们不会被机器人所愚弄。4岁的孩子知道机器人是一种机器，它：（1）不吃饭不生长，（2）是由人类制造的，也会坏。然而，学龄前儿童认为机器人代表了一种特殊的机器，因为青少年认为机器人具有类人特征（如友好）（Kahn，Gary和Shen，2013）。

> **Q&A 问题6.3**
>
> 某天下午，15个月大的布兰登和6个月大的贾斯汀第一次看到蜻蜓，当时它在后院飞来飞去捕蚊子。布兰登和贾斯汀会不会认为蜻蜓是有生命的？

儿童生物理论的重要方面是他们坚信目的论解释，即儿童相信生物和生物的组成部分的存在是有目的的。一个孩子可能会说，鱼有光滑的皮肤，这样它们就不会刮伤旁边游泳的其他鱼（Kelemen，2003）。同样，一个孩子可能会解释说，狮子的存在是为了让人们能在动物园里看到它们。一种观点认为，目的论解释是基于儿童的认识，即诸如工具和机器之类的物体的存在通常是有意义的。孩子们可能会遵循类似的逻辑，认为生物（和它们的组成部分）也是为了特定目的而存在的（Kelemen和DiYanni，2005）。这种目的论思维与之前描述的万物有灵论思维相呼应：儿童把自己的意图和目标强加于其他有生命的物体。

儿童关于生物的理论也植根于本质论：他们相信所有生物都有一种看不见的本质，正是这一本质造就了该生物。所有的鸟类都有一种潜在的"鸟性"，这把它们与狗区别开来，当然，狗也有一种潜在的"狗性"。鸟的特性让鸟能够飞翔和歌唱（Gelman，2003）。本质论解释了为什么4岁的孩子相信被山羊收养的小袋鼠仍然会跳并有育儿袋，以及为什么他们会认为在玉米地里种下西瓜种子会长出西瓜（Solomon 和 Zaitchik，2012）。袋鼠宝宝和西瓜种子具有袋鼠和西瓜的特性，这导致袋鼠和西瓜的特性在成熟时显现出来。

在西方文化中，大多数儿童对什么是本质没有明确的概念。他们相信动物的本质存在于动物体内，因为他们认为移除动物的内部器官会改变动物的身份。例如，去除了血和骨骼的狗就不再是狗了（Gelman和Wellman，1991）。但他们对本质的看法仅限于"内在"的模糊概念，即位于身体中心的"内部零件"（Newman和Keil，2008）。然而，生活在威斯康星州梅诺米尼社区的学龄前儿童有不同的想法。在这个社区里，血缘关系非常重要，因为像学校资助和狩猎的相关规定都是部分基于生活在社区里的"纯血统"梅诺米尼人的数量。梅诺米尼学龄前儿童认为，由猪养大的小牛长大后的样貌和行为都像牛，通常本质论者都是这种反应。但是，当他们知道幼牛接受了来自猪的输血时，学龄前儿童会相信这头牛长大后会成为一头猪。对于梅诺米尼学龄前儿童来说，血液决定了牛或猪的本质（Waxman，Medin和Ross，2007）。

儿童从哪里得到这些关于生物的知识？有些是通过观察动物获得的，儿童可喜欢观察动物了。但父母也有贡献：在给学龄前儿童阅读有关动物的书籍时，他们经常提到区分动物的特性，包括自发运动（如"海豹跳进水里"）和心理特性（如"熊真的疯了"）。这样的话术有助于给儿童突出动物的重要特征（Gelman等，1998）。

当然，虽然学龄前儿童的朴素生物学理论很复杂，但并不完整。例如，学龄前儿童不知道基因是遗传的生物学基础（Opfer和Keil，1991）。而且，虽然学龄前儿童知道植物会生长和愈合，但他们并不认为植物是有生命的东西。直到七八岁的时候，儿童才会习惯性地认为植物是活物。学龄前儿童不愿意把植物归类为生物，可能因为他们认为生物能有目标地运动，这是关键属性，而在植物上难以发现同样情况。但在5岁时，他们被告知植物也会有目标地运动，他们认为植物到底还是生物，比如，树根会朝着水源生长，捕蝇草也会关闭叶子来困住昆虫（Opfer和Siegler，2004）。

尽管有这些局限性，但是儿童朴素的生物学理论与他们朴素的物理学理论相结合，为理解他们的世界和理解新的经历提供了强大的工具。

理解人

学习目标9：儿童是如何获得心智理论的？

三大理论中的最后一个与大众心理学有关，即我们对他人及其行为的非正式看法。回想一下你想弄清楚为什么某人——朋友、爱人、同事、兄弟姐妹或父母——会有那样的行为。为什么你的朋友和别人去看电影而不是和你去听音乐会？你哥哥为什么没提你的新外套？在这种常见的情况下，成人通常是业余心理学家，根据人们的欲望或目标来解释他人的行为（Carlson，Koenig和Harms，2013）。你的朋友和别人去看电影是因为她很生气你没有把车借给她；你哥哥没有提你的新外套是因为他在想其他的事情。就像朴素物理学让我们能够预测物体的行为，朴素生物学让我们能够理解生物一样，朴素心理学让我们能够预测人们的行为。

大众心理学的重要前提是，人们的行为往往是有意为之的以实现某一目标（Woodward，2009）。想象一下，一位父亲在他1岁的女儿面前说："饼干在哪里？"然后开始打开橱柜，移动一些物体并查看物体后面。在找到那盒饼干时，他说："在那儿！"一个理解意图的婴儿会意识到她父亲的行为——寻找、移动物体——与寻找饼干的目标相关联。

许多巧妙的实验表明，1岁的儿童能够理解意图。例如，在一项研究中，婴儿看到一个成人越过障碍物去拿球,却因为球刚好够不到而失败了。然后,障碍物被移开,婴儿看到一个成人要么用同样的"越过障碍物"的动作,要么直接伸手拿球;在这两种情况下,成人都抓住了球。10个月大的时候,婴儿会惊讶地发现,成人在明显没必要的时候还会保持"越过障碍物"的动作。换句话说,当障碍物被移除后,婴儿希望看到成人直接伸手拿球,因为这是实现获得球这一目标的最佳方式;当成人仍然使用熟悉但不再必要的方法时,婴儿会感到惊讶(Brandone和Wellman,2009)。

其他关于婴儿理解意图的证据来自成人向婴儿展示新奇玩具的研究。在演示过程中,成人偶尔会暗示某些行为是错误的(例如,"哎呀")。后来,当被允许玩玩具时,婴儿很少会模仿错误的动作;显然,他们明白这些与实现目标无关(Sakkalou等,2013)。同样,在另一项研究中,婴儿看到两个成人一起工作——一个打开盒子的盖子,另一个取出盒子里的东西。婴儿显然明白这两个成人有相同的目标——得到物品。当打开盒子的成人似乎对盒子而不是物品更感兴趣时,他们很吃惊(Henderson等,2013)。这些研究结果表明,婴儿很容易将人类的行为理解为有目的的、为了实现目标而实施的(Woodward,2013)。

基于对意向性的早期理解,儿童朴素心理学迅速发展。在2~5岁,儿童会发展出一种心智理论,一种对心理和行为之间关系的朴素理解。心智理论的主要研究人员之一亨利·威尔曼(Henry Wellman,2002,2011,2012)认为,儿童的心智理论在学龄前经历了几个阶段。在早期阶段,学龄前儿童明白人们可能有不同的欲求:一个孩子可能想要葡萄干,而另一个孩子想要饼干。在第二阶段,儿童知道人们可能有不同的看法:在寻找丢失的鞋子时,一个孩子可能认为鞋子在厨房里,另一个孩子可能认为它在车里。在第三阶段,孩子明白不同的经历会导致不同的知识状态:一个孩子看到了藏在抽屉里的玩具,他就会知道现在已经关闭的抽屉里有什么,而另一个孩子没有看到藏在抽屉里的玩具,他就不会知道。

第四阶段代表着儿童心智理论的根本性转变:儿童明白行为是基于一个人对事件和情况的看法,即使这些看法存在错误。图6-8所示的任务阐述了儿童是如何理解这种错误看法的影响的。安妮知道弹珠被移到了盒子里,但是莎莉认为弹珠还在篮子里。直到4岁时,大多数孩子才能正确地说出莎莉会在篮子里找弹珠;4岁的孩子明白莎莉的行为是基于她的看法,即使她的看法是错误的。

在最后阶段,儿童明白人们可能会感受到一种情绪,却会表现出另一种情绪。例如,一个孩子对生日礼物感到失望,但还是微笑了,因为她不想让父母知道她的真实感受。

因此，儿童的心智理论在学龄前变得更加复杂。这种大致模式在世界各地的儿童中都存在，但有一点不同：我在这里描述的五个阶段在许多西方国家都很常见，但在中国和伊朗，学龄前儿童通常先理解知识的差异（第三阶段）才理解看法的差异（Shahaeian 等，2011；Wellman，Fang和Peterson，2011）。对这种偏差的一种解释是，与西方父母相比，中国和伊朗的父母更注重向年幼的儿童灌输知识（"知道正确的事情"），但对不同的看法不太宽容（Wellman，2012）。

儿童心智理论的早期阶段似乎很明晰。然而，它是如何出现的，在很大程度上还存在争议。对于心智理论的发展，最早的解释之一认为，它建立在一个先天的、专门的模块的基础上，这个模块在学龄前就开始运行，能够自动识别与不同心理状态相关的行为，如欲求、假设和看法。在某种程度上，这一观点是由一项发现所推动的：自闭症儿童对他人不感兴趣且社交能力有限，而他们在理解错误看法方面落后于正常发展的儿童（Peterson，Wellman和Slaughter，2012）。正如我们将在"改善儿童生活"专栏中看到的那样，尽管自闭症儿童肯定会发现错误看法任务具有挑战性，但对这个结果的正确解读仍存在很大的争议。

图6-8

改善儿童的生活

自闭症儿童的心智理论

自闭症是孤独症谱系障碍（Autism Spectrum Disorders，ASD）中最严重的一种。自闭症儿童比正常儿童更晚习得语言，他们经常复述别人对他们说的话。他们有时会对某个物体产生强烈的兴趣（例如，反复玩一个玩具），有时会完全排斥其他任何东西。他们对他人不感兴趣，而且当与他人互动时，过程往往很尴尬，就好像自闭症患者无法遵守社会互动的规则。自闭症的症状通常在孩子18~24个月大的时候就会出现。大约每200~300个美国儿童中就有一个被诊断为ASD；其中80%是男孩（Landa 等，2013；Mash 和 Wolfe，2010）。ASD是可遗传的，许多研究指出，可能是由于神经递质水平异常导致大脑功能异常（NINDS，2009）。

正如我所提到的，自闭症儿童掌握错误看法的速度很慢，这种表现让一些研究人员得出结论：心智理论的缺失——有时被称为"精神盲"（Baron-Cohen，2005）——是ASD的决定性特征（Tager-Flusberg，2007）。其他科学家对此并不信服。虽然没有人怀疑自闭症儿童对错误看法任务感到困惑，但一些科学家说，精神盲是其他缺陷的副产品，而与自闭症无关。一种观点认为ASD反映了执行功能的问题：自闭症儿童的社交互动之所以受到损害，是因为他们相对来说无法计划，无法抑制无关的行为，也无法在不同行为之间顺畅地过渡转移（Pellicano，2013）。另一种观点强调了在ASD中很常见的专注加工倾向。例如，患有自闭症的儿童比正常发展的儿童能更快地找到隐藏的物体（Chen等，2012），但是专注感知细节通常使得他们无法维持连贯的整体感。因此，在社会互动中，自闭症儿童可能会关注另一个人行为的一个方面（如手势），但忽略其他语言和非语言线索（如语言、面部表情、肢体语言），而这些都是流畅互动的重要因素。评估这些观点的研究仍在进行中；很可能最终会发现多种因素都对自闭症有影响。

自闭症是无法治愈的。然而，治疗可以用来改善自闭症儿童的语言和社交技能。此外，药物可以用于治疗一些症状，如减少重复行为（Leekam，Prior和Uljarevic，2011）。如果ASD在早期被诊断出来，自闭症儿童在能给他们提供支持和反馈的环境中成长，并接受适当的治疗，他们也能过上愉快和充实的生活。

一些人怀疑自闭症儿童缺失了心智理论模块，而这一模块被认为是在学龄前典型发展阶段出现的。但是，就像这个模块在自闭症儿童中受到了阻碍一样，并不是每个人都相信该模块能驱动典型发展中的心智理论。一些证据表明，执行功能在心智理论的形成中作用很大：儿童在执行功能任务上的得分可以预测他们在错误看法任务上的得分（例如，Lackner等，2012）。其他证据强调语言的贡献，语言在心智理论开始出现的同一年中也快速发展。一些科学家认为，儿童的语言技能有助于其心智理论的发展，或许体现出不断扩大词汇量的好处，包括用动词描述心理状态，如想知道、相信（Pascual等，

2008）。这些好处可能反映了儿童对语法形式的掌握，能用来描述一个人知道另一个人有错误看法的场景（Farrant，Maybery和Fletcher，2012）。

另一种观点认为，儿童的心智理论产生于与他人的互动，这种互动让儿童洞悉了不同的心理状态（Dunn和Brophy，2005；McAlister和Peterson，2013）。通过与父母和兄弟姐妹谈论他人的心理状态，儿童可以了解精神生活的有关事实，这有助于孩子认识到其他人的观点往往与他们不同。换句话说，当儿童频繁地聊到他人情绪、感受和意图时，他们就会知道，人们的行为基于他们的看法，而且不管这些看法是否正确。

可能因为这些因素的某种结合，学龄前儿童获得了一种心智理论。在这之后，大众心理学超越了心智理论，涵盖了越来越广泛的心理学现象。例如，在大约10岁时，孩子知道紧张或沮丧等心理状态会导致呕吐或头痛等身体状态（Notaro，Gelman和Zimmerman，2001）。目前，重要的是儿童的大众心理学能在学龄前快速发展，让他们看到他人的行为也要遵循一定的规律，并非不可预测。当辅之以朴素生物学和朴素物理学理论，孩子便拥有广泛的物理和社会知识，他们可以利用这些知识成功地在这些领域中施展自我。

✓ 检测你的学习

回忆： 概述表明皮亚杰低估婴儿对物体恒存性理解的证据。
在幼儿生物学理论中，生物有哪些特性？
解释： 事实证明，普通的1岁儿童对物体的理解超过了对人的理解。为什么会这样呢？
应用： 如果你对婴儿理解物体的研究进行统合分析，你认为会发现什么？世界各地的儿童随着年龄变化，对物体理解的变化模式一样吗？

▶ 统一主题：儿童的主动性

本章强调儿童影响自身的发展。这一思想是皮亚杰发展理论和核心知识论的基石。从婴儿期开始，一直到童年和青春期，孩子不断地试图弄清楚他们周围发生的事情。经历为孩子提供了可消化的智力粮食。而父母、老师和同伴在认知发展中也很重要，与其说他们直接教授什么，不如说是他们提供了指导和挑战。因此，在整个发展过程中，儿童是忙碌的航海家，试图了解可用的路线，并努力做出决定。

自行探索

要了解皮亚杰所描述的发展变化，最好的方法就是像皮亚杰那样使用相同任务来测试儿童。守恒任务设计得很好，因为它设置起来很简单，而且孩子通常都很喜欢这种活动。你可以准备一些玻璃杯和有色液体，然后找一个3~4岁的孩子和一个7~8岁的孩子，让他们知道两个杯子的容量相同。接下来，将一种液体向直径不同的另一个玻璃杯倾倒，问孩子液体的量是否还是一样的。请他们解释自己的答案。3岁和7岁孩子的答案之间的差异是非常显著的。自行探索吧！

总结

6.1 基础：皮亚杰理论

皮亚杰理论的基本原理

在皮亚杰看来，儿童构建的理论反映了他们对世界的理解。儿童理论基于他们不断变化的经历。在同化过程中，经历很容易融入现有的理论。而在顺应过程中，经历会修改理论以包含新的信息。

当顺应比同化发生得更多时，表明儿童理论是不充分的，所以儿童会重新组织自己的理论。这种重组产生了四个不同的心理发展阶段，贯穿婴儿期到成人期。所有人都会经历这四个阶段，但速度不一定相同。

认知发展的阶段

生命的前两年是皮亚杰所说的感知运动阶段。在这两年中，婴儿开始适应和探索环境，理解物体，并开始使用符号。

2~7岁，儿童处于皮亚杰的前运算阶段。虽然现在能够使用符号，但他们的思维受到了自我中心主义的限制，无法从别人的角度看世界。前运算阶段的儿童也集中化他们的思考，狭隘地专注于问题的特定部分。

从7~11岁，儿童开始使用反向思维来完成换位思考和守恒问题。在这个阶段中，思维的主要局限在于只关注具体和真实的东西。

形式运算思维开始后，青少年可以进行假设思维和抽象推理。在演绎推理中，他们明白结论是基于逻辑的，而不是经历。

皮亚杰对儿童发展的贡献

皮亚杰的恒久贡献包括他强调了认知过程在发展中的重要性，将儿童视为自身发展的积极参与者，并发现了许多违反直觉的发展现象。但该理论的缺陷包括对变化机制的定义不明确，以及无法解释儿童表现的可变性。

6.2 认知发展的现代理论

维果茨基的社会文化理论

维果茨基认为，认知首先在社会环境中发展，但逐渐在儿童的独立控制下发展。孩子在帮助下能做什么和他们自己能做什么之间的区别被称为"最近发展区"。

通过"支架式教学"最容易把对认知技能的控制从他人转移到儿童身上。"支架式教学"是一种教学风格，当儿童掌握了任务的不同部分时，他们便可更多地承担任务。

信息加工理论

根据信息加工的方法，认知就是一个通用的信息加工系统，包括中央执行和感觉记忆、工作记忆、长时记忆。任何特定的认知活动都包括这个系统和专门针对手头任务的"软件"。

信息加工心理学家认为，认知发展反映了更好的策略、更有效的执行功能（抑制、转换、更新）、自动加工的水平提高和加工速度的加快。

核心知识理论

根据核心知识理论，人会有独特的知识领域（如语言、对物体的理解），其中一些在婴幼儿和学龄前获得。这些领域已经普遍进化，因为它们是人类生存所必需的。一些理论家认为，这些知识领域根植于预设好的系统；其他人则使用皮亚杰的儿童科学家的隐喻，认为知识领域是专门的理论。

6.3 理解核心领域

理解物体及其属性

婴儿知道物体是独立存在的。他们也知道物体沿着连续的路径移动，固体不会穿过其他物体。

理解生物

婴幼儿用移动来区分有生命的物体和无生命的物体。到学龄前时，儿童就知道了生物会自己移动，会长大，身体也会变得更复杂，有不同于无生命物体的内部结构，长相类似他们的父母，也会从父母那里遗传一些疾病，与人接触会感染其他疾病，但受伤后伤口会愈合。学龄前儿童对生物的思考常常带有目的论解释和本质论的特征。

理解人

到1岁时，婴儿就能意识到人们有目的性地做出许多行为。在学龄前，儿童的心智理论变得越来越复杂。一个里程碑式的认识是，人们的行为是基于对事件和情况的看法，即使这些看法是错误的。帮助儿童习得心智理论是一个专门的认知模块，而基本的心理过程，如语言和社会互动，能使儿童体验不同的心理状态。

考考自己

1. 在皮亚杰的理论中，儿童被认为是____。

   a. 小科学家

   b. 小大人

   c. 电脑

2. 在皮亚杰理论中，经母乳喂养的婴儿

证明了____，因为婴儿改变了喝奶的方式，从奶瓶中获得奶。

   a. 同化

   b. 顺应

   c. 平衡

3. 下列哪一项不是感知运动阶段的关键特征？____。

   a. 适应和探索环境

   b. 理解物体

   c. 万物有灵论和集中化

4. 处于____的儿童的一个典型特征是他们常常以自我为中心——他们不能站在别人的角度看问题。

   a. 感知运动阶段

   b. 前运算阶段

   c. 具体运算阶段

5. 在____时，思维是以规则为导向的、有逻辑的，但局限于有形和真实的物体。

   a. 前运算阶段

   b. 具体运算阶段

   c. 形式运算阶段

6. 皮亚杰理论提出的教学建议是____。

   a. 教学水平要略高于儿童目前的思维水平

   b. 不让儿童看到自己的错误

   c. 使用闪卡习得知识

7. 最近发展区是____。

   a. 儿童自己能达到的最高水平

   b. 有帮助的儿童和没有帮助的儿童的差距区间

   c. 一种符合学生需求的教学方式

8. 自我言语____。

   a. 帮助儿童规范自己的行为

   b. 包含跟别人大声说话的动作

   c. 在儿童完成简单的任务而不是困难的任务时更常见

9. 信息加工理论家把感觉记忆、工作记忆和长时记忆称为心理记忆____。

   a. 软件

   b. 策略

   c. 硬件

10. 信息加工理论家相信发展变化的发生____。

    a. 是平衡的结果

    b. 通过几种不同的形式呈现，而不是单一的机制

    c. 是在心理结构被大规模重组时

11. ____提出了不同的知识领域，而其中一些是在生命早期获得的。

    a. 信息加工理论

    b. 社会文化理论

    c. 核心知识理论

12. 对儿童朴素物理学的研究表明，他们____。

    a. 明白固体在移动时保持其形状，而液体则不然

    b. 假定物体通过不连续、不连通的路径移动

    c. 相信物体能够通过其他物体移动

13. 许多4岁的儿童认为____。

    a. 无生命的物体会自己移动

b. 只有生物才有后代

c. 无生命的物体可以生长

14. 下列关于大众心理学发展的陈述哪一项是不正确的？____。

a. 1岁的儿童明白人们的行为通常是有意的，是为了实现某个目标而产生的

b. 在心智理论发展的最早阶段之一，学龄前儿童明白人可以有不同的欲求

c. 当儿童认识到行为是基于一个人对事件和情况的正确看法时，他们会发生根本性的转变

15. 一些研究人员认为自闭症谱系障碍（ASD）的关键特征是缺乏一种心智理论，他们把这称为____。

a. 精神盲

b. 万物有灵论

c. 自我中心主义

关键术语

顺应	平衡	物体恒存性
万物有灵论	本质论	前运算阶段
同化	执行功能	自我言语
自动加工	大众心理学	支架式教学
中央执行	形式运算阶段	感知运动阶段
集中化	指导性参与	感觉记忆
具体运算阶段	信息加工理论	社会文化理论
建构主义	内部语言	目的论解释
核心知识理论	主体间性	心智理论
演绎推理	长时记忆	工作记忆
自我中心主义	心理操作	最近发展区

第7章 认知过程和学术技能

几周前，我花了一上午的时间待在一年级的教室里，看着六七岁的孩子学习阅读、拼写简单的单词，以及做简单的加法题。然后我在五年级的教室里待了一个下午。和年纪较小的学生一样，这些10~11岁的孩子花了很多时间学习读写和计算，但学习的内容要复杂得多。他们读了几百页的书，写了两页作文，还解决了涉及乘法和除法的题目。

这种在短短几年时间里发生的显著转变之所以成为可能，部分原因是儿童的思维方式发生了深刻变化。我们将在模块7.1中研究这些变化，我们将看到记忆是如何随着儿童的成长而扩展的。在模块7.2中，我们将了解儿童和青少年解决问题的策略。最后，在模块7.3中，我们将深入了解学术技能，追踪儿童在阅读、写作和数学方面的发展。

模块

7.1 记忆

7.2 解决问题

7.3 学术技能

7.1 记忆

> **学习目标**
>
> 学习目标1：婴儿的记忆有多好？
> 学习目标2：策略如何帮助儿童记忆？
> 学习目标3：儿童的知识如何影响他们的记忆？
>
> **大纲**
>
> 记忆的起源
> 记忆策略
> 知识和记忆

一天下午，4岁的谢丽尔哭着回到家，说约翰逊，他们的邻居、老朋友，脱下了她的裤子，摸了她的"私处"。她的母亲惊呆了。约翰逊看上去一直是一个诚实、正直的人，她怀疑谢丽尔的想象力是不是有点儿太丰富了。但有时约翰逊确实看起来有点儿奇怪，所以谢丽尔的说法也不无道理。

很遗憾，如今这样的事件在美国太常见了。当孩子的申诉受到怀疑，而孩子又是唯一的目击证人时，他们经常在被控施虐者的起诉过程中作证。但是像谢丽尔这样的学龄前儿童能在证人席上准确地回忆起事件过程吗？要回答这个问题，我们需要了解更多记忆发展的相关知识。我们将从研究婴儿时期记忆的起源开始，然后看看有哪些因素促进了儿童和青少年时期记忆的发展。

记忆的起源

学习目标1：婴儿的记忆有多好？

新生儿出生几个月后，记忆的基础就形成了（Bauer, Larkina和Deocampo, 2011）。婴儿能记住几天甚至几周内发生的事情。卡罗琳·罗维-科利尔（Carolyn Rovee-Collier, 1997, 1999）的研究让我们对婴儿的记忆有所了解。她在研究中使用了如下方法。在2~3个月大的婴儿腿上绑上可移动的丝带装置；几分钟不到，婴儿就学会通过踢腿来让装置移动。如果罗维-科利尔连续实验几天或几周，婴儿仍然会踢来踢去，让装置动起来。如果罗维-科利尔等了几个星期才回来，大多数婴儿都已经忘记了踢腿会移动装置。在这种情况下，她会给婴儿一个提醒——她没有把丝带绑在婴儿的腿上，而是自己移动装置，然后第二天她再回来给婴儿绑上那个可移动的装置,这时婴儿就会通过踢腿来移动装置。

罗维-科利尔的实验表明,在婴儿2～3个月大的时候,记忆有三个重要的特征:(1)过去发生的事情可以被记住;(2)随着时间的推移,记住的事情回想不起来了;(3)线索可以帮助回忆起被遗忘的记忆。

虽然记忆力一开始平平无奇,但稍大的婴儿和学步儿童的记忆力会迅速提高。年轻人可以回忆起更多他们经历过的事情,并且记忆会保留更长的时间(Bauer 和 Leventon,2013;Bauer 和 Lukowski,2010)。如果在孩子面前展示玩具的新动作,并要求他们模仿自己看到的动作,学步儿童比婴儿记住的动作更多,并且能记住更长的时间(Bauer,San Souci 和 Pathman,2010)。例如,如果向孩子展示如何先在容器里放一个木块,然后盖上盖子,学步儿童就会比婴儿更容易记住必要的步骤顺序。

此外,大点儿的婴儿和学步儿童的记忆更加灵活:即使与这些事件相关的背景发生了变化,他们也能记住过去的事件(Bauer 等,2010)。例如,在要求儿童模仿一系列新动作时,年幼婴儿的记忆通常会因动作呈现和记忆测试(例如,由不同的实验者或在不同的房间进行的测试)中的各种变化而中断;这种变化对大点儿的婴儿和学步儿童的记忆破坏性较小(Patel,Gaylord 和 Fagen,2013)。

大脑发育和记忆

记忆的改善部分归因于大脑中增强记忆区域的生长(Bauer等,2010)。海马体等主要负责初始信息存储的大脑结构是在第一年发育起来的。不过,负责检索这些存储记忆的结构——如额叶皮层——发育要晚得多,得到第二年。此外,海马体的一部分直到20～24个月才成熟。因此,前两年记忆的发展反映了大脑这两个不同区域的成熟。

一旦孩子开始说话,我们就可以用与研究年龄较大儿童和成人相同的大多数方法来研究他们的记忆技能。使用这些方法的研究将和年龄有关的记忆改善归结于两个因素(Pressley 和 Hilden,2006)。第一,随着儿童年龄的增长,他们会使用更有效的记忆策略。第二,儿童对世界的了解越来越多,这能够让他们更完整地组织信息,因此记忆力更好。我们将在接下来的几页中逐一分析这些因素。

记忆策略

学习目标2:策略如何帮助儿童记忆?

当为考试做准备时,你可能会概述文章的主题或标出重要的段落;当有几个差事要完成时,你可能会创建一个列表;当把iPad放错地方的时候,你可能会回想自己上次把它放在哪里了。每种行为都是一种记忆策略,一种促进记忆的行为。孩子很早就开始使用记忆策略。学龄前儿童会通过看或触摸他们需要记住的物体（DeLoache，1984）。看和触摸并不是有效的策略，但这告诉我们，学龄前儿童已经明白这些做法会对记忆有所帮助，记忆并不是自动发生的！在小学阶段，儿童会开始使用更有效的策略（Schwenck，Bjorklund 和 Schneider，2009）。例如，7~8岁的孩子会进行复述，该策略要求对需要记住的信息进行同义转换。如果一个孩子想要给新朋友打电话，从她听到电话号码的那一刻起，她就会不断复述这个号码，直到电话拨通的那一刻。

随着年龄的增长，孩子会学习其他的记忆策略。一种策略是"组织"：把要记住的材料组织起来，以便把相关的信息放在一起。例如，一个七年级的学生试图记住美国内战的主要战役，便可以从地理角度组织这些战役（例如，夏伊洛和多纳尔森堡在田纳西州，安提特姆和莫诺卡西在马里兰州）。另一种策略是"详细阐述"，通过修饰信息来降低记忆难度。举个例子来说，假如有个孩子总是记不住rehearsal（排练）这个单词的第二个音节到底是her（她）还是hear（听到），就可以通过提醒自己rehearsal就像re（再）–hearing（听到）来记住该单词的正确拼写。因此，想象自己"rehearing"（"再听到"）一种声音会更容易记住rehearsal的拼写。最后，随着孩子慢慢长大，他们更有可能使用外部辅助来记忆如做笔记，在日历上写下信息，这样他们就不会忘记未来的事件（Eskritt 和 Lee，2002；Eskritt 和 McLeod，2008）。

元认知

如果你不知道如何使用一个工具箱，那么它就没有多大价值，同样的道理，如果孩子不知道什么时候使用记忆策略，也不会起到很好的效果。比如，复述对于记住电话号码很有用，但是对于记住美国宪法修正案和哈姆雷特的情节来说很糟糕。在小学和青少年时期，孩子会逐渐学着辨别不同类型的记忆问题以及最适合每种问题的记忆策略。例如，阅读教科书或看电视新闻时，需要确定要点并组织信息，因此写提纲或总结就是个很好的策略。孩子逐渐变得更善于选择合适的学习策略，但即使到了高中，好多学生也不是总能够选择有效的学习策略（Grammer 等，2011；Pressley 和 Hilden，2006）。

孩子选择了一种记忆策略之后，需要监控其有效性。例如，通过自我测试——问自己一些有关材料的问题——孩子可以确定这些策略是否有助于他们学习。如果没有帮助，他们需要重新开始，重新分析记忆任务，选择一个更好的策略。如果这个策略起作用了，他们需要判断材料中的哪部分自己还没有掌握，并集中精力学习。监控能力会随着年龄的增长而逐渐改善。即使是学龄前儿童也能区分他们知道什么和不知道什么（Ghetti，Hembacher 和 Coughlin，2013），但年龄较大的儿童和青少年在这方面做得更好（Bjorklund，2005）。

准确诊断记忆问题和监控记忆策略的有效性是"元记忆"的两个重要元素，元记忆指的是儿童对记忆的非正式理解。随着儿童的发展，他们会学习更多有关记忆是如何运作的以及设计出直观的记忆理论，这体现了模块6.3中描述的心理理论的发展（Lockl 和 Schneider，2007）。例如，孩子知道记忆是不可靠的。有些记忆任务更加容易（例如，记住葛底斯堡演讲的主要思想比逐字逐句记住要简单）。此类知识不断增加可以帮助儿童更加有效地利用记忆策略，就像一个经验丰富的木匠，随着对木材知识的不断积累，他会更好地知道何时使用钉子、螺丝或胶水来连接两块木板（Ghetti 和 Lee，2011）。

儿童对记忆的理解与对所有认知过程的理解是同步进行的。这种有关认知过程的知识和意识被称为元认知知识。元认知知识在小学阶段增长迅速：儿童逐渐对知觉、注意、意图、知识和思维有了更多的了解（Flavell，2000；McCormick，2003）。例如，学龄儿童知道，有时他们会特意集中注意力，如在人群中寻找父母的面孔。但他们也知道，有时事件会吸引人们的注意力，如突然的一声雷鸣（Parault 和 Schwanenflugel，2000）。

儿童元认知知识最重要的特征之一是他们能够理解目标、策略、监控和结果之间的联系。如图7-1所示，孩子逐渐了解了任务的范围，从学习单词拼写到学习如何扣球，再到如何与旁边过于健谈的同班同学友好相处——他们需要首先理解目标是什么，然后选择实现目标的方法，从而管理学习，最后判断所选的方法是否有效。有效的"认知自我调节"，即识别目标、选择有效策略和准确监控的技能，是成功学生的特质之一（Usher 和 Pajares，2009；Zimmerman，2001）。有的学生可能认为在考试前把每个拼写错误的单词写两遍是确保所有单词正确的好方法。如果某位学生在第一次测试中只有70%的正确率，他就会使用新的策略（例如，把每个单词写四遍，再写上单词的定义），这显示了自我调节学生认知过程的适应性。

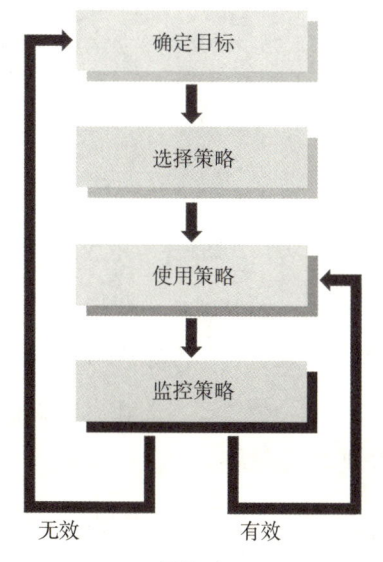

确定目标 → 选择策略 → 使用策略 → 监控策略（无效／有效）

图7-1

有些学生并不是自发掌握了这些学习策略，而是老师在课堂上强调这些学习策略时，他们会学到（Grammer，Coffman和Ornstein，2013；Ornstein等，2010）。此外，有些课程会教给学生更有效的学习策略（Pressley，2002）。例如，教师会展示几种提高阅读理解能力的策略：首先选择一个阅读目标，在脑海中想象课文内容，不断预测接下来会发生什么，边总结边说出到目前为止已经发生的内容。学生可以分别练习这些策略，并把它们加入自己的阅读"工具包"中。有了这些阅读策略，学生对文本的理解会更加深入，通常在阅读理解的标准化测试中获得更高的分数（Pressley和Hilden，2006）。

策略、元记忆和元认知对有效的学习和记忆至关重要，不过，正如你将在接下来的几页中看到的，知识也有助于记忆（Schneider，2011）。

知识和记忆

学习目标3：儿童的知识如何影响他们的记忆？

为了了解知识是如何影响记忆的，让我们来看一项有关数字顺序记忆的研究，研究对象是10岁儿童和成人（Chi，1978）。如图7-2所示，成人记住的数字比儿童多。接下来，被试者尝试记住方阵中物体的位置。这一次，10岁儿童的记忆力比成人好得多。

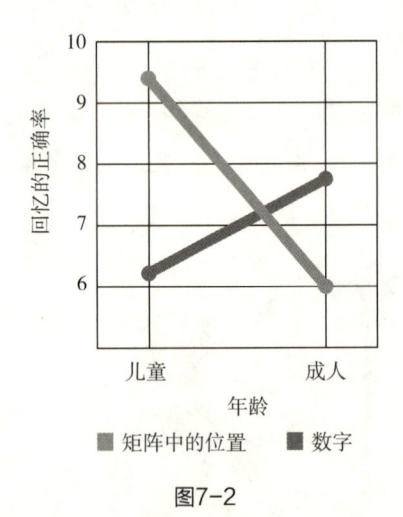

图7-2

是什么导致了这个惊人的结果？实际上，这些物体是棋盘上的棋子，摆放的位置与实际游戏中的一样。成人是新手，但孩子是专家。对于缺乏国际象棋知识的成人来说，棋子似乎是随意摆放的。相比之下，孩子之前的知识可以帮助他们组织布局并赋予一定的意义，因此他们可以识别并回忆起整个布局，而不是一个个孤立的棋子。成人看到的似乎是毫无意义的组合：

nnccbasbccbn

但孩子看到的是这样的：

nbc cbs abc cnn

通常，有助于儿童组织信息并赋予其意义的知识会随着年龄的增长而逐渐增加（Schneider 和 Bjorklund，1998）。研究人员通常将知识描述为图7-3所示的网络，这显示了一个13岁儿童对动物的部分了解。网络中的各条目通过不同类型的联系相连接。有些连接表示类别（达尔马提亚是一条狗），有些则表示属性（大象有鼻子）。

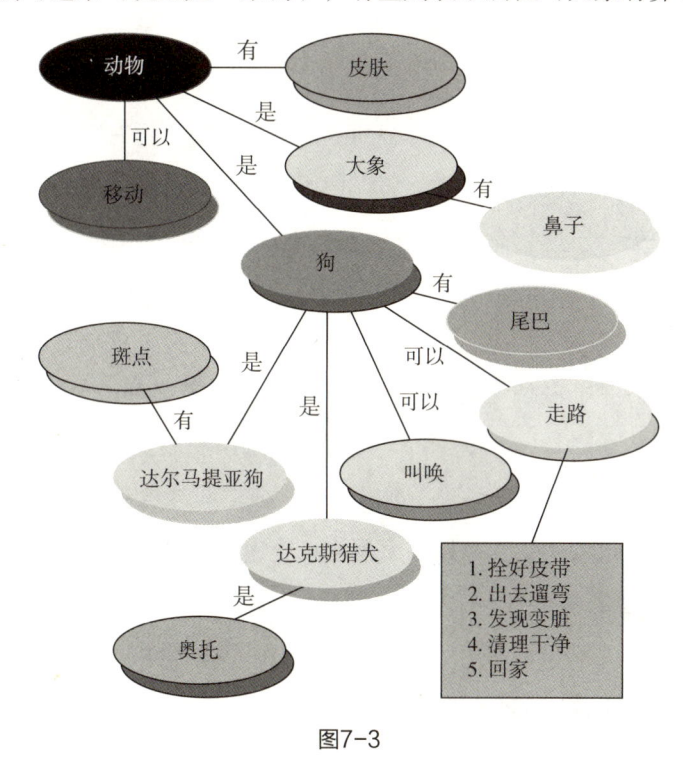

图7-3

还有一些表示脚本，即一种用来描述事件发生顺序的记忆结构。遛狗的活动列表就是一个脚本。

像这样的网络图对于更年幼的孩子来说，条目会更少，条目之间的连接也更少、更弱。因此，幼儿不能够广泛地组织信息，比起年龄更大的孩子，记忆会显得更加困难。

不过，儿童的知识是有条理的，这有助于他们的记忆。例如，对于适合脚本的事件来说，儿童不需要记住事件当中单独的活动；相反，他们只需要记住脚本就可以了。如果学龄前儿童想把烤饼干的事告诉他们的爸爸，只需要简单地回忆一下"烤饼干"的脚本就可以了，可以借此来梳理记忆。

知识也会扭曲记忆。如果某项经验与儿童的知识不匹配（例如，与脚本不同），这种经验有时会被遗忘或扭曲，以符合现有的知识（Farrar 和 Boyer-Pennington，1999；Williams 和 Davidson，2009）。例如，如果给孩子讲述一个有关女直升机飞行员的故事，很多人会把飞行员记成男性，因为在他们的知识网络中，飞行员是男性。

因为年龄较大的孩子通常比年幼的孩子拥有更多的知识，他们有时比年幼的孩子更容易出现记忆扭曲（Brainerd，Reyna 和 Ceci，2008）。在"理论聚焦"专栏，我们将了解能够解释这一惊人发现的理论。

理论聚焦

模糊痕迹理论

背景 儿童对世界的认识通常有助于他们的记忆，但有时会导致不准确或扭曲的记忆。这种记忆错误虽然在儿童和青少年中很常见，但人们仍然不太了解。

理论 根据查尔斯·布雷纳德（Charles J. Brainerd）和瓦莱丽·蕾娜（Valerie Reyna）（2005，2013）提出的模糊痕迹理论（Fuzzy Trace Theory），大多数经验可以准确地（逐字逐句）或根据其基本意义（主旨大意）存储在记忆中。一个10岁的孩子读到生日聚会的请柬时，可能会把它记为"聚会在晚上7：30开始"（逐字逐句）或"聚会在晚餐后"（主旨大意）。一个14岁孩子可能把在科学考试中取得的分数存储为"我答对了75%"（逐字逐句）或"我考得一般"（主旨大意）。

在整个发展过程中，儿童以逐字逐句和主旨大意两种形式在记忆中存储信息，但幼儿倾向于逐字逐句；年龄较大的儿童和青少年则逐渐偏爱主旨大意。也就是说，年龄较大的儿童和青少年通常用主旨大意来表达经验和信息，而不是逐字逐句（该理论因其对主旨记忆痕迹的强调而得名）。

假设 一些记忆错误与根据主旨大意记忆有关。如果年龄较大的儿童和青少年倾向于根据主旨大意记忆，他们应该比年龄较小的儿童更容易犯这些错误。例如，当要求人们记住休息、清醒、床、打盹、毛毯、打呼和做梦等单词时，通常就会出现错误。一般来说，大约3/4的成人会声称自己看到过睡眠这个单词，实际上并没有出现。因为大一点儿的儿童和青少年会提取这些词的意思的要点（"它们是关于睡眠的"），他们应该比年幼的儿童更容易产生错觉，而年幼的儿童更经常逐字逐句地存储这些词。

测试 布雷纳德等人（2010）将单词呈现给7岁、11岁的儿童和成人。在刚刚的例子中，呈现的许多单词都与没有呈现的关键词"睡眠"高度相关。接着，研究人员又呈现了另一组单词，其中有些是第一组单词中的单词，有些则不是，要求参与者识别第一组单词中的单词。毫不奇怪，单词识别能力会随着年龄的增长而显著提高：成人能识别88%，相比之下，11岁的孩子只能识别76%，7岁的孩子只能识别71%。更有趣的是，儿童和成人"识别"没有呈现的关键词的频率：成人为60%，而11岁和7岁儿童分别为40%和22%。

结论 记忆错误——在这种情况下，"识别"一个从未呈现的单词——相比于大龄儿童和成人，低龄儿童中更少发生。这一结果与模糊痕迹理论一致，该理论认为，这些记忆错误是大龄儿童和成人更倾向于记住他们所经历的主要事件所导致的。模糊痕迹理论也得到了另一项发现的支持，即如果鼓励孩子们提炼单词表中的要点——寻找相似的意思，他们会像成人一样"识别"关键词（Brainerd，2013）。

应用 兄弟姐妹有时会因为过去发生的事情而争吵——过去谁做了什么事或说了什么话。例如：

大龄儿童："我昨晚像往常一样把垃圾倒出去了。"

低龄儿童："啊哈。你太忙了。所以是我把垃圾倒了。"

听了这些争论，父母很容易站在大孩子一边，认为大孩子通常能更准确地记住过去的事情。这是一个不错的猜想，但矛盾的点在于，大孩子记忆力提高的同时，他们也更容易犯某些记忆错误。因此，父母需要谨慎，要知道这种情况下大孩子的记忆可能会不准确，因为他们更依赖主旨大意记忆而造成错觉。在这个例子中，大孩子对过往事情的记忆实际上可能基于他在晚上一般会做什么事情的既定脚本。

因此，虽然孩子们不断增长的知识通常有助于他们记忆，但有时也会干扰记忆的准确性。接下来，我们将看看知识和记忆之间的另一种联系：孩子们对自己生活的记忆。

自传体记忆

你还记得你四年级时老师的名字吗？你高中毕业典礼是在哪里举行的？在回答这些问题时，你会在记忆中进行搜索，就像在脑子里搜索"加拿大的首都是哪里"和"谁发明了缝纫机"这些问题的答案一样。然而，关于加拿大和缝纫机的问题的答案是基于你没有亲身经历过的一般性知识，而关于你四年级老师和高中毕业典礼地点的问题的答案则是基于你生活中的独有知识。自传体记忆是指人们对自己生活中重大事件和经历的记忆。自传体记忆很重要，因为它可以帮助人们构建个人的生活史。此外，自传体记忆让人们将自己的经历与他人联系起来，创造社会共享记忆（Bauer，2006）。

自传体记忆源于学龄前。根据一个有影响力的理论（Nelson 和 Fivush，2004），自传体记忆是随着儿童获得不同的技能逐渐出现的。婴幼儿拥有基本的记忆技能，可以记住过去的事情。在学前阶段，在这些记忆技能之上的是语言技能和儿童的自我意识。语言让儿童成为对话伙伴。在婴儿开始说话后，父母经常和他们谈论过去和未来的事情，特别是关于孩子过去和未来的个人经历。父母可能会说孩子今天在托儿所做了什么，或者提醒孩子这个周末要做什么。在这样的对话中，父母会教导孩子事件的重要特征以及事件的顺序（Fivush，Reese 和 Haden，2006）。当父母详细地谈论过去的事件时，特别是父母鼓励孩子更具体地描述过去的事件时，孩子的自传体记忆会更丰富，例如，使用开放式问题："妈妈昨晚去了哪里？"当父母对学龄前儿童使用这种对话风格时，等到他们成长为青少年，就可以回忆起童年时期较早的记忆（Jack 等，2009）。

丰富的亲子对话也有助于解释自传体记忆的文化差异。与生活在东亚的成人相比，欧洲人和北美洲人通常会记住更多早年的事件，并且对这些事件的记忆更详细（Ross 和 Wang，2010）。这种早期记忆的差异可以归因于亲子对话风格的文化差异：亚洲父母一般不会用阐述性的语言，这意味着亚洲青少年很少有机会就过去的事件和父母进行对话，以培养自传体记忆（Kulkofsky，Wang 和 Koh，2009；Schroder 等，2013）。同样，亲子对话解释了为什么女性的自传体记忆往往比男性的情感记忆更丰富、更生动、更情绪化、更详尽：父母与女儿的对话比与儿子的对话更详尽（Grysman 和 Hudson，2013）。

自我意识的出现也有助于自传体记忆。我在模块 11.1 中详细描述了自我意识，其中关键的点在于 1~2 岁的孩子能够迅速获得他们在空间和时间上的独立存在感，自我意识让儿童的经历更具连贯性和连续性。孩子们意识到几天前去公园的那个自我和现在参加生日派对的那个自我、睡觉前和爸爸一起读书的那个自我是同一个。自我意识提供了一条个人的时间线，串起了孩子有关过去的回忆（和对未来的预测）。因此，自我意识、帮助孩子与父母谈论过去和未来的语言技能，以及基本的记忆技能，都有助于学龄前儿童自传体记忆的出现。

大龄儿童、青少年和成人对发生在自传体记忆形成之前的生活事件的记忆很少。"婴儿期遗忘"指的是无法记住自己早年经历的事情。成人和学龄儿童对婴儿期没有任何记忆，对学前阶段的记忆也相对较少（Hayne 和 Jack，2011）。例如，对于一个 2 岁的孩子，等他长大一些时，他不会记得有关弟弟出生的事情（Peterson 和 Rideout，

1998；Quas等，1999），[1]但他很有可能记得弟弟的2岁生日，当然还有3岁生日。

许多形成自传体记忆的因素同样导致了婴儿时期的健忘症（Hayne和Jack，2011）。例如，一旦孩子学会说话（在12~15个月大的时候），他们就倾向于用语言来表达过去经历的事情。因此，他们会说话之前的经历可能很难从记忆中检索出来，就像你重新整理卧室后，可能很难找到东西一样（Simcock和Hayne，2002）。一些理论家还认为，因为婴幼儿没有自我意识，他们缺乏用来组织日后生活经历的自述时间轴（Howe和Courage，1997）。

因此，由于语言或自我意识的不充分，我们早年的个人经历通常无法被记起来（Hayne和Jack，2011）。不过，从学龄前开始，自传体记忆就提供了一个记忆重要生活事件的连贯框架。遗憾的是，一些孩子的自传体记忆中包含了受虐的记忆。这些记忆可信吗？我们将在接下来的内容中看到。

目击者的证词

还记得谢丽尔吗？在本模块开始的小故事中，4岁的谢丽尔声称邻居摸了她的"私处"。如果谢丽尔的说辞让警方展开调查，那么她的证词将至关重要。但她对事情的回忆可信吗？这个问题很难回答。在法律诉讼中，儿童经常会被反复询问——可能多达10~15次——采访者有时会问一些诱导性问题或说一些暗示性的话。在重复提问的过程中，孩子可能会混淆实际发生了什么和别人暗示可能发生了什么。例如，在一个著名的案例中，一位名叫凯利的学前教师被指控性侵他班上的孩子。孩子被问到以下诱导性问题（还有很多其他问题）：

你觉得凯利在伤害你们的时候是个坏人吗？

凯利什么时候说脏话？

凯利吻你的时候，他有没有把舌头伸到你嘴里？（Bruck和Ceci，1995）

每个问题都具有误导性，因为它暗示某事发生了，而实际上可能没有发生。提问者可能是一个处于权威地位的成人，儿童往往会认为成人提到的事情确实发生了（Candel等，2009；Ceci和Bruck，1998）。

孩子的记忆也会因为偶然听到别人——大人或同龄人——描述事件而受到影响。例如，班级里的一些孩子在经历某一事件时（班里来了一位特殊的客人，如魔术师），他们经常会和不在场的同学谈论这个事件；后来，这些不在场的同学可以很轻松地描

---

[1] 也许你不相信，因为你清楚地记得2岁时发生的重大事件，如兄弟姐妹的出生、搬家，或者亲密朋友或亲戚的去世。事实上，你并不是真的记住了这些事情。相反，我敢保证你记住的是别人曾给你复述过一些情景以及你在其中扮演的角色，而不是事件本身。因为像这样的事件通常很多人都知道。

述发生的事情,并经常坚持说他们确实在现场(Principe 和 Ceci, 2002; Principe 和 Schindewolf, 2012)。

学龄前儿童尤其容易受到暗示。为什么?有一种观点认为,与大龄儿童和成人相比,他们不太能知道记忆中信息的来源(Poole 和 Lindsay, 1995)。例如,一位父亲在回忆女儿的钢琴独奏会时,他有很多信息来源:一些来自个人经历(他参加了独奏会),一些来自他在视频上看到的,还有一些来自女儿的描述。学龄前儿童并不特别擅长这种来源监控。当他们回忆过去的事件时,他们会对谁做了什么或说了什么感到困惑,在此期间,他们经常认为自己一定亲身经历了一些事情。因此,当学龄前儿童被问到诱导性问题时,这些信息也会储存在记忆中,但不知道其来源。由于学龄前儿童不善于监控信息来源,因此他们很难区分自己的实际经历和提问者暗示的经历(Ghetti, 2008)。

也许你对这些发现持怀疑态度。当然,孩子在描述一个从未发生过的事件时,我们是有可能知道的。事实上,尽管执法人员和儿童保护工作者认为他们通常可以判断出孩子们是否在说真话,但研究表明,他们往往做不到这一点(Klemfuss 和 Ceci, 2012)。

这些发现告诉我们找到有效方法来询问孩子十分必要,这样更有可能增加对过去事件描述的准确性。"儿童发展和家庭政策"专栏讲述了如何做到这一点。

Q&A 问题7.1

考特妮1岁大时不小心摔倒在人行道上,被送去急诊室缝针。现在她是一位母亲,她喜欢告诉她的孩子自己当初是多么勇敢。这个故事的哪一方面听起来不太真实?

儿童发展和家庭政策

有效询问儿童

到20世纪末,虐待儿童的案件数量急剧上升,紧接着就有报道称,一些成人因儿童的错误记忆而被定罪。因此,美国的许多州立机构和联邦机构成立了特别工作组,以确定评估虐待儿童指控的最佳方式。例如,在密歇根州,1992年成立的州长儿童司法特别工作组很快就发现,在儿童虐待案件中,有必要制定一套采访儿童的标准化协议,该协议应避免使用误导性问题,从而影响儿童的证词。德布拉·普尔(Debra Poole)是中密歇根大学的心理学家,也是儿童目击证人证词方面的权威专家,她受邀制定这项协议。选择普尔的原因显而易见,她与迈克尔·兰姆(Michael E. Lamb)合著了一本书《儿童调查访谈:专业人士帮助指南》

（*Investigative Interviews of Children：a Guide for Helping Professionals*），由美国心理协会（American Psychological Association）于1998年出版。普尔与密歇根九个县的机构合作，设计了一套初步的访谈协议，并在这些县进行了测试。修订后的协议随后由特别工作组公布（1998），并在全州范围内实施。协议旨在"减少对儿童的伤害，使在法庭上呈现的信息更加可信，并保护被告的权利"（特别工作组，1998）。

《密歇根议定书》的修订版分别于2004年和2011年发布。在美国的其他州也制定了类似的协议，此外，国家儿童健康与人类发展研究所（National Institutes of Child Health and Human Development）也制定了一套结构化访谈方案。该方案就采访儿童的"最佳实践"提出了相似的建议。具体来说，采访者应该：

- 在事件发生后尽快询问孩子。
- 鼓励孩子说真话，即便说"我不知道"也不必有任何压力，如果采访者说了不正确的话，可以纠正他们。
- 首先让孩子用自己的话描述事件（"告诉我放学后发生了什么……"），之后可以用开放式问题（"你能不能多告诉我一些走路回家时发生的事情"），尽量少用特定问题（因为这些问题可能会向孩子暗示一些没有发生的事情）。
- 让孩子理解并适应询问的形式，首先从一个中性的事件（如生日聚会或节日庆祝）开始，然后再转向想要询问的事件。
- 避免与孩子一起使用道具（如解剖玩偶）。
- 提出可能导致事件发生的其他原因。

遵循这些准则可以帮助孩子准确回忆过去的事件，从而成为更好的目击者（Hershkowitz等，2012；Poole和Bruck，2012）。

检测你的学习

回忆：描述一下儿童如何使用策略来帮助自己记忆。
总结儿童产生自传体记忆的过程。
解释：区分哪些情况下根据事件的主旨大意进行记忆处理是有利的，哪些是不利的？
应用：描述一下对儿童目击者证词的研究如何体现情感、认知和社会发展之间的联系。

7.2 解决问题

> **学习目标**
>
> 学习目标4：大龄儿童和青少年通常会比低龄儿童更好地解决问题吗？
> 学习目标5：什么因素有助于儿童和青少年成功地解决问题？
> 学习目标6：儿童和青少年能科学推理吗？
>
> **大纲**
>
> 解决问题的发展趋势
> 儿童和青少年解决问题的特点
> 科学思维

12岁的布拉德在元旦那天想去爱好商店。他的母亲特丽担心假期商店不会开门，所以让布拉德先打个电话。过了一会儿，布拉德回来说："我们走吧！"当他们到达爱好商店时，商店已经关门了。特丽很生气，厉声说："我以为你打电话了！"布拉德回答说："是的，但他们没接电话，所以我想他们可能忙得没时间接电话。"当天晚些时候，布拉德3岁的妹妹从厨房柜拿来一罐打开的苏打水，看着特丽说："这是你的，因为上面有口红。"特丽认为她女儿的推理很成熟，尤其是与之前儿子不合逻辑的推理相比。

根据皮亚杰的理论，推理和解决问题的能力会随着孩子的成长而变得越来越成熟。皮亚杰认为，幼儿的推理（名为"前运算思维"）特别有限，青少年的推理（名为"形式运算思维"）非常强大。但研究表明，这种说法从两个方面来讲都是错误的。首先，它低估了幼儿的能力，就像布拉德的妹妹一样，年龄虽小，其推理得出的结论却常常让我们震惊。其次，它高估了像布拉德这样的青少年，他们错误的推理逻辑常常让我们感到失望。

在这一模块中，我们将追踪儿童和青少年时期解决问题能力的发展。我们会发现，儿童解决问题的能力确实比皮亚杰预测的要高得多，但在整个发展过程中，许多因素限制了儿童、青少年和成人成功地解决问题。

解决问题的发展趋势

学习目标4：大龄儿童和青少年通常会比低龄儿童更好地解决问题吗？

解决问题就像吃饭和睡觉一样，是孩子日常生活的一部分。想想一些常见的例子：

- 晚饭后，一个孩子想办法兼顾完成家庭作业以及观看他最喜欢的电视节目。
- 一个孩子想把自行车从车库里取出来，自行车被困在汽车和割草机后面了。
- 一个青少年想办法逃离耙落叶的任务。

在每一种情况下，都有一个明确的目标（如取自行车，避免干活），然后孩子决定如何实现这一目标。

一般来说，随着孩子年龄的增长，他们会更频繁地遇到这些问题且更有效地解决它们。当然，这并不意味着小孩子不善于解决问题。事实上，研究已经表明，许多幼儿能够成功解决问题。例如，如果问及4~5岁的孩子如果去海滩却忘了带午餐，他们能做什么，大多数孩子会提出合理有效的解决方案，如在小卖部买午餐（Hudson，Shapiro和Sosa，1995）。更重要的是，即使婴儿也能解决简单的问题（Barrett，Davis和Needham，2007）。如果一个有吸引力的玩具放在婴儿够不着的地方，婴儿就会用其他方法把玩具拿过来，如拉绳子，或者如果玩具在一块布上，就拉布。这两种方法都很简单，但都是非常有效的方法，可以达到玩玩具的目的（Willatts，1999）。

此外，正如布拉德在开头故事中所表现出来的，青少年并不总是能够熟练地解决问题。他们解决问题的方式通常是低效、随意的，或者是完全错误的。

想象一下，你想参加两场抽奖中的其中一场。第一个广告上写着："50张彩票，5个中奖者，所以你有10%的机会中奖！"第二个广告上写着："500张彩票，40个中奖者，所以你有8%的中奖机会！""你要参加哪场抽奖？"

许多青少年选择参加第二场抽奖，即使他们刚刚读到第二场抽奖中奖的概率更低（8%），显然是因为他们看到有40张中奖彩票，而不仅仅是5张（Kokis等，2002）。当然，在这个过程中，他们忽略了一个事实，即第二场抽奖中有460张彩票不会中奖，而第一场只有45张！

因此，研究证实了我们在布拉德和他妹妹的小故事中所看到的：尽管孩子随着年龄的增长往往会更有效地解决问题，但即便是年幼的孩子有时也会表现出非凡的问题解决能力，而青少年则容易犯错。

儿童和青少年解决问题的特点

学习目标5：什么因素有助于儿童和青少年成功地解决问题？

由于解决问题是十分重要的一项技能，儿童发展学家一直渴望揭示促进儿童解决问题的环境。这项工作的成果将在接下来的几页中向大家介绍，主要围绕儿童解决问题的重要主题展开叙述。

小孩子有时无法解决问题，因为他们无法对问题中的重要信息进行编码。人们在解决一个问题时会构建一种心理表征，其中包含了问题的重要特征。编码过程会将问题中的信息转化为心理表征。例如，如果问题是将一辆困在车库后面的自行车取出来，编码会创建一个包含目标（取自行车）和其他关键因素（如被困的位置）的表征。

孩子对问题的表述通常不太准确或不够完整。他们没有对问题的特征进行编码（或者错误地编码），这导致他们很难解决问题。在像液体守恒的问题上，儿童构建的表征通常是容器的高度而非直径。或者遇到数学等式时，他们经常出现编码错误，如将"6+2=5+___"编写为"6+2+5=___"（McNeil，2014）。

当幼儿构建的表征缺乏这些关键因素时，他们无法解决问题就不足为奇了。随着孩子的成长，他们的编码会越来越完整，这可能是因为他们的工作记忆能力增强了，以及对世界有了更多了解。

幼儿不能够解决问题是因为他们没有提前计划。解决问题，尤其是复杂的问题，往往需要提前计划。例如，"为上学做准备"这一目标需要计划，因为它需要协调许多其他目标——穿衣服、吃早餐、刷牙、背书包——这些都必须在规定时间内完成。面对这样的问题，小孩子很少能想出有效的计划。为什么呢？有很多因素的影响（Ellis 和 Siegler，1997；McCormack，2011）：

- 小孩子常常不切实际地认为，他们可以在没有明确计划的情况下大胆前进，然后问题就会迎刃而解。就像许多讨厌阅读新玩具、游戏或软件说明书的人一样，小孩子往往很难抑制"动起来"的冲动，以"弄清楚"问题所在。
- 制订计划是一项艰难的工作，如果小孩子发现他们的计划经常失败，可能会觉得努力没什么意义。
- 小孩子可能期望父母和其他成人可以帮他们解决复杂的问题。

这些因素并不意味着小孩子从不制订计划或不能制订计划。例如，如果要求4岁的孩子走出迷宫，并告知他们要避免迷宫中的"死胡同"时，他们通常会在行进前暂停一会儿，向前看以找到解决方案（Gardner 和 Rogoff，1990）。因此，如果要求孩子制订计划，并且问题不是太复杂的话，他们也能做到。但是，很多问题会导致孩子很难制订计划，甚至让计划变得毫无意义。

成功解决问题通常依要靠具体问题的相关知识，以及解决问题的主要过程。解决问题通常需要孩子了解一些关键的事实。例如，在小学期间，孩子变得更善于解决算术问题："乔有两块糖，然后杰西卡给他四块。那么乔一共有多少块糖？"等孩子掌握了基本的算术知识，以及将不同类型的文字问题映射到算术问题上后就可以解答这个问题了

（Kail 和 Hall，1999）。由于大一点儿的孩子通常拥有更多与解决问题相关的知识，因此他们更容易成功。

有效解决问题不仅仅依赖于对特定问题的了解。孩子还会经常使用一些通用策略——不针对某个具体任务或问题的策略——来寻找解决方案。比如，利用手段-目的分析法，即分析当前和期望状态之间的差距，然后做些事情来缩小差距。如果没有某个单独行动可以直指目标，那么我们可以建立一个子目标，借助子目标慢慢靠近终极目标。比如，有一个9岁的孩子，她在卧室看书时感到有点儿饿了。那么她的目标就是吃东西，但卧室里没有食物，因此"去厨房"成了一个子目标，一旦达到厨房，就可以实现吃东西的目标了。

> **Q&A 问题7.2**
> 10岁的凯拉醒来后看到了冬季的第一场雪。她迫不及待地想要出去，但又想起她的雪橇挂在车库里的钩子上，她够不着。尝试用手段-目的分析法来展示她如何实现滑雪这个目标。

即便学龄前儿童也会使用手段-目的分析法来解决问题。例如，一个两岁半的孩子想要一本书，但他够不着，他会找把椅子站在上面。椅子是实现"拿到书"这个目标的手段。然而，手段-目的分析法主要用于解决简单的问题，在这些问题中，当前的情况和期望的情况之间的差异只需几步就能实现。小孩子面对更复杂的问题会比较头疼，因为这需要设定许多子目标，并在实现总体目标的过程中跟踪这些目标（DeLoache，Miller和Pierroutsakos，1998；McCormack，2011）。

在皮亚杰看来，儿童和青少年解决问题的方式有根本的不同：例如，8岁的儿童使用具体运算逻辑，而13岁的儿童则使用形式运算逻辑。模块6.2中介绍的现代观点有所不同：儿童和青少年需要几种不同的策略来解决问题。例如，在玩棋盘游戏时，需要掷骰子决定走几步，儿童会使用许多策略来确定需要通过骰子走多少步（Bjorklund和Rosenblum，2002）。如果骰子显示5和2，有时孩子会大声数"1、2、3、4、5、6、7"，然后走7步；有时孩子只是简单地数"5、6、7"，然后移动步数；有时，孩子会短暂地看一眼骰子，然后移动，就好像他能从记忆里回忆起这个数字。

当然，大龄儿童或青少年在学习新游戏或新技能时，也会发生类似的情况。起初，他们会尝试多种方法来解决一个问题。当他们解决特定类型问题的经验积累到一定程度时，会采用最简单、最有效的策略，并尽可能多地使用该策略（Siegler，2000）。

这种一般方法在西格勒（Siegler，1996，2007）的重叠波浪模型中有所体现，在该模型中，儿童使用多种策略来解决问题，随着时间的推移，他们会倾向于使用更快、更准确、更省力的策略。该模型如图7-4所示,它显示了不同年龄段的孩子使用不同策略的频率。

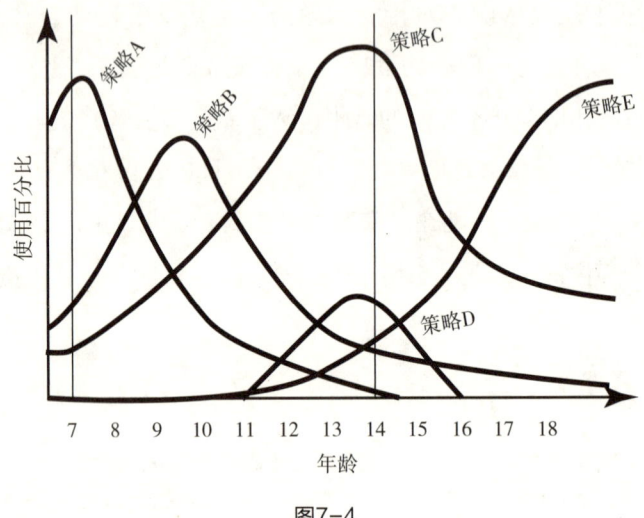

图7-4

例如,策略A,幼儿经常使用,但随着年龄的增长使用频率越来越低;策略E则相反,随着年龄的增长使用越来越普遍。通过图形可以很容易地看出不同年龄的人使用不同策略的频率。在7岁的儿童中,策略A最常见,其次是策略B和策略D。相比之下,在14岁的青少年中,策略D最常见,其次是策略C和策略E。因此,儿童和青少年在解决问题时都有多样化的选择,他们的不同之处在于,青少年通常拥有一套更成熟的工具。

一些理论家的想法更进一步,他们认为解决问题的工具箱包括两种一般类型的工具(Klaczynski,2004;Stanovich,West和Toplak,2011)。有时儿童和青少年通过启发法来解决问题,虽然经验法则不能保证解决某个问题,但它有利于解决一系列问题。

启发法往往用时较少,且不需要付出太多努力。但有时儿童和青少年会采用分析法解决问题。根据问题的不同,他们会选择用数学或逻辑规则推理出答案。

要了解启发法和分析法的区别,请思考以下问题:

艾瑞卡想去看棒球比赛,想要接住一个飞球。她打电话到总办事处,得知几乎所有的飞球都被43区的观众接住了。就在她选择座位之前,她从朋友吉米那里得知,朋友上周坐在10区时接到了2个飞球。思考艾瑞卡坐在哪个区最有可能接住飞球?(Kokis等,2002)

用启发法来解决问题主要靠个人经验,即有疑问时,可以模仿其他成功的人。用这种方法看的话,意味着坐在朋友的位置上更好。而分析法主要依赖统计出来的信息,即从过往数据看,43区抓到飞球的概率最大。青少年比儿童更有可能通过分析法来解决这类问题，但一些儿童是通过分析法来解决的，而一些青少年则依赖启发法（Kokis等，2002）。事实上，这是一种普遍的模式：启发法和分析法在儿童和青少年时期都会被使用，但随着儿童的成长，分析法的使用会越来越频繁（Furlan，Agnoli和Reyna，2013；Kail，2013）。

合作往往可以提高儿童的解决问题能力

在研究中，孩子通常自己解决问题，但在研究之外的日常生活中，他们经常与父母、兄弟姐妹和同龄人合作。如果合作伙伴是父母、年龄较大的孩子或知识更丰富的同伴，这种合作通常有助于问题的解决。正如我们在模块6.2中看到的，父母和年龄较大的孩子通常会帮助小孩子解决问题，通过提供框架和方向，可以让年龄较小的孩子完成超过自身能力范围内的事情。例如，在研究中，父母经常根据孩子的需要提供帮助，当孩子取得进展时，父母会安静地看着，但当孩子被难住时，父母会给予鼓励和提示（Rogoff，1998）。

与同龄人合作有时有一定效果，但并不总是如此，有利于促进同龄人合作的环境仍是一个未解之谜（Siegler和Alibali，2005）。一方面，小孩子之间的合作经常失败，主要是因为学龄前儿童缺乏团队合作所需的相关社交和语言技能。如果问题非常困难，以至于两个孩子都不知道如何处理时，同龄人之间的合作也往往没有效果。另一方面，只有当两个孩子都参与到解决问题的任务中且共同分担责任时，同伴协作才会起作用。

尽管合作有其优点，但对于在美国、加拿大和欧洲上学的孩子来说，合作并不容易。因为在这些地方，他们接受的教育更看重学生个人的参与和成就。相比之下，在世界的其他地方，如墨西哥和日本，老师会教导学生支持身边的同学，从他们的想法和建议中学习并提出自身的想法和建议，将同学视为一种人脉资源。在这种情况下，孩子自然会合作（Chavajay，2008；Silva，Correa-Chavez和Rogoff，2010）。

科学思维

学习目标6：儿童和青少年能科学推理吗？

在第6章中，我们看到许多儿童发展研究人员都把儿童看作科学家，由经历提供了"数据"，儿童从这些"数据"中构建理论，逐渐了解物质世界和社交世界。这些理论通常被认为是非正式的，因为它们缺乏真正科学理论的严谨性，且儿童和青少年很少通过真正的实验来验证自己的理论。不过，当涉及与真正的科学推理相关的技能时，儿童甚至青少年通常有一些明显的缺陷（Kuhn，2012）：

- 儿童和青少年经常对科学现象有误解，进而影响他们的科学思维。换句话说，有了在物质世界和社交世界的经验，儿童和青少年构建出有助于他们理解这些世界的心理模型，尽管这些模型通常是错误的。例如，6岁的孩子通常认为地球是静止的，而太阳和月亮是上下运动的（Klahr，Zimmerman和Jirout，2011）。同样，小孩子通常认为能量是人或生物的属性，而非所有的物理系统或物体（Nordine，Krajcik和Fortus，2011）。摒弃这些错误观念通常是儿童和青少年建立科学思维所必需的第一步（Klahr等，2011）。

- 儿童和青少年设计的实验经常把变量混杂在一起，而不是独立评估，因此结果较为模糊。例如，如果要求孩子判断汽车的发动机、车轮和尾翼大小对车速的影响，他们通常会同时控制多个变量。他们会将带有大引擎、大车轮和大尾翼的汽车与带有小引擎、小车轮和小尾翼的汽车进行比较。直到成年后，人们在设计实验的时候才会习惯性地只控制其中的一个变量（如轮子的大小），而其他变量保持不变，这就可以得出明确的结论（Schauble，1996）。

- 儿童和青少年往往根据少部分证据过早得出结论。儿童和青少年通常会进行一部分实验，然后过早地得出结论，而不是进行所有必要的实验来杜绝变量的影响（Zimmerman，2007）。在前面关于确定汽车速度的例子中，孩子很少做足够的实验来为每个变量提供确凿的证据。他们可能做部分实验，证明有大引擎的汽车跑得快，有大尾翼的汽车跑得慢，但也可能在没有真正做关键实验的情况下，假设车轮大小没有影响（Kuhn等，1995）。

- 儿童和青少年往往难以使用数据来评估理论。如果实验结果不同于儿童和青少年自己原本的想法，他们往往会低估研究的价值（Croker 和 Buchanan，2011；Klaczynski，2004）。举例来说，假如浸信会的青少年参与一个有缺陷的实验，如果结果表明信奉浸信会的父母表现更加优异，他们往往会忽视这些缺陷，但如果结果表明信奉浸信会的父母表现更加糟糕，他们就不会忽视缺陷（有其他信仰的青少年也是如此）。在这些情况下，当证据能够验证青少年自身的想法时，他们就不会使用那么严格的标准来评估实验（Jacobs 和 Klaczynski，2002；Klaczynski，2000）。

这些发现表明，儿童和青少年的科学技能有限。然而，其他研究结果表明，儿童具有一些基本的科学技能。例如，儿童有时能识别出支持假说的证据类型。如果要确定动物是否有良好的嗅觉，6~8岁的孩子知道，用气味弱的食物做实验比用气味强的食物做实验更好。如果要判断一只在房子里乱跑的老鼠是大是小，儿童知道最好把食物放在有小开口的盒子里，而不是有大开口的盒子里（Sodian，Zaitchik和Carey，1991）。在这些研究中，幼儿并没有自己设计完整的实验；相反，他们只是在评估别人计划的实验的一部分，这或许可以反映出他们技能的提高（DeLoache 等，1998）。

很明显，即使年幼的孩子也可以通过训练让思考更具科学性。"研究重点"专栏重点教授小学生如何通过操控一个变量来避免实验结果的混乱。

研究重点

学习设计实验

研究人员是谁？研究目的是什么？ 实验研究表明，孩子可以通过控制兴趣变量且保持其他变量不变来正确地进行实验。然而，研究人员对于教授实验设计的最佳方式持不同的观点。有些人支持发现式学习——让学生通过评估自己的研究结果来识别优质实验的特质。其他专家认为，对优质实验的原则提供明确指导也很有必要。罗伯特·洛奇（Robert Lorch）和他的同事（2010）想要找出适用于小学生的实验设计教学最有效的方法。

研究人员是如何测量研究话题的？ 首先，学生要完成一份问卷，其中描述了一些混合变量的实验，以及只调节一个变量而其他变量不变的实验。学生需要判断哪些实验是"好的"，哪些是"坏的"。接下来，学生被分配到三种情况中的一种。其中有一种情况要求学生找出影响球滚下斜坡后运动距离的变量。他们需要做一些实验来研究坡道陡峭度、表面光滑度（平滑或粗糙）、球在坡道上划过的长度（球的起始位置），以及球的颜色。部分学生接受了简单的指导，老师要求他们控制其中一个变量（如斜坡的陡度），同时保持其他变量不变。第三组学生接受了指导，并有机会进行实验。最后，学生要完成另一份问卷，以衡量他们对好的实验的理解。

研究中的参与者是谁？ 797名四年级学生。

这项研究的设计是怎样的？ 这是一项实验研究。自变量为教学类型：（1）自主探索；（2）明确指导；（3）自主探索+明确指导。因变量为教学后完成的问卷上正确答案的数量。因为这项研究只包括四年级的学生，因此不具有发展性。

这项研究是否存在伦理问题？ 这些假设的问题很简单，对孩子没有特别的风险。

结果如何？ 洛奇等人认为如果儿童能够正确识别问卷上87%的"好"实验和"坏"实验，就可以把他们看作实验设计的"专家"。各教学类型下"专家"所占比例如图7-5所示。结果清楚地表明，只让孩子自主探索是最低效的方法，而"自主探索+明确指导"是最有效的方法。

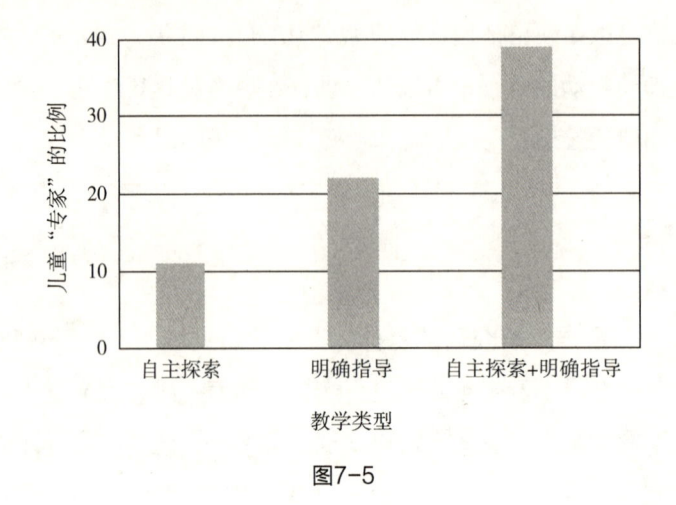

图7-5

研究人员得出了什么结论？根据洛奇等人（2010）的研究可以看出，"将自主探索与明确指导相结合比自主探索更有效"。也就是说，只有少数学生用自己的方法掌握了实验设计的基本原理；大多数学生需要额外的指导才能成为熟练的实验者。

有什么趋同证据可以强化这些结论？在实验原理知识评估问卷中，学生没有设计实验；他们在评估别人设计的实验。要真正证明"自主探索+明确指导"的有效性，就要证明它改善了学生自己从零开始设计的实验。

因此，科学推理的总体发展趋势与我们之前看到的问题解决的发展趋势相似：总体而言，儿童的技能会随着他们的成长而稳步提高，但低龄儿童有时技能熟练得让人觉得不可思议，而大一点儿的儿童和青少年有时则出乎意料的笨拙（Kuhn，2011）。接下来我们将讨论儿童的学术技能（阅读、写作、算术）是否以类似的方式发展。

检测你的学习

回忆：儿童随着年龄的增长会越来越能够成功解决问题，描述与这一普遍趋势相反的发现。

总结儿童经常不能解决问题的原因。

解释：将"儿童是科学家"这一被广泛接受的隐喻与针对儿童和青少年科学推理的研究结果进行比较。

应用：基于您对儿童合作解决问题的了解，您是否建议儿童和青少年合作完成家庭作业？

7.3 学术技能

> **学习目标**
>
> 学习目标7：熟练阅读的要素有哪些？
> 学习目标8：随着儿童的成长，他们的写作能力如何提高？
> 学习目标9：儿童什么时候能理解和使用定量分析？
>
> **大纲**
>
> 阅读
> 写作
> 理解和使用数字

贾斯敏是一个活泼的3岁孩子，有人问她下一个生日是几岁时，她骄傲地说："4岁！同时伸出五个手指。如果要求她数四样东西，不管是糖果、玩具还是袜子，贾斯敏总是说："1、2、6、7……"七个！贾思敏的哥哥觉得这一切很有趣，但她的妈妈认为，尽管有明显的错误，但是贾思敏的行为表明她对数字和计数很了解。但贾思敏对于数字到底理解了多少？这个问题把她妈妈难住了！

儿童和青少年利用他们的认知技能在各种环境下完成了许多任务。然而，其中最重要的是在学校学习的有关阅读、写作和数字的任务。这些领域的技能有助于他们接受高等教育，以及走向高收入、高声望的职业发展道路（Ritchie 和 Bates，2013）。因此，儿童发展研究人员对这些技能进行了广泛的研究。在这一模块中，我们将考察这三项传统技能。我们将从阅读开始，然后是写作，再次是数字，最后你就会明白为什么贾斯敏会这样数数。

阅读

学习目标7：熟练阅读的要素有哪些？

试着读读下面的句子：

Андрей достал билеты на концерт.

除非你懂俄语，否则阅读水平可能没有什么提高，是吗？
现在试试这个：

打鼾　秘书　绿色　塑料　睡眠　卡车

你可能很容易就能读懂这些单词，但你能否从这句话中得到比俄语更多的信息？这些例子展示了熟练阅读的两个重要过程。字符解码是识别一组字母的独特组合的过程。如果你不懂俄语，单词就不会识别成功。你不会知道билеты的意思是"门票"或концерт的意思是"音乐会"。更重要的是，因为你不能识别单个的单词，你也就不知道这句话的意思。"理解"是从一系列词语中提取意义的过程。在第二个句子中，你可以完美地识别这些单词，但因为单词是随机排列的，所以还是不能被理解。这些例子提醒我们学习阅读是多么困难。

在接下来的几页里，我们将看看儿童是如何阅读的。我们将从儿童学习阅读必须具备的技能开始，然后转向单词识别和理解。

阅读技巧的基础

阅读需要从文字中提取意义，要想成功做到这一点，儿童还有很多东西要学。儿童需要知道阅读的内容是由字母组成的单词（不是图画或涂鸦），以及一页纸上的单词会用空格隔开。在英语中，单词是从左向右读的。当然，他们还需要知道每个字母的读法。这些技能在学龄前会逐渐提高，特别是在孩子经常参与读写相关活动的情况下，如与大人一起阅读，玩磁力字母，或者尝试写出简单的单词。毋庸置疑的是，知道更多字母和单词形式的孩子会比同龄人更容易学习阅读（Levy等，2006；Treiman和Kessler，2003）。

第二个基本技能是对语言声音的敏感度。辨别语音的能力被称为语音意识。英语单词是由音节组成的，一个音节由元音组成，通常但不总是伴随辅音。例如，dust是一个单音节单词，它包含了开头的辅音d、元音u和最后的辅音群st。如果孩子能够以这种方式分解单词，就说明具有了语音意识。例如，能够正确回答"dust中的第一个音是什么"或者"没有d的dust听起来像什么"。语音意识与学习阅读的成功密切相关：能够轻易识别口语中不同声音的儿童比不能识别的儿童更容易学习阅读（Melby-Lervag，Lyster和Hulme，2012）。事实上，正如我们将在模块8.3中看到的，对语言声音不敏感是阅读障碍的核心特征之一。

学习阅读英语特别具有挑战性，因为英语中字母的发音方式（比较bat、far、rake和was中"a"的发音）和发音的拼写方式（长音"e"在team、feet、piece、receive和magazine中对应的字母）往往不一致。相比之下，许多其他的语言，如希腊语、芬兰语、德语、意大利语、西班牙语、荷兰语，一致性要强得多，这简化了声音与字母之间的对应。例如，在意大利语中，大多数字母的发音相同。读一个像domani（明天）这样的单词很简单，因为从左向右读，将每个字母对应到简单的发音规则上：d，m和n与英语的发音一样。o发cold中的音，a发car中的音。事实上，即使在字母发音规则更加一致的语言中，儿童学习阅读的速度更快，但语音意识仍然是许多语言中实现成功阅读的唯一最佳预测因素（Caravolas等，2012；Ziegler等，2010）。

如果破解字母—发音密码对于学习阅读这么多语言来说很有必要，那么我们如何帮助儿童掌握发音呢？"改善儿童的生活"专栏介绍了一个简单的方法。

改善儿童的生活
押韵之所以美妙，是因为声音的多彩

《戴帽子的猫》和《绿鸡蛋和火腿》是著名的苏斯博士（Dr. Seuss）系列丛书中的两本。你可能因为它们滑稽的情节和大量的押韵而知道这些故事。如果父母经常读押韵的故事，不只是苏斯博士系列丛书，还有《鹅妈妈》等其他童谣，他们的孩子会对单词的发音有更多的认识。押韵的段落（"Is Spot hot? No, he's not!"）会让孩子注意组成单词的不同声音。

父母给孩子读儿歌越多，孩子的语音意识就越强，也会让学习阅读变得更容易（Bradley 和 Bryant，1983；Ehri等，2001）。

所以，这个结论显而易见：给孩子读得越多，效果越好。孩子喜欢大人带他们阅读，而学习更多与字母发音相关的内容就像锦上添花！

故事书阅读是一种非正式的方法，父母可以通过这种方法培养孩子阅读前的技能。它的好处并不局限于学习阅读的初级阶段，而是会持续到小学的中间阶段，并且对孩子学习阅读其他语言同样有用（Chow 等，2008；Senechal 和 LeFevre，2002）。

这种阅读方法也是学前教育的一个重要特点——理由很充分：如果学前教师用故事书阅读来谈论与阅读相关的技能，通常孩子在上小学后阅读能力会更强。例如，在一项研究中（Piasta等，2012），一些学前教师每周会给学生读不同的书。另一些学前教师读完书后，还添加了知识点的学习，如相关的标点、字母、单词。教师指出故事书阅读的相关特点后，孩子在一年级时的阅读技能会更加熟练（Piast等，2012）。

认字

在阅读之初，儿童有时会"通过视觉"读几个单词，但他们并不理解字母和单词发音之间的联系。然而，真正阅读的第一步是通过发音来解码纸上的单词：初级阅读者通常会读出与每个字母相关的发音，然后将这些声音混合起来，读出一个可识别的单词。重复发音几次之后，这个单词就会变成一个可以从长期记忆中直接检索出来的已知单词。也就是说，儿童通过识别自己熟悉的字母和音节来解码单词（Nunes，Bryant 和

Barros，2012）。

因此，从他们第一次努力阅读开始，大多数孩子会对某些单词进行检索。从这里开始，一般是先尝试检索，如果失败，就把单词念出来或向更成熟的读者寻求帮助（Siegler，1986）。例如，我的女儿劳拉刚开始阅读时，她知道the、Laura和几个以at结尾的单音节单词，如bat，cat和fat。比如下面这个句子：

Laura saw the fat cat run.

她会读成"Laura s-s-s... Oh-h...wuh ... saw the fat cat er-r-r...uh-h-h...n-n-n...run"。熟悉的单词能很快从记忆中被检索出来，而不熟悉的单词则要慢慢地拼读出来。儿童的阅读经验越多，检索的次数就越少，提取出来的信息就会越多（Siegler，1986）。也就是说，通过读出新单词，孩子将单词的信息储存在长期记忆中，这是直接检索所需的（Cunningham 等，2002；Share，2008）。

阅读教学的应用

教育儿童阅读可能是大多数美国小学最重要的教学目标。传统上，教师会用三种方法中的一种来教授阅读（Rayner 等，2001，2002）。最传统的方法是自然拼读：几百年来，美国孩子学习阅读的第一阶段是关注字母名称，然后是它们的典型发音，最后是音节和单词。例如，教师可能会教孩子字母b听起来像"buh"，而e听起来像"eeee"，所以把它们放在一起就成了"buh-eee-be。"

学习所有的字母及其相关的发音可能会很乏味，也许会让孩子失去学习阅读的动力。因此，教师开始寻求其他方法。在全字法中，教师会教孩子通过视觉来识别整个单词。通常从少量熟悉的单词开始，反复重复这些单词来帮助孩子学习。此外，还有整体语言教学法，在美国，该方法已经相当流行，在过去的25年里，学习阅读是让孩子沉浸在与语言相关活动中自然而然产生的副产品，如跟随老师大声朗读书本或编写自己的故事，必要时发明拼写方法。不鼓励语音教学。

虽然这三种方法都有各自的优点，但研究清楚地表明，语音教学是必不可少的（Rayner 等，2001，2002）。当孩子学习字母发音时，他们更有可能成为成功的阅读者，这对有阅读失败风险的孩子来说尤其如此。也就是说，将单词发音与字母对应，这是所有字母类语言（如英语和德语）的基础，并不是大多数孩子都能自然或偶然掌握的东西。大多数孩子需要清楚明确地学习字母和发音的关系。

当然，盲目地练习字母和发音组合可能会非常无聊。但是闪卡和练习并不是掌握这些知识的唯一方法，儿童可以在他们喜欢的语言游戏和活动中习得语言技能。此外，教孩子通过视觉来阅读单词是一种很好的方法，将阅读指导嵌入其他提升语言素养的活动中也是一种很好的做法。然而，这些方法应该用来补充语音教学，而不是直接取代（Rayner 等，2001，2002）。

理解

正如我们在本单元开始时所看到的，准确解码单词并不能保证孩子能理解他们所读的内容。这一现象可以通过阅读模型来理解。在阅读模型中，阅读理解被视为两个一般过程的产物：单词解码和语言理解（Gough 和 Tunmer，1986）。当一个单词不能被解码，或者解码了但并不是熟悉的单词时，孩子就不能理解他们所读的内容。因此，熟练阅读依赖于准确解码和理解被解码单词的意思。

当儿童拥有更多的阅读经验时，他们就能更好地理解所读的内容。有几个因素有助于提高理解能力（Siegler 和 Alibali，2005）。

- 儿童的语言技能提高了，这让他们能够理解自己解码出的单词：随着儿童词汇量的扩大，他们更有可能识别出自己解码出的单词。例如，具有良好解码技能的一年级学生或许可以解码"prosper"（蓬勃发展），但无法理解它。到了五年级或六年级，孩子词汇量的增加意味着他们能够解码和理解"prosper"。此外，大龄孩子对句子的语法结构了解更多，这些知识有助于他们理解整个句子的意思（Muter 等，2004；Oakhill 和 Cain，2012）。

- 儿童在识别单词方面变得更加熟练，从而有更多的工作记忆容量用于理解（Zinar，2000）。当儿童难以识别单个单词时，他们往往无法将单词联系在一起，从而无法理解一篇文章的含义。相比之下，如果儿童可以毫不费力地识别单词，他们就能集中精力从整个句子中推断出意义。

- 工作记忆容量增加，这意味着年龄大、阅读能力强的人可以在记忆中存储更多的句子，因为他们试图识别句子中包含的意思（De Beni 和 Palladino，2000；Nation 等，1999）：这种额外的容量有助于读者从"凯文击球"这样的句子过渡到"在第九局下半场，当红雀队以7比4落后时，凯文在左外野的看台上击出一记直线球，这是他在系列赛中打出的第四支本垒打"这样的长句。

- 能够了解更多有关物理、社会和心理世界的一般性知识，这有助于儿童理解所读的内容（Ferreol-Barbey，Piolat 和 Roussey，2000）。例如，即使一个6岁的孩子能认出关于凯文本垒打长句中的所有单词，这个孩子也不能完全理解这段话的意思，因为他缺乏必要的棒球知识。

- 有了经验，儿童可以更好地监控自己的理解能力：有经验的读者如果碰到很难或令人困惑的文章而不能理解其意思时，他们会再读一遍（Baker 和 Brown，1984）。试试这个句子（改编自 Carpenter 和 Daneman，1981）："中西部州钓鱼比赛将吸引来自该地区各地的渔民，包括密歇根州一些最好的贝斯手。"当你第一次看到"贝斯手"这个短语时，可能会把贝斯理解为一条鱼。这说不太通，所以你会重读这个单词，以确定贝斯指的是一种吉他。年龄大一点的读者更能意识到他们的理解不够完整，并采取纠正措施。

- 随着经验的积累，儿童会使用更合适的阅读策略：阅读的目标和文本的性质决定了你阅读的方式。例如，当你阅读一本流行小说或言情小说时，你是否经常跳过一些句子（或段落或整页）而直奔"精华"？这种方法适用于普通阅读，但不适用于教科书、食谱或操作手册的阅读。阅读教科书需要注意整体架构以及细节与架构之间的关系。年龄大、经验丰富的读者更能选择适合所读材料的阅读策略；相比之下，年龄小、技能较差的读者较少根据材料来选择适合的阅读策略（Brown等，1996；Cain，1999）。

总的来说，更强的语言和文字识别能力、更大的工作记忆容量、更丰富的世界知识、更强的监控能力，以及使用更合适的阅读策略，能让年龄大、经验丰富的读者从他们所读的内容中获取更多的信息。

写作

学习目标8：随着儿童的成长，他们的写作能力如何提高？

虽然我们中很少有人会成为玛雅·安杰卢（Maya Angelou）、桑德拉·西斯内罗斯（Sandra Cisneros）或约翰·格里沙姆（John Grisham）那样的人，但大多数成人在家里和单位都会写一些东西。写作的学习很早就开始了，但需要很多年。儿童在上学之前就知道一些写作的要领。例如，4～5岁的孩子通常知道在纸上写字来传达想法就是一种写作形式（McGee 和 Richgels，2004）。但成熟的写作技能需要一段时间逐渐发展起来，因为它需要协调认知和语言技能来产生连贯的文本。

儿童写作的发展归功于许多因素（Adams，Treiman和Pressley，1998；Siegler 和 Alibali，2005）。

主题知识的增多以及获取主题知识的机会增加

写作就是向别人讲述"一些事情"。随着年龄的增长，孩子对世界的了解越来越多，他们把这些知识融入他们的写作中，也就会有更多向别人讲述的事情（Benton 等，1995）。例如，如果要求孩子写一篇关于市长选举的文章，他们往往会把这件事描述成一场人气竞赛。相比之下，青少年则经常将此描述为微妙而复杂的政治问题。当然，有时会要求学生写一些他们不熟悉的话题。在这种情况下，大龄儿童和青少年通常写得更好，因为他们更善于寻找参考材料，并将其融入自己的写作中。

更好地理解如何组织写作

写作的一个难点在于如何用一种让读者觉得清晰有趣的方式组织必要信息。事实上，儿童和青少年组织写作的方式不同于年长的青少年和成人（Bereiter 和 Scardamalia，1987）。年轻的作家经常通过讲述知识的方法，记录下与主题相关的信息，就像从记忆中检索信息一样。例如，如果要求一名二年级学生写当天在学校发生的事情时，他会这样写：

这是一个下雨天。我们希望今天是晴天。我们发了新的写字本。我们拍了照片。我们给芭芭拉唱生日歌（Waters，1980，第155页）。

这个故事没有明显的结构。前两句是关于天气的，但后三句是完全独立的话题。显然，作者只是简单地描述了他记住的每件事情。

到了青春期，作者会开始使用知识转换策略，即判断要组织哪些信息，以及怎样组织信息，才能将自己想法最好地传达给读者。使用这种方法要考虑写作的目的（如通知、说服、娱乐）以及达到这一目的所需的信息，还要考虑预期听众的需求、兴趣和知识。

如果要求年龄较大的青少年描述一种发生的事，他们会根据自己的写作目的和目标受众，从各种文体中选择一种来创作文章。例如，一篇为了让同学们开心而写的有关学校事件的幽默文章，与一篇让家长们了解必修课问题的说明性文章是不同的（Midgette，Haria和MacArthur，2008）。而这两篇文章又与交换生在美国高中日常生活的告知类文章不尽相同。换句话说，虽然儿童运用知识传达策略能够让他们写出文字，但更成熟的知识转换策略可以为读者写出连贯性更强的文章。

更轻松地处理机械式的写作要求

在我拿到飞行员执照后不久，我带着儿子马特飞了一趟。几天后，他在二年级的每周作文中写了这样一段话：

这个周末我坐上了一架单螺旋桨飞机。但这次只有我爸爸一个人驾驶。他现在有驾照了。这是一段漫长的旅程，但五分钟后我就睡着了。飞机着陆后我醒了过来。爸爸说："你错过了一次很好的旅行。"爸爸说："你甚至错过了看喷气式飞机！"但我玩得很开心。

马特花了一个多小时写这段话，原作（在我的办公室里挂着）满是他拼错单词的修改痕迹、扭曲的字母和错误标点的擦痕。如果马特只是大声描述我们的飞行（而不是写下来），他的任务会容易很多。在口语中，他可以忽略大写、标点符号、拼写和单个字母的书写。写作的这些方面对所有作者来说都是一种负担，尤其是对年龄很小的作者来说。

事实上，研究表明，当儿童专心于字母的书写正确性时，他们的书写质量通常会受到影响；而当儿童掌握了印刷体和连笔字之后，他们可以花更多的精力关注写作的其他方面（Medwell和Wray，2014；Olinghouse，2008）。同样，拼写正确的单词以及组织好句式结构对年龄小的作者来说尤其困难；当他们学会拼写和造句之后，写作会变得更容易也更高效（Graham等，1997；McCutchen等，1994）。

更高超的修改能力

很少有人能一次就把文章写好。相反，他们会修改、修改、再修改。遗憾的是，年龄小的作者通常根本不会修改——初稿通常就是最终稿。更糟糕的是，年龄小的作者并不一定能通过修改提高自身的写作水平（Fitzgerald，1987）。有效的修订要求能够发现问题并知道如何改正（Baker和Brown，1984；Beal，1996）。随着儿童的成长，他们能够更好地发现写作中的问题，并知道如何改正（Limpo，Alves和Fidalgo，2014），特别是对主题很熟悉的情况下，以及从最初版到修改版间隔较长时间的情况下（Chanquoy，2001；McCutchen，Francis和Kerr，1997）。

刚刚这几段清楚地说明了为什么良好的写作能力是逐步养成的。这涉及许多不同的技能，每一种都有其自身的复杂性。文字处理软件通过处理这些技能（如检查拼写、简单修改）让写作变得更容易。研究表明，人们通过使用文字处理软件，写作能力可以得到提高（Clements，1995；Rogers和Graham，2008）。

幸运的是，学生可以通过学习提升写作能力。如果教学能够聚焦有效写作的基础能力——设计、起草和修改文本的策略，学生的写作能力就会显著提高（Graham和Perin，2007；Tracy，Reid和Graham，2009）。例如，成功的写作教学项目"写作中的自我调节策略发展"能够告诉学生，可以利用POW + TREE技巧写出一篇优秀的文章。正如你在图7-6中所看到的，POW为年轻的作者提供了一个总体写作计划，而TREE则教给他们如何将自己的文字组织成结构良好的段落（Harris等，2008）。

如果学生经常写作，这种指导会非常有效——就像其他技能一样，熟练的写作需要大量的练习。此外，最有成效的写作指导非课堂莫属：写作是一项有挑战性的任务，如果教师能够提供支持并表扬学生的作品，学生就最有可能获得成功（Graham，Gillespie和McKeown，2013）。

当然，掌握全部的写作技巧是一个巨大的挑战，它需要经历整个童年、青春期和成年时期。

POW

P　选择（Pick）想法

O　整理（Organize）笔记

W　多写（Write）多说

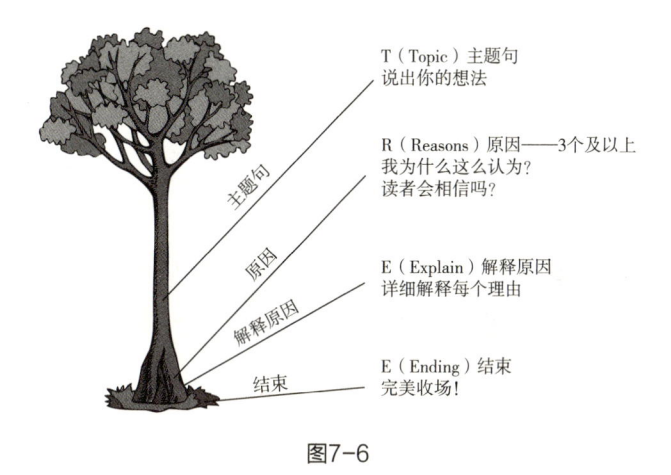

T（Topic）主题句
说出你的想法

R（Reasons）原因——3个及以上
我为什么这么认为？
读者会相信吗？

E（Explain）解释原因
详细解释每个理由

E（Ending）结束
完美收场！

主题句
原因
解释原因
结束

图7-6

理解和使用数字

学习目标9：儿童什么时候能理解和使用定量分析？

基础的数字技能源于婴儿时期，远在婴儿学会数数之前。许多婴儿的数字技能每天都会发生变化。他们玩两个积木，看着另一个婴儿玩三个积木；他们看着父亲整理衣物，发现了两只黑袜子，但只有一只蓝袜子；他们吃了一个热狗当作午餐，而哥哥吃了三个。

婴儿能否意识到数量是这个世上事物的不同点之一呢？当然。这一结论是基于一项研究得出的，该研究对婴儿进行了一系列如图7-7所示的图片测试。图片中的物体不同，它们的大小、颜色和位置也不同。不过，前三张照片都显示了两个物体：两朵花、两只猫、两只蝴蝶。当第一张照片出现时，婴儿会看几秒。但是，当呈现更多两样事物的图片时，婴儿就会慢慢习惯（越来越熟悉，见模块5.1）：他们只匆匆看了一眼图片，然后就把目光移开了。但是，当婴儿看到一个有三个物体的图片时，如最后一幅画中的图案，他们会再次看几秒，显然他们重新燃起了兴趣。因为唯一的变化就是图片中所示物体的数量。因此我们得出结论，婴儿可以根据数量来区分刺激。

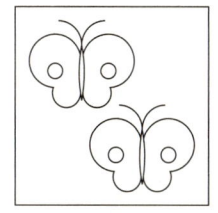

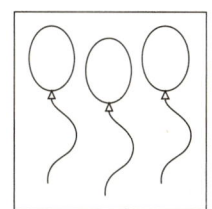

图7-7

用这种方法进行的研究表明，到6个月大的时候，婴儿就能把一个物体和两个物体以及两个物体和三个物体区分开来。然而，当一组中包括四个或以上数量的物体时，婴儿只有在其中一组物体的数量至少是另一组的两倍多时才能分辨出来。换句话说，婴儿不能区分4个物体和6个物体，但他们可以区分6个和12个（Cantrell 和 Smith，2013；Opfer 和 Siegler，2012）。一种猜想是，婴儿使用不同的系统来表示数字。一种用于1~3个物体的集合，非常精确；另一种用于更大的集合和近似估算。当给婴儿展示大小不同的物体时，他们大脑的不同区域会被激活，这一做法验证了以上猜想（Hyde 和 Spelke，2011）。

更重要的是，小婴儿可以做简单的加减法——前提是足够简单。在实验中采用如图7-8所示的方法，婴儿看到箱子中有一只老鼠。用屏幕把这只老鼠遮住，然后出现一只手，并放入第二只老鼠，把它放在屏幕后面。当移除屏幕并出现一只老鼠时，比起出现两只老鼠，5个月大的婴儿会看得更久。显然，5个月大的婴儿认为一只老鼠加另一只老鼠应该等于两只老鼠，当这个期望被打破时，他们注意的时间会更长（Wynn，1992）。当箱子中有两只老鼠，其中一只被拿走时，如果移走屏幕，还是有两只老鼠在箱子中，那么婴儿就会感到很惊讶。这些实验只适用于较小的数字，表明婴儿所做加减法很简单，与大一点儿的孩子所使用的方法不同（Mix，Huttenlocher和Levine，2002）。

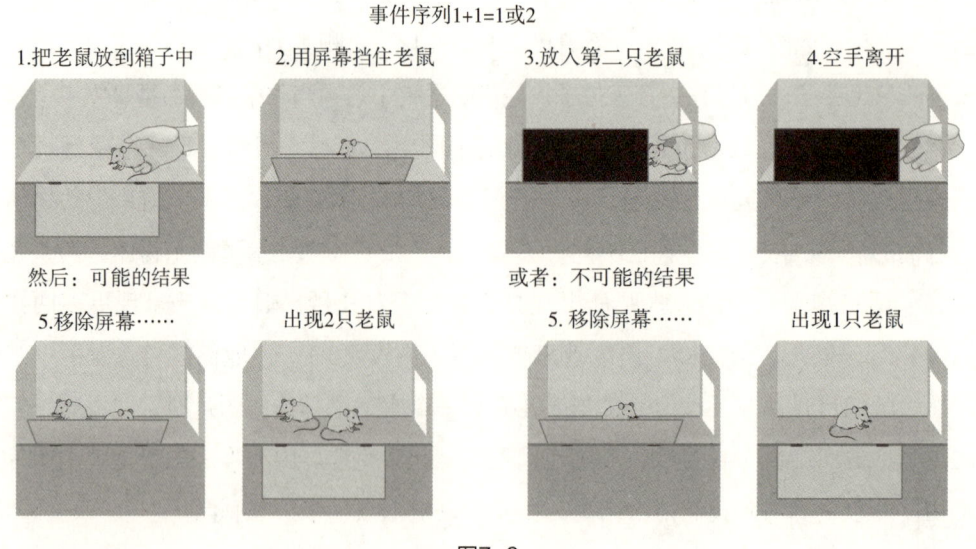

事件序列1+1=1或2

1.把老鼠放到箱子中　　2.用屏幕挡住老鼠　　3.放入第二只老鼠　　4.空手离开

然后：可能的结果　　　　　　　　　　或者：不可能的结果

5.移除屏幕……　　出现2只老鼠　　5.移除屏幕……　　出现1只老鼠

图7-8

学习数数

数字的名称并不是大多数婴儿一开始学习的单词，但在2岁的时候，孩子逐渐知道一些数字单词并开始数数。通常，他们在数数时会出现各种错误。开篇提到的贾斯敏，她是按"1、2、6、7"来数数的，跳过了3、4和5。但研究表明，如果我们暂时忽略她的错误，她数数的顺序表明她确实理解了很多关于数字方面的知识。戈尔曼（Gelman）和梅克（Meck），（1986）只是在孩子面前放了几个物体，然后问"有多少"。通过分析孩子们对这些问题的回答，他们发现，大多数孩子到3岁时已经掌握了数数的3个基本原则，至少数5个以内的物体是可以做到的。

- 一一对应原则：每个被计数的对象有且只有一个数字名称。如果一个孩子能够按照"1、2、a"的顺序来数三个物体，就说明他能够理解这个原则，因为数字名称所代表的数量与计数物体的数量是一致的。
- 顺序固定原则：数字名称的计数顺序必须一致。按相同顺序计数的孩子——例如，始终按照"1、2、4、5"的顺序来数四个物体——说明他们能够理解这一原则。
- 基数原则：在序列计数中，最后一个数字名称与前面的数字名称不同，它表示物体的总数。一般来说，3岁的孩子会通过重复最后一个数字表示他们对这一原则的理解，通常还会着重强调："1、2、4、8…八个！"

在学龄前，儿童就掌握了这些基本原则，并且可以数出越来越多的东西。到5岁时，大多数孩子都能将这些计算原则应用到9个物体之多。如果父母在讲话中经常提到数字，则更有助于孩子掌握这些计数原则，如和孩子一起数物体，或者简单地说出现在物体的数量（Gunderson 和 Levine，2011）。（要想知道自己是否理解了数数原则，可以回顾一开始贾斯敏的数数方式，并判断她已经掌握了哪些原则。我的答案会在"检测你的学习"之前给出。）

当然，孩子能够理解这些原则并不意味着他们总是能准确地数数。相反，他们会从始至终运用这些原则，但依然数错数。他们必须掌握常规的数数顺序和数数原则，才能学会准确数数。学习9以上的数字更容易，因为这些数字是由十位数字名称（20、30、40）加个位数字名称（1、2、3、4）组合而成的。再往后数，数百、数千等也是同样的规则。到4岁时，大多数孩子都能数到20，有些孩子还能数到99（Siegler 和 Robinson，1982）。

比起其他语言，用英语数10以上的数，要复杂得多。例如，eleven和twelve的命名可以说毫无规律可循。此外，其余的带"teen"的数字与二十几、三十几等数字名称不同，因为表示十几的数字名称变化的是前面（thir-teen，four-teen），而非后面（twenty-three，thirty-four）。此外，一些表示几十的数字名称与其基本单位名称大致对应：twenty，thirty，fifty跟two，three，five有相似之处，但又不完全相同。

相比之下，中国和韩国的数字系统几乎是完全按照规律命名的。这些简化的数字名称有助于解释为什么在亚洲国家长大的孩子比美国同龄的学龄前儿童更会数数（Miller等，

1995）。更重要的是，数字名称和十进制的直接对应会让亚洲的孩子更容易理解一些数学概念。例如，如果一个孩子有10块积木，然后又得到了6块，一个5岁的美国孩子会仔细数积木，以确定他现在有16块。相比之下，一个5岁的中国孩子不用数数，就可以很快地说"16"，因为她知道在以10为基数的系统中，10 + 6 = 16（Ho 和 Fuson，1998）。

加法和减法

在四五岁的时候，大多数孩子都遇到过简单的加减运算问题。"假如一个4岁的孩子有4颗绿豆，然后爸爸又给了她2颗，那么她现在有几颗？"许多孩子会通过数数来解决这类问题。他们先数出四根手指，再数出两根手指。最后，他们将两只手的六根手指合起来数。如果是减法，他们就会按同样的步骤反向操作（Siegler 和 Jenkins，1989；Siegler 和 shager，1984）。

孩子们很快就放弃了这种方法，转而采用一种稍微更有效的方法。他们不是只用一只手的手指，而是用一只手数出要相加的两个数字中更大的那一个。然后，用另一只手数出较小的数字。最后，数出所有的手指以确定总和（Groen 和 Resnick，1977）。

孩子在一年级开始接受正规的数学教育之后，通过大声数数或数手指来解决加法问题的情况更少（Jordan等，2008）。这时，儿童会用心算来做加减法。也就是说，他们好像在默默地数数，从较大的数字开始，然后不断增加。到八九岁的时候，儿童已经很好地掌握了简单的加法运算，个位数字的整数（从0到9）相加只需从记忆中检索出来即可（Ashcraft，1982）。

这些计数策略并不是每个儿童严格遵循的发展顺序。相反，正如我在描述重叠波模型时所提到的，每个孩子会根据不同的问题使用多种不同的加法策略。孩子们通常想要从记忆中寻找答案，小孩子会使用许多方法来解决简单的算术问题，包括用手指数数。如果他们不能很好地确定检索到的答案是否正确，就会用大声数数或数手指的方式解决（Siegler，1996）。检索最有可能解决较小数字相加的问题（如1+2，2+4），因为这些问题经常在教科书中出现或者被老师问到。因此，这些数字与问题密切相关，能够让孩子相信检索到的答案是正确的。相比之下，较大数字相加的问题，如9+8，出现的频率就比较低。因此加数与和之间的联系更弱，孩子们也就更有可能通过数数等备用策略来计算出答案。

Q&A 问题7.3

巴尔布喜欢让她6岁的女儿艾琳解决一些简单的算术问题，如4+2和3+1。艾琳喜欢解决这些问题，但让巴尔布感到困惑的是，艾琳总是通过数手指来解决问题，然后在第二天大声说出答案。艾琳的行为异常吗？

孩子们读小学的过程中，算术能力也在不断提高。他们在加减运算方面会变得更加熟练，还会学习乘法和除法，在高中和大学继续学习更复杂的数学概念，包括代数、几何、三角和微积分（De Brauwer 和 Fias，2009）。当然，这些技能和概念对一些孩子来说更容易掌握。

在快要上幼儿园的时候，不同孩子的数学能力就已经有了较大差异。与早期数学技能相关的一个因素是前面提到的近似数字系统：数学技能较好的学龄前儿童拥有更精确的近似数字系统。换句话说，他们能够更精准地估算数量（Bonny 和 Lourenco，2013；Fuhs 和 McNeil，2013）。然而，其他研究结果表明，理解数字（例如，当实验者说"6"时，他们会指"6"）可能是成功掌握算术最重要的前提条件，就像理解字母及其发音是成功学习阅读的前提条件一样。

同样，研究也确定了一些可以预测哪些学生在初高中阶段会取得较高数学成绩的因素。有些是专门针对数学的，如对算术的掌握和对基本数学概念的理解（如分数、数轴），但有些则比较常规，如工作记忆和处理速度（Geary，2011；Siegler 等，2012）。简言之，当孩子拥有坚实的数学技能和知识基础以及强大的认知技能时，他们在数学方面就会取得成功。

美国与其他国家的学生相比较

让我们回到数学技能的文化差异问题上来。与世界各地的学生相比，美国学生在数学技能方面表现不佳。例如，图7-9显示了全球诸多国家学生的数学成绩比较（Kelly 等，2013）。美国高中生的数学分数远远低于其他一些国家的高中生。

换句话说，最优秀的美国学生只能达到许多亚洲国家学生的平均水平。更重要的是，这些数学成绩上的差异已经

图7-9

持续了至少25年，包括从小学、初中到高中的成绩（Stevenson和Lee，1990）。

为什么美国学生的得分如此之低？"文化影响"专栏给出了一些答案。

文化影响

中国台湾地区的五年级学生

新英今年11岁，在台北上学。和大多数五年级学生一样，新英每天早上8点到下午4点在学校上课。大多数情况下，她晚上要花2~3小时做作业。按照美国的标准，这种学习强度会让人筋疲力尽。在美国，五年级学生通常每天在学校度过6~7小时，做作业的时间不到1小时。我问新英对学校和功课的看法。她的回答让我很吃惊。

RK：你为什么去上学？

新英：我喜欢学校教的东西。

RK：还有其他原因吗？

新英：我在学校学到的东西很有用。

RK：那作业呢？为什么要做作业？

新英：我的老师和父母都认为这很重要。我也喜欢做作业。

RK：你认为如果你不那么努力学习，你在学校的表现会和现在一样好吗？

新英：哦，不会。学习最好的学生总是那些最努力的学生。

做作业是新英生活的重点。虽然许多美国学生对做作业会挤占自己玩耍和看电视的时间感到不高兴，但新英对学校和与学校有关的活动很热衷。

新英在中国的小学生中并不少见。在对中国台湾和美国学生的研究中，对教室、教师、学生和家长进行了详细分析，她的许多评论印证了研究结果（Ni, Chiu和Cheng，2010；Stevensonhe Lee，1990；Pomerantz等，2014；Stigler, Gallimore和Hiebert，2000）：

- 在学校的时间有多久以及如何利用。到五年级时，中国台湾的学生花在学校里的时间比美国学生多50%，在学术活动上花费的时间还要更多，而且亚洲学校的教学通常更有组织性，也更有挑战性。
- 花在家庭作业上的时间和对家庭作业的态度。中国台湾学生比美国学生花在家庭作业上的时间更多，也更重视家庭作业。
- 父母的态度。美国父母通常对孩子在学校的表现更满意；相比之下，中国台湾的父母给孩子设定的标准要高得多。
- 父母对努力和能力的看法。中国台湾的父母比美国父母更相信，在学校取得成功的关键因素是努力，而不是天赋。

因此，亚洲的学生之所以出类拔萃，是因为他们花了更多的时间在校内外的学术任务上。此外，他们的父母（和老师）设定了更高的学习目标，并相信学生可以通过努力实现这些目标。

家长认为作业对孩子来说十分重要，可以从很多方面看出这一点。例如，按照美国的标准来衡量，中国的房子都比较小，但亚洲的孩子们通常会有一片安静的区域，且配有一张桌子，让他们可以在那里不受干扰地学习（Stevenson 和 Lee，1990）。对于亚洲的老师和家长来说，学业优秀是最重要的，从他们孩子的成功就能看出这一点。

美国人能从中国台湾的教育制度中学到什么？专家（Stevenson 和 Stigler，1992；Tucker，2011）提出了几种改进方法：

- 改善教师培训，让他们与更年长、更有经验的教师密切合作，并给他们更多的自由时间准备课程以及批改学生的作业。
- 围绕良好的学习原则组织教学，如提供多个概念的例子，并给学生充分的机会练习新获得的技能。
- 创建培养解决问题和批判性思维的课程。
- 为孩子设定更高的标准，他们需要在与学校有关的活动中花费更多的时间和精力来达到这些标准。

改变教学实践和对学术成就的态度将缩小美国学生和其他工业化国家学生之间的差距。忽视这一问题将意味着，在这个愈加复杂的世界里，美国劳动力和公民的受教育程度将越来越低。

回答贾斯敏的计数问题：因为贾斯敏使用四个数字名称来计数四个对象（"1、2、6、7…七个！"），她明白一一对应原则。这四个数字名称总是以相同的顺序使用，说明她掌握了顺序固定原则。最后，她重复了最后一个数字名称，说明她理解基数原则。

✓ 检测你的学习

回忆：儿童学习阅读必须掌握哪些必备技能？
总结一下中国教育和美国教育的区别。

解释：比较儿童上学前所掌握的数学技能与他们入学后所掌握的数学技能。

应用：回顾与阅读理解技能相关的因素的研究。这些因素中，哪些可能也有助于提升写作技能？

统一主题：儿童的主动性

这一章强调的主题是"儿童影响自身发展"：日本和中国的小学生通常很喜欢学习（由父母培养的态度），也让他们非常愿意每晚花2~3小时做作业，这反过来又有助于他们取得高水平的学术成就。美国孩子通常很讨厌做作业，作业布置得越少越好，这就导致他们的学业成绩水平相对较低。因此，孩子的态度决定了他们的行为方式，而行为方式又决定了他们在童年和青春期的成就。

自行探索

摆几组数量不同的物品，如两个硬币、三颗糖果、四颗纽扣、五支铅笔、六块橡皮、七个回形针等。把每组物品放在一个纸盘上。然后找一些学龄前儿童，最好是4~5岁的孩子。在每个孩子面前放一个盘子，然后问"有几个"，观察孩子在做什么。如果可以的话，记录下孩子的计数过程，这样你就可以进行分析。如果不方便，可以试着写下每个孩子在数数的时候说了什么。然后，回顾你的笔记，看看孩子们是否遵循了前述的计数原则。你应该看到尤其是年龄很小的孩子，在计算数量少的物体组合时往往比计算数量多的物体组合时更遵循这些原则。自行探索吧！

总结

7.1 记忆

记忆的起源

罗维·科利尔的踢腿研究表明，婴儿能够记住、忘记和被提醒过去发生的事件。

记忆策略

从学龄前开始，孩子们就开始使用一些策略来帮助他们记忆。随着年龄的增长，儿童会使用更有效的策略，如复述和概述。成功使用记忆策略的关键：首先，要分析记忆任务的目标；其次，要监测所选策略的有效性。分析目标和监控是元记忆的两个重要元素，元记忆是儿童对记忆运作过程的非正式理解。

知识和记忆

孩子对世界的认识可以用来组织要记住的信息。当几个事件以特定的顺序发生时，它们会成为一个脚本。知识可以提高儿童和青少年的记忆力，不过年龄更大的孩子往往受益更多，因为他们有更多的知识。知识还会扭曲记忆，让儿童和青少年忘记与自身知识不相符的信息，或者记住自身知识范围内但实际上没有发生的事件。

自传体记忆是指一个人对自己生活的记忆。自传体记忆出现在学龄前早期，通常是在父母询问孩子过往事件的过程中产生的。婴儿期遗忘——儿童和成人在生命早期无法记住事件——可能反映了语言或自我意识的缺失。

在法庭案件中，儿童的记忆往往是不准确的，因为他们会被反复询问，这让他们很难辨别实际发生的事情，因为成人的问题会带有提示性和误导性。

如果能及时采访孩子，他们的证词会更可靠。要鼓励孩子说出真相，首先让他们用自己的话解释发生了什么，然后问一些问题来测试他们对事情的不同描述。

7.2 解决问题

解决问题的发展趋势

随着孩子的成长，他们通常会更经常地解决问题，并能更有效地解决问题。然而，也有例外，小孩子有时能成功地解决问题，而青少年有时则会失败。

儿童和青少年解决问题的特点

小孩子有时无法解决问题，因为他们没有提前计划，以及没有在问题中编码所有必要的信息。成功解决问题的关键通常在于特定问题的知识背景，以及一般的解决步骤，涉及多种策略的运用。此外，与成人或更大的孩子合作会有助于问题的解决。

科学思维

虽然"儿童即科学家"的隐喻广为流传，但事实上，儿童和青少年的科学推理往往存在许多不足之处：儿童和青少年往往会存在一些误解，干扰他们对真正科学的理解。他们总是设计混乱的实验，根据不充分的证据过早得出结论。他们很难用数据来评估理论。

7.3 学术技能

阅读

阅读包括许多组合技能。阅读前的技能包括了解相关的字母和发音。

单词识别是认识单词的过程。初学者通常通过读单词来达到这个目的，高级阅读者往往从长期记忆中检索单词。理解能力（从文本中提取意义的行为）会随着年龄的增长而提高，原因有几个：工作记忆容量增加，读者获得更多的世界知识，读者能够更好地监控他们所读的内容，并使自己的阅读策略与阅读任务的目标相匹配。

写作

随着孩子的成长，他们的写作水平也会提高，这反映了几个因素：他们对世界的了解增多，所以有更多的话要说；他们会使用更有效的方式组织写作；他们掌握了写作方法（如书写、拼写）；而且他们在修改写作方面也变得更加熟练。

理解和使用数字

婴儿能辨别数量。孩子们大约从2岁开始计数，到3岁时，大多数孩子已经掌握了一一对应、顺序固定和基数原则，至少可以用这三个原则来计算少量的物体集合。数数是孩子们一开始做加法的方法，但之后孩子们会用更有效的策略取代，如直接从记忆中检索。

在数学方面，美国学生落后于大多数其他工业化国家的学生，主要是因为文化差异会导致学生花在学校课程与家庭作业上的时间有所不同，而且父母对学校、孩子努力程度和能力的态度也不同。

考考自己

1. 2~3个月大的婴儿学习踢腿来移动装置的实验表明，小婴儿____。
   a. 不能记住过去的事件
   b. 能记住过去几天或几周的事件，但过一段时间就想不起来了，除非有记忆提示
   c. 能在没有任何记忆提示的情况下连续数月记住过去的事件

2. 学龄前儿童用来提高自身记忆的策略是____。
   a. 用手指
   b. 复述
   c. 概述

3. 监控有效策略的使用____。
   a. 随着年龄的增长而逐渐改善
   b. 直到高中时期才发生
   c. 在高中阶段不再需要

4. 关于模糊痕迹理论和记忆错误，下列哪一项是正确的？____。
   a. 年龄较小的孩子比年龄较大的孩子和青少年更容易记住主旨，这就是为什么年龄较小的孩子更容易出现记忆错误
   b. 年龄较大的孩子和青少年比年龄较小的孩子更容易逐字逐句记忆而不是记住主旨，这就是为什么年龄较大的孩子和青少年经常出现记忆错误
   c. 年龄较大的孩子和青少年比年龄小的孩子更容易记住主旨而不是逐字逐句记忆，这就是为什么年龄较大的孩子和青少年经常出现记忆错误

5. 自传体记忆随着儿童掌握基本记忆技能、语言和____而发展。
   a. 自我意识
   b. 元认知
   c. 脚本

6. 要想从学龄前儿童那里获得可靠的证词，那么____。
   a. 询问者对所发生的事情只能寻求一种解释
   b. 首先应该让孩子用自己的话描述事件
   c. 成人应该提示孩子可能发生的事情

7. 下列哪一项是对儿童解决问题的正确描述？____。
   a. 儿童比青少年更容易依赖分析法
   b. 孩子在遇到问题时往往不能提前计划，部分原因是他们希望父母为他们做规划
   c. 比起青少年，儿童通常可解码更多的问题特征

8. 因为____，小孩子经常在合作解决问

题上有困难。

　　a. 他们缺乏合作所必需的社会和语言技能

　　b. 当问题很难解决时，孩子对如何继续有自己强烈的想法

　　c. 美国的学校过于强调把同学看作解决问题的资源

9. 当孩子试图用科学的方法推理时，他们____。

　　a. 经常设计混乱的实验

　　b. 只有在有足够数据时才能得出结论

　　c. 很少让自身理解影响他们对证据的解释

10. 下列哪一项关于儿童阅读的说法是正确的？____。

　　a. 初级读者可以把单词读出来，而高级读者总是从记忆中检索单词

　　b. 高级阅读者把单词读出来，只有初级阅读者才使用记忆检索

　　c. 随着阅读技能的提高，他们读出来的单词会越来越少，而从记忆中获得的单词会越来越多

11. 大一点儿的孩子通常能更多地理解他们读的东西，因为他们____。

　　a. 了解世界更多

　　b. 工作记忆容量更小

　　c. 不会重读令人费解的段落

12. 随着孩子年龄的增长，他们的写作能力有所提高，因为____。

　　a. 当他们从记忆中检索信息时，会直接写下信息

　　b. 他们不需要花那么多时间在写作技能方面

　　c. 他们的初稿很好，不需要浪费时间修改

13. 婴儿____。

　　a. 能使用一一对应原则

　　b. 能区分两个物体和三个物体

　　c. 对作为刺激特征的数量不敏感

14. 当阿鲁姆看到三个物体时，有时把它们读作"1、2、5"，有时读作"1、2、b"，有时读作"2、1、a"。那么阿拉姆掌握了哪种计数原则？____。

　　a. 一一对应原则

　　b. 顺序固定原则

　　c. 基数原则

15. 与美国学生相比，亚洲学生____。

　　a. 花在家庭作业上的时间更少，但更重视作业

　　b. 花在家庭作业上的时间差不多

　　c. 花在家庭作业上的时间更多，且比美国学生更重视家庭作业

关键术语

自传体记忆　　　　　理解　　　　　　　编码过程
基数原则　　　　　　混杂　　　　　　　模糊痕迹理论
自我认知调节　　　　详细阐述　　　　　启发法

婴儿期遗忘	元认知知识	复述
知识传达策略	元记忆	脚本
知识转换策略	一一对应原则	顺序固定原则
手段-目的分析法	组织	单词解码
记忆策略	语音意识	

第8章 智力和认知的个体差异

你有没有想过你在学生生涯中参加过多少次标准化考试？你可能参加了SAT或ACT（SAT指Scholastic Aptitude Test，即学术能力测验，ACT指American College Test，即美国大学入学测试，SAT和ACT都是美国大学入学考试）才进入大学。在此之前，你们在小学和初高中期间参加了无数次成绩测试和能力测试。心理测试早在20世纪初就开始在学校开展，并在21世纪继续成为美国教育不可分割的一部分。

在所有的标准化测试中，最能引起人们关注和争议的非智力测试莫属。智力测试被一些人誉为心理学对社会的最大贡献之一，但也有人对它谩骂不止。第8章的重点是智力测试及其测量的内容。在模块8.1中，我们将从对智力的不同定义开始。在模块8.2中，我们将探讨智力测试是如何生效的，并考察影响测试成绩的因素。最后，在模块8.3中，我们将着眼于特殊儿童——智力与众不同的儿童。

模块

8.1 什么是智力

8.2 测量智力

8.3 特殊儿童，特殊需求

8.1 什么是智力

> **学习目标**
>
> 学习目标1：心理测量学关于智力本质的观点是什么？
> 学习目标2：加德纳的多元智力理论与心理测量学有什么不同？
> 学习目标3：斯滕伯格的成功智力理论包含什么内容？
>
> **大纲**
>
> 心理测量学理论
> 加德纳的多元智力理论
> 斯滕伯格的成功智力理论

戴安娜是一名热情的四年级教师，她热爱历史。因此，每年当她教授美国内战的课程内容时，她都会感到沮丧。虽然她对这门课充满热情，但她的热情并不具有感染力。她的学生目光呆滞，她可以看到学生的思想在游离——显然，他们似乎从未理解这场战争的历史意义。戴安娜希望有一种不同的方式来教授这一单元，一种能更有效地吸引学生的方式。

在接着往下读之前，你如何定义智力这个概念？你可能会说智力就是逻辑推理、连接想法和解决实际问题的能力。你可能会提到语言能力，也就是清晰表达的能力。你也可以说是社交能力，即对世界的兴趣，以及犯错时承认错误的能力（Sternberg 和 Kaufman，1998）。

在本节，你将看到很多关于智力的概念都包含在智力心理学理论中。我们将从最古老的智力理论开始，这些理论与心理测量学传统有关。然后，我们将介绍有关智力的两个较新的方向，同时了解戴安娜如何使学生对美国内战这一话题感兴趣。

心理测量学理论

学习目标1：心理测量学关于智力本质的观点是什么？

心理测量学家是专门测量诸如智力和个性等心理特征的心理学家。当心理测量学家想要研究一个特定的问题时，他们通常先对许多个体进行大量的测试。然后，他们在不同的测试中寻找规律。其基本逻辑类似于一个丛林猎人试图判断河流中的一些黑色斑点是三根独立的木头还是一条短吻鳄（Cattell，1965）。如果这些斑点一起移动，猎人就判定它们是同一结构的一部分，是短吻鳄。如果它们不一起移动，它们就是三种不同的结构——三根木头。同样，如果一次心理测试的表现变化伴随着第二次测试的表现变化，也就是说，如果分数一起变化，那么这些测试大致衡量的是相同的属性或因素。

例如，假设你认为存在一般智力。换句话说，你认为有些人在面对任何情况、任务或问题时都很聪明，但其他人就没那么聪明。这种观点认为，儿童在不同任务中的表现应该是一致的。聪明的儿童应该总是得到高分，而不聪明的儿童应该总是得到低分。事实上，早在100多年前，查尔斯·斯皮尔曼（Charles Spearman，1904）就报告了支持智力的一般因素的研究发现，一般因素（或称g因素）决定所有智力测试的成绩。

然而，其他研究人员发现，智力是由不同的因素组成的。例如，瑟斯通等人（Thurstone，1941）分析了一系列任务的表现，并确定了七种不同表现类型，每种类型都反映了一种独特的能力：感知速度、词汇理解、词汇流畅性、空间、数字、记忆和归纳。瑟斯通等人也承认在所有的任务中都存在一般因素，但是他们强调特定因素在评估和理解智力方面更有用。

这些不同的发现促使许多心理测量学理论家提出智力的层级理论，包括一般因素和特殊因素（Deary，2012）。例如，约翰·卡罗尔（John Carrol，1993，1996）提出了一个有三个层次的层级理论，如图8-1所示。最高水平层是g，即一般因素。中间水平层包括8种主要能力。例如，流体智力指的是在刺激中感知关系的能力。中间水平层中的每个能力都被进一步划分到第三层次，也就是最具体层次中列出的技能。例如，晶体智力描述的是一个人受文化影响而积累的知识和技能，包括书面语言、语言理解和词汇知识。

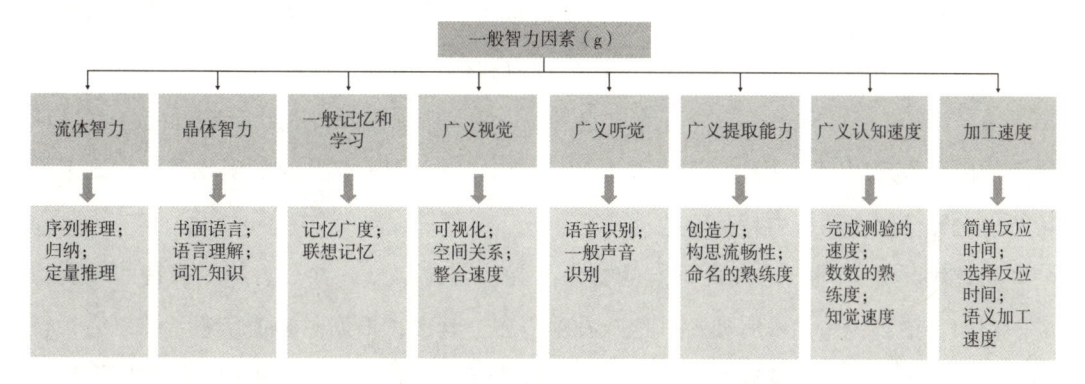

图8-1

卡罗尔的智力层级理论是两种智力观点——一般能力和特殊能力的折中。但由于忽略了第6章和第7章所述的认知发展的研究和理论，仍有一些批评人士认为它不尽如人意。他们认为，我们需要超越心理测量学的方法来理解智力。在本模块的剩余部分中，我们将研究两个符合这一要求的新理论。

加德纳的多元智力理论

学习目标2：加德纳的多元智力理论与心理测量学有什么不同？

直到最近，儿童发展研究人员才从现代认知理论和认知发展的角度来看待智力。这些新理论为智力及其发展提供了一个更广阔的视角。其中最引人注目的是霍华德·加德纳（Howard Gardner，1983，1999，2002，2006）的多元智力理论。加德纳并没有把考试成绩作为他理论的基础。他对儿童发展、脑损伤患者和智力超常的人进行研究。利用这些资源，加德纳在1983年首次提出这一理论时确定了七种不同的智力，在随后的研究中，加德纳（1999，2002）确定了另两种智力，如表8-1所示。

表8-1中的前三种智力——语言智力、逻辑-数学智力和空间智力——都包含在心理测量学智力理论中。

表8-1 加德纳多元智力理论中的九种智力

智力类型	定义
语言	知道词义，能用词语来理解新的想法，能使用语言向别人表达观点
逻辑-数学	理解物体、行为和思想之间的联系，以及可以对它们执行逻辑或数学运算
空间	准确地感知物体，并在"心"中想象物体在转化之前和之后的外观
音乐	理解和创造具有不同音高、节奏和情感音调的不同音乐
身体运动	像舞者、工匠和运动员那样灵活调用自己的身体
人际	识别他人的不同感受、情绪、动机和意图
自我	了解自己的情绪，了解自己的长处和短处
自然	理解自然世界，区分自然物体和人工制品，对自然现象进行分组和贴标签
存在	考虑"终极"问题，如生命的目的和死亡的本质

后六种智力是心理测量学智力理论没有而加德纳智力理论特有的：音乐智力、身体运动智力、人际智力、自我智力、自然智力和存在智力。根据加德纳的观点，卡洛斯·桑塔纳（Carlos Santana）在吉他上的造诣、威廉姆斯姐妹（Williams sisters）在网球场上的出色表现以及奥普拉·温弗瑞（Oprah Winfrey）与人交往时的优雅和魅力，都是传统理论完全忽略的智力特征。

加德纳是如何得出这九种不同的智力的呢？首先，每一种智力都有独特的发展历史。例如，语言智力的发展要比其他八种早得多。其次，根据对脑损伤患者的研究，每种智力都是由不同的大脑区域控制的。例如，空间智力是由大脑右半球的特定区域控制的。最后，每个国家都有智力天才案例。例如，在音乐领域，有些人在很小的时候就展示出惊人的天赋。克劳迪奥·阿劳（Claudio Arrau）是20世纪最伟大的钢琴家之一，他在能读懂文字之前就能读懂音符；著名大提琴演奏家马友友在7岁时就曾为美国总统约翰·肯尼迪（John F. Kennedy）演奏音乐会。

在加德纳理论的推动下，研究人员开始关注智力的其他非传统方面。也许最广为人知的是情商，指的是能够有效地利用自己和他人的情绪来解决问题并快乐生活的能力。1995年，由于畅销书《情商》（Emotional Intelligence）的出版，情商登上了头条。在这本书中，作者丹尼尔·戈尔曼（Daniel Goleman）认为，"情绪是生活能力的中心"（1995，p.xiii）。情商的一主要模型（Salovey和Grewal，2005；Mayer, Salovey和Caruso，2008）包括几个不同的方面，包括准确地感知情绪（如识别一张快乐的脸）、理解情绪（如区分快乐和狂喜）和调节情绪（如隐藏自己的失望）。情商高的人往往拥有更令人满意的人际关系，更有自尊，在工作中更有效率（Joseph和Newman，2010；Farh，Seo和Tesluk，2012）。

大多数关于情商的研究都是针对成人的，这在很大程度上是因为戈尔曼（1998；Goleman, Boyatzis和McKee，2002）认为情商是事业成功的关键。儿童发展研究人员研究了情绪，但通常是从发展的角度入手的，他们想知道情绪是如何随着年龄变化的。我们将在模块10.1中探讨这些研究。

多元智力理论对教育具有重要的意义。加德纳（1993，1995）认为学校应该培养所有的智力，而不仅仅是传统的语言智力和逻辑—数学智力。教师应该充分利用每个孩子最强大的智力。也就是说，教师需要了解儿童的智力概况——儿童的长处和短处——并根据长处进行教学（Chen 和 Gardner，2005）。例如，开头小故事中的四年级教师戴安娜可以通过学习那个时期的音乐（音乐智力）来帮助她的一些学生理解内战。其他学生可能通过学习军队在战斗中移动的地图（空间智力）更有收获。还有一些学生可能从关注北方和南方的非裔美国人的经历中获取知识（人际智力）。

这些指导建议并不意味着教师应该仅仅根据孩子的最强智力来安排教学，不能直接把学生归类为数字学生或空间学生。相反，无论是教授《独立宣言》的签署，还是莎士比亚的《哈姆雷特》，教学都应该尽可能多地吸引拥有不同的智力的学生（Gardner，1999，2002）。最后所有学生对该主题的理解都会更加丰富。

一些美国学校积极地接受了加德纳的观点（Gardner，1993）。这些学校比那些没有接受的学校表现得更好吗？接受这一理论的学校教育者对此表示认同。他们引用的证据表明，他们的学生在许多方面受益（Kornhaber, Fierros和Veenema，2004），但一些批评家还没有完全信服（Waterhouse，2006）。事实上，批评家认为，该理论的实证支持相对较少（Kaufman, Kaufman和Plucker，2013）。然而，毫无疑问，加德纳的研究帮助研究人员从狭隘的、基于心理测量的智力观点中解放出来。

我们接下来将讨论来自另一种新理论的相对宽泛但截然不同的智力观点。

斯滕伯格的成功智力理论

学习目标3：斯滕伯格的成功智力理论包含什么内容？

罗伯特·斯滕伯格（Robert Sternberg）研究智力超过35年了。一开始，他好奇成人如何解决智力测试中的问题。多年来，这项工作成就了一个全面的智力理论，即成功智力理论。斯滕伯格（1999）将成功智力定义为熟练地运用自己的能力来实现个人目标。目标可以是短期的，如在考试中得A，用微波炉做点心，或者赢得100米跨栏；也可以是长期的，如拥有成功的事业和幸福的家庭。通过运用自己的能力来实现这些目标就是成功智力。

为了实现个人目标，人们运用三种不同的能力。分析能力指的是分析问题并提出不同的解决方案。假设一个青少年想要下载歌曲到她的iPod里，但总是不成功。当她考虑问题的不同原因时，就是在运用分析能力——也许是iPod坏了，或者下载歌曲的软件没有正确安装。

创造能力指的是灵活地处理新情况和新问题。回到上面的例子，假设就在她准备开始一天的汽车旅行时，她发现自己的iPod坏了。但因为没有时间（和金钱）去购买一个新的，她可能会成功设定一个新目标，而这就是创造能力：找到一些有趣的事情来打发长途驾驶的时间。

最后，实践能力指的是知道什么解决方案或计划会真正有效。也就是说，尽管问题常常可以用不同的方法来解决，但实际上只有一种方法是可行的。青少年可能会意识到，通过上网来修复播放器是唯一可行的选择，因为她的父母可能对她下载的许多歌曲有意见，她也不想让兄弟姐妹知道她正在下载这些歌曲。

与多元智力理论一样，成功智力理论也表明，当教学与学生的能力相适应时，学生的学习效果最好。例如，分析能力强的孩子，如果代数课程强调分析和评价，可能会觉得代数更简单；当材料围绕实践性应用来组织时，具有很强实践能力的孩子可能处于最佳状态。因此，成功智力理论表明，教学与学生的最强能力相匹配，将提高学生掌握材料的可能性（Grigorenko，Jarvin和Sternberg，2002）。

Q&A 问题8.1

凯瑟琳确信她的女儿真的很聪明，因为依她现在的年龄，她所掌握的词汇量可谓相当大了。心理测量学家霍华德·加德纳和罗伯特·斯滕伯格会同意凯瑟琳的观点吗？

斯滕伯格理论的一个关键因素是，成功智力表现在人们对目标的追求中。当然，这些目标因人而异。所以同样要注意，在不同的文化、民族或种族群体中，这些目标的差异往往更大。这使得比较来自不同群体的个体的智力和智力测试分数变得棘手。我们将在"文化影响"专栏中看到类似的情况。

文化影响

文化如何影响智力定义

在巴西，许多小学生向公交乘客和行人出售糖果和水果。这些儿童通常不能识别纸币上的数字，但他们知道如何从批发商店购买商品，为顾客找零钱，并跟进自己的销售（Saxe，1988）。

生活在靠近新几内亚的太平洋岛屿上的青少年会学习驾驶小船，他们会穿越数百英里的公海，从一个小岛到达另一个小岛。尽管没有接受过正规的数学训练，他们却能根据星星的位置和估计的船速进行导航（Hutchins，1983）。

如果让这些孩子参加美国学生的智力测试，他们的表现会很糟糕。他们可能也无法把音乐下载到iPod上。这是否意味着他们不如美国孩子聪明？当然不是。在美国的成功智力概念中，一些特定的技能和目标是很重要的，这些技能和目标在许多智力测试中都能进行评估，但在其他文化中，这些技能和目标并不被重视，因此儿童和青少年也没有得到培养。同样，大多数聪明的美国孩子也会在大海上驾驶小船时迷失了方向。每种文化都定义了智力，小商贩和小船长的专业计算技能在他们的文化环境中不亚于美国文化中的语言技能（Sternberg和Kaufman，1998）。

与加德纳的理论一样，研究人员仍在评估斯滕伯格的理论。正如你在表8-2中所见，理论家还在争论什么是智力。但是，无论如何定义，不变的是，个体在智力上存在本质的差异，并且我们已经设计了许多测试来衡量这些差异。这些测试的结构、属性和局限将是下一个模块的重点。

表 8-2　智力的主要观点及其特征

智力取向	特征
心理测量学理论	智力是由一般技能和特殊技能构成的层级结构
加德纳的多元智力理论	有九种不同的智力：语言智力、逻辑—数学智力、空间智力、音乐智力、身体运动智力、人际智力、自我智力、自然智力和存在智力
斯滕伯格的成功智力理论	能运用分析能力、创造能力和实践能力追求个人目标

✓ 检测你的学习

回忆：概述心理测量学对智力的理解。
总结斯滕伯格成功智力理论的主要特点。
解释：智力研究的主要方法与发展的不同方面之间的联系程度有何不同。也就是说，每种观点在多大程度上强调认知与身体、社会和情感的融合过程？
应用：四年级的历史老师戴安娜可以利用音乐智力、空间智力和人际智力，帮助更多的学生参与到美国内战的学习单元中来。还有没有其他可以让她在教学中运用加德纳理论中其他智力的活动？

8.2 测量智力

学习目标

学习目标4：最初的智力测验为什么而制定？现代测验是什么样的？
学习目标5：这些测验能预测什么？动态评估与传统测验有何不同？
学习目标6：遗传和环境对智力有何决定性作用？
学习目标7：种族和社会经济地位如何影响智力测验分数？

大纲

比奈与智力测验的发展
智商分数的特征
遗传和环境
种族和社会经济地位的影响

夏琳是一名非裔美国三年级学生，她在一名学校心理学家进行的智力测验中得到了75分。根据测验成绩，心理学家认为夏琳有轻微的智力障碍，应该接受特殊教育。夏琳的父母很愤怒，他们认为考试对非裔美国人有偏见，分数毫无意义。

自1890年到1915年，随着大量移民的到来和对童工的限制，以及对教育的重视，美国学校的入学人数几乎翻了一番。扩招意味着现在学校里有更多的学生不像以前班级里的"少数精英"那样对学习驾轻就熟。如何对待这些能力较差的学生是当今最紧迫的问题之一（Giordano，2005）。在本模块中，一开始我们会介绍如何设计智力测试来应对就读人数的变化。然后我们再探讨一个简单的问题"现代测试的效果如何"。最后，我们会研究种族、民族、社会经济地位、环境和遗传如何影响智力，以此学习如何解读夏琳的测试分数。

比奈与智力测验的发展

学习目标4：最初的智力测验为什么而制定？现代测验是什么样的？

教育工作者在20世纪初所面临的问题并不是美国独有的。1904年，法国教育部部长请两位著名心理学家阿尔弗雷德·比奈（Alfred Binet）和泰奥菲尔·西蒙（Theophile Simon）设法确定哪些儿童有可能在学校取得成功。比奈和西蒙的方法是选择不同年龄的法国孩子应该都能够完成的简单任务，如说出颜色、倒着数数、记住数字。根据初步的测试，比奈和西蒙确定了正常3岁儿童能解决的问题、正常4岁儿童能解决的问题，依次类推。儿童的智力年龄或智龄指的是他们能够正确解决的问题难度所对应的年龄。如果一个孩子能解决一般7岁孩子都能解决的问题，他的智龄就是7岁。

比奈和西蒙用智龄来区分"聪明"和"呆笨"的儿童。聪明的孩子会有更大的智龄。例如，一个6岁的儿童有9岁的智龄则是聪明的。呆笨的孩子会有更小的智龄。例如，一个6岁的儿童的智龄仅有4岁。比奈和西蒙证实，聪明的孩子比呆笨的孩子在学校表现更好。瞧——第一个标准化智力测验诞生了！

斯坦福–比奈测验量表。 斯坦福大学的路易斯·特曼（Lewis Terman）对比奈和西蒙的测验进行了修改，并在1916年发表了斯坦福–比奈测验量表。特曼将智力表现称为智商（Intelligence Quotiemt，IQ），即智龄（MA）与实际年龄（CA）之比乘以100：

$$智商 = MA/CA \times 100$$

在任何年龄，中等水平的儿童的智商为100分，因为他们的智龄等于他们的实际年龄。测试分数的一般分布如图8-2所示。

参加测试的儿童中，大约有2/3的儿童智商为85～115分，95%的人智商为70～130分。

智商也可以用来比较不同年龄儿童的智力水平。一个智龄为5岁的4岁儿童的智商是125分（5/4×100），其智商和一个智龄为8岁的10岁儿童（10/8×100）的孩子一样。

今天已经不再以这种方式计算智商。儿童的智商会通过与同龄人的测验表现进行比较来确定。当儿童的表现达到同龄人的平均水平时，他们的智商是100分。表现高于平均水平的儿童智商超过100分；表现低于平均水平的儿童智商低于100分。尽管如此，智商是智龄与实际年龄之比乘以100，这一概念有助于斯坦福–比奈测验量表的推广。

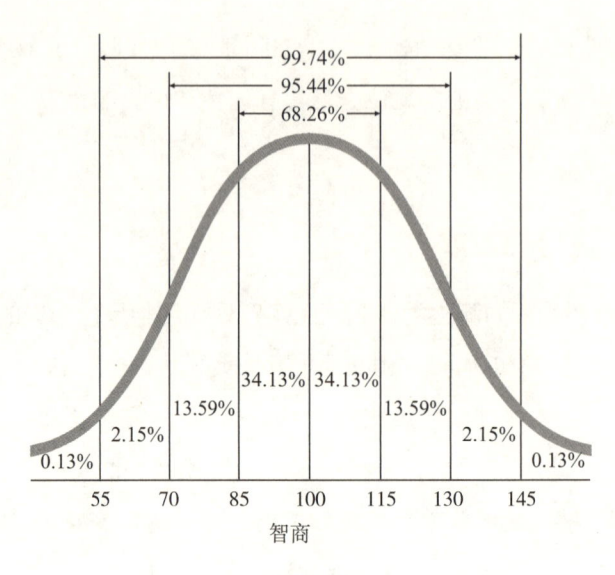

图8-2

到20世纪20年代，许多其他的智力测验都加入了斯坦福-比奈测验量表。教育工作者认为这种客观有效的评估方法有助于衡量学生的在校表现，因此火热地在学校开展测验（查普曼，1988）。近100年后，斯坦福-比奈测验量表仍然受欢迎，其最新的版本是在2003年修订的。和之前的版本一样，现代的斯坦福-比奈测验量表由各种认知和操作任务组成，从极易到极难。测试对象的年龄范围从2岁左右到成人，但测试项目取决于儿童的年龄。例如，学龄前儿童可能会被要求说出图片中的熟悉物体、串珠、回答有关日常生活的问题，或将纸折成各种形状。成人可能会被要求定义词汇、解决抽象的问题或者破译陌生代码。根据个体的表现，研究人员计算个体的智商分数，以及测试对象五个特定认知因素的得分，包括流体推理、知识、定量推理、视觉空间处理和工作记忆。

另一种经常用于6～16岁儿童的测试是韦氏儿童智力量表（第4版），英文为WISC-IV。韦氏儿童智力量表（第4版）包括语言和操作技能的子测试，其中一些如图8-3所示。根据测试对象的表现，儿童会得到一个整体的智商分数，以及在语言理解、感知推理、工作记忆和加工速度方面的分数。

斯坦福-比奈智力测验量表和韦氏儿童智力量表（第4版）的相似之处在于它们每次只测试一个人。其他测试可以同时测试一群人，优点是可以快速而廉价地提供许多个人的信息，通常也不需要训练有素的心理学家。但是，个人智力测验优化了儿童的动机和注意力，也为敏锐的研究人员提供了一个机会来评估可能影响测验结果的因素。研究人员可能会注意到儿童很放松，因此测验结果能作为合理样本。或者研究人员可能会观察到孩子过于焦虑以至于不能发挥出最好的水平。在小组测试中不可能进行此类确定。因此，大多数心理学家更喜欢个人智力测验而不是群体智力测验。

韦氏儿童智力量表（第4版）分量表题例

语言量表	**信息**：向儿童提问，测查他们对世界的实际知识。 1. 一只鸟有几个翅膀？ 2. 蒸汽来源于什么？
	理解：向儿童提问，衡量他们的判断力和常识。 1. 如果你看到某人离开饭店时忘记带书，你该怎么办？ 2. 把钱存在银行里有什么好处？
	类比：让儿童说出词语间的关联。 1. 狮子和老虎有什么相似之处？ 2. 锯子和锤子有什么相似之处？
操作量表	**图片排列**：向儿童展示图片，并要求他们把图片按顺序排列，并根据图片讲述一个故事。
	补全图片：要求儿童识别图片中缺失的部分。 

图8-3

婴儿测验

斯坦福-比奈智力测验量表和韦氏儿童智力量表（第4版）不能用于测试婴儿的智力。为此，许多心理学家使用贝氏婴儿发展量表（Bayley，1970，1993，2006）。贝氏婴儿量表专为1~42个月大的婴儿设计，由5个量表组成：认知、语言、运动、社交情绪和适应行为。具体来说，运动量表评估了婴儿对自己身体的控制、协调能力和操作物体的能力。例如，6个月大的婴儿能转头朝向考官掉在地板上的物体，12个月大的婴儿能够模仿考官的动作，16个月大的婴儿能够用三个积木搭一座塔。

智商分数的稳定性

如果智力是儿童的稳定属性，那么根据儿童时获得的智商分数应该可以预测长大后的智商分数。换句话说，聪明的婴儿应该成为聪明的小学生，他们应该也会成为聪明的成人。事实上，婴儿智力测试的分数与儿童、青少年或成年后获得的智商分数并不相关（McCall，1993）。直到18或24个月大时，根据婴儿的智商分数才能预测其以后的智商分数（Kopp和McCall，1982）。为什么？与儿童和青少年的测验相比，婴儿测验测查的是不同的能力：婴儿测试更强调感知运动技能，而不是像语言、思维和解决问题这样的认知过程。

根据这一逻辑，对婴儿认知过程的测验可能对以后的智商做出更准确的预测。事实上，对婴儿信息加工过程的评估比贝氏婴儿发展量表的分数更能有效地预测其日后的智商。例如，婴儿记忆的测量与儿童中期和青少年时期的智商分数有关（Borstein，Hahn和Wolke，2013；Rose等，2012）。换句话说，更有效并准确地加工信息的婴儿长大后会成为更聪明的儿童和青少年。

如果贝氏婴儿发展量表的分数不能预测以后的智商，为什么还要用这个测验呢？因为它是重要的诊断工具：研究人员和护理专业人士使用贝氏婴儿发展量表的分数来判断婴儿发展是否正常。也就是说，在这些测验中得分低通常是一个信号，表明该儿童可能会在以后出现问题（Luttikhuizen dos Santos等，2013）。

虽然婴儿测验的分数不能可靠地预测其以后的智商，但其童年时期的分数则能够做到这一点。例如，儿童6岁时的智商分数与其成年时的智商分数之间的相关性约为0.7（Brody，1992；Kaufman和Lichtenberger，2002）。这是一个较大的相关性，表明智商分数在儿童和青少年时期是相当稳定的。尽管如此，随着时间的推移，许多儿童的智商分数将会有10~20分的波动（McCall，1993；Weinert和Haney，2003）。

> **Q&A 问题8.2**
>
> 阿曼达12个月大的儿子完成了一项智力测验，得分略低于平均水平。阿曼达心烦意乱，因为她担心儿子将来在学校学习会很吃力。你会给阿曼达什么建议？

智商分数的特征

学习目标5：这些测验能预测什么？动态评估与传统测验有何不同？

智商分数非常强大，能有效预测发展结果。事实上，有专家认为，"智商是预测一个人在美国社会中最终地位的最关键因素"（Brody，1992）。当然，因为智商测验是用来预测学生在校成绩的，所以智商测验在这方面表现出色也就不足为奇了。智商分数可以预测测试对象的年级、测试分数和受教育年限，相关系数通常为0.5~0.7（Brody，

1992；Geary，2005）。

这些相关性并非一定正确，这提醒我们，会有得分高的儿童在学校表现不佳，而得分低的儿童却在学校取得了好成绩。事实上，一些研究人员发现自律甚至比智商分数更能预测学习成绩（Duckworth 和 Carlson，2013）。然而，总的来说，测验在预测学校成绩方面是有一定作用的。

智商分数不仅可以预测儿童在学校的成功，还可以预测其职业上的成功（Deary，2012）。高智商的人更有可能在医学、法律和工程领域拥有高薪、高声望、高职位（Oswald 和 Hough，2012；Schmidt 和 Hunter，2004）；在受教育程度相同的科学家中，智商较高的人拥有更多的专利，在科学期刊上发表的文章也更多（Park，Lubinski 和 Benbow，2008）。智商和职业成功之间的某些联系是因为这些职业需要更高的受教育程度，而智商分数高预示着受教育的成功。然而，即使在所有人都有相同教育程度的职业中，智商分数也可以预测工作表现和收入，特别是对于更复杂的工作而言（Henderson，2010；Schmidt 和 Hunter，2004）。例如，如果两个青少年暑期在生物实验室里做测试工作，他们中比较聪明的可能会更快地学会这些程序，一旦学会，也会更准确、更有效地进行测试。

最后，智商分数甚至可以预测寿命：智商分数高的人往往寿命更长，部分原因是他们不太可能吸烟，而且喝酒较少，经常运动，吃得也更健康（Deary，2012）。

动态评估提高信度

传统的智力测验，如斯坦福–比奈测验量表和韦氏儿童智力量表，测试的是儿童在接受测验之前积累的知识和技能。这些测验不能直接测查儿童未来学习的潜力，它们通常假设，那些在过去学得更多的儿童，将来也会学得更多。批评者认为，如果测试能直接评估儿童未来学习的潜力，那么结果会更有效。

动态评估让儿童在研究人员的帮助下学习新东西，从而衡量儿童的学习潜力。动态测验与传统测验在几个方面有所不同（Tzuriel，2013）。首先，传统测验的目的是预测儿童相对于同龄人的表现。而动态评估的目的是诊断，揭示儿童作为学生的长处和短处。其次，传统测验遵循标准化的形式，关注儿童的独立表现，而动态评估是互动性的，并借鉴维果茨基的"最近发展区"和"支架式教学"观点，侧重于儿童成功所需的指导和反馈（Sternberg 和 Grigorenko，2002）。最后，传统测验侧重于儿童在各种领域上的平均表现；动态测验侧重于儿童的最佳表现——挖掘最适合儿童学习的环境。

动态评估对在校有学习困难的儿童最有价值，如有智力障碍的儿童。这些儿童在传统的智力测试中往往得分较低，通过分数很难让人了解这些儿童的能力。换句话说，智商分数证明这些儿童的技能比正常发育的孩子要差，但它们并没有指出这些儿童所拥有的技能，也没有指出促进他们使用这些技能的条件，而动态评估会提供这些信息，并比传统测验更准确地评估儿童的学习潜力（Tzuriel，2013）。

遗传和环境

学习目标6：遗传和环境对智力有何决定性作用？

在美国一所普通小学里，几个一年级学生的智商分数超过了120分，其他人的智商分数在80分出头。是什么导致这些儿童的分数相差40分？遗传起着重要作用（Bouchard，2009），环境也起着重要作用（Bronfenbrenner和Morris，2006）。

遗传的影响的一些证据如图8-4所示。如果基因影响智商，那么兄弟姐妹的测试分数应该由于基因变得更相似（Plomin 和Petrill，1997）。换句话说，因为同卵双胞胎在基因上是相同的，所以他们的测验分数应该几乎是相同的（相关性为1）。而异卵双胞胎的基因有50%是相同的，就像来自相同生父母的非双胞胎的兄弟姐妹，因此，他们的测验得分应该：（1）不像同卵双胞胎的分数那么相似；（2）与拥有相同生父母的其他兄弟姐妹相似；（3）比其他收养的兄弟姐妹更相似。从图8-4中可以看出，这些预测都得到了证实。

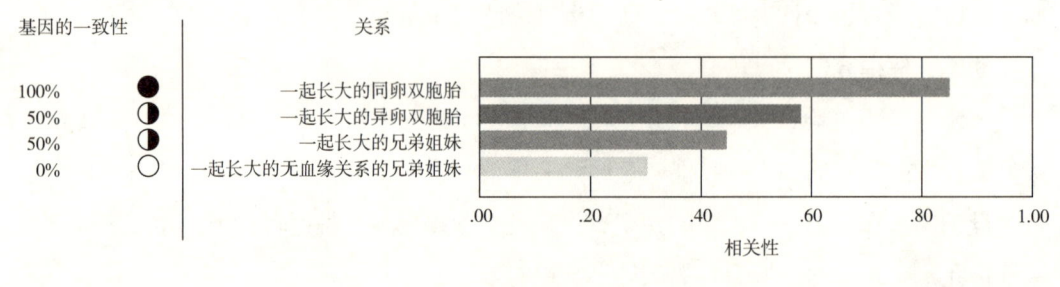

基因的一致性	关系	
100% ●	一起长大的同卵双胞胎	
50% ◐	一起长大的异卵双胞胎	
50% ◐	一起长大的兄弟姐妹	
0% ○	一起长大的无血缘关系的兄弟姐妹	

相关性 .00 .20 .40 .60 .80 1.00

图8-4

对收养儿童的研究也表明了遗传对智商的影响：如果遗传对智商有影响，那么儿童的智商应该更像他们的生父母，而不是养父母。事实上，在整个童年和青春期，儿童智商与生父母智商的相关性要大于儿童智商与养父母智商的相关性。更重要的是，随着被收养儿童年龄的增长，他们的考试成绩越来越像他们的亲生父母（Plomin和Petrill，1997）。这些结果证明，随着儿童的成长，遗传对智商的影响更大。

那这些结果是否意味着遗传是智商的唯一决定因素？并非如此。三个研究领域表明了环境对智商的重要性。一是对家庭和住宅特征的研究。如果智商仅仅是遗传的结果，那么环境对儿童智商的影响应该很小，甚至没有影响。事实上，当儿童处于促进智商的家庭环境中，如父母经常与孩子聊天，会给孩子提供具有认知挑战性的材料，如游戏和书籍，会带他们去户外刺激他们的体验，如参观博物馆，这样环境中的儿童通常智商测验分数更高（Nisbett等，2012）。

环境对智商的影响也与20世纪智商测验得分的急剧上升有关（Flynn 和 Weiss，2007）。例如，韦氏儿童智力量表的得分在25年的时间里增加了近10分（Flynn，1999）。这一变化可能反映了工业化，因为工业化需要更聪明的劳动力，这就产生了更好的学校、更小的家庭和更有刺激性的休闲活动（Nisbett等，2012）。无论智商分数提高的确切原因是什么，智商分数提高本身表明了环境对智商的影响。

为经济困难儿童上学做准备的干预项目也证明了构建能够促进智商的环境的重要性。如果没有学前教育，来自低收入家庭的儿童在进入幼儿园或一年级时往往缺乏取得学业成功的关键准备技能，这意味着他们很快就会落后于拥有这些技能的同龄人。因此，为贫困家庭的孩子提供学前教育经历一直是美国消除贫困政策的一部分。"儿童发展和家庭政策"专栏追溯了这些项目的开端。

儿童发展和家庭政策

针对儿童的"启智"项目

40多年来，"启智"（Head Start）项目一直在帮助低收入家庭。这一项目的起源可以追溯到两股力量。首先，在20世纪60年代早期，儿童发展研究人员提出，环境对儿童发展的影响要比以前人们认为的强大得多。一篇关于经历对智力影响的重要评论（Hunt，1961）得出结论说，如果科学家发现最佳的环境影响，儿童的智力发展可能达到前所未有的高度。此外，美国田纳西州的一个新项目（Gray和Klaus，1965）展示了暑期项目加上整个学年每周的家访可以提高生活贫困的学龄前儿童的智力和语言技能，这一结论使得论点具有可信性。这些发现表明，所谓提高儿童智力的说法并非天方夜谭。

第二股力量是历史变化。1964年，时任美国总统林登·约翰逊（Lyndon Johnson）推行了反贫困计划，经济机会办公室（Office of Economic Opportunity，OEO）作为指挥中心。OEO首席执行官萨金特·施赖弗（Sargent Shriver）发现还有巨额预算盈余。大多数消灭贫困的项目都针对成人，而且因为这些项目在政治上不受欢迎，施赖弗不愿意在这些项目上花更多的钱。施赖弗意识到，当时没有任何项目是专门针对儿童的，这样的项目在政治上的争议会小得多。（毕竟，批评人士可能会认为，贫穷的成人懒惰或不负责任，但这种观点不适用于儿童）。更重要的是，他有在芝加哥学校董事会担任主席的经历，他的妻子也曾在针对智障人群建立的小组工作（Zigler 和 Muenchow，1992），因此他个人熟悉针对儿童项目的潜在影响。

施赖弗设想了一个项目，可以更好地为贫困儿童的一年级教育做准备。1964年12月，他召集了一个14人的计划委员会，包括医学、社会工作、教育和心理学专业人士。在6个星期的时间里，计划委员会制定了一项综合方案，通过专业人员和家长的参与，满足幼儿的保健和教育需要。1965年5月，约翰逊总统宣布启动"启智"项目。到那年夏天，已有50万名美国青少年参与。该项目目前有近100万名美国贫困儿童参加，自1965年成立以来，它满足了3000多万名儿童的需要（儿童与家庭管理局，2013）。

像这样的干预项目如何有效地满足学龄前儿童的需要？在不同的社区，"启智"项目会采取不同的形式，所以很难笼统给出该项目的整体效果。然而，高质量的"启智"项目总体上是有效的。当孩子参加有效的"启智"项目时，他们的身体更健康，在学校的表现也更好（Ludwig和Phillips，2007；Protzko，Aronson和Blair，2013）。例如，参加过"启智"项目的儿童不太可能留级或被安排在特殊教育班，他们更有可能从高中毕业。

最成功的干预措施之一是卡罗莱纳州初学者项目（Campbell等，2001；Ramey 和 Campbell，1991；Ramey 和 Ramey，2006）。该项目包括111名儿童；大多数儿童的母亲都是非裔美国人，她们的平均智商只有85分，高中学历都不到，而且通常没有收入。大约一半的儿童会被分配到一个没有受到特别关注的对照组。其他儿童从4个月大到5岁大，期间每天都被送去一家特殊的日托机构。机构的课程关注婴儿的智力、语言和社会发展，以及学龄前儿童的阅读技能。

在小学和高中期间，参与干预项目的儿童在一系列认知测验中一直获得更高的分数（Campbell等，2001）。更重要的是，他们成年之后，那些经历了干预的儿童更有可能从大学毕业，也更有可能从事全职工作（Campbell 等，2012）。

因此，干预是有效的。当然，多年的大规模干预很费钱。但由贫穷、失业及其副产品带来的经济损失也是巨大的。事实上，经济分析表明，从长期来看，这些项目不仅能增加参与儿童未来的收入（和税收），还能降低与司法系统相关的成本（Bartik，Gormley和Adelstein，2012；Reynolds等，2011）。像"启智"这样的项目表明，不良教育的恶性循环是可以被打破的。这个过程表明了智力可以通过激励和负责的环境得到提高。

种族和社会经济地位的影响

学习目标7：种族和社会经济地位如何影响智力测验分数？

不同种族的人在许多智力测验中的得分不同：亚裔美国人往往得分最高，其次是欧洲裔美国人、西班牙裔美国人和非裔美国人（Hunt 和Carlson，2007）。自20世纪60年代以来，这一差距逐渐缩小，差距也部分反映了社会经济地位的群体差异（Nisbett 等，2012；Rindermann 和Thompson，2013）。来自经济条件优越家庭的孩子往往比来自经济条件较差家庭的孩子考得更好；欧洲裔美国人和亚裔美国人的家庭经济条件可能更好，而西班牙裔美国人和非裔美国人的家庭经济条件可能较差。然而，当对具有同等社会经济地位的儿童进行比较时，智商测试分数的组间差距有所减少，但并没有消除（Magnuson和Duncan，2006）。让我们来看看这种差距的四种解释。

遗传有影响吗

如前所述，我们了解到遗传决定了儿童的智商：聪明的父母往往会生出聪明的孩子。这是否也意味着，群体智商分数的差异反映了遗传差异？不。大多数研究人员一致认为，没有证据表明某些种族的"聪明基因"比其他种族的多。相反，他们认为环境是造成这些差异的主要原因（Nisbett等，2012）。

一个流行的类比（Lewontin，1976）证明了这种想法。假设有两种玉米：每种玉米都有矮的和高的植株。众所周知，高度是由遗传决定的。如果有一种玉米生长在肥沃的土壤里——有充足的水和营养——成熟的植株将达到基因决定的高度；有些矮，有些高。如果另一种玉米生长在贫瘠的土壤里，几乎没有植株能长到它本身可以达到的高度，总体来说，这种玉米的植株要矮得多。尽管每种玉米植株的高度都具有相当大的遗传性，但这两组玉米的植株高度差异纯粹是环境所致。与之类似，虽然不同群体的智商分数可能是遗传的，但有限的环境刺激可能意味着某一群体的整体智商分数较低，就像生长在贫瘠土壤中的植物一样。

测验内容的经历

一些批评家认为测验得分的差异反映了测验本身存在偏见。他们认为，测验题目反映了测试发起者的文化继承，他们大多数是经济上比较富裕的欧洲裔美国人，所以测试对其他经济上比较贫困的儿童存在偏见（Champion，2003）。他们提到了这样的测验题目：

指挥家和管弦乐队就像老师和什么？

书本　学校　班级　橡皮

有乐团背景的儿童比没有乐团背景的孩子更有可能正确回答这个问题。

偏见的问题引发了文化公平智力测验的产生，该测验基于对许多文化的共同经历上。瑞文的渐进矩阵推理测验（Raven's Progressive Matrices）就是一个例子，如图8-5所示，考生被要求选择能正确完成图案的组块（在这种情况下是6）。虽然这样的项目可以减少特定经历的影响，但在所谓的文化公平智力测验中，种族差异仍然存在（Anastasi，1988；Herrnstein和Murray，1994）。显然，对测验相关题目的熟悉程度本身并不是导致群体表现差异的关键因素。

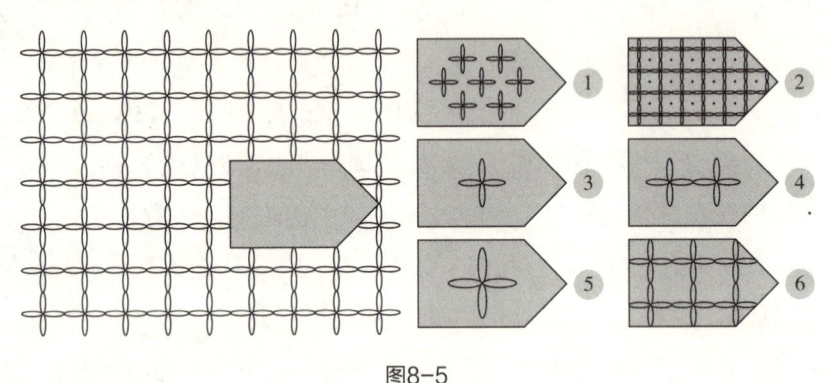

图8-5

刻板印象威胁

当人们知道他们属于一个被认为缺乏某一领域技能的群体时，他们在该领域表现时就会感到焦虑，因为他们害怕证实刻板印象，所以往往表现得很差。对刻板印象的了解，导致了焦虑，使得表现下滑，符合刻板印象的描述，预言得以自我实现，这被称为"刻板印象威胁"。在智力测验方面，这一论点变成非裔美国儿童在接受智力测试时经历了刻板印象威胁，这导致他们的分数较低（Steele，1997；Walton和Spencer，2009）。例如，想象一下，两个10岁的孩子正在参加一项智力测验，准备参加一个针对天才儿童的特殊项目。其中，欧洲裔美国儿童担心如果测验不通过，他就不能参加这个项目了。非裔美国儿童也有同样的恐惧，但也担心如果他表现不好，这将证实非裔美国儿童在智力测验中表现不好的刻板印象（Suzuki 和 Aronson，2005）。同样，当非裔美国学生经历自我肯定时，刻板印象威胁就会减少（表现也会改善）——他们会提醒自己那些对他们重要的价值观以及重要的原因（Sherman 等，2013）。"研究重点"专栏展示了儿童被告知测验的目的是学习新事物而不是衡量能力时，刻板印象威胁会相对减轻。

研究重点

减少刻板印象的威胁

研究人员是谁？研究目的是什么？ 当人们担心他们的表现会证实一个刻板印象时，刻板印象威胁就会起作用。因此，减少威胁的一种方法应该是说服人们，他们正在执行的任务与刻板印象无关。这是亚当·奥尔特（Adam Alter）和他的同事（2010）用来减少刻板印象威胁的方法。

研究人员是如何测量研究话题的？ 所有参与者都完成了标准数学测试中的10个问题。一半的参与者被告知这些问题是衡量他们的数学能力；另一半人被告知，解决具有挑战性的数学问题可以帮助他们在学校取得好成绩。此外，一半的参与者被要求在解决问题前报告他们的种族，这种做法旨在让学生更容易受到刻板印象威胁；另一半的人在解决问题后才提供这些信息，因为到了这个时候信息的提供不会影响他们的表现。

研究中的参与者是谁？ 这项研究有49名4～6年级的非裔美国学生参与。

这项研究的设计是怎样的？ 这项研究是实验性的。自变量包括对数学问题的描述（作为对数学能力的衡量，或作为有助于他们在学校取得好成绩的挑战），以及学生何时报告自己的种族（在解决数学问题之前或之后）。因变量是正确解决的数学问题的数量。虽然这项研究的对象是4～6年级的学生，但研究人员并没有研究年龄相关的差异；因此，该研究既不是横断的，也不是纵向的。

这项研究是否存在伦理问题？ 不存在。父母同意他们的孩子参加。这些数学问题是学校用来评估学生进步的常见问题。最后，为了消除刻板印象威胁的影响，所有学生都被告知他们在测试中表现良好。

结果如何？ 图8-6显示了四种情况下学生解决问题的平均数量。你可以看到，当学生在解决问题之前汇报他们的种族时，解决的问题数量最少，当问题被认为是测量能力的工具时，结果显示了刻板印象威胁的影响。相反，如果刻板印象威胁不起作用，即把问题当成提高学习的挑战性工具，或者种族不被提及（在解决问题之前没有被提及），学生会解决更多的问题。

研究人员得出了什么结论？ 奥尔特和他的同事得出结论："把具有威胁性的任务改述成挑战能够消除刻板印象威胁的负面影响……参与者被提醒属于边缘群体后，在学术测试中，他们比同龄人表现更差，除非研究人员把测验改述成挑战。这种操作是微妙而廉价的，这表明它可能是一种有用的刻板印象威胁管理干预。"（Alter等，2010，p. 170）。

有什么趋同证据可以强化这些结论？ 结果表明，改述数学问题有助于非裔美国学生避免刻板印象威胁。确定可以减少或消除刻板印象威胁的其他类型改述，并观察改述在经历刻板印象威胁的其他群体（如女性和数学问题）中效果如何，这些做法将发挥巨大价值。

图8-6

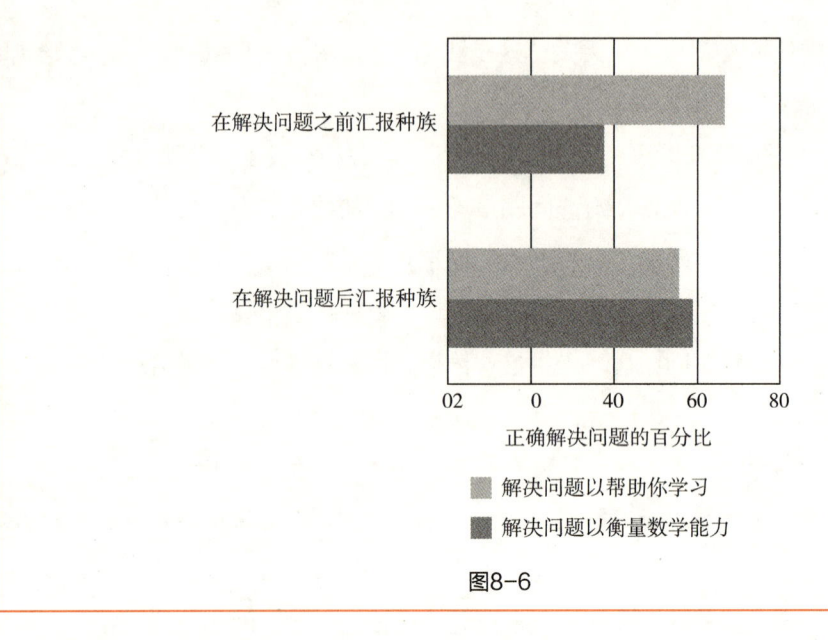

测验风格

经历和文化价值观的影响可扩大至特定领域之外，它们也会影响儿童对整个测验情况的熟悉程度。例如，当儿童所处的文化鼓励他们通过与他人合作来解决问题，不支持他们作为个体进行表现时，测验就低估了儿童的智力。更重要的是，由于儿童对陌生成人提出的问题持警惕态度，很多经济困难的儿童在回答问题时往往会说："我不知道。"很明显，这种策略导致了人为的低得分。当这些孩子有额外的时间与研究人员轻松相处时，他们回答"我不知道"的次数就会减少，他们的测验得分也会显著提高（Zigler和Finn-Stevenson，1992）。

结论：解读测验得分。如果所有的测验都至少在某种程度上反映了文化的影响，那我们应该如何解读测验得分？记住，测验评估了个体对特定文化环境的成功适应。测验预测的是学校环境中的成功，这通常是中产阶级的价值观。无论是非裔美国人、西班牙裔美国人还是欧洲裔美国人，测验得分高的孩子更有可能拥有基于中产阶级价值观的学术成就所需的智力技能（Hunt和Carlson，2007）。一个测验得分低的孩子，就像模块开头中的夏琳，显然缺乏这些技能。低分是不是意味着夏琳注定学业无望？不。这只是意味着，基于她目前的技能，她不太可能做得很好。提高夏琳的技能将改善她的学业表现。

最后，我想强调一个至关重要的点：关注群体的话很容易忽略一个事实，那就是与种族内部的智商差异相比，不同种族之间的平均智商差异其实并不大（Sternberg，Grigorenko和Kidd，2005）。你可以很容易地在所有种族中找到高智商的年轻人，正如你可以在所有群体中找到低智商的年轻人一样。在模块8.3中，我们将共同探讨特殊儿童的特殊需求。

✓ 检测你的学习

回忆：现代的智力测试是什么样的？效果如何？

概述为什么不同种族在智力测验中的平均分数不同。

解释：列举遗传和环境对智力的影响的证据。

应用：假设一个地方政府官员提议终止对弱势儿童的学前教育项目的所有资助。给这位官员写一封信，道明这些项目的价值。

8.3 特殊儿童，特殊需求

> **学习目标**
>
> 学习目标8：天才儿童的特点是什么？
> 学习目标9：智力障碍有哪些不同的形式？
>
> **大纲**
>
> 天才儿童
> 智障儿童

桑吉特是一名二年级学生，他分别参加了两次智力测试，两次他的得分都高于平均水平。然而，桑吉特根本都不识字。字母和单词对他来说就像金属乐队的音乐对莫扎特来说一样奇怪。他的父母带他去看眼科医生，医生判断他的视力正常，他的眼睛也没有毛病。那是什么出错了吗？

纵观历史，人们认识到，社会中不仅有智障儿童，也有天才儿童。今天，我们知道很多关于人类天赋的极端案例。这一讲我们将以天才儿童开始，然后我们会研究智障儿童，并找出桑吉特不能阅读的原因。

天才儿童

学习目标8：天才儿童的特点是什么？

从多方面看，男孩伯尼都是一个普通的12岁的中产阶级孩子：他是足球队的守门员，周六早上上钢琴课，在教堂的青年合唱团唱歌，喜欢滑旱冰。然而，在智力和学术能力方面，伯尼却远不普通。他在一次智力测试中得了175分，他也正在上大学微积分课程。伯尼是个天才，即传统上智商测试得分在130分以上的人（Horowitz和O'Brien，1986）。

天赋的传统定义基于智商，因此非凡的能力通常主要与学术技能有关。但如今人们对天赋的定义更为宽泛，包括艺术、音乐、创意写作、舞蹈和体育等领域的特殊才能（Subotnik，Olszewski-Kubilius和Worrell，2011；Winner，2000）。

然而，无论这个领域是音乐还是数学，天才儿童都有几个共同的特点（Subotnik等，2011）。第一，他们的能力大大高于平均水平；对于天才来说，聪明是必要的，但还不够。第二，天才儿童对他们的学科充满热情，并有强烈的渴望要掌握它。第三，天才儿童的思维很有创造力，能想出新的想法和行动。创造力与发散思维有关，在发散思维中，目标不是找到单一的正确答案（通常也没有答案），而是寻求新鲜和不寻常的思路（Callahan，2000）。例如，当孩子们对一个共同的刺激做出不同的创新反应时，创造力就显现出来了，如图8-7所示。

第四，天才需要培养。没有父母的鼓励和支持，没有导师的激励和挑战，儿童的天赋就会枯萎。天才儿童需要有挑战性、较为复杂的课程；他们需要懂得人才培养的老师；他们需要志同道合的同伴来激发他们的兴趣（Subotnik等，2011）。有了这样的支持，天才儿童会取得惊人的成就。在一项长达25年的纵向研究中，有天赋的青少年成年后在学业和事业上都取得了非凡的成功（Kell，Lubinski和Benbow，2013）。例如，超过15%的人在40岁之前就获得了专利。

图8-7

"改善儿童的生活"专栏展示了家长和老师培养儿童创造力的过程。

改善儿童的生活

培养创造力

以下是一些培养更有创造力儿童的指导建议。

1.鼓励儿童去冒险。并非所有新颖的想法都能结出果实；有些行不通，有些很愚蠢。但是，只有通过反复以新颖和不寻常的方式思考，儿童才有可能创造出真正原创的东西。

  2. 鼓励儿童思考传统智慧的反面。让他们想想，如果被接受的实践发生了改变，会发生什么。例如，"没有汽车，生活会是什么样子"或者"为什么不在晚上吃早餐，早上吃晚餐呢"。

  3. 表扬儿童的努力付出。俗话说，创造力是一分灵感加九分汗水。原始的创造性想法必须被打磨和抛光，以达到成品的光泽。

  4. 帮助儿童克服"我没有创造力"的障碍。他们常常认为只有别人有创造力。所以要向儿童保证，只要遵循了这些指导建议，任何人都会更有创造力。

最后，一般刻板印象会认为，天才儿童通常会有情绪问题，无法与他们的同龄人相处。事实上，天才儿童和天才成人往往比他们的同龄人更成熟，情感问题也更少（Simonton和Song，2009；Subotnik等，2011），据报告，成年后，他们对自己的职业、人际关系和总体生活非常满意（Lubinski等，2006）。

天才儿童代表了人类能力的一种极端情况。另一个极端是智障儿童。

智障儿童

学习目标9：智力障碍有哪些不同的形式？

  "小戴维"的名字源于他的父亲，他的父亲也叫"戴维"，而"小戴维"是父亲四个孩子中最大的一个。他在1岁生日的前几天才学会坐，2岁开始走路，3岁开始说第一句话。5岁时，戴维的发育远远落后于他的同龄人。戴维患有唐氏综合征，这是一种由多出的第21条染色体引起的疾病（见模块2.2）。

  唐氏综合征是导致智力障碍的一个例子，它指的是智力能力严重受限，并且有环境适应问题，这两种情况都会在18岁之前出现。受限的智力能力通常被定义为在智力测试如斯坦福–比奈测验中得分在70分以下。适应行为包括对成功适应至关重要的概念技能（如识字、理解金钱和时间）、社会技能（如人际交往技能）和实践技能（如个人仪容仪表、职业技能）。这些技能通常通过与父母或其他监护者的面谈来评估。只有年龄在18岁以下的个体在这些领域有适应问题，且智商分数在70分或以下，才被认为是有智力障碍（AAIDD术语和分类特设委员会，2010）。

  现代的解释指出了导致智力障碍的四个因素：

- 生物医学因素，包括染色体疾病、营养不良和创伤性脑损伤；
- 社会因素，如贫困和亲子互动受损；

- 行为因素，如忽视儿童或家庭暴力；
- 教育因素，包括父母教养不当和特殊教育服务不足。

没有一个单独的因素必然会导致智力障碍。相反，智力障碍的风险随着这些因素的增多而增加（AAIDD术语和分类特设委员会，2010）。例如，如果一个患有唐氏综合征的孩子的父母生活贫困，不能利用特殊教育服务，那么风险就很大。

正如你可以想象的那样，许多因素会导致智力障碍，这意味着智力障碍包含了大量不同的个体。定义不同个体的一种方式是基于他们需要的支持种类和数量。一种极端的情况是，有些人技能非常少，以至于他们必须经常受到监督。因此，他们通常生活在智障人士的收容所里，在那里他们有时可以学习自助技能，如穿衣、吃饭和上厕所（Reid，Wilson和Faw，1991）。另一种极端情况是有些人在上学后掌握了许多学术技能，只是并不如普通学生快。他们通常有工作，许多人还会结婚。综合培训项目帮助他们注重职业和社交技能，使他们成为有生产力的公民和充实的个人（Ellis和Rusch，1991）。

学习障碍儿童

智力障碍定义的一个关键因素是智力大大低于平均水平。相比之下，根据定义，有学习障碍的儿童智力正常。也就是说，有学习障碍的儿童：（1）在掌握某一学科方面有困难；（2）智力正常；（3）不存在其他导致其表现不佳的问题，如感觉缺失或教育不足。

在美国，约有5%，也就是说有近300万名学龄儿童被诊断为学习障碍儿童。学习障碍的不同类型和它们之间的重叠程度仍存在争议（Torgesen，2004）。然而，大多数科学家认为，有三种情况特别常见（Hulme和Snowling，2009）：阅读单个单词的困难，有时也称发展性阅读障碍；成功阅读后的单词理解困难，叫作阅读理解障碍；最后是算术障碍，也叫算术学习障碍或发展性计算障碍。

理解学习障碍很复杂，因为每种类型都有其原因（Landerl等，2009），因此需要不同的治疗方案。例如，发展性阅读障碍是最常见的学习障碍类型。（这种情况非常普遍，有时甚至直接被称为阅读障碍。）许多患有这种疾病的儿童在语音意识方面有问题（见模块7.3）。

Q&A 问题8.3

瑞安8岁的女儿被诊断为发展性阅读障碍。瑞安认为，这只是在婉转地告诉他，他的女儿很笨。他的想法是对的吗？

像桑吉特这样患有发展性阅读障碍的儿童（在开篇故事中出现），他们很难区分"bis"与"bip"或"bis"与"dis"。显然，这些词听起来很相似（Ziegler等，2010）。

患有发展性阅读障碍的儿童通常受益于两种教育：语音意识训练——帮助他们识别语言发音中细微但重要的差异——以及关于字母和发音之间联系的明确指导。在这种强化教学下，患有发展性阅读障碍的青少年可以更有效地阅读（Hulme和Snowling，2009）。

阅读理解能力差的儿童在阅读单个单词时没有问题，但他们对所读内容不怎么理解。让他们阅读诸如"男人坐公交车上班"或"狗追着猫穿过树林"这样的句子是很容易的，但他们很难回答有关句子理解的问题（"这个男人怎么出行的""他去哪里了"）。在"理论聚焦"专栏中，我们将看到为什么这些儿童对句子意义的理解如此吃力。

理论聚焦

阅读理解障碍即语言理解障碍

背景 在模块7.3中，我们看到，阅读指的是解码单个单词以及理解句子或更大段落的意义。在发展性阅读障碍中，儿童阅读单个单词时不准确且缓慢。在阅读理解能力障碍中，儿童可以正常地识别单个的单词，但在理解他们所读的内容上存在困难。

理论 玛格丽特·斯诺林（Margaret Snowling）、查尔斯·休姆（Charles Hulme）及其同事（2011，2012；Clarke等，2014）使用简单阅读模型来解释阅读理解障碍。在这个模型中，解码过程就是把打印的单词转换成语音；然后使用语言理解技能来理解解码的单词。具体来说，阅读理解是通过儿童的词义知识（词汇）和语法知识实现的。在斯诺林和休姆的理论中，这两种知识在有阅读理解障碍的儿童中都是有限的。

例如，在阅读"这个女孩无法预测获胜者"时，阅读理解能力差的孩子可能会准确读出"预测"这个词，但不能理解句子，因为他们不知道"预测"的意思。同样，当读到"老师被球击中"时，这些孩子可能会误解句子的意思——认为这是关于老师击球的故事——因为他们缺乏被动语态的知识。

假设 斯诺林和休姆的理论产生了两个预测。一方面，由于阅读理解障碍的儿童能够熟练地解码单词，他们应该能够成功地完成测量语音技能的任务。另一方面，他们在测量单词含义和语法知识的任务上应该不那么成功。

测试 奈雄（Nation）等人（2010）进行了一项纵向研究，对5～8岁的儿童的阅读、语言和语音技能进行了多次测试。奈雄和她的同事发现了15个儿童患有阅读理解障碍，这些儿童的阅读能力与他们的年龄相符，但阅读理解能力有限。研究人员将这些儿童与15个阅读能力符合其年龄水平的普通儿童读者相匹配。

接着，奈雄等人比较了两组儿童从5岁开始（在他们学会阅读之前）的语音和语言技能。一方面，这两组儿童在语音技能方面类似（例如，两组儿童都能说出dish这个单词移除d后怎么发音）。另一方面，患阅读理解障碍的儿童知道较少的单词，相对难以理解语法的意义（例如，他们可能认为"老师被球击中"这句话的表达的是老师在击球）。

结论 正如斯诺林和休姆所预测的那样，阅读理解障碍儿童的语音技能是完整的，但词汇意义和语法知识很有限。换句话说，阅读理解障碍其实不是阅读本身存在障碍，而是语言存在障碍。当儿童的词汇量有限、语法知识缺失时，他们对所听到和读到的句子的理解就会减少。

应用 斯诺林和休姆的理论清楚地告诉我们，如果我们提高阅读理解障碍儿童的语言技能，他们的阅读理解能力也应该得到提高。事实上，这样的训练（如增加儿童的词汇量）使儿童的阅读理解能力产生了实质性的提高，有时，曾经患阅读理解障碍的儿童经过训练，其阅读理解能力达到了与其同龄人相仿的水平（Clarke等，2010）。这项研究呈现了一种治疗阅读理解障碍的有效方法，也显示了一个好理论的实用价值。

第三种常见的学习障碍是算术障碍。大约5%～10%的幼儿从一开始就很难接受算术教学。这些孩子在学习数数、加减法的过程中进步很慢；许多人还被诊断为患有阅读障碍。当他们进入二年级和三年级（甚至更高年级）后，这些孩子经常使用低效的方法来计算出答案，如继续（作为三年级学生）用他们的手指来计算诸如9+7之类的问题（Geary，2010；Jordan，2007）。

我们对算术障碍的了解很少，主要是因为算术涉及的技能比阅读更广泛（阅读实际上只涉及两个大类：解码和理解）。一些科学家提出，问题的核心其实是因为有算术障碍的儿童的近似数字系统提供给他们的数量估计不够精确（Geary，2013）。另一种可能性是，有算术障碍的青少年在计算和从记忆中检索算术事实方面遇到障碍（Hulme和Snowling，2009）。还有一些人认为，算术障碍反映了算术基本认知过程出现问题，如工作记忆和加工速度（Geary等，2007）。

因为算术障碍还没有被很好地理解，因此有效的干预措施才刚刚起步。例如，患算术障碍的儿童可以通过强化练习扩大他们对数字的理解（Fuchs等，2013）。随着我们对算术障碍的核心问题了解得更多，研究人员和教育工作者应该能够对这些儿童的教学进行微调。如果有这样的配备，有算术障碍的孩子，与有发展性阅读障碍和阅读理解障碍的儿童一样，将能够充分开发他们的智力潜力。

✓ 检测你的学习

回忆： 总结导致儿童患有智力障碍的不同因素。

什么是学习障碍？学习障碍有哪些不同类型？

解释： 对天才的传统定义和现代定义进行比较。

应用： 皮亚杰、加德纳和斯滕伯格如何定义智力障碍？

统一主题：先天和后天

在这一章中，我想强调的主题是，发展总是受到遗传和环境的共同影响。在儿童发展的其他领域中，这一主题十分重要，因为它对社会政策的影响极其深远。例如，如果智力完全由遗传决定，干预项目将是浪费时间和税款，因为再多的干预也改变不了智力。但我们在本章中已经多次看到，在智力方面，遗传和环境都不是万能的。例如，双胞胎的研究提醒我们，遗传显然对智商分数具有重大影响。同卵双胞胎的智商始终比异卵双胞胎的智商更相似，这一结果证明了遗传对智力的影响。然而，与此同时，诸如"启智"项目和卡罗莱纳初学者项目等干预研究表明，智力是可塑的。儿童的智力可以在强烈的刺激环境中得到提高。

因此，遗传对儿童的智力发展施加了一些限制，但这些限制是相当有限的。如果我们愿意投入时间和精力，我们可以极大地开发所有儿童的智力。

自行探索

我们已经看到不同文化背景下对智力的定义是不同的。让父母对智力的四个常见方面的重要性打分，可以了解父母对智力的定义：

- 解决问题的技能（先思考后行动，从不同的角度看待问题）；
- 语言技能（说话清晰，词汇量大）；
- 创造技能（多问问题，尝试新事物）；

- 社交技能（与他人相处融洽，尊重和关心他人）。

让父母在6分制的量表中为每个因素的重要性打分，1表示对智力非常不重要，6表示对智力非常重要。试试采访来自不同种族的家长；然后将你的结果与其他学生的结果进行比较，看看父母对智力的看法是相似的还是不同的，以及文化背景是否会影响父母对智力的定义。自行探索吧！

小结

8.1 什么是智力

心理测量学理论

心理测量学理论对智力的理解包括一般因素理论以及特定因素理论。等级理论包括一般智力和各种特殊技能，如言语能力和空间能力。

加德纳的多元智力理论

加德纳的多元智力理论提出了九种不同的智力。其中三种也包括在心理测量理论中（语言学、逻辑—数学和空间智力），但有六种是新的（音乐智力、身体—运动智力、人际智力、自我智力、自然智力和存在智力）。加德纳的理论刺激了对非传统智力形式的研究，如情商。该理论对教育也有启示，例如，学校应该根据每个孩子独特的智力优势调整教学。

斯滕伯格的成功智力理论

斯滕伯格认为，成功智力是熟练运用自己的能力来实现短期和长期目标。主要运用三种能力：分析问题并产生解决方案的分析能力、适应新情况的创造能力，以及知道什么解决方案会有效的实践能力。

婴儿测验，如贝氏婴儿发展量表，通常用于评估智力和运动发育。

通过婴儿智力测验的分数不能预测成人的智商，但是通过婴儿的信息加工能力可以预测儿童的智商。通过学龄前儿童的智商也可以预测成人的智商。

智商分数的特点

智力测验是衡量在校学习成绩相当有效的方法。它还能预测人们在职场上的表现和寿命。

动态评估衡量儿童未来学习的潜力，为传统测验补充材料，因为传统测验强调测试前获得的知识。

遗传和环境

遗传对智商影响的证据来自以下发现：（1）兄弟姐妹的基因越相似，智商就越相似；（2）被收养儿童的智商更像其生父母的智商，而非养父母。环境影响包括家庭环境的影响、历史变化的影响和干预项目的影响。

种族和社会经济地位的影响

不同种族的人在智商测试上的平均分数不同。这种差异并不是因为基因或对特定测试题目的熟悉程度，而是因为儿童对测试环境的熟悉程度和舒适度。然而，智商分数仍然是在学校取得成功的有效预测指标，因为中产阶级的经历往往是儿童学业成功的先决条件。

8.2 测量智力

比奈与智力测验的发展

比奈创造了第一个智力测验来识别那些有学习困难的学生。借助他的研究成果，特曼创建了斯坦福–比奈测验量表，引入了智商的概念。另一种广泛使用的测试是韦氏儿童智力量表（第4版），它根据言语和表现的分量表给出智商分数。

8.3 特殊儿童，特殊需求

天才儿童

传统上，天才儿童都是那些在智商测试中取得高分的儿童。现代对天赋的定义更为广泛，包括了不同领域的特殊天赋，如艺术。天才儿童在能力上远远高于平均水平，他们对自己的学科充满热情，并具有创造力。他们的才能需要有挑战性和支持性的环境来培养。天才儿童通常社交熟练，情绪稳定。

智障儿童

智障儿童的智商分数为70分或更低，在适应行为方面存在问题。生物医学、社会、行为和教育因素使个体面临患智力障碍的风险。

有学习障碍的儿童智力正常，但在掌握特定学科方面有困难。常见的障碍类型包括发展性阅读障碍（难以对单个单词进行解码）、阅读理解障碍（无法理解所读内容）和算术障碍。最常见的是阅读障碍，这通常可以追溯到对语言发音的理解和使用不足。但如果教授与语言相关的技能，儿童的阅读能力就会提高。

考考自己

1. 心理测量学____。
   a. 用标准化的智力测试来衡量智力
   b. 认为智力决定天才
   c. 认为聪明行为总是意味着能够熟练地适应环境
2. 智力层级理论____。
   a. 利用儿童发展研究、脑损伤研究和天才研究来确定智力领域
   b. 包括一般因素和特定因素
   c. 强调智力在实现短期和长期目标中的作用
3. 多元智力理论____。
   a. 表明智力存在一个普遍的因素
   b. 表明不同的智力是由大脑的不同区域控制的
   c. 基于大量的实证工作
4. 加德纳的多元智力理论包括心理测量学智力理论中的几种智力。下列哪一个不是其中之一？____。
   a. 逻辑—数学
   b. 音乐
   c. 语言
5. 斯滕伯格的成功智力理论包括____、创造能力和实践能力。

a. 等级性能力

b. 一般性能力

c. 分析能力

6. 与群体智力测验相比，个人智力测验____。

   a. 管理费用较低

   b. 不太可能需要一个训练有素的心理学家

   c. 能优化被测者的动机和注意力

7. 用婴儿智力测验的分数来预测人在童年和成年时期的智力____。

   a. 能得到准确结果，因为感知运动活动是智力的起源

   b. 能得到准确结果，因为很容易判断婴儿的个体差异

   c. 不能得到准确结果，因为婴儿智力测验衡量的能力与大龄儿童测量的能力不同

8. 智力动态评估____。

   a. 已经使用多年且有确切成果

   b. 衡量儿童的学习潜力

   c. 衡量儿童已经知道的东西

9. 下列关于遗传和智力的陈述哪一项是正确的？____。

   a. 同卵双胞胎的智商通常比异卵双胞胎更接近

   b. 被收养儿童的智商与养父母的智商更接近，而非生父母的智商

   c. 由于遗传对智力影响巨大，所以环境的影响微不足道

10. 通过文化公平智力测验衡量智力，种族群体差异____。

    a. 减少，但不消失

    b. 保持不变；

    c. 消失

11. 下列哪一项不能解释在智力测验中表现出的种族差异？____。

    a. 遗传

    b. 刻板印象威胁

    c. 测验风格

12. 与天才的传统定义相比，其现代定义____。

    a. 完全基于智商分数

    b. 很大程度上依赖于皮亚杰的认知发展理论

    c. 包括在艺术、音乐、创造性写作、舞蹈和体育等领域的天赋

13. 智力智障指的是智力能力严重受损，并且有____，两者都在18岁之前出现。

    a. 辐合思维

    b. 情绪健康

    c. 环境适应问题

14. 被诊断有学习障碍的儿童____。

    a. 通常有感知障碍

    b. 智力正常，但在某一学科上有困难

    c. 智力低于平均水平

15. 下列关于学习障碍的陈述哪一项是不正确的？____。

    a. 患有发展性阅读障碍的儿童在语音意识方面存在障碍

    b. 患有阅读理解障碍的儿童在解码单词和理解所读内容方面存在障碍

    c. 科学家对算术障碍的了解较少，因为数学涉及的技能比阅读更多

关键术语

分析能力	情商	智龄
创造能力	流体智力	实践能力
晶体智力	天才	心理测量学家
文化公平智力测验	智力障碍	刻板印象威胁
发散思维	智商	
动态评估	学习障碍	

第9章 语言与交流

当代非裔美国作家托尼·莫里森（Toni Morrison）曾于1993年获得诺贝尔文学奖，并于2012年获得总统自由勋章。他曾说："我们会死亡，也许这就是生命的意义所在。但是我们会使用语言，也许这就是衡量我们生命的标准。"语言对人类而言确实是一种非凡的工具。语言让我们能够向他人表达思想和感情，让我们的思想得以存续，让我们得以从历史中学习。

语言复杂多变，大多数孩子能快速而轻松地掌握它确实令人惊讶。本章我们将重点了解儿童必须掌握的语言的四个方面。在模块9.1中，我们将从学习语言的第一步开始：学习语音。在模块9.2中，我们将关注儿童学习说话以及学习新词语的方式。在模块9.3中，我们将看看儿童如何造简单的句子以及在造句时遵循的规则。最后，在模块9.4中，我们将学习儿童如何使用语言与他人交流。

模块

- **9.1** 语言之路
- **9.2** 学习词语的意义
- **9.3** 成句说话
- **9.4** 使用语言交流

9.1 语言之路

> **学习目标**
> 学习目标1：语言的组成部分有哪些？
> 学习目标2：什么是音素？婴儿能在多大程度上区分音素？
> 学习目标3：什么是咿呀学语？对大一点的婴儿来说，咿呀学语是如何变复杂的？
>
> **大纲**
> 语言的要素
> 感知语言
> 讲话的第一步

切尔西7个月大的时候，开始发出第一个象声词"哒""呐"。几个星期后，她开始重复这些音节"哒-哒"和"呐-呐"。到了11个月大的时候，她讲话就像用重读的词写成的句子"哒-呐！巴-巴！"她说的话听起来就像真的一样，但没有任何含义，切尔西的父母对此感到很惊讶。

从出生起，婴儿就会发出声音——他们会笑，会哭，像切尔西一样，发出类似于语言的声音。然而，在第一年的大部分时间里，婴儿不会说话。这种反差让我们对不会说话的婴儿产生了两个重要疑问。首先，不会说话的婴儿能听懂别人对他们说的话吗？其次，像切尔西这样的婴儿如何从啼哭逐步学会说话等更有效的口头交流方式？我们将在本模块中回答这两个问题，不过我们先来思考一下，我们所说的语言到底是什么意思。

语言的要素

学习目标1：语言的组成部分有哪些？

当你想到语言时，你会想到什么？可能是汉语、英语、德语、西班牙语、韩语、手语？从广义上讲，语言是一种将声音（或手势）与意义联系起来的系统。语言有多种表达形式——说话、书写和手势。此外，语言由不同的子系统组成。口语通常包括四个不同但又相关的要素：

- 音系指的是语言的各种声音。在所有已知的口语中，大约有200种不同的发音，英语中所有的词语都是由45种语音组成的。
- 语义是对词语及其意义的研究。《韦氏第三版新国际英语词典》囊括了大约50万个词语，大学生的词汇量一般约为15万个。
- 语法是指词语组合成句子的规则。举个简单的例子，一个名词后面加上一个动词（如狗叫、球滚）就组成了一个句子。
- 语用是指语言的交际功能和实现有效交际的规则。例如，有效沟通的规则规定说话者应该表达清晰，发表的言论应该与谈话主题相关。

学习语言需要逐一掌握这些要素。儿童必须学会听出语音的差异，学会如何发音，学习词语的含义、造句的规则，还必须学习与他人交谈的有效方法。在本模块的剩余部分（以及本章的其他模块），我们将看到儿童如何理解语言及表达语言。

感知语言

学习目标2：什么是音素？婴儿能在多大程度上区分音素？

我们在模块5.1中了解到，即使是新生儿，听力也非常好。而且新生儿更喜欢听语音，而不是相对复杂的非语音（Vouloumanos等，2010）。但婴儿能辨别语音吗？要回答这个问题，我们首先需要了解一下语言的组成要素。语言的基本组成部分是音素，即能够组成词语发音的独特声音。音素包括辅音，如toe和tap中的t，以及元音，如get和bed中的e。婴儿在出生后1个月就能区分大部分这样的声音（Aslin, Jusczyk和Pisoni, 1998）。

我们怎么知道婴儿能够区分不同的元音和辅音呢？研究人员发明了许多巧妙的方法来确定婴儿对不同的声音是否有不同的反应。如图9-1所示，把一个橡胶奶嘴连接在电脑上，当婴儿吮吸时，电脑就会从扬声器里发出声音。在短短几分钟内，1个月大的婴儿就学会了吮吸和声音之间的关系：当他们听到如pin、pet和pat中的p的发音（发音为"puh"）时，吮吸速度会加快。

几分钟后，婴儿似乎厌倦了这种重复的声音，吮吸次数有所减少，这表明出现了模块5.1中描述的习惯化现象。但是，如果电脑出现了新的声音，如bed、bat、bird中b的声音（发音为"buh"），婴儿的吮吸速度就会再次增加。显然，他们认识到b与p的声音不同，因为他们听到一个新的声音后会加快吮吸速度（Jusczyk, 1995）。

图9-1

当然，并不是每个人的发音都相同。例如，两个英语母语者说"baby"的方式可能不同，而非英语母语者和英语母语者的发音差异可能更大。只有大一点的婴儿能够在发音变化中始终识别出相同的词语（Schmale 和 Seidl，2009）。

语言接触的影响

并非所有的语言都使用同一组音素，音素之间的差异在一种语言中很重要，但在另一种语言中可能被忽略。例如，与英语不同，法语和波兰语注重鼻音和非鼻音元音的区别。要想听听它们之间的差异，可以说一下rod这个词。现在再说一次，但是这次要捏住鼻子。前后两个音之间的细微差别就是非鼻音元音（第一个rod发音）和鼻音元音（第二个）之间的区别。

由于婴儿可能会接触到世界上的任何一种语言，因此让婴儿感知广泛的音素是一种不错的选择。事实上，研究表明，婴儿可以区分母语中未使用的音素。例如，日本人不会区分rip中的r音和lip中的l音，因而想要学习英语的日本成人很难区分这些声音。在6~8个月大的时候，日本和美国的婴儿都可以很好地辨别这些发音。然而，在10~12个月的时候，美国婴儿对r和l的发音的感知能力有所提高——可能是因为他们经常听到这些发音，但日本婴儿的感知能力有所下降（Kuhl等，2006）。

新生儿显然天生有能力听到全世界所有语言的所有音素。但随着不断成长，他们会更高频地接触一种特定的语言，而只注意到自身语言中有意义的语言差异（Werker，Yeung和Yoshida，2012）。对于手语来说也是如此：听力正常的小婴儿会注意到听力正常的大婴儿不会注意到的手势差异（Palmer等，2012）。因此，专注于某种语言显然是要付出代价的，导致听其他语言的声音更加困难。这种在语音感知方面的专业化模式让人联想到模块5.1中描述的人脸感知模型。随着婴儿接触到的人脸越来越多，他们会对人脸产生更清晰的概念，就像他们会对母语中重要的声音（和符号）产生更清晰的概念一样（Pascalis等，2014）。

辨认词语

当然，听单个音素只是感知语言的第一步。对婴儿来说，最大的挑战之一是识别重复出现的声音模式，也就是词语。例如，想象一下，一个婴儿听到了父母和哥哥（姐姐）之间的对话：

哥哥（姐姐）：杰瑞买了一辆新自行车。

父母：他的旧自行车坏了吗？

哥哥（姐姐）：不。他把零用钱省下来买了一辆新的山地车。

婴儿在听这段对话时会三次听到"自行车"这个词语，他们能从中学习吗？是的。当7~8个月大的婴儿在不同的句子中反复听到一个词语时，比起没听过的词语，他们以后会更注意这个词语。显然，7~8个月大的婴儿可以听句子并识别他们反复听到的声音模式（Houston 和 Jusczyk，2003；Saffran，Aslin和Newport，1996）。而且，到6个月大时，婴儿会更注意实词（如名词、动词）而不是虚词（如冠词、介词），当他们听到"妈妈"或"爸爸"时，他们会看向父母（Shi 和 Werker，2001；Tincoff和Jusczyk，1999）。

在正常的对话中，词语之间没有明显的停顿，那么婴儿是如何识别词语的呢？重音是一个重要的线索。英语中包含了很多有重音的单音节词，以及很多重音音节紧跟非重音音节的双音节词（如dough´-nut, tooth´-paste, bas´-ket）。比起非重音音节，婴儿会更注意重音音节，这是识别词语的一个好办法（Bortfeld 和 Morgan，2010；Thiessen 和 Saffran，2003）。出现在句子开头和结尾的词语，对婴儿来说更容易学习，这可能是因为句子之间的短暂停顿能够让他们更容易识别第一个和最后一个词语（Seidl和Johnson，2006）。

另一个有用的方法是统计。婴儿会注意到音节经常连在一起（Jusczyk，2002）。例如，在许多研究中，让8个月大的婴儿听以下四个三音节的人造词，这些词会按照随机的顺序反复出现。

<u>pa bi ku</u> <u>go la tu</u> da ro pi ti bu do da ro pi go la tu pa bi ku da ro pi

我给每个人造词划了线，并在词与词之间打了空格，这样大家可以更容易地看到这些词，但在实际的学习中，是没有停顿的，就像3分钟的稳定音节流。之后，婴儿听这些词语的次数要少于听由相同音节组合而成的新词语。他们已经对"pa bi ku""go la tu""da ro pi""ti bu do"这些组合熟悉了，因此他们听这些词的时候比听"tu da ro"这样的词要花的时间更少，"tu da ro"是由他们已经听过的音节组成的新词（Aslin 和 Newport，2012；Ngon等，2013）。

不过，婴儿还可以通过另一种方式来识别词语，即在倾听母语的过程中，逐渐了解声音的呈现方式。比如，想想这两组音：s后面跟着t和s后面跟着d。这两组音都经常出现在一个词语的结尾和下一个词语的开头：bus takes, kiss took；this dog, pass directly。不过，s和t经常出现在同一个词语中（stop, list, pest, stink），而s和d则不会。因此，如果d跟在s后面，可能是一个新词语的开头。事实上，9个月大的婴儿就会遵循这样的规则，因为如果连续语音中出现了新词语时，且前一个词语的最后一个音与新词语的第一个音很少同时出现，那么他们就会更容易识别新词语（Mattys 和 Jusczyk，2001）。

婴儿使用的另一种策略是依靠熟悉的虚词来切分语流，如冠词a和the。这些词在成人的语言中很常见。到6个月大时，大多数婴儿都能识别这些词语，并利用这些词来确定新词语的起点（Shi，2014）。例如，对于熟悉a的婴儿来说，像aballabataglove这样的序列变成了球（a ball）、球棒（a bat）、手套（a glove）。新词语可以通过婴儿熟悉的虚词a隔开。

因此，婴儿使用许多有效的工具来识别话语中的词语。当然，他们还不明白这些词的意思，只是把一个词识别为一种独特的声音组合。不过，这些早期的感知技能很重要，因为等他们长大一点开始学走路时，更擅长检测语音的婴儿会知道更多的词语（Singh，Reznick和Xuehua，2012），总体来说，儿童的语言在4~6岁时进步飞快（Newman等，2006）。

父母（和其他成人）经常用一种独特的方式来帮助婴儿掌握发音。在婴儿导向语言（Infant-directed speech）中，成人说话非常缓慢，音调和声音的变化也较为夸张。如果你仔细观察母亲和婴儿间的说话，就会注意到母亲说话时时而轻声，时而大声，时而高亢，时而低沉，而且讲话听起来很有情感表现力（Liu，Tsao和Kuhl，2007；Trainor，Austin和Desjardins，2000）。（婴儿导向语言也被称为"妈妈语"，因为这种说话方式最初是妈妈开始讲的，尽管现在我们知道大多数看护者也都是这样对婴儿说话的。）

婴儿导向语言能够吸引婴儿的注意力，可能是因为它语速较慢，变化明显，给婴儿提供了非常明显的语言线索（Cristia，2010）。例如，婴儿在听到婴儿导向语言时可以更有效地切割词语（Thiessen，Hill和Saffran，2005）。此外，婴儿导向语言中元音的发音都很标准（Kuhl等，1997），这可能有助于婴儿区分这些声音。和婴儿说话时，说话一定要清晰。在一项研究中（Liu，Kuhl和Tsao，2003），最擅长辨别语音的婴儿，他们的母亲说话最清楚。

因此，婴儿导向语言可以帮助婴儿感知至关重要的声音。遗憾的是，一些有听力障碍的婴儿不能听到声音，他们怎样才能更好地学习语言呢？"儿童发展和家庭政策"专栏讨论了这个问题。

Q&A 问题9.1

克里斯汀花了几小时和她出生不久的儿子交谈。她的丈夫喜欢与妻子和儿子在一起，但希望克里斯汀不要再用"婴儿导向语言"和儿子说话，而是用正常的声音说话。那种唱歌式的讲话方式让他抓狂，他不相信这会对儿子有任何好处。他是正确的吗？

儿童发展和家庭政策

人工耳蜗移植对幼儿有效吗？

大约每1000个孩子中就有1个是天生失聪的，或者在掌握语言之前就有严重的听力损伤。在这些孩子中，他们的父母大约10%是聋人。这种情况下，孩子的耳聋通常在早期就能发现，父母可以用手语与孩子交流。从出生到学步，失聪的孩子掌握手语的方式和速度似乎与听力正常的儿童掌握口语的方式和速度差不多。例如，10个月大的失聪婴儿经常咿呀学语：他们会表达一系列无意义的手势，但与正确手势的节奏和持续时间差不多。

其余90%的失聪婴幼儿的父母听力正常。对这些孩子来说，用手语交流是不可能的，因为他们的父母不懂手语。因此，对于父母听力正常但自身失聪的儿童，通常的建议是学习口语，有时通过强调唇读和语言治疗的方法，有时会将这些方法与手势结合。遗憾的是，不管使用哪种方法，失聪的儿童很少能掌握口语。他们使用和理解口语的能力比正常同龄人要落后好几年（Hoff，2014）。

然而，自20世纪90年代中期以来，失聪儿童有了新的选择。正如我在前面所描述的，人工耳蜗这种装置可以接收语音并将它们转换成电脉冲，刺激耳朵里的神经细胞。对于那些掌握语言后失去听力的人来说，人工耳蜗极其有益。植入人工耳蜗的成人可以很容易地与听力正常的人交谈，有些还可以通过电话交谈。

植入人工耳蜗也能促进失聪儿童习得语言。天生失聪的儿童植入人工耳蜗后，他们的口语能力会比那些没有植入人工耳蜗的儿童好得多。事实上，在植入人工耳蜗后，一些失聪儿童获得语言的速度与听力正常的儿童大致相同（Svirsky等，2000；Wie等，2007）。

但有些儿童从人工耳蜗移植中获益较少，这一结果促使研究人员确定了这种手术成功的关键。植入的年龄和儿童听力损伤的程度都很重要。人工耳蜗植入在年龄更小和患有部分听力障碍的儿童身上更成功。儿童的语言环境也很重要：如果父母可以提供一个含有听觉刺激的语言环境，尤其是父母经常谈论孩子正在看什么或在做什么时，植入了人工耳蜗的儿童学习语言的速度更快（Cruz等，2013）。

因此，人工耳蜗是一种有效的工具，可以提高失聪儿童的语言能力，特别是当儿童在很小的时候就植入了人工耳蜗时。不过，这并不是一种治疗方法：植入后，父母需要为孩子掌握语言提供特别丰富的语言经验。

讲话的第一步

学习目标3：什么是咿呀学语？对大一点的婴儿来说，咿呀学语是如何变复杂的？

新手父母都可以证明，新生儿和年幼的婴儿会发出很多声音：哭泣、打嗝和打喷嚏，但不会立刻发出类似语言的声音。2个月大时，婴儿开始发出类似元音的声音，如"喔喔喔喔"或"啊啊啊啊"，这种现象被称为"喔唔学语"。有时婴儿在喔唔学语时变得非常兴奋，这可能反映了他们用声音玩耍的乐趣。

喔唔学语之后是咿呀学语，一种没有意义的像说话一样的声音。通常一个6个月大的婴儿可能会说"哒"或"吧"，这些发音听起来像一个由辅音和元音组成的音节。在接下来的几个月里，随着婴儿明显尝试更复杂的语音，咿呀学语也变得更加复杂。大一点的婴儿有时会重复一个音，如"吧吧"，然后开始组合不同的音，比如"哒吗吧"（Hoff，2014）。

咿呀学语并不只是婴儿无意识地发音，相反，它是真正开始讲话的前兆。我们可以或多或少从人们说话时嘴形的变化中得知这一点。成人说话时，嘴的右侧张得比左侧稍宽，反映了大脑左半球对右侧肢体语言和肌肉运动的控制（Graves 和 Landis，1990）。婴儿在咿呀学语时也会这样做，但在发出其他非咿呀学语的声音时就不会了，这表明咿呀学语从根本上讲属于语言（Holowka 和 Petitto，2002）。

对咿呀学语发展变化的研究给出了"咿呀学语的本质是语言"的一些其他证据：大约在婴儿8~11个月大的时候，咿呀学语听起来更像真实的语言，因为婴儿（如开头提到的切尔西）会重读一些音节，并改变他们说话的音调（Snow，2006）。例如，在英语陈述句中，句尾的音调先上升后下降。但是，在疑问句中，音调是平的，在问句结尾上升。这种音调的上升或下降模式被称为"语调"。大一点婴儿的咿呀学语反映了这些模式：由讲英语的父母抚养长大的婴儿，在咿呀学语中既有陈述式语调，也有疑问式语调。接触到其他语调模式的婴儿，如日语或法语，会在咿呀学语中反映各自语种的语调（Levitt 和 Utman，1992）。

咿呀学语中语调的出现表明了感知语言和产生语言之间的强烈联系：婴儿的咿呀学语会受到他们所听到的语言特征的影响（Goldstein 和 Schwade，2008）。从1岁中期开始，婴儿就会尝试模仿别人在与他们交流时使用的语言发音（或者，对于父母同样失聪的失聪婴儿来说，会模仿别人使用的手势）。拿"狗"的英文发音举例，婴儿可能会先说"dod"，然后是"gog"，最后才会正确地说"dog"。就像刚开始打字的人逐渐将手指的动作与特定的键联系起来一样，咿呀学语的婴儿通过嘴唇、舌头和牙齿来学习发出特定的声音，逐渐发出近似真实词语的声音（Poulson 等，1991）。

发出声音的能力，再加上1岁儿童感知语音的高级能力，为婴儿说出第一个真正的词语奠定了基础。在9.2模块中，我们将看到这是如何发生的。

✓ 检测你的学习

回忆：婴儿如何分辨他们听到的话语中的词语？
有什么证据表明咿呀学语是说话的前兆？

解释：比较婴儿时期感知语言和产生语言的发展里程碑。

应用：假设一个在罗马尼亚出生的3个月大的婴儿被一对瑞典夫妇收养了。语言环境的变化会如何影响婴儿的语言学习？

9.2 学习词语的意义

学习目标

学习目标4：儿童如何从咿呀学语过渡到开口说话？
学习目标5：儿童学习新词语时遵循什么规则？
学习目标6：幼儿会使用哪些方式学习语言？
学习目标7：什么条件有助于儿童学习新词语？
学习目标8：儿童对符号的理解是如何超越语言的？

大纲

把词语理解为符号
快速映射词语的含义
词汇学习的个体差异
鼓励词语学习
超越语言：其他符号

塞巴斯蒂安出生20个月了，他喜欢说话。他的父母对他学习新词语的速度感到惊讶。比如，有一天他的父母带回家一台电脑，塞巴斯蒂安看着他们组装电脑。第二天，他不由自主地指着电脑说"电脑"。这种情况经常发生——塞巴斯蒂安听到一个词语一两次，然后就能正确地使用这个词语。他的父母很好奇他是怎么做到的，因为学习外语词汇对成人来说太难了！

大约1岁时，大多数孩子会开口说第一个词语。在许多语言中，这些词语很相似（Nelson，1973；Tardif 等，2008），包括对母亲和父亲的称呼、问候（嗨，再见），以及食物和玩具（果汁，球）。到2岁时，大多数孩子的词汇量达到几百个，到6岁时，通常一个的孩子的词汇量会超过10000个（Bloom，2000）。在全球，名词在儿童早期的词汇中很常见，也许是因为它们代表的是婴儿容易感知的物体；动词不如名词常见，但在汉语或韩语等语言中，这种差异较小（有时会消失），可能是因为动词在这些语言中使用更频繁，或者是因为东亚文化更强调动作而不是物体（Waxman 等，2013）。

像塞巴斯蒂安一样，大多数孩子学习新词语都非常容易和迅速。他们是怎么做到的？这一讲我会回答这个问题。

把词语理解为符号

学习目标4：儿童如何从咿呀学语过渡到开口说话？

我的女儿劳拉9个月大时，有时会咿呀地说个不停。几个月后，她还是在说"bay-bay"，但有了一个重要的不同。"bay-bay"对于一个9个月大的婴儿来说只是一组有趣的声音，并没有特别的意义。但当她13个月大时，"bay-bay"是她说"baby"（宝宝）的方式。"9~13个月之间发生了什么？"劳拉开始明白说话不仅仅是发出有趣的声音，还意识到声音能够组成词语，代指物体、行为和特性。

换句话说，劳拉认识到词语是符号，是代表其他实体的东西。她已经根据自己的经验形成了诸如"圆形的、有弹性的东西"、"会叫的、毛茸茸的东西"和"小孩被大人带着"等概念。认识到语音可以表示这些概念后，她开始将语音模式（词汇）与概念相匹配（Reich，1986）。

如果这个观点是正确的，我们应该发现儿童在其他领域也使用符号，而不仅仅是在语言中。事实确实如此。手势也是一种符号，婴儿在1岁之前就开始做手势了（Goodwyn 和 Acredolo，1993）。分别时，年幼的婴儿可能会张开或合起双手来索要物品或挥手道别。婴儿的手势和口语词汇的发展速度大致相同，而词汇和手势反映了婴儿对符号的理解，反映了刚刚的观点（Caselli 等，2012）。在这些情况下，手势和语言都能很好地传达信息。

更重要的是，手势有时会为语言打好基础。在知道一个物体的名字之前，婴儿通常会指着它或拿起它给听者看，好像在说"我想要这个"或者"这是什么"。在一项研究中，大约有50%的物体婴儿首先是通过手势来表示的，大约3个月后，婴儿会用词语来表示（Iverson 和 Goldin-Meadow，2005）。考虑到早期手势和第一次说话之间的联系，使用手势越熟练的幼儿，其口语就越复杂，这也就不足为奇了（Rowe，Raudenbush，和 Goldin-Meadow，2012）。

快速映射词语的含义

学习目标5：儿童学习新词语时遵循什么规则？

一旦孩子认识到一个词可以代表一个物体或动作，他们的词汇量会开始缓慢增长。例如，通常一个15个月大的孩子每周可以学会2~3个新词语。不过，在大约18个月大的时候，许多孩子会经历"命名爆炸期"，在这期间，他们学新词语——特别是物体的名字——比以前快得多。在此期间孩子会每周学习10个甚至更多的新词语（Fenson 等，1994；McMurray，2007）。

当我们发现孩子获得的大多数词语指代合理但不够准确时，他们学习词语的速度是相当惊人的。例如，妈妈捧着花说："花，这是一朵花。看看这朵花。"对母亲（和你）来说，这一切似乎非常清楚和直接。但是孩子能从中学到什么呢？也许是"花"的正确指代。但孩子也会得出其他看似合理的结论，"花"指的是花瓣，指的是花的颜色，或者母亲拿着花的动作。

令人惊讶的是，大多数孩子在几次呈现后就学会了简单词语的正确意思。孩子把新词语和其含义联系起来的速度如此之快，以至于他们无法考虑到新词语所有可能的意思，这种能力被称为"词义快速映射"。

孩子学习新词语的速度为什么这么快呢？研究人员认为，许多因素有助于幼儿快速学习词语（Hollich，Hirsh-Pasek和Golinkoff，2000）。

联合关注

父母通过仔细观察孩子感兴趣的东西来鼓励孩子学习词语。当蹒跚学步的孩子触摸或看一个物体时，父母通常会说出物体的名称。当孩子指着香蕉时，父母会说"香蕉，那是香蕉"。在联合关注的背景下，这种命名促进了词语学习，特别是当婴幼儿积极参与，引导父母的注意力时（Beuker 等，2013）。

当然，要利用这种帮助，婴儿必须能够分辨父母什么时候在给物体命名，而不仅仅是在交谈。事实上，当成人给一个不熟悉的物体贴标签时，如果能够提示孩子他们正在指明这个物体，不管是看着它还是指着它，孩子更有可能认为这就是这个物体的名字（Liebal 等，2009；Nurmsoo 和 Bloom，2008）。年幼的孩子还会把成人的可信度作为一个考量要素：儿童不太可能从那些似乎不太靠谱的成人那里学习词语，如他们过去给词语起过错误的名字，或者说话带有外国口音（Birch，Akmal 和 Frampton，2010；Corriveau，Kinzler 和 Harris，2013）。因此，从孩子蹒跚学步开始，父母和儿童一起努力创造促进词语学习的条件：父母给物体命名，儿童依靠成人的行为来理解他们听到的词语。最后，虽然共同的注意力有助于孩子学习词语，但这并不是必需的：当这些词语在对话中出现，或者当他们无意中听到别人使用新词语时，孩子们就会学习新词语（Shneidman 和 Goldin-Meadow，2012）。

词语命名的限制

联合关注简化了儿童学习词语的过程，但问题仍然存在：一个蹒跚学步的孩子如何知道"香蕉"指的是她正在触摸的物体，而不是她的活动（触摸）或物体的颜色？儿童要遵循几个简单的规则来限制他们对词语命名的推论。这些规则已被奥（Au）和古斯曼（Glusman）（1990）的研究所揭示。研究人员向学龄前儿童展示了一个长着粉红色犄角的猴子一样的毛绒玩具，研究人员称它为"米都"。然后重复了好几次"米都"，总是指那个长有粉红色犄角的毛绒玩具。后来，研究人员让孩子们在一堆包括好几个"米都"的毛绒玩具中找到"瑟瑞"。孩子们从来没有听说过"瑟瑞"，他们会做什么呢？他们从来没有选过"米都"，而是选择了其他毛绒动物。因为他们知道"米都"指的是长着粉红色犄角的猴子一样的动物，而瑟瑞一定指的是另一种毛绒动物。

显然，孩子们遵循了这个简单而有效的规则来学习新词语：

- 如果将已经有名字的物体和没有名字的物体共同呈现，当听到一个不熟悉的词语时，这个词语指代的是其中没有名字的物体。

研究人员还发现了其他一些简单的规则，可以帮助儿童将词语与正确的指代物匹配起来（Hoff，2009；Woodward 和 Markman，1998）：

- 名称指代的是整个物体，而不是部分或它与其他物体的关系，它并不仅指代这个具体的物体，而且指代所有同类物体（Hollich，Golinkoff 和 Hirsh-Pasek，2007）。例如，当祖父母指着架子上的毛绒玩具说"恐龙"时，孩子认为恐龙指代的是整只恐龙，而不只是它的耳朵或鼻子，此外，这不是说恐龙在架子上这件事，不单单指这只具体的恐龙，而是指长着恐龙模样的动物。
- 如果一个物体已经有了名称，同时出现了另一个名称，那么新名称表示原始名称的一个子类别。如果一个知道恐龙含义的孩子看到他的哥哥指着另一只恐龙说"霸王龙"，这个孩子会得出结论，"霸王龙"是一种特殊类型的恐龙。
- 如果有很多相同类别的物体，一个词语只适用于其中一个类别，那么这个词语就是专有名词。如果一个了解恐龙的孩子看到一只恐龙总是被称为"迪诺"，这个孩子会得出结论，"迪诺"是那只恐龙的名字。

类似这样的规则让开篇故事中塞巴斯蒂安这样的孩子能够快速地学习词语，因为这些规则减少了可能指代物的数量。

语句线索

儿童会在包含已知词语的句子里听到许多不熟悉的词语。已知词语和整个句子结构可以帮助儿童理解一个词语的意思（Yuan 和 Fisher，2009）。例如，当父母用儿童熟悉的词语和一个不熟悉的动词描述事件时，儿童通常会推断出该动词指的是句子的主语执行的动作（Arunachalam等，2013）。当儿童听到"这个人在耍球棒"时，他们会推断出"耍球棒"指的是这个人的动作，因为他们已经知道了动作的执行者（人）和对象（球棒）。同样，蹒跚学步的孩子也知道a和the经常放在名词的前面，他、她和他们放在动词的前面。因此，他们会得出结论，"a boz"指的是一个物体，而"she boz"指的是一个动作（Cauvet 等，2014）。

认知因素

命名爆炸与认知快速成长的时期相一致，儿童认知能力的提高有助于他们学习新词语。当孩子的思维变得更加复杂，特别是当他们开始有目标和意图时，语言就成为表达和实现这些目标的一种手段（Bloom 和 Tinker，2001）。此外，幼儿注意力和知觉能力的提高也能促进词汇学习。在"理论聚焦"的专栏中，我们将看到孩子对形状的注意（例如，球是圆的，铅笔是细长的）如何帮助他们学习新词语。

理论聚焦

词汇学习的形状偏好理论

背景 许多发展科学家认为，小孩子只有通过使用内置的、基于特定语言的机制（例如，快速映射规则，如"不熟悉的词语指的是没有名字的物体"），才能掌握像词语学习这样复杂的任务。然而，并不是所有的科学家都认为这需要专门培养。相反，他们认为词语学习可以通过运用基本的注意力和学习过程来完成。

理论 琳达·史密斯（Linda B. Smith）（2000，2009）认为形状在词语学习中起着核心作用。婴儿和幼儿会自发地注意物体的形状，他们会利用这种偏好来学习新词语。

在史密斯的理论中，孩子们首先把名称和一个物体联系起来："球"和一个特定的网球联系起来，"杯子"和一个喜欢的吸管杯联系起来。不过，当孩子们遇到新的球和杯子时，他们听到同样的词应用到了形状相同的物体上，他们就会得出这样的结论：球是圆的，杯子是有把手的圆柱体。通过进一步的论证，孩子们得出了一个更普遍的规则：形状相同的物体名称相同。由此，儿童会发现，注意形状是学习名称的一种简单方法。

假设 如果关注形状的偏好有助于孩子学习词语的名称，那么孩子第一次表现出形状偏好的年龄应该与孩子学习名称数量猛增的年龄一致。换句话说，一旦孩子意识到形状相似的物体有相同的名称，他们应该会开始更快地学习名称。

测试 格什科夫-斯托（Gershkoff-Stowe）和史密斯（Smith）（2004）进行了一项纵向研究，让父母在几个月的时间里详细记录孩子的词汇学习情况。此外，孩子每三周接受一次测试。研究人员向他们展示了一个五颜六色的U形木制物体，并告诉他们这是一个"dax"。然后，研究人员向他们展示了几个物体，其中一些也是U形的，但颜色和材料不同（如蓝色的U形海绵）。其他物体的颜色（多色）或材料（木质）是相同的，但不是U形的。要求孩子们把所有的dax给实验人员。

研究的关键点在于形状偏好出现的年龄和命名爆炸开始的年龄。格什科夫-斯托和史密斯将形状偏好的开始定义为第一个阶段，在这个阶段中，蹒跚学步的孩子给了实验人员两个U形的物体，但没有给其他的。命名爆炸开始的定义为：蹒跚学步的孩子掌握10个或更多新词语的第一周。这两个年龄高度相关—— $r=0.85$ ——表明形状偏好和命名爆炸之间有紧密的联系。

结论 正如预测的那样，一旦学步儿童表现出形状偏好——也就是说，他们意识到一个名称只适用于形状相同的物体，而不适用于颜色相同或材料相同的物体——他们就会利用这一知识更快地学习新词语。该研究结果证实了史密斯的理论和一般观点，即词语学习可能不需要专门的机制。

应用 如果形状偏好能帮助孩子学习词语，我们能否教授这种偏好并促进词语学习？可以。史密斯和他的同事（2002）让幼儿和一名实验人员玩四对新物体；每对物体都有相同的名称和形状，但在颜色和材料上有所不同。"dax"仍然指代U形物体；而"zup"指代一端有槽的椭圆形物体。在游戏过程中，实验人员给每个物体命名10次。当孩子用这种方式玩物体时，他们很快就学会了真实的词语名称。从"dax"和"zup"的玩耍中，学步儿童显然了解到形状是学习物体名称的好方法。同样，通过系统地向学步儿童展示相同的名字也适用于许多形状相似的物体（如书、蜡笔、梳子、勺子），父母可以教导孩子注意形状对学习词语名称的重要性。

词语学习的发展变化

在前几页中描述的一些词汇学习工具对不同年龄段的孩子特别重要（Hirsh-Pasek

和Golinkoff，2008）。在18个月之前，婴儿学习词语的速度相对较慢——通常每天只学一个新词语。在这个年龄，孩子们严重依赖简单的注意力（如形状偏好）来学习新词语。但是在24个月大的时候，大多数孩子每天都会学很多新词语。这种快速的学习反映了儿童对语言线索和说话者的社交线索的更大利用。在任何年龄，婴幼儿都依赖混合的词汇学习工具，但随着年龄的增长，他们逐渐从注意力线索转向语言和社交线索。

命名错误

许多学习新词语的方法都是不完善的，词语与意义的初始映射通常只有部分是正确的（Hoff和Naigles，2002）。一个常见的错误是"狭义化"，即对一个词的定义太狭窄。用车来指代家庭用车，用球来代表喜爱的玩具球。在1~3岁，孩子有时会犯相反的错误，即"广义化"，对一个词的定义太宽泛。儿童可能用"车"来指代公共汽车和卡车，或者用"狗"来指代所有四条腿的动物。

相比儿童理解词语的过程，广义化错误更常发生在儿童输出词语时。两岁的杰森可能会用"小狗"来指山羊，但当被问到是什么的时候，他会正确地指出山羊的图片。广义化在词语输出中更常见，这可能反映了孩子遵循的另一个快速映射规则："如果你不记得一个物体的名称，就说一个相关物体的名称"（Naigles和Gelman，1995）。

随着儿童对语言接触的增加，词语的狭义化和广义化也会逐渐消失，对词语的理解会越来越精准。

词汇学习的个体差异

学习目标6：幼儿会使用哪些方式学习语言？

命名爆炸通常发生在18个月左右，但像许多发育里程碑一样，这个事件的时间因人而异。有些孩子在14个月大的时候就出现了命名爆炸的现象，但也有些孩子在22个月大的时候才出现这种现象（Goldfield和Reznick，1990）。另一种说明这一点的方法是观察特定年龄儿童词汇量的变化。例如，在18个月大的时候，一个普通孩子的词汇量大约是75个，但是一个处于第90百分位的孩子会知道近250个词汇，而一个处于第10百分位的孩子知道的词汇不足25个（Fenson等，1994）。

正常18个月大的孩子的词汇量范围——25~250个语汇！有什么可以解释这种差异呢？遗传因素有一定作用：双胞胎研究发现，与异卵双胞胎的词汇量相比，同卵双胞胎的词汇量更为接近（Dionne等，2003）。但这种差异微乎其微，表明基因的作用相对较小。

更重要的是另两个因素。一种是语音记忆，即简短记住语音的能力。通过对孩子说一个毫无意义的词——ballp或glitsts——并要求他们立即重复，用此方法来衡量。儿童回忆这些词汇的能力与其词汇量的大小密切相关（Gathercole等，1992；Leclercq 和 Majerus，2010）。很难准确记住语音的孩子发现词语学习特别具有挑战性，这并不奇怪，因为词语学习需要将词语含义与不熟悉的语音序列联系起来。

> **Q&A 问题9.2**
>
> 加文和米奇都是16个月大。加文的词汇量约为14个，而米奇的词汇量约为150个，是加文的10倍多。是什么因素造成了这种差异？

然而，词汇量增长中唯一最重要的因素是孩子的语言环境。当孩子接触到大量高质量的语言时，他们的词汇量会更大。孩子听到的词汇越多越好（Hurtado，Marchman，和 Fernald，2008）。具体来说，当父母的语言中有大量不同的词汇，并且语法复杂时，儿童可以学到更多的词汇（Huttenlocher 等，2010；Rowe，2012），以及当父母迅速且适当地回应孩子的询问时，儿童也可以学到更多词汇（Tamis-Lemonda 和 Bornstein，2002）。

为什么良好的语言环境能帮助孩子学习新词语？一个明显的原理是，这样的环境为孩子提供了许多词语案例以供学习。但是，正如我们将在"研究重点"专栏中看到的，接触大量的语言可以以一种不那么直接的方式促进词汇量的增长。

研究重点

为什么听父母的对话会增加孩子的词汇量？

研究人员是谁？研究的目的是什么？ 许多研究表明，当家庭环境语言丰富时，学步儿童能够学习更多词汇。但是，我们对这种丰富的语言环境促进词汇学习的具体方式知之甚少。阿德里亚娜·维斯勒德（Adriana Weisleder）和安妮·弗纳尔德（Anne Fernald）（2013）进行了一项研究，以验证一种假设：大量接触语言可以磨炼孩子的语言处理能力，让孩子更容易学习新词语。

研究人员是如何测量研究话题的？ 维斯勒德和弗纳尔德让孩子戴上一个小型录音机，记录下孩子一天内听到的所有话语，以此来测量孩子的语言环境。两位研究人员向孩子展示一些他们熟悉的物体（如狗、鞋子）图片，进而检测孩子的语言处理能力，接下来展示其中一张图片中物体的名称。他们测量了孩子匹配图片名称所需时间的百分比。最后，家长制作了一份标准词汇表，列出了孩子使用和理解的词汇。

研究中的参与者是谁？ 维斯勒德和弗纳尔德对29名幼儿进行了测试。

这项研究的设计是怎样的？ 这项研究从横向来看：维斯勒德和弗纳尔德对儿童

语言环境、语言处理效率和词汇量之间的联系进行了研究。这项研究从纵向来看：在孩子19个月大时评估他们的语言环境和语言处理效率；在孩子24个月大时对词汇进行评估。

这项研究是否存在伦理问题？ 不存在。这些任务对婴儿和他们的父母都没有危险。父母同意自己与孩子参与其中。

结果如何？ 儿童语言环境的变化令人惊讶。一个极端是，父母在同一天花10小时给孩子灌输超过1.2万个词语；另一个极端是，父母只给孩子讲670个词语。总的来说，在19个月大的时候，儿童导向语言的数量与语言处理效率的相关性为0.44，而24个月大时，词汇量的相关性为0.57。换句话说，语言接触越多，语言处理越有效，词汇量也越大。此外，19个月时的处理效率与24个月时的词汇量存在0.53的相关性。维斯勒德和弗纳尔德利用先进的统计数据表明，接触更多儿童导向语言能够让儿童的语言处理更加有效，从而产生更大的词汇量。

研究人员得出了什么结论？ 研究结果支持了语言处理效率与丰富的语言环境以及更大的词汇量有关的假设。用维斯勒德和弗纳尔德的话来说，"从早期语言经验到后期词汇知识的关键一步是语言接触对婴儿语音处理技能的影响……听到更多对话的婴儿有更多机会理解语言，也有更多机会练习对词语学习至关重要的技能，如划分语言信息和获取词汇表征"。

有什么趋同证据可以强化这些结论？ 维斯勒德和弗纳尔德只使用了一种语言处理效率的测量方法，建议使用同系列其他测量方法扩展研究。此外，为了确定语言处理效率对儿童词汇学习的长期影响，可以在儿童长大后再对他们进行测试。

词汇学习方式

词汇量的大小并不是幼儿在词汇学习上的唯一差异。随着孩子词汇量的增加，他们经常采用一种独特的语言学习风格（Bates，Bretherton和Snyder，1988；Nelson，1973）。有些孩子属于"指称型"：他们的词汇主要由物体、人或动作的命名词语组成。例如，凯特琳学习的50个词语中有42个命名词汇，只有2个词语用于社交或提问。其他孩子属于"表达型"：他们的词汇包括一些名字，但也有很多社交短语，如"走开""你想要什么""我想要"。坎迪斯是一个非常典型的表达型儿童，他的词汇比较均衡，有22个命名词汇和13个用于社交和提问的词汇。

指称型和表达型分别代表了两个极端，大多数孩子介于两者之间。对于注重指代的儿童来说，语言主要是一种智力工具——一种学习和谈论物体的手段（Masur，1995）。相比之下，对于注重表达的儿童来说，语言更多的是一种社交工具——一种加强与他人互动的方式。当然，这两种功能——智力功能和社交功能——都是语言的重要功能，这就解释了为什么大多数儿童在学习语言时兼具指称型和表达型。

鼓励词语学习

学习目标7：什么条件有助于儿童学习新词语？

家长和其他成人如何帮助儿童学习词语？如果儿童想扩大词汇量，他们需要听别人说话。因此，如果父母经常对孩子说话，儿童学习词语的速度会更快（Huttenlocher等，1991；Roberts，Burchinal和Durham，1999）。当然，父母说话的多少并不是最重要的。父母可以说出儿童关注的东西来促进他们的词语学习（Dunham，Dunham和Curwin，1993）。父母可以一边指着货架上不同的物体，一边说出它们的名称。在散步时，父母可以根据孩子看到的物体——鸟、植物、车辆——说出名称。

父母也可以通过和孩子一起读书来帮助他们学习词语。对父母和孩子来说，一起阅读是一件很有趣的事情，这为儿童学习新词语提供了机会（Song等，2012）。不过，父母的阅读方式会有一定影响。如果父母在阅读时仔细描述图片，学龄前儿童的词汇量就会增加（Reese和Cox，1999）。向孩子提问也有帮助（Senechal，Thomas和Monker，1995）。如果成人读一个句子（例如，"亚瑟正在钓鱼"），然后问一个问题（例如，"亚瑟在做什么？"），孩子必须把生词（钓鱼）和图片上的活动匹配起来，并大声说出这个词语。如果父母在陪伴阅读时没有任何提问，孩子就可能忽略他们不理解的词语。提问迫使孩子们了解新词语的意思，并练习说这些词语。

对于学龄儿童来说，父母对词汇发展仍有重要影响：如果孩子接触到父母的高级词汇，尤其是在具有指导性和帮助性的互动背景下，他们会学习很多词汇（Weizman和Snow，2001）。阅读是另一个学习新词语的好方法。纸质材料——书籍、杂志、报纸、教科书——几乎总是包含比口语更多的陌生词语，因此阅读增加了扩大词汇量的机会（Hayes，1988）。经常阅读的孩子往往比阅读较少的孩子词汇量更大，这一点毋庸置疑（Allen，Cipielewski和Stanovich，1992）。

视频影响

自20世纪50年代以来，电视一直伴随着美国儿童的童年生活，但随着DVD播放机和面向儿童的DVD的普及，电视扮演了更重要的角色。在美国，通常一个学龄前儿童观看视频的时间超过两小时（Linebarger和Vaala，2010）。我们将在模块15.2中了解更多关于视频的影响。目前讨论的话题是视频在帮助孩子学习新词语方面的影响。

对于学龄前儿童来说，在某些情况下，观看视频可以帮助他们学习词语。例如，经常看《芝麻街》的学龄前儿童通常比偶尔看《芝麻街》的学龄前儿童词汇量更大（Wright 等，2001）。其他促进词语学习的节目往往是故事类的，如《火车头托马斯》（*Thomas the Tank Engine*）、《蓝色线索》（*Blue's Clues*）以及《爱探险的朵拉》（*Dora the Explorer*）等节目，这些节目都会直接向观众提出问题。学龄前儿童观看这些节目大有裨益，部分原因是视频内容成为大家共同关注的焦点。相比之下，大多数漫画对语言学习没什么好处（Linebarger 和 Vaala，2010）。

那些声称能促进婴儿词汇学习的视频呢？大部分证据表明，在18个月前，面向婴儿的视频（如《小小爱因斯坦》《聪明宝宝》）对婴儿的词汇学习并没有促进作用（DeLoache 等，2010；Linebarger 和 Vaala，2010）。原因之一是这些视频"设计不佳，不足以支持语言处理，不适合儿童语言发展"（Linebarger和Vaala，2010）。另一个原因是我们将在本模块结束时详细讨论的一个现象：12~18个月大的孩子并不是非常能理解真实物体及其在照片和视频中的描述之间的关系。换句话说，他们很难将在视频中看到的东西与真实生活中见到的物体和行为联系起来。

有关视频和父母影响的研究得出了一个简单但有力的结论：如果孩子参与到迫使他们理解新词语的含义并使用这些新词语的活动中，他们最有可能学习新词语（O'doherty 等，2011）。学习新词语（以及语言的其他方面）对学习两种语言的孩子来说是否更困难呢？"文化影响"专栏会给出答案。

文化影响

在双语中成长

超过1000万个美国儿童和青少年来自英语非母语的家庭。在许多州，25%及以上的孩子会说两种语言，在一些城市和地区，这一比例甚至更高（Shin 和 Kominski，2010）。这些儿童通常会说英语和另一种语言，如中文或西班牙语。

学两种语言比只学一种语言更容易还是更难？在20世纪的大部分时间里，人们普遍认为双语不利于儿童发展。

大约60年前发表的一篇儿童心理学的文章进行了总结，得出了以下结论："毫无疑问，在双语环境中长大的孩子在语言发展方面会落后"（Thompson，1952，第367页）。今天，我们知道这个结论是错误的，因为这是基于对贫困移民儿童智力测试分数的研究。反观一下，移民儿童的测试成绩更多地与他们的贫穷和对新文化的不熟悉有关，而不是与他们的双语能力。

事实上，现代研究得出了不同的结论。如果儿童从出生开始就同时接触两种

（或更多）语言，他们在每种语言中都会经历与单语儿童相同的里程碑，但速度稍慢一些。例如，在每种语言中，它们的词汇量通常略小一些，它们的语法也不那么复杂，但是它们的总词汇量（两种语言中都已知的词语加上两种语言中分别已知的词语）的数量大于单语儿童（Hoff 等，2012）。

这些模式主要取决于儿童体验多种语言的环境。在他们听到最多的语言中，儿童的语言技能进步更快（Hoff 等，2012）。如果儿童从妈妈和日托中心听到英语，但只从爸爸那里听到克罗地亚语，那么儿童的英语能力可能会超过她的克罗地亚语能力。当儿童的语言接触来自母语者时，他们的语言发展速度更快（Place 和 Hoff，2011）。双语儿童的语言习得还会受到两种语言的相对地位以及与两种语言相关的文化的影响（Hoff，2014）。

在其他一些语言技能方面，双语儿童要优于单语儿童。双语学龄前儿童更容易理解词语的印刷形式与词语含义无关（Bialystok，1997；Bialystok, Shenfield, 和 Codd，2000）。例如，双语学龄前儿童不太可能相信表示大物体的词语（如bus）比表示小物体的词语（如bug）长。双语儿童也能更好地理解词语的符号。例如，双语儿童比单语儿童更容易理解，只要所有讲英语的人都同意，"狗"这个词语可以指代猫，"猫"这个词语可以指代狗（Bialystok，1988；Campbell 和 Sais，1995）。

最后，双语儿童更善于在任务之间来回切换，通常能够更好地抑制不恰当的反应（Barac和Bialystok，2012；Carlson 和 Meltzoff，2008）。如果让孩子们先按颜色排序，然后按形状排序，他们通常会继续按第一个规则排序：不是按形状排序，而是按颜色排序（第一个规则）。双语儿童不太容易犯这种错误，可能是因为他们必须在说、听或阅读时限制相关词语。例如，如果看到一张狗的照片，然后问："这是什么？"会说法语和英语的学龄前儿童必须用英语词汇的"dog"来回应，同时抑制法语词汇的"chien"。显然，这种经历让双语儿童普遍更善于抑制对抗反应。

当然，很多美国孩子在该上学的时候还不会说英语。如何教育这些孩子在全国引起了很大的讨论。一种观点是所有的美国人都应该说英语，所以所有的教学都应该用英语。另一种观点认为，孩子用母语学习更有效，因此所有的教学都应该用母语进行。

有关恰当的教学语言的争论大多是政治性的，反映了人们渴望拥有一个有共同文化遗产和语言的社会，而不是一个有多元文化遗产和语言的社会。不考虑政治因素，研究表明，最好的方法是同时使用儿童的母语和英语（Castro 等，2011）。最初，孩子接受基本的英语教学，同时教师用他们的母语教授其他科目。随着孩子对第二语言熟练程度的提高，越来越多的教学都用英语进行。当使用儿童的母语和英语进行教学时，他们最有可能掌握两种语言的学术内容和读写技能（Farver, Lonigan和Eppe，2009）。

超越语言：其他符号

学习目标8：儿童对符号的理解是如何超越语言的？

在本模块结束之际，让我们回到一开始的主题——符号。文字的确是强大且非常有用的符号。不过，随着孩子的成长，他们也会学习其他符号。例如，图片是代表其他事物的符号。图片和它所代表的东西之间的联系通常非常清晰。例如，钱包照片很容易被认为是熟悉的人的象征（至少对钱包的主人来说是这样的）。但是，照片和被拍摄的物体之间看似直接的联系，实际上给孩子带来了一个问题——照片不是真实的物体，而只是对物体的一种呈现。幼儿必须知道摇拨浪鼓的图片是不会发出声音的，把一杯果汁的图片倒过来果汁也不会洒。事实上，如果给9个月大的婴儿看他们熟悉的玩具的真实照片，他们往往会试图抓住照片中的玩具，就像他们会抓住真实的物体一样。18个月大的幼儿很少这样做，这表明幼儿明白照片是物体的表征，而不是物体本身（Troseth, Pierroutsakos和DeLoache，2004）。

比例模型是另一种符号表示。太阳系的比例模型帮助学生了解行星与太阳的相对距离；大学校园的比例模型向新生展示校园地标的位置；飞机的比例模型可以让航空工程师测量空气是如何流过机翼的。比例模型很有用，因为它们看起来很真实——是真实物体的缩小版本。然而，幼儿并不理解比例模型及其所代表的物体之间的关系：使用比例模型的能力早在学龄前就发展起来了。举例来说，如果小孩看大人把玩具藏在一个全尺寸房间，然后在一个房间模型中寻找玩具，该模型包含全尺寸房间的所有主要特征（如地毯、窗户、家具），3岁的孩子很容易发现隐藏的玩具，但两岁半的孩子通常做不到（Deloache，1995）。

为什么这个任务对3岁的孩子如此容易，而对两岁半的孩子却如此困难？小孩子在看房间的比例模型时，会忘记玩具的位置吗？不会。如果回到正常大小的房间，他们很容易找到隐藏的玩具。朱迪·迪洛奇（Judy DeLoache）和她的同事认为，两岁半的儿童"将比例模型视为有趣和有吸引力的对象，这让他们很难同时思考它与其他事物的关系"（DeLoache，Miller和Rosengren，1997，308页）。换句话说，年幼的孩子把模型当作一个真实的物体且被其所吸引，因此很难把模型作为一个全尺寸房间的象征。

如果这个观点是正确的，那么如果两岁半的孩子不把这个模型看作全尺寸房间的象征，他们应该会更成功地使用这个模型。迪洛奇和她的同事在我最喜欢的研究中验证了这一假设，其原因很快就会显而易见。为了验证这一观点，他们创造了一个条件，旨在消除儿童将模型视为对象和符号的需求。孩子看到图9-2中所示的示波器，也叫收缩机。他们看到玩具娃娃"巨人特里"被放在示波器前面，然后实验人员和孩子短暂离开房间，这时录音机播放了一些声音，类似于"机器在缩小某物时发出的声音"。当实验人员和孩子回来时，特里已经从8英寸缩小到2英寸。接着，将特里藏在全尺寸的房间里，实验人员将"收缩机"对准全尺寸房间，然后和孩子离开了房间。

当录音机发出物体缩小的声音时，实验助理迅速把所有东西从全尺寸房间里移走，换上模型。然后实验人员和孩子一起回来，要求孩子去寻找特里。

图9-2

在一般的指示下，孩子很少能找到玩具，但他们通常在收缩机的帮助下能够找到。显然，两岁半的孩子很难把模型当成一个物体和符号，因此，他们找不到隐藏的玩具，即使模型是一个完全相同大小的房间的复制品。相反，当孩子可以把模型想象成房间时，即使要小得多，他们也很容易找到玩具。

对于儿童来说，地图掌握起来更难，因为它只是世界上物体的二维（平面）表示。然而，4~5岁的孩子可以使用简单的地图来寻找物体（Shusterman, Lee 和 Spelke, 2008; Spelke, Gilmore和McCarthy, 2011）。更重要的是，当孩子没有接触过地图时，这种技能就更加明显：在一项研究中，在没有地图或学校的南美洲孤立的村庄中，孩子使用简单地图的能力和美国孩子一样强（Dehaene等，2006）。

当然，在孩子掌握了比例模型和地图之后，还有许多其他的符号形式等着他们，包括图形和音乐符号。但是，当孩子在婴儿时期掌握了语言和手势时，他们就向终身接触符号迈出了第一步。

✓ 检测你的学习

回忆： 是什么因素帮助孩子如此之快地学习新词语？
总结儿童词汇量在数量和质量上的差异。

解释： 解释为什么最好把孩子的第一个词语看作孩子理解符号的突破点。

应用： 假设你被要求为第一次做父母的人写一本小册子，向他们介绍如何培养孩子的词汇学习。你会怎么写？

9.3 成句说话

> **学习目标**
> 学习目标 9：儿童是如何从说单个词语发展到说复杂句子的？
> 学习目标10：儿童是如何习得母语语法的？
>
> **大纲**
> 从双词句到复杂句
> 掌握语法

詹姆的女儿路易莎是个充满好奇心的孩子，现在两岁半了，总是向父亲提出一连串的问题。詹姆很喜欢路易莎的提问，但是他被她提问的方式所困扰。路易莎会说："你在干什么？"（What you are doing?），以及"她为什么睡觉？"（Why she sleep?）（以上两句均有英文语法错误）。显然，詹姆不是这么说话的，所以他想知道路易莎从哪学来这些问问题的方式。这是正常的，还是某种语言障碍的症状？

儿童开始说话后不久，就开始把词语组合成简单的句子。这些简单的句子是语言学习新领域的第一步，掌握语法——一种结合词语来创造句子的规则。

我们将通过追溯儿童习得语法的各个阶段来开启这一模块，在此过程中，我们会看到路易莎的提问方式是孩子学习英语的正常方式。然后，我们将考察影响儿童掌握语法的各种因素。

从双词句到复杂句

学习目标9：儿童是如何从说单个词语发展到说复杂句子的？

在一岁半左右的时候，孩子开始把单个词语组合起来，形成两个词语的句子，如"更多的果汁""给我饼干""卡车走""我的卡车""妈妈走""爸爸自行车"。研究人员称其为电报式语言，因为就像过去的电报一样，只由与意义直接相关的词语组成。在短信和电子邮件出现之前，人们通过电报发送紧急信息，费用是根据字数计算的。因此，电报往往简明扼要，只包含重要的名词、动词、形容词和副词，很像孩子的双词句。

在孩子的双词句中，他们会按照规则来表达不同的意思。例如，"卡车开"和"爸爸吃"这两个句子都是关于主体（做某事的人或物体以及他们执行的动作）的。这类句式的规则是"主体+行动"。而"我的卡车"讲的是所有和被所有的关系，这些句式的规则是"所有者+被所有者"。

当孩子处于双词句阶段时，他们会使用一些基本的规则来表达含义（Brown，1973）。例如，"爸爸吃饭"和"妈妈摔倒"说明规则"主体+行动"；"给我果汁"和"推卡车"为"行动+对象"的规则。无论他们学的是什么语言，孩子的双词句都遵循一套通用的规则，这些规则对描述人和物体、他们的行为和属性很有用（Tager-Flusberg，1993）。

超越电报式语言

孩子从大约两岁生日开始，逐渐学会三个词甚至更长的句子。例如，我的女儿劳拉在一岁半的时候会说，"给我果汁"或者"再见，妈妈"。当两岁半的时候，她已经可以说"等我吃完冰激凌，我就去洗澡，好吗"和"别开灯——我看不清楚"。孩子的长句子中有符合句子语法的语素、词语或词缀（如-ing、-ed或-s）。举例来说，一个一岁半的孩子可能会说"踢球"，但一个3岁的孩子更可能说"我在踢球"（I am kicking the ball）。与一岁半孩子的电报式语言相比，3岁的孩子增加了几个元素，包括代词I（我）作为句子的主语，助动词am，动词kick的ing形式，还有名词ball（球）之前的冠词the。每个语素都会让大一点的孩子造的句子更有意义，更符合语法。

孩子是怎么学到这些语法上的细微差别的呢？也许，孩子可能会知道，kicking描述的是正在踢，而kicked描述的是过去踢。后来，孩子可能会知道raining描述的是现在的天气，rained描述的是过去的天气。但是一个接一个地学习单个动词的不同时态会非常慢，更有效的方法是学习一般规则，"动词+ing"表示正在进行的活动，"动词+ed"表示过去的活动。事实上，这就是孩子所做的：他们学习关于语法语素的一般规则。例如，假设你向学龄前儿童展示图9-3中这类毫无意义的物体的图片，并标注"这是一个wug"。然后你给他们看两个物体的照片，同时说："这是另一只wug。现在有两只，有两只什么？"

这是一只wug。

现在又有一只。有两只，有两只什么？

图9-3

大多数孩子通常会说，"wugs"（Berko，1958）。因为wug是一个新词，孩子只能用加s表示复数的规则来给出正确答案。

当然，有时候，运用一般规则可以带来创造性的交流。我女儿3岁时会说："unvelcro it"（解开魔术贴），意思是把魔术贴拆下来。她从来没有听过unvelcro，但她运用规则创造了这个词，"un +动词"表示"反动作"的意义。创造这样的新词证明了孩子是通过应用规则而不是以单个词语的方式来学习语法的。

儿童通过学习规则来掌握语法的另一个证据来自学龄前儿童的"过度规则化",即把规则应用到规则之外的词语上。学英语的儿童可能会错误地在后面加一个s来代替不规则复数形式——用two mans代替two men,two foots代替two feet。对于过去时态,孩子可能会加ed来代替不规则的过去时态——用I goed来代替I went,或者用she runned来代替she ran(Maratsos,2000;Marcus等,1992)。孩子显然知道一般规则,但不知道所有例外的词汇。

语法语素的规则可以相当简单,也可以非常复杂。复数规则——加s很容易应用,而且,正如你可以想到的,它是孩子最先掌握的语法语素之一。加ing来表示正在进行的动作也很简单,也是儿童较早掌握的规则。复杂一些的规则,如动词to be的各种形式,是以后才掌握的。但是,值得注意的是,到学前班结束时,孩子通常已经掌握了语法语素的大部分规则。

在学龄前儿童掌握语法语素的同时,他们的语言超出了英语中基本的"主—动—宾"结构。你可以从孩子的提问方式上看到这些变化。在双词句阶段,孩子的问题仅以语调为特征。在孩子能说出"My ball"后不久,他也能问出"My ball？"。孩子很快发现wh词(who,what,when,where,why),但是不会正确地使用这些词语。就像两岁半的路易莎一样,许多孩子只是把wh这个词放在句子的开头,而没有改变句子的其余部分:What he eating？What we see？但是到了3岁或3.5岁的时候,孩子就会在主语前插入所需的助动词,创造出"What is he eating或What is he eating"(deVilliers 和 deVilliers,1985;Rowland等,2005)。

在3~6岁,孩子还学习使用否定("那不是一只蝴蝶")和复合句("詹妮弗认为比尔拿了书")。他们开始理解被动语态("球被女孩踢了")和主动语态("女孩踢了球"),不过对这些形式的完全理解需要一直持续到小学阶段(Hoff,2014)。简言之,当大多数孩子进入幼儿园时,他们已经能够熟练使用母语的大部分语法了。

Q&A 问题9.3

谈到她的假期,3岁的凯丽说:"我睡在帐篷里!"她的回答阐明了语法发展的什么特征？

掌握语法

学习目标10:儿童是如何习得母语语法的？

孩子在这么小的年纪是如何掌握语法基础的呢？科学家针对这个问题给出了几种不同的答案。

行为学观点

B. F. 斯金纳（B. F. Skinner）（1957）和其他学习理论家曾表示，语言的所有方面——声音、词语、语法和交流——都是通过模仿和强化进行学习的（Moerk, 2000；Whitehurst 和 Vasta, 1975）。但批评人士很快指出了这一解释的一些缺陷。一个问题是，大多数儿童的句子都是新造的，很难用简单模仿成人语言来解释。例如，当幼儿在句子的开头插入 wh 词来创造问句（"What she doing"），他们在模仿谁呢？

这种观点的另一个矛盾点在于，即使儿童模仿成人的句子，他们也不会模仿成人的语法。在重复"I am drawing a picture"（我正在画画）时，儿童会说"I draw picture"（我画画）。父母很少根据语法的正确性来强化孩子的语言能力；相反，他们会根据意思来回答，即便语法有错误。

语言学观点

从乔姆斯基（Chomsky, 1957）开始，语言学家提出，儿童天生就具有简化语法学习任务的机制（Slobin, 1985）。根据这种观点，儿童的大脑中生来就有神经回路，可以让他们推断所听语言的语法。也就是说，语法本身并没有植入儿童的神经系统，但神经系统指导了语法学习的加工。例如，根据语义引导理论，儿童一出生就知道名词通常指人或物体，动词指动作。他们利用这些知识来推断语法规则。听到"比利喝酒""苏珊睡觉""珍读书"这样的句子，孩子就会推断出"名词+动词"在英语中可以构成一个合乎语法的句子。与此相一致的是，说英语的儿童到 2 岁时，已经知道一个典型的及物句（如"兔子吃胡萝卜"）包括施动者（主语）、动作（及物动词）和承受者（动作的客体）。

先天机制帮助儿童学习语法的观点可能不像模仿那样具有直接吸引力，但许多发现间接支持了这一观点。

1. 我们知道大脑的特定区域参与语言处理。 如果孩子生来就有"语法学习处理器"，那么应该能找到大脑中参与语法学习的特定区域。事实上，你们可能还记得模块 4.3 中讲过，对于大多数人来说，大脑左半部分在理解语言方面起着至关重要的作用。有些语言功能的定位甚至更为精确。例如，布洛卡区（Broca's area）（见图 9-4）是位于左额皮质的一个区域，它是将词语组合成有意义的句子

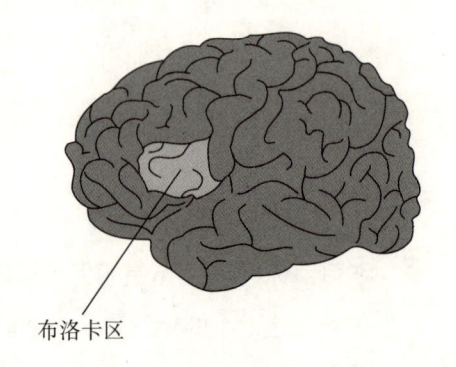

布洛卡区

图 9-4

所必需的脑部区域。两年后，当句子打破简单的语法规则时，如名词出现在动词位置的时候，左脑的特定区域就会被激活（Bernal等，2010）。大脑中的特定区域可以对语言进行明确定义，这一特性让儿童可以通过专门的神经回路来帮助他们学习语法。这个理论的名字来自短语"pull yourself up by your bootstrap"（靠自身力量往上爬），意思是通过自己的努力来改善处境。

2. **只有人类能轻松学习语法。** 如果语法仅仅是通过模仿和强化来学习的，那么按道理可以把基本的语法教给非人类。相反，如果学习语法依赖于人类特有的专门神经机制，那么向非人类教授语法就会失败。这个预测已经通过尝试教黑猩猩语法验证了多次，黑猩猩是进化阶梯上与人类最接近的物种。例如，人们教黑猩猩使用手语中的手势进行交流。结果呢？黑猩猩掌握了一些双词句的语法规则，但需要付出很大的努力，这与学龄前儿童学习语法的情况完全不同。

由此产生的语言在很多方面都不同于儿童的语法（Hoff，2014）。例如，一只名叫尼姆的黑猩猩逐渐使用了更长的句子，但句子之所以更长，只是因为他不断重复自己的话（如"吃尼姆吃尼姆"），而不是因为他表达了更复杂的思想。因为教导黑猩猩语法的无数次努力都失败了，这表明儿童是依靠某种人类独有的机制来掌握语法的。

3. **学习语言有一个关键时期。** 从出生到12岁左右是学习语言的关键时期，尤其是掌握语法的关键时期。如果孩子在这个时期不学习语言，他们以后就永远不会真正掌握语言。对隔离儿童的研究可以为语言关键期提供证据。在一个悲惨的例子中，一个名叫吉妮的婴儿白天被绳子拴住，晚上被一件像紧身衣一样的装置束缚。任何人都不允许和吉妮说话，只要她发出任何声音，就会被打。当人们发现吉妮时，她已经13岁了，还完全不会说话。经过几年的语言训练，她对语法的掌握仍然有限，就像一个2岁孩子的电报式语言一样（Curtiss，1989；Rymer，1993）。

对学习第二语言个体的研究为语言关键期提供了进一步的证据。一个人只有在青春期之前接触过一门语言，才能以母语人士的水平掌握一门外语的语法（Newport，1991）。为什么这段时期对语言的影响会比其他时期大得多？为什么错过的语言经验不能在12岁以后弥补？这些问题都可以用语言关键期来回答。也就是说，就像女性在一生中排卵的时间很有限一样，与学习语法有关的神经机制可能只在婴儿期和儿童期起作用。

4. **语法的发展与词汇的发展密不可分。** 语法的掌握与词汇的增长密切相关，这在某种程度上表明两者属于同一个新兴的语言系统（Dixon和Marchman，2007）。例如，有一种观点认为，在孩子学习词语的过程中，他们不仅学习词语的意思，还学习词语出现在哪些句子中以及它在这些句子中的位置。他们学习了"teacher"的意思，以及"teacher"可以在及物句中作为主语和宾语。随着孩子学习的词语越来越多，语法也就自然而然地出现了。

两个有趣的发现将词汇的增长和语法的出现联系起来。首先，在双语儿童中，词汇和语法的增长与语种相关，不能跨语言推断（Conboy 和 Thal，2006）。换句话说，儿童的英语词汇量可以预测他们英语句子的复杂性（但不能预测他们西班牙语句子的复杂性），而他们西班牙语词汇量可以预测西班牙语句子的复杂性（但不能预测英语句子的复杂性）。在每一种语言中，孩子在掌握语法之前都需要经历一个词语的"临界量"。

其次，养父母说另一种语言的孩子（通常是通过国际收养）提供了一种有价值的自然研究。大多数孩子是在婴儿期、学步期或学龄前被收养的，这意味着他们在学习语法的认知技能上存在很大差异。然而，决定语法复杂性的并非儿童的年龄，而是他们词汇量的大小（Snedeker，Geren 和 Shafto，2007）。也就是说，如果一个3岁的孩子和一个7岁的孩子都知道400个词语，他们对语法的掌握会有一定可比性，尽管存在年龄差。被收养儿童和双语儿童的词汇量与语法的联系紧密，这与词汇和语法的发展由同一个以语种为基础的系统来管理的观点是一致的。

虽然这些发现与儿童具有先天语法学习机制的观点一致，但它们并不能证明这种机制的存在。因此，科学家继续寻找其他解释。

认知学观点

不是所有的研究人员都相信儿童一定有专门的语法学习机制。一些理论家认为，儿童通过强大的认知技能学习语法，这有助于他们迅速发现环境中的规律，包括他们听到的语言中的模式。这种方法就像孩子们建立了一个巨大的Excel表格，一栏是他们听到的对话，另一栏是他们听到的语境。孩子会定期浏览这两栏的内容，寻找重复出现的模式（Maratsos，1998）。例如，当孩子第一次听到一个熟悉的名词后面加了s时，他们可能感到困惑。但是，当数据库内容越来越多，有许多熟悉名词的后面都添加了s时，孩子就会发现，在多个实例中，s总是被添加在名词结尾。因此，他们创造了一个规则：名词+s =复数。在这种观点下，儿童学习语言的过程是在记忆中存储的许多例子中寻找规律，而不是通过天生的语法学习机制（Bannard 和 Matthews，2008）。赞同这一观点的科学家认为婴儿从他们听到的语音中提取规律的能力非常惊人，此外，他们还可以有效提取句子结构中的规律（Kidd，2012）。

社交学观点

这个观点比较折中，它借鉴了我们迄今为止所考虑的每个观点。从行为学的角度来看，它强调环境；从语言学的角度来看，语言学习是有所不同的；从认知学的角度来看，孩子有强大的认知能力，可以用来掌握语言。这一观点的独特价值在于强调儿童在社交背景下掌握语言的一般过程和掌握语法的具体过程（Bloom和Tinker，2001）。也就是说，很多语言学习都是在儿童与成人的积极互动中进行的。

孩子想要传达给别人的想法和意图越来越多，而关心他们的成人也想要理解他们的孩子，所以双方都努力提高语言技能，以作为更好的沟通手段。因此，改善交流为儿童掌握语言和成人提供帮助增加了动力。

你可以在下面的例子中看到这些互动的本质，在这个例子中，一个孩子想要一块饼干（效仿Hulit和Howard，2002）。一个9个月大的孩子想要一块饼干，可能会指着饼干，看着妈妈。于是母亲给了他饼干并说道："这是饼干。"到2岁时，孩子可能会说："请给我饼干。"妈妈回答："好的，我把饼干给你。"在孩子9个月大和2岁大的时候，他们对饼干的渴望会促进交流（9个月大的时候指饼干，2岁大的时候会说话），并让母亲有机会展示更高级的语言形式。

表9-1简要介绍了这些观点，但没有一个能全面说明语法是如何被掌握的。但许多科学家认为，最终的结果应包含语言、认知和社交方面的综合贡献。也就是说，儿童的语法学习将从特定的语法学习机制、儿童积极在其环境中寻找规律，以及儿童与成人之间丰富的语言互动等方面进行解释（MacWhinney，1998）。

表 9-1　解释儿童语法习得的不同方法

方法	儿童掌握语法的方法
行为学	通过模仿他们听到的话语
语言学	有先天机制，能够让孩子根据母语推断语法规则
认知学	使用强大的认知机制，让孩子去寻找他们听到的讲话中重复出现的模式
社交学	在与成年人的互动中掌握，互动各方都希望增进沟通

当然，很多父母不太关心这些理论，但又确实想知道如何帮助孩子掌握语法和语言的其他方面。"改善儿童的生活"专栏提供了一些指导建议。

改善儿童的生活

促进语言的发展

渴望促进儿童语言发展的成人可以遵循以下几条准则：

1. 经常与孩子交谈，并把他们当作聊天伙伴。也就是说，试着与孩子互动交流，而不是指导性地交谈。

2. 用孩子的语言表现新的语言形式。拓展孩子的话语，介绍新的词汇或新的语法形式。把孩子不符合语法的话改述一遍，展示正确的语法。

3. 鼓励儿童使用更多语言。让他们用短语和句子回答问题，而不是单个的词语。让他们用更有描述性的词来代替"东西"或"某人"这种模糊的词。

4. 倾听。这个原则分两部分。首先，因为孩子说话往往很慢，大人很容易帮他们把句子说完。不要这么做。让孩子自己表达。其次，注意孩子在说什么，并给予适当的反馈。

5. 增加语言的乐趣。使用书籍、押韵、歌曲、笑话和外来词增加孩子学习语言的兴趣。

当然，随着儿童的语言水平在学前阶段的提高，其他人可以更容易地理解儿童的语言，这意味着儿童可以更好地交流。这些新兴的沟通技巧将在模块9.4中进行描述。

检测你的学习

回忆：描述儿童从双词句到复杂句的主要里程碑。

儿童掌握语法过程的主要解释有哪些？

解释：有关语法发展的各种解释，他们对儿童掌握语法的角色方面有哪些不同观点？

应用：第7章中描述的认知过程如何帮助儿童学习语法？

9.4 使用语言交流

学习目标

学习目标11：儿童何时以及如何学会在交谈中轮流说话？
学习目标12：儿童何时掌握有效说话所需的技能？
学习目标13：儿童何时学会倾听？

大纲

轮流说话
有效说话
良好倾听

玛拉和凯蒂都是9岁的孩子，平时是好朋友，但现在她们正对彼此发火。玛拉和爸爸要去商店买些新的马克笔。凯蒂知道后，给玛拉钱让她替自己买一些马克笔。玛拉拿着马克笔回来了，但笔不是凯蒂喜欢的那种，所以她很生气。玛拉也很生气，因为她认为凯蒂不应该生气。毕竟，没有告诉她买什么样的马克笔是凯蒂的错。与此同时，玛拉的爸爸希望她们能尽快达成和解，不要再大喊大吵。

两个女孩的争吵其实是了解有效沟通需要什么的一个很好的方式。两人同时说话，他们的话语随心所欲，不着边际，双方都懒得听对方说话。要想进行有效的口头交流，她们需要遵循一些简单的指导原则：

- 人们应该轮流发言和倾听。
- 说话者的发言应该与主题相关，让倾听者能够理解。
- 倾听者应该集中注意力，让说话者知道他的言论是否有意义。

完全掌握这些指导原则是一个人一生的追求。毕竟，即使是成人也经常因为未能遵守其中一条或多条原则而与他人沟通不畅。不过，在本模块中，我们将跟踪有效沟通技能的发展，并在此过程中探究为什么像玛拉和凯蒂这样的孩子有时无法沟通。

轮流说话

学习目标11：儿童何时以及如何学会在交谈中轮流说话？

许多父母早在孩子正式说话之前就开始鼓励他们的孩子参与交谈中的轮流说话。父母经常围绕婴儿早期的声音组织"对话"，即使这些声音没有任何明显的交流意图（Field 和 Widmayer，1982）。

家长：你能看见那只鸟吗？

婴儿：（咕咕地叫）喔喔喔。

家长：它是一只漂亮的小鸟。

婴儿：喔喔喔。

家长：你说得对，它是一只红衣凤头鸟。

在1岁的孩子开始说话后不久，父母就鼓励他们进行轮流对话。为了帮助孩子一起学习，父母经常让对话双方来演示说话者和倾听者的角色是如何交替的（Shatz，1983）。

父母（对婴儿）：艾米吃什么？

父母（回答）：她在吃饼干。

父母和其他看护者经常努力让婴儿和学步儿童"融入"谈话。也就是说，看护者会让孩子尝试着交谈，进而让他们更有可能成功。然而，看护者和婴儿之间的这种早期对话并不算普遍。在一些非西方文化中，成人认为不会说话的婴儿不是合适的谈话对象，所以不跟他们说话。只有在婴儿长大后，其他人才开始与他们交谈（Hoff，2009）。

到2岁的时候，儿童和成人经常自发进行轮流对话（Barton 和 Tomasello，1991）。到3岁时，孩子已经发展到这样一种程度：如果倾听者没有及时回答，孩子就会重复自己的话，以引起对方的回应（Garvey 和 Beringer，1981）。3岁的孩子可能对正在忙着读书的哥哥姐姐说："嘿，保罗。"如果保罗在几秒内没有回答，3岁的孩子可能会说："嘿，保罗。"如果保罗仍然没有反应，这个3岁的孩子可能会大喊："保罗！"这表明到了这个年龄，孩子已经明白"话语应该得到回应"的规则。学龄前儿童似乎把这种没有反应理解为"我猜你没听见，那我就再大声说一遍"。

有效说话

学习目标12：儿童何时掌握有效说话所需的技能？

儿童何时开始尝试与他人交流？事实上，似乎第一次有意的交流尝试通常在10个月左右出现（Golinkoff，1993）。这个年龄的婴儿可能会触摸或指向一个物体，同时看着另一个人。他们会继续这种行为，直到对方给予行为应答。这就好像孩子在说"这是一个漂亮的玩具！我想让你也看看"。

从10个月大开始，婴儿就会指向、触摸物体或发出声音来让大人做些什么。例如，坐在高脚椅上的婴儿，如果够不到想要的玩具，他可能会在指着玩具时发出声音。这些声音会吸引成人的注意力，而婴儿的手指则表明了他们想要什么（Tomasello，Carpenter 和 Liszkowski，2007）。以成人的标准来看，这种交流方式可能有点原始，但它对婴儿很有效！妈妈通常会把宝宝的指向动作翻译成文字，因此，手势为词语学习铺平了道路（Goldin-Meadow，Mylander 和 Franklin，2007）。

1岁以后，孩子开始使用语言进行交流，并且经常主动与成人交谈（Bloom 等，1996）。幼儿的第一次对话是关于他们自己的，但他们的对话范围会迅速扩大到环境中的物体（如玩具、食物）。后来，对话开始包含更抽象的概念，如假设的对象和过去或未来的事件（Foster，1986）。

当然，小孩子的聊天技巧并不总是高超。有时他们的交流令人困惑，倾听者会疑惑："讲什么呢？"说清楚一件事通常很难，因为要达意只能根据倾听者的年龄、经验、对话题的了解，以及对话的上下文来判断。例如，假设有这样一个简单的请求"请把十字螺丝刀递给我"。对于熟悉不同类型螺丝刀的年长倾听者来说，这个信息可能很清楚，但对于认为所有螺丝刀都一样的年轻倾听者来说，就没有多大意义了。而且，如果工具箱里装满了各种尺寸的十字螺丝刀，即使对一个熟悉螺丝刀的倾听者来说，这个信息也不清晰。

构建清晰的信息是一门艺术，但令人惊讶的是，孩子从学龄前开始就会开始调整信息，使之与倾听者背景及环境相匹配。在一项经典的研究中（Shatz 和 Gelman，1973），4岁的孩子分别向2岁的孩子和成人解释玩具的工作原理。总的来说，4岁孩子对成人说话比对2岁孩子说话讲得更概括，且用的句子长。此外，当与2岁大的孩子交谈时，他们会使用更简单的语法和更能吸引注意力的词语。例如，这下面是一个4岁的孩子向不同倾听者解释玩具的例子。

> **Q&A 问题9.4**
>
> 肖娜的哥哥问："你的储物柜在哪儿？"肖娜回答："在拉瑟特太太的房间旁边。"肖娜的奶奶住在另一个城市，如果她问同样的问题，肖娜的回答要长得多："从前门进去后，左转，经过一个长廊，直到到达一个楼梯，然后……"肖娜对同一问题的两次回答体现了有效沟通的什么特征？

（玩具是一个车库，司机和卡车负责把石块运到垃圾场）：

成人倾听者：你应该把这些人中的一个人放在这里，明白吗？然后一个人和另一个小女孩在一起。然后是小男孩。就是那个开车的小男孩。然后他们一起帮忙……然后小女孩离开了，然后卡车往后退。

2岁的倾听者：看，佩里。看这里。他又回来了。现在他开车过来了。看，佩里。看这里，佩里。那些是石块，佩里。把人放在这里。现在我来做吧（Shatz 和 Gelman，1973）。

这些发现表明，学龄前儿童在形成清晰信息时已经对倾听者的特征敏感。随后的研究结果还表明，孩子在设计明确的信息时，会考虑倾听者和背景：

- 学龄前儿童根据倾听者的知识和意图来调整他们的信息。他们会给那些缺乏关键信息的倾听者提供更加详尽的信息（Nadig 和 Sedivy，2002；O'Neill，1996）。例如，孩子描述在哪里可以找到玩具时，他会给藏玩具时遮住眼睛的倾听者更详细的指示。如果倾听者想在没有帮助的情况下完成任务，5岁的孩子有时会提供有用的信息，但隐藏他们的帮助意图，让倾听者认为她在没有帮助的情况下完成了任务（Grosse，Scott-Phillips 和 Tomasello，2013）。
- 学龄儿童与成人和同龄人说话的方式不同。他们与成人的交流可能会更有礼貌，与同龄人说话更随便些（Anderson，2000；Warren-Leubecker 和 Bohannon，1989）。孩子可能会问父母"我可以吃你一块饼干吗"，但对同龄人会说"给我一块你的饼干"。

- 一些非裔美国人说的是美国黑人英语，是标准英语的变体，语法规则略有不同。例如，美国黑人英语中的"He be tired"与标准英语中的"He usually is tired"同义。许多非裔美国儿童既学习美国黑人英语又学习标准英语，根据环境来回切换。在学校以及与欧洲裔美国人说话时使用标准英语，但在家里与非裔美国人同伴交流时会说美国黑人英语（Warren和McCloskey, 1993）。

所有这些发现表明，学龄儿童（有时是学龄前儿童）已经很好地理解了在创造清晰信息时需要考虑的因素。从小小年纪，孩子就可以表达自己，并调整他们的对话，以适合倾听者。那么小孩子是否同样善于倾听呢？我们将在接下来的内容中找到答案。

良好倾听

学习目标13：儿童何时学会倾听？

要想做一个好的倾听者，必须不断地判断说话者的话语是否有意义。如果是有意义的，那么倾听者就得做出相应的回答，典型的做法是在这个话题的基础上延续谈话内容。否则，倾听者需要提供给说话者自己感到困惑的反馈（例如，"我不明白你的意思"）。

很少有学步阶段的儿童能够掌握这些基本的对话技巧。他们的回答更有可能与主题无关，而不是与主题相关（Bloom, Rocissano和Hood, 1976）。"袜子在哪里？"一岁半的孩子可能会说"我饿了"。3岁的孩子更擅长通过说一些与正在讨论的话题相关的话来继续对话。

到4岁时，孩子有时会意识到信息是模糊或混乱的（Nilsen和Graham, 2012），但他们通常不会要求说话者阐明意图。相反，儿童往往认为他们知道说话者的想法（Beal和Belgrad, 1990）。因为小孩子的回应往往模棱两可，而且作为倾听者，他们往往察觉不到模棱两可的地方，所以小孩子经常会被误解，就像开篇故事中的玛拉和凯蒂那样。凯蒂可能没有跟玛拉说清楚她想要什么样的马克笔，玛拉也没有意识到凯蒂没说清楚。在整个小学阶段，儿童会逐渐掌握确定信息是否清晰一致的技能（Ackerman, 1993）。

有时信息令人困惑，因为它们与倾听者的真实想法相冲突。例如，假设一个孩子被告知经常待在家里的猫跑了。即使是学龄前儿童，也更容易相信这是父母告诉他们的信息，而不是同学告诉他们的，因为他们知道父母更了解这个特定的话题（Robinson, Champion和Mitchell, 1999）。到七八岁时，孩子会变得多疑起来——对说话者的话半信半疑——比如，说话者对某个话题有既得利益时。当一个孩子向全班宣布，她的生日聚会将是"本年度最佳时"，学龄儿童不会太相信她，相比之下他们更相信一个独立的第三方信息来源（Mills和Keil, 2005）。

有时，倾听者必须透过词语的字面意思来理解信息的真正含义。隐喻就是个例子。当父母告诉他们的孩子"你的卧室是一个垃圾场"时，这句话不是字面意思，而是强调了一个事实，即卧室简直一团糟，堆满了可以扔掉的东西。儿童对信息非字面意义的理解发展缓慢（Dew等，1996）。在隐喻方面，儿童很容易理解那些基于具体物体及其属性的非字面意义的简单隐喻。例如，父母可能对一个5岁的孩子说"你是一条鱼"，指的是孩子喜欢在水中游泳，孩子很可能会理解。

更复杂的隐喻要求儿童在抽象关系上建立联系。例如，在莎士比亚的《罗密欧与朱丽叶》中，罗密欧称"朱丽叶是太阳"。你可以把这句话理解为朱丽叶是罗密欧世界的中心，或者没有朱丽叶，罗密欧就会死去。第一种解释取决于你的天文学知识，第二种解释关乎你的生物学知识。幼儿缺乏这种理解隐喻的知识，因此他们只能试图从字面上理解。只有当儿童获得了必要的知识，才能理解基于抽象关系的隐喻（Franquart-Declercq 和 Gineste，2001）。

讽刺是另一种不能从字面上理解的交流方式。当一名足球运动员没接住球，而他的队友却说"好球"时，这句话的字面意思与本意相反。与对隐喻的理解一样，儿童对讽刺的理解也是逐渐发展起来的（Creusere，1999）。当人们用嘲讽或者过于热情的语气来强调讽刺时，学龄儿童可以察觉到这些话的意思。但是，如果必须根据前后语句察觉讽刺——认识到话语与说话者意图相反——只有青少年和成人才可能理解话语的真正含义（Capelli，Nakagawa和Madden，1990）。

本节有关倾听技巧的讨论记录了我们对儿童时期交流方面所取得的重要成就。对大多数孩子来说，他们进入幼儿园的时候，就已经掌握了许多沟通的基本规则，随着年龄的增长，他们的熟练程度甚至更高。

✓ 检测你的学习

回忆： 哪些研究结果说明学龄前儿童有时是有效的说话者？
总结儿童对非字面含义信息的理解。

解释： 作为交流者，婴儿的优点和缺点是什么？

应用： 在第6章，我们看到皮亚杰认为学龄前儿童存在自我中心主义。本模块的发现是否与皮亚杰的观点一致？

> **统一主题：连续性**

本章很适合强调这个主题——不同领域的发展是相互联系的：语言与生物、认知和社会发展之间有着重要的联系。儿童对语法的掌握与生物学发展有关：儿童似乎被赋予了一种有助于掌握语法的特殊机制，虽然在这方面我们尚未完全搞明白。

儿童说的第一个词语与认知发展相关：说话反映了语音是符号这一认知洞察力。让儿童能够与同龄人以及成人互动的沟通技能与社交能力的发展相关。

自行探索

伯克（1958）的"wugs"任务对学龄前儿童来说很有趣。可以打印图9-2，然后给一个学龄前儿童看，重复那一页上的说明。你会发现这个孩子很可能会说，"两只wugs。"可以制作一些自己设计的图片来检测其他语素，如添加ing表示正在进行的动作，或者添加ed表示过去时。自己探索吧！

总结

9.1 语言之路

语言的要素

语言包括四个不同的要素：语音（声音）、语义（词语意义）、语法（语言结构规则）和语用（交流规则）。

感知语言

音素是构成词语的基本声音单位。婴儿出生后不久就能听到音素。他们甚至可以听出母语中不曾使用的音素，但1周岁时这种能力就丧失了。在说话之前，婴儿可以通过注意重音和音节的组合来识别词语。婴儿更喜欢婴儿导向语言——成人跟婴儿说话要放慢语速，加强音调变化，因为这可以为婴儿提供额外的语言线索。

讲话的第一步

新生儿往往只会哭，但在3个月左右，婴儿就会轻哼；紧接着是由一个音节组成的咿呀学语；几个月后，婴儿的咿呀学语会包括更多的音节和音调。

9.2 学习词语的意义

把词语理解为符号

孩子说的第一个词语代表了一种认知能力，这种认知能力并不局限于语言。相反，语言的产生是儿童理解和使用符号能力的结果。手势的使用也有类似的发展，与上述观点相一致。

快速映射词语的含义

大多数孩子学习词语的意思非常快，以至于他们不能系统地考虑到所有可能的含义。相反，孩子使用很多能够快速映射到词语含义的规则来确定新词语的潜在含义。联合关注、限制、句子线索和认知技能都可以帮助孩子学习词语，但这些规则并不总是指向正确的意思。狭义化指的是孩子理解的词汇的意思比成人理解的要狭隘；广义化意味着孩子理解的词汇的意思更加泛化。

词汇学习的个体差异

幼儿的词汇量存在个体差异，这些差异归因于语音记忆和儿童语言环境的质量。一些孩子会使用指称型的词汇学习方式，强调把词语当作名字，并把语言视为一种智力工具。其他孩子则倾向于表达型，重视短语学习，把语言视为一种社交工具。

鼓励词语学习

孩子的词汇学习是通过经验来培养的，包括听别人朗读，看电视，对于学龄儿童来说，可以通过独立阅读来学习词汇。词汇学习的关键是让孩子思考新词语的意思。

超越语言：其他符号

当孩子学习语言的时候，他们也学习其他的符号系统。到18个月大的时候，幼儿就能理解照片是其他物体的表征；到3岁时，孩子就会明白比例模型是一种物体呈现形式。

学龄前儿童可以使用简单的地图。

9.3 成句说话

从双词句到复杂句

1岁生日后不久，孩子就会根据表达想法或需求的简单规则，造出由两个词语组成的句子。这些句子有时被称为"电报式语言"，因为其中包含了尽可能少的词语来表达意思。从两个词语的句子到更复杂的句子需要添加语法语素。儿童首先掌握表达简单关系的语法语素，然后掌握表示复杂关系的语法语素。

随着儿童掌握语法语素，他们也会扩展句子形式，如疑问句，然后再扩展到更复杂的结构，如被动句。

掌握语法

行为主义者认为儿童通过模仿学会语法，但这种解释是不正确的。如今的解释来自三方面：语言学强调先天机制，让儿童来推断母语的语法规则。认知学强调认知过程，让儿童能够在他们听到的语言中找到重复出现的模式。社交学则强调儿童与成人都希望改善沟通的互动交流。

9.4 使用语言交流

轮流说话

在婴儿开口说话之前，父母就会鼓励他们在交谈中轮流说话，然后向孩子展示说话者和倾听者的角色。到3岁时，孩子会自发地轮流说话并鼓励彼此说话。

有效说话

婴儿在会说话之前，就会用手势和声音来交流。在学龄前，孩子在构建清晰信息方面会逐渐变得熟练，部分原因是他们可以通过调整自身语言来适应倾听者的需要。他们还会开始监控倾听者的理解能力，必要时重复信息。

良好倾听

学步期的孩子不善于交谈，因为他们的话与话题无关。学龄前儿童不太可能识别出别人讲话中的含糊不清之处。此外，他们有时很难理解非字面意思，如隐喻和讽刺。

考考自己

1. 5个月以下的婴儿____。
   a. 能辨别语音，但必须在他们的环境中听到过
   b. 能够分辨出母语中存在和不存在的声音
   c. 不能辨别任何语音，这就解释了为什么他们不能说话

2. 为了从稳定的话语流中挑出单个的词语，婴儿需要____。
   a. 多注意非重读音节，少注意重读音节
   b. 注意经常连在一起的音节
   c. 忽略虚词，专注实词

3. 下列关于婴儿导向语言的陈述哪个是正确的？____。
   a. 它之所以有用，是因为婴儿忽略了它
   b. 婴儿导向语言在音高或音量上几乎没有变化，情感上也没有表现力
   c. 照顾孩子的成人经常使用婴儿导向语言

4. 婴儿在发育的过程中，____。
   a. 咿呀学语会从发单音节词转为不同词语的组合
   b. 咿呀学语被轻哼所代替
   c. 咿呀学语不再像他们母语的发音模式

5. 孩子说的第一个词语可能反映了他对____的掌握程度。
   a. 符号
   b. 元音
   c. 语调

6. 当小孩子学习新词语时，他们____。
   a. 看到或听到过几次就可以学会单词的指代物
   b. 系统地考虑关于这个词和正确指代物之间联系的所有可能
   c. 从可靠和不可靠的来源学习

7. 下列哪项准确地描述了孩子学习新词语的规则？____。
   a. 名称指的是整个物体，而不是它的部分
   b. 名称指的是一个特定的对象，而不是同一类型的所有对象
   c. 如果对象已经有一个名称，又出现了另一个名称，那么儿童会用新名称替换旧名称

8. 儿童词汇量大小的个体差异____。
   a. 与遗传无关
   b. 反映出儿童记忆语音能力的差异
   c. 与父母的语言有联系：如果父母讲话时语法比较复杂，孩子学会的词语就会更少

9. 如果父母想帮助他们的孩子学习更多的词语，那么父母应该____。
   a. 鼓励他们的孩子阅读
   b. 避免问孩子太多问题

c. 鼓励孩子多看电视，特别是动画片

10. 与单语儿童相比，双语儿童____。

    a. 更擅长任务切换

    b. 更早地通过大多数语言发展的里程碑

    c. 对语言的象征性质比较困惑

11. 下列关于儿童早期造句的陈述哪个是正确的？____。

    a. 这些句子基于不同语言的不同规则

    b. 早期的句子被称为电报式语言，因为它们只包含对表达意思至关重要的词

    c. 当孩子说更长的句子时，他们不再需要语法语素

12. 认为儿童天生就有一种帮助他们掌握语法的机制的观点得到了____这一研究结果的支持。

    a. 大脑的大部分区域都参与处理语言

    b. 语言学习有一段关键期

    c. 黑猩猩很容易就能学会基本的语法

13. 哪种方法认为儿童是通过使用强大的技能来检测他们所听语言中的规律来掌握语法的？____。

    a. 认知学

    b. 行为学

    c. 社交学

14. 父母鼓励轮流讲话____。

    a. 在孩子开口说第一个词语后很快就开始

    b. 直到孩子上了学

    c. 在婴儿说第一个词之前，扮演说话者和倾听者的角色

15. 准确描述了幼儿的社交能力的是哪项？____。

    a. 根据倾听者的年龄和知识，学龄前儿童会调整他们所说的话

    b. 学龄前儿童听到模棱两可的信息时，他们通常会要求说话者说清楚他的意思

    c. 学龄前儿童很容易理解包含复杂隐喻和讽刺的信息

关键术语

美国黑人英语	语言	语用
咿呀学语	命名爆炸	指称型
喔唔学语	广义化	语义引导理论
表达型	过度规则化	语义
快速映射	音素	语法
语法语素	语音记忆	电报式语言
婴儿导向语言	音系	狭义化
语调		

第10章 情绪发展

如果你是《星际迷航》(*Star Trek*)的粉丝,你就会知道斯波克先生很少有情绪,因为他有一半的火神血统,而来自火神星球的人没有感情。很少有人愿意过像斯波克先生那样没有感情的生活,因为感情丰富了我们的生活。英语中有超过500个单词是用来表示情绪的,这部分地证明了情绪的重要性(Averill, 1980)。快乐、幸福、满足,当然,还有愤怒、内疚和羞愧,以及其他种种情绪,赋予了我们生活的意义。

在本章中,我们将看到情绪是如何产生的,以及它是如何影响儿童发展的。在模块10.1中,我们将讨论孩子何时首次表达不同的情绪并识别他人的情绪。接着在模块10.2中,我们会看到孩子有不同的行为方式,而这些行为方式部分源于情绪。最后,在模块10.3中,我们将研究婴儿的首段情感关系,即其与主要看护者发展的情感关系。

模块

- **10.1** 情绪
- **10.2** 气质
- **10.3** 依恋

10.1 情绪

> **学习目标**
>
> 学习目标1：人为什么会有"感觉"？为什么会有情绪？
>
> 学习目标2：孩子在什么年龄开始体验和表达不同的情绪？
>
> 学习目标3：孩子什么时候开始理解他人的情绪？他们如何利用这些信息来指导自己的行为？
>
> 学习目标4：孩子什么时候开始出现调节情绪的迹象？为什么这是一项重要的技能？
>
> **大纲**
>
> 情绪的作用
>
> 体验和表达情绪
>
> 识别和利用他人的情绪
>
> 调节情绪

妮可可谓欣喜若狂，因为她终于可以见到7个月大的侄子克劳德了。她冲进屋子，看见克劳德在地板上玩积木，就把他抱了起来。克劳德困惑地看了她一小会儿后，突然气愤地哭了起来，并且开始激烈挣扎，好像在对妮可说："你是谁？你想干什么？放我下来！现在！"妮可很快就把克劳德还给了他的母亲。母亲对孩子的突然爆发感到惊讶，更令她难以置信的是，当她轻摇着宝宝的时候，他还在不停地哭泣。

这个故事阐述了三种常见的情绪。妮可最初的喜悦、克劳德的愤怒，以及他母亲的惊讶都是我们所熟悉的。在这个模块中，我们首先讨论人们为什么会有情绪，其次看看孩子什么时候首次表达情绪，他们是如何理解他人情绪的，最后讲述孩子是如何调节自己的情绪的。在这一过程中，我们将了解为什么克劳德会对妮可做出那样的反应，以及妮可如何才能避免克劳德的爆发。

情绪的作用

学习目标1：人为什么会有"感觉"？为什么会有情绪？

人为什么会有情绪？如果人像电脑一样没有感情，或者像斯波克先生的火神星上的居民一样，生活不是会更简单吗？可能不会。例如，想想大多数成人觉得愉快的活动：一顿美餐、抱着自己的孩子、完成一项困难但重要的任务。这些活动对人类作为一个物种的延续至关重要，所以它们能引发情绪也就不足为奇了（Gaulin 和McBurney，2001）。

现代理论强调情绪的功能价值。也就是说，根据功能性方法，情绪之所以有用，是因为它们帮助人们适应环境（Boiger和Mesquita，2012；Shariff和Tracy，2011）。以恐惧为例，我们大多数人不想恐惧，但有时感到害怕，这是适应性的。想象一下，你深夜独自走在校园里一个灯光昏暗的地方，你会变得害怕。因此，你会特别注意那些可能预示着威胁存在的声音，你可能会迅速走到一个更安全的地方。所以，恐惧是适应性的，因为它围绕着一个重要目标来组织你的行为，那就是避免危险（Tooby和Cosmides，2008）。

同样，其他情绪也是适应性的。例如，幸福是适应性的，它有助于增强人际关系：当与他人在一起感到快乐时，人们会微笑，这通常会使另一个人也感到快乐，由此加强他们的关系（Izard和Ackerman，2000）。厌恶也是适应性的，它让人们远离可能使他们生病的物质：当我们发现杯子里的牛奶变酸了，我们会感到厌恶，并把杯子推开（Oaten，Stevenson和Case，2009）。因此，在功能性方法中，大多数情绪是在人类历史进程中发展起来的，以应对独特的生活挑战，帮助人类生存。

体验和表达情绪

学习目标2：孩子在什么年龄开始体验和表达不同的情绪？

基本情绪的发展

小故事中的三种情绪——喜悦、愤怒和惊讶——被认为是"基本情绪"，同样的还有兴趣、厌恶、悲伤和恐惧（Draghi-Lorenz，Reddy和Costall，2001）。世界各地的人们都感受着基本情绪，每种情绪都由三个因素组成：主观感觉、生理变化和外显行为（Izard，2007）。

例如，假设你被雷雨声惊醒，然后发现你的室友带着你的雨伞去上课了。主观上，你可能觉得快要气炸了；生理上，你的心跳会加快；行为上，你可能会皱眉头。

利用面部表情和其他外显行为，科学家追踪了婴儿基本情绪的发展过程。许多科学家认为，婴儿只会体验广泛的积极和消极情绪状态（Camras和Fatani，2008）。这些广泛的情绪类别很快就会分化开来，婴儿在大约6个月大的时候就会体验到所有的基本情绪（Lewis，2008）。例如，从婴儿的微笑中可以明显看出快乐。在第一个月时，婴儿在睡觉或被温柔地抚摸时会微笑。这些微笑的含义并不清楚，它们可能只是对身体状态的一种反射性反应。然而，一个重要的变化发生在婴儿2~3个月大的时候。社会性微笑首先登场：婴儿在看到别人时会微笑。社会性微笑似乎反映了婴儿在与他人简单互动时的快乐。当微笑时，他们有时会发出咕咕哝哝的声音（模块9.1中提及的语言的早期形式），他们可能也会舞动手臂和腿来表达兴奋。

愤怒是首先从痛苦中浮现出来的消极情绪之一，通常在4~6个月时出现。例如，如果他们最喜欢的食物或玩具被拿走，婴儿会愤怒（Sullivan和Lewis，2003）。大一点的婴儿在实现目标的尝试中受挫时，会变得越来越愤怒，这反映了他们对目标导向行为的日益理解（见模块6.1）。例如，如果父母制止了一个试图拿起玩具的婴儿，必然会导致婴儿极度愤怒。

和愤怒一样，恐惧也会在第一年的晚些时候出现。大约在6个月大时，婴儿在一个不熟悉的成人面前会变得警惕，这种反应被称为"陌生人警惕"。当一个陌生人靠近时，6个月大的婴儿通常会把目光移开，然后开始紧张不安（Mangelsdorf，Shapiro和Marzolf，1995）。例如，当婴儿的祖母把他抱起来，却没有给他时间来熟悉自己时，结果可想而知，与本章开头的克劳德被他姑姑吓坏了一样，他哭了起来，惊惶不安，张开双臂投向熟悉的人。

在最初的两年里，婴儿对陌生人的恐惧会增加，但婴儿在陌生人面前的警惕程度取决于许多因素（Brooker等，2013；Thompson和Limber，1991）。首先，当环境熟悉时，婴儿往往不那么害怕陌生人，而环境陌生时则更害怕。婴儿在家里见到陌生人比他们第一次拜访别人时见到陌生人要冷静得多。其次，警惕程度取决于陌生人的行为。陌生人不应该像妮可在故事中所做的那样，冲过去问候或抱起婴儿，而应该和其他成人交谈，过一会儿，也许可以给婴儿一个玩具（Mangelsdorf，1992）。通过这种方式，许多婴儿很快就会对陌生人产生好奇，而不是害怕。

陌生人警惕是适应性的，因为它出现在孩子开始掌握爬行技能之际（见模块5.3）。就像著名儿童读物系列中的猴子"好奇的乔治"一样，婴儿也很好奇，想运用他们新的运动技能来探索世界。陌生人警惕是一种自然的克制，让婴儿不会离开熟悉的看护者。然而，随着青少年学会解读面部表情和识别对方何时友好，他们对陌生人的警惕性就会下降。

在消极情绪中，我们对厌恶的了解最少。学龄前儿童可能对粪便的气味感到厌恶，或者在被要求去触摸蛆虫或吃放在崭新的马桶座上的一块糖时，感到厌恶。父母可能在儿童识别厌恶刺激方面发挥重要作用：当儿童在场时，母亲对引起厌恶的刺激反应非常强烈。他们可能会说"真恶心"，同时远离刺激（Stevenson等，2010）。这种对厌恶的早期敏感性是有用的，因为许多引起厌恶的线索也是潜在危害的信号：如粪便、呕吐物和蛆虫等厌恶刺激，它们会传播疾病。

复杂情绪的出现

除了快乐和愤怒等基本情绪，人们还会产生诸如骄傲、羞耻、内疚和尴尬等复杂情绪。它们有时被称为自我意识情绪，包括当一个人的标准或期望达到时的成功感和未达到时的失败感。这些情绪直到婴儿18~24个月大时才会显现出来，因为这些情绪取决于他们对自我的一些理解，而这通常发生在婴儿15~18个月大的时候。例如，当孩子做了他们知道不应该做的事情时，他们会感觉内疚（Kochanska等，2002）。一个弄坏玩具的孩子会想，"你告诉过我要小心的，但我并没有"。孩子在被要求给祖父母"表演"时，可能会表现出尴尬，用手捂住脸。然而，当孩子第一次完成一项具有挑战性的任务时，他们会感到骄傲，可能会想，"我以前从来没有这么做过，但这次我自己做到了"。因此，儿童对自己的理解（详见模块11.1）使他们能够体验复杂的情绪，如骄傲和内疚（Lewis，2000）。

Q&A 问题10.1

考特尼经常表现出喜悦、愤怒、恐惧，却没有表现出骄傲、内疚或尴尬。根据这一描述，你觉得考特尼现在多大了？

表10-1中列出了婴儿的情绪表达类型，包括基本情绪和自我意识清醒。

类型	定义	出现	例子
基本情绪	全世界人类的通感；包括主观感觉、生理感觉和外显行为	出生至9个月	喜悦、愤怒和恐惧
自我意识情绪	对符合或未能符合预期或标准的反应	18~24个月	骄傲、内疚和尴尬

表10-1　婴儿的情绪表达类型

后期发展

随着儿童的成长，他们的情绪感知类型继续增多，如后悔和解脱。这两种情绪发生在成人将自己的行为与其他选择进行比较时。想象一下，你正在为一场考试死记硬背，你有时间复习课堂笔记，但没有重读课文。如果测试的问题主要基于课堂内容，你会感到解脱，因为你的决定带来了一个积极的结果，而不是"本来可能会有的结果"。相反，如果考题只涵盖了课本，你会后悔，因为你的决定导致了糟糕的结果，"我要是能再读一遍课文就好了"。事实上，一些5~6岁的儿童会有后悔和解脱的感觉，到9岁时，大多数儿童都能恰当地体验到这两种情绪（Van Duijvenvoorde，Huizenga和Jansen，2014）。

除了有更多的情绪，大龄儿童还会体验到基本情绪和复杂情绪，以应对不同的情况或事件。就复杂情绪而言，认知成长意味着小学学段的儿童在他们更小的时候不会感受到羞愧和内疚，现在却可以了（Reimer，1996）。例如，与学龄前儿童不同，许多学龄儿童如果没能为被误认为小偷的同学辩护，他们会感到羞愧。

恐惧是另一种基于儿童年龄以不同方式诱发的情绪。许多学龄前儿童害怕黑暗和虚构的生物。随着儿童认知能力的提高，以及能更好地理解表象和现实之间的区别，这些恐惧通常在小学阶段逐渐减少，取而代之的是对学校、健康和人身伤害的担忧（Silverman，La Greca和Wasserstein，1995）。这种担忧很常见，大多数儿童都不需要理会。然而，在一些儿童中，这些情绪会变得很极端，以至于最终压倒了他们（Chorpita 和Barlow，1998）。例如，一个7岁的孩子担心学业，这很正常，但如果她的担心上升到拒绝上学的程度，就不正常了。在"改善儿童的生活"专栏中，我们将探讨这种过度恐惧以及该如何治疗。

改善儿童的生活

"但我不想去上学！"

许多小孩每天都在为上学的事跟父母求情、争吵。例如，每天上学，9岁的基根都会抱着妈妈，吃完早餐就开始哭泣。当要离开家去坐公共汽车时，他就会倒在地板上开始踢腿。

理解这种拒学行为的原因是必要的，因为不去上学会导致孩子学业失败，让他们在工作中几乎没有选择权。拒学行为有时反映了孩子想要避免与学校有关的可怕情况（如参加考试、在全班同学面前发言、结识新朋友）。拒学有时是为了引起家长的注意，有时也反映了儿童渴望做有趣的事，如玩电子游戏，而不是做作业等令人厌恶的活动（Kearney，2007）。

幸运的是，拒学症可以得到有效的治疗，通常是通过行为和认知策略的结合。前者包括让儿童逐步参与其恐惧的学校情境、提供面对这些情况时放松的技巧，以及给出上学的强化手段。后者包括为儿童提供应对焦虑的策略，并帮助他们重新理解学校的情况（例如，意识到老师并没有挑他们的刺）。此外，家长可受训建立有效的晨间作息并奖励孩子出勤（Kearney 等，2011）。使用这些技巧，拒学症将得到改善。一项统合分析（Pina等，2009）指出，经过治疗，孩子上学率从治疗前的30%增加到治疗后的75%。更重要的是，儿童对学校的恐惧也大大减少了。

情绪表达的文化间差异

世界各地的儿童表现出许多相同的基本情绪和复杂情绪。然而，不同的文化背景在鼓励情绪表达的程度上存在差异（Hess 和 Kirouac，2000）。例如，在许多亚洲国家，人们不鼓励流露情绪，而倾向于克制情绪。与这些差异相一致的是，在一项研究中（Camras等，1998），11个月大的欧洲裔美国婴儿比中国11个月大的婴儿更爱哭爱笑。在另一项研究中（Camras等，2006），美国学龄前儿童比中国学龄前儿童更有可能在看到有趣的图片时微笑，并在闻到蘸了醋的棉签后表示厌恶。

不同的文化在触发情绪的事件上也有所不同，尤其是复杂情绪。在一种文化中引发自豪感的情况在另一种文化中可能引起尴尬或羞愧。例如，美国小学生经常对个人成就表现出自豪，如在考试中取得最高分，或者在拼字比赛中获胜。相比之下，亚洲小学生对公开展示个人成就感到尴尬，但当他们的整个班级都被授予成就时，他们会表现出无比的自豪感（Furukawa，Tangney和Higashibar，2012；Lewis等，2010）。

世界各地表达愤怒的方式也各不相同。想象一下，一个儿童刚刚画完一幅精美的图画，突然一个同学打翻了饮料，毁掉了这幅画。大多数美国孩子会以愤怒回应。相比之下，在东亚信仰佛教的国家长大的儿童很少以愤怒回应，因为这违背了佛教的原则，即把慈爱传递给所有人。相反，他们可能会保持沉默，并因为自己未能保护好画作而感到羞愧（Cole，Tamang和Shrestha，2006）。

因此，文化可以影响儿童表达情绪的时间和程度。当然，表达情绪只是发展中的一部分。儿童还必须学会识别他人的情绪，这也是我们接下来要讨论的话题。

识别和利用他人的情绪

学习目标3：孩子什么时候开始理解他人的情绪？他们如何利用这些信息来指导自己的行为？

想象一下，你现在身无分文，打算在室友上课回来后向她借20美元。很快，她冲进公寓，"砰"的一声关上门，然后把背包扔在地上。你马上改变了计划，意识到现在不是借钱的好时机。这个例子提醒我们，情绪表达具有适应性，识别他人的情绪也具有适应性，这种能力也不时改变我们的行为。

婴儿何时能第一次识别他人的情绪？也许早在4个月大的时候，或者6个月大的时候，婴儿开始能够区分与不同情绪相关的面部表情。例如，他们可以区分快乐、微笑的脸和悲伤、皱眉的脸（Borstein和Arterberry，2003；Montague 和Walker-Andrews，2001）。当他们听到快乐的声音时，他们往往会看快乐的脸，而不是沮丧或愤怒的脸（Vaillant-Molina，Bahrick和Flom，2013）。更重要的是，像成人一样，婴儿也更注意负面情绪（Vaish，Woodward和Grossmann，2008）。与没有表情或快乐的面孔相比，他们会更迅速地注意到写满负面情绪的面孔（如愤怒），并且更长时间地关注这些面孔

（Lobue和Deloache，2010；Peltola等，2008）。

婴幼儿对潜在的恐怖刺激特别敏感（如蛇、蜘蛛），即使他们以前并没有接触过，按理说也不应该害怕。但他们很快就学会了害怕这些刺激，也许是因为这些技能的进化帮助早期人类发现并避免环境中的威胁（Leppänen和Nelson，2012；Lobue，2013）。

和成人一样，婴儿也会利用他人的情绪来指导自己的行为。婴儿在不熟悉或不确定的环境中，经常会看着自己的母亲或父亲，好像在寻找线索来帮助他们解读情境，这种现象被称为社会性参照。如果父母在看到新玩具时看起来很害怕而不是高兴，那么12个月大的婴儿就会移开新玩具（Repacholi，1998）。婴儿对父母线索的利用是非常精确的。如果给父母看两个不熟悉的玩具，父母对其中一个玩具表示厌恶，12个月大的婴儿会避开引起厌恶的玩具，而对另一个玩具则不会（Moses等，2001）。如果12个月大的婴儿在实验室中遇到不熟悉的玩具，一个成人看起来很熟悉这个玩具而另一个成人正好相反，婴儿则会通过观察成人的表情来决定是否玩这个玩具（Stenberg，2012）。

到18个月时，他们变得更加老练：当一个成人展示一个不熟悉的玩具时，另一个成人用愤怒的语气评论道："这真的很烦人！气死人了！"相比于这个成人温和地说一些中性的话，18个月大的婴儿玩这个玩具的时间更少。这些婴儿显然认为玩这个玩具不是个好主意，因为它可能会让另一个成人生气（Repacholi和Meltzoff，2007；Repacholi，Meltzoff和Olsen，2008）。因此，社会性参照表明，婴儿非常擅长利用他人的情绪来指导自己的行为。

虽然婴幼儿很擅长识别他人的情绪，但他们的识别能力还远远不够成熟。在识别情绪的微妙信号方面，成人比婴儿和学龄儿童要熟练得多（Thomas等，2007），成人能更好地辨别别人是否在"假装"保持某种情绪；他们能分辨出真正快乐的人和假装快乐的人的脸（Del Giudice和Colle，2007）。因此，从童年到青春期，人们对情绪面部表情的识别能力不断增强。

理解情绪

随着认知能力的增长，儿童开始理解为什么人们会有这样或那样的感受。例如，到了上幼儿园的年纪，儿童就已经知道，回想过去不愉快的事情会使人感到悲伤（Lagattuta，2014）。儿童甚至知道当他们想到不愉快的事情本身（如一个破碎的玩具或一个搬走的朋友）时，他们经常感到悲伤，而当他们想到不愉快事情的施动者（如弄碎玩具的人或让朋友搬走的对方父母）时，他们会感到气愤。幼儿园的孩子也明白，悲伤或愤怒的儿童可能在拼写或数学等学校任务中表现不佳（Amsterlaw，Lagattuta和Meltzoff，2009），而且当认为不愉快的事情会再次发生时，人们会感到担忧

（Lagattuta，2014）。

在小学阶段，儿童开始理解人们有时会有"混合的情绪"。他们明白，有些情况可能导致人们同时感到快乐和悲伤（Larsen，To和Fireman，2007）。这种渐增的、识别多种不同情绪的能力与具体运算阶段（见模块6.1）的特征——去自我中心思维是一致的。

随着儿童的成长，他们也开始学习表达规则，即在特定的环境中或针对特定的人恰当地表达情绪的特定文化标准。例如，成人知道在葬礼上表达悲伤是合适的，但表达喜悦就不合适了。学龄前儿童在被自己喜欢的同伴挑衅时比被自己不喜欢的同伴挑衅时更能控制自己的愤怒，这个事实表明，学龄前儿童理解情绪表达的规则（Fabes等，1996）。同时，学龄儿童和青少年更愿意表达愤怒而不是悲伤，他们更愿意向父母表达愤怒和悲伤这些情绪，而不是同伴（Zeman和Garber，1996；Zeman 和 Shipman，1997）。这些表达规则在不同的文化中有所不同：与在亚洲文化中长大的孩子相比，生活在西方文化中的儿童被鼓励更多地表达他们的情绪（Novin等，2011）。

哪些经历有助于儿童理解情绪？那就是父母和孩子经常谈论情绪以及为什么人们会有这样的感受，特别是谈及恐惧和愤怒等负面情绪（Lagattuta 和Wellman，2002）。毫不奇怪，儿童通过听父母谈论感受来学习情绪，解释情绪的不同之处和引发情绪的情境（Brown 和Dunn，1992；Kucirkova和Tompkins，2014）。此外，儿童与父母和兄弟姐妹之间积极的、有益的关系也能帮助儿童理解情绪（Brown和Dunn，1992；Thompson，Laible和Ontai，2003）。这种联系的本质仍然是一个谜。一种可能性是，在积极的亲子和兄弟姐妹关系中，人们更全面地表达情绪（而且更经常这样做），更愿意谈论他们的感受，为儿童提供更多的机会来学习情绪。

儿童对他人情绪理解的加深反过来有助于他们助人能力的提高。他们更有可能意识到别人在通过情绪表达需求。更好地理解他人的情绪也有助于提升孩子与同龄人愉快玩耍的能力，因为他们可以看到自己的行为对他人的影响。我们会在书的后面详细讨论同理心和社会互动。现在，重要的一点是，认识到他人的情绪是成功的、令人满意的互动的重要先决条件。成功互动的另一个要素是调节情绪，这是我们的下一个主题。

调节情绪

学习目标4：孩子什么时候开始出现调节情绪的迹象？为什么这是一项重要的技能？

想想你对好朋友发火的时候。你对朋友大喊大叫了吗？你努力试图平静地讨论问题了吗？或者你完全忽略了所发生的一切？大喊大叫是愤怒的直接表达方式，但平静的讨论和忽略所发生的一切同样也包含了调节情绪的有意努力。人们经常调节情绪。例如，我们经常试图压制恐惧（因为我们知道没必要怕黑）、愤怒（因为我们不想让朋友知道我们是多么沮丧）和快乐（因为我们不想让自己看起来在为自己的好运而沾沾自喜）。

正如这些例子所说明的，熟练地调节情绪依赖于第6~9章所描述的认知过程（Zelazo和Cunningham，2007）。注意力是情绪调节的重要组成部分：我们将注意力转移到其他不那么情绪化的刺激、想法或感受上来控制情绪，如恐惧（Rothbart和Sheese，2007）。我们还会使用策略来重新评估事件（或情感或想法）的意义，从而减少情绪的爆发。例如，一个对点球感到紧张的足球运动员可以把她的生理兴奋状态重新解释为"兴奋"，而不是"害怕得要死"。

由于认知过程对情绪调节至关重要，基于第6~9章中描述的研究，我们认为，情绪调节是在童年和青少年时期逐渐发展起来的，而且在任何年龄段，都会有一些儿童在调节情绪方面比其他人更熟练（Thompson，Lewis和Calkins，2008）。事实上，这两个规律在研究中都非常明显。情绪调节显然从婴儿时期就开始了。在4~6个月时，婴儿会使用简单的策略来调节他们的情绪（Buss和Goldsmith，1998；Rothbart和Rueda，2005）。当婴儿对某个物体——例如，一个陌生人或一位突然停止应答的母亲——感到害怕或困惑时，他通常会转移视线（就像大一点的孩子甚至成人会经常通过转移视线或闭上眼睛来屏蔽令人不安的刺激）。受惊吓的婴儿也会靠近父母，这是另一种帮助控制恐惧的有效方法（Parritz，1996）。当然，由于婴幼儿控制情绪的能力有限，父母和其他看护者经常会提供帮助：正如我们在模块3.4中看到的，抱着、摇晃和轻声说话对安抚情绪不安的婴儿效果显著（Jahromi，Putnam和Stifter，2004）。

随着儿童的成长，他们会调节自己的情绪，减少对他人的依赖。例如，如果学龄前儿童被要求等到他们的母亲完成一项任务后再打开礼物，那么他们可能会自娱自乐（例如，对着镜子做鬼脸），以控制不得不等待的沮丧情绪（Roben，Cole和Armstrong，2013）。学龄儿童和青少年更擅长调节情绪，部分原因是他们可以使用认知策略。例如，一个孩子可能会通过告诉自己他一开始就不是真的想要这个礼物来减少他没有收到一个期待已久的礼物的失望情绪。而大龄儿童和青少年则会熟练地将调节情绪的策略与特定环境相匹配（Zimmer-Gembeck和Skinner，2011）。例如，当面对不可避免的情绪时，如去看牙医补牙，儿童会去适应，而不是试图去避免这些情况（例如，想想治疗牙齿的积极结果）。

一些儿童能比其他儿童更好地调节自己的情绪，而那些不太擅长的儿童往往在与同伴互动和适应方面存在问题（Olson等，2011；Zalewski等，2011）。当孩子无法控制他们的愤怒、担忧或悲伤时，他们往往很难解决在同伴关系中不可避免的冲突（Fabes

等，1999）。例如，当孩子们争论该玩哪个游戏或看哪个电影时，他们控制不住愤怒可能会妨碍找到一个双方都满意的解决方案。因此，情绪调节无效会导致儿童更频繁地与同伴发生冲突，从而让他们的同伴关系更差，学校适应更糟糕（Eisenberg等，2001；Olson等，2005）。

在这一模块中，我们学习了儿童如何表达、识别和调节情绪。接下来，我们会发现情绪是儿童性格的一个重要特征。

✓ 检测你的学习

回忆： 阐述生理和文化背景对儿童情绪表达的影响。
婴儿和儿童如何调节自己的情绪？当儿童不能很好地控制自己的情绪时会有什么后果呢？
解释： 基本情绪和自我意识情绪的区别是什么？
应用： 婴儿情绪表达和调节的发展变化与婴儿语言理解和表达的发展变化（见模块9.1）有何相似之处？

10.2 气质

学习目标

学习目标5：气质的各种特征是什么？
学习目标6：遗传和环境如何影响气质？
学习目标7：在整个发展过程中，儿童的气质有多稳定？
学习目标8：不同的气质带来什么结果？

大纲

什么是气质
遗传和环境对气质的影响
气质的稳定性
气质和发展的其他方面

吉见从日本来到美国开始研究生学习后不久，就把她5个月大的儿子送到了日托中心。与她的儿子相比，日托中心的欧洲裔美国婴儿显得"脆弱"，这一事实令她震惊。

其他的婴儿经常哭,而且很少受到刺激。吉见不知道她的儿子是异常"坚强",还是只是一个典型的日本婴儿。

当你观察小婴儿时——也是第3章"自行探索"的部分内容——有些婴儿像吉见一样,大部分时间都很安静,而另一些婴儿则常常很不耐烦地哭个不停。也许你看到一些婴儿对陌生人反应热情,而另一些则显得害羞。这样的行为方式在不同的情境中也是相当稳定且是基于生物学的,这被称为婴儿的气质。例如,所有的婴儿都会偶尔烦躁和哭泣。然而,有些婴儿,如吉见的儿子,恢复得很快,另一些婴儿却很难安慰。这些情绪和行为方式的差异在出生后的头几周很明显,而且在整个生命中都很重要。

本模块我们将从科学家对气质的不同界定方式开始探索。

什么是气质

学习目标5:气质的各种特征是什么?

> **Q&A 问题10.2**
> 10个月大的妮娜通常很开心,她喜欢和爸爸一起外出,每天晚上都睡得很香。托马斯和切斯会怎么形容妮娜的气质呢?

亚历山大·托马斯和斯特拉·切斯(Thomas、Chess和Birch,1968;Thomas和Chess,1977)是气质研究的先驱人物,他们在纽约进行的纵向研究追踪了141个人的生活——从婴儿期到成年期。托马斯和切斯采访了一些父母关于他们孩子的情况,并让一些不熟悉孩子的人在家里观察他们。通过这些访谈和观察,他们认为婴儿的行为会在九个气质维度上发生变化。维度一是活动水平,指的是婴儿典型的运动水平。维度二是持久性,指的是婴儿投入一项活动的时间,特别是当存在障碍的时候。

利用所有九个维度,托马斯和切斯将大部分婴儿分为3个群体。最常见的是"好相处"婴儿,他们通常快乐、开朗,能很好地适应新环境,有规律的饮食、睡眠和如厕习惯。第二个群体不太常见,被归为"难相处"婴儿,他们往往不快乐,饮食和睡眠不规律,对陌生的情况往往反应强烈。另一个更不常见的群体是"迟缓型"婴儿。像"难相处"婴儿一样,"迟缓型"婴儿通常不快乐;但与"难相处"婴儿不同的是,"迟缓型"婴儿在陌生的情况下不会感到不安。

虽然在纽约进行的纵向研究开启了对婴儿气质的研究,但今天的研究人员不再专注于给婴儿分类。相反,研究人员想要确定气质的不同维度。"理论聚焦"专栏介绍了一种研究气质的现代方法。

理论聚焦

关于婴儿期气质结构的理论

背景　大多数科学家认为，气质是指以生物学为基础的稳定的行为模式。然而，科学家对气质维度的数量和性质持不同意见。

理论　玛丽·罗斯巴特（Mary K. Rothbart, 2011）提出了一种气质理论，包括三个不同的维度：

- 外倾性/外向性指的是儿童普遍快乐、活跃、能表达、有规律地寻求有趣刺激的程度。
- 消极情感是指儿童生气、害怕、沮丧、害羞、难以安抚的程度。
- 努力控制指的是儿童能集中注意力、不易分心、能抑制反应的程度。

这些气质维度在婴儿期很明显，并且持续到童年，与青春期和成年期的人格维度相关。然而，这些维度并不是独立存在的：努力控制能力高的婴儿往往会表现出强的外倾性/外向性，以及弱的消极情感。换句话说，能够控制注意力和抑制反应的婴儿往往是快乐和活跃的，他们不会生气或害怕。

假设　如果气质是基于生物学的，并且包含了罗斯巴特理论的三个维度，那么气质的这些维度应该在世界各地的儿童中都存在。也就是说，气质的跨文化研究应该一致地揭示外倾性/外向性、消极情感和努力控制三大维度。

测试　许多科学家研究了在世界不同国家长大的儿童的气质结构。在大多数研究中，幼童的父母都要完成测量儿童气质的问卷调查。例如，婴儿行为问卷（IBQ-R）评估了罗斯巴特气质理论的不同维度。"当得到新玩具时，婴儿对拿到新玩具的兴奋次数有多少？""当在泡澡时，婴儿多久会溅一次水或踢一次水？"两者都衡量了外倾性/外向性维度。"当孩子对某件事感到沮丧时，他会在5分钟内平静下来吗？"，这是衡量消极情感的维度。对于每一项，家长用"从不"到"总是"的量表对在过去7天内观察到这种行为的频率进行评估。

采用因子分析（见模块8.1）来评估家长的回答，是一种寻找家长回答模式的方法。举例来说，如果父母判断他们的婴儿总是对新玩具感到兴奋，并表示他们的婴儿总是在洗澡时溅水或踢水（因为这两种项目都被认为可以衡量外倾性/外向性），那么外倾性/外向性这一维度将得到证实。事实上，因子分析显示，比利时、中国、日本、荷兰和美国父母的报告中明显存在三个气质维度——外倾性/外向性、消极情感和努力控制（Casalin等，2012；Sleddens等，2011）。也就是说，当全世界的父母在描述他们的孩子时，他们基本围绕气质的三个基本维度。

结论 正如预测的那样，气质的结构在许多文化中是相同的。这证实了罗斯巴特的主张，她的气质理论的维度是基于生物学的，因此，无论儿童在什么特定的环境或文化中成长，这些维度都应该显而易见。

应用 气质研究的一个重要主题是，当儿童的气质与成长环境相适应时，他们发展得最好。也就是说，因为气质根植于生物学，父母应该接受婴儿独特的气质特征，并相应地调整他们的育儿方式。例如，安静和害羞的婴儿明显受益于父母的积极刺激（如描述和解释），但这些同样的活动对活泼外向的婴儿会起反作用，他们宁愿自己探索世界（Miceli 等，1998）。因此，罗斯巴特的理论和其他关于气质的研究提醒我们，父母和孩子之间的互动代表了一条双向通道，当双方——孩子和父母——都适应对方的需要时，互动是最为成功的。

遗传和环境对气质的影响

学习目标6：遗传和环境如何影响气质？

气质根植于生物学，所以认为儿童的气质反映了遗传的影响并不奇怪（Saudino 和 Wang，2012）。例如，在对双胞胎进行的研究中，同卵双胞胎在气质方面比异卵双胞胎更相似。换句话说，如果一个同卵双胞胎性格活跃，那么另一个通常也一样（Saudino，2012）。遗传的影响随着年龄的增长而增加：儿童气质比婴儿气质受遗传的影响更大（Wachs和 Bates，2001）。长期研究中，气质被认为与神经递质相关的特定基因有关，但多项研究结果并不一致（Davies等，2013；Saudino和Wang，2012）。

环境至少从三个不同的方面影响着孩子的气质。首先，气质会直接受到父母行为的影响。例如，当父母会做出回应时，婴儿就不会那么情绪化（Hane 和Fox，2006；Leerkes，Blankson和O'Brien，2009）。其次，环境可以通过模块2.2中描述的机制，放大气质的遗传效应。例如，消极情感水平高的婴儿更有可能受到严厉的教育（Saudino和Wang，2012）。

最后，气质可能让一些儿童特别容易受到环境影响——无论是有利的还是有害的（van Ijzendorn和Bakermans-Kranenburg，2012）。有几项研究聚焦于DRD4基因，该基因与成人控制注意力、动机和奖励及追求新奇的大脑系统有关。具有DRD4基因特定变体的儿童尤其容易受到环境质量的影响：他们更有可能受益于积极的环境，如高质量托儿所；他们也更有可能受到负面环境的伤害，如产前压力（Bakermans-Kranenburg 和 van IJzendoorn，2011；Belsky 和Pluess，2013；Zohsel等，2014）。

DRD4不是一种气质基因，但它与构成气质的行为有关（如追求新奇、无畏）。因此，这些发现表明，气质可能使一些儿童对环境的影响特别敏感。就好像有些孩子是带着小舵的帆船，风代表着环境的影响，这些影响可以轻易地改变他们的发展进程；其他孩子的方向舵较大，受环境风的影响较小。

遗传和环境也可以解释为什么开头故事的日本母亲吉见有一个如此"坚强"的儿子。"文化影响"专栏会说明一切。

文化影响

为什么吉见的儿子这么坚强？

如果你曾经看过婴儿打针，你就会知道以下情境不可避免。当注射器取出后，婴儿的眼睛会睁大，然后开始大哭，好像在说："哇，好疼啊！"不同的婴儿哭泣的强烈程度和被抚慰的容易程度不同，反映了气质层面的差异，但几乎所有的欧洲裔美国婴儿都会哭。

人们很容易认为哭泣是接种疫苗后对疼痛的普遍反应，但事实并非如此。在这种压力环境下，与欧洲婴儿和美国婴儿相比，日本婴儿和中国婴儿更像吉见的儿子：他们不太可能感到不安，而且更容易得到抚慰（Kagan 等，1994；Lewis，Ramsay和Kawakami，1993）。此外，日本婴儿和中国婴儿微笑和大笑得更少，更具自我拘束力（Chen，Wang和DeSouza，2006；Gartstein等，2010）。

为什么亚洲婴儿不像欧洲婴儿和美国婴儿那么情绪化？遗传可能也有影响，但我们不能忽视环境的影响。与欧洲和美国的母亲相比，日本母亲花更多时间与婴儿进行亲密的身体接触，不断温柔地安抚他们；这可能会减少他们情绪恶化的倾向。

气质的稳定性

学习目标7：在整个发展过程中，儿童的气质有多稳定？

平静、随和的婴儿长大后会成为平静、随和的儿童、青少年和成人吗？难相处、易怒的婴儿长大后会成为脾气暴躁、爱发牢骚的孩子吗？事实上，气质在婴儿期是比较稳定的，并在学前阶段变得更稳定（Shiner 和 Caspi，2012）。例如，当害羞的幼儿长大成人时，他们对陌生刺激的反应更强烈（Schwartz等，2003）。因此，3岁时就很害羞的萨姆，会比3岁的大卫更有可能在12岁时感到害羞。然而，萨姆在12岁时就害羞并不是必然的。相反，一些年轻人天生就倾向于社交、情绪化或主动；其他人也会这样，但前提是这些行为得到父母和其他人的培养。

在许多方面，气质与个性相似，所以许多儿童发展研究人员推测两者之间的潜在联系也就不足为奇了。有一种观点认为，气质和个性之间存在直接或间接的联系（Shiner和Caspi，2012）。直接的联系是气质维度为人格特征提供了明确的路径。例如，外向是指一个人的温暖度、合群度和活跃度。外向的人往往更感性，喜欢别人的陪伴，喜欢活跃的气氛；内向的人往往更保守，喜欢独处，更喜欢安静的节奏（Costa和McRae，2001）。外向看起来像积极情感和活动水平气质维度的混合，而内向的儿童在成年后更有可能是内向的而不是外向的（Caspi等，2005）。

间接的联系是，儿童的气质有助于形成环境影响，而这些经历会决定个性发展的过程（Shiner和Caspi，2012）。大卫可能会和像他一样外向的儿童交朋友；与这些孩子在一起的经历会鼓励他的性格倾向于合群，并让他成为外向的青少年和成人。

在下一节中，我们会看到气质与发展的其他方面相关，而不仅仅是个性。

气质和发展的其他方面

学习目标8：不同的气质带来什么结果？

在托马斯和切斯的纵向研究中，他们发现，大约2/3的"难相处"的学龄前儿童在进入学校之前就出现了行为问题。相比之下，只有不到1/5的"好相处"的孩子有行为问题（Thomas等，1968）。在美国和中国，后来的研究已经证明了"难相处"（容易生气和控制相对较少的青少年）和后来的行为问题之间的联系（Gartstein，Putnam和Rothbart，2012；Zhou，Lengua，和Wang，2009）。然而，"难相处"的性格并不一定会产生适应问题：当父母支持并尊重孩子的自主权时，"难相处"的儿童也会表现得更好（Stright，Gallagher和Kelley，2008）。

其他科学家继续着纵向研究的方向，寻找气质和发展结果之间的联系。

他们发现，气质对发展有重要影响。以下例子说明了这一观点：

- 坚持不懈的儿童更有可能在学校取得成功，而活跃和容易分心的孩子则不太可能（Eisenberg等，2014；Martin，Olejnik和Gaddis，1994）。
- 害羞、内向的儿童通常很难与他们的同伴互动，常常不能有效地处理问题，而且不太可能帮助一个处于困境中的陌生人（Eisenberg等，1998；Young等，1999）。
- 焦虑、恐惧的儿童更有可能遵守父母的规定和要求，即使父母不在身边（Kochanska等，2007）。
- 经常生气或害怕的儿童更容易抑郁（Lengua，2006）。
- 不受约束和缺乏自律的儿童在成年后容易出现酒精、毒品和赌博等相关的问题

（Slutske等，2012；Zucker，Heitzeg和Nigg，2011）。

"研究重点"专栏将说明童年时期的气质也与青春期和成年后的一系列结果有关。

研究重点

气质影响青春期和成年后的结果

研究人员是谁？研究的目的是什么？ 许多研究表明，当儿童不能有效地控制情绪和行为时，他们经常会遇到发展问题。然而，大部分的研究包括横断研究或纵向研究，只涵盖几年的时间。很多工作都集中在一个问题领域。特里·莫菲特（Terrie Moffitt）和她的同事（2011）希望确定童年的自我调节是否与青春期和成年后一系列重要的发展结果有关。

研究人员是如何测量研究话题的？ 这项研究基于达尼丁多学科健康与发展研究所获得的数据，该研究追踪了在新西兰出生的1000多名儿童的生活。儿童年龄在3~11岁，他们的自我调节能力由家长、老师、训练有素的观察人员和儿童自己提供的评分进行评估。例如，每个人对儿童是否完成任务进行打分。研究人员还测量了儿童的智商及其家庭的社会经济地位。

在青少年时期，参与者被问及是否吸烟、是否辍学或是否为人父母。成年后，参与者进行了体检，并就他们的精神健康和药物使用情况接受了采访。此外，他们的犯罪活动是通过搜索法庭记录确定的。

研究中的参与者是谁？ 达尼丁的研究从1037名婴儿开始，其中大多数人在成年后反复接受测试。（这项研究正在进行中，参与者现在都40岁出头。）

这项研究的设计是怎样的？ 这项研究是相关性研究，因为莫菲特和她的同事对儿童时期的自我调节与青春期和成年后的结果之间存在的自然关系感兴趣。这项研究是纵向的，因为参与者在童年、青春期和成年都接受了测试。

这项研究是否存在伦理问题？ 不存在。研究很简单，没有明显的风险。当参与者是儿童时，他们的父母同意参与；成年后的受试者自己也同意。

结果如何？ 图10-1显示了童年的自我调节与青春期和成年后的结果之间的联系。这些发现的呈现形式是，基于儿童在自我调节方面的熟练程度，出现某些情况的可能性（不熟练处于自我调节的第70个百分位，而熟练则处于第30个百分位）。如果在自我调节方面熟练和不熟练的儿童对于危险行为具有同样的概率，比率将是1。然而，在每一个案例中，这一比率都大于1，这说明自我调节能力较差的儿童更有可能出现这种结果。举个极端的例子，自我调节能力较差的儿童辍学的可能性是常人的两倍多。同样，他们更有可能吸烟，更有可能怀孕；成年后，他们更有可能出现与健康有关的问题，更有可能出现滥用药物的问题，更有可能犯罪。

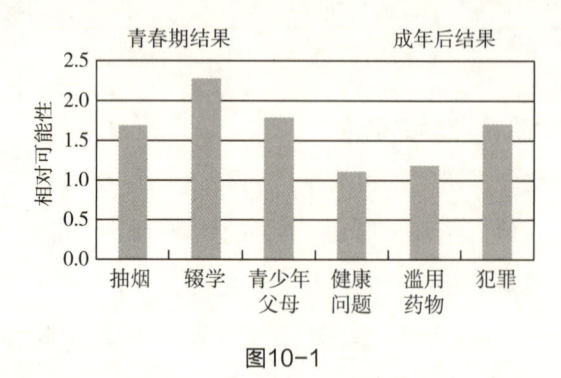

图10-1

研究人员得出了什么结论？ 当儿童无法熟练地控制自己的情绪和行为时，他们就有可能走上不良发展道路，导致一系列不良后果。莫菲特等人（2011）写道："我们的发现表明，以自我控制为核心的创新政策可能会减少……给公民和政府带来沉重的成本负担。"

有什么趋同证据可以强化这些结论？ 在许多方面，达尼丁的研究是发展科学最佳实践的典范。当然，困扰任何纵向研究的一个问题是组群效应的可能性——研究结果可能仅适用于20世纪70年代初出生在新西兰的特定群体，并不适用于更普遍的人群。例如，当参与者成年后，新西兰经历了严重的经济衰退，这意味着当参与者渴望加入劳动大军时，工作机会很少。这种独特的经历会影响研究结果吗？唯一确定的方法是进行其他纵向研究，研究年轻人没有经历经济衰退时的情况。

虽然这些发现强调了气质是儿童发展的重要力量，但气质不会是唯一的决定因素。相反，气质的影响往往取决于儿童成长的环境。为了说明这一点，让我们来考虑气质和行为问题之间的联系。那些在气质上属于抗拒控制的婴儿和学步儿童——那些难管教，经常不作应答，有时冲动的孩子——当他们长大后，往往容易出现行为问题，尤其是攻击性行为。然而，更细致的分析表明，只有当母亲对孩子没有施加太多的控制时，抗拒性气质才会导致行为问题。当母亲确实对孩子施加控制时——在必要的时候禁止、警告和训斥孩子——抗拒型气质与行为问题没有关联（Bates等，1998）。

同样，当青少年经历了许多生活压力（例如，家庭有成员遭遇严重的事故或有严重的疾病，或者父母中一个失业，或者父母和孩子经常发生冲突），而且他们的父母自己也抽烟和喝酒时，青少年才更有可能抽烟和喝酒。但是，对于具有积极情感特质的青少年来说，这种情况就不那么真实了（Wills等，2001）。也就是说，性格开朗的青少年较少受到生活压力的影响,这显然是因为他们透过美好的眼光看世界,因此不认为压力有那么大的威胁。因此,他们不太可能沉迷于抽烟和喝酒。

这项研究提醒我们,情绪是气质的基本要素。接下来,我们将从另一个角度来看待情绪,即婴儿和主要看护者之间形成的情感关系。

✓ 检测你的学习

回忆: 气质是如何受到遗传和环境的影响的?

总结气质对其他方面发展的影响。

解释: 比较托马斯和切斯的气质研究方法与罗斯巴特的气质理论。

应用: 基于你对气质稳定性的了解,你会对那些担心自己15个月大的孩子过于害羞和拘谨的父母说些什么呢?

10.3 依恋

学习目标

学习目标9:婴儿和主要看护者之间的依恋关系是如何发展的?
学习目标10:依恋关系有哪些不同类型?不同类型的依恋关系带来什么结果?

大纲

依恋的发展
依恋的特征

萨曼莎是一个新生儿,她的父母凯伦和迪克盼望着周五晚上一起去他们最喜欢的餐馆共进晚餐。凯伦希望享受从照顾孩子的责任中解脱出来的这段时间,迪克也喜欢能和凯伦不受打扰地聊天。但最近他们遇到了一个问题。当他们把8个月大的萨曼莎交给保姆照看时,她一脸惊恐,而且时常会歇斯底里地哭起来。凯伦和迪克想知道萨曼莎的行为是否正常,他们周五的晚餐是否要泡汤了。

婴儿和父母(通常但并非总是母亲)之间发展的社交情感关系比较特殊。这是婴儿的第一段社交情感关系,因此科学家和父母都认为,令人满意的、没有问题的依恋关系为今后的关系奠定了基础。在这个模块中,我们将看到婴儿产生第一段情感关系的步骤。在这一过程中，我们也会理解为什么当凯伦和迪克把8个月大的萨曼莎交给保姆照看时，她会开始大哭。

依恋的发展

学习目标9：婴儿和主要看护者之间的依恋关系是如何发展的？

现今社会，人们鼓励父母不断地拥抱和亲吻他们的孩子，孩子得到的爱越多越好！这个建议看似理所当然，但实际上它是一个相对较新的建议，可以追溯到20世纪中期。该建议部分来自对父母在第二次世界大战中丧生的欧洲儿童的观察。尽管得到了良好的饮食和必要的医疗保健，孩子的发展远非正常：他们的智力发展缓慢，常常显得孤僻和无精打采（Bowlby，1953；Spitz，1965）。一些科学家认为，问题的产生是因为这些孩子生活在收容机构（如孤儿院和难民营），在那里他们不能与成人形成亲密的社会情感纽带。

不久之后，对隔离饲养的猴子的研究证实了这一观点。虽然猴子得到了很好的生理上的护理，但它们还是蜷缩在笼子的角落里，紧紧地抓着自己，不停地摇晃；当与其他猴子放在一起时，它们会尽可能地避开其他猴子（Harlow和Harlow，1965）。很明显，如果不与有爱心的成人进行定期的社会互动，儿童正常的发展就会偏离正轨。

在解释这些早期社会关系的基本要素时，大多数现代观点都是从进化的角度出发的。根据进化心理学，人类的许多行为都代表着对环境的成功适应。也就是说，在人类历史上，一些行为使人类更有可能繁衍后代，并将他们的基因传递给后代。例如，我们都理所当然地认为大多数人都喜欢和别人待在一起。但进化心理学家认为，我们的"社会本性"是进化的产物：对于早期人类来说，群体可以保护自己免受捕食者的攻击，也更容易找到食物。因此，具有社会性的早期人类比他们的非社会性同伴更有可能生存足够长的时间来繁衍后代，并将他们的社会取向传递给后代（Gaulin和McBurney，2001）。经过许多代人的研究，"社交型"所带来的生存优势使得几乎所有人都以社交为导向（尽管社交程度会有所不同，正如我们在模块10.2中对气质的研究所知）。

进化心理学应用于儿童发展，强调了儿童在不同发展阶段行为的适应价值（Bjorklund 和 Jordan，2013）。例如，想想父母在养育孩子上投入的时间和精力。如果没有这样的努力，婴儿和幼童将在性成熟之前死亡，这意味着父母的基因不能遗传给孙辈（Geary，2002）。在这一点上，尽管养育子女似乎是"自然的事"，但它实际上代表了一种适应问题，即确保后代能够生存到性成熟。

约翰·鲍比（John Bowlby，1969，1991）提出了早期人际关系的进化观点。鲍比认为，形成一种依恋关系的儿童——与成人形成一种持久的社会情感关系——更有可能存活下来。这个成人通常是母亲，但并不总是；关键是要与一个会及时回应、有爱心的人建立强有力的情感关系。儿童可以与父亲、祖父母或其他人建立依恋关系。鲍比认为，依恋关系发展有四个阶段。

- 前依恋阶段（出生6~8周）。在产前发育期间和出生后不久，婴儿迅速学会通过嗅觉和声音识别他们的母亲，这为建立依恋关系奠定了基础（Hofer，2006）。更重要的是，进化赋予了婴儿许多行为，这些行为引导大人进行照顾。当婴儿哭泣、微笑或凝视父母的脸时，父母通常会对婴儿微笑或抱起婴儿。婴儿的行为及其在成人身上唤起的反应创造了一个互动系统，这是形成依恋关系的第一步。

- 形成中的依恋阶段（6~8周至6~8个月）。在这几个月里，婴儿在熟悉的看护者和不熟悉的成人面前开始表现不同。婴儿现在在主要看护者的陪伴下更经常地微笑和大笑；当婴儿难过时，他们更容易得到主要看护者的安慰。当婴儿感到焦虑或痛苦时，他们会逐渐认识到主要看护者是他们可以依赖的人。

- 明确依恋阶段（6~8个月到18个月）。在7~8个月大的时候，大多数婴儿已经把依恋的对象——通常是母亲——单独挑选出来作为一个特殊的个体。依恋的对象现在是婴儿稳定情绪的基础。例如，7个月大的婴儿希望探索新的环境，但会时不时地看向他的母亲，好像在寻求"一切都好"的保证。这种行为表明婴儿信任他的母亲，也表明依恋关系已经建立。此外，这种行为反映了重要的认知发展：它意味着婴儿对母亲有一种心理表征，婴儿知道母亲会在那里满足其需求（Lewis，1997）。这就是为什么像8个月大的萨曼莎这样的婴儿在与依恋对象分离时会感到痛苦：他们失去了安全的基础。

- 修正目标的合作关系（18个月后）。婴儿认知和语言技能增长，与主要看护者的经验也不断积累，使得婴儿能够在依恋关系中充当真正的伙伴。他们经常在互动中采取主动，也会和父母讨价还价（"请再给我讲一个故事吧"）。他们开始明白父母的感受和目标，有时用这些知识来指导自己的行为。他们也能更有效地应对分离，因为他们能预见到父母最终还是会回来。

父亲的角色

依恋通常首先在婴儿和母亲之间发展，因为母亲通常是婴儿的主要看护者。婴儿很快也会对父亲产生依恋，尽管父亲花在照顾孩子上的时间（如给孩子喂奶或洗澡）比母亲要少（Lamb和Lewis，2010）。父亲花更多的时间和孩子玩游戏，而不是照顾他们——甚至他们的游戏风格也有所不同。玩肢体游戏是父亲们的常态，而母亲们则花更多的时间与婴儿阅读和交谈，给他们看玩具，玩"小蛋糕"之类的游戏。当婴儿感到痛苦时，他们往往更喜欢和父亲一起玩，但还是依赖母亲（Field，1990）。然而，随着男性和女性开始共同分担照顾孩子和养家糊口的责任，父母之间的这些行为差异已经变小（Lamb 和 Lewis，2010）。

依恋的特征

学习目标10：依恋关系有哪些不同类型？不同类型的依恋关系带来什么结果？

婴儿和母亲之间的依恋通常发生在8或9个月大的时候，但这种依恋可以以不同的形式出现。玛丽·安斯沃斯（Mary Ainsworth，1977，1993）是研究依恋关系的领军人物，她使用了一种被称为"陌生人情境"的方法。在图10-2中你会看到，这种方法包含了一系列情境，每个情境大约3分钟。母亲和婴儿走进一个陌生的房间，里面摆满了有趣的玩具。母亲短暂离开，然后母亲又和婴儿重聚。同时，实验人员观察婴儿，记录其对分离和重聚的反应。

陌生人情境的步骤

① 实验人员将实验房间展示给母亲和婴儿，然后离开。
② 允许婴儿在游戏室探索3分钟；母亲看着但不参与。
③ 一个陌生人进入房间，保持沉默1分钟，和婴儿说话1分钟，然后走近婴儿。母亲悄悄地离开。
④ 陌生人不会和婴儿一起玩，但如果有必要，她会安抚婴儿。
⑤ 3分钟后，母亲回来，问候并安抚婴儿。
⑥ 当婴儿继续玩时，母亲又离开了，这次她离开时说了声"再见"。
⑦ 陌生人试图让婴儿平静下来，并和婴儿一起玩。
⑧ 3分钟后，母亲回来了，陌生人离开。

图10-2

根据婴儿的反应，研究人员确定了4种不同类型的依恋关系（Ainsworth，1993；Thompson，2006）。一种是安全型依恋，三种是不安全型依恋（回避型、反抗型、紊乱型）。

- 安全型依恋：当母亲离开时，婴儿可能会哭，也可能不会哭，但当母亲回来时，婴儿想和她待在一起。如果婴儿哭了，母亲回来，婴儿就会停止哭。婴儿似乎在说："我非常想念你，但现在你回来了，我就没事了。"大约60%~65%的美国婴儿拥有安全型依恋关系。

- 回避型依恋：当母亲离开时，婴儿没有明显的不安，当母亲回来时，婴儿可能转头或转身不管她。婴儿看起来好像在说："你又离开我了。我不得不照顾好自己！"约20%的美国婴儿拥有回避型依恋关系，这是三种不安全型依恋形式之一。

- 反抗型依恋：当母亲离开时，婴儿会不安，当母亲回来时，婴儿仍然不安，甚至生气，难以安慰。这些婴儿似乎在对母亲说："你为什么要这样做？我迫切需要你，你却毫无预兆地离开了我。你这样让我很生气。"有10%~15%的美国婴儿有这种反抗型依恋关系，这是另一种不安全型依恋形式。

- 紊乱型（混乱型）依恋：当母亲离开时，婴儿似乎很困惑，当母亲回来时，他还是不明白发生了什么。婴儿的脸上经常有一种茫然的表情，好像在说："这里发生了什么？我希望你在这里，但你走了，现在又回来了。我不知道该笑还是该哭！"有5%~10%的美国婴儿有这种紊乱型依恋关系，这是三种不安全型依恋中的最后一种。

陌生人情境长期以来一直是研究依恋关系的黄金标准，但研究人员也会使用其他方法来进行补充。其中之一就是依恋 Q-Set，适用于幼童以及婴幼儿。在这种方法中，训练有素的观察员观察母亲和孩子在家里的互动，然后观察员对许多与依恋相关的行为进行打分（例如，"当母亲进入房间时，孩子用灿烂的微笑迎接她"）。这些评分的总和用来衡量孩子对依恋的安全感。用Q-Set得到的分数可以补充陌生人情境中推导出的结论（van IJzendoorn等，2004）。

全球的依恋态势

在大多数国家，有55%~70%的婴儿被归类为安全型依恋。然而，婴儿在不同形式的不安全型依恋中所占的比例在不同文化中存在显著差异（van IJzendoorn和Sagi-Schwartz，2008；van IJzendoorn, Schuengel和Bakermans-Kranenburg，1999）。例如，在日本，反抗型依恋（婴儿在与母亲团聚时希望被抱起，但会扭动身体，好像为了避免母亲的拥抱）比回避型依恋（婴儿在与母亲团聚后根本不希望被抱起）要常见得多。在德国发现了相反的规律（Sagi等，1995）。

这些差异可能反映了文化差异，父母对婴儿行为的期望对婴儿在陌生人情境的反应有一定的影响。例如，德国父母更倾向于鼓励独立，这或许可以解释为什么回避型依恋在德国婴儿中更常见。相比之下，日本父母认为母子关系是特别相互依赖的，日本母亲很多时候都紧紧地抱着婴儿（Rothbaum等，2000）。这也许可以解释为什么日本婴儿在分离后与母亲重聚时很少回避母亲。

尽管不同形式的不安全型依恋的比例存在文化差异，但我们应该关注安全型依恋在各种文化中都具有比例优势。进化心理学家认为，这种优势意味着安全型依恋相对于其他形式的依恋具有适应性。接下来我们证实这一说法。

依恋特征的结果

埃里克森（Erikson）、鲍比（Bowlby）和其他理论家（Waters和Cummings，2000）认为，依恋作为最早的社会关系，是婴儿以后所有社会关系的基础。这种观点认为，从安全型依恋获得信任和同情的婴儿应该发展成能够自信和成功地与同伴互动的学龄前儿童。相比之下，那些没有经历过成功的、令人满意的早期社会关系的婴儿在学龄前的社会交往中更容易出现问题。

事实上，拥有安全型依恋的孩子比拥有不安全型依恋的孩子存在更高质量的友谊和更少的冲突（McElwain，Booth-Laforce和Wu，2011）。更重要的是，婴儿期的安全依恋也与青少年和成人时期的高质量的恋爱关系有关（Collins，Welsh和Furman，2009；Englund等，2011）。最后，研究发现，不安全型依恋与焦虑、愤怒和攻击性行为等问题有关（Kerns和Brumariu，2014；Madigan等，2013）。

结论似乎不可避免：随着婴儿的成长，拥有安全型依恋关系的婴儿倾向于有令人满意的社会互动，但拥有紊乱型依恋关系的婴儿则不是。为什么？一种观点侧重于这种早期社会关系的持久影响。安全型依恋显然会使婴儿积极地看待世界并信任他人，这些特征会让其在儿童、青少年和成人阶段进行更熟练的社会互动（Dykas和Cassidy，2011）。另一种观点并没有低估这种早期社会关系的影响，但又增加了另一个考虑：强调照顾连续性的理论家认为，与婴儿建立安全型依恋关系的父母往往会在孩子的整个发展过程中提供温暖、支持和熟练的养育（McElwain等，2011；Thompson，2006）。因此，只有不断地接触高质量的养育，才能促进婴儿期的安全型依恋的形成，以及儿童期和青春期的积极社会关系的建立。这些说法并不相互排斥：成功的早期社会关系和持续温暖的养育可以共同促进孩子的发展。

依恋特征的决定性因素

由于安全型依恋对儿童今后的发展非常重要，研究人员试图找出相关的因素。毫无疑问，最重要的是父母和孩子之间的互动。当父母对婴儿做出可预测的、适当的反应时，安全型依恋最可能发生（De Wolff和van IJzendoorn，1997；Tomlinson，Cooper和

Murray，2005）。例如，母亲意识到她的宝宝不开心，会立即做出反应，并安慰她的宝宝。母亲的行为表明，社会互动是可预测的和令人满意的，而且很明显，这种行为向婴儿灌输了信任和信心，这是安全型依恋的标志。

为什么可预测的和积极的养育能促进安全型依恋关系？要回答这个问题，想想你自己的友谊和恋爱关系。当我们在需要的时候可以信任和依赖他人时，这种关系通常是最令人满意的。同样的道理似乎也适用于婴儿。婴儿发展出一种内部工作模式，即在平常或有压力的情况下对父母可达性和反应性的一系列期望。

当父母可靠、关心他们时，婴儿会信任他们，知道他们会得到安慰。也就是说，婴儿会形成一种内部工作模式，他们相信父母关心他们的需求，并会努力满足这些需求（Huth-Bocks等，2004；Thompson，2000）。

关于婴儿依恋工作模型有一个特别巧妙的演示（Johnson等，2010）。研究人员给婴儿看一个大椭圆（母亲）与一个小椭圆（孩子）的动画视频。视频开始时，母亲和孩子一起出现，然后母亲离开了孩子，孩子开始哭泣。在一些试验中，大椭圆回到小椭圆身边；在其他试验中，大椭圆继续离开。在描述母亲继续离开的实验中，拥有安全型依恋关系的婴儿看的时间更长，在描述母亲回来的实验中，拥有不安全型依恋关系的婴儿看的时间更长。显然，每组婴儿都有自己对父母如何回应的工作模型——安全型依恋的婴儿期望父母回应，但不安全型依恋的婴儿不会——他们对违反了他们对母亲行为期望的画面观察时间更长。

并非所有看护者对婴儿的反应都是可靠的、令人放心的，并能建立安全型依恋关系。有些父母会断断续续地做出反应，或者只是在婴儿长时间大哭后才做出反应。当这些看护者最终做出回应时，他们有时会被婴儿的要求惹恼，可能误解婴儿的意图。随着时间的推移，这些婴儿往往认为社会关系是不一致的，令人沮丧，这种情况对培养信任和信心几乎没有帮助。

为什么有些父母比其他父母更积极地回应孩子，因此更有可能培养安全型依恋？根据现代依恋理论（如Cassidy，1994），父母对自己的父母有内部依恋关系工作模式，这些工作模式引导着他们与自己的婴儿之间的互动。对成人的依恋访谈发现（George，Kaplan和Main，1985；Bakermans-Kranenburg 和van IJzendoorn，2009），成人可以分为三大类，一种对应童年时期的安全型依恋，另两种对应不安全型依恋：

- 安全型成人客观地描述童年经历，重视亲子关系对他们发展的影响。
- 回避型成人有时否认童年经历的价值，有时不能准确回忆那些经历，但他们经常理想化他们的父母。

- 专注型成人在描述童年经历时情绪激动，经常对其亲子关系表示愤怒或困惑。

根据依恋理论，只有具有安全型依恋表征的父母才有可能提供促进安全型依恋关系的、敏感照顾。事实上，许多研究表明，父母的安全型依恋表征与敏感的照顾相关，进而与婴儿的安全型依恋相关（Mills-Koonce等，2011；Pederson等，1998；Tarabulsy等，2005）。此外，正如我之前提到的，拥有安全型依恋关系的婴儿通常会变成拥有安全型依恋表征的年轻人，完成这个闭环。

幸运的是，培训可以帮助母亲更有效地应对婴儿的需求（Bakermans-Kranenburg，van IJzendoorn和Juffer，2003；Dozier，Zeanah和Bernard，2013）。母亲可以接受培训，练习更敏感、更深情、更有反应的互动，为安全型依恋和积极的内部人际关系模式铺平道路。

工作、依恋和托育

自20世纪70年代以来，越来越多的女性参加工作，越来越多的单亲家庭产生，使得托育成为美国家庭生活的一部分。我在模块15.3中详细描述了托育，但在这里我想关注一个特定的方面：大部分时间由其他人照顾婴儿时，母婴依恋会发生什么变化？父母和政策制定者都很担心这种影响。例如，婴儿每周外出接受护理的时间是否有上限？是否有一个可以接受日托的婴儿最低年龄？"儿童发展和家庭政策"介绍了试图回答关于早期儿童保育对儿童发展影响的研究。

儿童发展和家庭政策

为婴幼儿制定儿童保育指导

大量美国家庭需要照顾他们的婴儿和学步儿童，一项关于早期儿童保育的全面研究被要求为父母和决策者提供适当的指导建议。这项任务落到了美国国家儿童健康与人类发展研究所（U.S. National Institute of Child Health and Human Development）的肩上。该研究所于1991年开始了这项早期儿童保育研究。研究人员从美国12个城市招募了1364位母亲和她们的新生儿。母亲和孩子都接受了反复测试（而且测试还在继续，因为研究仍在进行中）。

从一开始，人们关注的一个问题是早期儿童保育对母婴依恋的影响，但迄今为止的结果显示，无论是15个月还是36个月的婴儿，儿童保育经历都没有对母婴依恋产生整体影响（NICHD早期幼儿护理研究网络，1997，2001）。换句话说，不管儿童护理质量如何，或者儿童在托儿所度过多长时间，什么时候开始儿童保育，以及儿童保育的类型是什么，安全型母婴依恋的可能性不变。

然而，如果综合考虑儿童保育的影响与母亲的特点，就会发现一个重要的规律：对于15个月和36个月大的婴儿，不太敏感的母亲加上劣质或长时间的儿童保育会使得不安全型依恋更常见（NICHD早期儿童保育研究网络，1997，2001）。正如研究人员所指出的，"质量差、不稳定或长时间的儿童保育显然增加了糟糕的母亲所固有的风险，因此其综合影响比低敏感性和反应性的母亲更糟"（1997，第877页）。这些结论尤其令人信服，因为以色列在儿童保育和依恋的大规模研究中也得出了相同的结论，该研究模仿了美国儿童健康与发展研究所的早期儿童保育研究（Sagi等，2002）。

这些结果为家长提供了明确的指导。安全型依恋的基本要素是高质量的父母养育。有了这样的育儿方式，不管儿童在保育方面经历如何，都有可能形成安全型依恋关系。在模块15.3中，我们将学习更多高质量的儿童保育服务的特征，并看看儿童保育服务对儿童发展的其他方面的影响。

Q&A 问题10.3

尚塔尔是一个3个月大孩子的母亲。她渴望回到土木工程师的工作岗位上，但她也担心这么快回去工作可能会伤害到孩子。你能说什么让她放心？

✓ 检测你的学习

回忆：从进化视角阐述母婴依恋。

母婴依恋有哪些不同形式？这些不同形式的结果是什么？

解释：比较婴儿和母亲对形成母婴依恋关系的作用。

应用：根据你对形成母婴依恋关系的正常发展流程的了解，儿童被收养的最佳年龄范围是多少？

统一主题：儿童的主动性

气质是本书中关于儿童影响自身发展这一主题的最好例子之一。气质有助于决定父母、同龄人和其他成人对儿童的反应。例如，父母和同龄人通常会对随和的孩子做出积极的反应。家长会认为与容易相处的孩子建立安全型依恋关系更加直接，而不是与难相处的孩子。相比害羞、拘谨的孩子，同龄人与随和的儿童相处得更好。儿童的气质并不单独决定他们的发展方向，但它使某些方向的发展更容易形成。

自行探索

安排参观当地的日托中心，在那里你可以悄悄地观察学龄前孩子几天。当你观察孩子的时候，看看你是否能发现模块10.2中描述的气质差异。你能认出情绪化的孩子、主动的孩子和喜欢社交的孩子吗？另外，留意成人对孩子的反应。根据孩子的气质，注意同样的行为是否会引起成人不同的反应。自行探索吧！

总结

10.1 情绪

情绪的作用

现代理论强调情绪的功能价值。恐惧、快乐和厌恶等情绪是有价值的，因为它们有助于人们适应，即让人们远离危险，加强社会关系。

体验和表达情绪

基本的情绪，包括喜悦、愤怒和恐惧，会在婴儿出生的第一年出现。在婴儿期，恐惧首先表现为对陌生人的警惕。自我意识情绪具有评估成分，包括内疚、尴尬和骄傲。这些情绪出现在18~24个月，需要比快乐和恐惧等基本情绪更复杂的认知技能。不同的文化在表达情绪的规则和引起特定情绪的情景上有所不同。

识别和利用他人的情绪

在6个月时，婴儿已经开始识别与不同面部表情相关的情绪。他们利用这些信息来帮助自己评估不熟悉的情况。在婴儿期之后，孩子就懂得了不同情绪的原因和后果，懂得了人们可以同时感受多种情绪，懂得了恰当表达情绪的规则。

调节情绪

婴儿使用简单的策略来控制情绪，如恐惧。随着儿童的成长，他们会变得更善于控制自己的情绪。不能很好地控制情绪的儿童往往会在与他人的互动中出现问题。

10.2 气质

什么是气质

气质指的是以生物学为基础的稳定的行为模式，在出生后不久就显现出来。纽约纵向研究提出了气质的三个主要类别，但大多数现代理论集中在气质的维度。根据罗斯巴特的理论，气质包括三个主要维度：外倾性/外向性、消极情感和努力控制。

遗传和环境对气质的影响

双胞胎研究表明，遗传对气质的影响在儿童期比婴儿期更大。环境通过父母的行为和基因的放大效应影响气质。气质使一些儿童更容易受到环境的影响。

气质的稳定性

气质在婴儿期是比较稳定的，在学龄前开始变得更加稳定。童年时期的气质与成年后的性格有一定关系。

气质和发展的其他方面

许多研究人员已经表明气质与发展的其他方面有关。"难相处"婴儿到上学年龄时更有可能出现行为问题。坚持不懈的儿童在学校更成功，害羞的儿童有时与同龄人相处有问题，焦虑的儿童更顺从父母，愤怒或恐惧的儿童更容易抑郁。然而，气质的影响总是取决于儿童成长的环境。

10.3 依恋

依恋的发展

依恋是婴儿与父母之间一种持久的社会情感关系。鲍比的依恋理论植根于进化心理学，其阐述了依恋发展的四个阶段：前依恋、形成中的依恋、明确依恋、修正目标的合作关系。

依恋的特征

对婴儿与母亲短暂分离的陌生人情境的研究揭示了四种主要的依恋形式。最常见的是安全型依恋关系，即婴儿完全信任母亲。不太常见的是三种缺乏信任的不安全型依恋关系。在回避型关系中，婴儿通过忽视母亲来处理信任的缺乏；在反抗型依恋关系中，婴儿似乎经常对母亲生气；在紊乱型依恋关系中，婴儿似乎无法理解母亲的缺席。

在婴儿期拥有安全型依恋关系的儿童通常会更容易、更熟练地与同伴互动。

当母亲对婴儿的需要做出敏感和一贯的反应时，安全型依恋关系最有可能形成。重视与自己父母关系的成人最有可能使用敏感的照顾方式来促进与婴儿之间形成安全型依恋关系。

考考自己

1. 下列哪种属于基本情绪？____。
   a. 愤怒
   b. 骄傲
   c. 尴尬
2. 婴儿期出现的第一种恐惧是____。
   a. 害怕蛇和蜘蛛
   b. 陌生人警惕
   c. 对想象生物的恐惧
3. 与美国孩子相比，亚洲孩子____。
   a. 更倾向于对外表达情绪
   b. 当个人成就被公开时，更有可能感到尴尬
   c. 尤其有可能表达愤怒
4. 大多数12个月大的儿童____。
   a. 不能区分快乐的脸和悲伤的脸
   b. 不能区分真实的微笑和虚假的微笑
   c. 使用父母的面部表情来解读不熟悉的情况
5. 下列关于调节情绪的陈述哪个是正确的？____。
   a. 当儿童不善于控制自己的情绪时，他们在同龄人中往往不那么受欢迎

b. 婴儿不能调节自己的情绪

c. 学龄儿童和青少年的情绪调节能力相对较强，主要是因为他们不再依靠认知策略

6. 汉娜很快乐，通常能很好地适应新环境，她的饮食和睡眠也有规律。汉娜符合托马斯和切斯描述的哪种性格类型？____。

   a. 好相处

   b. 迟缓型

   c. 难相处

7. 以下哪个不是罗斯巴特提出的气质维度之一？____。

   a. 努力控制

   b. 活动水平

   c. 消极情感

8. 关于遗传和环境对气质影响的研究表明____。

   a. 在婴儿期遗传的影响比在儿童期更大

   b. 气质可能使一些儿童特别容易受环境影响

   c. 气质是由一些特定的基因决定的

9. 气质____。

   a. 在婴儿期比较稳定，但在学前阶段就不那么稳定了

   b. 与性格有直接和间接的联系

   c. 从婴儿期到成年期都是稳定的

10. 以下哪个陈述准确地描述了气质与发展其他方面之间的联系？____。

    a. 脾气不好的孩子总是有行为问题

    b. 焦虑的孩子更倾向于遵守父母的规定和要求

    c. 调节情绪和行为能力较差的儿童在青春期容易出现问题，而在成年后则不会

11. 根据进化心理学的观点，依恋____。

    a. 是为了增加婴儿的生存概率

    b. 通过强化和惩罚习得

    c. 没有适应价值

12. 尽管艾玛喜欢得到很多人的关注，但当艾玛难过时，她的妈妈能比其他人更快地安抚她。她和陌生人在一起还是很自在的。鲍比的哪个依恋阶段最能描述艾玛？____。

    a. 前依恋

    b. 形成中的依恋

    c. 明确依恋

13. 在陌生人情境下，____依恋的婴儿在母亲离开时感到不安，当她回来时仍然不满，有时甚至到了无法安慰的地步。

    a. 回避型

    b. 反抗型

    c. 安全型

14. 与拥有安全型依恋关系的孩子相比，不安全型依恋关系的孩子____。

    a. 拥有更高质量的友谊

    b. 更容易焦虑和有攻击性行为

    c. 与其一致

15. 下列哪项能够正确表述对依恋特征的影响？____。

    a. 安全型依恋最可能发生在父母敏感和积极回应的时候

b. 参加日托的孩子不太可能发展安全型依恋关系

c. 安全感强且专注的成人最有可能与他们的孩子形成安全型依恋关系

关键术语

依恋	进化心理学	自我意识情绪
回避型依恋	内部工作模式	社会性参照
基本情绪	消极情感	社会性微笑
回避型成人	专注型成人	陌生人警惕
紊乱型依恋	反抗型依恋	外倾性/外向性
表达规则	安全型成人	气质
努力控制	安全型依恋	

第11章　了解自我和他人

一个世纪以前，G. 斯坦利·霍尔（G. Stanley Hall），一位有影响力的美国发展心理学家，描写青少年时期"承载着心理、身体和道德的劫难"（1904, p.xiv）。从今天的电影和媒体判断，霍尔的分析经得起时间的考验：如今青少年可能会离家出走、吸毒、盗窃，而且他们喜怒无常、孤僻、狂躁。但这种描述是否准确？目前关于青少年及其发展独立性和身份认同过程的研究显示了什么？

在模块11.1中，我们将探讨产生个体认同的机制，以及青少年的"风暴与压力"是不是实现个体认同的必经之路。当然，人们经常对自己的某些方面比对另一些方面更满意。这些认同感的评价性方面是模块11.2的重点。最后，在模块11.3中，我们将学习如何理解他人，因为我们越了解自己，也就越了解他人。

模块

- 11.1　自我概念
- 11.2　自尊
- 11.3　理解他人

11.1 自我概念

> **学习目标**
> 学习目标1：婴儿最早什么时候获得自我意识？
> 学习目标2：随着孩子的成长，自我概念是如何变复杂的？
> 学习目标3：青少年如何获得自我认同感？
>
> **大纲**
> 自我概念的起源
> 自我概念的发展
> 寻找身份认同

迪出生在首尔，父母是韩国人，但她3个月大时被密歇根州的一对荷兰夫妇收养。在成长过程中，她认为自己是一个充满活力的美国人。然而，在高中时，迪意识到其他人认为她是一个亚裔美国人，这是她从未考虑过的身份。她想知道：我到底是谁？美国人？荷兰籍的美国人？亚裔美国人？

你有时会像迪一样想知道自己是谁吗？"我是谁"反映了一个人的自我概念，指的是一个人认为使他成为独特个体的态度、行为和自我信奉的价值观。"我是谁？"——一个15岁孩子的回答表明了一个人的自我概念可以复杂到什么程度：

我聪明、害羞、安静、忸怩不安，但在朋友面前，我会大声说话，有时还会惹人讨厌！我想变得更外向，但那不是我。我希望我能更有责任感，就像在学校那样，但那样我就真成了书呆子了。谁想要那样呢？

作为成人，你的答案甚至可能更加复杂。但你是如何获得这种复杂的自我概念的呢？我们将从婴儿自我意识开始，在本模块中回答这个问题。之后，我们将看到自我意识在婴儿期之后是如何发展的，以及像迪这样的个体是如何发展族裔身份认同的。

自我概念的起源

学习目标1：婴儿最早什么时候获得自我意识？

自我概念的起点在哪里？在19世纪哲学家和心理学家威廉·詹姆斯（William James）的引领下，现代研究人员认为，自我概念的基础是儿童意识到自身的存在。在生命早期的某些时候，孩子必须意识到，他们是独立于环境中的其他人和物体而存在的，并且他们的存在会持续一段时间。

这种意识的基本形式是在婴儿时期出现的。婴儿通过观察他们移动的胳膊和腿来意识到自己的身体。他们意识到移动的手就是他们的手，手属于他们。例如，一个显示器上显示他们的腿在踢的实时画面，另一个显示器上显示他们的腿在踢的镜像，婴儿看镜像的时间更长，显然他们意识到"我的腿不是那样的"。婴儿更关注他人的视频而不是自己的视频，这表明他们能够将自己与他人区分开来（Rochat，2013）。

孩子通常在18~24个月时达到自我意识的下一个里程碑，研究揭示了这一发展：母亲在婴儿的鼻子上留下了红色标记，她一边给宝宝擦脸，一边偷偷摸摸地做这件事。然后把婴儿放在镜子前。许多1岁的孩子会触摸镜子里的红色印记，表示他们注意到了镜子里鼻子上的印记。然而，在15~18个月大的时候，许多婴儿看到镜子里的红色印记，就会伸手去摸自己的鼻子。到2岁时，大多数孩子都会这样做（Bullock 和 Lutkenhaus，1990；Lewis，1997）。

即使没有镜子，这种与年龄相关的变化模式同样会出现在其他婴儿身上，这表明幼儿的行为并不是因为他们对镜子的理解越来越深（Kartner等，2012；Priel 和 deSchonen，1986）。然而，在强调"人是独立自主的"西方文化中，镜像任务中自我意识的显现在孩子很小时就有了。换句话说，当西方文化强调独立性时，幼儿就会意识到他们是独立的存在（Kartner等，2012）。

我们不必只依靠镜像任务来了解自我意识是在18~24个月时出现的。在同一时期，学步儿童更喜欢看自己的照片，而不是其他孩子的照片。他们也会用名字或人称代词来指代自己，比如"I"或"me"，有时他们还知道自己的年龄和性别。这些经常同时发生的变化表明，大多数儿童在2岁前就已经建立了良好的自我意识（Lewis 和 Ramsay，2004；Kartner等，2012）。

在学龄前，孩子开始认识到自我随时间的延续，现在的"我"与过去的"我"相连（Lazardis，2013）。通过与父母谈论过去和未来，可以培养孩子随时间扩展的自我意识。通过这样的对话，一个过生日的3岁孩子会明白，她是一年前过生日的那个人的"旧版本"（Koh 和 Wang，2012）。在小学阶段，孩子可以将自己投射到未来，预测现在的"我"在未来几年可能是什么样子的（Bohn 和 Berntsen，2013）。

自我意识建立后，孩子开始获得自我概念。也就是说，一旦孩子完全了解自己的存在，以及自己有一个独特的精神世界，他们就会开始怀疑自己是谁。他们想要定义自己。在接下来的内容中，我们将看到随着孩子的成长，这种自我概念是如何变得更加复杂的。

自我概念的发展

学习目标2：随着孩子的成长，自我概念是如何变复杂的？

在你接着往下读之前，回到前面15个孩子的回答。该回答非常重视心理特征的刻画，包括八个这方面的形容词：聪明、害羞、安静、忸怩不安、吵闹、令人讨厌、外向和负责。孩子是如何形成如此复杂的自我概念的呢？对于学步儿童和学龄前儿童来说，自我概念要简单得多。如果让他们描述自己，学龄前儿童可能会提到外貌特征（"我有蓝眼睛"）、偏好（"我喜欢饼干"）、财产（"我有卡车"）和能力（"我能数到50"）。

这些特征都聚焦于可观察的儿童具体特征（Harter，2006），同时强调个人特征是不随时间和环境（相对）变化而变化的。所有学龄前儿童都会提到这些特征，但在欧美国家，学龄前儿童对自己的描述中会以这些特征为主。相反，在许多亚洲文化中，自我在很大程度上是由孩子的社会关系来定义的。例如，在描述自己时，比起欧美的学龄前儿童，中国的学龄前儿童更有可能说，"我爱我的妈妈"或"我在学校和同学一起玩"，这表明儿童将自我嵌入了与他人的关系中（Wang，2006）。

在5~7岁，儿童的自我描述开始发生变化（Harter，2005）。孩子更容易提到情绪（"有时我很生气"）。他们也更有可能提到自己所属的社会群体（"我在一个足球队"）。最后，与学龄前儿童相比，他们只会简单地提到自己的能力，而小学生则会描述他们与同龄人相比的技能水平（"我是全班最擅长拼写的人"）。

随着儿童进入青春期，自我概念再次发生变化（Harter，2006），包括态度（"我喜欢代数"）和性格特征（"我通常是一个非常快乐的人"）。青少年也开始把宗教和政治信仰作为自我概念的一部分（"我是一个天主教徒"或"我是一个保守的共和党人"）。另一个变化是，青少年的自我概念往往随环境而变化。青少年可能会说"我在不认识的人面前真的很害羞，但与朋友和家人在一起的时候我会很放松"。

青少年的自我概念往往是面向未来的：青少年经常用他们成年后会成为什么样子的人来描述自己（Harter，2005；Steinberg等，2009）。这些描述可能包括职业目标（"我要成为一名英语教师"）、教育计划（"我打算去社区大学学习计算机"），或社会角色（"我想在高中毕业后就结婚"）。

自我概念的发展变化如表11-1所示。有两个总体变化比较明显：第一，自我概念随着孩子的成长而丰富，青少年比学龄前儿童更了解自己；第二，儿童对自己的认知类型发生了变化。学龄前儿童的理解往往是具体的、真实的，与此时此地有关。相比之下，青少年的理解更抽象、更侧重心理，他们认为自我会随时间而变化。孩子对自己认知的变化不会让你感到惊讶,因为这正是皮亚杰所描述的那种变化。

表11-1 自我概念的发展变化		
学龄前儿童	**学龄儿童**	**青少年**
财产	情绪	态度
外貌特征	社会群体	性格特征
偏好	与同龄人的比较	宗教和政治信仰,随环境而变化
能力		面向未来

具体运算阶段的儿童关注真实和可触摸的东西,这种思维方式也拓展到对自身的认识,就如同形式运算阶段的青少年将抽象、假设的思维方式应用到对自身的看法上一样。

青少年时期也是自我反思越来越频繁的时期。青少年寻求一种融合了许多不同自我元素的身份,这些元素有时是相互冲突的(Marcia,1991)。我们将在接下来的内容中详细讨论对这种认同感的探寻。

寻找身份认同

学习目标3:青少年如何获得自我认同感?

埃里克·埃里克森(Erik Erikson)(1968)认为,青少年努力获得一种让他们能够参与到成人世界中的认同感。他们是如何做到的呢?为了了解更多可能存在的身份,青少年会使用形式运算阶段的假设推理技能尝试不同的自我。青少年的高级认知能力让他们能够想象自己扮演不同的角色。

很多测试和实验都是以职业为导向的。一些青少年,可能想象自己是摇滚明星,其他人可能想象自己是职业运动员、和平组织的工作人员或畅销书作家。还有一些测试是以浪漫为导向的。青少年可能会坠入爱河,想象和心爱的人一起生活。还有一些测试涉及宗教和政治信仰(Harre,2007;Lopez,Huynh和Fuligni,2011)。青少年尝试不同的身份,就像你在选择一辆车之前会试驾一样。青少年通过对未来的幻想,开始发现自己会成为什么样的人。

这种自我关注标志着青少年寻找身份认同,也称青少年自我中心主义(Elkind,1978;Schwarts,Maynard和Uzelac,2008)。与学龄前儿童不同,青少年知道他人对世界有不同的看法。与此同时,许多青少年错误地认为他们是别人思考和关注的焦点。例如,把食物洒在自己身上的青少年可能会想象她所有的朋友只想着她衬衫上的污渍,以及她有多邋遢。许多青少年感觉自己其实是演员,他们的表演被同龄人不断地观看,这种现象被称为"假想观众"。

青少年的自我关注也体现在"个人神话"中，即青少年认为他们的体验和感觉是独一无二的，没有人能够像他们这样感受和思考。无论是初恋的兴奋、分手的绝望，还是对未来规划的困惑，青少年往往认为他们是第一个经历这些感觉的人，没有人能理解他们情绪的力量（Elkind 和 Bowen，1979）。青少年对"自己是独特自主的个体"的信念也助长了一种坚不可摧的幻觉——相信不幸只会发生在别人身上。他们认为自己飙车也不会出事故。在他们看来，这些不幸只会发生在别人身上。

青少年自我中心主义、假想观众、个人神话以及坚不可摧的幻觉，会随着青少年在获得身份认同的过程中逐渐减少。那么获得身份认同到底包含什么呢？

大多数青少年会经历不同的阶段或状态，虽然不是以严格的顺序进行的（Marcia，1980，1991）。

- 扩散：处于这种状态的个体对于获得身份认同的任务感到困惑或不知所措，并且很少为获得身份认同而努力。
- 拒绝：处于这种状态的个体，其身份认同很大程度上是由成人决定的，而不是通过个人探索获得。
- 延迟：处于这种状态的个体仍在考察不同的身份认同选择，尚未找到一个满意的身份。
- 获得：处于这种状态的个体已经探索了各种选择，并认真选择了一种特定的身份。

与皮亚杰的阶段不同，这四个阶段并不一定是按顺序发生的。大多数青少年都处于扩散状态或拒绝状态。这些阶段的共同之处在于，青少年并没有探索不同的身份。他们完全是在避免危机，或者通过接受父母或其他成人建议的身份来解决危机。当个体越过青春期进入成年早期，会有更多机会探索其他身份，扩散和拒绝变得不那么普遍，获得和延迟会变得更普遍（Meeus等，2010）。然而，在青春期后期和成年早期，人们可能在延迟和获得之间来回转换状态。例如，大龄青少年在探索了一系列职业后选择一个临时的职业，然后深入探索该职业后觉得不是很适合自己，不值得做出承诺，他们会重新考虑选择并重新进入延迟状态（Luyckx等，2013）。

一般来说，青少年不会同时达到身份认同所有方面的获得状态（Goossens，2001；Kroger 和 Greene，1996）。一些青少年在获得宗教和政治身份认同之前，可能会先获得职业身份认同。还有一些青少年在其他领域获得身份认同之前先获得宗教身份认同。显然，很少有人能一下子获得完全的身份认同感，相反，身份认同危机首先在某些领域得到解决，然后在其他领域得到解决。

什么样的环境有助于青少年获得身份认同？父母会起到一定作用（Marcia，

1980）。如果父母鼓励讨论并承认孩子的自主权，他们的孩子更有可能达到身份认同的获得状态。显然，因为这些青少年被鼓励进行个人尝试，这有助于获得身份认同。相比之下，如果父母在没有任何理由的情况下制定规则，并在没有解释的情况下强制执行，孩子更有可能处于拒绝状态。这些青少年不被鼓励亲自尝试，相反，他们的父母只会告诉他们接受何种身份。总的来说，如果父母能够鼓励孩子自己探索其他选择，而不是给他们施加压力，或者在父母能够提供明确的指导的家庭中，青少年最有可能建立一种明确的身份认同（Koepke和Denissen，2012；Smits等，2010）。

除了父母，同龄人也会有影响。当青少年有自己信任的亲密朋友时，他们在探索其他选择时会更有安全感（Doumen等，2012）。广泛的社交背景也有帮助（Bosma 和 Kunnen，2001）。探索需要时间和资源，对于生活在贫困中的青少年来说，这两种方法可能都不容易得到（例如，他们无法探索，因为他们为了养活自己和家人会选择辍学）。最后，青少年自身的个性可能也会影响他们实现身份认同的难易程度。那些经历更丰富、更和蔼可亲（友好、慷慨、乐于助人）的人更有可能获得身份认同（Crocetti等，2008；Klimstra等，2013）。

Q&A 问题11.1

珍妮认为自己想成为一名工程师，但她也喜欢跳舞。为了帮助自己决定哪条道路是最好的，珍妮做了一系列兴趣调查，她的指导顾问也建议她选择既可以攻读工程学又可以学习舞蹈的大学。就可能的职业而言，四种状态中哪一种最适合描述珍妮？

族裔身份认同

对于在欧洲和北美洲长大的许多青少年来说，获得身份认同更具挑战性，因为他们是少数族裔群体成员。"文化影响"专栏就讲述了一个例子。

文化影响

迪的族裔身份认同

开篇提到的青少年迪，属于占美国1/3人口的少数族裔青少年和成人的一员。这些群体包括非裔美国人、亚裔美国人、西班牙裔美国人和美洲原住民。这些人通常会形成一种族裔身份认同：他们觉得自己是本民族的一部分，并学习本族裔文化传承的特殊习俗与传统（Phinney，2005）。

族裔身份认同的实现似乎分三个阶段。在第一阶段，青少年不会审视自己的族裔根源。在这个阶段，十几岁的越南裔美国女孩会说："我为什么要了解船民？我对我出生前在越南发生的事不感兴趣。再说，我是美国人。"对这个女孩来说，族裔身份认同还不是一个重要的个人问题。

在第二阶段，青少年开始探索他们所在族裔的传统对个人的影响。好奇心和质疑是这一阶段的特征，这在一个十几岁的非裔美国女孩的话语中体现出来。她说："我想更多地了解我们的历史——回到非洲奴隶制时期以及民权运动时期。去黑人文化中心是我了解自己的一种方式。"这个阶段包括学习文化传统。例如，许多青少年学习准备民族特色食物。

在第三阶段，个体实现了明显的族裔自我概念。一位墨西哥裔美国青少年这样解释他的族裔身份认同："我出生在洛杉矶，但我的父母在墨西哥长大，他们像我一样还是青少年时来到这里。我喜欢听他们谈论他们在墨西哥的生活，我很自豪我能和住在墨西哥的堂兄弟们说西班牙语。但作为一个美国人，我也很自豪，我喜欢了解美国的传统。"

为了看看你是否理解了族裔身份认同不同阶段之间的差异，重新阅读开头关于迪的小故事，确定她处于哪个阶段。答案在"检测你的学习"之前。

大龄青少年比低龄青少年更有可能获得族裔身份认同，因为他们更有可能有机会探索文化传统（French等，2006）。青少年在探索他们的族裔身份认同时，会经常改变他们对自己的称呼。例如，父母在越南出生的美国青少年可能会在不同时期称自己为越南人、越南裔美国人或亚裔美国人，没有特定的顺序（Fuligni等，2008）。

就一般的身份认同形成而言，如果青少年的父母鼓励他们了解自己族群的文化传统，并为可能存在的歧视做好准备，这些青少年最有可能获得族裔身份认同。例如，当非裔美国青少年的母亲告诉他们黑人的历史，并鼓励他们为自己族群的传统感到自豪时，他们会有一种更高级的族裔身份认同感（McHale等，2006；Seaton等，2012）。同样，如果拉美裔青少年的父母强调了解其族群文化传统的重要性，并经常通过在家中展示文化工艺品等方式强调族群文化遗产，那么他们具有更强的族裔身份认同感（Umana-Taylor和Guimond，2010）。

青少年是否能从强烈的族裔身份认同中受益？是的。获得族裔身份认同的青少年往往有更高的自尊，并对他们与家人和朋友的互动更满意（Mandara等，2009；Rivas-Drake等，2014）。他们也更快乐，烦恼更少（Kiang等，2006）。此外，具有强烈族裔身份认同的青少年受种族或民族歧视的影响较小，他们在经历种族或民族歧视后会保持自我价值感（Neblett，Rivas-Drake和Umana-Taylor，2012；Tynes等，2012）。

不过，我们需要记住，生活在美国的种族和民族群体是多样化的。非裔美国人、亚裔美国人、西班牙裔美国人以及美国原住民的文化和遗产各不相同。因此，我们应该预测到，强烈的族裔身份认同的性质以及后果可能会在这些群体和其他民族群体中有所不同（Phinney，2005）。

即使在任何特定的群体中，族裔身份认同的性质和后果也可能在几代人身上发生变化（Cuellar等，1997）。随着后代越来越多地与主流文化融合，他们对民族文化的认同可能会减弱（Marks，Patton和Garcia Coll，2011）。当父母保持着孩子所没有的强烈的族裔身份认同感时，问题有时就会出现，移民父母固守着"旧方式"，而他们的孩子却拥抱着"新文化"。例如，在一项针对华裔美国人的研究中（Kim等，2013），孩子认同美国，而父母不认同，这种情况下父母对孩子的支持较少，进而导致孩子在学校表现不佳。在另一项研究（Schofield等，2008）中，墨西哥裔美国儿童认为自己是盎格鲁人，而父母认为自己是墨西哥人，这些儿童与父母有更多的冲突，存在更多的行为问题。

最后，让我们来考虑一下，对于那些父母来自不同种族或民族的青少年来说，族裔身份认同是一个特别的挑战。双种族青少年的身份可能相当不稳定。一些混血的青少年一开始认为自己是单种族的，然后接受混血的身份；另一些则相反，集中在单种族身份上；还有一些人从一个种族身份转移到另一个种族身份（Doyle和Kao，2007）。总的来说，改变过种族身份的青少年往往比一直是双种族身份的青少年自尊心更低（Csizmadia，Brunsma和Cooney，2012；Hitlin，Brown，和Elder，2006）。认为自己是白人的美国混血青少年自尊心较低，在学校也表现不佳（Burke和Kao，2013；Csizmadia和Ispa，2014）。

风暴和压力

小说家和电影制作人认为，我在过去几页中描述的寻找身份认同的过程本质上是一种挣扎，对青少年来说是一段充满风暴和压力的时期。虽然这种观点可能会成为畅销小说和热门电影的主题，但在现实中，青少年的叛逆程度被严重夸大了。青少年通常很享受与父母愉快和谐地相处（Steinberg，2001）。大多数青少年爱他们的父母，也感觉被父母爱着。他们接受父母的许多价值观，并向父母寻求建议。

跨文化研究提供了进一步的证据，研究表明对大多数青少年来说，青春期并不是一个充满混乱和冲突的时期。欧佛（Offer）和他的同事（1988）采访了来自10个国家和地区的青少年，发现大多数青少年都自信而快乐地长大。如图11-1所示，世界上大多数青少年表示他们通常都很快乐，很少有人离家出走。

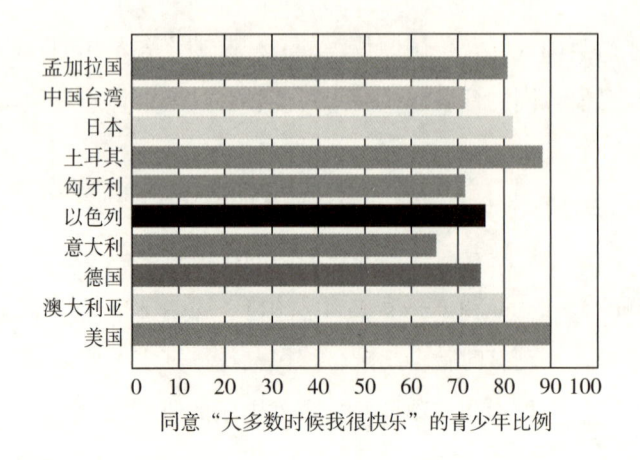

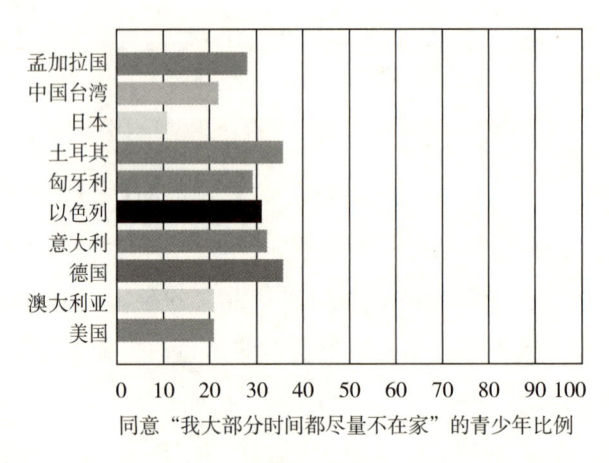

孟加拉国
中国台湾
日本
土耳其
匈牙利
以色列
意大利
德国
澳大利亚
美国

0 10 20 30 40 50 60 70 80 90 100
同意"大多数时候我很快乐"的青少年比例

孟加拉国
中国台湾
日本
土耳其
匈牙利
以色列
意大利
德国
澳大利亚
美国

0 10 20 30 40 50 60 70 80 90 100
同意"我大部分时间都尽量不在家"的青少年比例

图11-1

　　欧佛等人（1988）的研究已经有25年左右的历史了，但是新的研究描绘出了大致相同的图景。在一项对生活在以色列的阿拉伯青少年的研究中（Azaiza，2005），82%的青少年说他们感到被家庭需要，89%的青少年说他们感激家人。在另一项研究（Gungor和Bornstein，2010）中，土耳其和比利时的青少年认为他们的母亲非常支持他们，他们会说"我的母亲在处理问题时支持我"和"我的母亲以一种柔和的方式和我说话"。这些发现与以前的研究一致，并打破了青春期父母与孩子关系不合的谣言。

　　当然，亲子关系在青春期确实会发生变化。随着青少年变得更加独立，他们与父母的关系会变得更加平等。父母必须通过平等对待孩子来适应他们日益增长的自主意识（Laursen和Collins，1994）。这种独立性意味着，青少年会花更少的时间与父母在一起，对父母的感情也更少，而且会更多地与父母就风格、品味和自由等问题争吵（Shanahan等，2007；Stanik，Riina和McHale，2013）。虽然青少年与父母的分歧确实较多，但这些分歧通常比较温和——争吵，而不是大吵大闹——通常涉及青少年的个人选择（如发型、服装）、自主权和责任（Chen-Gaddini，2012；Erhlich，Dykas和

Cassidy，2012）。这些变化在亲子关系不断发展的过程中会自然而然的产生，在这种关系中，"孩子"几乎是一个完全独立的年轻人（Steinberg 和 Silk，2002）。

在你认为这种青春期的亲子关系好得令人难以置信之前，我想补充两点注意事项。首先，父母和青春期孩子之间的冲突往往让父母感到痛苦，他们可能比孩子更了解这些冲突（Steinberg，2001）。父母有时担心，关于服装或家务琐事的争吵可能反映出更根本的价值观分歧。

一位母亲可能将儿子拒绝打扫房间的行为解释为拒绝遵守秩序和清洁的价值观，而儿子只是不想浪费时间打扫房间，因为他知道几天后房间又会变得一团糟。其次，对于少数家庭（约25%）来说，青春期的亲子冲突更为严重，通常与青少年的行为问题相关（Ehrlich 等，2012）。这些不良冲突更常见于那些不能很好地控制自己情绪的青少年（Eisenberg等，2008），而且这些冲突往往发生在青春期之前。即使在儿童时期，这些孩子也容易与父母发生冲突（Steeger 和 Gondoli，2013；Steinberg，2001）。

抑郁

青春期的挑战会导致一些孩子变得抑郁（Freid，2005）。正如我们在第3章中看到的，抑郁的人普遍情绪低落，易怒，自卑，睡眠差，无法集中注意力。5%~15%的青少年患有抑郁症。青春期女孩比男孩更容易受到影响，可能是因为青春期女孩面临的社会挑战往往比男孩大（行为健康统计和质量中心，2012年；Hammen 和 Rudolph，2003）。

当青少年经历严重的失去、失望或失败时，如挚爱的人去世或期待已久的约会悲惨收场，往往会引发抑郁（Schneiders等，2006）。当然，很多青少年和成人都经历过这样的负面事件，但大多数都不会抑郁。

这是为什么呢？其中一个影响因素是性格：那些不太能控制自己情绪的孩子，在青少年时期，更容易抑郁（Karevold等，2009）。另一个影响因素是一种信念体系，在这种体系中，青少年会以极端消极的眼光看待自己。例如，有抑郁倾向的青少年更有可能因失败而责备自己（Gregory等，2007）。因此，在经历过一场失望的约会之后，一个有抑郁倾向的青少年很可能会想，"我表现得像个傻瓜"，而不是把责任推给他人"哎呀，他真是个混蛋"。

父母和家庭也会让青少年有患抑郁症的风险。当父母给孩子一种距离感，不参与他们的生活时，当父母表现出轻蔑和残忍时，或者当家庭生活因经济困难或婚姻冲突而充满压力时，青少年往往会变得抑郁，这种情况已经屡见不鲜了（Karevold 等，2009；Schwartz等，2012；Yap等，2014）。非裔美国青少年和西班牙裔青少年往往生活在比较贫困的家庭，因此他们往往更容易抑郁（Brown，Meadows和Elder，2007）。最后，如果父母总是靠惩罚来管教孩子，如殴打和大声斥责，青少年往往会诉诸负面归因（如自责），从而导致抑郁（如责备自己）（Lau等，2007）。

遗传也会在某种程度上导致一部分青少年面临更大的患抑郁症的风险（Haeffel等，2008；Lau等，2012）。神经递质可能是根本原因：一些青少年感到抑郁可能是因为较低水平的神经递质让他们难以体验快乐、喜悦和其他愉快的情绪（Kaufman和Charney，2003）。

为了治疗抑郁症，一些青少年会服用抗抑郁药物来调整神经递质的不平衡。但是，药物治疗没有持久的效果——它只在一个人服用药物的时候起作用——而且抑郁可能增加自杀风险（Vitiello和Swedo，2004）。因此，心理治疗是治疗青少年抑郁症的更佳选择。一种常见的方法是强化认知和社交技能。也就是说，让青少年学习如何进行有益的社交互动，并恰当地理解这些互动。这些治疗是有效的（Weisz，McCarty和Valeri，2006），而且抑郁的青少年确实需要帮助。如果不进行治疗，抑郁症会干扰他们在学校和社会关系中的表现，也可能导致成年时抑郁症复发（Nevid，Rathus和Greene，2003；Rudolph，Ladd和Dinella，2007）。此外，预防措施也很有效，可以显著减少高危青少年抑郁症发作的次数（Stice等，2009）。

回答关于迪族裔身份认同的问题：迪是一名荷兰亚裔美国高中生，她不知道如何将亲生父母的韩国血统与养父母的荷兰裔美国人文化融合在一起。这让她进入获得族裔身份认同的第二阶段。一方面，她在审视自己的种族根源，这意味着她已经超越了最初的阶段。另一方面，她还没有将自己的亚洲和欧洲根源融合起来，因此还没有达到第三以及最后阶段。

✓ 检测你的学习

回忆：有什么证据表明自我意识在生命的第二年出现？是什么促成了自我意识的产生？

描述打破青春期是"风暴和压力"时期这一观点的研究。

解释：对比皮亚杰描述认知发展的具体运算和形式运算阶段与族裔身份认同实现的三个阶段。

应用：德兰一家刚从越南移民到美国。父母希望两个孩子长大后能欣赏他们的越南传统，但又担心强烈的族裔身份认同可能对他们的孩子不利。关于族裔身份认同对儿童发展的影响，你对德兰先生和夫人有何建议？

11.2 自尊

> **学习目标**
> 学习目标4：随着孩子的成长，自尊是如何变化的？
> 学习目标5：自尊如何因种族和文化而异？
> 学习目标6：什么因素影响了自尊的发展？
> 学习目标7：低自尊会影响儿童发展吗？
>
> **大纲**
> 自尊的发展变化
> 自尊的变化与种族和文化有关
> 自尊的来源
> 低自尊：原因还是后果

在整个小学阶段，安布尔都对自己感到很满意——她知道自己很聪明，很受欢迎，也很有魅力。但自从进入中学，她开始担心自己不再那么聪明，不再那么受欢迎，不再那么有魅力。妈妈非常清楚地看到了安布尔的变化，她不知道安布尔是否应该去看心理健康专家。

安布尔的妈妈关心的是女儿的自尊，自尊是指一个人对自身价值的判断和感受。高自尊的孩子会很好地评价自己，并自我感觉积极。相反，低自尊的孩子对自己评价很消极，对自己不满意，往往宁愿成为其他人。在本节中，我们会探究自尊是如何随着孩子的成长而改变的，是什么力量塑造了自尊，以及安布尔的妈妈是否应该担心。

自尊的发展变化

学习目标4：随着孩子的成长，自尊是如何变化的？

想想你自己的自尊。你认为你是高自尊还是低自尊？为了帮助你回答这个问题，请阅读下面的句子，看看是否每一条都适合形容你：

我学业优秀。

我发现交朋友很容易。

我擅长各种各样的运动。

我对自己的长相很满意。

如果你非常赞同这些说法，你肯定有高自尊。

儿童和青少年对这些句子的反应揭示了自尊的两个重要发展变化：自尊结构的变化和自尊水平的变化。

自尊结构的变化

在四五岁的时候，这是我们能够测量自尊的最早年龄，孩子对自己的看法有了差异。他们可以区分整体自尊和特定领域的自尊（Marsh，Ellis和Craven，2002）。这个结构你应该很熟悉，因为它有点像智力：在模块8.1中，我们看到智力的层级理论从一般智力开始，接下来分为更具体的能力，如语言能力和空间能力。对自尊而言，整体自尊位于最顶层，特定领域的自尊分布在下面（Harter，2006）。在小学阶段，四个特定领域最突出：

- 学术能力：儿童在做作业时感觉自己多有能力或多聪明。
- 运动能力：儿童在需要肢体技能或运动技能的运动和游戏中感觉自己的能力有多强。
- 社交能力：儿童在与父母以及同龄人相处时的能力。
- 外貌特征：儿童对自己外貌的感觉如何，对自己的身高、体重、脸形、头发等身体特征有多喜欢。

在小学阶段，儿童在学业方面的自我意识会变得更加具体（Marsh 和 Craven，2006；Marsh 和 Yeung，1997）。随着儿童在学校中不断经历成功和失败，他们对自己在不同内容领域（如英语、数学、科学）的能力形成了一种信念感，而这些信念感有助于他们形成整体的学术自我认知。一个认为自己在英语和数学方面很擅长，但在科学方面不那么擅长的孩子，其整体的学术自我认知可能是积极的。但是，如果一个孩子认为自己在大多数学术领域都没有天赋，就会有消极的学术自我认知。

在青春期，自尊的其他方面也会加入自我意识中，包括工作能力、亲密友谊和浪漫魅力。更重要的是，与社交有关的自尊会变得特别分化。青少年会在许多社交关系中区分自我价值。例如，有的青少年可能认为自己与父母的关系很不错，但在恋爱关系中相当失败。也有的青少年可能觉得父母很爱他们、重视他们，兼职工作中的同事却不能忍受他们（Harter，Waters 和 Whitesell，1998）。

孩子的整体自我价值并不只是他们在特定领域自我价值的平均值。相反，自尊在某些领域的作用比其他领域更大。对许多儿童和青少年来说，外貌对整体自尊的影响最大（Shapka 和 Keating，2005）。因此，即便艾利森在学术、体育和社交领域的自我价值都很一般，但她总体上有很高的自尊，因为她认为自己很漂亮。相比之下，虽然科琳在学术和体育方面有很高的自尊，但她的整体自尊一般，因为她认为自己相貌平平。

因此，在学龄前后期和青春期之间，自尊变得更加复杂，因为大龄儿童和青少年对自我价值有不同的认识。这种不断增长的复杂性并不奇怪——它反映了大龄儿童和青少年更强的认知技能和更广泛的社交圈。

自尊水平的变化

在哪个年龄段自尊水平最高？答案可能会让你惊讶：学龄前。大多数学龄前儿童在许多不同的领域都对自己有非常积极的看法（Marsh，Ellis 和 Craven，2002）。如果你回想一下皮亚杰对前运算阶段的描述（模块6.1），就会发现这个结果并不奇怪。学龄前儿童以自我为中心，他们很难接受别人的观点。学龄前儿童无法像其他人那样看待自己，他们乐观地相信自己在所有领域都非常有能力。

Q&A 问题11.2

在这个夏天，卡丽娜搬家了，她和家人搬到了一个新的城市，在那里她将开始中学阶段的学习。卡丽娜进入新学校后，她的自尊可能会发生什么变化呢？

随着孩子向小学阶段迈进，他们的自尊心通常会有所下降。为什么？在现实中，并非所有的孩子都高于平均水平。在小学阶段，孩子开始与同龄人进行比较（Ruble等，1980）。当他们这样做时，就会发现自己不一定是最棒的阅读能手或跑得最快的人。他们可能意识到自己的阅读能力一般。或者，他们开始意识到自己是班里跑得最慢的人之一。这种认识意味着孩子的自尊心在小学阶段通常会有所下降。

到小学结束时，孩子的自尊通常已经稳定下来（Harter，Whitesell，和 Kowalski，1992），因为孩子知道了他们在不同领域的"等级"，并相应地调整了他们的自尊。然而，当孩子从小学进入初中时，自尊心有时会下降（Twenge 和 Campbell，2001）。显然，当不同小学的学生进入同一所中学时，他们知道自己与小学老同学相比的地位，但不知道与其他小学的学生相比的地位。因此，同伴间的比较会重新开始，自尊也会暂时受到影响。但是，他们在慢慢熟悉新学校的过程中会逐渐适应新的等级秩序，自尊再次增加。因此，开篇小女孩安布尔的例子非常典型，她的妈妈没有必要担心：安布尔很快就会找回自我，自我怀疑也会消失。

自尊的变化与种族和文化有关

学习目标5：自尊如何因种族和文化而异？

刚刚描述的自尊结构和水平的发展变化并不具有普遍性。相反，种族和文化都影响着这些发展趋势的重要变化。例如，在美国，儿童和青少年自我价值的增长因种族而异。与欧洲裔美国孩子相比，非裔美国孩子和西班牙裔美国孩子在小学的大部分时间自尊较低。然而，在青少年时期，西班牙裔美国孩子在这方面的差距会缩小，而非美国青少年的情况则相反，他们比欧洲裔美国同龄人的自尊更高（Gray-Little 和 Hafdahl，2000；Herman，2004；Twenge 和 Crocker，2002）。相比之下，亚裔美国儿童在小学阶段比欧洲儿童的自尊更高，但在中学和高中阶段的自尊则较低（Twenge 和 Crocker，2002；Witherspoon等，2009）。

科学家还不能完全理解这些变化发生的原因。西班牙裔美国儿童和非裔美国儿童的差异可能与族裔身份认同有关。从青少年早期开始，许多非裔美国人和西班牙裔美国人就会为属于某个独特的社会和文化群体而感到自豪，这增强了他们的自我价值感（Grey-Little 和 Hafdahl，2000；Umana-Taylor, Diversi和Fine, 2002）。

亚裔美国人的差异可能反映了他们的文化传统。来自东亚国家（如中国、日本、韩国）的孩子往往比来自北美和欧洲的孩子自尊更低，而且这种差异在青春期逐渐拉大（Harter，2012），部分原因是亚洲文化比西方文化更强调谦虚。随着亚洲青少年将这种文化标准内化，他们会不太想说出极高自我价值认同的感觉（Cai等，2007）。

但事情远不止这么简单。亚洲青少年也更愿意承认自己的弱点（Hamamura, Heine 和 Paulhus, 2008）。因此，尽管西方青少年在评估整体自尊时经常强调优点而忽略缺点（如艾莉森的例子），但亚洲青少年的整体自尊较低，因为同时反映了优点和缺点。最后，在西方国家，推动自我价值增长在亚洲文化中并不常见。在西方文化中，孩子会将自己与群体中的其他人进行比较，当自己脱颖而出时会自我感觉良好。相比之下，亚洲儿童和青少年认为自己是社会群体中不可分割的一部分，并且会回避可能破坏群体和谐的社会比较（Falbo等，1997）。

可悲的是，在任何年龄、任何领域、任何群体中，都很容易发现孩子消极地看待自己。有些孩子的自我价值很矛盾，有些孩子对自己感觉很消极。在一项研究中（Cole，1991），大约25%的9~10岁的孩子至少在三个领域非常自卑。为什么与同龄人相比，这些孩子的自我价值感如此之低？我们将在接下来的内容中回答这个问题。

自尊的来源

学习目标6：什么因素影响了自尊的发展？

为什么有些孩子对自己感觉如此积极，而另一些孩子感觉如此消极？遗传有间接影响。基因让一些孩子更聪明，更善于交际，更有吸引力，更擅长运动。因此，这样的孩子更有可能产生更高的自我价值，因为他们在很多领域都能胜任。换句话说，基因会带来更强的能力，而能力又会培养更大的自我价值（Harter，2012；Neiss，Sedikides和Stevenson，2006）。

儿童和青少年的自我价值也受到他人评价的影响，尤其是那些对他们很重要的人。当然，父母很重要——即使对青少年也是如此。当父母疼爱孩子并与他们积极相处时，孩子更有可能积极地看待自己（Benhnke等，2011；Ojanen 和Perry，2007）。在世界各地，如果家庭和睦且父母亲自养育孩子，孩子会有更大的自尊（Scott，Scott 和 McCabe，1991）。一位经常拥抱女儿且高兴地带她去上钢琴课的父亲对她说："你对我很重要。"当孩子经常从父母那里听到这句话时，他们显然内化了这一信息，并且开始积极地看待自己。即便如此，如果孩子表现平平，而成人夸张地赞美"你唱的那首歌太棒了"，这就会导致自尊较低的孩子回避挑战，因为他们害怕自己无法做到（Brummelman等，2014）。

父母的管教也与自尊有关。高自尊的孩子的父母通常对他们的孩子有合理的期望，愿意和他们的孩子讨论规则和纪律（Awong，Grusec和Sorenson，2008；Laible 和 Carlo，2004）。不制定规则的父母实际上是在告诉孩子，他们不在乎，他们对这些规则不够重视，所以不愿意费心去制定规则并强制孩子执行。同样，拒绝和孩子讨论纪律的父母会说："你的意见对我来说不重要。"不出所料，当孩子内化这些信息时，他们的整体自我价值就会降低。

同伴的观点也很重要。当儿童，尤其是青少年相信同伴对他们的评价很高时，他们的自我价值感会更强（Harter，2012）。例如，当劳伦听说佩德罗、马特和迈克尔认为她是八年级最聪明的女孩时，她的自我价值感就会增加。相反，如果同伴，尤其是那些在同龄人中很受欢迎的同伴，给予了负面反馈，她的自我价值感就会下降（Thomas等，2010）。

低自尊：原因还是后果

学习目标7：低自尊会影响儿童发展吗？

低自尊与许多发展问题有关（Baumeister等，2003）。低自尊的孩子：

- 更有可能与同龄人产生矛盾（Parker等，2005；Rubin，Copland 和 Bowker，2009）。
- 更容易出现心理障碍，如抑郁（Boden，Fergusson 和 Horwood，2008；Orth等，2014）。
- 更有可能欺凌、攻击他人或参与犯罪活动（Donnellan等，2005；Trzesniewski等，2006）。

- 更有可能在学校表现不佳（Marsh 和 Yeung，1997）。

这些研究结果让我们深知，从横断研究中检测因果关系困难重重。是低自尊导致孩子没有朋友，因为同龄人都有意回避他们，还是糟糕的同伴关系导致了孩子自尊的下降？这两种说法都有一定道理，而且可以通过纵向研究进行区分。例如，在研究自尊和抑郁之间的联系时，典型的结果是，儿童发展早期检测出的低自尊会预示发展后期的抑郁。不过，在发展早期发现的抑郁往往在后期很少出现甚至根本不会出现低自尊（Sowislo 和 Orth，2013；van Tuijl 等，2014）。换句话说，一个缺乏自尊的13岁孩子有可能变成一个抑郁的16岁孩子，但一个抑郁的13岁孩子变成一个16岁低自尊孩子的风险很小。

有时低自尊会导致某种结果，但它本身也是由结果造成的。例如，"低自尊会影响同伴关系"这一说法是得到证实的。在过去的一个学年，低自尊儿童经常会退出同龄人社交，到年底就更有可能被各种社交活动排除在外，导致有很少或根本没有朋友。但"糟糕的同伴关系会降低自我价值"的说法也得到了支持。一次研究发现，在学年开始时朋友很少（但有较高的自我价值）的孩子往往有意避免社交，到学年结束时，他们的自我价值就会下降（Caldwell 等，2004）。因此，糟糕的同伴关系会降低自尊，破坏未来的同伴互动，导致自我价值进一步下降，让孩子更难拥有良好的同伴关系——形成一种恶性循环（Rubin，Coplan 和 Bowker，2009）。当然，良性循环可以增加孩子的自我价值：成功的社交关系可以培养积极的自我价值，而积极的自我价值又能促进更多的成功。

理解这种复杂的因果模式对决定如何帮助低自尊的孩子很重要。一些儿童直接从提高自尊的治疗中受益，还有一些需要改变自身行为的儿童，也从学习如何提高社交技能中受益（在模块12.4和模块15.1中会再次讨论这个主题）。而且，我们需要记住，所有的孩子都有值得培养的天赋。花点时间了解每个儿童，让他们感到"我是特别的"，将提升他们的自尊。

但我想以一个警示来结束本节内容：过高的自尊可能和过低的自尊一样是个大问题。自恋的儿童和青少年对自己有一种不切实际的看法，相信自己比别人更好，也享受别人的关注和赞美。自恋的孩子容易具有攻击性——他们对自己过度积极的看法导致他们觉得，当他们不能达到自己的目的或认为别人在捉弄他们时，他们有权发起攻击。当他们注意到膨胀的自我价值与现实不符时，就会容易抑郁（Pauletti 等，2012）。遗憾的是，我们对导致儿童和青少年自恋的因素知之甚少。有一种观点认为，当孩子渴望得到父母的关注，而父母热情但又有很强的控制欲时，孩子就会面临风险（Thomaes 等，

2013）。

到目前为止，在本章中，我们关注的是孩子对自己的理解。接下来我们将看看儿童在理解他人时发生的同步变化。

✓ 检测你的学习

回忆：小学阶段自尊的显著特征是什么？

总结自尊在童年和青春期的变化。

解释：阐述导致一些孩子高自尊而另一些孩子低自尊的原因。

应用：假设你出席了一场面向中学生家长的演讲，其中，演讲者强调了孩子拥有高自尊的重要性。演讲者断言，低自尊的孩子在学校表现更差，也不能和同龄人友好相处。你是否同意这一说法？为什么？

11.3 理解他人

学习目标

学习目标8：随着儿童的成长，他们对他人的描述会发生怎样的变化？

学习目标9：随着儿童的成长，他们对他人想法的理解会发生怎样的变化？

学习目标10：儿童什么时候开始对他人产生偏见？

大纲

描述他人

理解他人的想法

偏见

当12岁的伊恩同意照顾他5岁的弟弟凯尔时，他的母亲提醒他不要让凯尔进地下室，因为凯尔的生日礼物都在那里，还没包装好。可妈妈一离开，凯尔就想去地下室骑他的三轮车。当伊恩拒绝他的时候，凯尔愤怒地哭了起来，喊道："我要告诉妈妈你对我太刻薄了！"伊恩希望自己能跟凯尔解释清楚，但他知道那样只会带来更多的麻烦！

从模块11.1和模块11.2中我们可以看到，伊恩作为一个青少年，对自己有了越来越多的了解。这个小插曲表明他对他人的理解也在增加。他明白凯尔为什么生气，他也知道如果他对凯尔让步，他妈妈回来的时候会很生气。儿童对他人的理解是本模块的重点。我们将从儿童如何描述他人开始，然后检验他们对他人想法的理解。我们还会看到儿童对不同社会群体的认知如何导致偏见。

描述他人

学习目标8：随着儿童的成长，他们对他人的描述会发生怎样的变化？

随着儿童的成长，他们对自我的描述变得更丰富、更抽象、更加心理化。同样的变化也发生在儿童对他人的描述中。儿童开始用具体的特征来描述他人，如行为和外表，然后逐渐开始用抽象特征来描述他们（Livesley 和 Bromley，1973）。例如，当被要求描述一个她很喜欢的女孩时，5岁的塔姆森会说：

瓦妮莎个子矮小。她有黑色的头发和棕色的眼睛。她使用轮椅，因为她不能走路。她在我们班。她有和我一样的洋娃娃。她喜欢唱歌和读书。

塔姆森对瓦妮莎的描述可能与她描述自己的方式没有太大的不同：强调的是具体的特征，如瓦妮莎的外表、玩具和喜好。相比之下，塔姆森10岁时的描述如下：

凯特住在我那栋楼里。她阅读能力很强，也擅长数学和科学。她对我们班上的每个人都很好。她很有趣。有时她的笑话会把我逗得哈哈大笑！她上钢琴课，喜欢踢足球。

塔姆森的描述仍然包括一些具体的特征，如凯特住在哪里，她喜欢做什么。然而，凯特的心理特征也很明显：塔姆森说凯特人很好，很有趣。到了10岁，孩子在描述他人时就超越了具体和可观察的范畴。在青春期，描述会变得更加复杂。以下是塔姆森16岁时的描述：

珍妮很善解人意。每当有人不高兴时，她都会伸出援助之手。但私下里，珍妮很刻薄。她会说别人的坏话。但我知道，如果她觉得别人会听到这些话，她就不会说，因为她不想伤害别人的感情。

这种描述更加抽象——塔姆森现在关注的是心理特征，如理解和关心他人的感受；也更加综合——塔姆森试图解释珍妮很善解人意，但私下里很刻薄。虽然她从7岁开始就强调具体的性格特征，但到了16岁，她就试图将这些特征整合起来，形成综合性的描述。

最近的研究也说明，儿童对他人的描述会呈现更抽象、心理描绘更丰富的趋势，但儿童对他人想法的理解比他们对认识的人的口头描述更加复杂（Heyman，2009）。事实上，现代研究表明，4~5岁的孩子已经开始从心理特征的角度来评价他人了，如聪明、友好、乐于助人和害羞。他们可以用行为来推断他人的潜在特征：如果一个孩子不愿意分享饼干或不让另一个孩子玩玩具时，四五岁的孩子可以准确地描述这个孩子是自私的。此外，如果提供了有关他人的某一特征的信息，他们就能正确地预测这个人未来的行为：如果告诉他们有个孩子很害羞，他们就会认为这个孩子不会主动帮助别人，而且会在和许多亲戚一起吃饭时沉默不语（Liu，Gelman和Wellman，2007）。

幼儿对他人的描述有一个特点，就是"透过滤镜"看待他人——也就是说，直到10岁左右，孩子都倾向于在他人身上寻找积极的特质，而不是消极的特质。年幼的孩子愿意相信一个人是聪明的（或者友好的，或者乐于助人的），但他们需要更多的证据（和更一致的证据）来判断一个人是卑鄙的或愚蠢的。这种偏见可能只是孩子对自己积极评价的延伸——学龄前儿童有高自尊，在小学阶段逐渐下降（Boseovski，2010）。

理解他人的想法

学习目标9：随着儿童的成长，他们对他人想法的理解会发生怎样的变化？

学龄前儿童思维的特征之一是很难从他人的角度看世界。皮亚杰将此特征称为自我中心主义，这是他所谓的前运算阶段的一个决定性特征（见模块6.1）。同样，学龄前儿童的交流也常常是无效的，因为他们在说话时没有从倾听者的角度考虑（见模块9.4）。但是，当孩子上完学前班之后，他们会意识到其他人对世界的看法不同。例如，在开篇小故事中，12岁的伊恩知道他的弟弟凯尔为什么生气：凯尔认为伊恩专横刻薄。伊恩明白，不让凯尔去地下室是有原因的。

在童年和青少年时期，儿童逐渐理解他人想法的复杂性。罗伯特·塞尔曼（Robert Selman）（1980，1981）提出了一个关于如何理解他人想法或视角的理论。塞尔曼的理论基于皮亚杰的两个关键假设，即对他人的理解是分阶段进行的，从一个阶段进入下一个阶段建立在认知发展的基础上。表11-2显示了塞尔曼理论的五个阶段。

要想了解从一个阶段到另一阶段的发展，可以想象两个小男孩正在争论放学后做什么。一个想去游乐场，另一个想看电视。如果这两个男孩都是5岁（未分化阶段），他们都不会真正理解为什么对方想要做一些不同的事情。他们的理由很简单："如果我要去游乐场，你也应该去！"

在小学早期（社会性-信息性阶段），每个孩子都能理解对方想做不同的事情，他们解释自己的观点是因为对方缺乏必要的信息。他们的想法是这样的："我知道你想看电视，但如果你知道我了解的信息，你就会想去游乐场。"

Q&A 问题11.3

格蕾西非常希望她的堂兄安德鲁能来探望她一周。格蕾西认为安德鲁来了后会马上去游泳，因为格蕾西喜欢游泳。基于这个例子，格蕾西处于塞尔曼理论的什么阶段？她多大了？

表11-2　塞尔曼理论的五个阶段

阶段	大概年龄	描述
未分化	3~6岁	儿童知道自己和别人可能会有不同的想法和感受，但是经常混淆两者
社会性–信息性	4~9岁	儿童懂得人们有不同观点的原因是人们可以获得不同的信息
自我反思	7~12岁	儿童能从他人的角度看待问题，像他人一样看待自己；他们知道他人也能做到这一点
第三者	10~15岁	儿童能够跳出当前情景，明白第三者如何看待自己和他人
社会	14岁到成人	青少年明白，第三者的看法受更广泛的个人、社会及文化背景影响

到小学后期（自我反思阶段），两个男孩会明白彼此都想做不同的事情，他们会"设身处地"理解背后的原因："我知道你想去操场，因为你整个星期都没去。"

在青少年早期（第三者阶段），孩子会更进一步，想象另一个人（如父母或老师）会如何看待这种分歧。最后，在青春期后期（社会阶段），孩子（现在的青少年）可以站在更高的角度看待和评价自己，例如，许多人会认为在一个阳光明媚的日子里看电视很愚蠢。

正如塞尔曼理论所预测的那样，随着孩子年龄的增长，他们的推理过程会依次发展到相应阶段。此外，认知水平越高的儿童往往在视角获取方面处于更高级的阶段（Gurucharri和Selman，1982；Krebs和Gillmore，1982）。然而，许多科学家不相信更复杂的视角是分阶段产生的，他们认为复杂视角是在整个童年和青少年时期稳步提高的（正如现在人们认为认知发展比皮亚杰的理论所预测的更具持续性）。

一些研究人员将改进后的视角与心智发展理论联系起来，这在模块7.3中描述过（Chandler和Carpendale，1998）。例如，传统的错误信念任务表明，孩子能够理解他人的行为通常基于他们的信念，即使这些信念是错误的。比如，假设孩子听到下面这个故事：

琳赛和安吉拉在公园里看到一些孩子在打垒球。琳赛想玩，就跑回家拿手套。安吉拉在公园等她，但琳赛不在的时候，孩子觉得打垒球太热了，就离开去吃冰激凌了。

如果孩子说琳赛会回到球场（根据她认为孩子还在打球的错误信念行动），就说明他们理解错误信念。但我们可以给这个故事增加一个新的看点。

当孩子离开公园的时候，其中一个想到琳赛可能想和他们一起吃冰激凌，所以她打电话给琳赛，告诉她这个计划。

现在问孩子："安吉拉认为琳赛觉得孩子在哪里？"如果孩子说安吉拉认为琳赛会去球场，就说明他们理解第二阶信念。这种"他认为她觉得……"的推理被称为"递归思维"，在5岁或6岁出现，在小学阶段会随着儿童语言技能和执行能力的综合提高而稳步改善（Miller，2009）。

培养欣赏他人思想和观点的好处之一就是，它能让孩子与同龄人更好地相处。也就是说，乐于接受他人观点的孩子通常都很受同龄人的喜欢（Banerjee，Wattling和Caputi，2011；FitzGerald和White，2003）。当然，仅仅是了解并不能保证良好的社会行为。有时，了解另一个孩子想法的孩子会利用那个孩子。不过，总的来说，对他人的理解似乎会促进积极的互动，我们将在第12章中进一步讨论这个话题。

偏见

学习目标10：儿童什么时候开始对他人产生偏见？

在世界各地，许多成人仅仅因为某人属于某个社会群体（如某个种族、民族或宗教群体）而对其抱有偏见。对于2~4岁的孩子，他们首先会发现自己更喜欢的群体，在5~7岁的时候，这种偏好会变得更强，之后会保持这种偏好（Raabe 和 Beelmann，2011），但还不止这些。到了学龄前，大多数儿童能够区分男性和女性，能够识别不同种族的人（Nesdale，2001）。当孩子了解了他们在一个特定群体中的成员身份后，通常会对自己的群体有更强的看法。换句话说，幼儿园的孩子会把许多积极特质，如友善和聪明归到自己所在的群体，而将负面特质，如待人刻薄，归到其他群体（Bigler，Jones和Lobliner，1997；Patterson 和 Bigler，2006）。

随着儿童进入小学阶段，偏见通常在一定程度上有所减少（Buttelmann 和 Bohm，2014）。对于幼儿园的孩子来说，负面观点通常不包含公开的敌意，仅仅是与自己的群体相比，其他群体存在"不足"（Aboud，2003）。在小学阶段，许多孩子将种族视为一种"天生类型"——由出生决定，非常稳定，指的是在外貌和行为上彼此相似的人（Rhodes，2013）。与此同时，公开的偏见也有所减少，部分原因是儿童学习了不鼓励公开偏袒自己群体的行为规范（Apfelbaum等，2008）。但是内隐偏见仍然存在——许多儿童会自动地将他们所在的群体与正面特征联系起来，而将其他群体与负面特征联系起来（Baron 和 Banaji，2006）。

在本节剩下的部分，我们将了解为什么偏见会进一步发展，看看当偏见导致歧视行为时所造成的伤害，并探讨减少偏见的方法。

偏见是如何发展的

我们很容易认为，偏见源于不同群体之间的长期冲突，如美国的非裔美国人和欧洲裔美国人之间的冲突，北爱尔兰的新教徒和天主教徒之间的冲突。在这种观点下，如果可以抹去历史记录，那么不同的群体将会和谐地生活，没有偏见。

还有另一种观点——偏见和歧视是儿童在努力理解社会世界时常见的副产品——

"理论聚焦"专栏将详细描述。

理论聚焦
发展群际理论

背景 偏见和歧视在儿童发展早期就会出现，在世界各地的儿童中都有发现。虽然我在这个模块中只强调了种族偏见，但孩子也会迅速发展出其他偏见，如性别偏见（第13章的主题）。为什么偏见和歧视如此普遍，为什么它们这么早就会出现？

理论 丽贝卡·彼格勒（Rebecca Bigler）和林恩·丽本（Lynn Liben）（2007）的理论认为，偏见和歧视在儿童努力理解社会世界中自然产生。你们应该还记得，在模块6.3中，儿童会积极地将有生命的物体和无生命的物体区分，这是他们理解周围世界的一部分。随着孩子的社交视野从父母扩展到同伴，他们会继续进行分类，试图理解不同群体的人如何"走到一起"。也就是说，他们会寻找可以用来区分人的明显线索。使用感知上的显著特征（如种族、性别、年龄）以及成人用来区分不同群体的语言标签（例如，"女孩先去吃午饭，然后是男孩"）。

在孩子确定了环境中同伴的显著特征之后，他们开始按照这些维度对他们遇到的人进行分类。雅各布被视为一个白人男孩，卡莉卡被视为一个黑人女孩。最后，孩子试图更多地了解他们所定义的每个群体。当这样做的时候，他们的思维受到本质主义的指导，本质主义认为属于同一群体的个人有内在的、看不见的相似之处（如本质）。此外，他们会偏袒自己的群体，并对其成员进行更有利的描述。

假设 形成偏见的第一步是在一个能区分不同人群的环境中发现特征。因此，在一个环境中可以让某个与人相关的特征更加突出，因而更有可能让这个特征导致偏见。换句话说，如果老师坚持要求左撇子的孩子左手戴手套，右撇子的孩子右手戴手套，这就会使"惯用手"成为人们的一个显著特征，也会让孩子更喜欢同手的同伴。

测试 帕特森（Patterson）和彼格勒（Bigler）（2006）对日托中心3~5岁儿童进行了测试。他们被分为"红色组"或"蓝色组"，每天都穿红色或蓝色的T恤。在实验组的教室里，老师用颜色的名字来称呼孩子们（例如，"早上好，小蓝们！"），并安排教室（例如，他们排成红色和蓝色的队伍离开教室）。在对照组的教室里，孩子穿着彩色的T恤，但是老师从来不提衣服，也没有以任何方式使用过颜色的名字。

3周后，测量儿童的感知和偏好。正如预测的那样，当老师将颜色作为社会世界的重要特征时，孩子就会对自己的群体产生偏好。

例如，这些教室里的孩子：（1）认为新生会想要加入他们的小组；（2）说他们比另一组的学生更快乐；（3）表示更喜欢自己小组的人，并更经常与他们一起玩。在对照组教室里，老师没有提到颜色，孩子没有出现这些偏见。

结论 正如预期的那样，当日托中心里的老师强调颜色时，儿童会对自己所属的颜色组产生偏好。这一发现支持了一种普遍的观点，即偏见和歧视是儿童在努力确定环境中区分不同群体特征时自然而然产生的结果。

应用 由于孩子渴望更多地了解他们所处的社会，因此他们会非常熟练地将群体分类，他们很容易注意到群体差异。这意味着，在减少或消除偏见方面，父母尤其是整个社会都面临着巨大的挑战。父母可以鼓励孩子在男孩和女孩组成的多种族群体中互动，这样，种族和性别对孩子来说都不那么突出。学校可以有类似的政策。例如，教师要避免在课堂上使用性别标签（就像避免使用种族标签一样）。

在"理论聚焦"专栏中描述的这项研究表明，当社会群体在他们所处的环境中很突出时，儿童就会产生偏见。其他研究表明，仅仅是不同群体的存在就足以产生偏见。例如，如果研究人员要求孩子加入一个由衬衫颜色或独特徽章而区分的群体，孩子会喜欢他们所在的群体，把积极行为归于自己所在的群体，把负面行为（如吝啬）归为其他群体的孩子（Dunham，Baron和Carey，2011；Schug等，2013）。即使是蹒跚学步的幼儿也更喜欢自己的群体：他们更经常模仿说自己母语的成人，他们更喜欢和孩子喜欢相同食物的木偶（Buttelmann等，2013；Hamlin 等，2013）。

当然，孩子的偏见程度不同。当儿童和青少年的父母和其他有影响力的人存在偏见时，孩子的偏见会更加强烈（Castelli，Zogmaster和Tomelleri，2009；Degner 和 Dalege，2013）。与其他群体的接触也很重要：即使与其他群体的少量互动也可以减少或消除偏见（Raabe 和 Beelmann，2011）。

歧视的后果

当儿童、青少年或成人按照他们的偏见行事时，结果就是歧视——他们偏爱自己的群体，忽视其他群体的个体，骚扰他们，或者拒绝给予他们资源或特权。这种歧视对少数群体的儿童和青少年来说太常见了，正如你可能预料的那样，这种经历令人紧张，并可能导致一系列负面结果。遭受歧视的非裔美国人和拉丁裔青少年往往有低自尊，情绪低落，在学校不太成功，有更多的问题行为（Benner 和 Graham，2011；Zeiders，Umana-Taylor和Derlan，2013）。

然而，同样引人注目的是，一些青少年会抵制歧视的有害影响。是什么因素让一些儿童和青少年在面对歧视时能够坚决抵制？"研究重点"专栏给出了一个答案。

研究重点

面对歧视，谁能坚决抵制？

研究人员是谁？研究的目的是什么？ 当受到老师和同龄人的歧视时，许多儿童和青少年会在学校里拼命抵抗。还有一些人抵制歧视的危害，在学校取得了成功。王（Ming-Te Wang）和詹姆斯·胡格雷（James Huguley）（2012）进行的一项研究的目标是识别导致这种行为的因素。

研究人员是如何测量研究话题的？ 王和胡格雷从四个维度进行了测量：（1）教师歧视，通过问卷调查，询问学生是否认为由于种族原因，教师对他们的要求更低或惩罚更严厉；（2）同伴歧视，通过问卷调查的方式，询问学生在参加活动或团队挑选成员时，是否认为同伴会因为自己的种族而歧视或忽视自己；（3）种族社会，通过问卷调查，询问父母是否经常向孩子强调种族自豪感（例如，与孩子谈论自己种族的历史，庆祝与自己种族有关的节日）；（4）成绩，从学籍信息上获得。

研究中的参与者是谁？ 这项工作是一个更大的项目"青少年发展的背景研究"的一部分，该项目跟踪了近1500名学生从12岁（进入中学）到21岁的发展，属于纵向研究。在这个项目中，王和胡格雷使用了630名14岁和17岁的非裔美国青少年的数据。

这项研究的设计是怎样的？ 这项研究从横向来看，涉及了歧视、种族社会化和学校年级之间的关系。尽管该项目是纵向的（从12岁开始，对参与者进行了6次测试），但当前的研究既不是纵向的，也不是横断的，因为它使用了一轮社会化的测量，以及两轮平均成绩的测量。

这项研究是否存在伦理问题？ 不存在。这些措施没有风险，并获得了同意。

结果如何？ 图11-2显示了学校成绩（平均学分绩点）与不同水平的教师歧视和同伴歧视的函数关系。在每个小组中，对父母强调其种族文化（"高文化社会化"）和不强调其种族文化（"低文化社会化"）的儿童用单独的线表示。

在这两个小组中，对于那些父母没有强调种族文化的学生，成绩会随着歧视的增加而下降。相反，对于那些父母强调他们种族文化的学生，歧视对学生的成绩没有影响。

研究人员得出了什么结论？ 当父母向孩子强调种族文化时，孩子会受到保护，免遭老师和同龄人歧视的有害影响。正如王和胡格雷所说的，"父母给孩子们提供的有关群体成员身份积极方面（骄傲、历史和传统）的信息削弱了……歧视……"（2012，第1727—1728页）。

有什么趋同证据可以强化这些结论？ 这项研究的一个缺点是，研究人员衡量的是学生对歧视的看法，而不是歧视本身。独立评估学生受到老师和同龄人歧视的程度很有意义。第二个缺点是样本，样本涉及年龄相对较大的青少年。确定种族社会化是否对儿童和青少年有类似的有益影响是很有价值的。

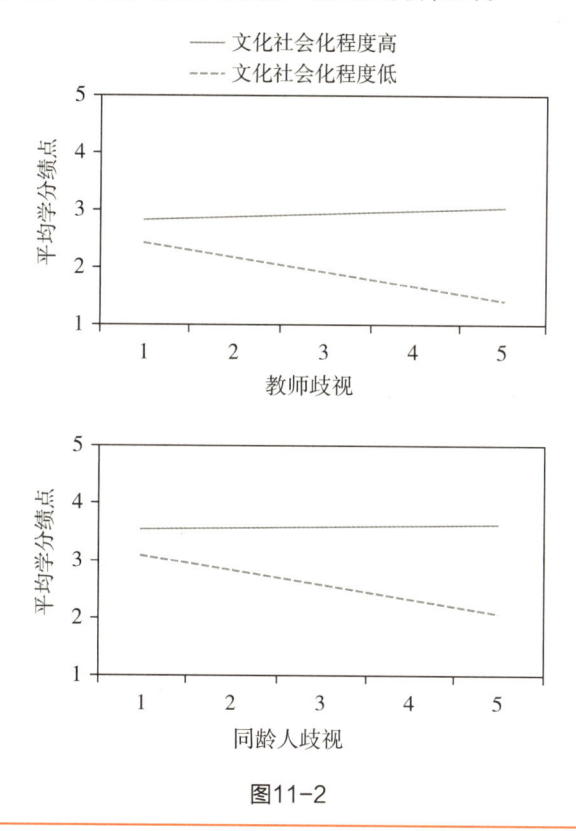

图11-2

其他研究证实，当少数群体的儿童和青少年与他们的文化联系较多，并具有良好的族裔身份认同时，他们会（相对地）免受歧视的伤害（Brown 和 Chu，2012；Galliher，Jones和 Dahl，2011）。当然，如果这些孩子从未经历过歧视，他们将过得非常好。接下来我们将看看如何让孩子摆脱导致歧视的偏见思维。

消除偏见

家长、老师和其他成人能做些什么来减少或消除孩子的偏见呢？一种方法是鼓励不同群体的儿童之间互相接触（Aboud 等，2012；White，Abu-Rayya 和 Weitzel，2014）。

在以下情况下，群体间接触可以最有效地减少偏见：
- 参与的儿童群体地位平等。
- 群体之间的联系包含追求共同的目标（而不是竞争），并鼓励孩子把群体看作一个更大的、共同群体的一部分。
- 家长和教师支持减少偏见的目标（Cameron等，2006；Killen 和 McGlothlin，2005）。

举例来说，成人可能会让来自不同小组的孩子一起完成一个班级项目。例如，在体育运动中，共同的任务可能是掌握一项新技能。通过合作，加里开始意识到维克的行为、想法和感受都只是因为他是维克，而不是因为他是意大利裔美国人。

增加不同种族儿童之间的互动是美国最高法院在布朗诉教育委员会（Brown v. Board of Education）一案中裁决的结果之一，该案件显示了儿童发展研究如何影响社会政策。

儿童发展和家庭政策

结束种族隔离学校

1950年，美国大部分地区的非裔美国儿童和白人儿童就读于不同的学校。隔离教育早在100多年前就已经通过了美国的法律，并得到了最高法院判决的支持。1950年秋，位于堪萨斯州托皮卡的全国有色人种促进会（National Association for the Advance of Colored People，NAACP）分会决定测试这项法律是否符合宪法。包括奥利弗·布朗（Oliver Brown）在内的13位非裔美国父母试图让他们的孩子进入白人专属的学校，当他们被拒绝后，NAACP起诉了托皮卡教育委员会。

NAACP案件中的一个关键因素是，隔离学校对非裔美国儿童本身是有害的，因为这样的学校显然使他们的二等公民地位合法化。为了支持这一说法，NAACP法律团队根据的是肯尼思·克拉克博士（Dr. Kenneth B. Clark）的证词。在之前的研究中，克拉克博士（1945；Clark 和 Clark，1940）曾表明，非裔美国儿童通常认为白色玩偶是"好的"，而棕色玩偶是"坏的"。他在托皮卡种族隔离学校的非裔美国儿童身上发现了同样的结果，这导致他作证："这些孩子……就像其他生活在社会中处于明显劣势地位的人一样，他们的人格发展肯定受到了伤害……"

1954年5月，最高法院做出了具有里程碑意义的裁决，认为种族隔离学校是违宪的。

克拉克的研究和证词的影响在首席大法官厄尔·沃伦（Earl Warren）对布朗诉教育委员会一案做出的裁决中显而易见：

> 公立学校对白人儿童和有色儿童的隔离对有色儿童有不利影响。当种族隔离的政策得到法律批准时,这种影响会更大,因为这种政策通常被解释为黑人群体的自卑。自卑感会影响孩子的学习动力。因此,在法律支持下的种族隔离有一种[阻碍]黑人儿童教育和智力发展的倾向,并剥夺他们……种族融合的学校更有益于他们的成长。
>
> 布朗案判决后,克拉克继续致力于民权事业,并为非裔美国青少年争取权益。由于他毕生致力于宣传有关非裔美国儿童及其家庭的公共政策,1987年,他获得了美国心理基金会颁发的公共心理学终身成就奖。他于2005年去世。

克拉克的工作有力地证明了儿童发展研究可以对政策产生深远的影响——这一政策有助于取消美国的种族隔离学校。合并后的学校可以为孩子提供了解其他民族和种族的同龄人的机会,有助于减少偏见。

另一个有用的策略是教育——教孩子关于其他群体的历史和文化(Aboud等,2012)。在一项研究中(Hughes,Bigler和Levy,2007),欧洲裔美国小学生学习了著名的非裔美国人所经历的种族主义。例如,他们了解到杰基·罗宾逊(Jackie Robinson)在旧黑人联盟的一支球队打球,因为负责美国职业棒球大联盟的白人不允许任何非裔美国人打球。而在对照组中,传记中省略了种族主义的经历。这部分孩子在了解到针对非裔美国人的种族主义时,对非裔美国人的态度要积极很多。

从这样的项目中,儿童和青少年发现一个人在社会群体中的成员身份几乎不能反映这个人的具体情况。他们还将群体之间的差异归因于某些群体拥有更多的机会,而不是某些群体与生俱来的特征。最后,参与这些项目的学生能够更好地发现和拒绝歧视(Bigler和Wright,2014)。

✓ 检测你的学习

回忆:描述塞尔曼理论的不同阶段。总结偏见在儿童发展中的变化。

解释:比较儿童对他人描述的变化与儿童自我概念的变化(见模块11.1和模块11.2)。

应用:基于你在本模块中学到的知识,家长和老师可以做些什么来阻止孩子产生偏见?

统一主题：先天和后天

这一章很好地阐述了"发展总是受到遗传和环境的共同影响"这一主题。在15~24个月大时，孩子的自我意识出现，主要是由于生物作用的影响。不管环境如何，孩子在1~2岁就有了自我意识。不过，把自我意识转变成一种特定的自我概念在很大程度上取决于孩子在家里和学校的经历。儿童在建立身份认同时受到他们周围的人，特别是父母和老师的强烈影响。

自行探索

前面所讲的镜像识别任务做起来非常有趣，你会惊讶于1~2岁的孩子的反应的快速变化。在这项任务中，你只需要一面镜子、一些纸巾、腮红、几个12~18个月大的孩子、乐于合作的父母。让父母和孩子在镜子旁玩耍，在这个过程中，用沾有腮红的纸巾擦孩子的鼻子。然后看看孩子对红鼻子有什么反应。一些12个月大的孩子什么也不做，其他孩子会摸镜子里的红鼻子。当15~18个月大的婴儿看到自己时，他们会停顿一下，露出惊讶的表情，然后伸手去摸自己的鼻子。自行探索吧！

小结

11.1 自我概念

自我概念的起源

大约在15个月大的时候，婴儿开始认出镜子中的自己，这是自我意识的最初迹象之一。他们也开始喜欢看自己的照片，用名字和人称代词称呼自己，有的还知道自己的年龄和性别。很明显，到2岁的时候，大多数孩子已经有了初步的自我意识。

自我概念的发展

学龄前儿童定义自己时通常会用可观察的特征，如拥有的东西、外貌、喜好和能力。在小学阶段，自我概念开始包括情绪、孩子在社会群体中的成员身份以及与同龄人的比较。在青春期，自我概念包括态度、个性特征、信念和未来计划。总体而言，青少年的自我概念比低龄儿童的自我概念更丰富、更抽象、更心理化。

寻找身份认同

寻找身份通常涉及四种状态。混乱和拒绝在青少年早期更为常见；延迟和获得在青春期晚期和成年初期更常见。当父母鼓励讨论并认识到青少年的自主性时，青少年最有可能获得身份认同；当父母制定规则并在没有解释的情况下强制执行时，青少年最不可能获得身份认同。

青少年在获得族裔身份认同的过程中，通常要经历三个阶段：无所谓阶段、探索阶段和获得族裔身份认同阶段。获得族裔身份认同通常会带来高自尊。

与虚构的故事相反，青春期通常不是

充满"风暴和压力"的时期。大多数青少年爱他们的父母，也感觉父母爱他们，向父母寻求建议，接受父母的价值观。青少年时期的亲子关系变得更加平等，这反映了青少年独立能力的增强。一小部分青少年变得抑郁，通常是因为他们对自己行为的解释是有缺陷的。

11.2 自尊

自尊的发展变化

在大龄儿童和青少年中，随着他们对自尊的更多方面（包括不同类型的学术技能）进行自我评估，他们的自尊会变得更加分化。整体自尊在学龄前时期很高，但在小学阶段，随着孩子开始与同龄人比较，他们的自尊下降了。当孩子转学时，自尊也会暂时下降。

自尊的变化与种族和文化有关

种族和文化都会对自尊结构和平均水平的发展变化产生重要影响。非裔美国人和西班牙裔美国人的孩子在童年时期自尊较低，但在青春期自尊会增强。来自亚洲国家的孩子往往比来自北美和欧洲的孩子自尊更低，这反映了亚洲谦逊的文化标准，愿意承认弱点，较少与同龄人做比较。

自尊的来源

当父母给予孩子关爱，参与他们的生活，制定规则并讨论惩戒措施时，孩子的自尊会更高。自尊也依赖于与同龄人的比较。当孩子知道别人积极看待他们时，他们通常会有更高的自尊。

低自尊：原因还是后果

当孩子缺乏自尊时，他们更有可能与同伴的关系不太好，可能会遭受心理障碍，如抑郁症，参与反社会活动，在学校表现很差。治疗和提高社交技能可以提高孩子的自尊。自恋的孩子对自我价值的看法过于膨胀，往往攻击性过强。

11.3 理解他人

描述他人

孩子对他人的描述会发生变化，就像他们对自己的描述会发生变化一样。

在小学早期，儿童的描述重在刻画具体特征。在小学后期，他们会重视个性特征。在青春期，他们看重一个人的整体形象。孩子用他们的描述来预测别人的行为。

理解别人的想法

根据塞尔曼的换位思考理论，儿童对他人思维方式的理解要经过五个阶段。在第一阶段，无分化阶段，孩子经常混淆自己和别人的看法。最后，在社会阶段，青少年会采取第三者的观点，并认识到这一观点受到环境的影响。

偏见

偏见在学龄前就出现了，在小学阶段变得更强，这往往是孩子在努力将社会群体进行分类的过程中自然而然出现的结果。偏见会导致歧视行为，这导致许多儿童和青少年变得抑郁，在学校表现不好。减少偏见的方法包括接触来自其他社会群体的个人，以及让儿童了解偏见的弊端。

考考自己

1. 当一个12个月大的脸上有疤痕的宝宝照镜子时，她可能会____。
   a. 忽略镜子中的形象
   b. 触摸镜子里的疤痕
   c. 触摸她脸上的疤痕

2. 18~24个月孩子自我意识的增强是由以下事实证明的：这个年龄的孩子____。
   a. 不认识镜子里的自己
   b. 喜欢看其他孩子的照片
   c. 说自己的名字

3. ____根据他们的身体特征、所有物和喜好来定义他们自己。
   a. 学龄前儿童
   b. 学龄儿童
   c. 青少年

4. 在____状态下，个人没有探索其他选择，而是拥有一种主要由成人决定的身份。
   a. 扩散
   b. 拒绝
   c. 延迟

5. 以下关于族裔身份认同的哪种说法是正确的？____。
   a. 具有族裔身份认同的孩子往往有更大的自我价值感，与同龄人相处得更好
   b. 当父母鼓励孩子发展族裔身份认同时，孩子往往会抵制且不太可能认同他们的种族
   c. 混血青少年始终认同父母各自所属的种族

6. 青少年时期的亲子关系____。
   a. 充满了"风暴和压力"
   b. 变得更加平等
   c. 相处的时间更少，但感情更加深厚

7. 下列哪项不是小学时期自尊的范畴？____。
   a. 学术能力
   b. 亲密的友情
   c. 外表

8. 自尊在____时最强。
   a. 学龄前时期
   b. 小学时期
   c. 青春期

9. 强自尊的孩子的父母通常____。
   a. 很爱孩子，参与孩子的生活
   b. 慷慨地赞扬孩子做的每一件事
   c. 不为孩子的行为设定标准，孩子可以做任何他们想做的事

10. 低自尊儿童____。
    a. 与同龄人相处融洽
    b. 更有可能参与反社会行为
    c. 更有可能在学校表现良好

11. 在强调____时，孩子对他人的描述不同寻常。
    a. 积极特质胜过消极特质
    b. 综合特质
    c. 心理特质

12. 那些更善于站在他人的角度看问题的孩子的典型特征是什么？____。

   a. 他们往往年龄更大

   b. 他们的认知水平较低

   c. 他们与同龄人相处得不好

13. 孩子的偏见____。

   a. 通常出现在小学阶段

   b. 会更严重，如果他们的父母有偏见

   c. 在他们与其他社会群体相处时会增加

14. 当少数族裔的儿童和青少年经历歧视行为时，他们____。

   a. 有患抑郁症的风险，但他们在学校的表现不受影响

   b. 如果他们有成熟的族裔身份认同，风险就会小一些

   c. 不受影响

15. 当____时，接触不同群体的儿童可以减少偏见。

   a. 少数群体获得更高地位

   b. 接触有共同目标的团体

   c. 家长和老师没有参与

关键术语

获得状态　　　　　坚不可摧的幻觉　　　　递归思维

青少年自我中心主义　假想观众　　　　　　　自我概念

扩散状态　　　　　延迟状态　　　　　　　自尊

族裔身份认同　　　自恋

拒绝状态　　　　　个人神话

第12章　道德理解与行为

想象自己走进一个全是两天大婴儿的日托中心。有些宝宝睡着了，有些宝宝在哭，有些宝宝只是静静地躺着。然而，护士告诉你，这里的新生儿包括纳尔逊·曼德拉、特蕾莎修女、阿道夫·希特勒、莫汉达斯·甘地和小马丁·路德·金。虽然现在宝宝们看起来一模一样，但其中的四位将跻身20世纪最伟大的人物之列，而一位将犯下滔天罪行。为什么会这样？是什么决定了儿童是采取道德行为还是采取不道德行为？他们是关心别人还是一味索取？他们是会成为大好人，还是会走上邪恶的道路？本章的四个模块为这些问题提供了一些答案。在模块12.1中，我们将看到儿童如何控制自己的行为。在模块12.2中，我们将学习儿童和青少年如何推理道德问题，而在模块12.3中，我们将学习激发儿童善待他人的因素。最后，在模块12.4中，我们会看到为什么儿童会对他人表现出攻击性。

模块

- 12.1 自我控制
- 12.2 道德问题的推理
- 12.3 助人行为
- 12.4 攻击性行为

12.1 自我控制

> **学习目标**
> 学习目标1：自我控制何时发生？随着儿童的成长，自控能力是如何发展的？
> 学习目标2：什么因素影响儿童的自我控制能力？
> 学习目标3：儿童可以用什么策略来提高他们的自我控制能力？
>
> **大纲**
> 自我控制的发生
> 影响自我控制能力的因素
> 提高自我控制能力

雪莉结束了一整天的工作回到家，虽然很累，但她想为儿子瑞安庆祝他的4岁生日。当她发现瑞安在保姆准备晚餐的时候咬了一大口生日蛋糕上的糖霜时，她的兴奋感很快就消失了。当天早上在她去上班之前，雪莉明确地告诉瑞安不要碰蛋糕。为什么瑞安就不能等等？他为什么抵不住诱惑？她能做些什么来帮助瑞安在未来更好地控制自己呢？

在这个小故事中，雪莉希望瑞安有更强的自我控制能力，能够控制自己的行为，抑制对诱惑的冲动反应。儿童服从父母的请求，不去碰包装精美的礼物，这体现了自我控制能力，如同青少年为考试努力准备而不是和他的朋友们去购物中心，因为他知道这样既能在考试中获得好成绩，也能在考试后愉快地逛街。

自我控制是道德行为的第一步，因为孩子必须知道，他们不能总是立即能做他们想做的事。相反，社会有在某些情况下的行为有规则，儿童必须学会约束自己。

在这个模块中，我们将首先看到自我控制是如何发生的，然后学习一些决定儿童自我控制能力的因素。最后，我们共同探究儿童提高自我控制能力的策略。

自我控制的发生

学习目标1：自我控制何时发生？随着儿童的成长，自我控制能力是如何发展的？

自我控制出现在婴儿期，并在学龄前逐渐提高（Kopp，1997；Li-Grining，2007）。大致的阶段如下所示。

> **Q&A 问题12.1**
>
> 2岁的阿曼达被要求把盛满果汁的杯子放在柜台上，但她打翻了杯子。阿曼达的爸爸认为她应该因为不服从直接指令而受到惩罚；她妈妈认为阿曼达还太小，无法控制自己。你会给阿曼达的父母什么建议？

- 大约在1岁时，婴儿会意识到人们对他们施加的要求，而且他们必须对此做出相应的反应。婴儿知道他们不能随心所欲地行事；相反，其他人会对他们的行为设限。这些限制反映了他人对其安全的关注（"不要碰！烫"）以及早期的社会化努力（"不要抢小明的玩具"）。
- 2岁左右的幼儿已经内化了一些别人强加给他们的控制，并且在父母不在的情况下也有一定的自我控制能力。例如，看玩伴玩玩具的男孩也想玩玩具，但他抑制住了抢玩具的冲动，也许是因为他还记得，他的父母告诉他不要拿别人的东西。
- 3岁左右，儿童有了自我调节的能力；他们能想办法来控制自己的行为。回到看玩伴玩玩具的男童的例子，男童可能会告诉自己"我真的不想玩这个玩具"，或者他们可能会做其他事情，以消除抢玩具的冲动。

当然，虽然学龄前儿童能够在一定程度上抑制冲动行为，但有效控制只能在整个小学阶段逐步实现（Vazsonyi 和 Huang，2010）。一种方法是通过对延迟满足的研究来探索这一漫长的发展历程。在这项研究中，孩子可以选择立即得到相对较小的奖励，或者等待之后得到较大的奖励。在一项研究中（Steelandt 等，2012），几乎所有4岁的孩子都能等4分钟去拿到大一点的饼干，但2岁的孩子这样做的相对较少。在另一项研究中（Rotenberg 和 Mayer，1990），儿童和青少年可以马上选择一小块糖果，或者等上一天再得到一整袋薯片。大约1/3的6~8岁儿童选择等待。相比之下，有1/2的9~11岁的儿童和几乎所有12~15岁的儿童为了薯片等了一天。因此，尽管自我控制能力在学龄前儿童中可能很明显，但真正掌握是在整个儿童时期是逐渐发生的，这可能反映了儿童大脑额叶皮层的成熟，其对抑制行为起着关键作用（Berkman，Graham和Fisher，2012）。

更值得注意的是对自我控制能力长期一致性的纵向研究的结果。这些研究发现，学龄前儿童的自我控制能力可以预测青春期和成年初期的结果。在模块10.2中，我们看到，自控能力较差的孩子在青少年时期更容易辍学、吸烟和早恋（Moffitt，Poulton和Caspi，2013）。此外，自我控制能力最强的学龄前儿童到了青少年时期会更专注，SAT分数也更高，而且吸毒和酗酒的可能性也更小。作为青少年，他们受到更好的教育，有更高的自尊，有更好的认知控制，而且不太可能超重（Mischel等，2011；Schlam等，

2013）。

很明显，每个人抵制诱惑的能力是不同的，而且这种特征随着时间的推移是非常稳定的。但是为什么有些儿童和成人比其他人更能控制自己呢？在接下来的内容中，我们会发现，父母和儿童的气质都会影响儿童的自我控制能力。

影响自我控制能力的因素

学习目标2：什么因素影响儿童的自我控制能力？

当儿童缺乏自我控制能力时，像雪莉这样的父母会感到失望和不安。父母能做些什么呢？研究始终认为自我控制能力与管教风格关系密切，父母管教风格总体温和、慈爱，同时对于什么样的行为是可接受的有明确的界定，在这种情况下，儿童的自我控制能力更强（Feldman和Klein，2003；Vazsonyi和Huang，2010）。当父母与孩子讨论纪律问题，而不是简单地强调自己作为父母的权力时（例如，"我让你这么做，你就得这么做"），自我控制能力就会增强。当雪莉管教瑞安时，她应该提醒他明确的行为标准（"不许碰蛋糕"），解释她的失望（"现在没有人能看到你的蛋糕有多漂亮了"），并提出抵抗类似诱惑的方法。

研究还表明，当父母对孩子过于严厉时，他们的自我控制能力通常会下降（Donovan，Leavitt和Walsh，2000；Feldman和Wentzel，1990）。父母如果不断地指导孩子做一件事而不做另一件事，其实既没有给孩子机会，也没有激励他们内化控制（Kochanska，Coy和Murray，2001）。

但是，父母并不是影响儿童自我控制能力的唯一重要因素；记住，模块10.2讲过，气质也很重要。气质的一个方面是努力控制，即儿童集中注意力、忽视干扰和抑制不适当反应的能力。因此，有些儿童在气质上更适合保持自我控制和规范自己的行为（Stifter 等，2009）。

当然，不管儿童的气质如何，他们的自我控制能力也不是完全一致的。在某一场合能够抵制诱惑的孩子，可能在下一次就会放弃。为什么儿童在某些任务上表现出自我控制能力，而在其他任务上却没有？正如我们将看到的，答案在于儿童抵制诱惑的策略。

提高自我控制能力

学习目标3：儿童可以用什么策略来提高他们的自我控制能力？

想象这是春天里最美好的一天。你有两个重要的考试要准备，但你又非常想和朋友们一起享受一天的春光。你会怎么抵制这种诱惑，坚持学习呢？你也许会提醒自己这些考试很重要。你也许会找一个没有窗户的房间，自己不受外面好天气的干扰。通常来说，有效抵制诱惑的方法包括提醒自己长期目标比短期诱惑更重要，减少诱惑事件或环境的吸引力。

在学龄前阶段，一些孩子开始自发地使用这两种方法。在米歇尔和艾贝森（Mischel和Ebbesen，1970）的一个实验中，3~5岁的儿童被要求独自坐在一个房间里15分钟。他们如果能够做到，就可以得到期望的奖励。孩子可以在任何时候通过预先设定好的信号把实验人员叫回房间，这样他们将得不到期望的奖励。

当然，有些儿童比其他儿童更有能力等上整整15分钟。他们是怎么做到的？一些孩子不断地对自己说："我一定要坚持，这样才能拿到最好的奖品！"正如维果茨基所描述的（模块6.2），这些儿童用自我暗示来控制自己的行为。另一些儿童则把目光从诱人的奖品上移开；还有一些儿童把诱人的奖品想象成不受欢迎的东西，以此转移注意力。所有这些都是有效的方法，可以让你在无聊的15分钟后获得想要的奖品。

后来的研究表明，当儿童有应对诱惑的策略时，他们更能抵制诱惑（Mischel和Ayduk，2004）。这种策略的好处我们在"研究重点"专栏中揭晓。

研究重点

帮助学龄前儿童获得延迟满足能力

研究人员是谁？研究的目的是什么？ 菲利普·皮克（Philip Peake）和他的同事米歇尔·赫布尔（Michelle Hebl）、沃尔特·米歇尔（Walter Mischel，2002）想要确定帮助儿童获得延迟满足能力的条件。也就是说，他们希望了解一些方法来帮助孩子抵制诱惑，让他们不要立即接受较小的奖励，而要等到后面接受更大的奖励。

研究人员是如何测量研究话题的？ 皮克和他的同事用一个经典的任务来测试孩子。研究人员向孩子展示了两种奖励，并问他们更喜欢哪种。对照组的孩子被告知，实验人员必须离开房间一段时间，但如果他们耐心等待，直到实验人员回来，他们就会得到他们所选择的奖励。他们还被告知，任何时候他们都可以按铃让实验人员回来，但如果他们这样做了，他们就会得到不那么丰厚的奖励。在第二种情况下，孩子得到了同样的指示，但他们也分到了一大桶彩色弹珠，并被告知可以把弹珠分类到有颜色标记的杯子里来打发时间。在第三种情况下，一个带管子的罐子被装饰成一只小鸟；孩子被告知，他们可以把弹珠放在管子里，通过"喂鸟"来打发时间。（之前的研究表明，孩子认为这比将弹珠分类有趣得多。）实验人员记录了孩子等待的时间，以及在等待时他们看的地方。对所有的孩子来说，两种奖励都可以随时看到，因此在等待的时候成了诱人的对象。

研究中的参与者是谁？ 皮克和他的同事对30名3~5岁的儿童进行了测试。

这项研究的设计是怎样的？ 这项研究是实验性的。自变量是孩子等待时的条件：独自一人无事可做，将弹珠分类，或者"喂鸟"。这项研究有两个因变量：儿童等待的时间长短和他们看奖励的时间长短。这项研究既不是纵向的也不是横断的，因为所有孩子的年龄都差不多，每个人只做了一次测试。

这项研究是否存在伦理问题？ 不存在。这些任务的风险最小，与儿童在日常生活中遇到的经历没有太大不同。

结果如何？ 让我们先看看孩子等待了多久。图12-1的左边显示，儿童在执行一项有趣的任务（"喂鸟"）时可以等待的时间最长。在进行无聊的任务（分类弹珠）时，他们等待的时间次长，无事可做时等待的时间最短。图12-1的右边解释了原因：孩子无事可做，几乎有一半的时间只看奖励。难怪他们很早就屈服于诱惑。相比之下，当孩子参与任务时，他们很少看奖励。

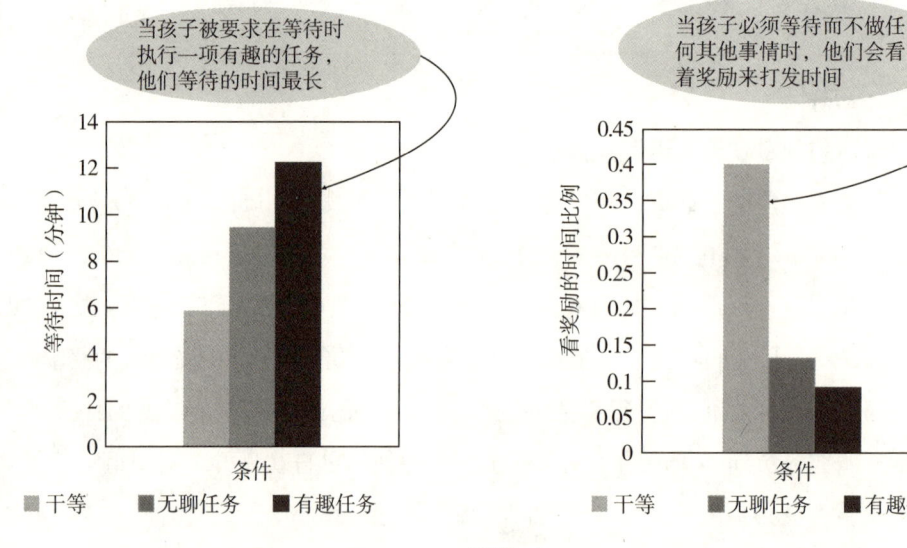

图12-1

研究人员得出了什么结论？ 让孩子自己待着的时候——"就在这里等着吧"——学龄前儿童在面对诱惑时无法成功地控制自己的行为。但是当他们的注意力被转移到别的地方时——尤其是有趣的任务上——他们在延迟满足方面就会成功得多。因此，抵制诱惑的关键是"控制注意力方向的能力，有策略地分散自我注意力的能力，以及在一个情境中灵活地转移注意力的能力"。

有什么趋同证据可以强化这些结论？ 皮克和他的同事通过一项特别设计的任务

来测试孩子的自我控制能力。因此，下一个有用的步骤将是通过观察孩子在家里自然发生的自我控制能力来补充结果。此外，由于3~5岁的孩子很难掌握自我控制能力，另一个合乎逻辑的扩展是测试年龄更大的孩子。

因此，总的来说，儿童如何看待诱人的事物或结果很关键。即使是学龄前儿童，也可以通过制定包括适当的自我指导在内的策略来实现自我控制。例如，在开头小故事中，雪莉可以帮助瑞安制定一个抵御诱惑的策略。她可以告诉他："当你想吃蛋糕的时候，对自己说'妈妈回来之前不要吃蛋糕'，然后到你的卧室去玩。"通过模块5.2中描述的执行功能训练项目，儿童可以提高自我控制能力（Berkman等，2012）。

当儿童学习规范自己的行为时，他们也开始学习道德规范——文化上的对与错——这是模块12.2的重点。

✓ 检测你的学习

回忆：阐述在婴儿期和学龄前阶段出现的自我控制的三个阶段。

气质是如何影响儿童的自我控制能力的？

解释：关于学龄前儿童的延迟满足能力的纵向研究给了我们有关发展的连续性的什么启示？

应用：雪莉向自己的妈妈说了关于生日蛋糕的事，她妈妈回答说："很简单，亲爱的。你为人父母，他是你的孩子。你就是老板。直接告诉他该怎么做。"你会对雪莉的妈妈说什么？

12.2 道德问题的推理

学习目标

学习目标4：皮亚杰如何阐述道德推理的发展？
学习目标5：科尔伯格提出了道德推理的哪些阶段？
学习目标6：超越科尔伯格理论的还有些什么理论？

大纲

皮亚杰的观点
科尔伯格理论
对科尔伯格理论的超越

霍华德是八年级最不受欢迎的男孩，他被错误地指控偷了六年级一名学生的iPad。另一名六年级学生敏申知道霍华德是无辜的，但他没有对校长说，因为担心他的朋友会说他站在霍华德一边。几天后，当敏申的父亲听说这件事时，他对敏申缺乏道德感的行为感到不安。"为什么敏申面对不公正的事件没有采取行动？"

在写这个模块的某一天，我看到两篇关于当地青少年的文章。一篇文章讲的是一个14岁的女孩。公寓失火，她在救弟弟时被严重烧伤。她的母亲说她对女儿的行为并不感到惊讶，因为女儿一直是一个非常有爱心的人。另一篇文章是关于两个17岁的男孩把一位老人打死的事。他们原本只是打算偷他的钱包，但当老人发现后出言侮辱他们并想教训他们时，两个男孩变得十分愤怒。

读了这些文章，你也许会问："为什么有些人的行为方式会赢得我们的尊重和钦佩，而有些人则会让我们蔑视且觉得可悲？"从更通俗的层面来说，我们想知道为什么敏申没有把真相告诉学校校长。在这一节中，我们将通过观察儿童对道德问题的思考来探讨道德理解和道德行为：儿童如何判断什么是"好"的，什么是"坏"的？让我们从皮亚杰关于道德推理发展的观点开始。

皮亚杰的观点

学习目标4：皮亚杰如何阐述道德推理的发展？

我儿子马特6岁时，我和他经常玩"斜坡和阶梯"（一款类似飞行棋的棋盘游戏）。在游戏中，如果降落在有阶梯的地方时就可以加速前进，但如果降落在斜坡上则必须后退。为了加快游戏速度，我向马特建议，不管我们降落在阶梯上或斜坡处，都可以继续前进。我提示他说他喜欢在操场上爬滑梯，所以我的建议是有道理的。马特却不这样认为。他告诉我："按照规定，当降落在斜坡上时必须后退，不能前进。游戏发明者就是这么说的。爸爸，看说明书就知道了。"我试图再次说服他（因为在我看来"斜坡和阶梯"很乏味），但他不为所动。

马特的不愿变通是6岁儿童的典型特征，这可以用皮亚杰的道德发展理论来解释，道德发展理论包括三个阶段。第一阶段，2~4岁，孩子们没有明确的道德观念。但是，从5岁开始一直到7岁，孩子都处于道德现实主义阶段。在这一时期，他们认为规则是由明智的成人创造的，因此必须遵循，不能改变。道德现实主义阶段的另一个特征是，儿童相信"上苍公正"，即违反规则必然受到惩罚。假设我强迫马特使用我的游戏新规则，那么如果第二天他在上学的路上被绊倒，擦伤了膝盖，由于相信"上苍公正"，他会认为膝盖擦伤是前一天违反规则的必然结果。

在8岁左右，儿童发展到道德相对主义阶段，他们理解规则是人创造的，以帮助他们进步。儿童之所以能进步到这种更高级的道德推理水平，部分原因是认知发展的进步使得他们能够理解规则存在的原因。此外，通过与同龄人的互动，孩子开始理解规则存在的必要以及规则制定的方法。例如，当男孩决定去哪里玩滑板时，他们可能会遵循这样的规则：每个人都可以提出一个地方，然后他们会投票决定。男孩明白这个规则不是绝对的；他们遵循这个规则，因为规则合理又公平，而且通过使用这个规则，他们可以有更多的时间滑冰，减少争吵的时间。

处于道德相对主义阶段的儿童也明白，规则是人们在某一阶段达成共识后制定的，所以他们也可以按需改变规则。如果玩滑板的男孩认为另一条规则更公平，也会帮助他们相处得更好，他们可以采用新规则。

相比其他观点，皮亚杰关于道德推理的一些观点更经得起时间的考验。例如，后来的研究表明，儿童早期的道德推理并不认为成人的权威是绝对的。相反，学龄前儿童认为成人的权威是有限的。学龄前儿童认为推其他儿童或破坏别人的东西是错误的，即使大人说这样做没问题（Tisak，1993）。皮亚杰认为道德推理的发展是经过一系列阶段的，这一观点为劳伦斯·科尔伯格（Lawrence Kohlberg）的道德发展理论奠定了基础，这也是下一节的重点。

科尔伯格理论

学习目标5：科尔伯格提出了道德推理的哪些阶段？

首先，我想说说海蒂的故事，她是我几年前执教的一支足球队的明星队员。海蒂非常不安，因为我们的球队从来没有输过，而且周末有一场比赛将决定联赛冠军的归属。但就在这个周末，"人类栖息地"慈善组织要向她几个月前去世的祖父致辞。如果海蒂没有参加比赛，那么她的队友会很沮丧；如果她不参加致辞，她的家人会很失望。海蒂不能兼顾，不知道该怎么办。

像海蒂这样的困境是科尔伯格理论的出发点。他研究人们如何应对道德困境。在这种情况下，任何行为都涉及一些不良后果，他问儿童、青少年和成人在这种情况下会怎么做。科尔伯格对决定本身并不感兴趣；相反他关注对方如何为自己的决定辩护——为什么海蒂应该去参加比赛？或者她为什么要去参加仪式？

科尔伯格最著名的道德困境叫汉斯困境，当时汉斯的妻子命悬一线：

在欧洲，一个女人因患癌症濒临死亡。有一种药也许能挽救她的生命，那就是镇上的一个药剂师最近发现的一种药——镭。这个药剂师的要价是2000美元，是其制药成本的10

倍。这位病人的丈夫——汉斯，向他认识的每个人借钱，但他只能凑够一半的钱。他告诉药剂师，他的妻子快要死了，请求他以更低的价格卖给他或允许他晚些付款。但药剂师拒绝了。丈夫走投无路，闯进药店偷走了药，为妻子治病（Kohlberg, 1969, 379页）。

虽然汉斯比海蒂面临更多的不确定因素，但两者都是道德困境，因为选择的行动都有利有弊。

科尔伯格分析了儿童、青少年和成人对大量困境的反应，并确定了道德推理的三个层次，每个层次又分为两个阶段。在这六个阶段中，道德推理的依据是变化的。在早期阶段，道德推理建立在外部力量的基础上，如奖赏的承诺或惩罚的威胁。在最高层次上，道德推理是基于个人的、内在的道德规范，不受他人观点或社会期望的影响。你可以清楚地看到这三个层次的逐渐变化。

- 前习俗水平：对大多数儿童、许多青少年和一些成人来说，道德推理主要由对权威的服从和奖励及惩罚来决定。

阶段1：服从定向阶段。人们相信成人知道什么是对的，什么是错的。因此，成人应该做那些正确的事，以避免受到惩罚。处于这个阶段的人可能认为汉斯不应该偷药，因为那是违法的（法律是由成人制定的）。

阶段2：功利主义定向阶段。人们只关心自己的需要。他们通常对别人很好，因为他们希望将来能得到回报。处于这个阶段的人可能认为汉斯偷药没什么问题，作为回报，他的妻子可能因此而康复并报答他。

- 习俗水平：对于大多数青少年和成人来说，道德决策都基于社会规范——他人的期望。

阶段3：人际规则定向阶段。青少年和成人认为他们应该按照别人的期望行事。其目的是通过"好人"的行为来赢得他人的认可。处于这个阶段的青少年或成人可能会认为汉斯不应该偷药，因为这样其他人才会认为他是一个诚实守法的好公民。

阶段4：维护社会秩序定向阶段。青少年和成人相信社会角色、期望和法律的存在是为了维持社会秩序和维护所有人的福祉。处于这一阶段的青少年或成人可能会认为汉斯应该偷药，因为丈夫有义务尽其所能挽救妻子的生命。或者也可能会认为汉斯不应该偷药，因为偷药是违法的，是社会必须禁止的。

- 后习俗水平：对于一些成人来说，尤其是那些25岁以上的人，道德决策基于个人道德原则。

阶段5：社会契约定向阶段。成人同意文化群体的成员要遵守"社会契约"，因为一套共同的期望和法律会使所有群体成员受益。然而，如果这些期望和法律不能再提升个人的福利，它们就是无效的。因此，这个阶段的成人可能会认为汉斯应该偷药，因为关于财产权的社会规则不再有利于个人的福利。

阶段6：普遍的道德原则定向阶段。抽象的原则，如正义、同情和平等，构成个人道德准则的基础，有时可能与社会期望和法律相矛盾。这个阶段的成人可能会说汉斯应该偷药，因为生命是最重要的，保护生命比其他一切权利都重要。

表12-1列出了所有的阶段，是对科尔伯格理论的快速回顾。

表12-1 科尔伯格理论中的阶段

前习俗水平：惩罚与奖励
阶段1：服从定向阶段
阶段2：功利主义定向阶段
习俗水平：社会规范
阶段3：人际规则定向阶段
阶段4：维护社会秩序定向阶段
后习俗水平：道德规范
阶段5：社会契约定向阶段
阶段6：普遍的道德原则定向阶段

Q&A 问题12.2

当佩奇了解了汉斯困境后，她回答说："他应该偷药。大家都能理解。如果他任由妻子死去，他的家人和朋友会认为他是个糟糕的丈夫。他们再也不跟他说话了。"科尔伯格的哪个阶段最能描述佩奇的想法？她年龄多大？

对科尔伯格理论的支持

科尔伯格指出，个人只会按照所列的顺序经历这六个阶段。因此，更年长和更老练的思想家在道德发展方面应该更先进，而且通常的确如此（Stewart 和 Pascual-Leone，1992）。此外，纵向研究表明，个体依次通过每个阶段，很少会跳过某个阶段（Colby等，1983）。

对科尔伯格理论的进一步支持来自道德推理和道德行为之间的联系。较不先进的道德推理反映了外部力量的影响，如奖励，但更先进的推理基于个人道德准则。因此，在前习俗水平和习俗水平上的个人会在外部力量要求时采取道德行动，而不会出现其他情况。与此相反，处于后习俗水平的个体，其推理基于个人道德准则，即使外部力量可能不支持，他们也会采取道德行动。

与这一观点相一致的是，在困难情况下能够捍卫自己原则的青少年往往在科尔伯格阐述的阶段中处于更高的层次（Gibbs等，1986）。例如，那些参加抗议活动的学生往往有更高的道德推理能力。这就解释了为什么小故事里的男孩敏申什么也没说。替不受欢迎的学生说话不太可能得到奖励，也违反了禁止向朋友"告密"的社会规范。因此，一个六年级的学生——他可能处于道德推理的前习俗水平或习俗水平，可能会任由不受欢迎的学生受到不公平的惩罚。

在其他一些特征上,科尔伯格的理论并非完全适用。一是道德推理并不像理论中预期的那样一致。在习俗水平上推理的青少年应该始终把他们的道德决定建立在别人的期望之上,但这种一致性并非常态。一个人的道德推理在某些问题上可能是高层次的,但在处理另一些问题上可能不那么老练(Krebs和Denton,2005)。

另一个值得关注的问题是,科尔伯格声称,6个阶段的顺序是普遍的:所有文化中的所有人都应该按顺序通过这6个道德困境阶段。全世界很多文化中的儿童和青少年都会在阶段2或阶段3产生,与北美洲和欧洲青少年一样(Gibbs等,2007)。然而,在最早的阶段之后,其他文化中的道德推理往往没有完全符合科尔伯格理论,主要是因为并非所有的文化和宗教都认同该理论对个人权利和正义的强调。例如,印度教强调对他人的义务和责任(Simpson,1974)。与此相一致的是,当印度的儿童和成人对道德困境做出反应时,他们倾向于提供关爱他人的解决方案,即使个人权利或正义可能受到损害(Miller和Bersoff,1992)。如果偷窃是履行关爱他人责任的最好方式,他们有时也会宽恕偷窃行为。因此,道德推理的基础并不像科尔伯格所宣称的那样具有普遍性;相反,它们反映了文化价值。

对科尔伯格理论的超越

学习目标6:超越科尔伯格理论的还有些什么理论?

科尔伯格理论引发了关于道德发展的现代研究,但其现在已经不再是该领域的主导理论。目前,许多互补的观点帮助我们完善了道德思维发展的图景。

吉利根的关怀伦理

吉利根(1982;Gilligan和Attanucci,1988)认为,科尔伯格对正义的强调更多地适用于男性,而不是女性,女性对道德问题的推理往往根植于对他人的关怀。吉利根认为,这种"关怀伦理"让女孩优先考虑履行对他人的义务,而这些义务引导她们做出道德决策。

几乎没有研究证据支持吉利根的主张,即女性和男性在道德推理的基础上有所不同。在一项统合分析中(Jaffee和Hyde,2000),男性会在强调正义的问题上获得稍高的分数,而女性会在强调关怀的问题上获得稍高的分数。但差异很小,并不足以表明女性的道德推理主要基于对他人的关怀,或者男性的道德推理主要基于正义。尽管男性和女性的道德推理基础并不像预期的那样不同,但吉利根的理论超越了科尔伯格关于道德推理的范畴,这一点很重要,即大多数人基于道德困境的性质和背景,从正义和关怀的角度思考道德问题（Turiel，2006）。

社会判断领域的发展

另一种研究方法指出，道德判断（无论是基于正义还是关怀）只是儿童和成人做出社会判断的几个重要领域之一（Smetana，2006；Turiel，1998）。为了说明这些领域，我们看看以下学龄前儿童：

- 布莱恩经常趁妈妈不注意的时候踢或推弟弟。
- 凯瑟琳玩完玩具后从不把它们收起来。
- 布拉德喜欢反穿内裤。

虽然每个孩子的行为在某种意义上都是"错误的"，但只有第一个孩子的行为——踢和推——违反道德，因为布莱恩的行为会伤到别人。相比之下，社会习俗是文化群体达成一致的行为标准，以促进群体内的互动。因此，社会习俗说我们可以用手吃炸薯条，但不能用手吃青豆，像凯瑟琳这样的孩子应该自己整理玩过的玩具。最后，个人领域涉及一个人身体方面的选择（如吃什么和穿什么）以及朋友或活动的选择。这里的决定没有对错之分，而是被视为个人喜好由个人决定（Smetana，2002）。因此，布拉德将内裤反穿是不寻常的，但并没有错。

在学龄前阶段，儿童开始区分这些领域（Lagattuta，Nucci和Bosacki，2010；Turiel，1998；Yau，Smetana和Metzger，2009）。例如，他们认为违反道德准则比违反社会习俗更严重，应该受到更严厉的惩罚。学龄前儿童认为，无论情况如何，道德准则都适用（例如，永远不能打其他孩子），并且道德准则不能被成人推翻。相比之下，学龄前儿童认为社会习俗是由成人建立的，这意味着它们可以改变（例如，学校可以要求学生直呼老师的名字）。最后，即使是学龄前儿童也认为个人领域应由个人做出选择而非由他人支配。

道德准则在不同文化中很类似，但社会习俗并非如此。"文化影响"专栏展示了支配相同行为的社会习俗——礼貌的谎言——在西方和亚洲文化中如何以不同的形式出现。

文化影响

谎言、善意谎言、蓝色谎言

学龄前儿童认为说谎是不对的——用谎言来掩盖自己的过错是违反道德准则的。但年龄稍大的孩子有更微妙的观点，他们认为，如果"礼貌的谎言"有助于他人的福祉或能防止不公，那么它就是合理的。换句话说，学龄儿童已经掌握了他们文化的观点，即"礼貌的谎言"旨在保护他人的社会习俗（Lee，2013）。

然而，关于"礼貌的谎言"，不同的文化有不同的解读。"善意的谎言"在西方文化中很常见：孩子经常说谎来保护他人。当实验人员问他们是否喜欢不受欢迎的礼物（如一块肥皂）时，大多数学龄儿童的回答是"喜欢"。随着孩子成长，这种"善意的谎言"更常见，他们通常认为讲真话会不礼貌；而"善意的谎言"让人快乐，这比讲真话更重要（Popliger，Talwar和Crossman，2011）。

相比之下，在中国，"礼貌的谎言"更有可能采取"蓝色谎言"的形式，即谎言能够帮助群体，但在这个过程中，会伤害到个人的利益。如果有唱歌唱得不好的同学想要加入合唱团，中国的孩子认为对孩子撒谎（"对不起，合唱团已经没有空位了"）是可以接受的，因为这保证了合唱团的质量。西方的孩子更有可能认为对合唱团撒谎（"我的朋友唱歌唱得很好"）是可以接受的，因为这会让朋友开心（Fu等，2007）。这些关于"礼貌的谎言"的文化标准反映了亚洲文化和西方文化在强调群体和个人方面的普遍差异（例如，回想一下模块10.1中，亚洲儿童以群体成就为傲，而北美洲儿童以个人成就为傲）。研究还表明，社会习俗在不同文化中以可预测的方式变化。

"文化影响"专栏表明，儿童对这些不同领域的理解在一定程度上是由他们的经历形成的。父母对不同类型的违纪行为的反应也起了作用（Turiel，1998）。当孩子违反了道德准则时，成人会谈论这种行为对受害者的影响，以及这个人会如何受到伤害。相反，当孩子违反社会习俗时，成人更多地谈论需要遵守规则，服从父母、老师和其他权威人士。最后，父母对儿童个人领域的处理是不同的：成人通常不会指出"正确"或"错误"的选择，而是鼓励孩子做出自己的选择（Nucci和Weber，1995）。

婴儿道德推理的起源

社会判断领域的研究表明，到3岁时，儿童就会明白道德准则是特殊的——它们无法改变，而且适用范围很广（Smetana等，2012）。其他研究表明，道德推理可能在更小的时候就开始了：19个月大的婴儿希望资源被平均分配（Sloane，Baillargeon和Premack，2012），6~10个月大的婴儿更喜欢乐于助人的人而不是阻碍他人的人（Hamlin，Wynn和Bloom，2007）。

这些发现促使一些科学家提出了道德判断的进化基础（Hamlin，2014；Tomasello和Vaish，2013）。这一观点主要认为，道德感的进化使早期人类能够在群体中共同生活：因为人们通常是自私的，道德感的进化使人们能够与他人合作，有时为了群体的利益能够牺牲自己。

根据这一说法，天生的道德感包括三个基本组成部分：（1）道德善心——关心他人，在需要的时候帮助他人；（2）道德评价——识别和厌恶不配合的群体成员；（3）道德报应——惩罚存在破坏群体行为的群体成员。与该理论相一致的是，我们在婴儿身上观察到了这些因素：他们在别人难过的时候给予关心，他们喜欢乐于助人的人，讨厌自私自利的人，他们不给拒绝合作的人奖励，以此来惩罚他们（Davidov等，2013；Hamlin，2013）。虽然这项关于婴儿道德推理的研究才刚刚开始，但许多科学家相信道德推理可能代表了模块6.2中描述的另一个核心领域，这一领域的发展是因为它是人类在群体生存所必需的一种知识形式。

情绪的作用

到目前为止，我们主要从认知角度考虑道德发展作为一种理性的决策过程，在这个过程中，孩子有意识地评估不同行为的优点。然而，道德决策往往涉及多种情绪（例如，在模块开始的故事中，敏申实际上在纠结是否应该告诉校长是谁偷了iPad时非常不安），决策也激活了大脑中的情绪中心（Greene，2007）。因此，科学家已经开始研究认知和情绪在道德判断发展中的相互作用（Nucci 和 Gingo，2011）。

有观点认为，对事件的情绪反应提供了原始数据，让儿童构建与道德相关的概念类别（Arsenio，Gold和Adams，2006）。例如，即使是学龄前儿童也知道，如果有人偷了一个男孩的甜点或插队荡秋千，他会感到悲伤。他们知道，如果一个女孩帮助了一个掉了一堆文件的同伴，或者与一个忘带食物的朋友分享午餐，她会感到快乐。对这类事件的重复经历让儿童形成关于不同行为的情绪结果的脚本，然后儿童会创造出现类似情绪结果的同类事件。例如，如果一个脚本里的孩子在被偷后变得悲伤，或者另一个脚本里的孩子在无缘无故被攻击后变得悲伤，儿童可能会生成一种不公平的受害概念。

因此，儿童对社会道德事件的情绪反应是构建不同类别道德概念的重要步骤。在模块12.3和模块12.4中，我们会看到，根据儿童在社会互动中体现的情绪反应可以预测他们具有亲社会行为还是攻击性行为。

✓ 检测你的学习

回忆： 总结支持和反驳科尔伯格道德推理理论的研究。
社会判断有哪些不同的领域？儿童怎么理解每个领域？

解释： 皮亚杰的道德现实主义和道德相对主义阶段如何对应科尔伯格的6个阶段？

应用： 想象一下你是故事中敏申的父亲，根据本模块的研究，你可能会做些什么来尝试提升敏申的道德推理水平？

12.3 助人行为

学习目标

学习目标7：儿童从什么年龄开始出现亲社会行为？亲社会行为是如何随着年龄变化的？

学习目标8：儿童需要什么技能才具有亲社会行为？

学习目标9：什么情况会影响儿童的亲社会行为？

学习目标10：遗传如何影响儿童的亲社会行为？

学习目标11：父母如何培养儿童的亲社会行为？

大纲

亲社会行为的发展

促进亲社会行为的技能

情境的影响

遗传的作用

亲社会行为的社会化

6岁的胡安在试图取出光盘时把手指卡在了DVD机里。当他哭个不停的时候，他3岁的弟弟安东尼奥和2岁的妹妹卡拉在一旁看着，但没有帮助他。后来，母亲安慰胡安，确定他的手指并没有受伤，同时她对自己两个年幼孩子的反应极其担心：面对哥哥这么痛苦，安东尼奥和卡拉为什么无动于衷？

大多数家长、老师和宗教都试图教导孩子在大多数情况下要合作、互助、忍让。惠及他人的行为被称为亲社会行为。当然，合作是通常比较容易做到的，因为在合作中个人会得到更多。利他主义是帮助他人的亲社会行为，对个人没有直接利益。利他主义是由对他人的责任感所驱动的。两个孩子凑钱买了一块糖果来分享，这显示了他们的合作行为。一个小女孩把自己一半的午餐给了一个忘带午餐的朋友，这是利他主义的表现。

许多科学家认为，人类在生物学上倾向于乐于助人、乐于分享、乐于合作和关心他人（Hastings, Zahn-Waxler和McShane，2006）。为什么亲社会行为会随着时间的推移而进化出来呢？最好的解释与崇高的道德准则无关；相反，原因更实际：经常帮助别人的人自己也更有可能得到帮助，这增加了他们将基因遗传给后代的机会。

但是，正如胡安和他的兄弟姐妹们的故事所表明的那样，孩子（从这个意义上说，大人也一样）并不总是乐于助人或合作的。在本模块中，你将学习亲社会行为如何随年龄变化，并认识一些促进亲社会行为的因素。

亲社会行为的发展

学习目标7：儿童从什么年龄开始出现亲社会行为？亲社会行为是如何随着年龄变化的？

简单的利他行为在孩子18个月大的时候就可以看到。当学步儿童和学龄前儿童看到其他人明显受到伤害或不安时，他们会表现出担心。他们的交感神经系统被激活，这是痛苦或威胁事件的常见附带后果（Heach，Vaish和Tomasello，2012）。他们试图通过拥抱或轻拍来安慰对方（Zahn-Waxler等，1992）。显然，在这么小的年纪，孩子就能识别出痛苦的迹象。如果一个成人明显需要帮助——老师不小心把记号笔掉在地板上——大多数18个月大的婴儿会主动帮着捡起记号笔（Warneken和Tomasello，2006）。

在幼儿期和学前班阶段，孩子逐渐开始理解他人的需求，并学习更合适的利他反应（van der Mark，van IJzendoorn和Bakermans-Kranenburg，2002）。当3岁的亚历克西斯看到她的父亲试图引起母亲的注意但没有成功时，她可能会戳她的母亲以引起她的注意，然后指向她的父亲（Beier，Over和Carpenter，2014）。这些早期的利他行为的尝试往往是有限的，因为儿童不知道具体可以怎么帮忙。随着青少年获得更多帮助他人的策略，他们进行的策略排序也变得更像成人（Eisenberg，Fabes和Spinrad，2006）。

因此，一般来看，亲社会行为的意愿随着年龄的增长而增强，儿童帮助他人的策略也会增加。当然，无论是在蹒跚学步的时候还是在以后的年纪，并不是所有的孩子都会对他人的需求做出反应。有些孩子会追求自己的利益。是什么让一些孩子比其他人更愿意帮助别人？我们将在下一节中回答这个问题。

促进亲社会行为的技能

学习目标8：儿童需要什么技能才具有亲社会行为？

回想一下你帮助别人的场景。你怎么知道那个人需要帮助？你为什么决定帮忙？尽管你当时没有意识到，但你决定提供帮助可能基于以下几个技能：

- 观点采择。在模块6.1中，我们学习了皮亚杰的自我中心主义概念，即处于前运算阶段的青少年无法从他人的角度看问题。自我中心主义限制了儿童分享或帮助的能力，因为他们根本没有意识到有必要进行亲社会行为。他们只有一个观点——他们自己的观点。例如，小孩子可能不会帮助别人提包裹，因为他们没意识到提那么多东西对他人来说是一种负担。然而，大一点的孩子会站在别人的角度看问题，所以他们会意识到这是负担，所以更倾向于帮助别人。总的来说，儿童越能理解他人的想法和感受，他们就越愿意分享和帮助他人（Strayer和Roberts，2004；Vaish，Carpenter和Tomasello，2009）。

- 同理心。所谓同理心，就是能体会他人的情绪。能够感知他人的恐惧、失望、悲伤或孤独的孩子比那些没有感受到这些情绪的孩子更倾向于帮助他人（Eisenberg等，2006；Malti 和 Krettenauer，2013）。

- 道德推理。在模块12.2中，你学习了奖励和惩罚对幼儿道德推理的影响，而对道德准则的关注则影响青少年和成人的道德决策。因此，不出所料，幼儿的亲社会行为通常是由奖励或惩罚的机会决定的。也就是说，随着儿童逐渐成熟，他们开始在公平和正义的基础上做出道德决策，变得更加亲社会。与此相一致的是，艾森伯格、周和科勒（Eisenberg，Zhou和Koller，2001）发现，巴西13~16岁的青少年在道德推理（如基于其内化的道德标准）处于更高层次时，更有可能做出亲社会行为。

总而言之，帮助他人的儿童和青少年往往能更好地理解他人的观点，感受他人的情绪，并基于道德准则，而不是奖励、惩罚或社会规范行事。例如，一名15岁的少年自发地将自己最喜欢的电子游戏机借给了朋友，因为他看到朋友也想玩游戏，他能感觉到朋友因没有游戏机时的失望，他认为朋友之间应该互相分享。

当然，观点采择、同理心和道德推理并不能保证孩子总是利他的。即使孩子具备了利他行为所需的技能，他们也可能因为特定的情况而不去利他，我们将在下一节中讨论该点。

情境的影响

学习目标9：什么情况会影响儿童的亲社会行为？

善良的孩子有时会残忍得让我们失望，而通常吝啬的孩子有时也会因为慷慨而让我们惊讶。为什么？因为环境也会影响孩子是否采取利他行为。

- 责任感。当儿童感到对处于困境的人有责任时，他们就会采取利他行为。他们更愿意帮助兄弟姐妹和朋友，而不是陌生人，因为他们觉得要对他们熟悉的人负责。当提示他们两个人看起来像朋友时，他们更有可能提供帮助（Over 和 Carpenter，2009）。换句话说，即便是简单地提醒一下友谊（或与他人的联系）的重要性就足以获得帮助。

- 胜任感。当儿童觉得自己有能力帮助有需要的人时，他们就会采取利他行为。例如，假设一名儿童不会玩电脑游戏，越来越气馁。一个对电脑游戏知之甚少的同学不太可能帮忙，因为他不知道该怎么帮。如果他出手相助，最终可能会显得很愚蠢（Peterson，1983）。
- 情绪。儿童在快乐或感觉成功时会表现出利他行为，而不是在悲伤或感觉失败时（Wentzel，Filisetti和Looney，2007）。换句话说，一个学龄前儿童刚刚度过了一个快乐早晨，他在幼儿园做了"领导者"，那这时他比一个被老师惩罚的学龄前儿童，更愿意与兄弟姐妹分享食物（Eisenberg，2000）。
- 利他的代价。当需要付出较少或牺牲较小时，儿童更愿意采取利他行为。一个学龄前儿童如果收到了她并不特别喜欢的零食，就会比收到最喜欢的零食的孩子，更倾向于分享（Eisenberg和Shell，1986）。

那么，儿童什么时候最有可能帮助别人？当他们觉得对需要帮助的人负有责任，自己具备所需的技能，并处于快乐状态，而且不会因此而放弃很多时。那什么时候儿童最不可能帮助别人？当他们觉得自己既没有责任也没有能力去帮助别人，自己心情也不好，而且认为帮助别人需要做出很大的牺牲时。

基于这些指导建议，你会如何解释开头故事中安东尼奥和卡拉看着他们的哥哥哭而无动于衷呢？这里有一个提示：最后两个因素——情绪和代价——不太可能涉及，但前两个因素可能回答了安东尼奥和卡拉为什么没能帮助他们的哥哥。我的解释在"检测你的学习"之前。

到目前为止，我们已经发现利他行为是由儿童的技能（如观点采择）和情境特征（如儿童是否觉得自己有能力在特定情况下帮助他人）决定的。儿童是否具有利他行为也取决于基因和社会化，我们将在本模块剩下的两部分中探讨此点。

遗传的作用

学习目标10：遗传如何影响儿童的亲社会行为？

正如我在前面提到的，许多科学家认为，亲社会行为代表了一种进化适应：帮助别人的人更有可能得到别人的帮助，因此更有可能生存下来并繁育后代。

根据这一论点，我们应该能找到亲社会行为可遗传的证据，实际上，这也是事实：双胞胎研究一致发现，同卵双胞胎的亲社会行为比异卵双胞胎更相似（Gregory等，2009）。

一种可能的基因影响途径涉及催产素，这是一种影响许多社会行为（如养育、移情、亲和与合作）的激素，它与一些特定的基因有关。在这种情况下，一些儿童可能遗传了促进催产素的基因，从而表现出亲社会行为（Carter，2014；Keltner等，2014）。

基因也可能通过影响气质间接影响亲社会行为。例如，那些在气质上不太能够控制自己情绪的儿童（部分因为遗传）可能更少给予他人帮助，因为别人的痛苦让他们十分困扰，所以他们不可能采取行动（Eisenberg等，2007）。另一种带来影响的可能是抑制（害羞）气质。性格害羞的儿童通常不愿意帮助别人，尤其是他们不熟悉的人（Young，Fox和Zahn-Waxler，1999）。即使这些儿童意识到别人需要帮助，并且被别人明显的痛苦所困扰，害羞儿童的不作为意味着这些感觉不会转化为行动。在这两种情况下，儿童都意识到别人需要帮助。但在第一种情况下，他们太难受了，不知道如何帮助别人，而在第二种情况下，他们知道如何帮助别人，但太压抑了，无法坚持到底。

亲社会行为的社会化

学习目标11：父母如何培养儿童的亲社会行为？

小马丁·路德·金博士表示，自己毕生为非裔美国人争取民主权利受到三个人的影响：亨利·大卫·梭罗（19世纪美国哲学家）、圣雄甘地（印度独立运动的领袖）和他的父亲马丁·路德·金。同许多人道主义者一样，金博士的亲社会行为开始于童年的家庭生活。那父母如何培养儿童的利他行为呢？取决于以下几个因素。

Q&A 问题12.3

葆拉担心她的儿子埃利奥特太自私了，希望他能更有爱心和同情心。作为一名家长，葆拉能做些什么来鼓励埃利奥特更关心他人？

- 模仿。当儿童看到大人帮助和关心他人时，他们往往会模仿这种亲社会行为（Eisenberg等，2006）。经常对他人表示温暖和关心的父母往往会让孩子有更强烈的同理心。当一位母亲乐于助人、反馈积极时，她的孩子往往会模仿她的合作精神、乐于助人、乐于分享，减少对他人的批评。以下的例子最有说服力，那些在第二次世界大战期间冒着生命危险保护犹太人免受纳粹迫害的人说，他们的父母常常强调要照顾所有人（Oliner和Oliner，1988）。

- 恰当的惩戒措施。当父母给予温暖和支持、制定指导建议并提供反馈时，儿童会更倾向于亲社会行为；相反，在父母严厉、威胁和经常体罚的情况下，儿童的亲社会行为就不那么常见（Eisenberg和Fabes，1998；Knight和Carlo，2012；Moreno，Klute和Robinson，2008）。尤其重要的是，父母要把推理作为一种纪律策略，帮助儿童看到自己的行为对他人的影响。例如，4岁的安妮从一个玩伴那里抢了一些蜡笔后，她的父亲告诉安妮："你不应该从别人那里抢东西。这会让别人生气、不开心。我们应该先问问别人，如果他们说'不能'，那你就不能拿走。"

- 机会。你需要通过练习来提高运动技能，亲社会行为也是如此：当儿童和青少年经常有机会帮助他人和与他人合作时，他们更有可能表现出亲社会行为。在家里，儿童可以帮忙做家务，如打扫和摆桌子。青少年可以多多参与社区服务，如去食品分发处做义工，或者帮助老年人。这样的经历有助于提高儿童和青少年对他人需求的敏感度，并让他们享受帮助他人的满足感（Grusec，Goodnow和Cohen，1996；McLellan和Youniss，2003）。这些经历能解释为什么墨西哥裔美国青少年往往比欧美的同龄人更亲社会：许多墨西哥裔美国母亲强调家庭的重要性，希望孩子帮忙做家务，照顾兄弟姐妹，引导孩子关注别人的需求（Knight和Carlo，2012）。

因此，许多因素，如表12-2所示，都有助于儿童的亲社会行为。结合所有这些因素，我们可以这样归纳儿童利他行为的发展：随着年龄的增长，他们的观点采择能力和移情能力得到发展，使得他们能够看到和感受到他人的需求。然而，儿童并不能稳定地表现出利他行为，因为还要受情境属性的影响。

表12-2　影响儿童亲社会行为的因素

因素分类	影响类型	儿童更愿意帮忙的情形
技能	观点采择	他们可以站在别人的角度看问题
	移情	他们能感受到别人的情绪
	道德推理	他们的道德决策建立在公平的基础上
情境的影响	责任感	他们觉得要对有困难的人负责
	胜任感	他们觉得自己有能力帮忙
	情绪	他们心情很好
	利他代价	亲社会行为的代价很小
遗传	气质	他们不害羞，能控制自己的情绪
父母的影响	模仿	父母的行为亲社会
	恰当的惩戒措施	父母与他们讲道理
	机会	他们在家里和其他地方能够练习

当父母和其他成人试图鼓励孩子的亲社会行为时，最大的障碍之一是攻击性行为，这在整个童年和青春期都很常见。下一节中我们将探究导致儿童攻击性行为的一些因素。

关于安东尼奥和卡拉无动于衷的回答：有两种可能，首先，安东尼奥和卡拉可能都不认为自己有义务提供帮助，因为两个人都能帮助，使得个人责任感降低；年幼的孩子不太可能认为要对哥哥的感觉负责。其次，两个孩子都有可能被告知不能单独使用DVD播放机。所以，他们觉得自己没有能力帮忙：他们不知道该怎么做才能帮胡安拔出他的手指。

> ✓ **检测你的学习**
>
> **回忆：** 阐释亲社会行为的发展变化。
> 儿童在什么情况下最有可能帮助别人？
>
> **解释：** 为什么儿童亲社会行为的完整定义强调技能（如移情）和情境（如儿童是否感到有责任）？
>
> **应用：** 帮助做家务和志愿社区服务通常会增加儿童的亲社会行为。在支持亲社会行为的技能中，你认为哪种技能受儿童在家里或其他地方帮助他人的经历影响最大？

12.4 攻击性行为

> **学习目标**
>
> 学习目标12：攻击性行为第一次出现是什么时候？在童年、青春期和成年时期，攻击性行为的稳定性如何？
>
> 学习目标13：家庭、电视和儿童个体思维如何导致儿童的攻击性行为？
>
> 学习目标14：为什么有些儿童会成为攻击性行为的受害者？
>
> **大纲**
>
> 改变和稳定性
> 攻击性行为的根源
> 攻击性行为的受害者

每天放学回家，7岁的雷扎都做同样的事情：在电视上看一部又一部动画片，一直到开饭。儿子不停地看电视，雷扎母亲心烦意乱，尤其是因为他喜欢的电视节目中有大量的暴力镜头。她的丈夫让她别担心："让他看吧。这不会教坏他的，甚至能让你省省心呢。"

回想你的小学时代，你可能会记得班上的"恶霸"——一个总是戏弄同学、无事生非的孩子。这些行为是典型的攻击性（aggression）行为，其目的是伤害他人。攻击性行为不同于自信行为，即便外行人再怎么混淆，二者还是截然不同的。你可能听过"勇于进取的商人"（aggressive businessperson）或"跑垒积极"（aggressive at running the bases）的棒球手这样的称赞，然而，心理学家和其他行为科学家将这些行为称为自信行为。自信行为是指在尊重他人权利的同时，以目标为导向，促进个人或其所代表群体的合法利益的行为。相反，攻击性行为，无论是肢体上的还是言语上的，其目的都是伤害、损害或危害他人，并且是在不考虑他人权利的情况下进行的。

在本模块中，我们将探究儿童的攻击性行为，并观察其如何随年龄而改变。然后，我们将探究儿童攻击性行为的部分原因，并在这个过程中，了解更多关于雷扎看电视对他行为的影响。

改变和稳定性

学习目标12：攻击性行为第一次出现是什么时候？在童年、青春期和成年时期，攻击性行为的稳定性如何？

大多数孩子1周岁时就已经掌握了简单的攻击性行为（如抓和推）所需的运动技能。许多小孩使用这些技能来得到他们想要的东西（例如，从同伴那里抢玩具，Hay等，2011）。在工具性攻击中，孩子利用攻击来实现明确的目标。在小学阶段，工具性攻击可能表现为一名儿童为了插午餐队伍而推搡另一名儿童。在小学阶段，儿童会出现另一种形式的攻击（Coie等，1991）。敌意性攻击是无缘无故的，显然，它的唯一目的就是恐吓、骚扰或羞辱另一个孩子。其表现为一个孩子对另一个孩子说"你真笨，"然后用脚踢另一个孩子。另一种常见的攻击性行为是反应性攻击，一个孩子的行为导致另一个孩子的攻击。反应性攻击表现为输了比赛的孩子去打赢了比赛的孩子，或者一个没有被选为主角的孩子用脚踢被选上的孩子。

工具性攻击、敌意性攻击和反应性攻击最可能在年幼的孩子身上表现出来。随着孩子年龄的增长，他们会更多地使用语言来表现他们的攻击性（Dodge，Coie和Tremblay，2006）。一种特别常见的语言攻击形式是关系攻击，即儿童试图通过破坏他人的社会关系来伤害他人。在关系攻击中，女孩比男孩更典型。她们试图通过让朋友避开某个同学、散播恶意的谣言或发表意在伤害他人的言论来中伤他人（Cote等，2007；Crick等，2004）。以下两个真实的故事来自我的儿童发展课学生关于关系攻击的讲述。在一次激烈争论之后，一个学生以前的朋友在上学的路上用大写字母写了"艾伦是个大笨蛋"这句话，每个路过的人都能看到这条信息。另一个叫贝丝的学生告诉我，她在五年级的拼字比赛中打败了一个同学后，那个同学的朋友成立了"我恨贝丝俱乐部"。

攻击性行为基于时间的稳定性

攻击形式随着儿童的发展而变化，但儿童个体的攻击性行为倾向是稳定的，尤其是在幼年时具有高度攻击性的儿童（Kjeldsen等，2014）。以下每一项纵向研究都表明，许多具有攻击性的儿童长大后成为青少年和成人时都具有攻击性，有时还会很暴力，也会经常犯罪：

- 在一项针对威尔士250多名婴幼儿的研究中（Hay等，2014），6个月大的婴儿如果试图咬或打别人，到了3岁时更有可能为了获得玩具而踢或打同伴。
- 在一项针对超过900位加拿大女孩（Cote等，2001）的研究中，6岁的孩子如果曾被老师评为经常捣乱型（例如，他们不听话或者欺负同学），那他们在青少年时被诊断出患有品行障碍的概率是同龄人的4~5倍。品行障碍指的是个体长期具有攻击性，破坏他人财产，说谎或偷窃。
- 在一项涉及200多名德国学龄前儿童的研究中（Asendorpf, Denissen和van Aken，2008），那些被老师判定为最具攻击性的孩子，在成人时，被指控犯罪的可能性是最不具攻击性孩子的12倍。

成年期的暴力行为并不是童年时期攻击性行为的唯一长期后果；对高中的适应能力差（如辍学、留级）和失业也是潜在的后果（Asendorpf等，2008；Ladd，2003）。在一项研究中，具有攻击性的8岁儿童在高中时往往表现不佳，这使他们成年后工作的选择很少，并使他们面临酗酒的风险。在30岁出头的时候，许多非常有攻击性的孩子由于受教育程度有限，工作地位低下；一些则长期失业（Alatupa等，2013；Kokko和Pulkkinen，2000）。

这些研究和类似的研究结果都表明，攻击性不仅仅是儿童玩笑似的推搡，以为长大后就会改变。相反，一小部分具有高度攻击性的儿童会成长为对社会造成破坏的青少年。是什么导致了儿童的攻击性行为？让我们来看看攻击性行为的一些根源。

攻击行为的根源

学习目标13：家庭、电视和儿童个体思维如何导致儿童的攻击性行为？

心理学家曾经认为，攻击性行为是由受挫引起的。他们的想法是，当儿童或成人无法实现一个目标时，他们会变得沮丧，并表现出攻击性，通常是针对有阻碍的人或事物。然而，科学家现在开始探索许多其他因素，包括生物学、家庭、社区和文化，以及儿童个体思维。

生物学

至少有两部电影和三本书的名字是《性本恶》。这个名字隐含了这样一种观点，即一些人从出生起就遵循着一条发展轨迹，会引发破坏性行为、暴力行为或犯罪行为。换句话说，该观点认为，早在经历影响人类发育之前，生物学就已经为人类具有攻击性奠定了基础。

这种想法有道理吗？事实上，生物学和遗传确实对攻击性行为和暴力行为有影响。例如，在双胞胎研究中，同卵双胞胎在攻击性行为上通常比异卵双胞胎更相似（Brendgen等，2006；Laccourse等，2014）。但是这些研究并没有告诉我们攻击性行为本身是遗传的。相反，他们指出部分儿童遗传了某些因素，使他们有可能有攻击性行为或暴力行为。气质似乎是其中一个因素。例如，在气质上难以相处、过度情绪化或注意力不集中的青少年更有可能具有攻击性（Joussemet等，2008；Xu，Farver和Zhang，2009）。激素也是一个可能的因素，含有较高的睾丸激素的青少年通常会有更强的攻击性，并且对刺激有更强的反应（Carre，McCormick和Hariri，2011）。最后，一些儿童可能存在抑制攻击性行为的神经递质缺陷（van Goozen等，2007）。

这些因素——气质、睾丸激素或神经递质——都不会直接导致儿童具有攻击性，但它们确实会使儿童更有可能产生攻击性行为。例如，情绪激动和容易发怒的儿童可能不被他们的同龄人所喜欢，并经常与他们产生冲突，这为攻击性反应打开了大门。因此，生物学因素使儿童有攻击的风险。为了了解哪些儿童实际上变得具有攻击性，我们需要看看遗传因素和儿童经历之间的相互作用（Moffitt，2005）。

家庭

虽然很少有父母故意教育自己的孩子去伤害别人，但家庭经历是儿童学习攻击的主要训练基地。父母管教孩子的方法至关重要。当父母用体罚或威胁来管教孩子时，儿童收到的潜在信息是，身体力量"大有用处"，是一种控制他人的手段。实际上，这样的父母会给孩子传递一个信号：让别人做你希望他们做的事的最好方法就是伤害他们（Lee，Altschul和Gershoff，2013；Gershoff，2013）。

但是，父母霸道或攻击性的反应并不是让儿童具有攻击性的唯一途径。一些父母经常威胁说不再爱孩子了，对孩子表示失望，或者对孩子的占有欲太强，都代表了某种社会和情感操纵，即关系攻击。因此，经历过大量此类教育的儿童更有可能具有相对攻击性，这也就不足为奇了（Kuppens等，2013）。

许多有攻击性孩子的家庭中似乎形成了一种恶性循环（Keijsers等，2011）。与没有攻击性孩子的家庭相比，有攻击性的孩子及其父母更有可能对中性行为做出攻击性反应。另外，一旦交互攻击性行为开始，父母和孩子都会使之更为激烈而不是使之趋于平息。并且一旦某个孩子被父母或他们人贴上攻击性的标签，那么他更可能被指责并成为惩罚对象，哪怕他毫无错处（Patterson，2008）。"具有攻击性的孩子"会在所有出了岔子的事情中受到指责——从丢失饼干到损坏电器——而其他孩子的不当行为将被忽略。

另一个与攻击性有关的父母行为是监控，指的是父母知道他们的孩子在哪里，他们在做什么，和谁在一起。当父母不监控孩子的行为时，孩子会更具有攻击性（Patterson，2008；Vieno等，2009）。当然，监控需要孩子一定程度上的合作，长期具有攻击性的孩子往往不愿意告诉父母他们在做什么（例如，青少年看到是家长来电时拒绝接听），部分原因是他们认为监控侵犯了他们的隐私（Racz和McMahon，2011）。

到目前为止，我们发现孩子的攻击性与父母的体罚和缺乏监控有关。但我们还需要增加家庭方面的另一个关键因素：冲突的存在。当父母经常争吵和打架时，他们的孩子更有可能变得具有攻击性（Cummings等，2006；Narayan，Englund和Englund，2013）。孩子对这样的冲突有切身体会，因为他们可以直接看到父母如何对彼此使用言语和身体上的攻击。可悲的是，儿童往往会认为这些互动模式就是解决家庭问题的"自然"方式（Graham-Bermann和Brescoll，2000）。

社区和文化

父母并不是唯一给孩子教授攻击性行为的人。儿童生活中其他有影响力的声音同样传递了攻击性行为的强有力信息。

- 电视和媒体游戏。大多数针对儿童的电视节目都包含身体攻击行为（Wilson等，2002）。美国青少年在进入青春期之前，平均会在电视上看到几千起谋杀案（Waters，1993）。（如果你觉得这些数字令人难以置信，不妨进行本章末尾的"自行探索"活动）。就电视上不断播放的混乱和暴力行为，研究有何发现？模块开篇的狂热卡通粉雷扎，会因此变得更有攻击性吗，还是像他父亲认为的那样，他看电视只是为了好玩？

事实上，纵向研究一致发现，频繁接触媒体暴力的儿童长大后往往会成为具有攻击性和暴力倾向的成人。即使考虑了父母的教育背景和家庭收入情况，这个结论也没有变化（Fuld等，2009）。而且，玩暴力电子游戏似乎会导致攻击性行为和暴力行为，其方式与看暴力电视节目类似（Willoughby，Adachi和Good，2012），尤其是如果儿童习惯性地玩并认同攻击性游戏角色（Konijn，Nije Bijvank和Bushman，2007）。玩暴力电子游戏还会让玩家觉得攻击对象不是活生生的人，所以攻击他们不是问题。简而言之，雷扎的父亲判断有误：频繁接触媒体暴力会让儿童更具攻击性。

- 同龄人。有攻击性的儿童经常和其他有攻击性的儿童交朋友。结果可想而知：他们支持并鼓励彼此的攻击性行为（Banny等，2011；Powers，Bierman和"行为问题预防研究小组"，2013）。就像音乐爱好者喜欢聚在一起听CD一样，那些以攻击性行为为纽带的朋友喜欢组队攻击他们的同龄人；他们经常"分享"攻击目标（Card和Hodges，2006）。有攻击性的青少年经常加入帮派，这对攻击性行为和暴力行为有催化作用。也就是说，即使加入帮派的青少年已经具有攻击性，他们在帮派中的成员身份会导致他们存在更频繁和更暴力的反社会行为（Thornberry等，2003）。

- 学业失败。具有攻击性的孩子通常对学校不感兴趣，他们的成绩也反映了这种不感兴趣。对这一发现的一种解释是，孩子的攻击性行为会干扰他们学习。具有攻击性的青少年没有把时间花在学习上，而是忙于制造混乱；在这个过程中，他们与老师之间会产生冲突——造成了他们学习成功的另一个障碍（Stipek和Miles，2008）。另一种解释是，学习困难的孩子会变得沮丧和失落，他们会通过攻击同龄人来表达他们的沮丧。

两种观点可能都是正确的（Masten 等，2005；Miles和Stipek，2006）。学业失败可能会滋生攻击性行为，而攻击性行为反过来又会导致学业失败。换句话说，这可能是一种恶性循环，起点可能是攻击性行为，也可能是学业失败。一旦开始，另一个很快就会跟上，这个循环就会反复。一个会踢人和推人的5岁男孩在阅读上存在学习困难。他的学业失败导致他对同学产生更大的愤怒和攻击性，这让他在学业上进一步落后。随着时间的推移，他变得更有攻击性，在学校里更像一个失败者（Masten等，2005）。

- 贫困。攻击性和反社会行为在贫困儿童中比在经济条件优越的儿童中更常见（Williams，Conger和Blozis，2007）。贫困的一些影响可以用我们已经考虑过的因素来解释。例如，生活在贫困中对父母来说压力极大，往往导致父母的攻击性行为，如严厉的惩戒和松懈的监控（Shaw 和 Shelleby，2014）。但是，贫困也以另一种方式助长了暴力行为，即帮助营造暴力文化。
- 暴力文化。暴力犯罪在贫困社区更为普遍，接触到这种暴力会助长青少年的攻击性行为。例如，在芝加哥的一组青少年中，那些生活在贫困中的人更有可能接触到枪支暴力（例如，看到枪击过程）。而且，随着年龄的增长，他们自己也更有可能变得具有攻击性和暴力倾向（Bingenheimer，Brennan和Earls，2005）。同样，生活在美国南部和西部地区的人通常认可一种"荣誉文化"，支持攻击性行为和暴力行为，以捍卫个人的荣誉、家庭和财产（Hayes和Lee，2005）。在这些州，青少年更有可能携带枪支到学校，像科伦拜恩高中校园枪击案这样的情况也更为常见（Brown，Osterman和Barnes，2009）。最后，在小型场景中，有许多具有攻击性的儿童的小学教室中往往会有制裁攻击性的氛围，而其中的攻击性行为也具有传染性，在儿童中互相传播（Powers等，2013）。换句话说，就像在家庭中经常遭受体罚和婚姻冲突的儿童，他们相信攻击是解决问题的自然方式，经常在教室里或在社区中接触暴力和支持暴力的态度也会让青少年认同攻击性行为和暴力行为。

- 认知过程。第6~8章中提到的知觉和认知技能也影响着攻击性行为，主要是执行功能。不善于抑制、转移和更新行为和思想的儿童更容易出现攻击性行为（Ellis，Weiss和Lochman，2009；McQuade等，2013；Schoemaker等，2013）。

认知过程也会这样影响攻击性行为：具有攻击性的青少年通常会做出攻击性的反应，因为他们不善于解读他人的意图，当头脑中没有明确的解读时，他们会默认做出攻击性的反应（Dodge，Bates和Pettit，1990）。很多时候，他们会想："我不知道你在做什么，如果有疑惑，我就攻击你。"在"理论聚焦"专栏中，我们将学习更多关于认知加工的理论，以揭示攻击性儿童看待他人的方式。

理论聚焦

社会信息加工理论与儿童攻击性行为

背景 基因、父母、电视、同龄人和贫穷都是导致儿童有攻击性倾向的原因。这些影响因素的共同之处在于，它们导致部分儿童把这个世界看成充满敌意的地方，必须提防他人。尽管如此，准确地定义攻击性儿童的敌对观点还是个难题。

理论 为了研究儿童对他人的感知、解读和反应，道奇和克里克（Dodge和Crick，1994；Dodge和Crick；1990；Fontaine和Dodge，2006）提出了儿童思维的一种信息加工模型，如图12-2所示。根据该模型，对社会刺激做出反应包括几个步骤。第一，儿童选择性地关注社会刺激的某些特征并忽视其他特征。第二，儿童试着去解读他们已经加工的特征。也就是说，他们试图赋予社会刺激意义。第三，儿童根据目前情况评估自己的目标。第四，儿童从记忆中检索出与情境的解读和目标相关的行为反应。第五，儿童评估这种反应，以确定它是否合适。最后，儿童会继续这个行为。

该理论适用于具有攻击性的儿童，同时，该理论认为，具有攻击性的儿童的加工过程在图12-2所示的许多步骤中都被扭曲和束缚，而这种有缺陷的信息加工过程是导致儿童更具攻击性的部分原因：他们系统性地误解人们的行为（Crick和Werner，1998；Egan，Monson和Perry，1998）。

假设 根据社会信息加工理论，具有攻击性的儿童的社会信息加工（如有关人的信息）在图12-2所示的每个步骤中都被扭曲。加工的第四和第五个步骤是获取反应选项并进行评估，在这两个步骤中，这种偏见导致一种假设，即解读不合理时，具有攻击性的儿童应该做出敌对的反应。例如，当一个具有攻击性的儿童从桌子上拿起一本书，另一个儿童说，"这是我的书"。虽然后者没有挑衅，具有攻击性的儿童更有可能以一种敌对的方式（"看看而已。我不知道那是你的。不用这么凶吧"）回应，而不是用一种中性的方式（"哦，我只是想知道是谁的"）。

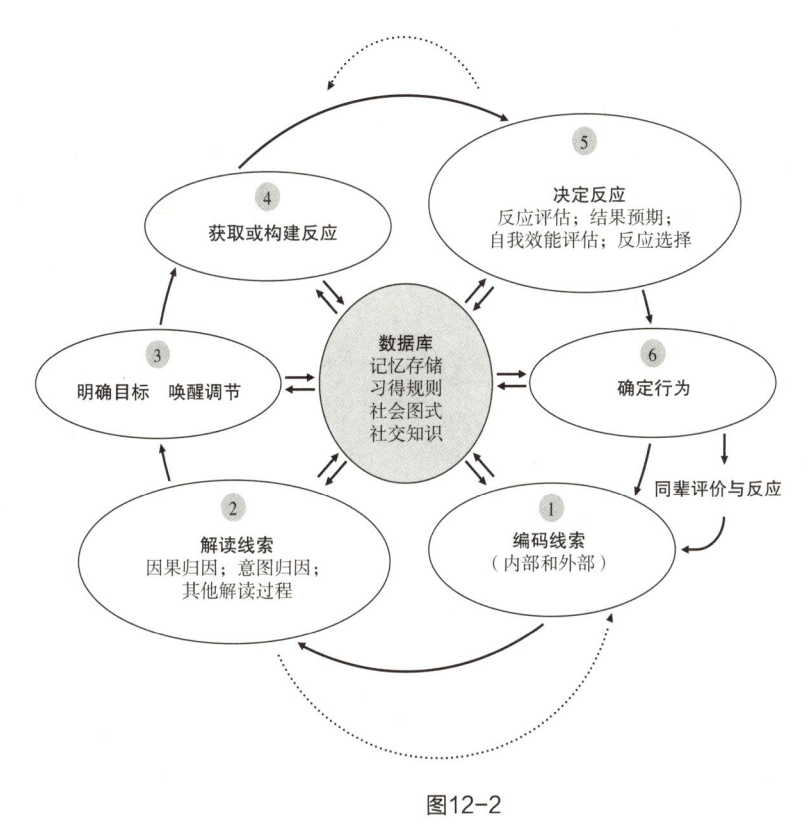

图12-2

测试 方丹（Fontaine等，2009）通过让青少年观看视频来评估这个假设。视频中，一个人的行为（如拿起一本书）引发另一个人的中性反应（"那是我的书"），然后视频显示了敌对反应和非敌对反应。在这项研究中，青少年被问及他们是否倾向于采取这些行动，以及他们这样做时会有什么感觉。具有攻击性的青少年通常支持敌对反应，但攻击性较弱的青少年倾向于认可非敌对反应。

结论 当面对他人行为不明确的情况时，具有攻击性的儿童和青少年通常会默认做出敌对反应。换句话说，具有攻击性的儿童会用怀疑的眼光看待世界——就好像别人总是"要来对付他们"，因此，他们对许多中性的互动都报以毫无根据的敌意和愤怒。

应用 如果具有攻击性的儿童不善于理解和回应他人的行为，训练他们的这些技能会减少他们的攻击性行为吗？好像可以。当儿童学会更复杂的社会认知技能时——包括解决冲突的更好策略——他们就能更好地识别他人的情绪，理解他人的意图，并在不侵犯他人的情况下处理与同伴有关的问题。总的来说，这些社交技能的提高意味着儿童更不容易出现攻击性等反社会行为（Dodge，Godwin和"行为问题预防研究小组"2013）。

多重叠加风险

许多因素导致一些儿童和青少年更容易具有攻击性，有时甚至存在暴力行为。当这些因素在儿童的生活中增加时，他们出现攻击性行为的风险就会越来越大（Greenberg等，1999）。更重要的是，许多因素可以叠加，即后来的风险因素建立在之前的因素之上（Vaillancourt等，2013）：贫困或母亲抑郁会引发严厉、无效的养育。反过来，这又会导致儿童在学业上和社交上都没有做好上学的准备，从而导致学业失败和行为问题。这些困难导致一些父母在养育孩子方面变得不那么积极和投入，这意味着他们对孩子的监控更少，允许他们与异常的、有攻击性的同龄人交往（Dodge，Greenberg和Malone，2008）。

因此，导致暴力、攻击性、反社会青少年的发展历程从幼儿时期就开始了，只是在这一过程中势头越来越强。因此，防止儿童走上这条道路的努力必须及早开始，并在儿童时期持续下去，不仅要关注儿童，还要关注他们的父母。一个成功的干预项目的例子是"快车道"（Fast Track）（Bierman等，2013；行为问题预防研究小组，2011），这个项目旨在向小学儿童教授学术和社交技能，培训青少年的生活和职业技能。此外，父母还被教授有效养育孩子的技能，以及如何与孩子保持联系和监控他们的行为。孩子在一二年级时，也就是项目结束两年后，在幼儿园阶段处于高风险的儿童，他们的攻击性和破坏性行为比对照组高危儿童减少了一半。

当然，这类项目的成功也要付出高昂的代价。但它的代价只是攻击性行为副产品的一小部分：一项分析表明，每个暴力和具有攻击性的美国青少年在支付受害者、法庭费用和监禁方面的成本为200万~500万美元（Cohen和Piquero，2009）。因此，像"快车道"这样的项目不仅改善了儿童的生活（以及他们周围人的生活），而且还具有成本效益。

攻击性行为的受害者

学习目标14：为什么有些儿童会成为攻击性行为的受害者？

Q&A 问题12.4

布莱顿经常被学校里的其他孩子欺负：女孩取笑他，男孩经常和他打架。他和他的父母能做些什么来改善他的同伴关系呢？

每个攻击性行为都是针对个人的。大多数儿童都会成为某个攻击性行为的目标——某人为了得到想要的玩具而推搡或踢自己，或者某人为了挽回面子而侮辱自己。然而，有一小部分儿童是长期被欺凌的对象。在欧洲和美国，10%~25%的小学生和青少年是身体攻击、谩骂、背后中伤和类似攻击行为的长期受害者（Juvonen 和 Graham，2014）。近年来，一些青少年成为网络欺凌的受害者，他们在手机或互联网上受到骚扰（Raskauskas 和Stoltz，2007）。

你可以想象，每天被同龄人折磨对儿童来说有多么痛苦。研究一致表明，长期遭受攻击的儿童往往孤独、焦虑和抑郁；他们不喜欢学校和同龄人；他们的自尊较低（Ladd 和Ladd，199；Rudolph，Troop-gordon 和Flynn，2009）。成年后，他们的健康状况很差，社会关系也不令人满意（Wolke等，2013）。具有讽刺意味的是，当儿童看到其他人也被欺负时，被欺负的影响会降低，显然是因为他们觉得自己不是唯一被骚扰的人（Nishina和Juvonen，2005）。

为什么有些儿童会成为受害者？有些受害者实际上是具有攻击性的（van Lier等，2012；Veenstra等，2005）。这些儿童通常反应过度，焦躁不安，容易生气。他们具有攻击性的同伴很快就发现这些孩子很容易"上钩"。例如，一群孩子会侮辱或嘲笑这样的孩子，知道他们会忍不住动手打架，即使对面人数多也不在乎。其他受害者比较孤僻、顺从、自卑。他们不愿意或无法保护自己免受同伴的攻击，所以他们通常被称为被动受害者（Guerra，Williams和Sadek，2011；Ladd 和 Ladd，1998；Salmivalli和 Isaacs，2005）。当受到攻击时，他们会表现出明显的痛苦表情，通常会放弃抵抗，这等于变相鼓励了攻击性行为。因此，攻击型和孤僻型儿童最终都会成为受害者——这一规律适用于大多数儿童（Schwartz，Chang和Farver，2001）。

其他因素也会导致儿童成为欺凌的受害者。肥胖、抑郁、残疾或移民过来的儿童更容易被欺负。本质上，任何能让儿童与同龄人不同的特征都会吸引"恶霸"的目光（Juvonen和Graham，2014；Strohmeier，Kärnä和Salmivalli，2011）。

受害儿童可以学习如何应对欺凌，而不是过度反应或被动退缩，如受到侮辱时不怒斥，或受到威胁时不表现出恐惧，这些行为才是更有效的应对。此外，提高自尊也会有所帮助。当受到攻击时，自卑的儿童可能会想，"我是个失败者，必须忍受，因为我没有选择"。提高孩子的自尊使他们对人身攻击的容忍度降低（Egan等，1998）。另一种帮助受害者的有效方法是帮助他们与同龄人建立友谊。当儿童有了朋友，他们就不太可能成为受害者（Veenstra等，2010）。

当然，最好的解决办法是同时防止欺凌和受害；正如我们将在"儿童发展和家庭政策"中看到的,一个有效的方法就是要在学校营造一种不容忍欺凌的氛围,让受害者得到同伴的支持。

> **儿童发展和家庭政策**
>
> **KiVa反欺凌项目**
>
> 　　从20世纪90年代开始,芬兰开始关注其国内学校普遍存在的欺凌现象。因此,教育部请图尔库大学(University of Turku)的欺凌问题专家克里斯蒂娜·萨尔米瓦利博士(Dr. Christina Salmivalli)创建了一个基于学校的反欺凌项目。KiVa就此诞生。这个词来自芬兰语(Kiusaamista Vastaan),意思是"反对欺凌"。该项目的核心是营造一种不容忍欺凌的课堂氛围。通过有关尊重他人、角色扮演(如扮演受害者的角色)和电脑游戏的课程和讨论,参与者看到被欺凌的儿童有权采取行动,并学会支持受害者和向老师报告。
>
> 　　此外,教师还会学习应对欺凌事件的策略。例如,帮助欺凌者思考如何改变他的攻击性行为,并为受害者提供支持(Rubin,2012)。
>
> 　　KiVa项目很有效——在实施该项目的学校,欺凌和受害现象减少(Karna等,2013年)。由于KiVa项目的成功,其已被芬兰、日本、瑞典、荷兰、英国和美国的近3000所学校采用(Rubin,2012)。KiVa项目的成功表明,可以利用导致欺凌的因素的研究,创建有效的项目来消除欺凌。

✓ 检测你的学习

回忆:阐述不同形式的攻击性行为和它们通常出现的年龄。
总结在克里克和道奇的信息加工模型中做出决定的主要过程,以及在具有攻击性的儿童的决策过程中存在的偏见。

解释:比较先天和后天对儿童攻击性行为的影响。

应用:假设一群小学教师想知道如何减少课堂上的攻击性行为。你会给他们什么建议?

▶ 统一主题:连续性

本章对早期发展与后期发展这一主题有一些很好的阐述,虽然不完美。例如,我们了解到,最能延迟满足的学龄前儿童,在青少年时期更不容易屈服于诱惑，也不容易分心。然而，这种关系并不完美：许多很快就屈服于诱惑的学龄前儿童长大后变成了不容易分心的青少年。对具有攻击性的儿童的纵向研究结果也得出了同样的结论。这些儿童中有许多人在成年后犯下了严重的罪行，但并不是所有人都这样。童年时期的攻击性行为肯定会增加成年后犯罪活动的概率，但这并不是必然的。

自行探索

这项任务看起来像美梦成真——你的任务是看电视！挑一个晚上8:00—10:00（黄金时间）可以看网络电视节目的时间。你的工作是计算电视节目中存在一个人对他人使用暴力的次数，以及迫使另一个人违背他的意愿的次数。随机选择一个频道，观看10分钟的节目。然后换到另一个频道，再看10分钟节目。每10分钟换一次频道，直到两小时结束。当然，要跟上这些节目的剧情并不容易，但是最终你将了解更广泛的节目内容。在星期六早上再重复这个步骤，你可以看两个小时的儿童卡通片。

现在只需将攻击性行为的总数除以4，就可以估算出每小时的攻击性行为数量。然后把这个数字乘以11680，就可以估计出一个平均年龄为19岁的青少年所看到的攻击性行为的数量。（为什么是11680？每天看两小时电视已经算保守了，乘以365天和16年。）然后想想这个巨大的数字可能产生的结果。如果你的父母对你说了将近12000次"偷窃是可以接受的"，你会更有可能去偷吗？有可能。那么，"用攻击性行为解决冲突"这一电视信息的大量曝光会带来什么后果呢？自行探索吧！

小结

12.1 自我控制

自我控制的发生

1岁时，婴儿第一次意识到别人对他们施加的要求；到3岁的时候，儿童就能制订计划来规范自己的行为。

到了学龄阶段，儿童能更好地控制自己的行为。

儿童的自我控制能力各不相同，但随着时间的推移，个体的自我控制能力是相当一致的：具有良好自我控制能力的学龄前儿童往往会成长为具有良好自我控制能力的青少年和成人。

影响自我控制能力的因素

自我控制能力最强的儿童往往有爱他们、给他们设定限制、和他们讨论纪律的父母。当父母过于严厉时，儿童的自我控制能力就会减弱，而不是增强。气质也会影响儿童的自我控制能力：有些儿童的气质更适合集中注意力和抑制反应。

提高自我控制能力

当儿童有计划地记住目标的重要性，

并且有能让他们分心的事情时，他们能更好地规范自己的行为。

12.2 道德问题的推理

皮亚杰的观点

皮亚杰认为5~7岁的儿童处于道德现实主义阶段。他们相信规则是由聪明的成人制定的；因此，规则必须遵守，不能改变。8岁左右，儿童进入道德相对主义阶段，这时的他们认为规则是人们为了帮助他们相处而创造的。

科尔伯格理论

科尔伯格提出，道德推理包括前习俗水平、习俗水平和后习俗水平。道德推理首先建立在奖惩的基础上，而后才建立在个人的道德准则上。正如科尔伯格理论所预测的那样，人们在各个阶段依次前进，道德上的高层次推理与更频繁的道德行为相关。然而，很少有人达到最高层次，不同的文化在道德推理的基础上有所不同。

对科尔伯格理论的超越

吉利根提出女性的道德推理是基于对他人的关怀和责任，而不是基于正义。研究并不认为性别差异具有一致性，但研究发现，基于具体情况，男性和女性在他们的道德判断中都会考虑关怀和正义。

在学龄前阶段，儿童可以区分道德准则、社会习俗和个人选择。例如，他们相信社会习俗可以改变，但道德准则不能。而且，他们明白，打破道德准则会导致比打破社会习俗更严厉的惩罚。一些科学家认为，婴儿有一种天生的道德感，因为他们关心他人，不喜欢不合作的团队成员。儿童对事件的情绪反应可以帮助他们形成道德相关概念的类别。

12.3 助人行为

亲社会行为的发展

即使是初学走路的儿童，也知道别人什么时候不高兴，他们会试着安慰别人。随着孩子年龄的增长，他们更容易认识到亲社会行为的必要性，也更有可能拥有这样做的技能。

促进亲社会行为的技能

当儿童能够站在他人的角度看问题，具有同理心，并且具有更先进的道德推理时，他们更有可能表现得亲社会。

情境的影响

儿童的亲社会行为往往受到情境特征的影响。当儿童觉得他们应该也能够帮助别人，或者他们心情好，或者他们认为帮助别人不会有什么损失的时候，他们往往会表现得更亲社会。

遗传的作用

基因通过催产素影响亲社会行为，催产素是一种与社会行为有关的激素，通过气质影响亲社会行为：有些儿童不太可能帮助别人，因为他们太害羞或者他们自己太难受（因为他们无法控制自己的情绪）。

亲社会行为的社会化

促进亲社会行为的养育方法包括模仿，给予恰当的惩戒措施，以及在家庭内外给儿童频繁的机会来练习他们的亲社会技能。

12.4 攻击性行为

改变和稳定性

幼童典型的攻击形式包括工具性、敌意性和反应性攻击。随着儿童年龄的增长，身体攻击会减少，关系攻击会变得更加普遍。总体的攻击性水平是相当稳定的，这意味着具有攻击性的儿童在青少年和成人时期会经常参与暴力和犯罪活动。

攻击行为的根源

儿童的攻击性行为有很多来源：基因、严厉的教育、在电视和其他媒体上看到暴力行为、具有攻击性的同龄人、学业失败、生活在贫困中，以及对人们行为的偏激解读。

攻击性行为的受害者

长期受攻击的儿童通常会感到孤独和焦虑。一些被攻击的受害者在被激怒时会反应过度；另一些人则倾向于退缩和屈服。欺凌和受害可以通过KiVa项目来减少，KiVa是一个以学校为基础的项目，它营造了一种不容忍欺凌的课堂氛围。

考考自己

1. 到1岁时，大多数儿童____。
   a. 意识到别人对他们施加的要求
   b. 内化别人施加的一些控制
   c. 有自我调节的能力

2. 表现出最大自制力的学龄前儿童，____。
   a. 成人时有更高的自尊
   b. 更有可能在青春期辍学
   c. 青少年时期经常吸毒

3. 当父母____时，儿童有更好的自我控制能力。
   a. 要求严格
   b. 温暖但会设限
   c. 不和他们讨论纪律

4. 处于皮亚杰道德现实主义阶段的儿童通常相信____。
   a. 违反规则直接导致惩罚
   b. 规则是人们为了和睦相处而制定的
   c. 规则可以在必要时改变

5. 如果一个儿童根据别人的期望来判断行为是否恰当，那么他的推理是在科尔伯格的哪个水平上？____。
   a. 前习俗水平
   b. 习俗水平
   c. 后习俗水平

6. 下列关于科尔伯格研究的陈述哪项是不正确的？____。
   a. 大龄儿童通常道理推理能力更强
   b. 推理水平高的人更有可能帮助需要帮助的人
   c. 世界上大多数儿童和青少年都会逐步通过六个阶段

7. Happy Hollow小学要求学生上课时必须把手机放在课桌上。该规则适用于哪个领域？____。
   a. 道德推理

b. 社会习俗

c. 个人领域

8. 下列关于道德推理的陈述哪项是正确的？____。

   a. 对幼儿道德推理的研究排除了先天道德感的可能性

   b. 在中国和美国，儿童为了保护他们的朋友而撒谎，即使这会伤害他们的集体

   c. 儿童对事件的情绪反应帮助他们创建道德相关概念的类别

9. 哪个儿童最有可能帮助另一个儿童？____。

   a. 一个靠奖惩来帮助别人的儿童

   b. 没有同理心的儿童

   c. 善于观点采择的儿童

10. 当儿童____时，亲社会行为最可能发生。

    a. 必须做出很大牺牲

    b. 悲伤

    c. 感觉有能力帮忙

11. 父母可以通过____培养孩子的亲社会行为。

    a. 以身作则帮助他人

    b. 不管教孩子

    c. 不让孩子做家务，确保他们有足够的空闲时间

12. 在____攻击中，儿童利用攻击行为来实现特定的目标，比如，先于他人从游乐场的滑梯上滑下来。

    a. 敌意性

    b. 工具性

    c. 反应性

13. 当父母____时，他们的孩子更有可能表现出攻击性。

    a. 经常使用体罚

    b. 监控孩子的行为

    c. 和睦相处

14. 关于社区和文化对儿童攻击行为的影响，下列哪项是正确的陈述？____。

    a. 贫穷与攻击行为无关

    b. 当儿童看太多暴力节目时，他们的攻击性会降低，对攻击对象有更多的同情心

    c. 学业失败可能会滋生攻击行为，而攻击行为反过来又会导致学业失败

15. 长期受欺负的儿童____。

    a. 受到欺凌的影响是短暂的而非长期的

    b. 孤僻、顺从，不具有攻击性

    c. 如果有朋友，就能更好地应对欺凌

关键术语

攻击性行为　　　　工具性攻击　　　　前习俗水平

利他主义　　　　　监控　　　　　　　亲社会行为

习俗水平　　　　　道德现实主义　　　反应性攻击

同理心　　　　　　道德相对主义　　　关系攻击

敌意性攻击　　　　个人领域　　　　　自我控制

上苍公正　　　　　后习俗水平　　　　社会习俗

第13章 性别与发展

你还没有把电话放到耳边,你姐夫就在那边大喊:"卡米尔生孩子了!"

"男孩还是女孩?"你问道。为什么人们对婴儿的性别这么感兴趣?原因在于男孩或女孩不单纯是生物学上的区分。他们还与不同的社会角色有关,这些社会角色是人们行为的文化指南。从婴儿期开始,孩子就开始学习性别角色——一般认为适合男性和女性的行为。当孩子在学习这些角色时,他们会开始认同其中一个群体。孩子会形成一种性别认同,一种自我是男性还是女性的认知。

在这一章,我们将看到孩子如何获得性别角色和性别认同。在模块13.1,我们将从男性和女性的文化刻板印象开始探讨。在模块13.2中,我们将检验男孩和女孩之间实际的心理差异。在模块13.3中,我们将重点讨论孩子如何形成对一种性别的认同。最后,在模块13.4中,我们将讨论近期性别角色中的变化。在本章中,我将用"性"来指代男性和女性明显具有生物学特征的方面(如解剖学上的差异),而"性别"一词则指代与男性和女性相关的所有其他特征。

模块

- **13.1** 性别刻板印象
- **13.2** 与性别相关的差异
- **13.3** 性别认同
- **13.4** 性别角色的转变

13.1 性别刻板印象

> **学习目标**
>
> 学习目标1：什么是性别刻板印象？男性和女性有什么不同？
>
> 学习目标2：性别刻板印象是如何影响行为的？孩子什么时候开始了解自身文化对男性和女性的刻板印象？
>
> **大纲**
>
> 我们如何看待男性和女性
>
> 了解性别刻板印象

当南希怀孕7个月的时候，她11岁的儿子克拉克声称他真的想要一个弟弟，而不是妹妹。克拉克解释说："妹妹会把我逼疯的。女孩子从来就拿不定主意，她们总是无缘无故地激动起来。""克拉克是从哪里得出这些看法的？"南希非常困惑。"11岁的孩子都是这么想的吗？"

所有文化都有性别刻板印象：关于男性和女性在性格特征、兴趣和行为上的差异的观念。当然，因为刻板印象是观念，它们可能是真的，也可能不是真的。在本模块中，我们将研究与性别刻板印象相关的特征，并探讨像克拉克这样的孩子是在什么时候习得性别刻板印象的。

我们如何看待男性和女性

学习目标1：什么是性别刻板印象？男性和女性有什么不同？

"特里积极、独立、好胜、进取。"当你读到这句话时，你是否认为特里是男性？为什么？特里是一个男女通用的名字，但这些用来描述特里的形容词在男性身上更常见。事实上，大多数成人认为男性和女性有不同的特点，而自20世纪60年代以来，这些观点几乎没有改变（Ruble，Martin和Berenbaum，2006）。在人们眼中，男性往往独立、能力强、有进取心、外向、有野心、自信且有主见。这些与男性相关的特征被称为"工具性特征"，因为这些特征描述了作用于世界并影响世界的个体。相比之下，女性往往感性、善良、有创造力、体贴、温柔、情绪化，且同理心强。与女性相关的特征被称为"表现性特征"，因为这些特征描述的是提供情绪功能和重视人际关系的个体。

世界各地的成人是否认同这些观点？图13-1显示了来自7个国家对4种特征的测量结果（Williams和Best，1990）。可以看到，每种特征在不同的文化中不尽相同。例如，几乎所有的美国参与者都认为男性有攻击性，但只有一小部分尼日利亚参与者这么认为。因此，并不是世界上所有人都跟美国人看待男性和女性的观点一致。事实上，值得注意的是，研究结果表明，美国人的性别刻板印象比其他任何国家都要极端。当你考虑男性和女性能做什么和不能做什么，以及他们应该做什么和不应该做什么时，请记住这一点。你对性别的看法是由你所处文化的观念所塑造的，而这些观念并不是所有人都认同。

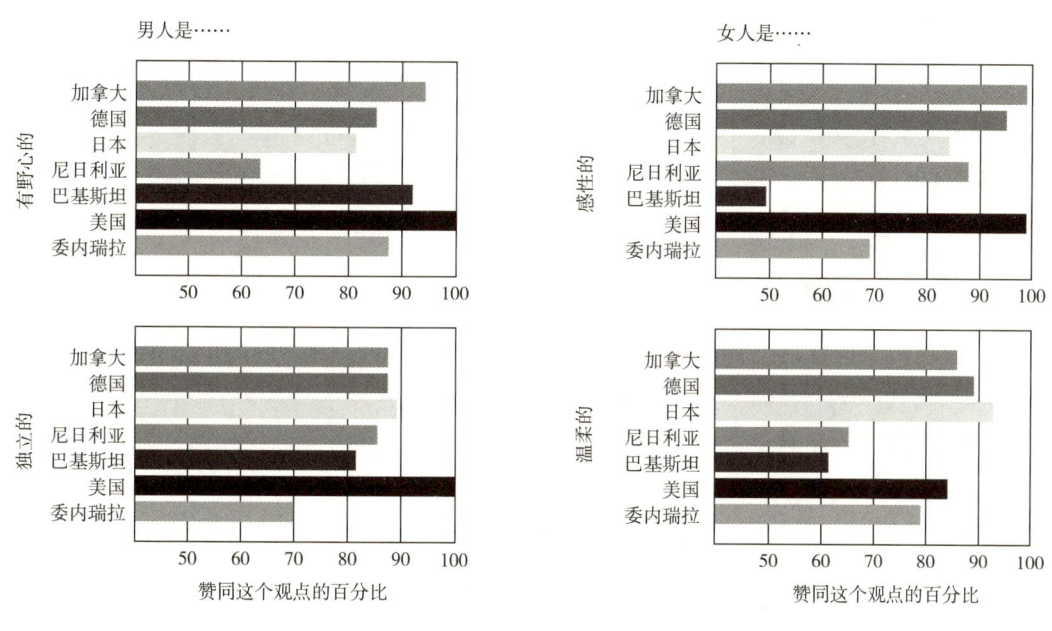

图13-1

理解我们对性别行为的刻板印象很重要，因为刻板印象非常有限（Smith和Mackie，2000）。如果我们固化了这样的观念，就会期望男性以特定的方式行事，而女性以其他方式行事，我们对男性和女性的反应会完全基于性别，而非个体。

对性别做出刻板的假设会导致一大堆关于行为和性格的推断，而这些推断可能并不正确。

儿童什么时候开始了解自身文化对男性和女性的刻板印象？我们将在下一节中回答这个问题。

了解性别刻板印象

学习目标2：性别刻板印象是如何影响行为的？孩子什么时候开始了解自身文化对

男性和女性的刻板印象？

孩子不会长期生活在一个不分性别的世界里。虽然12个月大的男孩和女孩对性别相关玩具的关注程度是一样的，但18个月大的孩子就不一样了：女孩看洋娃娃的时间比看卡车的时间长，但男孩看卡车的时间更长（Serbin等，2001）。到4岁时，孩子对性别相关活动的认识会更加广泛：女孩会玩跳房子游戏，男孩会踢足球；女孩帮忙烤饼干，男孩会帮忙倒垃圾；女性喂养婴儿，而男性伐木（Gelman，Taylor和Nguyen，2004）。他们已经开始学习典型的男性化或女性化的行为和特征。学龄前儿童认为，男孩通常在身体上更具攻击性，而女孩往往在言语上更具攻击性（Giles和Heyman，2005）。

在小学阶段，儿童扩大了对性别刻板印象的特点和行为的认识。他们会学习有关性格特征的刻板印象——男孩很坚强，女孩很温柔——以及关于学科的刻板印象——男孩擅长数学，女孩擅长阅读（Cvencek，Meltzoff，和Greenwald，2011；Heyman和Legare，2004）。当他们进入中学的时候，他们对性别刻板印象实际上已经和成人差不多了。

在小学期间，孩子还了解到，与男性相关的职业往往比与女性相关的职业赚的钱更多，拥有更大的权力（Weisgram，Bigler和Liben，2010）。显然，孩子学会了一个简单的规则——比如"男性的工作比女性的工作好"——因为孩子在学习不熟悉的工作时（例如，钱德勒制作蜡烛），如果看到的是男性而不是女性，他们会认为这些工作更有声望（Liben，Bigler和Krogh，2001）。

随着儿童的成长，他们也开始明白性别定型观念并不总是适用。大一点的孩子比小一点的孩子在评价其他孩子时更愿意忽略刻板印象。例如，如果一个男孩喜欢和女孩玩，并在过家家游戏中假装熨衣服，学龄前儿童会认为他仍然想玩男性化的玩具。然而，到了中学阶段，孩子意识到这个男孩的兴趣并不是一成不变的，他更愿意玩那些刻板印象中的女性化的玩具（Blakemore，2003）。

因此，虽然年龄较大的孩子更熟悉性别刻板印象，但他们认为这些刻板印象是行为的一般准则，不一定所有的男孩和女孩都要遵守（Conry-Murray和Turiel，2012）。这种更灵活的理解趋势在"研究重点"专栏中描述的研究中有明显呈现。

Q&A 问题13.1

阿比盖尔认为女孩比男孩温柔，男孩比女孩强壮，但男孩和女孩同样健谈和自信。根据这些刻板印象，阿比盖尔可能多大？

研究重点

性别特征的推理

研究人员是谁？研究的目的是什么？ 孩子相信男孩和女孩的身体特征和行为特征是固有和稳定的吗？例如，他们是否相信男孩一定喜欢建造东西？他们是否相信女孩一定喜欢玩洋娃娃？玛丽安·泰勒（Marianne Taylor）、马约莉·罗兹（Marjorie Rhodes）和苏珊·格尔曼（Susan Gelman）（2009）进行了一项研究来回答这些问题。

研究人员是如何测量研究话题的？ 泰勒和同事告诉参与者一个故事，有个女婴一出生就去了一个只有男人居住的岛上，包括她的叔叔。她没有接触过女性。然后向参与者展示婴儿长大后的照片，问了几个关于其身体特征的问题（例如，"她长大后会成为一位妈妈还是爸爸"）和一些有关她行为特征的问题（例如，"她会喜欢玩茶具或卡车吗"）。参与者还被告知了另一个故事，有个男孩和他的阿姨以及其他女性住在一个岛上，然后问参与者同样的问题。

研究中的参与者是谁？ 研究对象包括68名5岁儿童、64名10岁儿童和32名大学生。在每个年龄段，有一半的孩子是女孩。

这项研究的设计是什么？ 这项研究是实验性的，因为泰勒和他的同事研究的是生理领域和行为领域对参与者判断的影响。这项研究是横断的，因为它包括5岁儿童、10岁儿童和大学生，每个人都做了一次测试。

这项研究是否存在伦理问题？ 不存在。孩子喜欢听婴儿在岛上长大的故事。

结果如何？ 研究人员记录了与婴儿生理性别一致的回答的百分比（例如，预测女婴会喜欢茶具，想要成为一名护士，她长大后会成为一名母亲）。得到的结果如图13-2所示。

让我们从身体特征开始。这些判断几乎没有随年龄增长发生变化：在所有年龄段，参与者都期待婴儿获得与其生理性别相关的身体特征。但是，在行为特征上有很大的不同，呈稳定下降的发展趋势。5岁的孩子倾向于认为男孩和女孩会做出符合性别刻板印象的行为，尽管他们认为这些行为特征比身体特征稍微灵活一些。相反，成人认为由女性抚养长大的男孩会表现出典型的女性行为方式，而由男性抚养长大的女孩会表现出典型的男性行为方式。最后一个值得注意的结果是，所有年龄段的参与者都认为女孩的行为特征比男孩更灵活，他们认为女孩比男孩更容易受到男性化的影响。

研究人员得出了什么结论？ 泰勒和同事得出的结论是："小孩子会把'男孩'和'女孩'的概念等同于物种，在某种程度上，特征是天生的、不灵活的，本质上属于类别……成年后，参与者认为男性和女性的行为都对环境更加开放和灵活……"（2009，p. 475）。

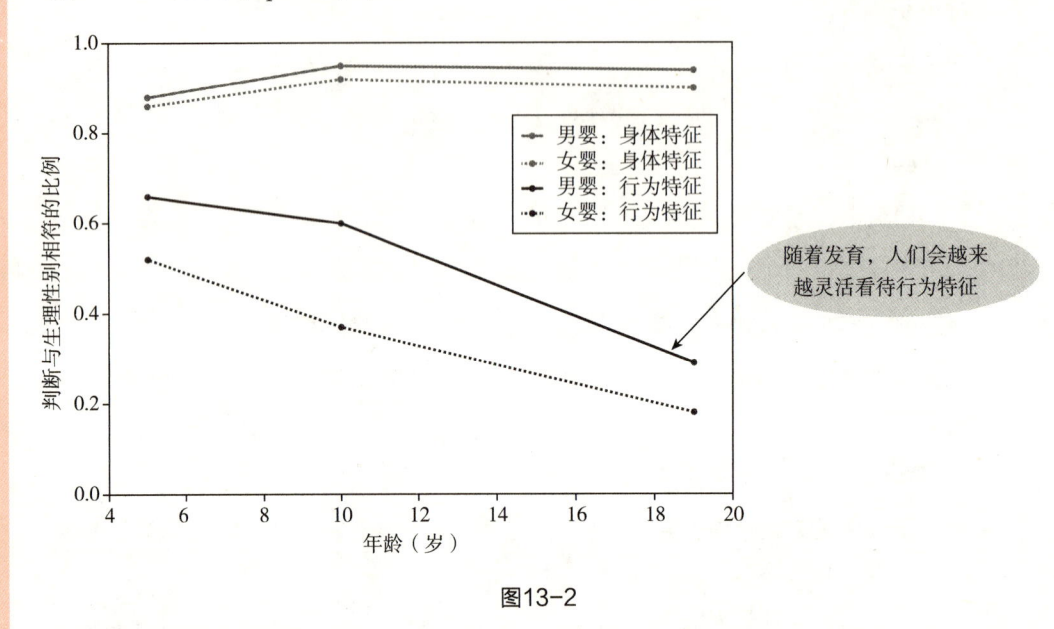

图13-2

有什么趋同证据可以强化这些结论？ 样本中的孩子大多来自美国中西部的大学城。

大多数是欧洲裔美国人。观察来自不同背景的孩子是否有相似的反应也很重要。此外，将特征列表扩展到心理特征（如个性）也很有价值，以确定这些特征在灵活性方面更偏向身体特征还是行为特征。

年龄的增长并不是导致对刻板印象看法更加灵活的唯一因素。女孩往往对刻板印象更灵活（Ruble，Martin和Berenbaum，2006），也许是因为她们认为男性刻板印象的特征比女性刻板印象的特征更有吸引力、更有地位。社会阶层也有一定影响。来自中产阶级家庭的青少年和年轻人（但不是儿童）对性别的看法往往比来自低阶家庭的人更加灵活（例如，Serbin，powishta和Gulko，1993）。这种差异可能是由于教育带来的：受过良好教育的中产阶级父母可能会给他们的孩子灌输不那么严格的性别观念。

种族是与灵活性别观有关的另一个因素。一些研究发现，非裔美国青少年在性别观念上比欧洲裔美国同龄人更灵活（如Rowley等，2007）。与欧洲裔美国母亲相比，非裔美国母亲更经常在外工作，这可能让她们孩子的态度更加开放。

在这一点上，也许你想知道性别刻板印象是否有任何真实性。例如，男孩真的比女孩更占优势吗？女孩真的比男孩更容易兴奋吗？为了找到这些问题的答案，让我们进入第13.2模块。

✓ 检测你的学习

回忆：大一点的孩子和小一点的孩子对于性别刻板印象有什么不同？

哪一组孩子对性别刻板印象的看法比较灵活？

解释：比较工具性特征和表现性特征的异同点。

应用：珍·皮亚杰如何对大一点的孩子解释对性别刻板印象的看法可以更加灵活呢？

13.2 与性别相关的差异

学习目标

学习目标3：男孩和女孩在身体发育上有什么不同？

学习目标4：智力能力方面的性别差异有哪些？

学习目标5：在性格和社会行为上，男孩和女孩有什么不同？

学习目标6：性别差异对男孩和女孩的发展有什么影响？

大纲

身体发育和行为方面的差异

智力能力和成就方面的差异

性格和社会行为方面的差异

坦言性别差异

一所高中的毕业舞会准备在市中心附近的一家昂贵酒店举办，高中学生会正在讨论此项提议。麦琪认为这真是一个糟糕的主意，但大多数人似乎都很喜欢这个计划，所以她决定什么也不说。就在她决定保持沉默的时候，她的朋友查尔斯宣布他将投票反对这个提议，当他阐述理由时，麦琪意识到这些正是她想说但没有说出来的话。

麦琪和查尔斯都认为提议有缺陷，但只有查尔斯表达了这些顾虑。这是为什么呢？我们将在本节探讨不同发展领域中与性别有关的差异时回答这个问题。这一问题的探讨最早出现在埃莉诺·麦考比（Eleanor Maccoby）和卡罗尔·杰克林（Carol Jacklin）于1974年出版的《性别差异心理学》一书中，该书总结了大约1500项研究的结果。麦考比和杰克林得出的结论是，性别差异只在四个方面得到证实：女孩的语言能力更强，男孩的数学和视觉空间能力更强，而且男孩比女孩更具攻击性。同样重要的是，麦考比和杰克林没有找到证据来支持流行的观点，即女孩比男孩更善于社交和受外界影响，自尊较低，在思考方面缺乏分析能力，缺乏成就动机。

一些批评者质疑麦考比和杰克林，理由是他们纳入了一些证据匮乏的研究，并以其他研究人员未采用的方式定义了什么是"行为"（Block，1978）。这场辩论激发了更多的研究，其中一些研究应用了新的统计技术、更精细的分析，如统合分析。现在许多发展学家认为，性别差异比麦考比和杰克林所提到的要广泛得多，但他们的书仍然是经典之作，因为书中的综合性观点为进一步的研究提供了一个很好的起点。

在本模块的其余部分中，我们将看到自麦考比和杰克林的经典分析以来，我们对性别差异的新发现。我们将重点关注身体发育、认知过程和社会行为方面的差异。

身体发育和行为方面的差异

学习目标3：男孩和女孩在身体发育上有什么不同？

当然，男孩和女孩除了生殖系统方面的差异，还有第二性征上的差异，如男孩的声音更低，留胡子，女孩胸部发育，臀部更大。男孩通常比女孩更高大、更强壮，这意味着他们在生理方面经常胜过女孩。你可以在高中田径赛场上看到他们之间的差异：男孩通常跑得更快，跳得更高，扔得更远也更准。而且，如图13-3所示，早在上高中之前，男孩的投掷和跳跃距离就比女孩更远。除了运动，在涉及精细协调的任务中，如描摹和绘画，女孩比男孩做得更好（Thomas 和 French，1985）。

在需要力量的运动技能中的一些性别差异反映了这样一个事实：当儿童接近并进入青春期时，女孩的身体与男孩相比，脂肪更多，肌肉更少。这个差异解释了一些现象，比如，与女孩相比，男孩用手臂和手挂在单杠上的时间要长得多。但是，对于其他动作技能，如跑步、投掷和接球，身体构成就不那么重要了（Smoll 和 Schutz，1990）。在这些情况下，经验是至关重要的。

许多女孩及其父母认为，运动和身体素质对女孩的价值不如男孩。因此，与男孩相比，女孩花在运动和健身相关活动上的时间更少，这其实剥夺了她们练习的机会，而练习对发展运动技能而言至关重要（Eccles 和 Harold，1991）。例如，在课间休息时，我们更经常发现小学的女生在荡秋千、跳绳，或者在一群人中间安静地交谈；相反，男生经常在踢足球或投篮。与此观点相一致的是，澳大利亚原住民在投掷方面的性别差异要小得多，这一群体传统上期望女性能够在狩猎时投掷（Thomas等，2010）。

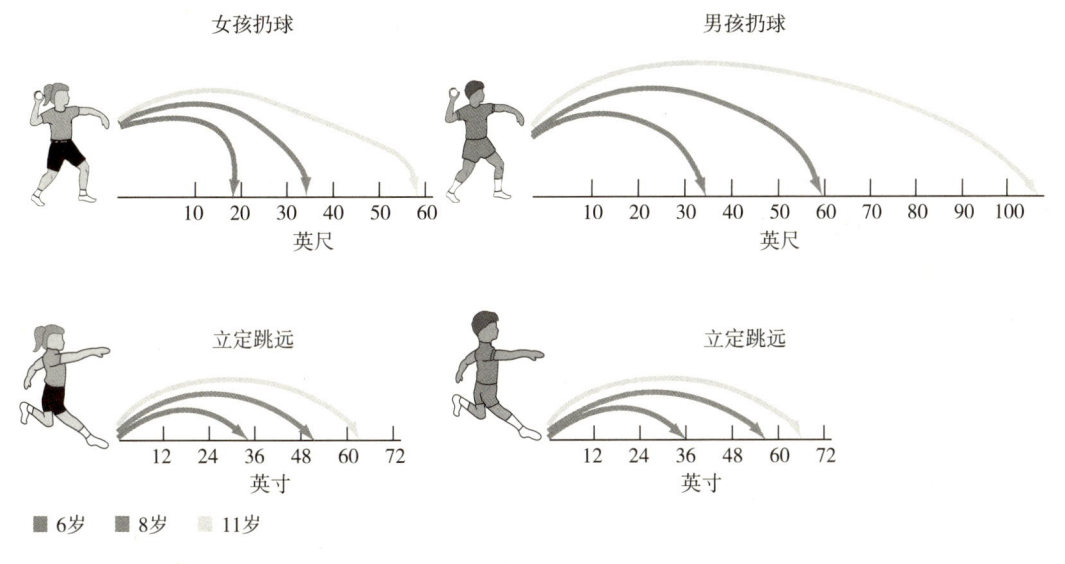

女孩扔球　　　　　　　　　　　　　　　男孩扔球

立定跳远　　　　　　　　　　　　　　　立定跳远

■ 6岁　■ 8岁　■ 11岁

图13-3

在婴儿时期，男孩比女孩更活跃，这种差异在童年时期会增加（Alexander 和 Wilcox，2012；Saudino，2009）。例如，在教室里，男孩比女孩更难坐着不动。在操场上，男孩往往玩得很起劲，女孩则相对安静。在模块5.2中提到，男孩被诊断为注意力缺陷多动障碍的概率是女孩的3倍。

女孩往往比男孩更健康。女性胚胎比男性胚胎更容易在产前发育中存活下来。这种趋势在孩子出生后还会继续。男婴在出生时更容易出现并发症，在整个生命过程中，男孩更容易出现许多疾病和功能障碍（Jacklin，1989年）。最后，随着青春期大脑的成熟，女孩的大脑往往有更多的细胞体和树突，但男孩的大脑有更多的胶质细胞（提供营养和氧气并破坏病原体）和更多有髓轴突（Nisbett等，2012）。

总的来说，男孩往往更高大、更强壮、更活跃；女孩往往有更好的精细运动协调能力，也更健康。接下来是有关智力技能的比较，你将再次看到不同技能的性别差异。

智力能力和成就方面的差异

学习目标4：智力能力方面的性别差异有哪些？

在麦考比和杰克林（1974）发现的四种性别差异中，有三种与智力能力有关：女孩往往有更好的语言能力，而男孩往往有更好的数学和视觉空间能力。自从麦考比和杰克林的研究发表以来，我们对这些领域的性别差异本质有了更多的了解。

语言能力

女孩比男孩词汇量大，也更健谈（Feldman等，2000；Leaper 和 Smith，2004）。在小学和高中，女孩的阅读能力比男孩强，这种差异在几乎所有工业化国家都存在（Miller 和 Halpern，2014）。最后，男孩被诊断出语言相关问题的概率更大，如阅读障碍（Halpern，2012）。

为什么女孩在语言方面比男孩更有天赋？一种观点认为这是大脑在起作用。一些研究发现，男孩和女孩参与阅读的大脑区域不同（Burman等，2013），这表明女孩的大脑处理语言的效率更高。然而，研究结果并不一致（Eliot，2013；Wallentin，2009）；大脑在阅读方面对性别差异的影响仍然是个谜。相反，有关经验方面的解释，证据则更为一致。父母给女儿的语言激励往往比给儿子的多。例如，在蹒跚学步的幼儿时期，母亲与女儿的交谈多于与儿子的交谈（Fivush 等，2000）。到了小学阶段，阅读往往被定型为女孩的一项活动（Plante等，2013），这可能让女孩比男孩更愿意投入时间和精力来掌握阅读等语言能力。最后，教师也起到一定作用。他们期望女孩的阅读能力比男孩强，这一预期超过了实际差异（Ready 和 Wright，2011）。

空间能力

在模块8.1中，你们会看到空间能力是大部分智力模型的组成部分。空间能力的一个方面是"心理旋转"，即想象一个物体在空间移动之后会是什么样子的能力。

图13-4通过确定图中显示的不同对象还是不同方向的同一对象来测试心理旋转能力。在童年和青春期，男孩往往比女孩有更好的心理旋转能力（Govier 和 Salisbury，2000；Voyer，Voyer和Bryden，1995）。即使在婴儿时期，男孩也比女孩更能识别空间旋转的刺激（Alexander 和 Wilcox，2012）。然而，在其他空间任务中，如二维的心理旋转，性别差异更小，在其他空间任务中，则不存在性别差异（Miller 和Halpern，2014）。

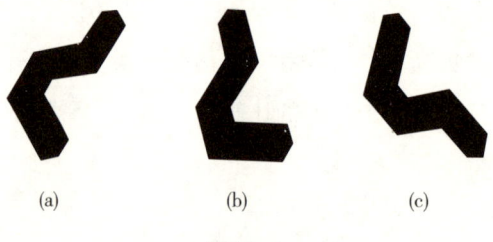

图13-4

有些解释将心理旋转和其他空间能力的性别差异重点归结为生物学影响。一些科学家认为空间能力对于成功狩猎至关重要——在导航和计算武器轨迹方面——这可能代表了男性的进化适应（Halpern等，2007）。一些研究发现，更好的空间能力与雄性激素有关，雄性激素在男性中含量更高（Miller和Halperin，2014）。

但是，经验当然也有帮助。男孩比女孩更有可能参与某些活动来培养空间能力，如预测物体（如一个棒球）在空间的移动轨迹，使用二维平面图组装一个物体的等比模型（Baenninger和Newcombe，1995），或者，玩涉及视觉知觉技能的电子游戏（Okagaki和Frensch，1994；Terlecki和Newcombe，2005）。父母可以在培养空间能力的任务上为儿子提供更丰富的刺激。在一项研究中（Levine等，2012），父母给儿子提供了更具挑战性的谜题，并在解决谜题时使用了更多空间语言（例如，提及拼图的形状、位置和方向）。然而，在来自较低社会经济地位家庭的儿童中，男孩和女孩具有差不多的空间能力（Levine等，2005），该结果表明，一些与中产阶级生活相关的经验对性别差异的产生至关重要。

当然，这些解释并不一定相互矛盾。生物学和经验可能都对空间能力的性别差异有影响，就像它们都对语言能力的性别差异有影响一样。因此，父母等人可以培养男孩和女孩的语言和空间能力，因为他们都在很大程度上受到经验、训练和实践的影响（Newcombe，2002；Uttal等，2013）。

数学

在小学阶段，女孩在算术和掌握基本数学概念方面通常比男孩更强，这种差异可能是因为女孩有更强的语言能力（Wei等，2012）。在高中和大学期间，男孩在标准化数学考试中往往比女孩得分高，但这种差异在过去25年里已经大幅缩小，现在男孩的优势微不足道（Lindberg等，2010）。这一变化显然反映了普遍鼓励女孩学习数学，甚至在数学课程上投入更多精力的现象。例如，在美国，男孩和女孩现在在高中学习微积分课程的可能性是一样的（国家科学基金会，2008）。而且，正如我们将在"文化影响"专栏中看到的，跨文化比较也指出了文化期望在男女数学能力差异方面产生的重要作用。

文化影响

从跨文化角度看数学中的性别差异

国际上有几项数学成绩测试，这些测试结果提供了有效的见解，揭示了导致数学方面性别差异的因素。例如，在60多个国家实施国际学生评估项目，每个国家都有数千名高中生参加数学、阅读和科学能力测试（经济合作与发展组织，2010）。在许多国家（如法国和德国），男孩的偏好存在着细微的差异。然而，在有些国家（如韩国、斯洛伐克），男孩的分数要高得多。而在冰岛，女孩更占优势。

为什么这种模式会有如此大的差异？一种观点认为，这反映了男女在数学相关职业机会上的文化差异。当女孩（以及她们的父母和老师）将数学视为取得成功的方法时，她们就会对数学感兴趣，并学习数学课程。相反，如果女孩看到数学相关的职业"只适合男性"，就没有理由投入时间和精力去学习数学。这一思路导致了一个直接的预测：在那些男女在教育、职业和政治权力方面享有同等权利的国家，性别在数学方面的差异应该可以忽略不计。相比之下，如果女性被限制在传统女性刻板印象的职业中，不需要数学技能，那么数学方面的性别差异应该仍然存在。这种模式在国际学生评估项目数学数据的比较中有出现（Else-Quest等，2010）。例如，冰岛（女孩数学成绩优异）有大量的教育和职业机会，但韩国（考试成绩对男孩有利）则不然。换句话说，这些跨文化比较似乎表明，"当女孩被鼓励取得成功，得到必要的教育工具，并有明显的擅长数学的女性榜样时，她们的表现将与男孩一样好"（Else-Quest等，2010，p.125）。

Q&A 问题13.2

布里安娜有一对异卵双胞胎宝宝，一男一女，他们刚开始上小学。她决心要让两个孩子在阅读和数学方面都出类拔萃。布里安娜的目标能实现吗？

根据麦考比和杰克林的研究，男孩和女孩的语言能力、空间能力和数学能力是不同的。随后的研究又增加了另一个领域：记忆。与男孩相比，女孩往往能更准确地记住物体位置（Miller 和 Halpern，2014；Voyer等，2007）。例如，如果展示人脸照片，女孩对这些面孔的记忆会比男孩更准确（Herlitz 和 Loven，2013）。此外，当描述过去的事件时（如博物馆之旅、学校的特殊访客），女孩往往会提供更详尽、更饱含情感的描述（Grysman 和 Hudson，2013）。

由于这些与性别有关的记忆差异直到最近才有所记录，所以人们对记忆差异的理解还不是很透彻。一种说法是，这可能是其他领域性别差异的结果。例如，女孩在语言和识别情绪方面的优势可能让她们对刺激和事件构建更详细的表征，这些表征更能增强记忆。另一种可能是记忆的性别差异与海马体有关，海马体是对记忆至关重要的大脑结构，女孩的海马体比男孩的大（Lenroot 和 Giedd，2010）。

性格和社会行为方面的差异

学习目标5：在性格和社会行为上，男孩和女孩有什么不同？

男孩和女孩在性格和社会行为上有差异吗？20世纪70年代，麦考比和杰克林（1974）只找到了唯一一个令人信服的证据：

男孩比女孩更有攻击性。在这一节中，我们将看到研究人员在那之后的35年里发现了什么。

攻击性行为

没有人怀疑麦考比和杰克林的这个结论，即男孩比女孩更有攻击性。正如模块12.4中提到的，早在婴儿17个月大的时候，身体攻击方面的性别差异就很容易被观察到（Hyde，2014）。

因为男性几乎在所有的文化中都更有攻击性，科学家确信生物学在很大程度上导致了这种性别差异。攻击性行为与雄激素有关，雄激素是睾丸分泌的激素。雄激素不会直接导致攻击性行为。

相反，雄激素使男孩竞争意识更强，更容易发怒，更难以控制他们的情绪（Archer，2006；Dodge，Coie和Lynam，2006；Hay，2007）。

尽管这与激素有关，但我们也不能忽视经历的影响。媒体上有很多具有攻击性的男性的例子——从范·迪塞尔（Vin Diesel）到绝地武士（Jedi knights）——他们因自己的行为而受到奖赏。更重要的是，父母更可能对儿子使用体罚，并且对儿子的攻击性行为比女儿更宽容（Condry和Ross，1985；Martin和Ross，2005）。从模块12.4中可以看到，这些经历会引发恶性循环，造成越来越多的攻击性行为。这种恶性循环在男孩身上更加常见。虽然雄激素可能让男孩更容易有攻击性，但经历鼓励男孩而不鼓励女孩通过肢体表达他们的攻击性。

男孩的攻击性可能因为其生理特征而更明显，但女孩也可能具有攻击性（Ostrov和Godleski，2010）。在模块12.4中，我们看到女孩经常发起关系攻击，她们试图通过破坏与同龄人的关系来伤害他人（Crick和Grotpeter，1995）。他们可能会给其他孩子起绰号，取笑他们，散布有关他们的谣言，或者——故意忽视他们——这也很糟糕。男孩也会以这种方式进行攻击，但不那么明显，因为身体攻击对男孩来说太常见了（Archer，2004）。

情绪敏感度

根据前述的刻板印象，女孩能够更好地表达自己的情绪和解读他人的情绪。事实上，这种性别差异是有研究支持的。例如，在婴儿期、童年时期和青春期，女孩识别面部表情（如开心的脸和悲伤的脸）比男孩更准确（Alexander和Wilcox，2012；Thompson和Voyer，2014）。此外，女孩更有可能表达快乐和悲伤，而男孩更有可能表达愤怒（Chaplin和Aldao，2013）。最后，对于前面描述的复杂（自我意识）情绪，报告显示青春期女孩比男孩更经常感到羞耻和内疚（Else-Quest等，2012）。

大多数发展学家认为，情绪敏感度的性别差异与天性和后天经历都有关。有一种观点认为，由于男孩更活跃，更不善于控制自己的行为，因此父母不鼓励儿子用表达情绪的方式来调节自我。相反，父母鼓励女儿表达情绪，因为这与期望中女性负责养育和支持的性别角色相一致（Brody和Hall，2008）。

社会影响

另一种性别刻板印象是，女性更容易受他人影响——也就是说，她们更容易被说服。事实上，年轻女孩比年轻男孩更有可能服从成人的要求，也更有可能寻求成人的帮助（Jacklin和Maccoby，1978）。女性也比男性更容易受到说服性信息和他人行为的影响，特别是当她们处于群体压力之下时（Becker，1986；Eagly，Karau和Makhijani，1995）。然而，这些性别差异可能源于这样一个事实，即女性比男性更重视群体和谐，因此会让步于他人（Miller，Danaher和Forbes，1986；Strough和Berg，2000）。例如，在一场会议上，就像在开篇小故事中所描述的那样，女孩和男孩一样有可能认识到提议中的缺陷，但像麦琪一样，女孩更倾向于表示赞同，因为她们不想一群人争吵。

努力控制

在学前班的教室里讲故事的时候，许多孩子都静静地坐着，听老师朗读。但如果有个孩子坐立不安或缠着旁边的孩子，那么他很有可能是个男孩。相比之下，女孩更擅长努力控制。与男孩相比，她们更能规范自己的行为，抑制不适当的反应，集中注意力（Else-Quest等，2006；Gagne，Miller和Goldsmith，2013）。此外，男孩更容易被诊断患有注意力障碍，如多动症（ADHD）（Hyde，2014）。

之前我们看到努力控制和多动症有生物学原因，进而可能导致与性别有关的差异。也就是说，一般情况下，女孩可能天生比男孩更擅长控制自己，但环境会放大这些差异。例如，如果父母发现他们两岁的儿子拒绝在安静的环境中安静地坐着（例如，哥哥姐姐的管弦音乐会），父母可能不再带小儿子出席这样的场合，剥夺他学习控制自己行为的机会。

抑郁

在青春期，女孩比男孩更有可能吐露负面事件，如与朋友打架，而且她们吐露这些事件时比男孩更沮丧（Flook，2011）。这些经历会导致一些青少年——尤其是女孩——抑郁。她们会慢慢陷入悲伤、易怒和自卑的情绪中（Mezulis等，2014）。

几个因素汇集在一起让十几岁的女孩更容易抑郁。第一，她们会更频繁地感受到压力，比如青春期变化后对自己的外貌不满或与亲密朋友发生冲突（Hankin，Mermelstein和Roesch，2007）。第二，女孩更倾向于用伤害性的言语来解释这些消极的生活事件，比男孩更强调社交情绪的后果。例如，如果一个十几岁的女孩要挂科了，她会比男孩更严重地解释这件事，她会想："我真笨，如果我的朋友知道我这么蠢就不会想和我在一起了。"第三，与男孩相比，女孩更倾向于反复思考她们的问题，并与朋友谈论这些问题（Cox，Mezulis和Hyde，2010；Rood等，2009）。第四，青春期的荷尔蒙变化可能会让十几岁的女孩变得特别容易受人际压力的影响（Martel，2013）。

坦言性别差异

学习目标6：性别差异对男孩和女孩的发展有什么影响？

我们在本模块中讨论的性别差异列在表13-1中。当思考这些差异时，你需要记住，本模块中描述的性别差异代表了男孩和女孩平均得分差异——这些差异相对较小。例如，图13-5显示了假设阅读测试的分数分布。正如我们所预料的那样，总体上女孩比男孩做得好。然而，女孩和男孩的分数分布有很大的重叠。右边阴影区域显示的是阅读成绩高于平均水平的男孩所占比例，左边阴影区域显示的是阅读成绩低于平均水平的女孩所占比例。图13-5表明，平均分数的差异并不意味着女孩读得好，男孩读得差。因此，一个想成为作家的男孩不应该因为男孩和女孩平均成绩的微小差异而气馁。当然，我们也可以在男孩和女孩的其他领域绘制类似的图，得出相同的结论。绝大多数的性别差异都很小——大多数只有0.20或更少的相关性——这意味着男孩和女孩的得分有相当大的重叠（Hyde，2014）。

表13-1　生理和行为发展的性别差异

一般	特定领域	本质区别
身体发育和行为	运动技能	男孩擅长需要力量的任务，但女孩在需要精细协调的任务上做得更好
	活跃	从婴儿期开始，男孩就比女孩更活跃
	健康	从怀孕到成年，女孩都更健康
智力能力和成就	语言能力	女生词汇量较大，她们的阅读能力也更好，患语言相关障碍的概率较低
	空间能力	男孩更擅长心理旋转任务以及在空间中确定物体之间的关系
	数学	男孩在标准化测试中得分更高，但主要是在女孩受教育和职业机会有限的国家
	记忆	女孩对物体位置的记忆更准确；而且她们对过去事件的描述也更加详尽
性格和社会行为	攻击性行为	男孩在身体上更具攻击性；女孩更依赖关系攻击
	情绪敏感度 社会影响	女孩能更好地识别和表达情绪。因为女孩比男孩更重视群体和谐，女孩更容易受他人影响
	努力控制	女孩能更好地控制自己的行为，抑制不恰当的反应，并集中她们的注意力。男孩更有可能被诊断为多动症
	抑郁	从青春期开始，女孩比男孩更容易抑郁

图13-5也有助于解释为什么性别差异往往看起来比实际上更显著。分布的尾部显示了少数极端情况。在图13-5中，少数的"超级读者"更有可能是女孩而不是男孩。如果图13-5显示的是心理旋转能力的分布，那么男孩和女孩的分布将会调换，少数的"超级心理旋转者"可能是男孩。这些极端的例子很突出，很容易被人记住，并误导我们——错误地认为所有的女孩都是出色的读者，所有的男孩都是出色的心理旋转者。

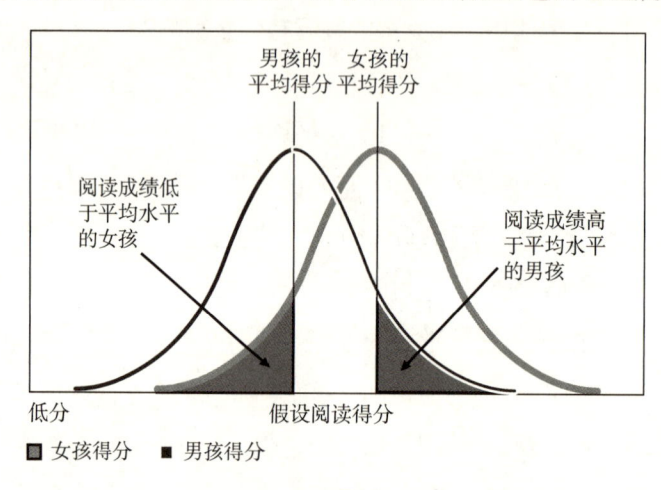

图13-5

考虑本模块没有考虑到的很多能力、行为和特征也很重要。男孩和女孩在认知、个性和社会行为的许多方面没有差异，当关注性别差异时，这一点很容易被忽略。事实上，男孩和女孩的相似之处远比差异之处多得多（Hyde，2014）。在智力、推理和对人的理解方面——这里只是举了几个例子——男孩和女孩的相似之处远远多于不同之处。如果发展是一段旅程，那么男孩和女孩在旅途中都有许多选择，很少（如果有的话）有"仅限女生"或"仅限男生"的路标。

在这一模块中，我们关注了男孩和女孩不同的行为和技能。接下来，我们将看到孩子是如何获得性别认同的，即一种"做男孩"或"做女孩"的感觉。

✓ 检测你的学习

回忆：麦考比和杰克林在他们1974年的书中描述的主要性别差异是什么？
总结男孩和女孩不同的性格和社会行为特征。

解释：先天和后天是如何在智力和成就上造成性别差异的？

应用：基于你对男孩和女孩在智力和社会行为方面差异的了解，模块13.2在2106年出版的第40版书中会有什么不同？

13.3 性别认同

> **学习目标**
> 学习目标7：父母、同伴和媒体如何影响孩子对性别角色的认识？
> 学习目标8：认知理论如何解释儿童对性别角色的认识？
> 学习目标9：生物学如何影响儿童对性别角色的认识？
>
> **大纲**
> 人和媒体的社会化影响
> 性别认同的认知理论
> 生物学影响

刚满4岁的塔琳知道自己是个女孩，但深信自己长大后会成为一个男人。塔琳几乎只和男孩一起玩，她最喜欢的玩具是卡车和小汽车。塔琳告诉父母，自己长大后会留胡子，当爸爸。塔琳的父亲相信，女儿的想法是一个学龄前儿童对性别理解有限的自然表现，但母亲很想知道，他们是否忽视了塔琳成长过程中的一些重要方面。

老话讲，"男孩生而为男，女孩生而为女"——但事实上，当开始有性别角色时，男孩是如何成为男孩的？女孩是如何成为女孩的？也就是说，儿童如何了解自身文化中的男性和女性角色？又是如何形成男性或女性的身份认同感的？我们将在本模块中回答这些问题，同时了解塔琳长大成为男人的愿望是否在她这个年龄的孩子中很有代表性。

人和媒体的社会化影响

学习目标7：父母、同龄人和媒体如何影响孩子对性别角色的认知？

民俗学观点认为，父母和其他成人，如教师和电视人物，直接影响了儿童与性别相关的角色行为。男孩因表现出男孩的行为而受到奖励，因表现出女孩的行为而受到惩罚。

民俗学甚至有其理论基础：根据社会认知理论家阿尔伯特·班杜拉（Albert Bandura）（1977，1986；Bandura 和 Bussey，2004）和沃尔特·米斯切尔（Walter Mischel）（1970）的观点，儿童学习性别角色的方式与他们学习其他社会行为的方式几乎相同——通过观察周围世界来了解行为的结果。因此，孩子仅仅通过观察成人和同龄人的行为，就可以了解他们的文化认为什么行为适合男性和女性。研究在多大程度上支持社会认知理论？让我们先看看针对父母的研究。

父母

一项涉及27836名儿童的172项统合分析研究（Lytton和Romney，1991）发现，父母对待儿女的方式通常是相似的：父母与儿女平等互动，对双方都同样热情，都鼓励儿女成功和独立。然而，在与性别角色相关的行为中，父母对儿子和女儿的反应是不同的（Lytton和Romney，1991）。与儿子相比，父母更多鼓励女儿玩洋娃娃、穿衣服或帮助大人等；更鼓励儿子打闹和玩积木。父母更能容忍儿子的轻度攻击性行为（Martin和Ross，2005），并且在孩子出生后（尤其是第一个孩子），父母对性别的态度会变得更加传统（Katz-Wise，Press和Hyde，2010）。

比起母亲，父亲更有可能区别对待儿子和女儿。与母亲相比，父亲更常鼓励性别有关的游戏。父亲也会督促儿子取得更多成就，但也会接受女儿的依赖（Snow，Jacklin和Maccoby，1983）。例如，一位父亲可能会催促他受惊的小儿子跳下跳板（"做个男子汉"），但不会对他的女儿那么强硬（"没关系，亲爱的"）。显然，母亲更可能根据自己对孩子个体需求的了解做出回应，而父亲的回应则基于性别的刻板印象。母亲可能知道儿子很聪明，但他对自己缺乏信心，母亲通常基于此做出反应；但父亲可能根据他认为男孩应有的样子做出反应。

当然，成人对男性和女性的相对权利和角色有不同的看法。有些人的观念比较传统，例如，认为有些工作应该优先雇用男性，儿子比女儿上大学更重要；另一些人则持比较中立的观点，例如，认为女性应与男性享有同样的商业和职业机会，女儿应与儿子享有同样的教育机会。通常父母会把这些态度传达给孩子，而他们也确实这样做了（Crouter等，2007）。一项涵盖了超过10000对父母和他们的孩子的48项研究的统合分析表明，当父母持有传统观点时，孩子更容易形成与性别相关的兴趣、态度和自我概念，而当父母持有非传统观点时，孩子在这些方面会更加中性化（Tenenbaum和Leaper，2002）。

教师

除了父母，教师可能是孩子生活中最有影响力的成人。许多教师通过在课堂上突出性别角色来帮助儿童区分性别。在小学，学生可能被告知男生和女生分开排好队，教师可能会表扬女生在视频录制中保持安静，而批评男生在视频录制时大笑（Thorne，1993）。此外，教师花在与男生互动上的时间比花在女生身上的时间多。教师会更频繁地对男孩进行点名，对他们的学业给予更多的表扬，并花更多的时间斥责他们的课堂捣乱行为（Good和Brophy，1996）。教师通过将性别作为区分儿童的基础，并给予男孩更多的关注，让男孩和女孩有所不同，让每个人都具备独特的社会角色观念（Ruble，Martin和Berenbaum，2006）。

同龄人

到3岁时，大多数儿童的游戏显示出性别刻板印象的影响——男孩更喜欢积木和卡车，而女孩更喜欢茶具和洋娃娃——孩子会批评那些参与不符合性别游戏的同龄人（Aspenlieder等，2009）。对于喜欢女性玩具或选择女性活动的男孩来说尤其如此。喜欢玩洋娃娃的男孩和喜欢玩卡车的女孩（如照片中的女孩）都会被他们的同龄人忽视、嘲笑或讽刺，但男孩会受到比女孩更严厉的对待（Levy，Taylor和Gelman，1995）。一旦孩子学会了有关性别游戏的规则，他们往往会严厉地惩罚那些违反这些规则的同龄人。

同龄人还以另一种方式影响性别角色。在学龄前，孩子开始喜欢和同性玩伴一起玩（Halim等，2013）。男孩一起玩汽车，女孩则一起玩洋娃娃。玩伴的性别隔离是自发产生的，孩子经常抗拒与其他性别的成员玩耍，即使在中性的活动中，如捉迷藏（Maccoby，1990，1998）。

这种偏好在童年时期逐渐增加，在青春期前达到顶峰。到10岁或11岁时，绝大多数的同伴活动都是和同性孩子在一起，而且大部分都涉及性别类型的游戏。男孩做运动、玩汽车或玩偶；女孩做艺术作品、玩宠物或洋娃娃（McHale et al.,2004）。然后，这种趋势会开始转变，但即使在成年时期，工作和休闲时间通常也会因性别隔离开（Hartup，1983）。

为什么男孩和女孩会被同性玩伴所吸引？第一，性别的自我选择。男孩和女孩都想和自己一样的人一起玩，在他们知道自己的性别之后，他们会以此为基础选择其他人（Martin等，2013）。第二，男孩和女孩的游戏风格不同。男孩喜欢打闹游戏，通常在互动中更有竞争性和支配性；相比之下，女孩的游戏更倾向于合作、亲社会和对话导向（Martin等，2011；Ross和Rudolph，2006）。通常情况下，男孩不喜欢女孩的游戏方式，而女孩也不喜欢男孩的游戏方式。

第三，当女孩和男孩一起玩耍时，女孩不容易影响男孩。女孩之间的互动通常是"赋能"——她们的行为和评论倾向于支持他人并维持这种互动。在一起画画的时候，一个女孩可能会对另一个女孩说"你画得好酷啊"或"你现在想做什么"。相比之下，男孩的互动通常为"压制"——一方试图通过威胁、反驳等方式获得胜利。在同样的绘画任务中，一个男孩可能会对另一个男孩说"我画得更好"或"画画太傻了，我们看电视吧"。把这些方式结合起来看，女孩会发现她们的激励方式对男孩不起作用。对其他女孩管用的微妙示好对男孩没有任何影响。男孩也会忽视女孩关于该做什么的礼貌建议，以及女孩试图通过讨论解决冲突的想法（Rose和Rudolph，2006）。

一些理论家认为，这些截然不同的风格可能受进化方面的影响（Geary等，

2003）。男孩对支配他人的担忧可能源于他们在男性群体中建立自己地位的担忧，因为地位较高的男性有更好的机会获得配偶，也有更好的机会获得后代所需的资源。女孩对归属的担忧可能是女性传统上离开自己的社区（和亲属）而住在丈夫社区这件事所产生的自然结果。身边没有亲戚会让女性更加重视亲密朋友的价值，进而使建立并维持友谊的亲密行为受到重视。

不管确切的原因是什么，早期按游戏风格划分玩伴意味着男孩主要向男孩学习，女孩主要向女孩学习。随着时间的推移，这种性别的社会隔离强化了游戏中的性别差异。例如，马丁（Martin）和法布斯（Fabes）（2001）对学龄前和幼儿园儿童的同性游戏进行了一项纵向研究。在学年开始时，男孩大部分时间都在和其他男孩一起玩耍，到了学年结束时，他们变得更加活跃，更具攻击性。相比之下，女孩在学年开始时大部分时间都在和其他女孩一起玩耍，到学年结束时，她们变得不那么活跃和具有攻击性了。那些花更多时间和其他性别的孩子玩耍的男孩和女孩没有表现出这些变化。因此，男孩和女孩会教彼此适合性别的游戏。他们这样做有助于巩固孩子在特定性别群体中的成员意识，并加强性别之间的对比。

Q&A 问题13.3

里克鼓励他4岁的儿子和住在隔壁的5岁女孩一起玩，但他的儿子不愿意，每次都拒绝。里克认为他的儿子不可理喻且固执。你同意吗？

电视

对性别角色学习产生影响的另一个来源是电视。几十年来，电视上的男性和女性形象一直以一种刻板印象的方式出现。女性往往扮演家庭角色，被描绘成情绪化、被动和软弱的人。男性更经常扮演管理角色，被描述为理性、积极和强壮的人（Leaper等，2002；Smith等，2012）。正如你可以想象的那样，看了很多电视的孩子最终会对男性和女性有更刻板的看法。换句话说，看电视会让孩子接受许多主要电视节目中扭曲的男性和女性形象（Oppliger，2007；Signorielli和Lears，1992）。

现在让我们回到最初的问题：研究在多大程度上支持社会学习理论对性别角色的解释？对父母、老师和同龄人的研究表明，孩子仅仅通过观察男性和女性就能学到很多关于性别角色的知识，但简单地观察现实生活中的模式或电视角色不能完全解释这一点。毕竟，传统意义上，男孩有更多的机会观察母亲的行为，而不是父亲的行为，但他们更有可能模仿父亲（如用锤子和锯），而不是模仿母亲（如做饭）。因此，学习性别角色的一个重要因素是认同一种性别，然后积极寻找该性别的典型行为。性别角色学习的这一方面是认知理论的重点，我们将在下一节中讨论。

性别认同的认知理论

学习目标8：认知理论如何解释儿童对性别角色的认识？

劳伦斯·科尔伯格（Lawrence Kohlberg）（1966；Kohlberg 和 Ullian，1974）提出了儿童对性别理解的最早描述，他也是将道德发展描述为一系列阶段的理论家。根据科尔伯格的描述，蹒跚学步的孩子知道自己不是男孩就是女孩，并据此给自己贴上标签。在学龄前阶段，儿童开始理解性别是稳定的。男孩变成男人，女孩变成女人。然而在这个年龄，他们相信一个头发像男孩的女孩会变成男孩，一个玩洋娃娃的男孩会变成女孩。直到五六岁左右，孩子才会明白男女性别不会因情况或个人意愿而改变。他们明白性别不因孩子穿的衣服或喜欢的玩具而发生改变。

在开篇小故事中，4岁的塔琳正处于第一阶段：她知道自己是一个女孩。然而，她还不明白性别是稳定和一致的。

一旦孩子知道性别是稳定的，他们就开始学习性别典型行为。"理论聚焦"专栏会解释这种学习是如何发生的。

理论聚焦

性别图式理论

背景 学龄前儿童能快速学习性别角色。当然，环境为男性和女性的典型角色提供了许多线索。但是，孩子如何利用这些线索来了解与他们性别相关的行为和特征呢？

理论 这一理论是由卡罗尔·马丁（Carol Martin）提出的（Martin 和 Ruble，2004；Martin等，1999），图13-6说明了儿童学习性别的过程。在性别图式理论中，儿童首先决定一个对象、活动或行为是男性还是女性，然后利用这些信息来决定他们是否应该更多地了解该对象、活动或行为。也就是说，一旦孩子知道了自己的性别，他们就会主要关注那些适合性别的经历和事件（Martin 和 Halverson，1987；Zosuls，Ruble，Tamis-Lemonda，2014）。根据性别图式理论，一个学龄前的男孩如果看到一群女孩在玩沙子，他会认为玩沙子是女孩的事，因为他是男孩，所以玩沙子不适合他。看到一群年龄大一点的男孩在踢足球，他会认为足球是男孩子的运动，因为他是男孩，足球是可以接受的，他应该多了解足球。

假设 根据性别图式理论，儿童首先建立性别认同，然后开始主动学习性别角色。因此，已经建立了性别认同的儿童应该对性别角色有更多的了解，而还没有建立性别认同的儿童应该对性别角色了解较少。

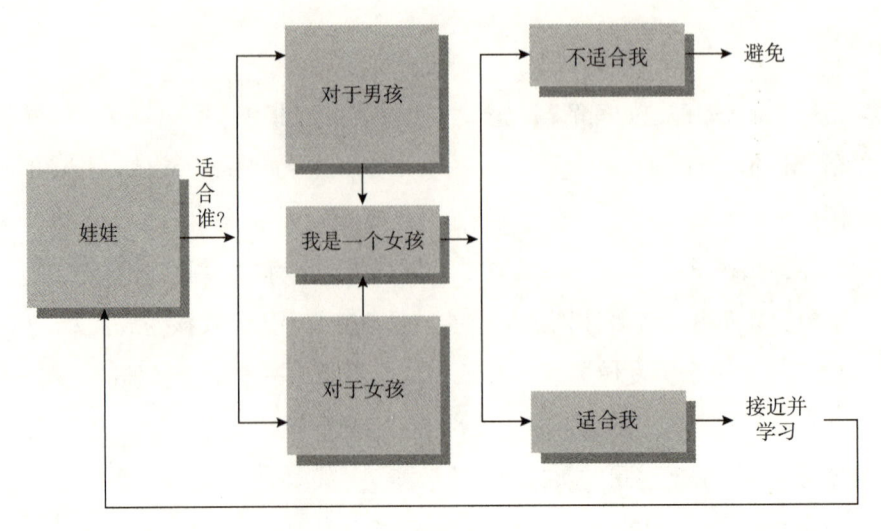

图13-6

测试　扎索尔（Zosuls等，2009）记录了10～21个月儿童的语言发展，寻找孩子自称男孩或女孩的场合。此外，在17个月大和21个月大时，研究人员观察到孩子在玩几种性别定性玩具（卡车、玩偶）和中性玩具（电话、模型）。研究人员发现，以性别来称呼自己的孩子更经常玩性别定性玩具。换句话说，自称为女孩的贝丝玩的是洋娃娃，而不是卡车。相比之下，从不称自己为男孩的詹姆斯，洋娃娃和卡车都会玩。

结论　正如预测的那样，孩子对自己是男孩（或女孩）的理解是学习性别角色的催化剂。正如马丁和卢布所言，"儿童是寻找性别线索的侦探——谁应该或不应该参与某一特定活动，谁可以和谁一起玩，为什么女孩和男孩不同"。（2004，第67页）

应用　在孩子理解了性别之后，他们就好像通过一副特殊的眼镜来看待这个世界，而这种眼镜只允许他们关注典型的性别活动（Liben和Bigler，2002）。对于不想让自己的孩子受到传统性别观念和角色限制的父母来说，鼓励孩子摘掉性别色彩的眼镜，戴上中性色彩的眼镜可能更好。可一旦孩子获得了性别认同，这可能说起来容易做起来难。这时候更建议孩子接触多个反性别行为的典型例子：展示驾驶飞机、施工以及管理公司的女性，以及展示从事护士、幼儿园教师或牙科保健的男性。儿童会对男性和女性的定义有更广泛的认知。

性别图式理论表明，在儿童理解性别之后，"男性"和"女性"在儿童的世界中变得更加突出。与这个理论相一致的是，我清楚地记得带着我4岁的女儿劳拉去看我儿子本踢足球。我不确定她是否会感到无聊和不安，是不是等到后面我们不得不离开。但我想多了。劳拉当时发现了啦啦队（也是女孩），坚持让我们坐在她们的正前方。整个比赛（以及整个赛季）中，劳拉的眼睛都被啦啦队队员的一举一动所吸引，我们回到家后，她会模仿她们的动作。根据性别图式理论，4岁的劳拉知道啦啦队是女孩的运动，因为她是女孩，她需要学习有关啦啦队的一切。

这个说法也有助于解释为什么许多3~5岁的女孩，喜欢穿非常女性化的衣服，如粉红色褶边裙。但小学时，她们的打扮就像假小子，穿裤子、运动服，避免女性特定的玩具和活动（Bailey、Bechtold和Berenbaum，2002；Halim等，2014）。小女孩对褶边服装的喜爱可能反映出她在追求与自己新获得的性别身份相匹配的显著符号。然而，上学之后，孩子就会知道性别角色是灵活的（例如，穿裤子不会让一个女孩变成男孩，涂指甲油也不会让一个男孩变成女孩），男性角色通常有更高的地位。因此，小学女生意识到，作为一个假小子，她们可以在不损害女孩身份的情况下获得一些与男孩有关的地位（Halim，Ruble和Amodio，2011）。

生物学影响

学习目标9：生物学如何影响儿童对性别角色的认知？

大多数儿童发展研究人员认为，生物学对性别角色和性别认同都有影响。例如，进化发展心理学提醒我们，在人类历史的大部分时间里，男性和女性扮演着截然不同的角色：女性更注重养育孩子，而男性更注重为他们的后代提供重要资源（如食物、保护）（Geary，2002）。为了适应这些角色，男人和女人进化出了不同的性格与行为。例如，男性变得更有攻击性，这种适应可以帮助他们狩猎和抵御捕食者。

如果性别角色在某种程度上是基于我们的进化遗传，那么行为遗传学研究应该表明遗传对性别角色学习的影响。事实上，双胞胎研究显示了遗传在性别角色学习中的贡献（Iervolino等，2005）。对于同卵双胞胎来说，如果其中一个特别喜欢具有性别特征的玩具和活动，另一个通常也喜欢。异卵双胞胎在具有性别特征的玩具和活动上也表现出相似的偏好，但程度不同于同卵双胞胎。

对双胞胎的研究指出了性别角色学习的生物学基础，但没有告诉我们是什么因素在起作用。一些科学家认为性激素是关键因素，与这一观点相一致的是，对于男孩和女孩来说，在产前发育过程中接触到睾丸激素会导致他们在小学期间对男性活动产生更大的兴趣（Constantinescu和Hines，2012）。这种联系在儿童先天性肾上腺皮质增生症（Congenital Adrenal Hyperplasia，CAH）的研究中尤为明显，CAH是一种遗传性疾病，在产前发育过程中，肾上腺会分泌大量的雄激素。在童年和青春期，尽管父母非常鼓励女孩玩女性玩具，但患有CAH的女孩更喜欢男性玩具（如汽车，而不是洋娃娃）和男性玩伴（Miller和Halpern，2014；Pasterski等，2005）。显然，雄激素会影响大脑中对男性和女性性别角色行为至关重要区域的产前发育。

也许最准确的结论是，生物学、人和媒体的社交影响，以及孩子自己理解性别典型行为的努力，都有助于性别角色和性别差异的学习。认识到这些影响对性别学习的交互性质，也让我们能够更好地了解今天性别角色是如何发生变化的，这也是最后一节的重点。

✓ 检测你的学习

回忆： 概述有助于儿童性别认同发展的社会力量。
概述性别认同的认知理论。
解释： 儿童性别认同的获得与模块11.1中描述的自我概念的获得有何异同？
应用： 普遍的观点是，孩子通过成人（和整个社会）学习性别角色。但是孩子是性别角色学习的积极参与者。描述儿童如何影响他们对性别角色的学习。

13.4 性别角色的转变

学习目标

学习目标10：什么是双性化？它与传统的男性和女性观念有什么关系？
学习目标11：父母能抚养出性别中立的孩子吗？

大纲

新兴的性别角色
超越传统的性别角色

梅达和佩里希望他们6岁的女儿霍普能根据自己的兴趣和能力来选择活动、朋友以及最终的职业，而不是根据她的性别。他们竭尽所能鼓励性别中立的价值观和行为。因此，当发现霍普似乎与其他传统父母养大的6岁孩子完全没有区别时，他们很惊讶。霍普的好朋友都是女孩。当霍普和她的朋友们在一起时，她们会过家家或玩洋娃娃。梅达和佩里打造性别中立女孩的计划到底出了什么问题？

性别角色不是一成不变的，它们随着时代的变化而变化。在美国，女孩和男孩、女人和男人可以接受的角色范围从来没有像今天这样大。例如，现在家庭中的角色变化，父亲待在家里照顾孩子，母亲外出工作，成为家庭支柱。这些变化对儿童有什么影响？在本模块中，我们将通过观察新的性别角色，以及像梅达和佩里这样的父母为养育中性孩子所做的努力来回答这个问题。

新兴的性别角色

学习目标10：什么是双性化？它与传统的男性和女性观念有什么关系？

传统上，男性化和女性化被看作一个连续统一体的两个极端：拥有许多与男性相关特征的少年被认为非常男性化，拥有许多与女性相关特征的少年被认为非常女性化。对性别角色的新看法是基于模块13.1中描述的工具性和表现性的独立维度。在这一观点中，传统男性的工具性高，表现性低，而传统女性的工具性低，表现性高。换句话说，这种观点承认其他的特征组合是可能存在的。"双性化"（Androgynous）的人在工具性和表现性两个维度都很优秀。也就是说，双性化的个体可以独立且感性，自信且体贴，志向远大而又富有创造力。

许多理论家（如Bem，1996）认为，对工具性行为和表现性行为均做出反应的能力，比主要对其中一种行为做出反应的能力在心理上更健康。事实上，双性化的孩子往往比那些性别角色高度定型的孩子适应能力更强（DiDonato 和 Berenbaum，2011；Norlander，Erixon和Archer，2000）。然而，双性化对女孩的好处要大于男孩。双性化的女孩比表现力强的女孩更有自尊，更有可能公开表达自己的想法和感受（Harter，Waters和Whitesell，1998）。例如，双性化的女孩独立、雄心勃勃、体贴、有创造力，比那些只体现出传统上与女性有关的表现特征的女孩更有可能对自己有积极的评价。

显然，表现性和工具性的平衡可能特别适合生活中的许多任务。独立和自信在家庭和工作都有好处，但善良和体贴也是如此。然而，正如我们将在下一节中看到的，教孩子接受非传统的性别观点并不是一件简单的事情。

超越传统的性别角色

学习目标11：父母能抚养出性别中立的孩子吗？

许多研究人员（如 Hyde，2014）认为，性别在儿童身上被过度强调了。他们认为，成人经常在不必要的情况下把孩子按性别分组。举个例子，一位牧师奖励参加礼拜的孩子，给男孩蓝色铅笔，给女孩粉色铅笔。儿童的性别与奖励的原因无关，但区分男孩和女孩让性别显得很重要，并增加了儿童的性别刻板印象（Bigler，1995）。

许多发展学家认为，性别应该严格地与生殖功能联系在一起，而不是像现在这样与性格、行为和能力联系在一起。这是可能的吗？儿童能少一些刻板的性别观念吗？是的。学龄儿童可以学到，一个人是否适合一份工作取决于他的技能和兴趣，而不是他的性别（Bigler和Liben，1990）。此外，可以教孩子如何识别性别偏见，如何回应性别歧视言论（Brinkman等，2011；Lamb等，2009；Pahlke，Bigler和Martin，2014）。

根据"家庭生活方式项目"的研究结果，在自然环境中实现长期改变可能更为复杂（Weisner和Wilson-Mitchell，1990；Garnier和Louky，1994）。这项研究调查了父母是20世纪60年代和70年代反主流文化成员的家庭，这些家庭致力于在没有传统性别刻板印象的情况下抚养他们的孩子。在这些家庭中，男人和女人共同承担家务、家庭开支和育儿任务。

"家庭生活方式项目"表明，像本模块开篇的梅达和佩里这样的父母更容易影响性别刻板印象的某些方面。"家庭生活方式项目"研究的儿童对职业的刻板印象较少，他们同意女孩可以成为美国总统和卡车司机，男孩可以成为护士和秘书。他们对使用物品的刻板印象也更弱，无论是男孩还是女孩，都可以使用铁器、铲子、锤子、钉子和针线。这些家庭中的孩子往往有同性朋友，他们喜欢性别定型的活动。男孩喜欢体育游戏，女孩喜欢画画和阅读。

性别角色和身份的某些特征比其他特征更容易受到经验影响，这一点并不令人惊讶。25万年前，人类一直以家庭的小团体的形式生活，狩猎动物，采集植物。由于女性生育和照顾孩子，因此她们很适合照顾和生育。正如我们在模块10.3中看到的，养育型的照顾者会增加形成安全依恋的概率，并最终提高婴儿的存活率。男性的职责包括狩猎和保护家庭成员不受捕食者的伤害，体力和攻击性对这些角色至关重要。

21世纪的生活环境有很大的不同：男性和女性通常在外工作，共同照顾孩子（Eagly和Wood，2013）。然而，过去几十年的文化变迁并不能抹去数十万年的进化史。男孩和女孩玩游戏的方式不同，女孩在与他人的互动中往往更乐于助人，而男孩通常更有攻击性，我们不应该对这些感到惊讶。

"改善儿童的生活"专栏提出了帮助儿童超越传统性别角色的方法，并从这两种角色中吸取其精华。

Q&A 问题13.4

鲍尔女士让二年级的学生在去自助餐厅吃午饭之前排成两排——一排是男生，一排是女生。你怎么看待这种做法？

改善儿童的生活

鼓励有价值的特质，而非性别特质

父母和其他成人可以鼓励孩子从两种传统的性别角色中吸取精华。独立、自信、有爱心和善解人意是对所有人都有价值的特质，不只针对男孩或女孩。以下是一些有助于获得这些特质的指导建议。

- 因为孩子是从他们周围的人那里学习性别角色的，因此父母应该保证他们自己不受性别限制。父亲和母亲都可以修剪草坪、修理房屋、外出工作，也都可以做饭、洗衣服和照顾孩子。这确实很重要：我们家大部分时间都是我洗衣服，当我告诉我5岁的女儿大多数的家庭都是由母亲洗衣服时，她惊呆了。

- 父母不应该根据孩子的性别来决定孩子的玩具、活动和家务，而应该根据孩子的年龄、能力和兴趣来决定某个玩具、活动或家务是否适合孩子，而不是因为孩子是男孩还是女孩。

- 媒体和教师等家庭之外的力量，往往与那些希望孩子超越传统性别角色的父母的意愿相违背。

保护儿童不受这些影响既不可行也不明智，但父母可以鼓励儿童对他人基于性别的决定进行批判性思考。当乐队老师坚持男生吹小号和长号而女生吹单簧管和笛子时，父母可以问问孩子这样做是否有意义。当电视节目中出现一个男性帮助一个处于困境的典型女性时，父母可以问问孩子，为什么那个女性无法自己走出困境。

通过遵循这些指导建议，成人可以帮助孩子发展他们所有的才能，而不仅仅是那些符合男性和女性传统观点的才能。

✓ 检测你的学习

回忆：双性化的特征是什么？
性别刻板印象的哪些因素似乎比较容易改变？哪些因素似乎更不容易改变？

解释：为什么女孩可能比男孩从双性化的性别角色中受益更多？

应用：如果一位母亲希望她的女儿在态度、信仰和志向上没有性别倾向，你会给她什么建议？

> **统一主题：连续性**

性别研究表明，不同领域的发展是相互联系的。想想孩子们是如何学习性别角色的。根据传统观点，儿童通过父母和儿童文化领域其他知识渊博的人或权威人士的社交互动来获得男性或女性的特征和行为。这个过程很重要，但我们已经看到，学习性别角色不仅仅是一种社会现象。

认知过程是必不可少的。孩子只有知道性别是稳定的之后，他们才真正开始了解性别角色。当他们开始了解的时候，性别图式理论显示了儿童如何使用这些信息来决定哪些经历与他们相关。生物学显然也有一定作用，尽管我们仍然不知道其中的原理。生物学、认知和社会力量都塑造了男孩或女孩所扮演的独特性别角色。

自行探索

为了让大一点的孩子了解更多的性别刻板印象，以及明白不一定非要按刻板印象行事，你需要编一些简单的故事来说明刻板印象的特点。建议你使用"独立""自信""有鉴赏力""温柔"等词语。每个故事应该包括两到三句描述孩子的话，确保你的故事中没有其他线索暗示讲的是男孩还是女孩。例如，以下这个故事讲的是独立。

我认识一个孩子，这个孩子不需要大人的帮助就能做事。这个孩子喜欢在没有帮助的情况下做作业，喜欢独自旅行去看望住在另一个城市的亲戚。

把你的故事读给一些11~12岁的孩子听。在你读完每个故事后，问："这个孩子是男孩还是女孩，还是都有可能？"记录下孩子的回答，然后问："大多数人会认为这个孩子是男孩，还是大多数人会认为这个孩子是女孩？"

第一个问题衡量的是孩子对性别刻板印象的理解是否灵活。你会发现，孩子有一半的答案是"都有可能"，这表明他们相信性别刻板印象存在一定的灵活性。第二个问题衡量的是孩子对性别刻板印象的意识。你会发现，大多数孩子总是千篇一律地回答：人们认为独立、自信的孩子是男孩，有鉴赏力、温柔的孩子是女孩。自行探索吧！

总结

13.1 性别刻板印象

我们如何看待男性和女性

工具性特征描述的是作用于世界的个体，通常与男性联系在一起。表现性特征描述的是重视人际关系的个体，通常与女性联系在一起。

了解性别刻板印象

到4岁时，儿童已经对性别刻板活动

有了丰富的认识。在小学阶段，他们开始了解性别刻板印象的特征和行为。年龄稍大的孩子也明白，与男性相关的特征和职业具有更高的社会地位，刻板印象不一定具有约束力。

13.2 与性别相关的差异

在1974年出版的《性别差异心理学》中，埃莉诺·麦考比（Eleanor Maccoby）和卡罗尔·杰克林（Carol Jacklin）得出结论，男性和女性只在四个方面有所不同：语言能力、空间能力、数学和攻击性行为。后来的研究人员将他们的工作作为分析性别差异的起点。

身体发育和行为方面的差异

男孩往往比女孩更高大、更强壮、更活跃，而女孩往往有更好的精细运动协调能力，也更健康。

智力能力和成就方面的差异

女孩的语言能力更强，而男孩的空间能力更强。男孩曾经在数学方面上有优势，但现在这个差距已经可以忽略不计，因为女孩有更多机会接触到与数学相关的职业女性。女孩比男孩更能准确地记住物体和它们的位置。智力能力的差异既反映了遗传因素，也反映了环境因素。

性格和社会行为方面的差异

男孩比女孩更具攻击性，生物学可能是造成这种差异的主要原因。女孩通常通过破坏其他孩子与同龄人的关系来表达她们的攻击性。女孩对他人的感受更敏感，更容易受到他人的影响。这两种差异可能是经历造成的。女孩更擅长自我控制，但青春期的女孩比青春期的男孩更容易抑郁。

坦言性别差异

大多数性别差异相当小，这意味着男孩和女孩的能力有相当大的重叠。

此外，尽管强调性别差异，但男孩和女孩在认知、个性和社会行为的许多方面都非常相似。

13.3 性别认同

人和媒体的社会化影响

除了性别有关的行为，父母对待儿子和女儿的方式十分相似。父亲在性别教育中可能特别重要，因为他们更有可能以不同的方式对待儿子和女儿。教师通过突出性别问题来促进性别角色学习。

到了学龄前阶段，孩子会嘲笑那些参与跨性别游戏的孩子，以此来阻止他们玩这种游戏。同龄人也会影响性别角色，因为孩子几乎只和同性同龄人一起玩。

电视以一种刻板的方式描绘男性和女性，看电视很多的孩子也可能对男性和女性有刻板的看法。

性别认同的认知理论

孩子逐渐认识到性别是不变的，不能根据个人意愿改变。在孩子明白性别的稳定性之后，他们开始学习性别典型的行为。根据性别图式理论，儿童通过关注同性成员的行为而忽略异性成员的行为来了解性别。

生物学影响

生物学会影响性别角色的某些方面，这一观点得到了对女性在产前发育期间接触睾丸激素研究的支持。

13.4 性别角色的转变

新兴的性别角色

双性化既具有工具性又具有表现性。双性化的女孩比传统女孩有更高的自尊，更有可能公开表达自我；双性化的男孩与传统男孩的自尊水平差不多。

超越传统的性别角色

训练研究表明，孩子可以学到刻板化程度较低的性别观点，但对试图培养中性孩子父母的研究表明，许多刻板行为是难以改变的。

考考自己

1. 工具性特征 ____。
   a. 与女性有关
   b. 描述作用于世界的人
   c. 描述重视人际关系的人

2. 在____期间，孩子对性别刻板印象的认识会扩展到性格特征。
   a. 学步
   b. 小学
   c. 高中

3. 到了中学阶段，孩子知道了更多的性别刻板印象，但他们也认为刻板印象____。
   a. 更灵活，无约束
   b. 死板，就像与孩子生理性别相关的物理特征一样
   c. 女孩比男孩更死板

4. 与女孩相比，男孩____。
   a. 更强壮、更积极
   b. 有更好的精细运动协调能力
   c. 更健康

5. 在智力能力方面，____。
   a. 男孩在所有空间任务上都胜过女孩
   b. 女孩的阅读能力比男孩强，但女孩也有更多与语言相关的问题
   c. 女孩比男孩能更准确地记住物体和它们的位置

6. 在数学方面，____。
   a. 在男女受教育机会相当的文化中，女孩的数学成绩和男孩一样好
   b. 男孩对数学概念有更好的理解，但是在高中阶段，女孩能在测试中取得更高的分数
   c. 过去女孩比男孩更擅长算术，但是这种差距在过去25年里消失了

7. 下列哪项对攻击性性别差异的描述是正确的？____。
   a. 父母更有可能惩罚儿子而不是女儿，因为他们更有攻击性
   b. 男孩只依赖身体攻击，而不是关系攻击

c. 雄激素可能通过提高男孩的竞争性和愤怒值来促进他们的攻击性行为

8. 在个性和社会行为方面，女孩____。
   a. 在情感上更敏感
   b. 更不能控制自己的行为
   c. 更不容易抑郁

9. 男孩和女孩在几个领域的平均分数不同，____。
   a. 但是男孩和女孩的分数分布有相当大的重叠
   b. 而且大多数的差异是相当大的
   c. 但是男孩和女孩同样有可能得到很高或很低的分数

10. 关于父母对孩子性别学习影响的研究表明，____。
    a. 父亲比母亲更有可能对儿女一视同仁
    b. 对性别看法比较传统的父母，往往他们的孩子也会产生与性别有关的兴趣、态度和自我概念
    c. 父母与女儿的互动多于与儿子的互动，但更强烈地鼓励儿子实现目标

11. 孩子的游戏通常因性别分隔，因为____。
    a. 孩子喜欢和自己一样的孩子一起玩
    b. 男孩更喜欢对话导向的游戏
    c. 男孩和女孩一起玩耍时，男孩不能轻易影响女孩

12. 根据性别认同认知理论，____。

    a. 学步期的孩子明白性别是稳定的，男孩变成男人，女孩变成女人
    b. 玩与性别有关的玩具对孩子学习性别认同至关重要
    c. 女孩通常只有在意识到性别角色的灵活性之后才会变成假小子

13. 下列哪项准确描述了生理因素对性别角色的影响？____。
    a. 在产前发育期间接触大量睾丸激素的女孩更喜欢女性活动
    b. 根据进化发展心理学，男性和女性进化出了不同的特征和行为
    c. 对双胞胎的研究表明，异卵双胞胎和同卵双胞胎对典型性别玩具和活动的偏好是相似的

14. 哪类孩子有最低的自尊？____。
    a. 双性化的女孩
    b. 典型男孩
    c. 典型女孩

15. 旨在影响儿童对性别刻板印象思考的干预措施表明____。
    a. 不能教学龄儿童认识到性别歧视和偏见
    b. 改变孩子对职业的刻板看法非常容易
    c. 经过培训，大多数孩子的同性朋友和异性朋友一样多

关键术语

雄激素	表现性	工具性
双性化	性别认同	心理旋转
先天性肾上腺皮质增生症	性别角色	社会角色
压制	性别图式理论	
赋能	性别刻板印象	

第14章 家庭关系

对大多数美国人来说，家庭这个词就像棒球、苹果派和雪佛兰汽车一样神圣。但是，当想到家庭的时候，你会想到什么呢？电视给了我们一个答案：从《天才小麻烦》(Leave It to Beaver)、《亲情纽带》(Family Ties)到《左右不逢源》(The Middle)，美国家庭大概就是一个母亲、一个父亲和他们的孩子。当然，事实上，美国家庭就像家庭中的人一样多样化。有些家庭由单亲和独生子组成，有些则包括双亲、几个小孩和祖父母或其他亲属。

然而，所有这些家庭结构都有一个共同的目标：养育孩子，帮助他们成为自己文化中成熟的成人。为了了解家庭是如何实现这些目标的，我们将在模块14.1中，从父母和孩子之间的关系开始研究。接着在模块14.2，我们将看到21世纪家庭的变化。然后，在模块14.3中，我们会了解兄弟姐妹之间的关系。最后，在模块14.4中，我们将探讨导致父母虐待孩子的因素。

模块

- **14.1** 抚养
- **14.2** 变化中的家庭
- **14.3** 兄弟姐妹
- **14.4** 虐待：扭曲的亲子关系

14.1 抚养

> **学习目标**
> 学习目标1：什么是家庭的系统观？
> 学习目标2：有哪些不同的抚养方式？
> 学习目标3：哪些抚养行为会影响孩子的发展？
> 学习目标4：父母的婚姻关系是如何影响孩子的？
> 学习目标5：孩子如何影响父母的抚养方式？
>
> **大纲**
> 家庭系统
> 抚养方式
> 抚养行为
> 婚姻系统的影响
> 儿童的作用

坦妮娅和希拉都是六年级的学生，她们想和学校的两个男生一起去听麦莉·赛勒斯的演唱会。当坦妮娅问妈妈自己能不能去时，她妈妈说："不行！"坦妮娅反问："为什么不能？"她妈妈回答道："因为我不同意。这就是理由。别烦我。"希拉也遭到拒绝。当她问为什么时，她妈妈说："我只是觉得你还太小，约会还早了点。我不介意你去听音乐会。如果你就和坦妮娅一起去，我不反对。你觉得怎么样？"

这个小故事证实了我们从生活中获得的知识：父母在养育孩子的许多方面都有差异。在本模块中，你将学习父母抚养孩子的不同方式。首先我们要了解父母在家庭系统中的重要性。

家庭系统

学习目标1：什么是家庭的系统观？

家庭在动物世界里是很罕见的。只有人类和少数其他物种形成了类似家庭的单元。为什么？与其他物种的幼体相比，儿童发展缓慢。由于儿童多年来无法照顾自己，家庭结构演变为一种保护和培养儿童的方式，使他们成长为自己文化的正式成员（Bjorklund，Yanger和Pellegrini，2002）。当然，现代家庭还有许多其他功能，它也是经济单位，能提供情感支持，但抚养孩子仍然是其最突出，可能也是最重要的家庭功能。

当我们思考原始的和现代的家庭时，我们一般认为父母的行为才是真正重要的。也就是说，父母通过他们的行为直接或间接地决定了孩子的发展。这种认为父母"无所不能"的观点是早期心理学理论的部分内容（如Watson，1925），甚至在今天第一次为人父母的家长仍然持此观点。但大多数理论家现在从情境的角度来看待家庭（见模块1.2），即家庭是一个包含了相互作用的元素的系统，父母和孩子相互影响（Cox和Paley，2003；Schermerhorn和Cummings，2008），而家庭属于更大系统的一部分，这个系统包括大家庭、朋友、老师以及影响发展的机构（如学校）。

布朗芬布伦纳（Bronfenbrenner）提出的理论证明了这种儿童和家庭的系统观（Bronfenbrenner，1995；Bronfenbrenner和Morris，2006）。他认为，发展中的儿童被嵌入一系列复杂的互动系统中。如图14-1所示，环境被分为五个部分：微观系统、中观系统、外在系统、宏观系统和时序系统。在生命中的任何时刻，微观系统都是由个人周围环境中的人和物组成的。这些人是与孩子最亲近的人，如父母和兄弟姐妹。有些孩子有不止一个微观系统。例如，一个年幼的孩子可能拥有家庭的微观系统和日托中心的微观系统。你可以想象，微观系统对发展有着巨大影响。

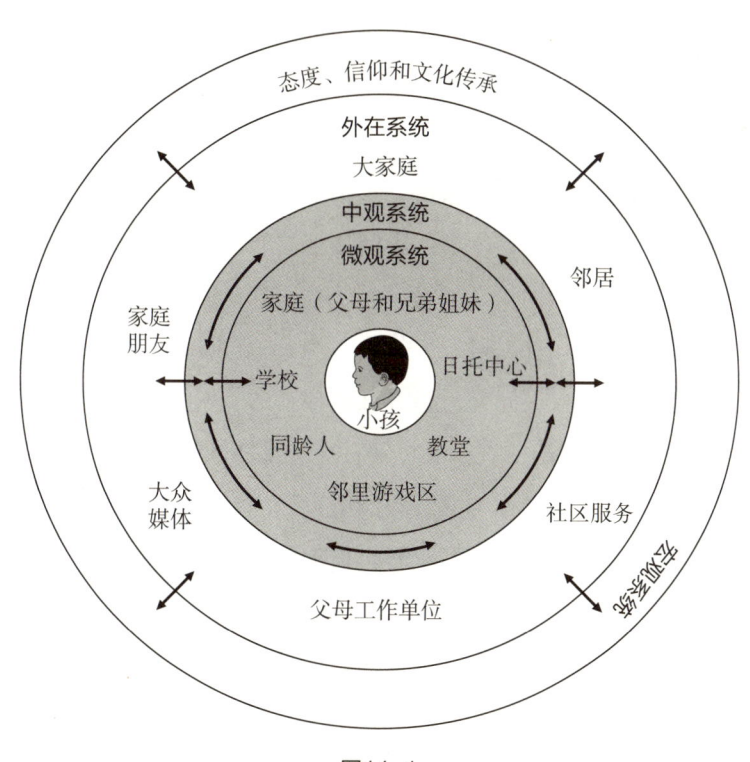

图14-1

微观系统相互连接，形成中观系统。中观系统的存在意味着，在一个微观系统中发生的事情可能会影响到在其他微观系统中的状况。也许你已经发现，如果你在工作或学习中过了压力很大的一天，你在家里就会脾气暴躁。这表明你的中观系统有效运转；你的家庭和工作的微观系统在情感上与你相连。

外在系统指的是个人可能没有亲身经历但仍然会影响其发展的社会环境。例如，母亲的工作环境是孩子的外在系统的一部分，因为当她的工作进展顺利时，她可能会更多地关注她的孩子，而当她工作压力很大时，她的注意力就会减少。尽管外在系统的影响是间接的，但它对发展中的孩子的影响可能相当大。想象一下，一位母亲看起来工作不开心，你觉得她回家后会好好照顾孩子吗？可能不会，这意味着工作环境影响了她孩子的成长。

最大的环境情境是宏观系统，它是嵌入微观系统、中观系统和外在系统的亚文化和主文化。一位母亲、她的工作单位、她的孩子和孩子的学校都是一个更大文化情境的一部分，就像生活在南加州的亚裔美国人或生活在东海岸大城市的欧洲裔美国人一样。这些文化团体的成员拥有共同的身份、共同的遗产和共同的价值观。

最后，这些系统都会随着时间而改变，这一维度被称为时序系统。这个维度提醒我们，微观系统、中观系统、外在系统和宏观系统不是静态的，而是不断变化的。例如，当姐姐离开家去上大学时，孩子的微观系统会发生变化。当母亲离开一份简单但收入较低的工作去从事更具挑战性但收入较高的工作时，孩子的外在系统会发生变化。当然，儿童自己也在随着时间的推移而改变，这通常会影响他们受到系统中其他元素影响的方式。例如，一个家庭搬到一个遥远的城市，对学龄儿童的影响可能大于对学步儿童的影响，因为年龄较大的孩子必须更换学校，告别自己的朋友（Adams, 2004）。

如果我们将父母视为图14-1所示的互动系统的一部分时，他们仍然会影响自己的孩子，这种影响可以是直接的，如鼓励他们努力学习，也可以是间接的，如对他人慷慨和友善。然而，这种影响不再仅仅是父母单方面对孩子的影响。它是相互的。孩子也会影响他们的父母。基于他们的行为、态度和兴趣，孩子会影响父母对他们的行为。例如，当孩子抗拒管教时，父母可能就不太愿意跟他们讲道理，而更倾向于使用武力。

当把家人视为相互作用的元素的系统时，更加微妙的影响也会变得明显。例如，父亲的行为会影响母子关系。一个苛刻的丈夫可能会让他的妻子没有多少时间、精力或兴趣来帮助女儿做家庭作业。或者当兄弟姐妹不断争吵时，父母可能忙于避免问题，缺乏对孩子发展的鼓励。

这些例子表明，狭隘地关注父母对孩子的影响会忽略家庭生活的复杂性。因为系统观点还包含更多信息。家庭本身嵌入了其他社会系统，如社区和宗教机构（Parke 和

Buriel，1998）。这些系统可以影响家庭的动态。有时，如果邻居是值得信赖的朋友，也可以简化养育孩子的过程，因为他们可以帮忙照顾孩子。然而，其他时候，这些因素会让养育孩子变得复杂，如住在附近的祖父母会在家庭内部制造摩擦。有时，更大系统的影响是间接的，比如工作安排导致家长离开家，或者学校必须取消有益于儿童的课程。

在本模块余下部分，我们将探究父母对孩子的影响，也讨论孩子是如何影响父母的行为的。

抚养方式

学习目标2：有哪些不同的抚养方式？

父母抚养可以用与人格特征相似的一般维度来描述，因为其代表了父母行为中稳定的方面——这些方面在所有情境中保持一致，创造了父母与孩子互动的特有的方式或风格（Holden和Miller，1999）。从这个角度看，父母行为的两个一般维度就出现了。一是父母对孩子的温情和对孩子需求的响应。在这一连续体的一端，父母公开地表达他们对孩子的温情和深情。他们参与孩子的活动，响应他们的情感需求，花很多时间与他们在一起。而位于连续体另一端的父母则不关心孩子，有时甚至对孩子怀有敌意。这些父母似乎往往更关注自己的需求和兴趣，而不是孩子的需求和兴趣。

温情的父母喜欢听孩子讲他们一天的事；冷漠或怀有敌意的父母对此不感兴趣，认为这是在浪费时间。温情的父母看到孩子难过时会尽力安慰他们；冷漠或怀有敌意的父母很少关注孩子的情绪状态，也很少在孩子难过时努力安慰他们。正如你所想，儿童可以从温情和响应式的抚养中受益（Pettit，Bates和Dodge，1997；Zhou等，2002）。

父母行为的第二个一般维度涉及支配，它有两种形式（Grusec，2011）。心理支配指的是父母操纵孩子的情绪状态，如收回自己的爱或让孩子感到内疚。行为支配指父母为孩子设定规则，并对孩子能做什么和不能做什么加以限制。有些父母很专断：他们试图规范孩子生活的方方面面，就像木偶师控制木偶一样。另一个极端是那些对孩子施加很少或根本没有控制的父母：他们的孩子为所欲为，从不询问父母，也不担心父母的反应。

对孩子来说，最好的抚养方式是最低限度的心理支配与适度的行为支配相结合。父母为孩子的行为设定合理的标准，期望他们的孩子达到这些标准，并监督孩子的行为（这意味着他们通常知道自己的孩子在哪里，在做什么，和谁在一起）。当父母对他们的孩子有合理的期望并密切关注他们的活动时——如一位母亲知道她12岁的孩子放学后会留在合唱团练习，然后去图书馆——他们的孩子往往会适应得更好（Kilgore，Snyder和Lentz，2000）。

把"温情"和"支配"这两个维度结合在一起，我们可以得出四种典型的父母抚养方式，如图14-2所示（Baumrind，1975，1991）。

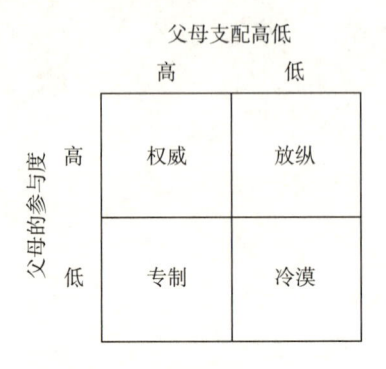

	父母支配高低	
	高	低
父母的参与度 高	权威	放纵
父母的参与度 低	专制	冷漠

图14-2

- 专制型抚养：高支配、低温情。这些父母制定规则，并希望孩子直接照办。努力工作、尊重和服从是专制型父母希望培养的孩子的品质。父母和孩子之间很少有交流，因为专制型父母不考虑孩子的需要或愿望。这种风格在开篇的小故事中得到了体现，坦妮娅的母亲觉得没有义务解释她的决定。
- 权威型抚养：高温情和高响应、适度支配。权威型的父母会跟孩子解释规则，鼓励讨论。这种方式在开篇的小故事中以希拉的母亲为代表。她解释了她为什么不想让希拉去听音乐会，并鼓励她的女儿和她讨论这个问题。
- 放纵型抚养：高温情、低支配。这些父母通常接受孩子的行为，很少惩罚他们。宽容的父母会欣然同意坦妮娅或希拉去听音乐会的要求，只要这是孩子想做的事。
- 冷漠型抚养：低温情、低支配。不参与孩子生活的父母只提供孩子基本的身体和情感需求。这些父母尽量减少花在孩子身上的时间，避免与他们产生情感上的联系。回到小故事，如果坦妮娅的父母是冷漠型的，她可能不会问他们的意见就去听音乐会，因为她知道她的父母不会在乎，也不愿意被打扰。

研究一致表明，在大多数情况下，权威型抚养对大多数孩子来说是最好的。权威型父母的孩子往往更负责、自立、友善，成绩也更高（Amato和Fowler，2002；Simons和Conger，2007）。相反，专制型抚养下的孩子往往不快乐，低自尊，而且经常具有攻击性（如Braza等，2014；Silk等，2003；Zhou等，2008）。最后，放纵型父母的孩子往往冲动，自制力差，而冷漠型父母抚养下的孩子往往在学校表现差，攻击性强（Aunola，Stattin和Nurmi，2000；Driscoll，Russell和Crockett，2008）。因此，孩子通常会在父母的支配、温情和关爱相结合的方式下茁壮成长。

文化和社会经济地位相关的差异

抚养孩子的总体目标，即帮助孩子成为对自己文化有贡献的成员，在全世界都是一样的（Whiting 和 Child，1953），温情和支配也是父母的普遍行为。但是关于"适当"的温情和"适当"的支配因文化而异。欧洲裔美国人希望他们的孩子幸福、自立；他们认为，当父母给予温情和适度的支配时，孩子能够最好实现这些目标（Goodnow，1992）。然而，在世界上许多国家，个人主义不如合作和协作重要（Wang, Pomerantz 和 Chen，2007）。例如，在中国，情感克制和服从被视为家庭和谐的关键（Chao，2001）。因此，中国的父母往往借助专制型抚养，希望他们的孩子能够毫无疑问地服从他们（Lin 和 Fu，1990；Zhou 等，2008）。

在世界范围内，父母都倾向于温情和支配（Deater-Deckard 等，2011）。例如，拉丁文化通常更强调牢固的家庭关系和尊重所有家庭成员的角色，特别是成人；这些价值观导致父母更加保护他们的孩子，并为他们设置更多的规则（Halgunseth, Ispa 和 Rudy，2006）。因此，文化价值观有助于明确父母与子女互动的文化方式。

抚养方式不仅在不同的文化中有所不同，在特定的文化中也有所不同，这取决于父母的社会经济地位。在美国，与社会经济地位较高的父母相比，社会经济地位较低的父母往往更有控制欲，更有惩罚欲——倾向于专制型抚养（Hoff-Ginsberg 和 Tardif，1995）。这种差异可能反映了导致社会经济地位差异的教育程度不同。从定义上看，社会经济地位越高的父母受教育程度越高，因此往往认为发展是一个更复杂的过程，需要更细致和友好的方法，即权威型抚养（Skinner，1985）。另一个影响因素来源于又一定义社会经济地位的变量：收入（Melby 等，2008）。由于经济资源有限，社会经济地位较低的父母往往过着压力更大的生活（例如，他们不知道自己到月底是否有足够的钱买生活必需品），而且更有可能生活在充斥着暴力、吸毒和犯罪的社区。因此，社会经济地位较低的父母可能过于紧张，无法拥有权威型抚养所需要的精力，反之，他们强调孩子的立即服从，以保护在危险社区长大的孩子（Parke 和 Buriel，1998；Smetana，2011）。

基因对抚养的影响

家庭和抚养都是为了照顾孩子直到他们成年而进化出来的适应性变化。换句话说，与有效抚养（如关心孩子）相关的基因更有可能被遗传，因为它们帮助孩子成长。与这一观点相一致的是，对双胞胎父母的研究显示了基因对抚养方式的影响。例如，父母的温情受到遗传的影响，父母的冷漠也随之遗传（Klahr 和 Burt，2014）。也就是说，遗传使一些人更容易成为温情、关心、支持和反应性的父母，而使另一些人更容易成为充满敌意、愤怒和虐待性的父母。行为遗传学研究还揭示了环境对抚养方式的影响，包括父母的婚姻关系和孩子本身（Klahr 和 Burt，2014）；我们将在本模块的后面讨论这些问题。

抚养行为

学习目标3：哪些抚养行为会影响孩子的发展？

风格是对父母典型行为的广泛描述。举个例子，如果我说一个家长的抚养方式是专制型的，你马上就能意识到这位家长与其孩子互动的典型方式。然而，这种描述太宽泛了，我们很难知道父母在特定情况下的行为，以及这些父母的行为如何影响孩子的发展。换句话说，父母可以通过什么具体的行为来影响他们的孩子？研究父母的专家列举了三种行为：直接教导、观察学习和反馈。

直接教导

父母通常告诉他们的孩子应该做什么。但简单地扮演教官的角色，如命令孩子"打扫你的房间""关掉电视"，并不是很有效。更好的方法是直接教导，告诉孩子做什么，什么时候做，为什么要做，而不是大喊"给你哥哥分一点你的糖果"，父母应该解释与兄弟姐妹分享的时机和原因。

此外，就像教练帮助运动员掌握运动技能一样，父母也可以帮助他们的孩子掌握社交和情绪技能。父母可以解释情绪和行为之间的联系——"凯特琳很伤心，因为你弄坏了她的蜡笔"（Gottman, Katz和Hooven，1996）。他们也可以教孩子如何处理困难的社交场景——"如果你要问林赛来不来家里过夜，你要私底下说，这样就不会伤害凯西或汉娜的感情"（Mize 和 Pettit，1997）。一般来说，得到父母这种"教导"的孩子往往更有社交技能，与同龄人相处得更好，这并不奇怪（详见模块15.1）。

观察学习

孩子仅仅通过观察父母就能学到很多东西。例如，在模块12.4中，我们看到青少年经常通过观察他们的父母如何互动来学习如何与他人互动。观察学习也会产生反向模仿，儿童从中学到哪些是不应该做的事。例如，如果姐姐对同学很刻薄，而她的母亲惩罚了她，妹妹可能会变得友好而不是刻薄。

观察学习可能有助于代际间抚养行为的连续性。父母的行为代代保持一致。例如，当父母经常使用严厉的体罚来管教他们的孩子时，这些孩子成为父母后，也会效仿类似行为（Bailey等，2009）。

反馈

通过给孩子反馈，父母可以表明某个行为是否恰当，是否可以继续。反馈一般有两种形式。强化是指任何能增加伴随反应发生可能性的行为。父母可以用表扬来强化孩子的学习，或者在孩子完成家务后给予奖励。惩罚是任何降低伴随反应发生可能性的行为。当孩子在学校成绩不好时，父母可能会禁止孩子看电视，或者因为孩子不做家务而让他们提前睡觉。

当然，几个世纪以来，父母一直在奖励和惩罚他们的孩子，那么有什么是心理学家知道而家长还尚未知晓的呢？研究人员最令人惊讶的发现是，父母常常无意中强化了他们想要阻止的行为，这种情况被称为负强化陷阱（Patterson，1980）。这个陷阱的出现分为三个步骤，大多数存在于在母亲和儿子之间。第一步，母亲让她的儿子去做一些他不想做的事。她可能会告诉他把房间打扫干净，当他在外面和朋友玩的时候让他回家，或者让他学习而不是看电视。在第二步中，儿子会做出一些大多数父母都无法容忍的反应：争论、抱怨或发牢骚——不仅是短暂爆发，他会持续很长一段时间。最后一步，母亲让步了——说儿子不必像她最初告诉他的那样去做，目的不过是平息儿子的愤怒，停止他令人无法容忍的行为。

这带给儿子的反馈是，争吵（或抱怨或发牢骚）是有效的；母亲通过收回儿子不喜欢的请求或命令来奖励这种行为。也就是说，尽管我们通常认为，当一种行为伴随有价值的东西时，这种行为会得到强化，但当这种行为与主体厌恶东西的撤销相伴随时，这种行为也会得到强化。

至于惩罚，研究表明，在以下情况下惩罚的作用最佳：
- 在不恰当的行为发生后直接执行，而不是几小时之后。
- 不恰当的行为发生后总是伴随着惩罚，而不是经常或偶尔惩罚。
- 惩罚的同时向儿童解释为何他会受到惩罚以及将来如何避免惩罚。
- 儿童与实施惩罚的人存在一种良好、亲密的关系。

同时，研究也揭示了惩罚存在的一些严重缺陷。首先，如果儿童没有学习新的行为来取代那些被惩罚的行为，那么惩罚的影响是暂时的。例如，兄弟打架后不让其看电视可以阻止不良行为，但打架很可能会再次发生，除非儿童学会解决纠纷的新方法。

其次，惩罚会产生不良的副作用。儿童在受到惩罚时会变得心烦意乱，这意味着他们可能无法理解惩罚传达的含义。一个因行为不端而不允许看电视的孩子可能对惩罚本身感到愤怒，忽略他受罚的原因。

打屁股这一例子说明了惩罚存在的问题。尽管美国和世界各地的许多家长都使用这种方法，但它并不能有效地让孩子顺从父母，而且往往会导致他们变得具有攻击性（Gershoff，2013）。更严厉的体罚形式会引发一系列负面后果，包括心理健康问题、亲子关系受损和认知发展迟缓（Berlin 等，2009；Gershoff 和 Bitensky，2007）。因为体罚对许多孩子危害很大，世界各地的许多国家（如哥斯达黎加、荷兰、新西兰和西班牙）已明令禁止这种行为（结束儿童体罚的全球倡议，2011）。

> **Q&A 问题14.1**
>
> 10岁的迪伦家里面有一条小狗，他答应妈妈每天放学后一起遛小狗。当他妈妈让他这么做的时候，他却生气了，因为他更想看电视。他们争论了大约15分钟，然后迪伦的妈妈放弃了，自己去遛狗，而迪伦回去看电视。分析这种情况，迪伦的妈妈能做些什么来防止这种经常发生的争吵呢？

有一种方法结合了惩罚的可取之处，又避免了惩罚的不足。中断一切，让行为不端的孩子单独坐在一个安静的、没有刺激的地方。有些父母让孩子独自坐在浴室里；也可以让孩子独自坐在房间里。"中断"是一种惩罚，因为它打断了孩子正在进行的活动，将孩子与其他家庭成员、玩具、书籍以及所有形式的奖励刺激隔离开来。

这段时间十分短——通常只有几分钟——家长可以持续使用这种方法。在中断的时候，父母和孩子通常都会冷静下来。然后，当管教结束时，父母可以和孩子谈谈，解释惩罚孩子的原因和后续做法。像这样的"讲理"，即使对学龄前的孩子，也行之有效，因为它强调了为什么父母一开始会惩罚孩子，以及孩子如何在将来避免惩罚。

这些技巧可以教给父母。不少统合分析记录了部分教授育儿技巧项目的有效性（例如，使用积极的强化和持续使用非体罚），促进家庭内部的良好沟通，并使父母对自己有能力成为好父母感到自信。这类干预项目让家长对自己的抚养方式感到更满意，更有效地引导家长，减少孩子的行为问题（Brotman等，2011；Sanders，2014）。因此，尽管遗传学研究表明，有些人比另一部分人能更轻松地抚养孩子，但最终大多数成人都能够掌握促进孩子发展的技能。

婚姻系统的影响

学习目标4：父母的婚姻关系是如何影响孩子的？

当德里克从7-11便利店回来的时候，他手里拿了六罐装啤酒和一袋薯片，而不是尿布和婴儿食品，安妮塔勃然大怒："你怎么可以这样！我一小时前用完最后一块尿布了！"他们的儿子兰迪蜷缩在厨房的一角，看着爸爸妈妈每日上演的争吵。

尽管德里克和安妮塔并没有因为兰迪而争吵——事实上，他们太专注于彼此的冲突，以至于忘记了兰迪就在房间里——但很难想象一个孩子会在如此频繁的父母冲突中毫发无损。的确，研究表明，父母的长期冲突对儿童十分有害：如果父母持续处于冲突中，儿童和青少年往往会变得焦虑、孤僻，具有攻击性，更容易患慢性疾病，并在自己的恋爱关系中施虐（Miller和Chen，2010；Narayan，Englund和Egeland，2013；

Rhoades，2008）。父母的冲突通过三种不同的机制影响孩子的发展。首先，看到父母吵架会损害孩子对家庭稳定和安全的感觉，让孩子感到焦虑、害怕和悲伤（Cummings等，2012；Davies，Cicchetti和Martin，2012）。其次，父母之间的长期冲突往往会影响亲子关系。如果妻子经常与丈夫争吵和对抗，那么她在与孩子互动时可能也会采取类似的无效方式（Cox，Paley和Harter，2001）。最后，当父母投入时间和精力用于争吵时，他们通常也太累或太忙而没能花更多时间改善自己的抚养方式（Katz和Woodin，2002）。

当然，所有的婚姻都有冲突的时候。这是否意味着所有的孩子多多少少都有创伤？不一定。许多父母以一种建设性而非破坏性的方式解决冲突。假设一位家长认为他们的孩子应该参加夏令营，但另一位家长认为夏令营太贵，不值得，而且孩子也参加过之前的夏令营。一些父母不是大喊大叫或辱骂对方（例如，"你总是这么小气"），而是寻求双方都能接受的解决方案：如果孩子挣钱支付部分费用，她就可以参加夏令营，或者孩子可以参加另一个更便宜的夏令营。

如果父母通常以这种方式解决冲突，那么孩子对冲突会有积极反应，很明显是因为这表明他们的家庭是团结的，能够承受和克服生活中的问题（Goeke-Morey等，2003）。接触到这种建设性方法的青少年在解决同伴和恋爱关系中的冲突时也会使用这种方法（Miga，Gdula和Allen，2012）。

冲突的程度和解决方式是父母影响孩子的一个明显方式，但这不是唯一的方式。大多数父母通力组成了一个有效的团队，以协调和互补的方式共同努力，朝着孩子的发展目标前进。例如，父母可能一直认为他们的女儿聪明、运动能力强，她应该在这两个领域都出类拔萃。因此，他们很乐意帮助她实现这些目标。妈妈教她打篮球的技巧，爸爸帮她编辑学校的论文。

但并不是所有的父母都能很好地合作。有时他们会在目标上意见不一致：一方重视体育胜过学业，而另一方则相反。有时父母会积极地争夺孩子的注意力：妈妈可能想带孩子去购物，但爸爸想带她去看球赛。最后，父母有时扮演着守门员的角色，限制了彼此在抚养子女方面的参与。妈妈可能觉得照顾婴儿完全是她的事，不允许爸爸参与。或者，爸爸可能带孩子完成所有与学校有关的任务，不让妈妈参与。

许多例子都表明，在网球双打中，如果忽视队友，这一队不会赢得太多的比赛，同理，当父母试图"单干"而不是合作，以双方都能接受的方式来实现他们的共同目标时，抚养的效率就会大大降低。缺乏团队合作、竞争和把关可能会导致问题，例如，儿童变得孤僻和不太可能表现出亲社会的行为（McHale等，2002；Scrimgeour等，2013）。

到目前为止，我们发现，要想理解父母对孩子发展的影响，我们需要考虑婚姻关系的本质，以及父母的抚养方式和具体的抚养行为（如使用反馈）。此外，图14-1提醒我们，家庭之外的力量也会影响抚养方式和儿童的发展。具体例子不妨考虑与工作相关的影响。其中一种影响是父母的工作保障：当父母失业时或只是孩子担心父母会失业，孩子和青少年会失去自尊，很难在学校集中注意力（Barling, Zacharatos 和 Hepburn, 1999；Kalil 和 Ziol-Guest, 2005）。

另一个众所周知的因素是工作压力。很明显，当男性和女性的工作生活压力很大时，他们的抚养效率会降低。有时疲惫不堪的父母会放弃家庭互动。随着时间的推移，这给孩子的印象是父母对他们漠不关心，这让他们感到焦虑和不安。有时，工作压力大的父母更不容易接受和容忍，容易与孩子产生冲突（Crouter 和 Bumpus, 2001；Lim 和 Kim, 2014；Maggi 等，2008）。

因此，个人的工作生活也会深刻地影响儿童和青少年，因为它改变了孩子的抚养方式。在模块15.3中，我们将探讨另一个系统对儿童的影响：儿童所在的社区。目前，另一种观察运转中的家庭系统的方法就是转换视角，观察孩子如何影响父母的行为。

儿童的作用

学习目标5：孩子如何影响父母的抚养方式？

我以前强调过，家庭是一个动态的、互动的系统，父母和孩子在其中相互影响。事实上，孩子从出生起就开始影响父母抚养他们的方式。

年龄

随着孩子的成长，抚养方式也在发生变化。同样的抚养方式对婴儿和蹒跚学步的幼儿非常有效，却不适用于青少年。这些与年龄相关的改变明显体现在抚养方式两个基本维度上的变化：温情和支配。温情在整个发展过程中都很有益。蹒跚学步的孩子和青少年都喜欢知道别人关心他们。但随着孩子的成长，父母对孩子的感情会发生变化，变得更加含蓄。让蹒跚学步的孩子感到高兴的热情拥抱和亲吻会让青少年感到尴尬（Shanahan 等，2007）。

父母的支配也随着孩子的成长而改变（Maccoby, 1984；Vazsonyi, Hibbert 和 Snider, 2003）。当孩子进入青春期时，他们认为父母为他们做决定的权力变小，特别是在个人领域（Darling, Cumsille 和 Martinez, 2008）。事实上，父母逐渐放弃控制——尽管有时不像青少年希望的那么快——决策自主权的增加让青少年的幸福感更强（Qin, Pomerantz 和 Wang, 2009；Wray-Lake, Crouter 和 McHale, 2010）。

气质与行为

孩子的气质会对父母的行为产生强大的影响（Brody 和 Ge, 2001）。为了说明父母和孩子之间的相互影响，我们可以想想两个具有不同气质的学龄前儿童对父母的权威风格的反应。第一个孩子有一种"随和"的气质，很乐意满足父母的要求，也很好地回应关于父母期望的家庭讨论。这种亲子关系是权威型抚养方式的范例。但是，假设第二个孩子有一种"难相处"的气质，不愿意服从，有时根本不服从。随着时间的推移，父母会变得更有控制欲，缺少感情。而孩子反而会变得更不听话，使得父母采取专制型抚养方式（Bates等，1998；Paulussen-Hoogeboom等，2007）。

正如这个例子所说明的那样，父母的行为和风格往往是孩子行为的结果。对于一个渴望取悦成人的适度活跃的幼儿，父母可能发现适度的控制就足够了。但对于一个不那么乐于取悦父母的活跃孩子，父母可能需要更多的支配和指导（Brody 和Ge，2001；Hastings和Rubin，1999）。影响是相互的：孩子的行为有助于决定父母如何对待他们，而父母的这些行为也会影响孩子的行为，最终孩子的行为反过来又会导致父母再次改变他们的行为（Choe，Olson和Sameroff，2013；Schermerhorn，Chow和Cummings，2010）。

随着时间的推移，这些相互影响导致许多家庭互动常态化。有些家庭最终运转顺利：父母和孩子合作，预期彼此的需求，总体上都很幸福。遗憾的是，其他家庭最终陷入困境：意见不合成为常态，父母要花很多时间试图控制他们的孩子，但没有成功，每个人都经常生气和不安。还有一些则具有疏离的特征：父母回避彼此，不接触孩子（Sturge-Apple，Davies和Cummings，2010）。从长期来看，这样的问题家庭不会过得很好，所以把这些负面的相互影响扼杀在萌芽状态极其重要（Carrere 和Gottman，1999；Christensen和Heavey，1999）。

✓ 检测你的学习

回忆：阐述婚姻系统对儿童发展的影响。

解释：儿童影响他们自身发展的方式有哪些？比较抚养风格理论与注重父母行为本身的抚养理论。两者的优点是什么？

应用：有一个家庭，父母双方都在外面做全职工作。妈妈的雇主想派她去一个遥远的小镇工作。妈妈有点动摇了，因为这个职位代表着更大的责任和更高的薪水。然而，因为小镇太小，爸爸找不到一份像现在这样的工作，他很喜欢这份工作。根据你对布朗芬布伦纳的家庭系统理论的了解，搬家会对这对夫妇10岁的女儿和4岁的儿子产生什么影响？

14.2 变化中的家庭

学习目标

学习目标6：父母离婚对孩子有什么影响？
学习目标7：孩子如何适应父母的再婚？
学习目标8：祖父母对抚养孩子有什么影响？
学习目标9：同性恋父母的有效性如何？

大纲

父母离婚对孩子的影响
混合家庭
祖父母的影响
同性恋父母的孩子

自从父母离婚后，杰克和他的父亲一起生活了四年，每隔一个周末他会去看望自己的母亲。虽然杰克在父母离婚时感到困惑和沮丧，但他已经适应了新的情况。他在学校很优秀，同学和老师都很喜欢他。特洛伊是杰克的朋友。特洛伊的父母，自从他的父亲失业后就一直争吵不休。他的父母在任何事情上都无法达成一致，鸡毛蒜皮的小事都会引发一场争论。特洛伊的成绩下降了，虽然他曾经是班里男生的领袖，但现在他更喜欢独处。

自20世纪中叶以来，美国家庭一直在稳步变化。首先，人们的结婚年龄更大。第一次结婚的年龄从20世纪50年代和60年代的20出头一直增长到今天的近30岁，因此，女性第一次生育孩子的年龄也增长了。第二，家庭规模变小了，20世纪60年代一家有平均三个以上的孩子，到现在只剩不到两个孩子（美国人口普查局，2011）。第三，在20世纪50年代和60年代，有年幼孩子的母亲很少外出工作。如今，大多数母亲都有工作（美国劳工统计局，2013）。最后，由于自20世纪60年代以来离婚率翻了一番，未婚妈妈的生育比例翻了一番，越来越多的孩子在单亲家庭中长大（儿童保护基金，2010）。

由于这些和其他的社会变化，今天的家庭在美国和其他工业化国家呈现出许多不同的形式。在本模块中，我们将讨论这些形式中的几种，并看看儿童如何在这些形式中发展。在此过程中，我们也会探讨父母离婚对杰克的影响以及父母婚姻冲突对特洛伊的影响。

父母离婚对孩子的影响

学习目标6：父母离婚对孩子有什么影响？

像杰克一样，许多美国青少年的父母离了婚。在所有关于儿童发展的理论中，父母离婚对儿童来说是痛苦经历，因为这涉及父母之间的冲突，并且通常儿童要离开其中一位家长。父母离婚带来的分裂、冲突和压力会影响孩子吗？当然了。回答了这个简单的问题之后，还有很多更难的问题：父母离婚对孩子生活的各个方面都有同等的影响吗？父母离婚如何影响孩子的发展？为什么父母离婚对一些孩子来说更有压迫感？

父母离婚会影响孩子生活的哪些方面

数百项关于父母离婚的研究涉及数万名孩子。对此的统合分析显示，与完整家庭的孩子相比，离异家庭的孩子在学业成绩、行为、适应、自我概念和亲子关系方面表现较差（Amato，2001；Amato和Keith，1991；Lansford，2009）。然而，从20世纪70年代到80年代，离婚的影响下降了，也许是因为离婚变得更加频繁、更加常见，也不再那么可怕。离婚的影响在20世纪90年代再次增加，这可能反映了单亲和双亲家庭之间收入差距的扩大（Amato，2001）。

当离异家庭的孩子长大成人后，父母离婚的影响会持续下去。离异家庭的孩子长大成人后，更容易在婚姻中经历冲突，对婚姻持消极的态度，自己也会经历离婚。此外，他们对生活的满意度更低，更有可能变得抑郁（Hetherington和Kelly，2002；Segrin，Taylor和Altman，2005）。女性有时自尊会下降，在亲密关系中力不从心（Mustonen等，2011）。这些发现并不意味着离异家庭的儿童注定会有痛苦、充满冲突的婚姻，不可避免会离婚，但离异家庭的儿童出现这种结果的风险更大。

对于父母和儿童来说，离婚后的第一年通常都是艰难的。但是从第二年开始，大多数孩子开始适应他们的新环境（Hetherington和Kelly，2002）。如果离异的父母彼此合作，孩子更容易适应离婚，特别是在纪律问题上（Buchanan和Heiges，2001）。在共同监护中，父母双方保留对孩子的合法监护。如果父母相处融洽，子女可以受益于共同监护权（Bauserman，2002）。遗憾的是，很少有离婚的夫妻能相处得很好，能够成功实现共同监护权。大多数离婚夫妇吵架或干脆无视对方（Amato，Kane和James，2011）。

当不存在共同监护权时，传统上母亲会获得监护权。这时，如果父亲继续参与抚养儿童，儿童会受益（Fabicius和Luecken，2007）。近年来，父亲越来越多地获得监护权，尤其对儿子的监护权。这一情况与开篇故事中的杰克或类似儿童的遭遇相符，他们与同性父母生活在一起时往往会适应得更好：男孩与父亲相处得更好，女孩与母亲相处得更好（McLanahan，1999）。男孩和父亲在一起往往更好的一个原因是，男孩很可能与他们的母亲陷入负强化陷阱（见模块14.1）。另一种解释认为，男孩和女孩与同性父母之间的情感关系可能比与异性父母之间的情感关系更牢固（Zimiles 和 Lee，1991）。

离婚如何影响孩子的成长

离婚通常会导致几个变化，进而影响孩子的家庭生活（Amato 和 Keith，1991）。第一，父母一方的缺失意味着孩子失去了一个行为榜样，没有一方的帮助和情感支持，也少了一个监督者。例如，一个孩子要完成一篇重要的论文，而另一个孩子在学校有戏剧表演，单亲父母必须在两者之间做出选择。因为父母不能两者兼顾，其中一个儿童会被忽视。

第二，单亲家庭经常存在经济困难，这造成了一定的压力，通常也意味着曾经被认为是理所当然的活动不会再有（Lansford，2009）。单亲父母可能再也负担不起娱乐阅读、音乐课或其他促进孩子发展的活动。此外，当单亲父母担心没有足够的钱支付食物和房租时，他们也没有足够的精力来抚养孩子。

第三，正如我们在模块14.1中所见，父母之间的冲突对儿童和青少年来说是非常痛苦的（Leon，2003），特别是对情感上没有安全感的儿童（Davies 和 Cummings，1998）。事实上，许多离婚的根本问题实际上是由离婚前发生的婚姻冲突造成的（Amato，2010；Shaw，Winslow 和 Flanagan，1999）。像开篇小插曲中的特洛伊这样的孩子，父母结婚了却经常吵架，这往往会产生与离婚相同的影响（Katz 和 wood，2002）。

哪些孩子最容易受到离婚的影响

为什么有些孩子比其他孩子更容易受到离婚的影响？例如，那些越情绪化的孩子越容易受到离婚的影响（Lengua等，1999）。更重要的是，在儿童和青少年时期发生的离婚比在学龄前阶段或大学时期发生的离婚更有害（Amato 和 Keith，1991），而且对儿童和青少年的后果不一。离婚后，儿童往往会变得焦虑或出现行为问题，青少年往往在学校表现更差（Lansford等，2006）。

一些孩子在离婚中遭受更多的痛苦，因为他们倾向于消极地理解事情。在模块12.4中我们知道，两个孩子经常对完全相同的事件有不同的解释。例如，假设一位父亲忘记带孩子去参加约定好的郊游。其中一个孩子可能认为是紧急情况导致父亲无法带他去。另一个孩子可能认为父亲一开始并不是真的想和自己一起去，也不会再做类似的计划。像第二个孩子一样，倾向于消极解释事件的孩子在离婚后更有可能出现行为问题（Mazur等，1999）。

第四，儿童面对离婚压力的反应会扩大或减少离婚的影响。当孩子积极地应对父母的离婚时——试图解决问题或降低问题的威胁性——他们会对自己控制未来生活事件的能力有信心。这使得儿童免受焦虑或抑郁等行为障碍的影响（Sandler 等，2000）。

就像儿童可以通过积极解决问题来减少父母离婚带来的伤害一样，父母也可以帮助自己的孩子更快适应离婚。"改善儿童的生活"专栏提供了一些建议，帮助父母减轻离婚给儿童带来的压力。

改善儿童的生活

帮助儿童适应父母离婚后的生活

父母离婚会给儿童的生活带来巨变，这会带给他们很大的压力。以下是一些父母可以帮助减轻孩子压力和适应新的生活环境的方法。

父母应该：

- 一起向儿童解释为什么要离婚，告诉孩子接下来会有什么变化。
- 向孩子保证，会永远爱他们，永远是他们的父母。尽管这样做的难度越来越大，但父母必须用实际行动来实践他们的承诺，继续参与孩子的生活。
- 预料到孩子有时会对父母离婚感到愤怒或悲伤，应该鼓励孩子与他们讨论这些感受。

父母不应该：

- 为了得到孩子的爱和关注而相互竞争；当孩子与父母双方都保持良好的关系时，他们才能最好地适应离婚。
- 把彼此的怒气发泄在孩子身上。
- 在孩子面前批评前配偶。
- 让孩子调解纠纷；父母应该解决问题，不能把孩子夹在中间。

一直遵守这些规则并不容易。毕竟，离婚对成人来说也是充满压力和痛苦的。幸运的是，有一些有效的项目可以帮助父母和孩子适应离婚后的生活。"研究重点"提供了其中一种思路。

研究重点

评估帮助父母和孩子适应离婚后生活的项目

研究人员是谁？研究的目的是什么？ 在这个模块中，我们看到了离婚会让孩子面临学业成绩下降、行为问题和其他不良后果的风险。克罗琳达·维兹（Clorinda Vélez）、莎琳·沃奇克（Sharlene Wolchik）、杰恩（Jenn-Yun Tein）和伊尔文·桑德斯（Irwin Sandler，2011）希望确定母亲干预项目对孩子的好处，该项目主要关注母子关系的质量和有效的惩戒方法。

研究人员是如何测量研究话题的？ 维兹和她的同事让母亲执行以下任务：在干预情况下，母亲参加了五次小组讨论，探究母亲培养与孩子的良好关系的方法，还有三次小组讨论关注惩戒问题。在对照组中，只给母亲提供讲述如何适应离婚的书籍和阅读指南。在母亲被分配到这些条件之前以及之后四个时间节点，母亲和孩子都要完成几份调查问卷，旨在衡量父母的抚养质量（温情和有效沟通的程度）。此外，孩子还要完成调查问卷，以衡量他们是否能有效地应对与离婚相关的调整（例如，积极主动地做出改变，保持乐观）。

研究中的参与者是谁？ 研究对象包括240位在过去两年内离婚的母亲，她们至少有一个9~12岁的孩子。这些母亲还没有再婚，近期也没有再婚的计划。

这项研究的设计是什么？ 这项研究是实验性的，因为维兹和她的同事将母亲随机分配到干预或控制条件下。这项研究是纵向的，因为母亲和孩子都接受了5次测试：在实验干预前、干预后、3个月、6个月和6年后。

这项研究是否存在伦理问题？ 不存在。母亲和孩子完成的调查问卷是研究亲子关系和家庭互动的常用问卷。

结果如何？ 在计算实验条件、关系质量和儿童积极应对之间的相关性后，研究人员发现，当母亲参与干预时，父母和孩子之间的关系（母亲和孩子都反映）质量更高，而高质量的关系与孩子更积极的应对有关。换句话说，干预条件改善了母子关系，而这种改善反过来又会让孩子更积极地处理问题。

研究人员得出了什么结论？ 维兹和她的同事得出结论：通过增加儿童最重要的人际资源之一——母子关系质量，[干预项目]帮助孩子更有效地应对父母离婚后的生活。换句话说，当孩子与他们的母亲有高质量的关系时——母亲对他们很温情且沟通有效——他们就有能力处理在父母离婚后适应生活时所面临的那些挑战。

有什么趋同证据可以强化这些结论？ 这些发现有两个局限性。首先，这些孩子都处于童年中期；干预对学龄前儿童和青少年是否同样有效？二是母亲和子女属于中产阶级群体；贫困的离婚女性在有效育儿方面面临着更大的压力和障碍，干预对这个群体是否同样有效？回答这些问题将提供更有说服力的证据，证明旨在帮助孩子和母亲适应离婚后生活的干预项目的有效性。

混合家庭

学习目标7：孩子如何适应父母的再婚？

父母离婚后，大多数孩子会在单亲家庭生活5年左右。然而，大多数离婚的父母最终都再婚了（Sweeney，2010）。由此产生了混合家庭，家庭中包括一位亲生父母、一位继父母，还有孩子（这种家庭结构也被称为再婚家庭和重组家庭）。

因为母亲通常被赋予孩子的监护权，最常见的混合家庭形式是母亲、她的孩子和继父。大多数继父并不积极参与抚养孩子；他们似乎往往不愿意参与其中（Clarke-Stewart 和 Bretano，2005）。总的来说，成为混合家庭的一员不会给儿童带来适应问题（Ryan 和Claessens，2013）。

事实上，一个温暖和关心孩子的继父通常给孩子带来好处（King，2006）。然而，处于青春期前期的女孩有时不能很好地适应母亲的再婚，显然是因为这破坏了她们与母亲建立的亲密关系（Visher，Visher和Pasley，2003）。

当继父把自己的亲生孩子也带进来时，要适应一个混合家庭的生活就比较困难了。在这样的家庭中，父母有时会更喜欢自己的亲生孩子，也会更关心自己的亲生孩子。这种偏向几乎总是导致冲突和不愉快（Dunn 和 Davies，2001；Sweeney，2010）。此外，当母亲和继父争吵时，孩子通常站在他们的亲生父母一边（Dunn，O'Connor和Cheng，2005）。

对继父来说，最好的策略是关心他们的继子女，同时避免侵犯已建立的关系。刚刚再婚的母亲必须注意，她们对新配偶的热情不能以牺牲对孩子的爱和与孩子相处的时间为代价。同时，父母和孩子的期望都要现实一些。混合家庭可以成功，但需要付出努力，因为复杂的关系、冲突和嫉妒会充斥这个家庭（Sweeney，2010；White和Gilbreth，2001）。

随着时间的推移，儿童会适应混合家庭。如果婚姻幸福，大多数孩子会从两个关心他们的成人的陪伴中获益。然而，与完整家庭的孩子相比，混合家庭的儿童在学校表现不佳，可能出现更多的抑郁症状（Halpern-Meekin 和 Tach，2008）。遗憾的是，与第一次婚姻相比，第二次婚姻更有可能以离婚告终，特别是当涉及继子女时（Teachman，2008）。这意味着许多孩子会再次经历离婚的创伤。但好消息是，有效的项目可以帮助混合家庭成员适应他们的新角色（Bullard 等，2010）。这些项目强调有效的共同养育，特别是能够处理孩子经常对继父母表现出的行为问题。这些项目会减少孩子的行为问题，使婚姻满意度更高。

祖父母的影响

学习目标8：祖父母对抚养孩子有什么影响？

随着人们寿命的延长，三代同堂——孩子、父母和祖父母——正在成为许多工业化国家的常态。许多美国孩子每个月至少看望祖父母一次，如果祖父母住在附近的话，看望次数会更多。大约12%的美国孩子和祖父母住在一起（Dunifon, 2013）。

祖母，尤其是外祖母，通常比祖父更关心孙子，一些科学家认为这是一种进化适应（Pollett、Nettle和Nelissen, 2007）。也就是说，在人类历史的大部分时间里，女性更年期的开始大约与孙辈的出生时间相吻合。从遗传学的角度来说，中年女性照顾孙辈，确保她们能够继续生育后代，这一价值可能比她们生育自己的后代更大（Coall 和 Hertwig, 2011）。

祖父母在孩子的生活中扮演什么角色？一项分析提出了五种特定的祖父母抚养方式（Mueller 和 Elder, 2003）。

- 影响型祖父母与孙辈关系密切，经常参与孙辈的生活，扮演父母的角色，包括管教孙辈。
- 支持型祖父母与影响型祖父母相似，他们与孙辈关系密切，参与孙辈的生活，但他们并不扮演父母的角色。
- 权威型祖父母管教孙辈，但在其他方面并没有积极参与孙辈的生活。
- 消极型祖父母会参与孙辈的成长，但不会像影响型或支持型祖父母那样投入；他们不扮演父母的角色。
- 冷漠型祖父母不参与孙辈的生活。

在前两种——影响型和支持型——抚养方式中，祖父母与孙辈的关系最密切。有几个因素决定了祖父母是否扮演这些相关的角色。有些因素关乎实际：当祖父母住在孙辈附近时，以及当孙辈少而不是多时，他们更愿意参与其中。其他因素如祖父母与子女的关系：如果孙辈的父母鼓励这种互动，或者父母与外祖母关系密切，祖父母会更关心孙辈。

有时，孙辈的父母由于精神疾病、滥用药物或家庭暴力而无法履行责任时，祖父母在抚养孩子方面扮演更积极的角色。例如，当母亲被监禁时，孩子通常与祖父母住在一起，这一安排使被监禁的母亲与孩子保持联系（通过电话和拜访），但只有当母亲和祖母拥有温暖、融洽的关系时，才能出现这种情况（Loper 和 Clark, 2013）。更重要的是，当被监禁的母亲和祖母拥有令人满意的共同抚养关系时，儿童的行为问题会更少，当母亲从监狱释放时，父母的管理会更有效（Baker 等, 2010）。

毫不奇怪，与祖父母的亲密关系会让儿童和青少年受益。例如，当祖父母积极参与抚养孩子时，儿童经历的情绪问题更少，更亲社会（Attar-Schwartz等，2009；Barnett等，2010）。当孩子和青少年经历压力时，牢固的祖父母—子女关系尤为重要，比如在处理与父母离婚有关的压力时（Henderson等，2009）；与祖父母的牢固关系让孩子能更好地适应。

祖父母在移民和少数民族儿童的生活中特别活跃，他们经常扮演父母的角色（Hernandez，2004；Minkler-Fuller和Thomson，2005）。"文化影响"专栏说明了祖母在非裔美国人家庭生活中的重要地位。

Q&A 问题14.2

4岁的奥利每周都会去看望爷爷奶奶几次。爷爷奶奶周一和周三带他去幼儿园，并尝试做一些特别的事情，如买一个冰激凌，他们总是提醒奥利说"请""谢谢"。奥利的爷爷奶奶扮演了什么样的角色？

文化影响

非裔美国家庭的祖母

大约每10名非裔美国儿童中就有1名与祖母生活在一起，而在欧洲裔美国儿童中，这个比例是1/25（美国人口普查局，2011）。这是为什么呢？1/4的非裔美国儿童在贫困中长大，和亲戚住在一起可以降低住房和养育成本。

与女儿和孩子生活在一起的非裔美国祖母经常参与抚养孙辈，扮演影响型祖父母的角色（Oberlander，Black和Starr，2007）。如果女儿十几岁就当了母亲，祖母可能是孩子的主要照顾者，这种安排对孩子及其母亲都有利。从抚养孩子的义务中解脱出来的青春期母亲能够改善她的状况，如完成学业。祖母对儿童也有好处，因为祖母往往比十几岁的母亲更高效：祖母不那么严厉，对孙辈非常敏感（Chase-Lansdale，Brooks-Gunn和Zamsky，1994；Smith和Drew，2002）。另一个好处是，当年轻的母亲和父亲与祖母有良好的关系时，他们之间可以更好地相处，父母的教育也会更加有效（Krishnakumar和Black，2003）。

这种家庭分工对孩子来说很适合。在成就和适应能力方面，与母亲和祖母生活在一起的孩子类似于生活在双亲家庭的孩子（Dunifon，2013）。即使祖母不在家里生活，当母亲从祖母和其他亲戚那里获得社会和情感支持时，孩子也会受益：孩子更自立，更不可能参与犯罪活动，如吸毒和破坏公物（Taylor和Roberts，1995）。

> 因此，在贫困的非裔美国家庭中，祖母和其他亲戚可以帮助减轻抚养孩子的负担。毫无疑问，孩子会从大家庭的温暖、支持和指导中受益。

通过扮演代理父母的角色，祖父母可以直接影响孙辈的生活。然而，祖父母也通过父母的态度和做法的代际传递间接影响他们的孙辈。例如，如果父母对自己的孩子很疼爱，当这些孩子成为父母的时候，他们也会对自己的孩子很疼爱。换句话说，祖父母的宠爱行为也会使他们的孙辈体验到关爱。因此，祖父母对孙辈的间接和直接影响都值得深思（Smith 和 Drew，2002）。

同性恋父母的孩子

学习目标9：同性恋父母的有效性如何？

在美国，许多青少年的父母是同性恋。在大多数这种情况下，孩子都是在异性婚姻中出生的，接着父母其中一方表明自己是同性恋后，婚姻以离婚告终。虽然不常见，但是越来越多的孩子由单身女同性恋者或同性恋夫妻通过人工授精或领养的方式生育。

尽管同性恋夫妇更倾向平均分担抚养孩子的任务，但是，作为父母，同性恋夫妇与异性恋夫妇实则同大于异（Farr 和 Patterson，2013）。目前，没有迹象表明同性恋父母比异性恋父母更不称职。事实上，一些证据表明，女同性恋和男同性恋夫妇可能对儿童的需求更加热情和敏感（Golombok等，2014）。

男同性恋和女同性恋父母抚养孩子的成长过程与异性恋夫妇非常相似（Golombok等，2003；Patterson，2006）。事实上，在直接将家庭结构对孩子的影响（异性恋父母对同性恋父母）与家庭教育过程的变量对孩子的影响（例如，父母的压力、父母的纪律要求）进行对比的研究中，家庭教育过程的变量可以预测孩子成长的结果，但家庭结构不能（Farr，Forssell和Patterson.，2010；Golombok等，2014）。例如，学龄前的男孩和女孩显然认同自己的性别，并获得基于性别的偏好、兴趣、活动和朋友。到了青少年时期，孩子大多数是异性恋，尽管有一些证据表明，女同性恋母亲的女儿更有可能探索同性关系（Gartrell，Bos和Goldberg，2011；Wainwright，Russell和Patterson，2004）。在其他方面——如自我概念、社交技能、同伴关系、道德推理、行为问题和智力——女同性恋母亲的孩子与异性恋父母的孩子相似（Farr 和Patterson，2013；Patterson，2006；Wainwright 和Patterson，2008）。而且，就像异性恋父母的抚养一样，孩子会从与温暖、关爱的同性恋父母的亲密关系中受益（Farr等，2010；Wainright 和 Patterson，2008）。最后，报告称，一些女同性恋母亲的孩子表示他们因母亲是女同性恋受到不公平的对待；儿童有焦虑和抑郁的风险，当他们与母亲相处不好或与同龄人相处不好时，这些情绪尤其突出（Van Gelderen等，2012）。

同性恋夫妇孩子的研究以及非裔美国祖母抚养的研究发现，所谓的"良好抚养"可以有许多不同的形式。这些研究结果也挑战了传统的观点，即父母同在的双亲家庭必然会为发展提供最好的环境。从父母离婚对孩子影响的研究中可以明显看出，多名成人的共同抚养很重要，但成人的做法比他们是谁更重要。儿童会得益于良好的抚养技巧，无论抚养者是父亲或母亲，还是祖父母，抑或是两名女性或两名男性。

✓ 检测你的学习

回忆：阐述不同的祖父母抚养方式和影响祖父母抚养方式的因素。
关于同性恋父母的孩子的发展，我们了解多少？

解释：从儿童的角度看，混合（再婚）家庭的利与弊分别是什么？

应用：假设一对夫妇经常吵架。他们曾试图通过咨询来解决分歧，但没有成功，现在他们正考虑离婚。他们有两个正在上学的孩子。你会给他们什么建议？

14.3 兄弟姐妹

学习目标

学习目标10：长子（女）、次子（女）和独生子女有什么不同？

学习目标11：随着孩子的成长，兄弟姐妹之间的关系发生了什么变化？是什么决定了兄弟姐妹的关系？

大纲

长子（女）、次子（女）和独生子女
兄弟姐妹关系的质量

鲍勃和爱丽丝很喜欢他们两岁的儿子罗比，他友好、顽皮，总是渴望学习新事物。事实上，鲍勃认为罗比近乎完美，认为没有理由冒险再要一个孩子。然而，爱丽丝听说有的独生子女自负、娇生惯养、不友好。爱丽丝确信，除非她和鲍勃再要一个孩子，否则罗比就会变成这样的人。该怎么做呢？

在第一年的大部分时间里，所有的初生儿都像罗比一样，是家里唯一的孩子。有些孩子是独生子女，但大多数孩子有兄弟姐妹，尤其是当第一个孩子很外向、聪明的时候（Jokela，2010）。有些长子（女）很快就会有很多弟弟妹妹；有些则只有一个弟弟或妹妹。随着这些新成员加入家庭，亲子关系变得更加复杂（McHale，Updegraff和Whiteman，2013）。父母不再只关注一个孩子，而必须满足多个孩子的需要。同样重要的是，兄弟姐妹会影响彼此的发展，不仅在童年时期，而是贯穿一生。为了理解兄弟姐妹之间的影响，我们首先来看看长子（女）、次子（女）和独生子女之间的差异。

长子（女）、次子（女）和独生子女

学习目标10：长子（女）、次子（女）和独生子女有什么不同？

对大多数父母来说，第一个孩子往往是"小白鼠"，他们在养育孩子方面热情高涨，但缺乏实际经验。父母通常对他们的第一个孩子有很高的期望，更加关爱，更有控制欲，要求也更高（Furman和Lanthier，2002）。随着更多孩子的出生，父母学会了"做父母的诀窍"，他们也越来越熟练地承担自己的责任。对于出生较晚的孩子，父母有更现实的期望，在管教方面也更放松（如Baskett，1985）。

父母对他们的长子（女）和次子（女）采取的不同方法有助于解释这些孩子之间常见的差异。

长子（女）通常在智力测试中得分更高，上大学的可能性也更大。他们也更愿意服从父母和大人的要求。次子（女）在同龄人中更受欢迎，也更有创新精神（Beck，Burnet和Vosper，2006；Bjerkedal等，2007）。

独生子女呢？开篇故事中的母亲爱丽丝深知传统观念所说的父母溺爱"独生子女"，结果导致孩子自私自利。这个说法正确吗？不正确。独生子女比其他孩子更有可能在学校取得成功，而且他们的智商和自尊都更高，在受欢迎程度、适应性和人格魅力方面没有什么不同（Falbo和Polit，1986；Falbo，2012）。

收养儿童

美国政府没有关于收养儿童数量的官方统计数据，但最准确的估计是2%~4%的美国儿童是被收养的。最常见的收养方式是由养父母或亲戚收养那些因为原生家庭虐待而被寄养的孩子。每年大约有5万名儿童通过这种方式被收养，通常儿童的年龄在六七岁。通过私人机构领养孩子也很常见，最常见的原因是年轻的父母认为他们不能为孩子提供足够的照顾。每年大约有14000名儿童通过这种方式被收养，这些儿童被领养的时候通常还是婴儿。每年大约有1万名国外儿童被收养，这些儿童一般是婴儿和学龄前儿童（Grotevant 和 McDermott，2014）。

被收养的孩子在被收养之前常常经历逆境。例如，从寄养机构领养的儿童经常遭受虐待，导致他们被送到寄养机构；许多被收养的国外儿童一出生就被遗弃，在被收养之前住在福利院。这些环境对儿童的发展并不是很理想，所以收养的儿童存在许多问题的风险也就不足为奇了，包括反社会和攻击性行为、抑郁和焦虑以及学习问题（Grotevant 和 McDermott，2014）。然而，结果却不尽相同。大多数被收养的孩子都在正常范围内得到发展。当孩子在婴儿期之后被收养，或者在被收养之前受到的照顾很差时（例如，他们在收容所或经历过很多寄养家庭），问题最有可能出现。

因此，虽然收养本身对大多数儿童来说并不是一个根本性的发展挑战，但在收养前的生活质量确实将一些被收养的儿童置于危险之中。这些孩子在被收养后，如果得到良好的照顾，通常也不会有问题（Grotevant 和 McDermott，2014）。

如今，许多收养儿童和他们的父母都在考虑是否要与孩子的原生家庭取得联系，这被称为开放收养。传统上，人们不鼓励这种做法，因为担心这会导致孩子对"真正的"父母产生困惑。但是这样的困惑并没有出现在研究中：经历过开放收养的青少年和经历过封闭收养的青少年一样适应得很好。此外，开放收养的青少年对自己的被收养者身份具有更深刻、更一致的认知，部分原因是开放收养能够让他们与父母就收养的本质问题进行沟通（Grotevant等，2013）。

在讨论长子（女）、次子（女）和独生子女时，我们没有考虑到兄弟姐妹之间的关系。这些可能对发展产生巨大影响，我们将在下一节揭示。

兄弟姐妹关系的质量

学习目标11：随着孩子的成长，兄弟姐妹之间的关系发生了什么变化？是什么决定了兄弟姐妹的关系？

从一开始，兄弟姐妹的关系就很复杂。待产的父母通常都对新生儿的到来感到兴奋，他们的热情具有感染力：他们的孩子也热切地等待着家庭新成员的到来。然而，婴儿的到来引起了不同的反应：一些孩子感到痛苦、悲伤，给父母的反馈更少，在较年幼的儿童中这一情况更常见（Volling，2012）。父母可以通过关注长子（女）的需求来减少他们的痛苦（Howe 和 Ross，1990）。

许多年长的兄弟姐妹都喜欢帮助父母照顾新生儿。大一点的孩子和婴儿一起玩，安慰他，喂他，或者给他换尿布。在西方中产阶级家庭中，这种照顾通常是在玩耍的环境中发生的，父母就在附近。但在一些文化中，哥哥姐姐在照顾弟妹方面扮演着重要的角色（Zukow-Goldring，2002）。

　　随着婴儿的成长，兄弟姐妹之间的互动变得更加频繁和复杂。例如，蹒跚学步的孩子倾向于和父母说话，而非和哥哥姐姐说话。但是，当弟弟妹妹4岁的时候，情况就相反了，弟弟妹妹和哥哥姐姐说话的次数要多于和母亲说话的次数（Brown和Dunn，1992）。当年幼的弟弟妹妹感到痛苦或不安时，哥哥姐姐会成为他们获得关心和安慰的来源（Kim等，2007；Gass，Jenkins和Dunn，2007），年长的哥哥姐姐也充当弟弟妹妹的老师，教他们玩游戏或如何烹饪简单的食物（Maynard，2002）。最后，如果大一点的孩子在学校表现很好并且在同龄人中很受欢迎时，弟弟妹妹们通常也会效仿（Brody等，2003）。

　　随着时间的推移，有些兄弟姐妹变得很亲密，成为彼此最好的朋友，这是其他非血缘关系朋友所达不到的关系。而其他的兄弟姐妹则会经常争吵、竞争，甚至不理会彼此。兄弟姐妹互动的基本模式似乎在发展早期就建立起来了，而且相当稳定（Kramer，2010）。一般来说，在学龄前就能和睦相处的兄弟姐妹在青少年时期会继续和睦相处，但是在学龄前就争吵不停的兄弟姐妹在青少年时期也会经常吵架。

　　为什么有些兄弟姐妹之间充满了爱和尊重，而另一些却被嫉妒和怨恨所支配？第一，孩子的性别和气质很重要。如果兄弟姐妹是同一性别，他们之间的关系比异性兄弟姐妹之间的关系更可能温暖和和谐（Dunn和Kendrick，1981）。或者当兄弟姐妹之间没有情绪型气质时，关系也更好（Brody，Stoneman和McCoy，1994）。年龄也是重要因素：当年幼的孩子接近青春期时，兄弟姐妹之间的关系通常会改善，因为兄弟姐妹开始认为彼此是平等的（Kim等，2007；McHale等，2013）。

　　父母对兄弟姐妹关系的质量有直接和间接的影响（Brody，1998）。直接的影响来自父母的对待。当兄弟姐妹相信父母不会"偏袒"某人，而是公平对待所有的兄弟姐妹时，他们之间更容易相处（McGuire和Shanahan，2010）。当父母过分赞扬一个孩子的成就而忽略另一个孩子的成就时，孩子会注意到这种差异，他们的兄弟姐妹关系就会受到影响（Updegraff和Thayer等，2005）。

　　这并不意味着父母必须对所有的孩子一视同仁。孩子明白父母应该根据孩子的年龄和个人需要来区别对待他们。只有当不合理的差别对待时，兄弟姐妹关系才会恶化（Kowal和Kramer，1997）。事实上，在青春期时，如果每个孩子与父母之间都有其独特而明确的关系，那么兄弟姐妹之间的相处会更好（Feinberg等，2003）。

　　父母对兄弟姐妹关系的间接影响来自父母关系的质量：父母之间温暖、和谐的关系会培养积极的兄弟姐妹关系。尽管婚姻冲突有时会导致兄弟姐妹变得更亲密，因为他们在情感上相互支持，但研究表明父母之间的冲突与兄弟姐妹之间的冲突有关（McHale等，2013）。

> **Q&A 问题14.3**
>
> 卡尔文今年8岁，他和妹妹霍普总是争论不休，不停地争夺父母的注意力。处于青春期的姐姐梅丽莎和妹妹卡洛琳任何事情都爱一起做，喜欢分享衣服和早恋的秘密。为什么卡尔文和霍普相处得那么糟糕，而梅丽莎和卡洛琳相处得那么好？

与高质量的兄弟姐妹关系相关的许多特征，如兄弟姐妹的性别，在不同的种族中都很常见。然而，也有一些个别特征。例如，一项对非裔美国家庭的研究发现，当孩子具有更强的种族认同时，兄弟姐妹关系会更积极（McHale等，2007）。一项针对墨西哥裔美国家庭的研究发现，当兄弟姐妹对他们的家庭有强烈的承诺感时，即当他们感到对家庭有义务并将其视为支持的重要来源时，兄弟姐妹的关系会更亲密，他们在一起的时间也更多（Updegraff和McHale等，2005）。

这些发现的实际意义在于，在追求家庭和谐（许多父母称之为"和平与宁静"）的过程中，父母可以影响兄弟姐妹关系的一些因素。父母可以通过对所有的孩子给予同样的爱、回应和关心，帮助减少兄弟姐妹之间的摩擦。他们可以鼓励促进积极的兄弟姐妹关系的各种行为，包括参与双方都喜欢的活动，相互支持，欣赏他们的共同经历（Kramer，2010）。

与此同时，家庭中有一些分歧是很自然的，尤其是那些有年幼的男孩和女孩的家庭：孩子的不同兴趣会导致争吵。面对常见的简单冲突——谁来决定看哪个电视节目？谁吃最后一块曲奇？谁可以抱新小狗？——一个3岁的弟弟和一个5岁的妹妹会因此吵架是因为他们缺乏社交和认知技能，无法让他们找到满意的折中方案。

当兄弟姐妹打架时，尤其是年幼的兄弟姐妹，父母应该介入。如果父母跟一个孩子解释其兄弟姐妹的行为（例如，"他遮住眼睛是'因为害怕'"），兄弟姐妹之间会有更多积极的互动（Kojima，2000）。此外，通过帮助孩子解决分歧，父母向孩子展示了更复杂的谈判方式。后面，孩子们会经常尝试自己使用这些技巧，而不是打架（McHale等，2013）。当冲突升级到兄弟姐妹咄咄逼人、大喊大叫、骂人时，父母尤其需要干预。显然，父母需要在紧急情况下保护他们的孩子不被彼此伤害。然而，更重要的是，如果放任不管，随着时间的推移，这种冲突会导致行为问题（Garcia等，2000）。

幸运的是，父母可以通过学习来调解兄弟姐妹的纠纷。史密斯和罗斯（Smith和Ross，2007）开展了90分钟的简短培训，向父母展示了如何教导孩子：（1）发现彼此同意和不同意的观点；（2）讨论他们想要达到的目标（针对目前情况的目标）；（3）想办法解决他们的纠纷。在父母知道如何调停之后，兄弟姐妹更能成功地解决冲突，这样一来，他们更可能平静地交谈（而不是争吵）、倾听、道歉，并解释他们的行为。因此，父母不必听孩子无休止的争吵；相反，他们可以向孩子展示社交技能，帮助他们成功地解决冲突。

✓ 检测你的学习

回忆： 总结被收养儿童心理发展的已知研究。
兄弟姐妹关系如何随着孩子的成长而改变？
解释： 什么研究结果表明兄弟姐妹关系的质量具有连续性？什么发现表明其具有非连续性？
应用： 假设你姐姐有一个2岁大的孩子。她和她丈夫正在考虑是否再要一个孩子。跟她说明两个孩子与独生子女的优缺点。

14.4 虐待：扭曲的亲子关系

> **学习目标**
>
> 学习目标12：虐待对儿童有什么影响？
> 学习目标13：什么因素导致父母虐待他们的孩子？
> 学习目标14：怎样才能避免虐待？
>
> **大纲**
>
> 虐待的后果
> 虐待的原因
> 避免虐待

7岁的马克斯第一次带着脸上的瘀伤来到学校时，他说自己从地下室的楼梯上摔了下来。几周后，当马克斯又带着类似的瘀伤来到学校时，他的老师报告了学校校长，校长联系了当地政府。他们发现，马克斯的母亲会因为哪怕是轻微的不端行为而用球拍打他。要是他犯了严重的错误，他的母亲会毒打他，并让他独自睡在没有暖气、没有灯光的地下室。

遗憾的是，像马克斯这样的事情在现代美国非常常见。虐待有多种形式（Cicchetti和 Toth，2006）。人们通常会想到两种，一种是身体虐待，包括可能导致伤害的殴打，以及性虐待；另一种是忽视，不给孩子足够的食物、衣物或医疗。孩子也会受到心理虐待的严重伤害——嘲笑、排斥和羞辱（Wicks-Nelson 和 Israel，2006）。

这些不同形式的虐待出现的次数很难估计，因为有许多事件没有被报道出来。根据美国卫生和公众服务部（2013）的数据，每年有近70万名儿童遭受虐待。大约80%的儿童受到忽视，20%受到身体虐待，10%受到性虐待，5%受到心理虐待（这些百分比加起来超过100%，因为有些儿童遭受过不止一种形式的虐待）。

我们在本模块首先探讨虐待的后果，然后是虐待的原因，最后是避免虐待的方法。与此同时，我们也会发现是什么让马克斯遭受虐待。

虐待的后果

学习目标12：虐待对儿童有什么影响？

对于像马克斯这样的孩子的影响肯定是消极的，对此谁也不感到惊讶。当然，有些孩子会遭受永久性的身体伤害。即使没有持久的身体伤害，孩子的社会和情绪发展也往往会中断。他们与同龄人的关系往往很差，这往往是因为他们太好斗（Alink等，2012；Yang和Runyan，2010）。他们的认知发展和学业成绩也受到干扰。受虐待的青少年通常学习糟糕，在标准化测试中得分较低，而且更可能留级。此外，与学校有关的行为问题，如在课堂上捣乱，在他们中也很常见，部分原因是受虐待的儿童往往缺乏社交技能，不能很好地控制自己的情绪，不能准确地识别他人的情绪（Burack等，2006；Kim-Spoon，Cicchetti和Rogosch，2013；Luke 和 Banerjee，2013）。虐待常常导致儿童和青少年变得抑郁（Appleyard等，2010；Harkness，Lumley和Truss，2008）。在儿童时期遭受虐待的成人更可能考虑或试图自杀，也更有可能虐待配偶和自己的孩子（Malinosky-Rummell 和 Hansen，1993）。简言之，当儿童遭受虐待时，其影响通常是广泛而持久的。

Q&A 问题14.4

凯文从来没有在身体上虐待过他10岁的儿子亚历克斯，但他经常在精神上折磨亚历克斯。例如，当亚历克斯在一次拼写测试中得了个"F"时，凯文尖叫道："我为了帮你，没有观看周一晚上的橄榄球赛，但你还是不及格。你真是个笨蛋。"当亚历克斯开始哭的时候，凯文嘲笑道："看，亚历克斯哭得像个宝宝。"这些互动几乎每天都在发生。这种反复的精神虐待可能会产生什么影响？

自我复原力

尽管总体情况不容乐观，但一些遭受虐待的儿童有很强的自我复原力。换句话说，在一群遭受过虐待的儿童和青少年中，许多人会表现出上述的部分（或全部）情况。不过，对少数人来说，虐待的影响大大降低。为什么有些孩子能免受虐待的伤害，而另一些孩子却很脆弱？

保护儿童免受伤害的一个因素是他们的自我复原力，它指的是儿童对新情况的适应性和应变能力。当儿童能够灵活地应对新的和具有挑战性的社会状况时，虐待的影响往往会更小（Flores, Cicchetti和Rogosch, 2005）。另一个保护儿童免受伤害的因素是儿童的学校参与：当受虐儿童在学校积极参与认知学习，专心完成任务并受到良好管教时，他们更不容易出现反社会行为和攻击性行为（Pears等, 2013）。

最后一个保护儿童免受伤害的因素是积极的母子关系：当母亲在孩子心中的形象是积极正面的时——例如，孩子认为母亲"善良"和"有爱心"——他们遭受虐待的症状相对较少（Valentino等, 2008）。然而，这种正面形象的缓冲价值只对那些被忽视的孩子有效。即使在他们心中母亲的形象是积极正面的，遭受身体虐待的儿童还是会出现典型的虐待相关症状。

虐待的原因

学习目标13：什么因素导致父母虐待他们的孩子？

父母为什么要虐待孩子？也许你认为，只有当父母疯了的时候，才可能伤害自己的骨肉。其实不然。绝大多数虐待型父母没有任何精神或心理障碍（Wolfe, 1985）。孩子遭受虐待的因素很多，这些因素的数量和组合决定了孩子是否会受到虐待（Cicchetti和Toth, 2006）。让我们看看三个最重要的因素：文化环境、父母和孩子自己。

文化环境

最普遍的影响因素与父母抚养子女所在社区的文化价值观和社会条件有关。例如，文化对体罚的看法可能导致儿童受到虐待。欧洲和亚洲的许多国家在文化上都禁止体罚。在许多国家，如奥地利、克罗地亚、德国、以色列和瑞典，打屁股是违法的。他们认为打孩子屁股的父母跟通过不给孩子喂食来惩罚孩子的美国父母一样可恶。然而，在美国，体罚是很常见的。以这种方式纵容体罚为虐待儿童打开了大门。

除了文化价值观，儿童生活的社区也可能使他们面临受到虐待的风险。生活贫困是一个重要的风险因素：虐待在贫困家庭中更常见，部分原因是缺钱增加了日常生活的压力（Duncan和Brooks-Gunn, 2000）。当父母为了能不能买日用品或付房租而焦虑时，他们更有可能体罚自己的孩子，而不是花额外的精力和他们讲道理。当父亲或母亲是军人且被部署到战区时，虐待在军人家庭中更常见（Gibbs等，2007）。在这种情况下，虐待可能源于对父母缺席和暂时单亲的担心。

第二个风险因素是社会孤立：当家庭与其他亲戚或邻居没有来往时，虐待更有可能发生，因为孩子失去了可以保护他们的成人，父母也失去了能够帮助自己应对生活压力的社会支持（Coulton等，2007）。

文化价值观和社区因素显然对虐待儿童有影响，但它们只是拼图的一部分。毕竟，尽管虐待在贫困家庭中更为常见，但大多数贫困家庭并不存在虐待现象，而中产阶级家庭也存在虐待现象。因此，我们需要寻找其他因素来解释为什么虐待发生在某些特定家庭。

父母

面对同样的文化价值观和生活条件，为什么只有少数父母虐待自己的孩子？也就是说，哪些特征增加了父母虐待孩子的可能性？儿童发展研究人员已经确定了几个重要的因素（Berlin, Appleyard和Dodge, 2011; Bugental 和Happaney, 2004）。首先，虐待孩子的父母往往自己也受到了虐待，这可能会让他们认为虐待只是童年时期正常的一部分。但这并不意味着受虐儿童必然成为虐待孩子的父母——只有大约1/3孩子会变成这样。但是，有儿童虐待历史的成人显然存在虐待自己孩子的风险（Berlin等，2011; Cicchetti和Toth, 2006）。其次，虐待孩子的父母经常使用无效的教育方法（例如，不一致的惩戒措施），对孩子有不切实际的期望，使孩子永远无法满足要求，并且他们经常认为自己没有能力控制自己的孩子。例如，当虐待孩子的父母与他们的孩子相处不好时，他们经常把这归咎于他们无法控制的因素，如孩子脾气不好或孩子那天很累；他们不太可能认为自己的行为导致了不愉快的互动。最后，在发生虐待的家庭中，夫妻之间的互动往往不可预测，没能相互扶持，夫妻对双方都不满意。换句话说，虐待儿童只是家庭功能失调的一个症状。婚姻的不和谐使生活更有压力，父母更难以投入精力抚养孩子。

孩子自己

要找到最后几块拼图，我们必须看看受虐儿童本身。模块14.1讨论了父母和孩子之间的相互影响，由此我们得知，孩子可能会无意中通过他们的行为招致了受虐（Sidebotham等，2003）。事实上，婴儿和学龄前儿童比大一点的儿童更容易受到虐待。为什么？他们作为虐待对象更容易下手，也更难以调节导致自己受虐的反感行为。因为年幼的孩子更有可能哭泣或过度哭闹——这种行为迟早会激怒父母——他们更有可能成为虐待的对象。

由于同样的原因，患有慢性疾病的儿童或像模块8.3中所述的残疾儿童更容易受到虐待（Govindshenoy和Spencer，2007；Sherrod等，1984）。当孩子生病时，他们更有可能哭泣和发牢骚，进而惹恼他们的父母。此外，当孩子生病或残疾时，他们需要额外的照顾，这意味着额外的费用。由于增加了家庭压力，生病的孩子可能在不经意间成为虐待的对象。

继子女是另一个面临虐待风险的群体（Archer，2013）。就像灰姑娘的继母溺爱亲生孩子却虐待灰姑娘一样，继子女比亲生孩子更容易成为虐待和忽视的对象。成人对继子女的感情投入较少，而这种情感投入的缺乏让继子女更容易受到伤害。

显然，在所有这些情况下，孩子都没有过错，也不应该受到虐待。然而，婴幼儿和儿童的正常行为也会引起一些父母的愤怒并招致虐待。

表14–1中列出了导致儿童受虐的许多因素。任一因素通常不会导致虐待；当危险因素开始累积时，虐待更有可能发生。举个例子，有几个因素使得开篇故事中小男孩马克斯处于受虐的风险中：他的家人最近搬到了新的社区，因为他的继父认为他可以在当地工厂找到工作；但是工厂不招人，所以他的继父失业了，家里几乎没有积蓄。而马克斯有哮喘，这就意味着要定期支付药费，偶尔遇上疾病突发，他还要被送去急诊室。所有这些因素加在一起，使马克斯有遭受虐待的危险（有多少风险因素？答案在"检测你的学习"前。）

表14.1 导致儿童受虐的因素

一般类别	具体因素
文化环境	虐待在容忍体罚的文化中更常见
	当家庭生活在贫困中，由于收入不足所带来的压力导致虐待现象更为普遍
	当家庭被社会孤立而缺乏社会支持时，虐待就更常见
父母	虐待孩子的父母自己小时候也经常受到虐待，虐待孩子的父母往往缺乏良好的育儿技巧（如不切实际的期望和不恰当的惩罚）
孩子自己	年幼的孩子更容易受到虐待，因为他们无法控制自己的行为。生病的儿童更容易受到虐待，因为他们生病时的行为往往令人厌恶。继子女更有可能受到虐待，因为继父母对他们投入较少

避免虐待

学习目标14：怎样才能避免虐待？

虐待儿童行为的复杂性使我们不可能找到一个简单的解决办法（Kelly，2011）。因为在多种因素的共同作用下，虐待更容易发生，所以彻底消除儿童虐待行为需要付出巨大的努力。美国人对待体罚和贫困的"可接受"态度必须改变。只要体罚被认为是可以接受的，只要贫困家庭为食物和住所而长期生活在压力中，美国儿童就还会受到虐待。父母也需要接受抚养技能方面的咨询和培训。只要父母对有效养育和管教方法一窍不通，虐待就会继续。

指望所有这些变化在一夜之间发生简直是异想天开。然而，通过关注一些更可控的因素，虐待的风险便可降低。社会支持大有裨益。当父母知道他们可以向其他成人寻求建议和安慰时，他们就能更好地处理养育孩子的压力。家庭也可以学习更有效的方法来应对可能引发虐待的情况（Wicks-Nelson和Israel，2006）。通过角色扮演课程，家长可学到权威型抚养方式的好处，以及使用反馈和示范的有效方法（见模块14.1）来规范孩子的行为。

在虐待发生后，通常会提供社会支持并教授有效的育儿方法。当然，首先避免虐待更可取，也更划算。为了避免虐待，我们可以使用一个熟悉却有用的工具：儿童早期干预项目。当家庭参与干预项目（包括学前教育和旨在鼓励父母更多地参与孩子教育的家庭支持活动）两年或两年以上时，虐待可以减少一半（Reynolds和Robertson，2003）。当父母参加这些项目时，他们会对孩子的教育更加投入。这使得他们的孩子在学校更成功，减少了压力的来源，增强了父母对其育儿技能的信心，减少了育儿过程中遭受虐待的风险。

另一种有效方法特别侧重于儿童面临虐待风险的家庭的育儿技巧。在一个项目中（Bugental和Schwartz，2009），有虐待风险的婴儿（因为出生时的健康问题）的母亲参加了一个综合培训项目，在此过程中，她们学会了识别在照顾婴儿的过程中可能经常遇到的问题出现的原因（例如，与喂养、睡觉、哭闹相关的问题）。接着，项目会教授她们处理这些问题的方法和监测这些方法的有效性。当母亲参加这个项目时，她们更不可能使用严厉的惩罚（众所周知的儿童虐待的风险因素），她们的孩子也不太可能在家里受到伤害（父母忽视的常见衡量标准）。

还有一些有效项目针对的是大龄但也有可能遭受父母虐待的儿童。其中包括亲子互动治疗，该治疗关注：（1）帮助父母与他们的孩子建立温暖和积极的关系；（2）培养对孩子的合理期望并采取有效的惩戒措施。当面临虐待风险的儿童的父母参与这个项目时，他们反映压力更小了，他们与孩子的互动变得更积极了（更多的赞扬和更少的命令），关键是，虐待更少出现了（Thomas和Zimmer-Gimbeck，2011，2012）。

在模块的结尾，要记住，大多数虐待孩子的父母应该得到同情，而不是指责。在大多数情况下，父母和孩子彼此依恋；虐待是无知和压力的结果，并非恶意。

风险因素数量问题的答案：有4个因素使马克斯处于危险之中——社会孤立（刚搬到社区）、贫穷（失业、没有积蓄）、继子女身份、患有慢性疾病。

✓ 检测你的学习

回忆： 阐述导致虐待儿童的不同因素。
我们怎样才能避免虐待儿童？

解释： 在虐待孩子过程中，很不幸，孩子自身有时也会导致受虐，这一过程是如何发生的？

应用： 假设你读了一封给当地报纸编辑的信，信的作者声称虐待孩子的父母都有精神病。如果你要写回信，你会说什么？

> 统一主题：儿童的主动性

在这一章中，我想强调的主题是儿童能够影响自身的发展。对于这个主题，这一章似乎不太寻常，因为我们通常认为父母影响他们的孩子。但在本章中我们多次看到，养育孩子在某种程度上是由孩子自己决定的。我们看到随着儿童长大，父母会改变自己的行为。父母也会根据孩子对以前管教方式的反应来调整他们的行为。在讨论儿童受虐待的原因时，我们发现年龄更小和患有疾病的儿童由于自身的行为，常常在不知不觉中把自己置于被虐待的危险之中。不断抱怨和哭闹对所有的父母来说都是一种痛苦经历，也会促使少数父母因此伤害他们的孩子。

当然，父母确实在许多方面影响孩子的发展。有效抚养告诉我们，没有一种万能的模式适用于所有的儿童，或者适用于一个家庭的所有儿童。相反，父母必须根据每个孩子的需要，认识到他们独特的需求、长处和弱点，相应调整自己的育儿行为。

自行探索

许多学生难以接受父母在现实生活中使用模块14.1中描述的不同风格。要观察父母在温情和支配方面的不同，可以去一个能看到父母和孩子互动的地方。购物中心和快餐店就是两个很好的选择。观察父母和孩子，判断他们的温情程度（对孩子的需求有反应还是不感兴趣）和支配程度（相对支配还是不支配）。当你观察时，判断父母是否有效地使用反馈和示范。你很可能会观察到父母多种行为，其中有些有效，有些无效。自行探索吧！

总结

14.1 抚养

家庭系统

根据系统视角，家庭是一种进化适应，由相互作用的元素组成。父母和孩子相互影响。家庭本身嵌入了一个相互关联的系统环境中，从微观系统（儿童周围环境中的人和物）到宏观系统（所有其他系统都嵌入其中的文化和亚文化）。

抚养方式

父母抚养的一个方面是父母的温情程度：儿童显然受益于温情、关心的父母。另一个方面是支配。有效的父母支配包括制定适当的标准并始终如一地执行。结合温情和支配程度我们可以看到四种抚养方式：（1）专制型父母支配且不参与；（2）权威型父母支配但回应子女；（3）放纵型父母关爱子女但不施加控制；（4）冷漠型父母既不温情，也不支配。权威型抚养方式通常对孩子是最好的。

孩子的养育受到文化和家庭结构的影响。与美国父母相比，中国父母的支配更多，温情更少。生活在贫困中的父母往往更倾向于专制的抚养方式。

抚养行为

父母通过直接教导和指导来影响儿童的发展。此外，父母是孩子的榜样，孩子有时直接模仿父母的行为，有时会就所见动作做出反向模仿。

父母也会利用反馈来影响孩子的行为。有时，父母会陷入负强化陷阱，无意中强化了他们本想阻止的行为。惩罚是有效的方法，前提是惩罚要及时、一致，并伴随着解释，而且要由与孩子关系亲密的人实施。中断是一种有用的惩罚方式。

婚姻系统的影响

长期的冲突对孩子有害，但当父母建设性地解决分歧时，孩子实际上会受益。并不是所有的父母都能很好地合作，因为他们在抚养孩子的目标或方法上存在分歧。

儿童的作用

抚养受儿童自身特征的影响，如年龄和气质。

14.2 变化中的家庭

父母离婚对儿童的影响

父母离婚会在很多方面对儿童不利，包括学习成绩、适应能力。父母离婚的影响源于对孩子的监控减少、经济困难和父母之间的冲突。

混合家庭

鉴于混合家庭中关系复杂、冲突和嫉妒普遍存在，若想这一家庭形式对儿童和青少年发展有利，需要付出一定的努力。当母亲再婚时，女儿有时很难适应，因为新的继父侵犯了亲密的母女关系。最佳策略是避免优先对待亲生孩子，对所有家庭成员表现出温暖和关心，以及维持和谐的婚姻关系。

祖父母的影响

祖父母在孙辈生活中有不同影响。

影响型和支持型祖父母会积极参与抚养孙辈。在非裔美国家庭中，祖母通常和女儿住在一起，这种安排对孩子是有利的。祖父母也通过他们抚养孙辈父母的方式间接地影响他们的孙辈。

同性恋父母的孩子

对同性恋父母的研究表明，跟异性恋父母相比，两者同大于异，他们的孩子的成长过程跟异性恋夫妇养育的孩子基本一致。

14.3 兄弟姐妹

长子（女）、次子（女）和独生子女

长子（女）通常更聪明，上大学的可能性更大，但晚出生的孩子更受欢迎，更有创造力。独生子女在大多数方面都与有兄弟姐妹的孩子相当。如果被收养的儿童在被收养时年龄较大，并且在他们被收养前护理质量较差，他们会存在问题。

兄弟姐妹关系的质量

兄弟姐妹的出生可能会给大一点的孩子带来压力，尤其是当父母忽视大孩子的需求时。如果同性的兄弟姐妹相处得更好，他们相信父母会公平对待他们，即使进入青春期，与父母相处也融洽。

14.4 虐待：扭曲的亲子关系

虐待的后果

受到虐待的儿童有时会遭受永久性的身体伤害。他们的同伴关系往往很差，他们的认知发展和学业表现往往滞后。

虐待的原因

对暴力、贫穷和社会孤立的文化观点可能会助长虐待儿童的行为。施虐的父母往往不快乐，缺乏社交技能。年龄较小、身体不健康的儿童更有可能成为虐待对象，继子女也是目标之一。

避免虐待

干预项目通常侧重于为家庭提供解决问题的新方法，并为父母提供帮助他们应对压力的资源。

考考自己

1. ____指的是一个人可能没有亲身经历但仍然影响发展的社会环境。
   a. 微观系统
   b. 中观系统
   c. 外在系统
2. ____抚养方式结合了程度相当的父母支配和温情。
   a. 专制型
   b. 冷漠型
   c. 权威型
3. 专制型父母的孩子____。
   a. 通常闷闷不乐
   b. 有高度的自尊
   c. 在学校很少存在不当行为
4. 在____中，父母无意中强化了他们希望阻止的行为。
   a. 放纵型抚养
   b. 中断

c. 负强化陷阱

5. 哪项陈述准确地描述了婚姻系统的影响？____。

   a. 父母之间一旦发生冲突，孩子们就会感到痛苦

   b. 大多数父母都善于防止工作压力影响到他们的孩子

   c. 当父母共同努力为孩子实现共同的目标时，抚养会更有效

6. 随着孩子年龄的增长，父母____。

   a. 表达爱意时，会更内敛

   b. 控制欲更强，尤其在个人领域

   c. 不再受儿童气质或行为的影响

7. 当父母离婚时，____。

   a. 孩子的同伴关系通常会受到影响，但他们在学校的成绩不会变化

   b. 如果父母相处融洽，孩子可以受益于共同监护

   c. 如果儿童通常能够积极看待事物，他们尤其会受到影响

8. 在混合家庭中，继父____。

   a. 应该关心继子女，但不要侵犯已建立的关系

   b. 通常会发现继女比继子更容易适应

   c. 非常渴望参与孩子的抚养

9. ____时，祖父母更有可能和孙辈在一起。

   a. 他们孙辈不多

   b 他们跟孙辈住得远

   c. 他们的孩子（孙辈的父母）不关心祖父母是否参与

10. 同性恋父母的孩子____。

    a. 通常长大后会成为同性恋

    b. 与异性恋父母养育的孩子一样聪明，但社交技能较差，自我概念较低

    c. 有时因为母亲是女同性恋而受到不公平的对待

11. 下列关于收养的陈述哪项是正确的？____。

    a. 经历过开放收养的青少年和经历过封闭收养的青少年一样适应良好

    b. 领养后的生活质量会影响儿童的发展，但领养前的生活质量不会造成影响

    c. 大多数被收养的儿童都有发展问题

12. ____时，兄弟姐妹相处最融洽。

    a. 都具有情绪化气质

    b. 性别一致

    c. 都是青少年

13. ____是最常见的儿童虐待形式。

    a. 身体虐待

    b. 性虐待

    c. 忽视

14. 虐待孩子的父母____。

    a. 在社会上经常被孤立

    b. 自己几乎没有受虐

    c. 通常有支持型的满意婚姻

15. 当儿童是____时，他们更有可能成为虐待的对象。

    a. 健康而不是生病

    b. 亲生孩子而不是继子女

    c. 婴儿和学龄前儿童而不是学龄儿童

关键术语

专制型抚养	开放收养	强化
权威型抚养	外在系统	中观系统
权威型祖父母	消极型祖父母	支持型祖父母
混合家庭	影响型祖父母	微观系统
时序系统	放纵型抚养	中断
反向模仿	共同监护权	负强化陷阱
冷漠型祖父母	惩罚	冷漠型抚养
直接教导	宏观系统	观察学习
自我复原力		

第15章　家庭以外的影响

如果你在开学的第一天站在幼儿园教室外面，你可能会看到一些孩子在哭，他们害怕独自面对一个陌生的环境。令你感到吃惊的是，许多父母也在努力控制自己的泪水。为什么？因为父母们意识到，当孩子开始上学时，他们向着独立迈出了重要的一步。现在，还有其他一些因素会影响儿童的生活，有一些也在挑战着父母的影响力。这些因素包括孩子的同伴、电子媒体和机构。在本章中，我们将在模块15.1讨论同伴影响。接下来，在模块15.2中，我们将看到电子媒体——尤其是电视和电脑——对儿童发展的影响。最后，在模块15.3中，我们将探讨其他文化机构，包括日托中心、工作场所、社区和学校对儿童发展的影响。

模块

- 15.1 同伴
- 15.2 电子媒体
- 15.3 机构

15.1 同伴

> **学习目标**
>
> 学习目标1：儿童什么时候最先开始互相交往？这些互动在婴儿期、童年期和青春期有什么变化？
>
> 学习目标2：儿童为什么会交朋友？友谊有什么价值？
>
> 学习目标3：青少年什么时候开始谈恋爱？
>
> 学习目标4：儿童和青少年团体的重要特征是什么？团体如何影响个人？
>
> 学习目标5：为什么有些孩子比其他孩子更受欢迎？被排斥的原因和后果是什么？
>
> **大纲**
>
> 同伴交往的发展
>
> 友谊
>
> 恋爱
>
> 团体
>
> 受欢迎和被排斥

六个月来，17岁的格雷琴一直在和18岁的杰夫约会。他们确立了恋爱关系。他们相互信任和支持，希望将来组建自己的小家庭。

许多主要的发展理论家，包括弗洛伊德、埃里克森、皮亚杰和维果茨基，都认为儿童的发展很大程度上是由他们与同伴的互动和关系所塑造的。无论是与同班同学、自己朋友圈的朋友的互动，还是像格雷琴那样的恋爱关系，儿童和青少年与同伴的互动和关系都是重要的心理发展事件。

在本模块中，我们将追寻同伴交往的发展轨迹，然后我们会再看看友谊和恋爱；最后，我们将考虑儿童在团体中的成员身份，包括他们在这些团体中的社会地位。

同伴交往的发展

学习目标1：儿童什么时候最先开始互相交往？这些互动在婴儿期、童年期和青春期有什么变化？

令人惊奇的是，同伴交往在婴儿时期就开始了。两个6个月大的婴儿在一起会相互观察对方，微笑，用手指另一方。在接下来的几个月，当婴儿和其他婴儿在一起时，他们会笑且咿呀学语（Rubin，Bukowski和Parker，2006）。

从1岁左右开始一直到学龄前阶段，同伴关系迅速变得更加复杂。在著名的早期研究中，帕腾（Parten，1932）提出了一种发展次序：儿童首先自己玩或看着别人玩，然后他们会发展到更复杂的游戏形式，里面每个孩子都有明确的角色。今天，研究人员不再认同帕腾的观点，他们否定儿童在游戏的每个阶段都按照严格的顺序进行。尽管如此，帕腾所区分的不同游戏形式仍然是有用的。

第一种社会游戏发生在儿童1岁生日后不久，即平行游戏：儿童独自玩耍，但对其他孩子在做什么保持着浓厚的兴趣。在平行游戏中，小朋友之间的交流开始发生。当一个人说话或微笑时，另一个人通常会做出回应（Howes，Unger和Seidner，1990）。

在15～18个月大的时候，儿童就不再只是看着别人玩了。在协同游戏中，儿童参与同类的活动，互相交谈或微笑，并相互交换玩具。现在这种游戏是真正的互动。协同游戏的一个例子是，两个20个月大的孩子在地板上推玩具小汽车，让小汽车发出声响，并定期交换小汽车。

2岁生日时，儿童开始合作游戏：儿童围绕一个明确的主题组织他们的游戏，并根据这个主题扮演特殊的角色。例如，孩子可以玩捉迷藏，轮流躲起来和去找人，或者他们可以开一个茶话会，轮流做主人和客人。孩子3岁半到4岁时，平行游戏就不那么常见了，合作游戏成为常态。合作游戏通常在同性伙伴之间发生，这种偏好在6岁之前逐渐增强，到了6岁，儿童选择同性玩伴的概率约为2/3（LaFreniere，Strayer和 Gauthier，1984）。

假扮

在学龄前阶段，合作游戏经常以假扮的形式进行。学龄前儿童与想象中的同伴进行电话交谈，或者假装喝想象中的果汁。在假扮的早期阶段，孩子依靠现实的道具来支持他们的游戏。在假装喝酒时，年幼的学龄前儿童会用一个真正的杯子；在假装开车时，他们会用一个玩具方向盘。在假扮的后期阶段，孩子不再需要真实的道具；相反，他们可以把积木当成杯子，或者把一堆沙子当作煎饼面糊。这种逐渐向更抽象的假扮发展的趋势当然是可能的，因为认知发展发生在学龄前阶段（Striano，Tomasello和 Rochat，2001）。

虽然假扮是学龄前儿童游戏的一个特别显著的特征，但其实它早就存在了。在16～18个月大的时候，学步儿童就会对假扮游戏和现实生活之间的区别有所了解。如果学步儿童看到一个成人假装把两个杯子装满水，然后喝其中一个杯子里的水，他们也会假装喝另一个杯子里的水（Bosco，Friedman和Leslie，2006）。

当然，父母第一次玩假扮游戏时，学步儿童必然感到困惑。他们可能想知道为什么妈妈要用空杯子喝水或是用空碗吃麦片。但妈妈们会帮助学步儿童理解这种行为，当妈妈假扮的时候，她们通常会直接看着孩子并咧着嘴笑，好像在说："这只是为了好玩——不是真的！"小孩子也报以微笑，好像在说："我知道了！我们来玩吧！"（Nishida 和 Lillard，2007）。当孩子大一点的时候，他们通常会告诉同伴他们想玩假扮游戏（"我们玩假扮游戏吧"），然后他们会描述跟现实不同的那些方面（"我将成为飞行员，这是我的飞机"，指的是沙发）。这就好像孩子都同意进入一个由自己的一套规则控制的平行宇宙（Rakoczy，2008；Skolnick Weisberg 和 Bloom，2009）。

正如你可能怀疑的那样，文化会影响假扮游戏的发展。在一些文化中（如印度、秘鲁），父母通常不会和孩子玩假扮游戏。没有父母的支持，孩子直到长大后才会开始玩假扮游戏（Callaghan等，2011）。此外，假扮游戏的内容反映了儿童文化中重要的价值观（Gosso，Morais和Otta，2007）。例如，冒险和幻想是欧美儿童最喜欢的主题，而家庭角色和日常活动是韩裔美国孩子的最爱。因此，文化价值观影响着"假扮游戏"的产生和内容（Farver 和 Shin，1997）。

假扮游戏不仅是儿童的娱乐方式，而且能促进认知发展。经常玩假扮游戏的孩子往往在语言、记忆和推理方面能力更强（Bergen 和 Mauer，2000；Lillard等，2013）。他们也会对他人的想法、信仰和感受有更深刻的理解（Lindsey 和 Colwell，2003）。

假扮游戏的另一个好处是，允许孩子探索他们害怕的话题。害怕黑暗的孩子可能会安抚同样害怕黑暗的洋娃娃。通过向洋娃娃解释她为什么不应该害怕，孩子开始理解并控制自己对黑暗的恐惧。或者，孩子可能会假装洋娃娃做了错事，必须受到惩罚，这让他们体验到父母的愤怒和洋娃娃的内疚。假扮游戏也可以让孩子探索其他情绪，包括喜悦和爱（Gottman，1986；Lillard等，2013）。

对许多学龄前儿童来说，假扮游戏中会有假想的同伴。假想的同伴曾经被认为是相当罕见的，但许多学龄前儿童，特别是长子（女）和独生子女，称自己有假想的同伴（Taylor等，2004）。儿童通常可以描述他们假想的同伴的长相和声音（Tahiroglu，Mannering和Taylor，2011）。拥有假想同伴与许多积极的社会特征有关（Davis，Meins和Fernyhough，2011；Gleason 和 Hohmann，2006；Roby和Kidd，2008）；与缺乏假想同伴的学龄前儿童相比，拥有假想同伴的学龄前儿童往往更善于社交，拥有更多真实的朋友，比其他学龄前儿童有更强的自我认知。存在行为问题风险的大龄儿童中，有假想同伴可以促进青少年更好地适应环境（Taylor，Hulette和Dishion，2010）。

许多儿童还和动物玩耍，尤其是家庭宠物。美国和欧洲的大多数家庭都有宠物，儿童经常把它们当作家庭成员。独生子女和没有弟弟妹妹的儿童尤其有可能与宠物玩耍。这种游戏有时类似于合作游戏，尤其是当狗也参与时。例如，"扔球游戏"有"投掷者"和"寻回者"的角色，儿童和狗可以理解这两个角色。在其他常见的儿童—动物游戏中，儿童有时假装自己是像宠物一样的动物（如对着宠物吠叫），或者假装宠物是人，并与其进行对话（Melson，2003，2010）。

单独游戏

在学龄前阶段，很多孩子都喜欢独自玩耍。父母应该担心吗？一般来说，不用担心。单独游戏有很多种方式，其中大多数都是正常的，甚至是健康的。花时间独自给图画上色、猜谜语或组装乐高积木并不是问题行为的标志。许多青少年喜欢独自活动，在其他时候，他们也会选择社交程度高的游戏（Coplan 和 Ooi，2014）。

然而，某些形式的单独游戏是儿童不愿意与他人互动的迹象（Coplan 等，2001；Harrist 等，1997）。一种不健康的单独游戏是漫无目的地闲逛。有时，儿童在幼儿园从一个活动中心逛到另一个活动中心，好像在试图决定做什么。但实际上，他们只是一直在闲逛，从来没有安定下来与他人一起玩耍，或者进行建设性的单独游戏。另一种不健康的单独游戏是徘徊：孩子站在玩游戏的同伴旁边，看着他们玩，但不参与。随着时间的推移，有这些行为的儿童会出现一些问题，因为这会导致同伴避开或排斥他们（Coplan 和 Armer，2007）；对这些孩子来说，最好找个专业人士帮助他们克服在社交场合的沉默寡言。

父母的影响

父母以多种方式参与儿童的游戏（Parke 和 O'Neil，2000）：

- 玩伴。许多父母喜欢扮演玩伴的角色（许多父母的表现应该被授予奥斯卡奖）。他们利用这个机会给孩子的游戏搭建框架（见模块6.2），通常会把它提高到更复杂的水平（Tamis-LeMonda 和 Bornstein，1996）。例如，如果一个学步儿童正在堆叠玩具盘子，父母可能会帮助他堆叠盘子（同一水平），或者假装洗每个盘子（更高的水平）。当父母表现出游戏的互惠性和合作性时，他们的孩子与同伴玩游戏时会更得心应手（Lindsey，Cremeens 和 Caldera，2010）。

- 公关专家。互动需要两个人，年幼的孩子需要父母创造社交互动的机会。许多孩子的父母会带孩子去同龄人家玩，让孩子参加活动（如学前教育），带孩子去好玩的地方（如公园、游泳池）。所有这些努力都是值得的：父母为孩子提供频繁的同伴互动机会，孩子往往会与同伴相处得更好（Ladd 和 Pettit，2002）。

- 教练。成功的互动需要大量的技巧，包括如何发起互动、共同决策和解决冲突。

当父母帮助他们的孩子获得这些技能时，孩子往往社交能力更强，更容易被同龄人接受（Grusec，2011；Mounts，2011）。例如，当母亲强调被攻击对象的感受时，她们的孩子就不太可能诉诸关系攻击（Werner等，2014）。但有一个问题：指导必须是有建设性的，孩子才能从中受益。家长指导有时会提出错误的建议。糟糕的指导比没有指导更可怕，因为会损害孩子的同伴关系（Russell和Finnie，1990）。

- 调解人。当儿童在玩的时候，他们经常会有分歧、争论，有时会打架。当父母在身边帮助解决冲突时，他们合作玩游戏的时间更长（Mize，Pettit和Brown，1995）。当儿童不能就玩什么游戏达成一致时，父母可以协商一个双方都能接受的活动。当两个孩子都想玩同一个玩具时，父母可以安排他们一起玩。在这里，父母通过提供一些学龄前儿童所缺乏的社交技能，为学龄前儿童的游戏提供了支架，保证顺畅互动。

除了这些对儿童游戏的直接影响，父母与儿童的依恋关系质量也会间接影响儿童的游戏。回想模块10.3，当孩子还是婴儿时，如果与母亲有一种安全的依恋关系，那么孩子在童年和青春期都能构建成功的同伴关系（Bascoe等，2009；Brown和Bakken，2011）。亲子关系为儿童所有未来社会关系提供了内在运作模型。如果亲子关系质量高，并在情感上令人满意，孩子就会大胆去与他人建立关系。另一种可能是，与母亲有安全型依恋使婴儿对探索环境更有信心，这反过来又提供了更多与同伴互动的机会。这两种观点并不相互排斥，因为这两种因素都有助于安全型依恋关系的儿童相对容易与同伴互动（Hartup，1992）。

学龄后的同伴关系

当孩子进入小学后，同伴关系的情境发生显著的变化（Rubin等，2006）。不仅同伴的数量增加了，而且孩子接触到的同伴也比以前更加多样化了。此外，孩子发现自己与同伴在各种环境中互动，有的环境是结构化的，有很多成人的监督（如教室），有的环境是非结构化的，只有很少的成人监督（如课间休息时的操场）。

孩子的同伴关系发生的明显变化在于，在小学期间，由于与同伴相处的经验更多，以及认知和语言的发展，儿童比他们更小的时候相处得更好。他们在发起和维持互动方面变得更加熟练。他们还使用更复杂的方法来解决冲突，如谈判（Laursen，Finkelstein和Betts，2001）。

学龄儿童在一起时会做什么？在一项研究（Zarbatany，Hartmann和Rankin，1990）中，调查人员询问了加拿大五年级和六年级的学生是如何与同龄人相处的。参与研究的学生报告他们参与29项不同活动的频率，结果如图15-1所示，在情理之中，对吧？最常见的互动活动很简单——只是在一起聊天。这也适用于高中生：他们花更多的时间与朋友聊天、和他们出去玩，而不是看视频、做作业或参加学校活动（Nelson和Gastic，2009）。

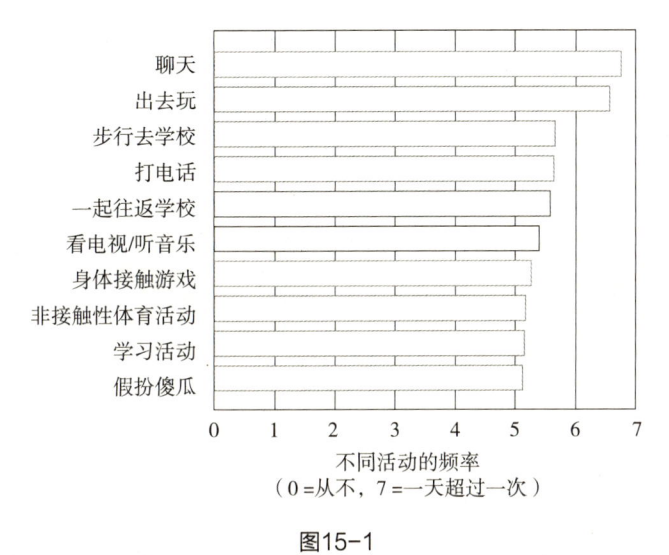

活动	频率
聊天	~6.5
出去玩	~6.3
步行去学校	~5.7
打电话	~5.6
一起往返学校	~5.5
看电视/听音乐	~5.4
身体接触游戏	~5.3
非接触性体育活动	~5.2
学习活动	~5.1
假扮傻瓜	~5.0

不同活动的频率
（0 = 从不，7 = 一天超过一次）

图15-1

该图还显示了小学期间同伴关系的另一个重要特征。孩子报告说，他们每周会玩几次身体接触游戏，这在一定程度上反映了学龄儿童中出现了一种特殊类型的游戏。在打闹游戏中，孩子开玩笑地相互追逐、拳打脚踢、推搡、打架和摔跤。请注意这个定义中的"开玩笑"一词：与意图是伤害的攻击性行为不同，打闹游戏是为了娱乐。当孩子参与到打闹游戏中时，他们通常会微笑，有时会大笑（Pellis和Pellis，2007）。当父母或老师干预时，孩子通常会解释说没有问题，他们只是玩而已。打闹游戏在男孩中更常见，而女孩的打闹游戏倾向于奔跑和追逐，而不是摔跤和打架。

当孩子进入青春期时，同伴关系的三个特征变得更加突出：友谊变得更加亲密，出现第一段恋爱关系，团体变得更重要。这些变化非常重要，因此我们将分别进行探究。让我们从友谊开始。

友谊

学习目标2：儿童为什么会交朋友？友谊有什么价值？

随着时间的推移，即使是小孩子也会和某些同伴发展出特殊的关系。友谊是相互喜欢的两个人之间的一种自愿关系。到4岁或5岁时，大多数孩子都声称有一个"最好的朋友"。如果你问他们如何判断一个孩子是自己最好的朋友，他们的回答可能会像5岁的凯特琳一样：

> 采访者：为什么海蒂是你最好的朋友？
>
> 凯特琳：因为她和我一起玩。她对我很好。
>
> 采访者：还有其他原因吗？
>
> 凯特琳：有，海蒂会让我玩她的洋娃娃。

因此，对学龄前儿童和小学初期阶段的儿童来说，友谊的关键因素是孩子喜欢彼此，喜欢在一起玩。

随着孩子的成长，他们的友谊变得更加复杂。对于大龄的小学儿童（8~11岁）来说，相互喜欢和共同参与的活动中加入了更多的心理特征，如信任和帮助。在这个年龄，孩子期望他们可以依靠自己的朋友，他们的朋友会对他们很好，会遵守诺言，不会对别人说他们的坏话。他们希望朋友在彼此需要的时候挺身而出：朋友应该愿意帮助做家庭作业或者愿意分享零食。

青春期为友谊增添了另一层复杂性。共同的爱好、共同的兴趣和信任依然存在。但事实上，在青少年的友谊中，信任变得更加重要。青春期的"新事物"是亲密：朋友之间互相倾诉，分享个人的想法和感受。青少年会表现出他们对一段新恋情的兴奋，或者对没有出演学校音乐剧感到失望。女孩之间的友谊中更常见亲密关系，她们比男孩更有可能拥有一个唯一的"最好的朋友"（Markovits，Benenson和Dolenszky，2001）。因为亲密关系是她们友谊的核心，女孩也更有可能关心朋友的忠诚，以及担心被排斥（Benenson和Christakos，2003；MacEvoy和Asher，2012；Poulin和Chan，2010）。

Q&A 问题15.1

如果海蒂仍然是凯特琳高中时最好的朋友，那么凯特琳对她们友谊的描述与她5岁时的描述会有什么不同呢？

青少年友谊中亲密关系的出现意味着朋友也被视为社会和情感支持的来源。小学生通常依靠亲密的家庭成员——父母、兄弟姐妹和祖父母——作为他们需要帮助或沮丧时的主要支持来源。但青少年转而求助于亲密的朋友。因为如果青少年跟朋友分享自己私密的想法和感受，那么朋友就能在他们情绪化或有压力时提供支持（del Valle，Bravo和Lopez，2010；Guacci Franco和Levitt，1993）。

与亲密相辅相成的是忠诚。青少年会向朋友倾诉，所以他们希望朋友能陪他们度过好时光或坏时光。如果一个朋友不忠诚，青少年害怕他们可能会被羞辱，因为他们私密的想法和感受会被更广泛的圈子里的人知道（Berndt和Perry，1990）。

谁会成为朋友

在童年和青春期，大多数朋友在年龄、性别和种族上相似（Hamm，2000；Mehta和Strough，2009）。因为朋友之间应该平等相待，年长的、有经验的孩子和年幼的、缺乏经验的孩子之间很少有友谊。而且因为孩子通常和同性同伴一起玩（见模块13.3），男孩和女孩很少成为亲密的朋友。

虽然孩子的朋友绝大多数是同性，但也有一些孩子和异性交朋友。拥有同性或异性朋友的孩子往往适应得很好，而只有异性朋友的孩子往往不受欢迎，在学业和社会上能力较差，自尊也较低。显然，拥有同性朋友和异性朋友的孩子在社交方面都非常熟练和受欢迎，以至于男孩和女孩都渴望成为他们的朋友。相比之下，只有异性朋友的孩子不擅长社交，也不受欢迎，他们被同性同伴排斥，把与异性交朋友作为"最后的稻草"（Bukowski，Sippola和Hoza，1999）。

异性友谊在青少年中更常见（Arndorfer和Stormshak，2008）。到了青春期中期，男孩约占女孩朋友的33%，但只有20%的男孩的朋友是女孩。男孩从这些异性友谊中受益更多：女性朋友给男孩提供的帮助和支持比男性朋友给女孩提供的更多（Poulin 和Pedersen，2007；Sears，Graham和Campbell，2009）。

来自同一种族或民族的儿童和青少年之间的友谊比来自不同种族的儿童和青少年之间的友谊更普遍，这反映了美国社会的种族隔离。如果学校中一个班的学生人数较少（Hallinan和Teixeira，1987），或者儿童所在的学校和社区是种族多样化的（Quillian和Campbell，2003），跨群体的友谊更常见。虽然这种跨群体的友谊并不普遍，但它们是有价值的：来自多数群体的孩子与来自少数群体的孩子建立友谊后，前者会对后者形成更积极的态度（Feddes，Noack和Rutland，2009）。而在跨群体友谊中的孩子往往不那么容易成为关系攻击的目标（Kawabata 和 Crick，2011）。

当然，朋友的相似之处不限于年龄、性别和种族，他们在受欢迎程度上也很相似：受欢迎的青少年与受欢迎的同伴交朋友，他们会避免与不受欢迎的同伴交朋友（Dijkstra，Cillessen和Borch，2013）。此外，朋友之间对学校、娱乐和未来计划的态度也相似（Hamm，2000；Newcomb 和 Bagwell，1995）。儿童和青少年会与跟自己相似的人交朋友，随着时间的推移，朋友在态度和价值观上变得越来越相似（Popp等，2008；Van Zalk等，2010）。然而，朋友不是彼此的影印本。例如，与配偶或异卵双胞胎相比，朋友之间的相似性要小一些（Rushton 和 Bonds，2005）。

友谊的质量和后果

如果让你回想童年时期的友谊，你可能仍记得一些童年时期的友谊是长久且令人满意的,而另一些友谊很快就淡化、消失了。是什么造成了友谊的质量和寿命上的这些差异?有时友谊是短暂的。因为虽然孩子有建立友谊的技能,他们知道有趣的故事,他们会开玩笑,他们知道好的谈资,但他们缺乏维持友谊的技能,如不能保守秘密、太专横,或者太情绪化(Blair等,2014;Jiao,1999;Parker和Seal,1996)。有时友谊的结束是因为当冲突出现时,孩子更关心自己的利益,不愿妥协或谈判(Glick和Rose,2011;Rose和Asher,1999)。在其他时候,当孩子发现他们的需求和兴趣并不像他们最初认为的那样时,友谊就会消失(Ellis和Zarbatany,2007;Poulin和Boivin,2000)。

考虑到友谊因多种原因而破裂,你可能会提醒自己,真正的好朋友是值得珍惜的。事实上,研究人员发现,有好朋友对儿童大有裨益。与缺乏好朋友的儿童相比,有好朋友的儿童有更高的自尊,不太可能感到孤独和抑郁,而且更经常表现出亲社会行为——与他人分享和合作(Burk和Laursen,2005;Hartup和Stevens,1999)。有好朋友的孩子能更好地应对有压力的经历,如考试成绩不佳或被同龄人排斥(Adams、Santo和Bukowski,2011;McDonald等,2010)。而且他们不太可能被同龄人伤害(Schwartz等,2000)。更重要的是,友谊的益处是持久的:有好朋友的孩子成年时也会更有自我价值感(Bagwell、Newcomb和Bukowski,1998)。因此,对许多青少年来说,朋友是重要的资源。孩子向他们的朋友学习,并在遇到压力时向他们寻求支持。

虽然儿童和青少年可以从朋友的支持中获益,但也会付出代价。有时朋友花很多时间在一起讨论彼此的个人问题,这被称为同伴反刍。女孩比男孩更喜欢这样做(这与亲密关系在女孩的友谊中更重要这一事实一致)。这样的同伴反刍可以增进女孩友谊,但也会让她们更容易抑郁和焦虑。换句话说,当阿梵蒂和米什拉日复一日地谈论他们的父母问题和学业时,她们变得更亲密,但也会产生更多的问题(Brendgen等,2010;Schwartz-Mette和Rose,2012)。

友谊还有其他潜在危险(Bagwell,2004)。例如,当朋友具有攻击性时,他们经常鼓励彼此的攻击性行为(Dishion、Poulin和Burraston,2001;Piehler和Dishion,2007)。同样,当青少年从事危险行为时(如喝酒、抽烟),他们通常会强化对方的危险行为(Bot等,2005;Henry等,2007)。"研究重点"专栏中的研究证实了朋友的这种影响。

研究重点

好朋友对性行为的影响

研究人员是谁?研究的目的是什么?詹姆斯·杰卡德、哈特·布兰顿和托尼亚·道奇（James Jaccard，Hart Blanton和Tonya Dodge，2005）着手确定亲密的朋友是否会影响青少年的性行为。也就是说，他们想知道当青少年最亲密的同性朋友性行为活跃时，青少年是否更有可能性行为活跃。

研究人员是如何测量研究话题的？ 杰卡德和他的同事使用了Add Health数据库的数据，其中包括来自美国2万多名7~12年级的青少年的信息。他们完成了问卷调查，并就有关青少年健康和发展的广泛话题进行了采访。青少年说出5个同性好朋友的名字，然后指出他们在过去一周和每个人在一起的时间。询问青少年是否有过性行为，如果有过，最近一次是什么时候。

研究中的参与者是谁？ 该调查关注了近1700名青少年的子样本，包括837名男孩和851名女孩，他们接受了两次采访，而且都没有结婚。

这项研究的设计是怎样的？ 这项研究是相关型的，因为杰卡德和他的同事对两个变量之间自然存在的关系感兴趣：一个青少年是否性行为活跃，其最好的朋友是否性行为活跃。这项研究是纵向的，因为青少年被采访了两次，大约间隔一年。

这项研究是否存在伦理问题？ 你说呢！这是少数几个在美国国会辩论的儿童发展研究之一！该项目的最初版本是在20世纪80年代后期提出的，其动机是艾滋病的流行日益严重，并且只关注青少年的性冒险行为。在国家卫生研究院（NIH）决定资助这个项目之后，许多保守团体反对，争辩说这个项目实际上认可了其研究青少年性行为这一设计目的。国家卫生研究院撤回了这笔资金，但在1993年达成了妥协：美国国会通过了一项立法，要求进行更广泛的纵向研究，研究青少年的健康和福祉、危害青少年健康的因素以及促进健康的行为。最后就有了"全国青少年健康纵向研究"（National Longitudinal Study of Adolescent Health），简称"Add Health"。

家长和青少年都同意参与。此外，Add Health项目还不遗余力地确保所有参与者对任何问题的回答匿名。例如，对于敏感话题的提问，青少年要先听录音提问，然后将答案直接输入笔记本电脑。

结果如何？ 当青少年第一次接受采访时，性行为活跃的青少年和他们最好的朋友之间的相关性在男孩和女孩中分别是0.34和0.40。这表明最好的朋友在性经历上有相似的倾向。但是，当他们最好的朋友性行为活跃时，他们是否更有可能性行为活跃呢？研究人员通过调查过去一年中青少年的性行为来回答这个问题。他们发现，当最好的朋友在一年中性行为活跃时，56%的青少年在同一时期性行为活跃；相反，当最好的朋友性行为不活跃时，只有24%的青少年性行为活跃。因此，随着时间的推移，当他们最好的朋友性行为活跃时，他们更有可能有性行为活跃。这对于那些在最初的采访中性行为活跃的青少年以及那些性行为不活跃的青少年来说都是如此。

研究人员得出了什么结论? 青少年的友谊建立在相似的基础上,一旦建立了友谊,志同道合的朋友可以鼓励和支持彼此的行为。在这种情况下,他们可以支持对方的性行为或无性行为。然而,友谊在这方面并不是万能的。当青少年最好的朋友在一年中性行为活跃时,56%的青少年跟随他们的朋友变得性行为活跃,但44%没有。正如杰卡德和他的同事所说,"同伴和社交网络对青少年的很多行为产生了相当大的影响,如音乐、服装偏好和课外活动……(然而)……同伴影响只是导致青少年危险行为的众多因素之一"。

有什么趋同证据可以强化这些结论? 一个有用的步骤是继续进行纵向研究,以检验朋友的长期影响。另一个重要的补充可以是探索更多同伴,而不仅仅是青少年最好的朋友对其的影响。

最后,值得注意的是,许多青少年存在相互反感的关系。相互反感的特征是都不喜欢对方,可以说是非常强烈的讨厌(如"我恨死你了"),也可以是较温和的反感(例如,孩子只是相互回避)。大约1/3的美国儿童和未成年人有相互反感的关系,这样的人更有可能具有攻击性或内向(Card,2010)。这些关系有时反映了孩子之间的不同(Nangle等,2004)。汤姆喜欢上学,喜欢读书,并计划去哈佛读书,但他讨厌巴里,巴里认为学校的存在愚蠢至极,他经常听iPod,并计划从高中退学,成为摇滚明星。巴里也是这么想汤姆的。有时,一段破裂的友谊会令双方产生反感(Casper和Card,2010)。例如,当凯丽和其他成员分享里根的秘密时,里根也对凯丽的秘密做了同样的事情作为报复,由此他们的友谊结束了,很快发展成为一段相互反感的关系。最后,有时受欢迎的儿童和青少年会用反感来排斥不那么受欢迎的同伴(Berger和Dijkstra,2013)。

恋爱

学习目标3:青少年什么时候开始谈恋爱?

社交生活在青春期增加了一个独特的里程碑:恋爱。这在小学时期并不常见,但到了高中,大约有2/3的美国青少年有过一段恋爱关系,其中大多数恋爱持续了将近一年(Carver,Joyner和Udry,2003)。

但是文化因素会影响恋爱的年龄。传统的西班牙裔美国人和亚裔美国父母强调家庭关系和对父母的忠诚。因为恋爱关系是独立的标志,通常会导致与家人相处的时间更少，所以西班牙裔和亚裔美国青少年开始约会的年龄更大，约会次数更少也就不足为奇了（Collins，Welsh和Furman，2009）。

恋爱建立在友谊的基础上。和朋友一样，恋爱对象在受欢迎程度和外表吸引力方面往往相似。在亲密关系跌宕起伏时，最好的友谊既是一个范例，也是一种支持的来源（Collins等，2009）。更重要的是，恋爱关系会随着时间的推移而发生变化，就像友谊的变化一样：对于那些懒惰的青少年来说，恋爱关系提供了陪伴（就像最好的朋友提供的那样）。对于大龄青少年来说，亲密、信任和支持成为恋爱关系的重要特征（Shulman 和 Kipnis，2001）。最后，就像友谊一样，如果孩子接受高质量的抚养，他们更容易像成人一样投入自己的恋爱关系（Oriña等，2011）。

人们很容易将青少年恋情视为"早恋"，但这往往对发展具有重要意义（Collins等，2009）。一方面，处于恋爱关系中的青少年通常更自信，有更高的自尊，高质量的青少年恋爱关系与成年后的积极关系有关。另一方面，恋爱中的青少年称自己有更多的情绪波动和冲突（Joyner和Udry，2000）。此外，过早地与许多不同的伴侣约会与青少年时期的一系列问题有关（如吸毒），也与成年后不太满意的恋爱关系有关（Collins，2003）。

团体

学习目标4：儿童和青少年团体的重要特征是什么？团体如何影响个人？

在青春期，团体成为社会生活的一个重要特征。两种类型的团体在青春期尤为普遍。一个小团体由4~6人组成，他们都是好朋友，因此在年龄、性别、种族和兴趣上相似。小团体的成员经常在一起消磨时间，穿着、谈话和行为都很相似。小团体通常也是更大团体的一部分。群体是指由大龄儿童或青少年组成的更大的混合性别团体，他们有相似的价值观和态度，且有共同标记。也许你还记得你年轻时的一些不同的群体？运动生、预科生、颓废青年、书呆子和天才——青少年使用这些或类似的概念来描述大龄儿童或青少年群体（Brown 和 Klute，2003）。少数族裔的青少年通常可以分到这些群体中，但有些人按所属族裔来划分群体（Brown等，2008）。

有些群体比其他群体更有地位。例如，许多初中和高中的学生声称，运动生是最有声望的群体，而颓废青年是最不受欢迎的。大龄儿童和青少年的自尊往往反映了他们的群体地位。在上学期间，来自高地位群体的青少年往往比来自低地位群体的青少年拥有更高的自尊（Sussman等，2007）。最后，倾向于成人价值观的群体，如运动生和预科生，比不支持这些价值观的群体，如颓废青年，更不容易出现心理障碍，如抑郁症

（Doornward等，2012）。

为什么有些学生成了书呆子，而有些则成了颓废青年？很明显，青少年的兴趣和能力很重要。喜欢上学的聪明学生被吸引到天才或书呆子群体中，而运动天赋高的青少年则成为运动生群体的一部分（Prinstein和LaGreca，2004）。青少年的群体也显示了父母的影响。采用权威型抚养方式的父母温情但又有支配欲，这样一来，他们的孩子就会归属于认同成人行为标准的群体（如普通生、运动生、天才）。但是，如果父母的抚养方式是冷漠型或放纵型，那么他们的孩子就不太可能认同成人的行为标准，相反，他们会像瘾君子一样加入反对成人标准的群体。非裔美国人、亚裔美国人、欧洲裔美国人和西班牙裔美国人的儿童及其父母似乎都符合这种规律（Brown等，1993）。

团体结构

团体——无论是在学校、夏令营还是其他任何地方——通常都有一个明确的组织结构。大多数团体都有一个统治等级，包括一个领导者，团体的所有其他成员都服从他。其他成员知道自己在等级中的位置。他们服从于等级制度中高于自己的成员，并对低于自己所处等级的成员坚持自己的权力。由于每个成员都知道自己的位置，统治等级有助于减少群体内部的冲突和资源分配。

是什么决定了成员在团体结构中的位置？对于孩子，尤其是男孩，身体力量往往是统治等级的基础。领导者通常是身体上最具威胁性的孩子（Hawley，1999）。在女孩和大龄男孩中，领导者有较高的自尊，与同龄人有良好的关系，以及具有对团队有用的技能。例如，在一个夏令营里，领导者通常都是拥有丰富露营经验的孩子。在女童子军中，被选为巡逻队长的女孩往往聪明、目标导向、观点新颖（Edwards，1994）。这些特征恰到好处，因为巡逻的主要职能是帮助规划整个队伍的活动。同样，在一项关于课堂讨论小组的研究中，成为领导者的孩子有很好的想法并且外向（Li等，2007）。因此，基于关键技能的领导力是有效的，因为它给拥有对团队运作最重要技能的人授予最大的影响。

同伴压力

团体建立规范——适用于所有成员的行为标准——团体可能会向成员施加压力，让他们遵守这些规范。这种"同伴压力"通常被描述为一种不可抗拒的有害力量。人们的刻板印象是，青少年会对彼此施加巨大的压力，迫使对方做出反社会的行为。事实上，同伴压力既不是万能的，也不总是邪恶的。例如，大多数青少年为了抵制同伴压力，会做出明显反社会的行为，如偷窃（Cook，Buehler和Henson，2009），而且这种抵制从青春期中后期开始增加（Steinberg和Monahan，2007）。同伴压力当然也可能有积极意义。同伴经常督促彼此在学校努力学习，参加学校的活动，如试演一部戏剧或从事年鉴工作，或者参与如"人类出生地"等社区行动项目（Kindermann，2007；Molloy，Gest和Rulison，2011）。

当然，同伴的影响在人的一生中都普遍存在。正如我们在模块1.1中看到的，儿童和成人经常模仿同伴的行为，特别是当同伴地位高且行为得到奖励时。但青少年可能特别容易受到同伴影响，因为他们正在形成自己的身份（见模块11.1），模仿地位较高的同伴群体的行为也许能帮助确立这种身份。如果乔丹看到受欢迎的同伴吸烟，而他所预见的自己的部分新身份是成为受欢迎群体中的一员，那么他可能也会开始吸烟（Brechwald和Prinstein，2011）。

同伴压力不是在任何情况下都起作用。如果孩子年龄更小，对社交更焦虑；或者同伴是地位较高的朋友，或者对得体行为如音乐、服装品位或对吸烟饮酒的标准不明确，在这些情况下，同伴的影响更大（Allen等，2012；Brechwald和Prinstein，2011）。因此，当14岁的道格的最好的朋友（他是学校里最受欢迎的孩子之一）把自己的头发剪成贾斯汀·比伯的样子时，道格可能会跟风，因为他还小，同伴很受欢迎，也是他的朋友，而且他对发型也没有固定的标准。但是当一个不受欢迎的孩子（凯丽几乎不认识的人）建议她去商场偷一些耳环时，18岁的凯丽会拒绝，因为她年龄更大，那个同伴既不受欢迎，也不是朋友，而且她对入店行窃的行为有自己明确的判断标准。

受欢迎和被排斥

学习目标5：为什么有些孩子比其他孩子更受欢迎？被排斥的原因和后果是什么？

艾琳绝对是她班上最受欢迎的孩子。她的同伴总是想和她一起玩，在吃午餐时或在校车上都想坐在她旁边。相比之下，杰伊是班里最不受欢迎的孩子。当他试图加入一个四人小组游戏时，其他人都退出不玩了。班里的学生很讨厌杰伊，却很喜欢艾琳。

像艾琳和杰伊这样受欢迎和被排斥的孩子在每个教室和社区都可以找到。事实上，关于受欢迎程度的研究（Hymel等，2004）表明，大多数儿童可以被归为以下五类：

受欢迎的儿童：受到很多同学的喜欢。

被排斥的儿童：许多同学都不喜欢。

有争议的儿童：有人喜欢，有人不喜欢。

一般的儿童：会被一些同学喜欢或讨厌，但同学对他们的感觉没有受欢迎的儿童、被排斥的儿童或有争议的儿童那样强烈。

被忽视的儿童：会被同学无视。

在这些类别中，我们最了解受欢迎的儿童和被排斥的儿童。每个类别实际上都包括两个子类型。大多数受欢迎的儿童在学业和社交方面都很熟练。他们都是好学生，通常都很友好，与人合作，乐于助人。他们更善于沟通和调节自己，也更善于将自己融入正在进行的对话或游戏中，他们会"融入"而不是"闯入"（Graziano，Keane和Calkins，2007；Kam等，2011；Veronneau等，2010）。一小部分受欢迎的孩子也会是有攻击性行为的男孩，他们会与同伴打架，以及在人际关系上有攻击性的女孩，就像电影《坏女孩》（*Mean Girls*）中的"塑料姐妹花"一样，擅长操纵社会关系。虽然这些人不是特别友好，但他们的反社会行为赢得了同伴的尊重（Kuryluk，Cohen和Audley-Piotrowski，2011；Xie等，2006）。

这些受欢迎的特征仅限于美国儿童，还是适用于更普遍的情况？"文化影响"专栏会给出答案。

文化影响

受欢迎的秘钥

在美国，受欢迎的儿童似乎知道如何与他人相处。这些结果不仅适用于美国儿童，也适用于世界各地有不同文化背景的儿童（包括加拿大、欧洲国家、以色列和中国的儿童）（如Casiglia，Coco和Zappulla，1998；Chung-Hall和Chen，2010）。然而，有时受欢迎的儿童也有他们所处的文化环境所特有的其他特点。例如，以色列受欢迎的儿童比其他国家受欢迎的儿童会更直接和自信（Krispin，Sternberg和Lamb，1992）。中国受欢迎的儿童比其他国家受欢迎的儿童更容易害羞。

然而，现在中国人更加强调主动和自信。因此，在城市地区，害羞儿童现在会被同龄人排斥，但他们在更传统的农村地区仍然很受欢迎（Chen，Wang和Cao，2011）。显然，在大多数国家，良好的社交技能是受欢迎程度的核心，但其他特征可能也很重要，这反映出随时间推移可能会发生变化的特定文化价值观。

至于被排斥的儿童，许多人过于好斗、过度活跃、缺乏社交技巧，无法控制自己的情绪。这些孩子通常比那些受欢迎的攻击性孩子更有敌意，他们似乎把攻击视为一种目的，而不是把攻击作为一种达到其他目的的手段，这是同伴不喜欢的，如果是后者，同伴可能实际上不喜欢但也会勉强尊重（Prinstein和Cillessen，2003）。其他被排斥的儿童也可能害羞、孤僻、胆小，也肯定会感到孤独（Coplan等，2013；Rubin，Coplan和Bowker，2009）。

被排斥的后果

没有人喜欢被排斥。毫不奇怪，同伴排斥是儿童发展的主要障碍。随着时间的推移，被拒之门外的儿童对课堂活动的参与越来越少，他们最终会感到孤独、厌学（Ladd，Herald Brown和Reiser，2008；Sturaro等，2011）。童年时期反复被同伴排斥也会产生严重的长期后果（Ladd，2006；Rubin等，2009）。被排斥的儿童比其他类别的儿童更有可能辍学、存在青少年犯罪、遭受精神病理学的折磨等。

被排斥的原因

同伴排斥至少可以部分追溯到父母的影响（Ladd，1998）。孩子会观察他们的父母对不同社会情境的反应，然后常常会模仿这些反应。与他人友好合作的父母表现出有效的社交技能。好斗的父母表现出的有效社交技能要少得多。特别是，当父母通常以恐吓或挑衅的方式对待人际冲突时，他们的孩子可能会模仿他们，从长远来看，这阻碍了他们社交技能的发展，并使他们不那么受欢迎（Keane，Brown和Crenshaw，1990）。

父母的惩戒行为也会影响孩子的社交能力和受欢迎程度。不一致的惩戒——同一行为昨天惩罚今天却不惩罚——与反社会行为和攻击性行为相关，为同伴排斥埋下了种子（Dishion，1990）。父母的惩戒行为保持一贯性，且对孩子不乏爱护与关心，更有可能促进孩子的社交技能发展，在这个过程中，孩子的受欢迎程度也会增加（Dekovic和Janssens，1992）。

总而言之，父母的不同抚养方式会导致孩子的人际交往方式变得咄咄逼人，这会相应地导致同伴排斥。这意味着，通过教育孩子（和他们的父母）更有效地与他人互动，我们可以减少被排斥的可能性。随着社交技能的提高，被排斥的孩子不再需要采取反社会行为。被排斥的孩子（和其他不受欢迎的孩子）可以学习如何开始互动，清晰交流，并变得友好。他们也会学习避免做出同伴不喜欢的行为，如发牢骚和打架。这种培训类似于对典型不受欢迎的好斗青少年的培训（见模块12.4），成效显著。被排斥的儿童可以学习让同伴接受的技能，从而避免被排斥，受到长期伤害（LaGreca，1993；Mize和Ladd，1990）。

在这个模块中，我们看到同伴在很多方面影响儿童的发展——如不同的游戏形式、友谊和团体。接下来，我们将探讨对儿童发展有着重要意义的非社会影响，我们会从电视和电脑等媒体开始。

✓ 检测你的学习

回忆：青少年在什么时候最容易受到同伴压力的影响？如何受到影响？

解释：运用模块 6.1中的皮亚杰认知发展阶段如何解释婴儿期和学龄前阶段同伴互动的发展变化？

应用：杰伊是班上最不受欢迎的孩子。杰伊的妈妈担心她的儿子被排斥，她想知道能做些什么来帮助她的儿子。杰伊的爸爸认为杰伊的妈妈杞人忧天。他认为，不受欢迎只是暂时的，杰伊最终会好起来的。你对杰伊的父母有什么建议？

15.2 电子媒体

学习目标

学习目标6：看电视如何影响儿童的态度和行为？看电视如何影响儿童的认知发展？

学习目标7：儿童如何使用电脑、智能手机和其他数字媒体？

大纲

电视

新媒体

无论比尔何时去看望他的孙女哈莫妮，他都看见哈莫妮花很长时间看电视。他为此感到震惊。她看的许多节目都值得一看。然而，比尔怀疑这样看电视习惯是否会对身体有害。屏幕上的画面出现和消失得如此之快，以至于比尔想知道哈莫妮将如何学习专注，特别是在没有丰富视频刺激的其他场景下，哈莫妮是否能够保持专注。

过去，儿童从父母、老师、宗教领袖和印刷媒体那里学习他们的文化价值观。这些文化知识的来源仍然存在，但它们现在与并不总是反映父母价值观的新科技共存，其中包括卫星电视、DVD播放器、视频游戏、iPad、智能手机和互联网。前所未有的多种因素对儿童的发展产生潜在的影响。其中的两项——电视和电脑——是本模块的重点。在探讨其影响时，我们会知道比尔对他孙女的担心是否合理。

电视

学习目标6：看电视如何影响儿童的态度和行为？看电视如何影响儿童的认知发展？

如果你是一个典型的美国儿童和青少年，你可能会花更多的时间看电视，而不是与你的父母、朋友互动或在学校学习。下面这些数字说明了一个重大的问题。学龄儿童每周花大约20~25小时看电视（Rideout，Foehr和Roberts，2010）。到了青春期，我们可以推断，一名典型的美国高中毕业生已经看了15000小时的电视，相当于每天看24小时电视，看整整2年！难怪科学家和普通人都认为电视在美国儿童的社交中扮演着重要的角色。

对于大多数青少年来说，看电视的时间在学龄前阶段和小学阶段逐渐增加，在青春期之前达到顶峰。男孩比女孩看电视的时间更长。而且，低智商的孩子比高智商的孩子看电视时间要长，低收入家庭的孩子比高收入家庭的孩子看电视的时间更长（Rideout等，2010）。

很难想象看这么多电视不会影响孩子的行为。出于这个原因，科学家自20世纪50年代以来一直在研究电视的影响。早期研究探讨了媒体本身的影响，后来的研究考察了电视节目内容的影响（Huston和Wright，1998）。在这部分，我们将看看这两种研究的结果。

媒体是信息……吗？ 一些评论家认为，媒体本身独立于节目内容之外，对儿童有害（Huston和Wright，1998）。这些批评包括：

- 由于电视节目由许多快速呈现的简短片段组成，看电视时间长的儿童注意力持续时间短，在学校很难集中注意力。
- 由于电视提供现成的、易于解释的图像，看电视时间长的儿童变得被动、懒惰、缺乏创造力。
- 看电视的儿童花在更有价值的活动上的时间更少，如阅读、参加运动和跟朋友玩耍。

实际上，如上所述，这些批评都没有得到研究的一贯支持。第一个批评——看电视使儿童的注意力持续时间短——是最容易排除的。研究一再表明，看电视时间长并不会导致注意力减少、冲动增多、任务持久性降低或活动水平增加（Foster 和 Watkins，2010）。电视节目的内容影响儿童行为体现在，例如，观看冲动性节目的儿童自己也会表现得更冲动，但电视本身并不会损害儿童的注意力。在开篇的小故事中，祖父比尔不必担心孙女看电视会限制她以后的注意力。

有人批评说，看电视会助长懒惰的思维，扼杀创造力。一方面，一些教育节目呈现富有创造力的个体，鼓励孩子玩假扮游戏。当孩子经常看这些节目时，他们往往更有创造力。另一方面，当孩子经常观看以动作为主的节目时，他们可能缺乏创造力。这些节目的内容和节奏往往不能给观众提供足够的时间来反思，而反思对创造力至关重要（Calvert 和 Valkenburg，2013）。

最后，根据最后一个批评，看电视取代了其他更有价值的活动，简单来说，每看一小时电视，就少做了一小时更有价值的活动，如阅读或做作业。为了说明这个观点的问题，举个关于阅读的例子。看电视的时间和阅读的时间呈负相关关系，电视看得时间越长的人看书越少（Ennemoser 和 Schneider，2007；Schmidt 和 Vandewater，2008）。但我们在解释这种相关性时需要谨慎。简单来解释，就是看太长时间电视导致儿童阅读更少。然而，另一种解释也不是不可以，那就是阅读能力差的儿童（因此不太可能花太多时间阅读）只能看很长时间电视。对于阅读能力差的青少年来说，花一小时看电视代替了一些活动，但被替代的一小时他们不一定会用来阅读（Huston 和 Wright，1998）。

Q&A 问题15.2

布伦特今年6岁了，他特别喜欢读书。他的父母在考虑是否应该限制他看电视，因为他们担心这会减少他花在阅读上的时间。研究结果表明布伦特的父母的担心是合理的吗？

研究确实揭示了媒体本身的有害方面。在许多家庭，即使没有人明确地看某个节目，电视都会一直开着，从早上一直开到晚上。在这种情况下，电视往往是一种强大的干扰。小孩子会频繁却短暂地看电视，这足以干扰他们玩耍的质量。同样，在亲子互动中，父母会偷着看电视，这降低了亲子互动的次数和质量（Kirkorian 等，2009；Setliff 和 Courage，2011）。

当我们越过媒体本身，考虑节目的内容时，电视确实对儿童的发展有实质性的影响（Anderson 和 Hanson，2009）。接下来的三个部分会重点探讨此观点。

对态度和社会行为的影响

儿童肯定受到他们在电视上看到的内容的影响（Browne 和 Hamilton Giachritsis，2005；Huesmann，2007）。一方面，儿童在观看电视上的暴力镜头后变得更具攻击性（见模块12.4），也会从电视中获得性别刻板印象（见模块13.3）。另一方面，看电视也会产生更积极的影响，如让孩子变得更慷慨、更合作、更有自制力。例如，当儿童和青少年观看强调亲社会行为的电视节目时，他们更有可能表现出亲社会行为，部分因为内容使他们更有同情心（Prot 等，2014；Wilson，2008）。然而，亲社会行为在电视上出现的频率低于攻击性行为,因此从电视上学习亲社会行为的机会有限,我们还远远没有把电视的力量用于引导儿童亲社会方面。

消费者行为的影响

含糖麦片、汉堡包和炸薯条、零食、玩具、牛仔裤和运动鞋——这些产品的大量电视广告都是针对儿童和青少年的。一个典型的美国青少年一年可能会看到超过40000个广告(Calvert,2008)!3岁的儿童就能分辨广告和电视节目,尽管学龄前儿童认为广告只是娱乐的另一种形式,旨在向观众传播信息。直到八九岁,孩子才开始理解商业广告的说服意图。同时,儿童开始意识到广告并不总是真实的(Linn,2005;Oates,Blades和Gunter,2002)。他们知道玩具火箭不会真的飞起来,或者洋娃娃不会真的说话,这与它们在商业广告中所表现出来的相反。然而,即使是学龄儿童也不能完全理解嵌入在节目中的广告的目的,比如一个角色在节目中喝着一罐零度可乐(Owen等,2012)。

虽然儿童和青少年开始理解广告的真正意图,但广告仍然是有效的销售工具(Smith和Atkin,2003)。儿童长大后会了解许多在电视上打广告的产品(Buijzen,Schuurman和Bomhof,2008),并要求父母购买他们在电视上看到的产品。青少年接触酒精类产品广告(如啤酒广告)与青少年更频繁地饮酒有关(Stacy等,2004)。电视的这种卖货功能长期受到关注,因为太多的广告宣传的食物营养价值很低,会导致肥胖和蛀牙。美国政府曾经管制儿童电视节目广告的数量和类型(Huston,Watkins和Kunkel,1989),但今天,这一管制责任主要落在父母身上。

认知的影响

40多年来,《芝麻街》(*Sesame Street*)一直对学龄前儿童有着教育意义。今天,学龄前儿童就已看过《芝麻街》,父母也会和自己的孩子一起看。值得注意的是,通过学龄前儿童观看《芝麻街》的时长,人们可以预测这些儿童在高中时的成绩和青少年时期阅读的时间(Anderson等,2001)。

许多技能项目也融入了《芝麻街》,帮助儿童获得语言和阅读技能(《玛莎说》《超级为什么!》《单词女孩》)和认知基础科学及数学概念(《网络追踪》《好奇的乔治》《恐龙火车》《科学小子希德》)。像这样的项目(以及更老的项目,如《电气公司》《3-2-1接触》《平方一台》)表明电视可以用来帮助孩子学习重要的学术技能(Ennemoser和Schneider,2007)。"改善儿童的生活"专栏提及一些指导建议,确保电视对孩子产生积极影响。

改善儿童的生活

让儿童离开沙发！

有这样一个小孩，他从放学后一直坐着看电视，直到睡觉才离开沙发，如果你认识这样的孩子，那么是时候采取行动了。以下是一些建议：

- 儿童需要制定有关他们看电视时间和节目类型的规则。这些规则应该一直执行下去。
- 儿童不应该陷入"无聊了就要看电视"的陷阱。应该鼓励孩子在打开电视之前确定自己想看什么。
- 大人应该和孩子一起看电视，并讨论节目内容。例如，父母可以表达他们对角色攻击性的不满，并建议其他解决冲突的方法。父母也可以指出电视中所描述的刻板印象。目的是让孩子学会批判性地看电视。
- 父母自己也需要成为好的电视观众。这里列出的前两个技巧适用于所有年龄段的观众。当孩子在场时，父母不应该看暴力节目或其他不适合孩子看的节目。父母应该有选择性地看电视，而不是盲目地切换频道。

新媒体

学习目标7：儿童如何使用电脑、智能手机和其他数字媒体？

一些研究人员认为，电脑、视频游戏和智能手机正在创造一个"数字童年"，即新媒体正在改变美国儿童生活的时代。在这部分，我们将看看这些新媒体对儿童发展的影响。

教室里的电脑

新技术很快就能在教室里发挥作用。个人电脑也不例外。几乎所有的美国公立学校现在都使用个人电脑来辅助教学。电脑有很多功能（Roschelle等，2000）。功能一是指导孩子使用电脑来学习阅读、拼写、算术、科学和进行社会研究。电脑使教学更具个性化和互动性。学生按照自己的节奏学习，在必要时能得到反馈和帮助（Hurts，2008；Roschelle等，2010）。电脑也是经验学习的一种有价值的媒介。模拟程序使得学生能以原本不可能或危险的方式探索世界。学生可以改变万有引力定律，或者看看不征税时城市会发生什么。最后，电脑可以帮助学生实现传统的学业目标（Steelman，1994）。制图程序可以让没有艺术天赋的学生制作出美丽的插图。文字处理程序可以减轻很多与修改相关的苦差事，从而鼓励更好的写作。

个人使用新媒体

超过90%的美国青少年家中都有电脑，3/4的人拥有iPad等平板设备（Rideout 2013；Rideout等，2010）。他们在非常小的时候就开始使用这些设备。超过1/3的2岁或更小的美国儿童会使用移动设备玩游戏（如《杰克和梦幻岛海盗》）或看视频（Rideout，2013）。总的来说，男孩、年龄较大的孩子和来自中产阶级家庭的孩子比女孩、年龄较小的孩子和来自贫困家庭的孩子使用这些媒体的时间更长（Whitty，2014）。

大多数儿童和青少年使用媒体进行三种活动：观看YouTube上的视频，玩电脑游戏以及通过Facebook等社交网站与同龄人聊天（Rideout等，2010）。在线观看视频与看电视一样，可能也会对孩子产生类似的影响；这取决于视频内容。例如，看讲述男性和女性传统角色的YouTube视频会加深性别刻板印象。

同样，电子游戏的内容决定了它们对儿童和青少年的影响。一方面，包括《俄罗斯方块》和《星际狐狸》在内的许多游戏都强调感知空间技能，如估算移动物体的轨迹、快速做出反应，以及有效地从一个目标转移到另一个目标。当孩子经常玩这类游戏时，他们的空间技能、处理速度和执行能力都得到了提高（Best，2014；Mackey等，2011；Subrahmanyam等，2001）。另一方面，许多流行的游戏，如《追捕》和《侠盗猎车手》，涉及暴力，要求玩家以极其可怕的方式杀死游戏角色。就像电视上的暴力镜头会让孩子变得更有攻击性一样，玩暴力电子游戏也会让孩子变得更有攻击性（Gentile，2011）。

更重要的是，一小部分青少年（大约10%）沉迷于电子游戏。他们表现出许多与病态赌博类似的症状：玩电子游戏开始主宰他们的生活，给他们提供一种"快感"，导致与他人的冲突。毫无疑问，沉迷电子游戏会导致学生在学校的成绩不佳，这显然是因为青少年把时间花在玩游戏上而不是学习上。

新媒体的第三个主要用途是通过社交网站或短信进行交流，通常是通过Facebook、Twitter和Instagram等社交网站。大多数青少年每天都上网，主要是为了联系线下认识的朋友（Spies Shapiro 和 Margolin，2014）。在线交流似乎促进了自我表露，从而产生高质量的友谊，提高青少年的幸福感（Valkenburg 和 Jochen，2009）。这样的交流可以让不擅长社交的青少年以一种更舒适的方式与同龄人交流（Spies Shapiro 和 Margolin，2014）。然而，越来越多的青少年成为网络欺凌的受害者，成为网络上粗鲁、下流或威胁性评论的对象。约有10%的青少年报告称自己是网络欺凌的受害者，其中大多数是女孩，他们经常报告称自己的自尊较低，更容易抑郁，反社会行为增加（Jones，Mitchell 和 Finkelhor，2013；Patchin，2013）。

在许多方面，新技术改变了儿童和青少年的生活方式，但并未改变他们的生活内容。和前几代人一样，儿童和青少年仍然在玩游戏、和同龄人联系、做作业。像家用电脑这样的技术只是为完成这些任务提供了一种不同的方法。

✓ 检测你的学习

回忆：概述电视作为媒体对儿童的影响。

电脑在学校的主要用途是什么？

解释：比较看电视和上网对儿童发展的影响。

应用：如果你有权为儿童电视节目制定新的规则，你会制定什么规则？你会推广什么节目？你想限制哪些节目？

15.3 机构

学习目标

学习目标8：非父母照看对孩子有什么影响？

学习目标9：兼职工作对儿童的发展有什么影响？

学习目标10：儿童是如何受到他们所在社区的影响的？

学习目标11：有效学校和有效教师的特征是什么？

大纲

日托中心

工作场所

社区

学校

当15岁的亚伦宣布他想在放学后在当地的超市找一份工作时，他的母亲很高兴，相信他能从工作中获得很多经验。五个月后，她开始存疑。因为亚伦对上学失去了兴趣，他们经常为他如何花钱而争吵。

到目前为止，在本章中，我们已经看到了同伴和媒体对儿童发展的强大影响。然而，还有其他一些值得注意的影响儿童及其发展的因素，即儿童在较长时间内所处的文化机构。在本模块中，我们将看看四种这样的机构：日托中心、工作场所、社区和学校。在探究过程中，我们会看到亚伦所做的兼职工作对青少年是有利还是有害。

日托中心

学习目标8：非父母照看对孩子有什么影响？

每一天，大概有1000万名5岁及以下的孩子由他人而不是自己的母亲照看，这种现象与美国在21世纪出现了更多的双职工家庭和单亲家庭有关（美国卫生和人类服务部，卫生资源和服务管理局，孕产妇和儿童健康局，2013）。最常见的三种照看形式：（1）孩子待在家里，由亲戚，如父亲或祖父母照顾；（2）孩子由寄养者家庭照看；（3）孩子由日托中心或幼儿园的护工或老师照看。

许多父母对自己的孩子由他人照料这么长时间感到担心。家长应不应该担心呢？没有母亲的照料会损害亲子关系吗？在开始研究这些问题之前，让我们先从历史和跨文化的角度来思考这些问题。虽然儿童由非父母照看经常被认为违背自然——因此有潜在的危害性——但是在历史上和许多文化中，大多数孩子都是由某些人照看的——至少在某些时候是由母亲以外的人照看的（Lamb，1999；Leinaweaver，2014）。从历史和其他文化的大角度来看，母亲独自承担照顾孩子的责任并不是"自然的"或"传统的"。

然而，自第二次世界大战以来，在美国和许多其他工业化国家，人们的文化观念一直是，儿童在家里由母亲照看会过得更好。研究是否支持这种文化观念？在回答这个问题时，大多数研究人员会注意儿童保育对母婴依恋的影响。但是，正如我们在模块10.3中所见，美国国家儿童健康与人类发展研究所进行的早期儿童保育研究表明，只有当不太敏感的母亲让他们的婴儿接受低质量的儿童保育时，安全依恋才会受到儿童保育的影响。

当研究人员研究儿童保育对儿童发展的其他方面的影响时，也出现了类似的规律。要理解儿童保育的影响，最重要的因素是儿童所接受的保育质量：更好的保育始终会产生更好的结果。如果日托中心的每位护工只照看相对较少的孩子（例如，每位护工照看3个婴儿或幼儿），并且他们都接受过良好的训练，反应敏捷，能提供适合年龄的刺激活动，并与父母沟通良好，那么儿童就会茁壮成长（美国儿科学会，2011）。例如，当儿童接受优质的儿童护理时，他们的认知和语言发展更先进（Li等，2013）。同样，接受优质护理的儿童往往适应能力较好，不太容易出现反社会、攻击性行为（Vandell等，2010）。相反，受到低质量照看的儿童往往在认知和社会发展方面处于劣势。更重要的是，如果儿童生来对环境十分敏感（Belsky和Pleuss，2013），接受的抚养缺乏技能（Burchinal，Vandell和Belsky，2014；Watamura等，2011），或者频繁在低质量项目间转换（Morrissey，2009），那么低质量的照看对儿童的不良影响往往会翻倍。

因此，只要儿童保育是优质的，父母就可以帮孩子报名，不用担心会有有害的后果。另一个附带好处是，当接受优质护理的孩子上学后，他们的母亲会更多地帮助孩子的学业（Crosnoe，Augustine和Huston，2012）。

孩子上小学后，有工作的父母照顾孩子就变得容易了。然而，许多孩子在放学后仍然需要照顾。传统上认为，课外活动的重点是娱乐：儿童会玩游戏和运动，做艺术和手工艺品，或者参与音乐或戏剧创作。然而，最近许多课外活动更加注重学术。参加这类活动的孩子通常在学业成绩上表现出适度的改善，特别是在他们参加的活动质量更高的情况下（Vandell，Pierce和Dadisman，2005）。

此外，许多儿童和青少年会在放学后参加有组织的活动。最常见的活动是体育、学校俱乐部、社区服务或宗教组织活动（Fredricks和Eccles，2006；Larson，Hansen和Moneta，2006）。一般来看，儿童和青少年从活动中受益：他们通常在学校更成功，适应能力更强，更不可能有行为问题（Beal和Crockett，2010；Feldman Farb和Matjasko，2012）。体育活动是个例外，对此方面的研究结果显示正负面影响并行。一些研究（如Fauth，Roth和Brooks Gunn，2007）表明，参与体育活动的青少年更有可能喝酒，成绩也更低。但并非所有研究都报告了这一结果（如O'Connor和Jose，2012）。例如，结果可能取决于学校对体育活动的态度，以及儿童参与的具体体育活动（Metzger等，2011；Wilson等，2010）。

当然，有些学生参加很多活动，这种多样化的参与对儿童发展有益。参与多种学校活动的学生往往更容易适应环境，在学校更成功，更少可能吸毒，更多地会参与到他们的社区（Feldman Farb和Matjasko，2012；Fredricks和Eccles，2006）。你可能觉得难以置信，因为有媒体报道称，美国青少年——尤其是富裕家庭的青少年——会因为放学后的日程安排过满而感到有压力。但研究也表明，大多数青少年并不会因为放学后繁忙的日程安排而感到沮丧，大多数孩子参加活动是因为他们喜欢这些活动，而不是因为他们被父母逼迫（Luthar，Shoum和Brown，2006）。

最后，许多学龄儿童和青少年——大约1/3的初中生和1/2的高中生——每周放学后的活动至少有一次是自己照顾自己（Mahoney和Parente，2009）。自己照顾自己的孩子有时也被称为"钥匙儿童"，这个词起源于200多年前，用来形容那些拿钥匙开门进入自己家的孩子。有些"钥匙儿童"会独自待在家里（有时父母不在，但他们会通过电话和短信对儿童进行监督）。有些可能待在朋友的家里，那里有时有成人在场，他们也可能前往如购物中心这样的公共场所，无人监督。

普遍的看法是，"钥匙儿童"常常感到内心不安且存在危险。事实上，研究表明，在某些情况下，自我照顾是有风险的。自我照顾的年轻人可能会陷入麻烦，如酗酒和吸毒，他们会变得有攻击性，并且学业开始下滑，因为他们的课后活动不在家，并未受到监督。

如果他们住在犯罪率高的社区，这一情况尤甚。当这些情况不适用时，大龄的儿童和青少年可以成功地照顾自己（Mahoney和Parente，2009）。

父母要决定是否可以让他们的孩子独自在家，需要考虑几个因素（儿童福利信息门户，2013）。排在首位的是儿童的年龄。许多专家认为孩子在12岁之前都没有能力照顾自己，但也有人说，8岁左右的孩子可以在一天中短暂地照顾自己（1~1.5小时）。比年龄更重要的是孩子的成熟程度。他们有责任心吗？孩子自己能做出正确的决定吗？父母还应该考虑孩子独处时的态度和感受：孩子独自在家会感到焦虑吗？最后，对父母来说，重要的是要考虑他们的社区是否安全，是否有值得信赖、孩子可以在必要时求助的好邻居。

如果对于这些问题你都能给出肯定的答案，那么自我照顾可能可以实行。但重要的是，孩子要做好自我照顾的准备。他们需要知道放学后的惯例（如可接受的回家路线和父母在家如何检查）、放学后自己的行为规则（如可接受和不可接受活动）、突发情况时的处理方式和紧急呼叫电话号码（儿童福利信息门户，2013）。

工作场所

学习目标9：兼职工作对儿童的发展有什么影响？

兼职是美国青少年经常做的事。如今，超过1/2的高中毕业生从事兼职工作，主要是在零售行业（Bachman等，2011；美国劳工部，2000）。许多成人认可青少年的兼职工作，认为早期的工作环境可以培养自律、自信和重要的工作技能。然而，对许多青少年来说，兼职工作是有害的，原因如下所示。

1. **学业成绩受损。** 如果学生每周工作超过20小时，他们在学校的参与度就会下降，在大学取得成功的可能性也会降低，尤其是如果他们是相对富裕的欧洲裔美国人（Bachman等，2013；Monahan，Lee和Steinberg，2011）。

很多高中生显然没有这个前瞻性和自律性，以持续满足工作和学校的综合要求。

2. **青少年有心理健康和行为问题。** 每周工作超过20小时的青少年更有可能感到焦虑和抑郁，他们的自尊也经常受到影响。许多工作狂发现自己从事的工作是重复性的、枯燥的，而且带来很大压力，这种情况会降低自尊，滋生焦虑。大量的兼职工作经常导致药物滥用和频繁的问题行为（如反社会行为，包括偷窃），这种情况在偶尔上学的青少年中尤甚（Monahan等，2011；Monahan，Steinberg和Cauffman，2013）。

为什么兼职会有这些问题目前还不明确。也许兼职的青少年吸食毒品是为了帮助他们应对工作带来的焦虑和抑郁。他们与父母的争吵可能变得更常见，焦虑、抑郁的青少年更容易与父母吵架，或许因为兼职的青少年可能认为他们的自由应该与他们的收入相称。不管确切的原因是什么，兼职显然对大多数青少年的心理健康有害。

3. 青少年养成了不好的花钱习惯。 成人有时会争辩说，工作对青少年有好处，因为它教会他们"一美元的价值"，但青少年的典型模式是"挣钱和花钱"。兼职的青少年把大部分收入花在自己身上——买衣服、零食、化妆品或娱乐。很少有兼职的青少年会把大部分收入用于未来的目标，如大学教育，或者用来支付家庭开支（Shanahan等，1996a，1996b）。因为父母通常会支付许多基本的开支，如房租、水电费和购买日用品的支出，这些都是真正独立的生活费用，青少年打工的可支配收入往往比成人要高得多。因此，对许多青少年来说，兼职工作给了关于如何分配收入的不切实际的期望（Darling等，2006；Zhang，Cartmill和Ferrence，2008）。

有关兼职工作的研究中反复呈现的结论基本不认可其价值。就像少年亚伦一样，许多长时间做兼职的青少年并没有从这次经历中受益。相反，他们在学校表现更差，更有可能出现行为问题，他们学习了如何花钱，而不是如何理财。这些结果在不同种族的青少年中是相似的（Steinberg 和 Dornbusch，1991），在男孩和女孩中也同样如此（Bachman 和Schulenberg，1993）。但讽刺的是，从长远来看，兼职工作是有好处的：从事有压力的兼职工作的青少年能够更好地应对成人后有压力的工作（Mortimer 和 Staff，2004）。

这是否意味着还在上学的青少年就不应该做兼职？不一定。兼职工作可能是一个很好的经历，这取决于环境。第一个关键因素是工作时间。大多数学生可以轻松地每周工作5小时而不会受到影响，许多学生甚至可以每周工作10小时。第二个关键因素是工作类型。当青少年从事可以锻炼他们现有技能（如计算机）、习得新技能并得到有效指导的工作时，自尊就会增强，他们也会从工作经验中成长（Staff 和 Schulenberg，2010；Vazsonyi 和 Snider，2008）。第三个因素是工作和学校之间的联系。如果青少年经常参与学校建议或组织的学徒培训或实习，这样的工作经验可以补充课堂经验（Symonds，Schwartz和Ferguson，2011）。最后一个因素是青少年如何支配他们的收入。如果他们把钱存起来或用来支付衣服和学费，并学会平衡储蓄和支出，他们与父母的关系往往会得到改善（Marsh和Kleitman，2005；Shanahan等，1996b）。

根据这些标准，哪些人可能会受到兼职工作的有害影响呢？每周花30小时为食品装袋或花大量时间看CD或录像带的青少年。谁可能从兼职工作中受益？喜欢研究汽车、星期六才在修理店工作并把自己的一部分收入存起来上大学的青少年。

> **Q&A 问题15.3**
>
> 尼克是一个16岁的孩子，他想在娱乐行业（电视、电影，或者音乐）发展自己的事业。目前，他每周工作两个晚上（总计约8小时），在当地一家电影院担任引座员。应他父母的要求，他实得工资的1/3用于大学费用。这份兼职工作会对尼克有害吗？

最后，暑期工作通常不会涉及工作和学习之间的冲突。因此，许多与在校期间兼职有关的有害影响并不适用于暑期兼职。事实上，这种工作有时会增强青少年的自尊，特别是当他们将部分收入存起来以备将来之用时（Marsh，1991）。

社区

学习目标10：儿童是如何受到他们所在社区的影响的？

多年来，罗杰斯先生一直鼓励学龄前儿童居住在既安全又有教养的社区。遗憾的是，并不是所有的孩子都这么幸运。他们住的社区既不安全，素质也低。这些社区的差异会影响孩子的生活吗？是的，在其他条件相同的情况下，孩子可以从生活在一个大多数成人都受过良好教育和经济条件优越的社区中受益。这些好处既体现在学业成绩上，也体现在心理调整上。换句话说，当儿童生活在经济条件优越的社区时，他们在学校的表现往往会更好，在某种程度上不太可能有行为和情绪问题（Ackerman和Brown，2006；Murray等，2011）。

研究人员一致认为，社区本身不会影响儿童的行为。相反，正如我们从抚养的情境模型（见模块14.1）中所预料的那样，社区的影响是间接的，是通过人（主要是父母和同龄人）和其他社会机构传递的。以下是几种可能的影响路径（Leventhal 和 Brooks Gunn，2000）。第一个是机构资源的可获得性：经济条件优越的社区往往拥有促进儿童发展的各种资源，如图书馆、博物馆、优质的日托中心和学校，以促进儿童的认知发展，为儿童的身心健康提供医疗服务，为青少年提供就业机会。在经济条件优越的社区，往往有这些资源的儿童更有可能获得有助于获得学业成功、实现身体健康和有青少年时期兼职工作的经历。相比之下，在缺乏这些资源的经济贫困社区，儿童学习准备不充分，几乎得不到医疗照顾，青少年时期也找不到兼职工作，所以他们走上了违法或犯罪的道路。

社区对儿童和青少年的第二个影响在于，具有经济优势的社区更可能是稳定的，居民更有凝聚力，关系更加紧密，这意味着居民更热衷参与社区活动，其中包括儿童和青少年（Chung和Steinberg，2006；Odgers等，2009）。例如，假设成人看到两个男孩在公园里打架，在一个有凝聚力的社区里，成人更有可能对他们的行为进行干预（如制止打架和责骂打架的孩子），因为他们对其他居民负责。在一个不那么团结的社区，成人可能会无视这些孩子，因为他们不想卷入麻烦。因此，在有凝聚力的社区，居民更经常地监控邻里儿童的活动，使儿童更难以误入歧途。

然而，贫困和儿童发展之间的另一个联系也可以表明，当儿童生活在贫困中时，他们的家庭生活往往是混乱的（Chen，Cohen和Miller，2010）。他们的住所通常拥挤嘈杂，他们的生活通常比较随意和难以预测。例如，孩子可能没有固定的时间做作业，甚至没有做作业的地方。生活在这样的混乱中往往会产生一种无助感。儿童觉得自己几乎不能控制自己的生活，而这些无助感往往会导致心理健康问题和学业失败（Bradley和Corwyn，2002；Evans等，2005）。此外，经历长期贫困的儿童长大后往往也不那么健康，因为贫困相关的持续压力会压垮正在发育的儿童对抗压力的生理系统。（Evans和Kim，2013；Hostinar和Gunnar，2013）。这很早就开始了。当母亲对压力做出生理反应时，她的婴儿也会做出反应（Waters，West和Mendes，2014）。

最后，社区通过影响父母的行为来影响儿童。对这种联系的解释我们会在"理论聚焦"专栏中看到。

理论聚焦

家庭经济压力模型

背景 几十年来，人们都知道贫穷对儿童的有害影响，但直到最近，研究人员才试图了解贫困对儿童造成的许多不同伤害。其中最难以理解的是，贫困是如何导致儿童缺失有效抚养的。

理论 长期生活在贫困中的成人通常会经历很大的压力，因为他们常常担心自己是否有足够的钱支付衣食住行。兰德·康格和格伦·埃尔德（Rand Conger和Glen Elder，1994）提出了家庭经济压力模型（Family Economic Stress Model，FESM）来解释由贫困引起的压力如何影响儿童的发展。根据FESM，经济困难会导致一系列后果：

1. 父母发现他们的收入不足以满足他们的需要。
2. 这种经济压力影响了父母的心理健康，导致一些人变得抑郁。
3. 一旦情绪低落，婚姻关系的质量就会下降。
4. 这导致了低效的抚养方式（父母对他们的孩子不那么热情，更少会表扬他们，相反，经常会对他们感到愤怒和不耐烦）。

5. 因为儿童得不到有效的抚养，行为问题很常见（例如，孩子变得焦虑或愤怒）。

因此，在FESM中，贫困损害了儿童的发展，因为努力维持收支平衡的父母变得抑郁，抚养的有效性降低。

假设 当父母的经济形势恶化时，如父母一方或双方失去工作，找不到新工作，那么就会产生一连串FESM中呈现的后果：减少收入造成经济压力，从而导致抑郁、婚姻冲突和无效的抚养，最终会影响儿童的发展。

测试 索兰塔斯、莱诺宁和普纳马基（Solantaus、Leinonen和Punamaki，2004）通过观察20世纪90年代初芬兰的家庭，对这一假设提供了一个新颖的评估。当时芬兰经历了一次严重的经济衰退，跟20世纪30年代美国的大萧条程度类似。在20世纪80年代末，芬兰家庭的大量横断研究已经进行过，当时萧条还没开始。他们利用这一优势，在1994年，在经济衰退最严重的时候，对儿童和他们的家庭进行了研究。索兰塔斯和他的同事完成了FESM中所有关键结构的测量：家庭经济困难、父母的心理健康、婚姻互动的质量、抚养的质量和儿童的心理健康。所有这些都是通过问卷进行的，问卷由家长、孩子和孩子的老师完成。FESM中的所有环节都得到支持：（1）承受更多经济压力的家庭报告了更多的精神健康问题；（2）有更多心理问题的父母报告说他们对婚姻不太满意；（3）不太满意的婚姻导致低效的抚养；（4）低效抚养又导致了更频繁的儿童心理健康问题。

结论 索兰塔斯和他的同事发现了FESM预测的结果：经济困难引发了一系列事件，最终损害了儿童的心理健康。正如他们所说的："（家庭）是一个关系单位，但它也是一个经济单位……这意味着经济和关系问题是交织在一起的，当经济崩溃时，关系也随之变得脆弱"（2004，第425页）。

应用 基于这些发现，我们可以把"改善儿童的心理健康"作为消除贫困的一大原因。在消除贫困前，这些发现和FESM继续提醒，贫困中能存在有效抚养并非易事。生活在贫困中的家庭在追求摆脱贫困的长期目标时往往需要即时帮助（例如，为有心理健康问题的父母和儿童提供服务）。

长期贫困对父母来说尤其困难，因为他们通常没有多少社会支持来帮助他们应对压力。当生活在经济条件优越社区的成人感到生活压力很大、需要帮助时，他们可以向邻居或医疗专业人员求助。相比之下，生活在贫困中的成人不太可能求助于邻居（因为社区不稳定，他们对任何人都不够了解），也不太可能求助于医疗专业人员（因为附近找不到或者他们负担不起）。换句话说，生活在长期贫困中的成人经历了一种"双重打击"——更多的压力和更少的资源来应对压力——这导致抚养效果更糟。

因此，在经济条件较差的社区中长大的孩子通常获得的机构资源更少，受到邻居的监督更少，往往过着混乱的生活，由于父母的长期压力，父母的抚养效用也更低。与此同时，研究表明，改善贫困社区的有效方式是提供额外的机构资源（Huston等，2005）。

如果社区有良好的儿童保育和好的学校，为儿童提供许多娱乐的机会和有效的卫生保健，儿童会获得直接的好处。他们也会获得间接的好处，当父母感到压力更少时，他们会更有效地抚养子女；居民不太可能搬家，邻里更加团结。而且，增加家庭收入——通过提供现金补助或增加税收抵免——也可以改善儿童的表现（Duncan 和Magnuson，2012）。

社区——无论是有利还是不利——通常都是相对稳定的机构，变化都是在几个月或几年里逐渐发生的。但有时社区或整个社区会受到灾害（如洪水、地震、工业事故）的影响。在美国，大约1/7的儿童会在其童年或青春期经历某种灾难（Becker Blease, Turner和Finkelhor，2010）。不出所料，灾难会给儿童带来创伤。

像抑郁症这样的心理健康问题在灾害发生后常常浮现——当然，这一风险通常会随着儿童处于灾害中时间的增加而增加（Masten和Narayan，2012）。

其他儿童经历动荡是因为他们所在的社区是政治暴力的场所。生活在这样社区里的儿童更焦虑、更抑郁、更有攻击性，这通常是因为政治暴力破坏了儿童对社区安全稳定的看法（Cummings 等，2014）。还有一些儿童完全没有所属社区。他们无家可归，或者经常从一个临时住所搬到另一个临时住所。毫无疑问，生活在这些条件下的儿童往往在学校不太成功，有行为问题的风险（Masten等，2014）。

然而，正如我们之前多次了解到的，儿童和青少年对逆境的反应是不同的。当灾难发生时，青少年不需要处理其他家庭或学校相关压力，能够更好地调节自己的情绪和行为，或者处于政治暴力中却有强烈的民族认同感时，那么他们可以更好地应对与灾害相关的逆境（Cummings，2014；Kithakye等，2010；Kronenberg等，2010；Masten等，2014）。然而，对于不能很好地应对这种逆境的儿童，认知行为治疗可以帮助改变他们与灾难有关的思维，并教他们如何应对与压力相关的感觉（LaGreca和Silverman，2009）。灾难发生后，如果他们熟悉的机构尽快恢复，所有儿童都能得到帮助。其中最重要的是学校（Masten 和 Osofsky，2010），这也是下一部分（也是最后一部分）的重点。

学校

学习目标11：有效学校和有效教师的特征是什么？

大多数美国孩子在五六岁的时候就会上幼儿园，然后开始一段长达13年甚至超过17年的教育之旅。学校如何影响儿童的发展？要回答这个问题很难，因为美国的教育像大杂烩，美国各地社区对当地进行相应的控制。学校在许多方面有所不同，包括对学术目标和家长参与的关注。教师在许多方面也存在差异，如他们如何管理教室和教学。这些和其他变量会影响学生的学习，接下来的内容也会证明这一点。我们先从学校的影响说起。

学校对学生成绩的影响

位于底特律市中心的罗斯福高中有3500名9~12年级的学生。学校于1936年开始招生，历史悠久。学校内房间通风良好，办公桌上画满了几代人的涂鸦，而新技术的出现也意味着教室内配有投影仪。值得注意的是，罗斯福高中的出勤率很高，大多数学生都能顺利毕业，许多人继续在社区学院和州立大学接受教育。波士顿的南港高中和罗斯福高中的招生人数差不多，大楼的建龄也差不多。然而，在南港高中，逃学现象屡见不鲜，只有不到1/2的学生能顺利毕业，几乎没有人能上大学。

这就是真实的美国教育。有些学校要比其他学校成功得多，不管说的是受教育程度、毕业率还是上大学的学生比例。为什么有些学校很成功，有些却很糟糕？研究人员（DuBois等，2011；El Nokali, Bachman和Votruba-Drzal, 2010；Good和Brophy, 2008；Pianta, 2007）已经确定了一些与成功学校相关的因素：

- 教职员工和学生都明白，学术卓越是首要目标，也相应地制定了某些标准。学校强调教学，学生的学术成就得到公开认可。
- 学校的氛围安全有益。学生知道他们可以把精力投入学习中（而不是担心在学校受到伤害），他们也知道老师真心希望看到他们成功。
- 家长也参与其中。在某些情况下，这可能是通过正式的安排，如家长—教师组织，也可能是非正式的。父母可能会每周花一些时间在学校给学生批改卷子，或者辅导孩子。这样的参与向老师和学生都表明了家长对学生成功的关注。
- 指导项目让儿童和青少年可以向非父母的成人学习。如果与学生有相似兴趣的成人在教学理念和教学过程中能得到支持，并由他们来指导学生，学生在学校表现得更好，他们的自尊和同伴关系也得以改善。这些影响往往对处于风险中的儿童和青少年影响最大。
- 监控学生、教师和课程的进展。了解学校是否成功的唯一方法是衡量学生的学业表现。学生、教师和课程必须定期评估，使用客观的衡量标准来反映学习目标。

在遵循这些指导建议的学校里，学生通常都能取得成功。在这些指导建议被忽视的学校里，学生往往不及格。

当然，在日常生活中，部分教师最能影响学生。

让我们来看看老师是如何影响学生成绩的。

教师的影响

花点时间回想一下你在小学、初中和高中的老师。有些人你可能记忆犹新，因为他们充满热情和创新精神，让学习变得有趣。而其他一些可能让你有苦涩的回忆。他们似乎已经失去了对教学和孩子的热爱，使课堂变成了人间地狱。你的经验告诉你，有些老师比其他老师好，但到底怎样才算好老师呢？个性和热情不是关键因素。尽管你可能喜欢热情和上进的老师，研究（Good和Brophy, 2008；Gregory等, 2014；Pianta, 2007；Walberg, 1995）指出，当老师具备以下几个因素时，学生的学业会更成功：

- 有效管理课堂，使他们能够把大部分时间用于教学。当教师花费大量时间来约束学生，或者如果学生不能顺利地从一种课堂活动过渡到另一种课堂活动中，教学时间就浪费了，学生也会学得更少。

- 相信他们对学生的学习负责，并且如果老师教得好，学生就会学到东西。当学生不理解一个新话题时，老师会重复原来的教学（以防学生遗漏了什么）或创建新的教学内容（以防学生听清了所有内容，但就是不"明白"）。老师会一直埋头苦干，因为如果学生学不到，他们就会觉得是自己没做好。

- 细心留意节奏。老师提供材料的速度很慢，足以让学生理解一个新概念，但也不至于太慢让学生感到厌倦。

- 强调对主题的掌握。教师会先介绍一个主题，然后给学生很多机会去理解、实践和应用这个主题。就像你会发现从驾驶课程直接跳到开车很难一样，学生通常都是在完全掌握一个新主题后，然后逐渐转移到其他更高级的主题。

- 积极教学。最好的老师不会只是空谈，也不会给学生留无休止的作业。相反，他们会具体地演示主题，或者为学生提供动手演示。他们也会让学生参与课堂活动，鼓励学生互动，集思广益，一起解决问题。

- 价值辅导。优秀的教师会单独或以小组的形式帮助学生，这样他们可以根据每个学生的水平调整教学内容，并检查每个学生的理解程度。他们还鼓励同伴辅导，即能力较强的学生辅导能力较差的学生。由同伴辅导的孩子确实可以从同伴身上学到东西，而同伴其实也同样有学到，显然是因为教学可以帮助学生组织他们的知识。

- 教给学生监控和管理自己学习的技巧。当学生知道如何识别学校任务的目标，并知道实现这些目标的有效策略时，他们更有可能实现这些目标。
- 能获取资源以改善教学。如果教师直接与专家教师合作，专家教师对他们当前的教学提供反馈，并提供基于证据的方法来改进教学，他们的学生就会有更好的表现。

那么，是什么使学校和教师更有效率呢？没有一个单一的重要因素。相反，许多因素都使一些学校和教师具有显著的效率。一些基本要素包括参与其中的家长、深切关心学生学习并管理好课堂的教师，以及环境的安全、培养学生和强调成就的学校。

当然，许多学校并不成功。然而，作为家长、老师和关心学校的公民，我们不能认为会有一剂神药能一下子治愈学校的"疾病"。正如我们在整本书中所看到的，发展的结果——在这里是学业成就——是由许多因素决定的，包括环境力量（如父母、老师）以及儿童自己的贡献。为了培养学术上的成功，我们需要考虑所有这些因素，而不是局限于一两个。

最后，当我们探究有效学校和有效教师的特点时，重点要记住，儿童入学时的技能是他们在学校取得成就的强大预测因子。纵向研究清楚地表明，知道字母、一些单词、数字和简单的定量概念的幼儿园儿童会获得学业成功，无论儿童是什么社会经济地位或种族，这一结论都是正确的（Duncan等，2007；Marks和García Coll，2007）。当然，正如我们一直看到的那样，发展的连续性并不是完美的：一些不识数字的5岁儿童到了高中时算术成绩也会名列前茅。但这是例外，不是常态。因此，对儿童来说，从幼儿园开始，就必须有一个扎实的阅读和算术基础。

一般来说，理解儿童为什么以及如何在学校（以及生活的其他领域）取得成功确实是一个具有挑战性的难题。尽管如此，科学家在解决儿童发展难题方面取得了显著进展。看完本书的时候，希望读者都能享受其中。感谢您的阅读。

✓ 检测你的学习

回忆：目前关于兼职工作对青少年的影响的研究结论是什么？
总结贫困对儿童发展的影响。

解释：比较学校（作为机构）影响儿童学习的方式与教师影响儿童学习的方式。

应用：假设你找了一份新工作，这就意味着你10岁的女儿从放学到下午6点左右需要在家照顾自己。你会怎么判断她是否有能力照顾自己？如果你认为她有能力，你会怎么做让她做好准备？

> **统一主题：连续性**

在本书的最后一章，我想提醒大家早期发展与后期发展是相关的，但并不必然。被同伴排斥的儿童，随着时间的推移，更有可能在学校表现不佳，自尊下降，并有行为问题。当然，并不是所有被排斥的儿童都会遭受这样的命运。有些人在学校表现很好，有高度的自尊，不会出现行为问题。当儿童学习有效与他人互动的技能时，更有可能出现积极的结果。正如我们在前面的章节中多次看到的，早期的经历往往会指引孩子走向特定的发展道路，但后来的经历也会改变他们的预定轨道。

自行探索

要了解有效教学和无效教学之间的区别，最好的方法是观察一些真实的学校教室场景。试着参观至少两所不同学校的三四个班级。（通常你可以和学校的校长谈好安排。）

首先观察老师和孩子如何互动的，然后看看老师对每条规则的遵循程度。你可能会看到大多数老师使用这些规则中的一些，但不是全部。你也会发现，在今天的课堂上，坚持遵循所有的规则是很有挑战性的。自行探索吧！

小结

15.1 同伴

同伴交往的发展

在12~15个月大的时候，儿童第一次真正的社交互动是以平行游戏的形式进行的，在这种游戏中，婴儿一边独自玩耍，一边观察其他婴儿。在2岁左右，围绕一个主题组织的合作游戏变得普遍。

假扮游戏也很常见，除了好玩，还能促进认知发展，让儿童探索可怕话题。大多数独自玩耍是没有问题的。父母通过扮演儿童娴熟的玩伴、为儿童充当公关专家、指导儿童的社交技能以及调解纠纷来参与孩子的游戏。

在学前班之后，同伴关系得到改善，并侧重交谈和相伴，也会有打闹游戏。

友谊

学龄前儿童之间的友谊是基于共同的兴趣和友好相处。随着儿童的成长，忠诚、信任和亲密成为他们友谊中更重要的特征。朋友通常在年龄、性别、种族和态度上是相似的。有朋友的儿童在社交方面更熟练，适应能力也更强。

恋爱

对于年龄较小的青少年来说，恋爱关系提供了陪伴。对于大龄的青少年，恋爱给予他们信任和支持。

团体

大一点的儿童和青少年经常会组成小团体——志同道合的人组成的小群体。通常在团体中地位越高，儿童自尊越高。

大多数组织都有一个统治等级和一个明确的结构，领导者处于等级最高点。身体力量往往决定统治等级，尤其是在年轻男孩中。对于大一点的儿童和青少年，统治等级往往是基于对团体很重要的技能。

如果团体的行为标准不明确，如在音乐、服装或饮酒方面的品位，同伴的影响尤其大。

受欢迎和被排斥

许多受欢迎的儿童都有社交技能，他们通常愿意分享、合作和帮助他人。其他受欢迎的儿童利用攻击性来实现社交目标。有些儿童因为太好斗而被同龄人排斥，还有一些人因为害羞而被排斥。这两组被排斥的儿童通常学业不佳，并伴有行为问题。

15.2 电子媒体

电视

许多关于电视这种媒体的普遍批评（如缩短了儿童的注意力持续时间）其实并未得到研究的支持。然而，电视节目的内容确实会影响儿童。经常看亲社会电视的青少年变得更擅长社交，而收看《芝麻街》这样节目的学龄前儿童的学业技能会得到改善，也更容易适应学校。

新媒体

电脑在学校具有指导功能，提供经验学习，并作为实现传统学术目标的多功能工具。在家里，儿童用电脑玩电子游戏（他们会受到游戏内容的影响），并通过互联网与朋友交流。

15.3 机构

日托中心

在美国，许多孩子是由父亲或其他亲戚照看，或者由托管人在家中照看，或者送到日托中心和幼儿园由护工或老师照看。当儿童接受优质的儿童护理时，这将促进他们的认知和社会情感发展。课外活动和有组织的活动通常也是有益的。如果儿童足够成熟，生活在一个安全的社区，并由父母监护，他们可以在放学后自己照顾自己。

工作场所

在校期间每周工作超过15~20小时的青少年在学校的表现通常很差，自尊低，焦虑加剧，与他人交往也有问题。兼职的青少年存钱相对较少。他们把大部分钱花在了自己身上，这可能会使他们对如何分配收入产生错误的预期。

如果兼职工作的时间相对较短，如果工作能让他们发展技能，并与学校挂钩，如果青少年能存下一些收入，那么兼职工作是有益的。暑期打工也有好处。

社区

当儿童成长在经济条件优越和稳定

的社区时，他们更有可能茁壮成长。这些社区对孩子更有利，因为有更多的机构资源（如学校）可供利用，居民更有可能监督邻里儿童的行为，家庭生活可预测，父母也没有生活在与贫困相关的长期压力中。

学校

学校在很多方面影响学生的成绩。如果学校关注学业，有一个安全而有益的环境，能监督学生和老师的进步，并鼓励家长参与，学生最有可能取得成功。

如果教师能有效管理课堂、对学生的学习负责、掌握材料并进行教授、对材料的节奏把握好、重视辅导并指导学生监控自己学习的方法，学生就能达到更高的水平。

考考自己

1. 在大约2岁时出现的____游戏中，儿童会围绕一个特定的主题组织他们的游戏，并根据这个主题扮演特殊的角色。
   a. 平行
   b. 合作
   c. 协同

2. ____游戏让儿童探索可怕的主题。
   a. 假扮
   b. 单独
   c. 平行

3. 青少年友谊的一个新特点是____。
   a. 相互喜欢
   b. 信任
   c. 亲密

4. 下列关于恋爱关系的说法哪项是错误的？____。
   a. 恋爱关系建立在友谊的基础上
   b. 西班牙裔美国人和亚裔美国人通常会在年龄大一些的时候才约会
   c. 处于恋爱关系中的青少年通常自尊较低，缺乏自信

5. 同伴压力____。
   a. 对青少年有强大的影响，很容易导致他们表现出反社会的行为
   b. 在儿童塑造自己的身份时尤为重要
   c. 当行为标准明确时最具影响力

6. 被排斥的儿童____。
   a. 经常感到孤独，不喜欢学校，并且存在少年犯罪
   b. 几乎总是害羞、孤僻和胆怯
   c. 通常父母对他们的惩戒是一贯的

7. 当儿童看很多电视时，____。
   a. 他们在学校很难集中注意力
   b. 有时会发现他们缺乏创造力
   c. 他们阅读能力会不好

8. 以下关于电视节目对儿童的影响的说法哪项是正确的？____。
   a. 儿童可以从电视节目中学到攻击性行为，但学不到亲社会行为
   b. 学龄前儿童明白广告的目的是说服观众

c. 像《芝麻街》这样的节目可以教会儿童重要的学习技能

9. 当电脑被用于学校辅助教学时，学生____。

 a. 接受反馈，但指导不是个性化的

 b. 不能按照自己的节奏推进

 c. 可以使用模拟程序进行体验学习

10. 如果儿童玩电子游戏，____。

 a. 他们学习攻击性行为，但不能提高他们的感知空间技能

 b. 不像电视，他们不受游戏内容的影响

 c. 一小部分人沉迷于游戏

11. 关于日托中心对儿童影响的研究表明，____。

 a. 多数去日托中心的儿童不会在情感上依恋他们的母亲

 b. 护理质量是最重要的因素：更好的护理与更好的结果相关

 c. 无论护工的素质如何，儿童在日托中心会茁壮成长

12. 参加课外活动____。

 a. 是有益的，不过可能体育活动除外

 b. 是有益的，但仅在儿童参与单一活动时有效，参与多种活动时无效

 c. 比儿童自我照顾更有益，因为"钥匙儿童"几乎总是会陷入麻烦

13. 兼职工作____。

 a. 无论青少年工作多长时间，都是有害的

 b. 比暑期兼职好一点

 c. 会导致青少年学业不太成功并且变得抑郁

14. 贫困的社区____。

 a. 更有可能邻里关系更紧密，并对邻里的儿童提供更多的监控

 b. 通常会导致成人经历更多的压力，导致抚养效果更糟

 c. 通常会有更多的资源

15. 下列哪位老师的做法最有效？____。

 a. 花很多时间约束学生从而创造一个安静的教室

 b. 明白无论何种教学方式，有些学生都不会学习

 c. 教授学生自我学习监督技巧

关键术语

协同游戏　　　　群体　　　　　　平行游戏

团体　　　　　　统治等级　　　　打闹游戏

合作游戏　　　　友谊

同伴反刍　　　　钥匙儿童

术语表

A

顺应（accommodation）：按照皮亚杰的说法，顺应就是在新知识的基础上改变现有的知识。

获得状态（achievement）：在马西娅的理论中，青少年已经探索了不同的身份，现在他们选择的身份是稳定的。

儿童的主动性-被动性之争（active-passive child issue）：是指儿童是完全听任环境摆布（被动性儿童），还是通过自己独特的个性特征主动影响自己的发展（主动性儿童）。

青少年自我中心主义（adolescent egocentrism）：自我中心是青少年在寻求身份认同时的特征。

美国黑人英语（African American English）：一些非裔美国人说的一种标准英语方言；与标准英语的语法规则略有不同。

胎儿可存活年龄（age of viability）：胎儿能存活的年龄，因为胎儿身体系统的大部分功能正常，通常为怀孕后7个月。

攻击性行为（aggression）：有意伤害他人的攻击性行为。

等位基因（allele）：某一特定基因的变化形式。

利他主义（altruism）：亲社会行为，如帮助和分享，在这种行为中个人不直接从他人的行为中获益。

羊水穿刺（amniocentesis）：是一种产前诊断技术，使用注射器从腹部抽取羊水样本。

羊水（amniotic fluid）：羊膜中缓冲胚胎并保持恒定温度的液体。

羊膜囊（amniotic sac）：发育中的孩子将在其中休息的内囊。

模态信息（amodal information）：可以呈现给不同感官的信息，如持续时间、速率和强度。

分析能力（analytic ability）：在斯滕伯格的智力理论中，指分析问题并提出不同解决方案的能力。

雄激素（androgens）：睾丸分泌的影响攻击行为的激素。

双性化（androgynous）：具有性别角色特征的组合，包括工具性行为和表现性行为。

万物有灵论（animism）：一种普遍存在于学龄前儿童中的现象，他们认为无生命的物体具有生命或类似生命的特性。

神经性厌食症（anorexia nervosa）：不吃东西，持续拒绝进食，并伴有对超重的非理性恐惧。

阿普伽评分（Apgar score）：一种评估新生儿状况的方法，包含呼吸、心率、肌肉张力、反射和肤色。

应用发展科学（applied developmental science）：一门利用儿童发展研究促进健康发展的科学学科，特别是为弱势儿童和家庭。

同化（assimilation）：根据皮亚杰的理论，同化，即接受与已知信息相一致的信息。

协同游戏（associative play）：一种游戏形式，幼儿参与类型相似的活动，互相交谈或微笑，并互相赠送玩具。

依恋（attachment）：在大约6或7个月时，婴儿和他的主要照看者（通常是母亲）之间形成的亲密的、相互的关系。

注意力（attention）：决定哪些信息将被个人进一步处理的过程。

听觉阈（auditory threshold）：能引起人耳听觉反应的最小声音刺激。

专制型抚养（authoritarian parenting）：一种对孩子高控制、低温情的抚养方式。

权威型抚养（authoritative parenting）：一种对孩子进行适度的行为控制和温情回应的抚养方式。

权威型祖父母（authority-oriented grandparents）：为孙辈提供纪律，但其他方面在孙辈的生活中并不特别活跃。

自传体记忆（autobiographical memory）：一个人对自己生活中重大事件和经历的记忆。

自动加工（automatic processes）：几乎不需要任何努力的认知活动。

常染色体（autosomes）：前22对染色体。

回避型依恋（avoidant attachment）：在这种关系中，婴儿在短暂的分离后重新团聚时，会远离他们的母亲。

轴突（axon）：一种管状结构，从细胞体中伸出，并将信息传递给其他神经元。

B

咿呀学语（babbling）：由元音和辅音组合组成的类似说话的声音。

婴儿传记（baby biographies）：对儿童个体详细、系统地观察，通常是由著名的科学家所作，为进行儿童客观研究奠定基础。

基本的哭闹（basic cry）：一种开始很温柔，然后逐渐变得更强烈的哭泣；常在婴儿饿了或累了的时候听到。

基本情绪（basic emotions）：世界各地的人们都经历过的情绪，包括主观感觉、生理变化和明显的行为；包括快乐、愤怒和恐惧。

行为遗传学（behavioral genetics）：遗传学的一个分支，研究行为和心理特征的遗传。

囊胚（blastocyst）：受孕后4天的受精卵；由大约100个细胞组成，像一个空心球。

混合家庭（blended family）：由亲生父母、继父母和孩子组成的家庭。

身体质量指数（BMI）：体重与身高的比例，用于定义超重。

臀先露（breech presentation）：脚或脚底先出，比头先露出的分娩。

神经性贪食症（bulimia nervosa）：一种饮食失调症，患者在暴饮暴食（进食时无法控制）和通过自我诱导的呕吐或食用泻药排泄之间交替进行。

C

基数原则（cardinality principle）：最后一个数字名表示被计数对象的数量的计数原则。

细胞体（cell body）：神经元的中心，维持神经元的存活。

中央执行（central executive）：信息处理系统的组成部分，类似于计算机的操作系统，负责协调系统的活动。

集中化（centeration）：皮亚杰前运算阶段狭隘聚焦的思维特征。

大脑皮层（cerebral cortex）：大脑的褶皱表面，调节许多独特的人类功能。

剖宫产（C-section）：在母亲腹部开一个切口，把婴儿从子宫中取出的外科手术。

绒毛取样（CVS）：一种产前诊断技术，从绒毛膜上提取组织样本。

染色体（chromosomes）：细胞核中含有遗传物质的线状结构。

时序系统（chronosystem）：在布朗芬布伦纳的系统观中，指的是微观系统、中观系统、外在系统和宏观系统不是静态的，而是随时间而变化的。

团体（clique）：在年龄、性别、种族和兴趣上相似的朋友小圈子。

认知发展视角（cognitive-developmental perspective）：一种关注儿童如何思考以及他们的思维如何随时间变化发展的方法。

自我认知调节（cognitive self-regulation）：识别目标、选择有效策略和准确监测的认知自我调节技能；成功学生的一个特点。

组群（cohort）：年龄接近、所受社会环境影响相似的人群。

理解（comprehension）：从一系列词语中提取意义的过程。

具体运算阶段（concrete operational stage）：皮亚杰的第三个阶段，从7岁到11岁，在这个阶段，儿童首先使用心算来解决问题和推理。

视锥细胞（cones cell）：位于眼睛后部的特化神经元，能够探测到光的波长，因此能够感知颜色。

混杂（confounded）：在实验设计中应用的一种误差，这种误差是由变量组合而不是独立评估造成的，使实验结果含糊不清。

先天性肾上腺皮质增生症（CAH）：一种遗传性疾病，因女孩在产前发育时肾上腺分泌大量雄激素而男性化。

压制（constricting）：一种在男孩中很常见的互动方式，即一个孩子试图通过威胁、矛盾或夸张的方式成为胜利者。

建构主义（constructivism）：与皮亚杰有关的一种观点，认为儿童是自身发展的积极参与者，他们系统地构建了对自身世界越来越复杂的理解。

连续性-非连续性问题（continuity-discontinuity issue）：一种有关发展现象在整个生命周期中是遵循平稳发展还是存在一系列突变的问题。

习俗水平（conventional level）：科尔伯格理论中推理的第二个层次，道德推理建立在社会规范的基础上。

喔唔学语（cooing）：婴儿发出的早期类似元音的声音。

合作游戏（cooperative play）：围绕一个主题组织的合作游戏，每个孩子扮演不同的角色；大约从两岁开始。

核心知识理论（core-knowledge theories）：认为婴儿生来就有对世界的基本认识，这种认识是建立在儿童经验的基础上的。

胼胝体（corpus callosum）：连接两个大脑半球的一束神经元。

相关系数（correlation coefficient）：反映两个变量之间关系强弱和方向的统计量。

相关性研究（correlational study）：一种研究方法，用来观察世界上自然存在的变量之间的关系。

同伴反刍（co-rumination）：和朋友们讨论彼此的个人问题；有时会导致少女抑郁。

反向模仿（counterimitation）：一种观察性学习，孩子观察并学习不应该做的事情。

创造能力（creative ability）：在斯特恩伯格的智力理论中，指适应新情况和新问题的能力。

关键期（critical period）：发展过程中可以进行某种特定学习的时期；在关键期之前或之后，同样的学习很困难，甚至是不可能的。

横断研究（cross-sectional Studies）：在同一时间点对不同年龄的人进行比较的一种研究。

群体（crowd）：把许多态度和价值观相似的小团体聚集在一起。

头先露（crowning）：在分娩过程中，婴儿头先出现。

晶体智力（crystallized intelligence）：一个人受文化影响积累的知识和技能，包括理解书面语言、解读语言和掌握词汇。

文化（culture）：指与一群人有关的知识、态度和行为。

文化公平智力测验（culture-fair intelligence tests）：旨在减少不同经历的影响的测试，包括基于许多文化共同经历的项目。

D

演绎推理（deductive reasoning）：从事实中得出结论；形式运算思维的特征。

树突（dendrite）：神经元接收信息的末端；看起来像一棵有很多树枝的树。

脱氧核糖核酸（DNA）：由四个核苷酸碱基组成的分子；遗传的生化基础。

因变量（dependent variable）：在实验中，操纵其他变量后所观察到的行为。

冷漠型祖父母（detached grandparents）：不参与孙辈活动的祖父母。

分化（differentiation）：区分和掌握每个运动。

扩散状态（diffusion）：在马西娅的理论中，该阶段的青少年没有身份，也不为获得身份而做任何事情。

直接教导（direct instruction）：成人试图通过告诉孩子该做什么、什么时候做以及为什么做来影响孩子的行为。

回避型成人（依恋表征）[dismissive adults（attachment representation）]：一种亲子关系的表征，其中成人用非常宽泛的术语描述童年经历，并经常将父母理想化。

紊乱型依恋[disorganized（disoriented）attachment]：在这种关系中，婴儿似乎不明白当他们与母亲分开，然后又与母亲团聚时会发生什么。

表达规则（display rules）：在特定的环境中或与特定的人一起恰当表达情感的特定文化标准。

发散思维（divergent thinking）：思维方向新颖，不寻常。

异卵双胞胎[dizygotic（fraternal）] twins：两个精子使两个不同的卵子受精的结果。

统治等级（dominance hierarchy）：在一个群体中，地位较低的成员服从地位较高的成员的一种秩序。

显性（dominant）：遵循化学指令的等位基因的形式。

唐氏综合征（Down Syndrome）：一种由额外染色体引起的疾病，会导致智力残疾和独特样貌。

动态评估（dynamic assessment）：一种智力测试方法，通过让孩子在考官面前并在考官的帮助下学习新东西来衡量孩子的学习潜力。

动态系统理论（dynamic systems theory）：一种理论，认为发展包括许多不同的技能，这些技能随着时间的推移被组织和重组，以满足特定任务的需求。

E

外胚层（ectoderm）：胚胎的外层，形成毛发、皮肤的外层和神经系统。

努力控制（effortful control）：气质的一个维度，指的是一个孩子能集中注意力的程度，不容易分心，并能抑制反应。

自我（ego）：弗洛伊德认为自我是人格的理性组成部分；在生命的最初几年里发展。

自我中心主义（egocentrism）：难以站在他人的角度看世界；典型的皮亚杰前运算阶段的儿童。

自我复原力（ego-resilience）：对新情况做出适应和机智反应的能力；保护儿童免受虐待影响的因素。

详细阐述（elaboration）：一种对信息进行修饰以使其更容易记住的记忆策略。

脑电图描记法（electroencephalography）：一种将脑电波模式从置于头皮上的电极记录下来的方法。

胚胎（embryo）：受精卵完全嵌入子宫壁后发育中的幼体的称呼。

情商（emotional intelligence）：有效利用自己和他人的情绪来解决问题和快乐生活的能力。

同理心（empathy）：感受他人的感受。

赋能（enabling）：一种互动风格，在女孩中很常见，孩子的行为和评论倾向于支持他人并维持互动。

编码过程（encoding processes）：将问题中的信息转化为心理表征的认知过程。

内胚层（endoderm）：胚胎的内层，形成肺和消化系统。

后成论（epigenesis）：指基因和环境的多个层次（从细胞到培养）之间持续的相互作用。

骨骺（epiphyses）：骨骺是骨组织的末端，在骨组织中心形成之前先形成。

平衡（equilibration）：根据皮亚杰的理论，平衡是指儿童重新组织他们的计划并在这个过程中进入下一个发展阶段的过程。

本质论（essentialism）：一种普遍存在于儿童中的信仰，认为所有有生命的事物都有一种看不见的潜在本质，但它赋予了一个有生命的事物身份。

族裔身份认同（ethnic identity）：认为自己是某一民族的一部分的感觉，以及对该民族文化和遗产的特殊习俗和传统的理解。

行为学理论（ethological theory）：一种从进化的角度来看待发展和考察行为是否具有生存价值的理论。

进化心理学（evolutionary psychology）：认为许多人类行为代表着成功适应环境的理论观点。

执行功能（executive functioning）：一种包括抑制过程、计划和认知灵活性的成长机制。

外在系统（exosystem）：根据布朗芬布伦纳的观点，社会环境影响一个人的发展，即使并没有亲身经历。

经验-依赖型发育（experience-dependent growth）：大脑中依赖经验的成长变化是由经验引起的，这些经验与特定的年龄无关，对于不同的个人和在不同的文化中有所不同。

经验-预期型发育（experience-expectant growth）：环境影响引起的大脑变化，通常发生在发育的特定阶段，适用于所有儿童。

实验（experiment）：用一种系统的方法来操纵研究人员认为导致某种特定行为的因素。

表达型（expressive style）：一种语言学习风格，描述儿童的词汇包括许多社交短语，像一个词一样使用。

表现性（expressive）：描述一个人专注于情感和人际关系的心理特征。

F

快速映射（fast mapping）：儿童在生词和代指物之间建立联系的速度非常之迅速，以至于他们无法考虑到所有可能的意思。

胎儿酒精谱系障碍（FASD）：母亲在怀孕期间大量饮酒导致婴儿所遭受的一种病症。

胎儿医学（fetal medicine）：处理产前问题的医学分支。

实地实验（field experiment）：研究人员在自然环境中操纵自变量，提升结果代表性的一种实验。

精细动作技能（fine-motor skills）：与抓取、握持和操纵物体相关的运动技能。

流体智力（fluid intelligence）：感知刺激之间关系的能力。

大众心理学（folk psychology）：指我们对他人及其行为的非正式看法。

拒绝状态（foreclosure）：在马西娅的理论中，青少年的身份是基于成年人的建议而选择的，而不是个人探索的结果。

形式运算阶段（formal operational stage）：皮亚杰的第四阶段，从大约11岁到成年，这一阶段的儿童和青少年可以对抽象实体进行心理运算，以及进行假设思考和演绎推理。

友谊（friendship）：两个人之间涉及共同爱好的自愿关系。

额叶皮层（frontal cortex）：大脑中控制个性和目标导向行为的区域。

功能性磁共振成像（fMRI）：一种利用磁场来跟踪大脑血液流动以测量大脑活动的技术。

模糊痕迹理论（fuzzy trace theory）：由布雷纳德和莱纳提出的一种理论，该理论认为经验可以逐字或按其基本意义（主旨）储存在记忆中。

G

性别认同（gender identity）：认为自己是男性或女性的观念。

性别角色（gender role）：被认为适合男性和女性的文化规定的行为。

性别图式理论（gender-schema theory）：儿童学习性别角色的理论，首先决定物体、活动或行为是男性还是女性，然后利用这些信息来决定他们是否应该更多地了解这个物体、活动或行为。

性别刻板印象（gender stereotypes）：关于男性和女性的观念和形象不一定是正确的。

基因（gene）：一组提供一套特定生化指令的核苷酸碱基。

基因工程（genetic engineering）：胎儿医学的一个分支，用合成的正常基因代替有缺陷的基因。

基因型（genotype）：人的遗传组成。

胚盘（germ disc）：靠近受精卵中心的一小簇细胞，发育成胎儿。

天赋（gifted）：一般来说，智商测试分数在130分以上的人是天才。

语法语素（grammatical morphemes）：使句子合乎语法的语素、词。

生长激素（growth hormone）：一种由脑下垂体在睡眠时分泌的激素，通过触发其他导致肌肉和骨骼生长激素的释放来调节生长。

指导性参与（guided participation）：维果茨基认为，引导参与是指孩子和另一个更有见识的人之间的结构化互动；可以能促进认知能力的提高。

H

习惯化（habituation）：对反复出现的刺激没有反应。

半球（hemisphere）：大脑的左右半球。

遗传力系数（heritability coefficient）：一种衡量遗传对一群人某一性状的个体差异影响程度的指标。

杂合（heterozygous）：指一个性状的等位基因彼此不同。

启发法（heuristics）：经验法则对于解决问题很方便，但不能保证解决方案。

纯合（homozygous）：指某一性状的等位基因相同。

敌意性攻击（hostile aggression）：无端的侵略；其目的是恐吓、骚扰或羞辱他人。

亨廷顿病（Huntington's disease）：一种由显性等位基因引起的痴呆；以神经系统在中年开始退化为特征。

缺氧（hypoxia）：在分娩过程中缺氧，通常是因为脐带在分娩过程中被挤压或缠结。

I

本我（id）：根据弗洛伊德的理论，本我是人格的一种元素，渴望对身体的欲望和需要立即满足；从出生就存在。

坚不可摧的幻觉（illusion of invulnerability）：青少年中普遍存在的一种信念，认为不幸只会发生在别人身上。

假象观众（imaginary audience）：青少年认为他们的行为一直被同龄人注视着。

模仿（观察性学习）［imitation（observational learning）］：通过观察他人进行的学习。

上苍公正（immanent justice）：道德现实主义阶段的一个特征，在这个阶段中，孩子们认为违反规则总是会导致惩罚。

植入（implantation）：受精卵进入子宫壁并与母亲的血管建立连接的过程。

印刻（imprinting）：学习发生在出生或孵化后不久的关键时期，雏鸟与它们看到的第一个移动的物体建立了情感联系。

不完全显性（incomplete dominance）：一个等位基因不完全支配另一个等位基因的情况。

自变量（independent variable）：在实验中由研究人员操纵的因素。

婴儿导向语言（infant-directed speech）：成人对婴儿使用的一种缓慢而响亮的语言，音高变化较为夸张；认为可以促进婴儿的语言学习。

婴儿期遗忘（infantile amnesia）：不能记住早年事件的一种症状。

影响型祖父母（influential grandparents）：与孙辈关系很近的祖父母，非常关心孙辈的生活，经常扮演父母的角色，包括管教孙辈。

信息加工理论（information-processing theory）：认为人类的认知是由心理硬件和心理软件组成的。

知情同意（informed consent）：在被充分告知有关研究的情况以做出明智的决定后，个人参与研究的决定；儿童在法律上不具备做出知情同意的能力。

内部语言（inner speech）：维果茨基对思想的称呼。

工具性攻击（instrumental aggression）：用来实现明确目标的攻击。

工具性特征（instrumental traits）：描述一个人对世界采取行动并影响世界的心理特征。

整合（integration）：将单个运动连接成一个连贯、协调的整体。

智力障碍（intellectual disability）：一种以前被称为智力迟钝的疾病，在18岁之前，个体的智力大大低于平均水平，难以适应环境。

智商 intelligence quotient（IQ）：智力年龄与实际年龄的比率，乘以100。

内部工作模式（internal working model）：婴儿对母亲的反应和可靠程度的理解；会影响孩子一生的亲密关系。

遮挡（interposition）：一种感知深度的线索，基于附近物体可以部分掩盖较远物体这一事实。

多感官冗余理论（intersensory redundancy theory）：由巴里克和利克利特提出的一种观点，认为婴儿的知觉系统特别适应呈现在多种感觉模式下的模态信息。

主体间性（intersubjectivity）：根据维果茨基的理论，是指共同参与一项活动的人们之间相互的、共享的理解。

语调（intonation）：讲话或咿呀学语中音调高低的一种模式，常表示该话语是陈述、疑问还是命令。

体外受精（in vitro fertilization）：指在皮氏培养皿中用精子使卵子受精，然后将几个受精卵转移到母亲的子宫内，然后将受精卵植入子宫壁的内壁。

J

共同监护权（joint custody）：指离婚后，父母双方保留对子女的合法监护权。

K

运动线索（kinetic cues）：基于运动的深度线索，如视觉扩展和运动视差。

知识传达策略（knowledge-telling strategy）：一种写作策略，常被年轻作家使用，在从记忆中检索信息时按顺序写出来。

知识转换策略（knowledge-transforming strategy）：一种写作策略，常被年老的作家使用，由作者决定包含什么信息，以及如何最好地组织它，以达到他们想要传达给读者的观点。

L

语言（language）：可以表达思想的、基于规则的系统。

钥匙儿童（latchkey children）：放学后自己照顾自己的孩子。

学习障碍（learning disability）：智力正常的孩子在掌握一门及以上学科方面有困难。

线性透视（linear perspective）：一种深度感知的线索，基于平行线在某一点重合这一事实。

运动（locomotion）：在世界上移动的能力。

纵向研究（longitudinal Studies）：对单个队列进行多次测量的研究。

长时记忆（long-term memory）：一个容量无限的永久记忆仓库。

M

宏观系统（macrosystem）：根据布朗芬布伦纳的说法，微观系统、中观系统和外在系统嵌入其中的文化和亚文化环境。

疯狂的哭（mad cry）：一种更强烈的基本哭泣版本。

营养不良（malnutrition）：由于营养不足，比同龄人个头更小。

成熟理论（maturational theory）：儿童发育观认为儿童发育反映了身体内部特定和预先安排的方案或计划的观点。

手段-目的分析法（means-ends analysis）：一种解决问题的启发式方法，在这种方法中，人们决定当前和期望情况之间的差异，然后做一些事情来减少差异。

记忆策略（memory strategies）：改善记忆的活动。

月经初潮（menarche）：月经的开始。

智龄［mental age（MA）］：在智力测试中，对儿童表现的一种测量方法，孩子表现符合其实际年龄。

心理操作（mental operations）：对物体或思想进行的认知行为。

心理旋转（mental rotation）：空间能力的一个方面，比如想象物体在空间中移动的能力。

中胚层（mesoderm）：胚胎的中间层，它将成为肌肉、骨骼和循环系统。

中观系统（mesosytem）：布朗芬布伦纳观点下不同微观系统之间的相互关系。

统合分析（meta-analysis）：一种工具，允许研究人员综合许多研究的结果，以估计变量之间的关系。

元认知知识（metacognitive knowledge）：一个人对认知过程的认识和意识。

元记忆（metamemory）：一个人对记忆的非正式理解，包括准确诊断记忆问题和监控记忆策略的有效性的能力。

甲基化（methylation）：经验改变DNA表达的过程——遗传密码被保留，但基因在甲基分子的影响下未能表达出来。

微观遗传学研究（microgenetic study）：一种特殊的纵向研究，在几天或几周内对儿童进行反复测试，目的是在变化发生时直接观察变化。

微观系统（microsystem）：根据布朗芬布伦纳的观点，微观系统是指出现在人的直接环境中的人和物。

监控（monitoring）：应用于亲子关系，父母知道他们的孩子在哪里，在做什么，和谁在一起。

同卵双胞胎［monozygotic（identical）twins］：一个受精卵分裂形成两个新的个体时产生的双胞胎。

道德现实主义（moral realism）：皮亚杰描述的一个阶段，从5岁开始一直持续到7岁，在这个阶段，孩子们相信规则是由明智的成年人制定的，因此必须遵守，不能改变。

道德相对主义（moral relativism）：皮亚杰描述的从8岁开始的阶段，在这个阶段，孩子们明白规则是人们为了帮助他们相处而制定的。

延迟状态（motatorium）：在马西娅的理论中，青少年仍然在研究不同的选择，还没有找到一个满意的身份。

运动视差（motion parallax）：一种动态深度线索，指附近移动的物体在人的视野中移动的速度比远处物体快。

运动技能（motor skills）：肌肉和四肢的协调运动。

髓磷脂（myelin）：包围中枢神经系统神经元的一种脂肪鞘，它能使神经元更快地传递信息。

N

命名爆炸（naming explosion）：指大约从18个月大开始的一段时期，在这段时间里，孩子们学习新单词的速度非常快。

自恋（Narcissism）：有远大理想的儿童和青少年，认为自己比别人好，喜欢别人的关注和赞美。

自然观察（naturalistic observation）：一种观察儿童在现实生活中自发行为的方法。

先天-后天之争（nature-nurture issue）：关于遗传和环境因素如何影响发育的问题。

消极情感（negative affect）：气质的一个维度，指的是孩子生气、害怕、沮丧、害羞和不容易安抚的程度。

负强化陷阱（negative reinforcement trap）：父母常常在不知情的情况下强化他们想要阻止的行为；尤其是母亲和儿子之间。

神经板（neural plate）：产前发育过程中形成大脑和脊髓的一组扁平细胞。

神经元（neuron）：大脑和神经系统的基本单位；专门负责接收和传送信息。

神经递质（neurotransmitters）：由终端按钮释放的化学物质，将信息传递到附近的神经元。

生态位选择（niche-picking）：故意寻找与自己基因组成相适应的环境的过程。

非快速眼动睡眠（non-REM sleep）：心率、呼吸和大脑活动稳定的睡眠。

非共享环境影响（nonshared environmental influences）：家庭中使孩子与众不同的力量。

O

物体恒存性（object permanence）：在婴儿期获得的对事物独立于自身存在的理解。

观察学习（observational learning）：基于观察他人的学习方法；模仿。

一一对应原则（one-to-one principle）：一种计数原理，说明每个被计数的对象必须且只能有一个数字名。

开放收养（open adoption）：一种让被收养的孩子与他们的亲生家庭有联系的收养形式。

操作性条件反射（operant conditioning）：是斯金纳提出的一种学习观，强调奖励和惩罚。

组织（organization）：一种记忆策略，其中要记住的信息被结构化，以便相关的信息被放置在一起。

广义化（overextension）：指儿童对词语的定义比成年人更宽泛。

过度规则化（overregularization）：儿童对规则以外的词的应用；作为儿童通过学习规则掌握语法的证据。

P

痛苦的哭闹（pain cry）：一种哭声，以突然的、长时间的爆发开始，随后是长时间的停顿和喘息。

平行游戏（parallel play）：指的是孩子独自玩耍，意识到并对另一个孩子的行为感兴趣；发生在一岁生日后不久。

消极型祖父母（passive grandparents）：他们参与孙辈的成长，但没有影响型或支持型祖父母那么强烈；他们不承担抚养的角色。

胎儿期（period of fetus）：产前发育最长的一段时间，从怀孕后第9周一直持续到出生。

放纵型抚养（permissive parenting）：一种给予温暖和关爱，但很少有父母对孩子控制的教育方式。

个人领域（personal domain）：关于一个人的身体（例如，吃什么和穿什么）以及选择朋友或活动的领域。

个人神话（personal fable）：许多青少年认为他们的感觉和经历是独特的，从来没有别人经历过。

表现型（phenotype）：一个人的基因与环境相互作用的结果所产生的生理、行为和心理特征。

音素（phonemes）：可以用来创造单词的独特语音。

语音意识（phonological awareness）：听特定字母的独特声音的能力。

语音记忆（phonological memory）：能简短记住语音的能力；这是轻松学习新单词的关键。

音系（phonology）：一种语言的声音。

图形暗示（pictorial cues）：画家在绘画中用来传达深度的图画线索；包括线性透视和介入。

胎盘（placenta）：母亲和发育中的孩子通过胎盘交换营养物质和废物的结构。

多基因遗传（polygenic inheritance）：指表型是许多独立基因共同作用的结果。

总体（population）：儿童是儿童发展研究通常关注的一个广泛的群体。

后习俗水平（postconventional level）：科尔伯格理论中推理的第三个层次，其中道德建立在个人道德准则的基础上。

产后抑郁症（postpartum depression）：一种影响10%~15%的新妈妈的症状，易怒持续数月，常伴有自我价值感低、睡眠障碍、食欲不振和冷漠。

实践能力（practical ability）：在斯滕伯格的智力理论中，指的是知道哪种解决方案可能有效的能力。

语用（pragmatics）：人们如何有效地使用语言进行交际。

前习俗水平（preconventional level）：科尔伯格理论中推理的第一层次，其中道德推理基于外部力量。

早产儿（premature infant）：怀孕后38周之前出生的婴儿。

胎儿发育（prenatal development）：将受精卵转变为新生儿的许多变化。

专注型成年人（依恋表征）[preoccupied adults（attachment representation）]：一种亲子关系的表征，其中成年人情绪性地描述童年经历，经常表达对与父母关系的愤怒或困惑。

前运算阶段（preoperational stage）：皮亚杰的第二个阶段，从2岁到7岁，在这个阶段中儿童首先使用符号来表示物体和事件。

第一性征（primary sex characteristics）：直接与生殖有关的身体器官的主要性别特征改变（即：即卵巢、子宫和阴道；阴囊、睾丸和阴茎），这些都是身体成熟的标志。

自我言语（private speech）：不是针对别人的，而是帮助孩子规范自己行为的言论。

亲社会行为（prosocial behavior）：任何有利于他人的行为。

精神动力学理论（psychodynamic theory）：由弗洛伊德提出的一种理论，认为发展在很大程度上取决于人们如何解决他们在不同年龄面临的冲突。

心理测量学家（psychometricians）：专门研究智力和个性等心理特征的心理学家。

心理社会理论（psychosocial theory）：埃里克森提出的一种理论，认为人格发展是成熟和社会需求相互作用的结果。

青春期（puberty）：标志着青春期开始的一系列生理变化，如生长突增、乳房或睾丸发育。

惩罚（punishment）：通过增加令人讨厌的事情或减少令人愉快的事情来抑制行为。

Q

准实验（quasi-experiment）：一种实验的变化，其中一个自变量的影响是由事后创建的组来检验的，而不是通过随机分配，并在统计上等同。

R

快速眼动睡眠（不规则睡眠）（rapid-eye-movement sleep）（irregular sleep）：指婴儿的眼睛迅速地将眼皮以下扫过的一种睡眠，此时身体十分活跃。

反应性攻击（reactive aggression）：由另一个孩子的行为引起的攻击。

隐性（revessive）：当与显性等位基因结合时，其指令被忽略的等位基因。

递归思维（recursive thinking）：小孩思考别人在想什么的能力，特别是当别人的想法与小孩有关的时候（例如，"他认为我在想……"）。

指称型（referential style）：一种语言学习风格，描述儿童的词汇主要是物体、人或动作的名称。

反射（reflexes）：由特定刺激触发的非习得的反应。

复述（rehearsal）：一种记忆策略，包括重复命名要记住的信息。

强化（reinforcement）：一种结果，增加了一个行为被重复的可能性。

关系攻击（relational aggression）：儿童试图通过破坏他人的社会关系来伤害他人的一种语言攻击。

相对大小（relative size）：一种感知深度的线索，基于一个事实，即附近的物体看起来比远处的物体大。

信度（reliability）：应用于测试的信度，即测试分数在不同测试时间之间的一致性。

研究设计（research design）：研究的总体概念计划；最常见的是相关设计和实验设计。

反抗型依恋（resistant attachment）：一种关系，在短暂的分离后，婴儿想要被抱着，但又难以安慰。

反应偏差（response bias）：研究参与者以社会可接受的方式做出反应的倾向。

视网膜像差（retinal disparity）：一种感知深度的线索，基于这样一个事实：当一个人看一个物体时，左眼和右眼的视网膜图像不同。

打闹游戏（rough-and-tumble play）：一种在小学时期很常见的游戏形式，孩子们追逐、拳打脚踢、推搡、打架和摔跤。

S

样本（sample）：从参与研究的人群中抽取的一组儿童。

支架式教学（scaffolding）：是指成年人根据学习者的需要调整他们提供的帮助的数量。

脚本（script）：指人的记忆是由一系列活动组成的共同事件。

第二性征（secondary sex characteristics）：与生殖器官没有直接联系的身体部位的成熟体征（如乳房的生长、面部毛发的出现、体毛的出现）。

生长长期趋势（secular growth trends）：从一代到下一代长期增长趋势的客观发展变化。例如，工业化社会的人口比前几代人要多，而且成熟得更早。

安全型成人（依恋表征）[secure adults（attachment representation）]：是一种亲子关系的表征，其中成人客观地描述童年经历，同时提到父母的积极和消极方面。

安全型依恋（secure attachment）：一种关系，在这种关系中婴儿开始信任和依赖他们的母亲。

自我概念（self-concept）：态度、行为和价值，一个人相信他或她是一个独特的个体。

自我意识情绪（self-conscious emotions）：当一个人的标准或期望达到时感到成功，而没有达到时感到失败的情绪，如骄傲、内疚或尴尬；在18~24个月大的时候出现。

自我控制（self-control）：克服眼前压力，不屈服于冲动的能力。

自我效能（self-efficacy）：认为一个人有能力完成某项任务的信念。

自尊（self-esteem）：一个人对自己价值的判断和感觉。

自我报告（self-reports）：是一种让孩子对特定话题的问题做出回答的测量方法。

语义引导理论（semantic bootstrapping theory）：指儿童依靠对词义的认识来发现语法规则的一种观点。

语义（semantics）：对词语及其意义的研究。

感知运动阶段（sensorimotor stage）：皮亚杰的四个认知发展阶段中的第一个阶段，从出生到大约2岁，在这一阶段婴儿从反射反应发展到符号使用。

感觉和知觉过程（sensory and perceptual processes）：神经系统接受、选择、修改和组织来自世界的刺激的方式。

感觉记忆（sensory memory）：是一种信息以原始的、未经分析的形式非常简短地保存（不超过几秒钟）的记忆。

性染色体（sex chromosomes）：第23对染色体；决定了孩子的性别。

镰状细胞性状（sickle-cell trait）：一种个体只有在严重缺氧时才会表现出轻度贫血症状的疾病；发生在具有一个正常血细胞显性等位基因和一个隐性镰状细胞等位基因的个体。

大小恒常性（size constancy）：在视网膜图像大小变化的情况下，物体的实际尺寸保持不变。

低体重儿（small for date infant）：婴儿根据怀孕后的时间长短，比预期的要小得多的新生儿。

社会认知理论（social cognitive theory）：班杜拉提出的一种理论，认为儿童通过奖励、惩罚和模仿来理解他们的世界。

社会习俗（social conventions）：一个文化群体所认同的行为标准，以帮助协调群体内个人的互动。

社会影响（social influence）：对少女怀孕的社会影响，即认为少女怀孕会引发一系列事件，使她们难以为其子女的发展提供积极的环境。

社会性参照（social referencing）：在一个不熟悉或模糊的环境中，婴儿看着他们的母亲或父亲，好像在寻找线索来帮助他们解释情况的现象。

社会角色（social role）：一套关于一个人应该如何表现的文化指南，尤其是与他人相处时。

社会选择（social selection）：在青少年怀孕问题上，有一种观点认为，导致一些少女比其他人更容易怀孕的因素，也使得这些女孩在为人父母方面效率较低。

社会性微笑（social smiles）：在婴儿2个月大时第一次出现，当婴儿看到另一张人脸时的表情。

社会文化理论（sociocultural perspective）：与维果茨基有关的观点认为，儿童的认知发展只能通过考虑儿童发展所处的文化背景来理解。

首次遗精（spermarche）：第一次自动射出的含精子液体通常发生在13岁。

脊柱裂（spina bifida）：胚胎神经管在怀孕的第一个月不能正常关闭的一种疾病。

顺序固定原则（stable-order principle）：一种计数原则，规定数字名称必须以相同的顺序计数。

刻板印象威胁（stereotype threat）：一种自我实现的预言，在这种预言中，对刻板印象的认知会导致焦虑，且会弱化与原始刻板印象一致的表现。

陌生人警惕（stranger wariness）：婴儿在陌生成年人面前表现出的小心或焦虑；通常在6个月大的时候开始观察。

压力（stress）：一个人在受到威胁或挑战下的生理和心理反应。

结构性观察（structured observation）：研究人员创造一个环境来引出感兴趣的行为的一种方法。

婴儿猝死综合征（SIDS）：一种健康婴儿无明显原因突然死亡的疾病；通常发生在2到4个月大之间。

超我（superego）：根据弗洛伊德的理论，是人格中包含成人对与错标准的道德成分。

支持型祖父母（supportive grandparents）：与孙辈关系密切，但不承担父母角色的祖父母。

外倾性/外向性（surgency/extraversion）：气质的一个维度，指的是一个孩子快乐、活跃、敢于表达，并寻求有趣刺激的程度。

襁褓（swaddling）：让哭泣的婴儿平静下来的一种技术，把婴儿紧紧地裹在毯子里。

突触（synapse）：一个神经元和下一个神经元之间的间隙。

突触修剪（synaptic pruning）：逐渐丧失未使用的突触，从婴儿期开始，持续到青春期早期。

语法（syntax）：单词组合成句子的语法规则。

系统观察（systematic observation）：调查人员观察儿童并记录他们一言一行的一种观察方法。

T

电报式语言（telegraphic speech）：一种1岁儿童常见的说话方式，只包括与意思直接相关的词汇。

目的论解释（teleological explanation）：应用于儿童关于生物的朴素理论，即相信生物和生物的部分存在是有目的的。

气质（temperament）：一贯的风格或行为模式。

畸胎剂（teratogen）：导致胎儿畸形发育的物质。

终扣（terminal buttons）：轴突末端释放神经递质的小旋钮。

纹理梯度（texture gradient）：是一种感知深度的线索，基于这样一个事实，即物体的纹理相比于附近的物体比较粗糙，区别较大，而相比于远处的物体则更为精细，区别较小。

理论（theory）：用来解释发展的一套有组织的思想。

心智理论（theory of mind）：一种对思想、信念、意图和行为之间联系起来的直观理解；在学前阶段发展迅速。

中断（time-out）：指将行为不端的孩子带到一个安静的、不受刺激的环境中。

蹒跚学步的小孩（toddler）：刚学会走路的小孩。

U

超声波（ultrasound）：是一种产前诊断技术，通过反射胎儿的声波来生成胎儿的图像。

脐带（umbilical cord）：一种包含静脉和动脉的结构，连接发育中的孩子和胎盘。

狭义化（underextension）：指儿童对词语的定义比成人更狭窄。

冷漠型抚养（uninvolved parenting）：一种既不温暖也不控制孩子的育儿方式，将父母和孩子在一起的时间减少到最少。

V

有效性（validity）：适用于测试的有效性，即测试衡量它所要衡量的东西的程度。

变量（variable）：任何可以改变的因素。

胎脂（vernix）：一种厚而油腻的物质，覆盖胎儿并在产前发育期间保护胎儿。

绒毛（villi）：从脐带血管中伸出的手指状突起，靠近母亲的血管，使营养物质、氧气、维生素和废物在母亲和胚胎之间交换。

视敏度（visual acuity）：视力能可靠辨别的最小图形。

视觉悬崖（visual cliff）：一个玻璃覆盖的平台，看起来有"浅"的一面和"深"的一面；用于研究婴儿的深度知觉。

视觉扩张（visual expansion）：一种动态深度线索，在此过程中接近的物体占视网膜的比例越来越大。

W

单词解码（word decoding）：通过检索单词或读出单词来识别单个单词的能力。

工作记忆（working memory）：一种可以简单存储少量内容的记忆。

Z

最近发展区（zone of proximal development）：孩子们在有帮助的情况下能做什么和他们自己能做什么之间的区别。

受精卵（zygote）：受精的卵细胞。